2022

金坛年鉴

（总第20卷）

常州市金坛区人民政府 主办
金坛年鉴编纂委员会 编

方志出版社
Publishing House of Local Records

图书在版编目（CIP）数据

金坛年鉴. 2022 / 金坛年鉴编纂委员会编. —
北京 ： 方志出版社， 2022.9
ISBN 978-7-5144-5321-8

Ⅰ. ①金… Ⅱ. ①金… Ⅲ. ①金坛－2022－年鉴
Ⅳ. ①Z525.33

中国版本图书馆 CIP 数据核字(2022)第 239238 号

责任编辑：陈菁
责任校对：刘玉霞
责任印制：梅中英
出 版 者：方志出版社
地　　址：北京市朝阳区潘家园东里 9 号（国家方志馆 4 层）
邮　　编：100021
网　　址：http://www.zgfzcb.cn
发　　行：方志出版社图书营销中心（010-67110500）
印　　刷：常州市武进第三印刷有限公司
开　　本：889 毫米×1194 毫米　1/16
印　　张：19.75
字　　数：758 千字
版　　次：2022 年 9 月第 1 版
印　　次：2022 年 9 月第 1 次印刷
定　　价：280.00 元

金坛年鉴编纂委员会

主　任：胥亚伟　中共金坛区委副书记、金坛区人民政府代理区长

副主任：刘小平　中共金坛区委常委、金坛区人民政府常务副区长

朱　霞　中共金坛区委常委、宣传部部长

许海连　中共金坛区委办公室主任

黄建南　金坛区人民政府办公室主任

吕洪力　中共金坛区委党史工委、区志办主任

委　员：韩双庆　金坛区人大常委会办公室主任

王少云　政协金坛区委员会秘书长、办公室主任

邓九胜　金坛区农业农村局局长

奚屹峰　金坛区档案馆馆长

李冬英　金坛区科学技术局局长

吴军华　金坛区教育局局长

尹　韧　金坛区文体广电和旅游局局长

李　俊　金坛区统计局局长

储　劼　中共金坛区委党史工委、区志办副主任

《金坛年鉴（2022）》编审人员

主　　任：刘小平　朱　霞

主　　编：吕洪力

副 主 编：储　劼　张继华　陈书明　夏　冰

编　　辑：储　劼　张继华　夏　冰　方　骊　汤芬娣

刘士科　李华琴　钱国新

封面设计：赵　恒

封面题词：范石甫

封面刻纸：杨兆群

封底篆刻：陈　曦

编辑说明

一、本年鉴坚持以马克思列宁主义、毛泽东思想、邓小平理论、“三个代表”重要思想、科学发展观、习近平新时代中国特色社会主义思想为指导，坚持辩证唯物主义和历史唯物主义的立场、观点和方法，全面、客观、系统地记载2021年全区政治、经济、社会等各方面的基本情况、发展情况和重大事件，为各级领导决策提供参考，为社会各界了解金坛提供资讯，为编史修志和研究金坛提供资料。

二、《金坛年鉴》是由常州市金坛区人民政府主办、金坛年鉴编纂委员会编纂的年度资料性文献，1994年出版首卷，本卷为第20卷，国内外公开发行。

三、本年鉴采用分类法编辑，设有类目、分目、条目3个层次，部分分目下设副分目。分目、副分目一般设综合性概述（概况）、常规性专题类和特色性典型条目，分别记述行业（事业、单位）的总体情况、单项工作和大事、要事、新事、特事。类目、分目的标题分别使用不同字体加以区别。副分目标题用楷体，前后加“ • ”；条目标题用黑体，并加“【 】”。

四、本年鉴卷首设图照、特载、大事记，卷末设附录、索引，主体内容设区情概览、中共常州市金坛区委、常州市金坛区人民代表大会、常州市金坛区人民政府、政协常州市金坛区委员会、纪检监察、民主党派•群众团体、法治•军事、开放型经济、科学技术、工业、农业和农村、商贸服务业、金融、城乡建设与管理、自然资源和生态环境、综合管理、文化•旅游•体育、区属国有公司、教育、社会生活、卫生健康、镇•街道、人物、荣誉栏、统计资料26个类目。

五、本年鉴人物类目收录2021年1月至2022年1月新任职的区委、区人大、区政府、区政协领导人和区法院院长、检察院检察长，2021年度省部级以上表彰的先进模范人物，2021年逝世的知名人物；荣誉栏类目收录2021年度获得市（厅）以上荣誉的单位和个人。

六、本年鉴所采用的稿件资料，由全区各镇、街道、园区及各单位、各部门负责撰写或提供，并经所在镇、街道、园区和单位、部门领导审核。全区综合统计数据由区统计局提供，文中所列数据以区统计局的统计数据为准。内文照片由各单位提供，不再另行署名。

七、数字用法、标点符号分别采用国家标准《出版物上数字用法》（GB/T 15835—2011）、《标点符号用法》（GB/T 15834—2011），计量单位采用国家技术监督局1993年12月发布的《量和单位》系列国家标准。历史上使用的计量单位，如斗、石、里、尺、磅、华氏度等，在引文时可照录。

各单位审稿人员名单

（以姓氏笔画为序）

丁　强	于　方	于建林	马徐丽	王一鸣	王一新	王东方
王立兴	王永亮	王志东	王和平	王建国	王建涛	王慰东
毛益东	孔海军	孔德馨	石连华	史荟娟	邢卫东	朱国栋
刘　剑	刘国平	刘国荣	江　霞	汤云峰	汤洪俊	汤鹏飞
许国清	许忠平	孙　坚	孙　遐	孙国民	黄昕霞	李　玮
李卫平	李佳真	李俊平	李晶阳	杨　俊	杨年庆	吴卫东
吴泓宾	闵郁沣	沈宏伟	张小兰	张志荣	张国乾	张国强
张朝胜	陆湘毅	陆震宇	陈　波	陈　嵘	陈　新	陈丹锋
陈海辉	林　燊	林小俊	林厚从	罗　祎	周　玲	赵小伟
赵济红	胡　奕	柏国平	俞　洋	俞　慎	俞云翔	姜　玮
姜秋生	姚江隽	姚锁生	聂文辉	夏建文	徐　俊	徐　烨
徐荣华	高　军	高国庆	高雷斌	郭　翔	郭和平	谈　阳
陶云斌	梅继翔	盛南萍	崔旺洪	章成荣	蒋云清	蒋利军
蒋坤林	韩双庆	虞青平	蔡连胜	谭益民	樊　莹	黎中海
潘　铭	薛继明	戴　露	瞿卫国			

金坛区部分机构全称、简称对照表

全　称	简　称	全　称	简　称
中共常州市金坛区委员会	区委	常州市金坛区民政局	区民政局
常州市金坛区人民代表大会常务委员会	区人大常委会	常州市金坛区司法局	区司法局
常州市金坛区人民政府	区政府	常州市金坛区财政局	区财政局
政协常州市金坛区委员会	区政协	常州市金坛区人力资源和社会保障局	区人社局
中共常州市金坛区纪律检查委员会	区纪委	常州市金坛区自然资源和规划局	区资源规划局
常州市金坛区监察委员会	区监委	常州市金坛区住房和城乡建设局	区住建局
中共常州市金坛区委办公室	区委办	常州市金坛区城市管理局	区城管局
常州市金坛区人大常委会办公室	区人大办	常州市金坛区交通运输局	区交通局
常州市金坛区人民政府办公室	区政府办	常州市金坛区水利局	区水利局
政协常州市金坛区委员会办公室	区政协办	常州市金坛区文体广电和旅游局	区文旅局
常州市金坛区人民武装部	区人武部	常州市金坛区卫生健康局	区卫健局
常州市金坛区人民法院	区法院	常州市金坛区退役军人事务局	区退役军人局
常州市金坛区人民检察院	区检察院	常州市金坛区市场监督管理局	区市场监管局
中共江苏金坛经济开发区工作委员会	金坛经开区党工委	常州市金坛区地方金融监督管理局	区金融监管局
江苏金坛经济开发区管理委员会	金坛经开区	常州市公安局金坛分局	金坛公安分局
中共江苏省金坛华罗庚高新技术产业开发区工作委员会	华罗庚高新区党工委	常州市医疗保障局金坛分局	金坛医保分局
江苏省金坛华罗庚高新技术产业开发区管理委员会	华罗庚高新区	江苏金坛投资控股有限公司	金坛控股
中共江苏省金坛茅山旅游度假区工作委员会	茅山旅游度假区党工委	江苏金坛建设发展有限公司	金坛建设
江苏省金坛茅山旅游度假区管理委员会	茅山旅游度假区	江苏金坛华罗庚科技产业发展有限公司	金坛华科
中共江苏省金坛长荡湖旅游度假区工作委员会	长荡湖旅游度假区党工委	江苏金坛金城科技产业发展有限公司	金坛金科
江苏省金坛长荡湖旅游度假区管理委员会	长荡湖旅游度假区	江苏茅山旅游控股有限公司	茅山控股
中共常州市金坛区委组织部	区委组织部	江苏长荡湖旅游控股有限公司	长荡湖控股
中共常州市金坛区委宣传部	区委宣传部	国家税务总局常州市金坛区税务局	区税务局
中共常州市金坛区委统一战线工作部	区委统战部	常州市金坛区总工会	区总工会
中共常州市金坛区委政法委员会	区委政法委	共青团常州市金坛区委员会	团区委
中共常州市金坛区委网络安全和信息化委员会办公室	区委网信办	常州市金坛区妇女联合会	区妇联
中共常州市金坛区委机构编制委员会办公室	区委编办	常州市金坛区科学技术协会	区科协
中共常州市金坛区委巡察工作办公室	区委巡察办	常州市金坛区归侨侨眷联合会	区侨联
中共常州市金坛区委老干部局	区委老干部局	常州市金坛区工商业联合会	区工商联
中共常州市金坛区委党校	区委党校	常州市金坛区文学艺术界联合会	区文联
中共常州市金坛区委党史工作委员会	区委党史工委	常州市金坛区残疾人联合会	区残联
常州市金坛区地方志编纂工作办公室	区志办	常州市金坛区红十字会	区红十字会
常州市金坛区档案馆	区档案馆	常州市金坛区关心下一代工作委员会	区关工委
常州市金坛区融媒体中心	区融媒体中心	中国民主同盟常州市金坛区委员会	民盟金坛区委
常州市金坛区发展和改革局	区发改局	中国民主建国会常州市金坛区基层委员会	民建金坛基层委员会
常州市金坛区教育局	区教育局	中国国民党革命委员会金坛区支部	民革金坛支部
常州市金坛区科学技术局	区科技局	中国农工民主党金坛区支部	农工党金坛支部
常州市金坛区工业和信息化局	区工信局	九三学社常州市金坛区支社	九三学社金坛支社

年度荣誉 2021

NIANDU RONGYU

◎ 全国高质量发展百强榜第 34 位

◎“四好农村路”全国示范县

◎ 国家级节水型社会建设达标县（区）

◎ 县域城镇空间发展智能化管控与功能提升规划技术研发金坛示范应用基地

◎ 2016—2020 年度全国科普示范县（市、区）总评评估优秀

◎“互联网 +”农产品出村进城试点县

◎ 金坛区综合医改工作名列全省 53 个县市（区）第五名

◎ 2021 年度江苏省自然资源节约集约利用模范县（市、区）

◎ 第三批江苏省生态文明建设示范县（市、区）

◎ 江苏省第三批书香城市建设示范市（县、区）

7月26—28日，中国共产党常州市金坛区第十四次代表大会在市民中心召开

（区融媒体中心　供）

区委书记陆秋明在中共常州市金坛区第十四次代表大会上，作题为《加速同城化　加快现代化　全力打造最美新城区最强增长极　奋力谱写“美丽常州金坛样板”新篇章》的报告

（区融媒体中心　供）

9月28日，“华罗庚星”命名仪式在中德（常州）创新产业园举行　　　（区融媒体中心　供）

9月30日，金坛盐穴压缩空气储能国家试验示范项目并网成功　　（韩月峰　摄）

5月28日，由江苏省儿童艺术剧院和江苏大剧院联合出品的原创青春剧《野蜂飞舞》在江苏大剧院首演

（王明玉 摄）

4月18日，2021金坛茅山半程马拉松赛在茅山旅游度假区举行　　　　（区文旅局　供）

12月29日，河海大学常州新校区主体结构完工仪式　　（区融媒体中心　供）

1 月 15 日，中铁二十四局集团承建的南沿江城际铁路金坛段阳山隧道贯通

（区融媒体中心　供）

6月27日，金坛区举办“百年恰是风华正茂”庆祝中国共产党成立100周年歌咏文艺晚会
（朱　顺　摄）

7月14日，金坛区举办“当开路先锋　创交通辉煌”庆祝中国共产党成立100周年金坛交通专场文艺晚会
（区融媒体中心　供）

6月1日，举办庆祝中国共产党成立100周年教育专场文艺晚会　　（区融媒体中心　供）

3月7日，全区党史学习教育动员会议召开　　（区融媒体中心　供）

5月29日，金坛茅山红色旅游产品发布会在茅山半边山下九龙潭公园举行　（王玉华　摄）

花街社区“金色商圈”党员驿站　（王明玉　摄）

5月29日，“百年之春　生活之美”献礼建党百年主题摄影展在半边山下举行

（王玉华　摄）

1月24日，常州市暨金坛区文化科技卫生“三下乡”集中服务活动在小红妈家乡直溪镇举行。图为“小红妈理论巴士”上小宣讲员现场讲解小红妈故事　（区融媒体中心　供）

1

2

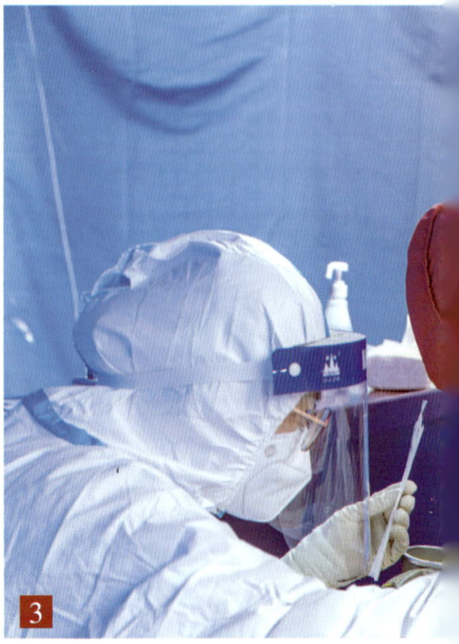
3

1. 3月28日，支援常州疫情防控的医护人员凯旋
（王正祥　摄）
2. 8月6日，全区首次全域核酸检测演练在儒林镇开展
（陈　俊　摄）
3. 全员核酸检测
（王正祥　摄）
4. 新冠肺炎疫苗接种
（王玉华　摄）
5. 疫情防控卡口检查
（王明玉　摄）

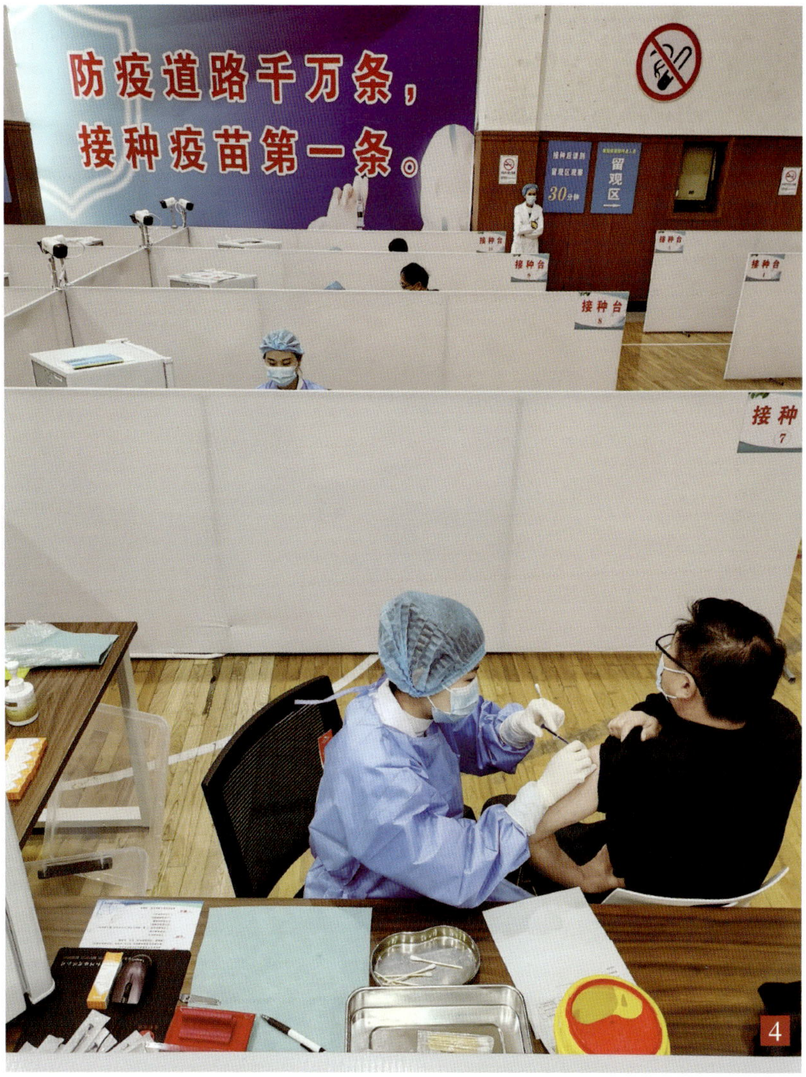

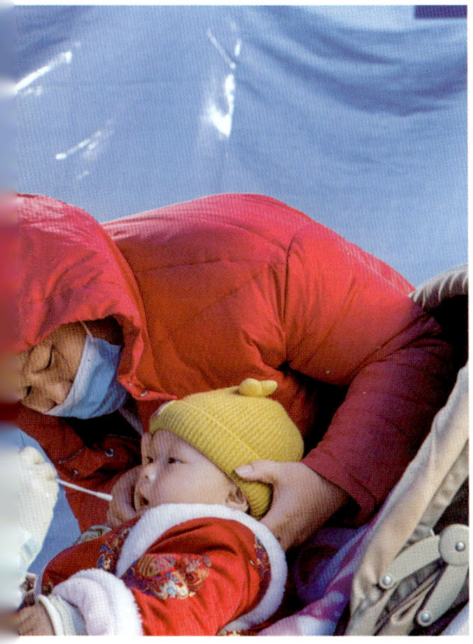

1

2

3

4

1. 2月8日，省级华罗庚高新区高质量发展暨全区科技创新平台建设推进 （区融媒体中心 供）
2. 3月31日，太一光伏科技（常州）有限公司光伏组件项目开工仪式 （区融媒体中心 供）
3. 11月6日，建设中的南沿江城际铁路 （徐开仑 摄）
4. 完工后的“渔光一体”项目 （王正祥 摄）
5. 2月28日，2021年常州市重大项目集中开工季活动暨中航锂电三期项目开工仪式（区融媒体中心 供）
6. 蜂巢能源项目厂区外景 （王明玉 摄）

金坛区重大项目集中签约
暨常宝股份PQF产线竣工投产仪式
Signing Ceremony of Key Industrial Projects of Jintan District
Changbao Steel Tube PQF Production Line Completion and Commissioning Ceremony
MOVE FORWARD WITH PRECISION
1

CALB战略发布会正式启动
CALB
2

3

4

5

1. 6月18日，金坛区重大项目集中签约暨常宝股份PQF产线竣工投产仪式
（区融媒体中心　供）
2. 11月17日，中创新航CALB战略发布会召开
（区融媒体中心　供）
3. 金旺智能管理
（区融媒体中心　供）
4. 11月17日，江苏省动力及储能电池制造业创新中心筹运启航
（区融媒体中心　供）
5. 12月28日，常州华科创业投资基金成立
（区融媒体中心　供）
6. 工业数字化转型
（区融媒体中心　供）

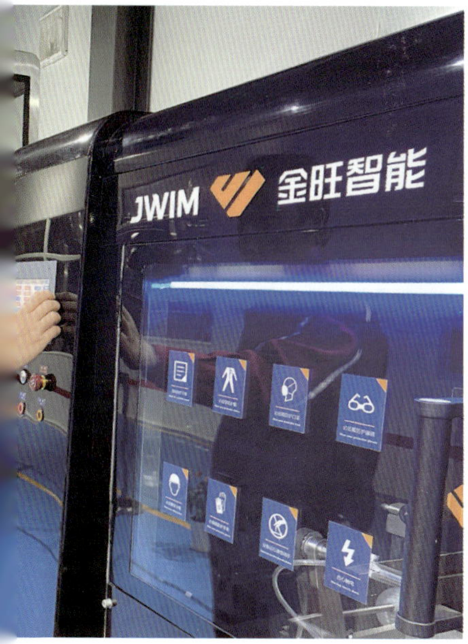

6

宜居金坛　　（徐开仑　摄）

夜色中的市民中心　　（王正祥　摄）

金坛经济开发区　　（区融媒体中心　供）

旭日中的金坛新城　　（徐开仑　摄）

长荡湖国家级水产种质资源保护区　　（于志强　摄）

茅山旅游度假区乾元观　　（徐开仑　摄）

金沙湾高尔夫乡村俱乐部　　（王正祥　摄）

薛埠镇一号农场　　（李志兵　摄）

尧塘街道居住区鸟瞰　（潘忠一　摄）

指前镇解放村　（王正祥　摄）

直溪镇天湖村　　　　（徐开仑　摄）

儒林镇柚山宕口　　　　（王正祥　摄）

6月17日，举办2021美丽中国行旅游高质量发展（金坛茅山）论坛暨全国主流媒体采风活动启动仪式 （区融媒体中心　供）

6月11日晚，“宜居金坛　约惠美好”第二届金坛嗨购节在吾悦广场启动

（李鹏宇　摄）

7 月 11 日，“中国青年五四奖章”获得者丁良浩（左六）到家乡金坛区作报告，会后为参会代表赠书

（区融媒体中心 供）

12 月 16 日，举行 2021 年“清华大学博士生走进金坛”系列社会实践活动

（区融媒体中心 供）

国家级非物质文化遗产项目——金坛抬阁　　（王正祥　摄）

国家级非物质文化遗产项目——龙舞（直溪巨龙）　　（徐开仑　摄）

目　录

特　载

大事记

区情概览

中共常州市金坛区委

常州市金坛区人民代表大会

常州市金坛区人民政府

政协常州市金坛区委员会

纪检监察

民主党派·群众团体

法治·军事

开放型经济

科学技术

工　业

农业和农村

商贸服务业

金　融

城乡建设与管理

自然资源和生态环境

综合管理

区属国有公司

教 育

文化·旅游·体育

卫生健康

社会生活

镇·街道

人 物

荣誉栏

统计资料

附 录

索 引

加速同城化 加快现代化
全力打造最美新城区最强增长极
奋力谱写“美丽常州金坛样板”新篇章

——在中国共产党常州市金坛区第十四次代表大会上的报告（摘要）

（2021 年 7 月 26 日）

陆秋明

中国共产党常州市金坛区第十四次代表大会，是在“两个一百年”历史交汇、开启全面建设社会主义现代化国家新征程的关键时刻，在“十四五”开局起步、金坛跨越发展的关键阶段召开的一次十分重要的会议。大会的主要任务是：高举中国特色社会主义伟大旗帜，深入贯彻党的十九大和十九届二中、三中、四中、五中全会精神，深刻领会习近平总书记在庆祝中国共产党成立 100 周年大会上的重要讲话精神，回顾总结过去五年的发展成就，研究部署未来五年的目标任务，选举产生中国共产党常州市金坛区第十四届委员会和第十四届纪律检查委员会，团结带领全区各级党组织和广大党员、干部群众，凝心聚力谋发展，锐意进取开新局，奋力谱写“美丽常州金坛样板”新篇章。

一、过去五年工作回顾

过去的五年，是极具挑战、极不平凡、极富成效的五年，是打开格局、快速发展、追赶超越的五年。在党中央、省委和常州市委的正确领导下，我们紧紧围绕区第十三次党代会确定的发展战略，解放思想、开拓创新，苦干实干、奋勇争先，实现了“十三五”的圆满收官。

（一）*跨越发展步履坚实*。锚定“在苏南板块快速崛起”奋斗目标，推动经济发展量质齐升。“十三五”末，全区实现地区生产总值 973.2 亿元，是“十二五”末的 1.9 倍，可比价年均增长 10.2%；完成一般公共预算收入 55.8 亿元，是“十二五”末的 1.5 倍，年均增长 9.4%。经济总量增幅连续多年位居常州各板块、苏南各县市区前列，成功迈入苏南发展第二方阵，全国百强区排名提升 57 位。工业经济规模不断壮大，实现工业应税销售收入 1625 亿元，是“十二五”末的 2.3 倍，规模以上工业总产值突破 1300 亿元。现代服务业水平快速提升，建成金沙科技金融中心、吾悦广场、新天地等一批综合体，东方盐湖城·道天下、花谷奇缘跻身国家 AAAA 级旅游景区，创成省级全域旅游示范区。农业产业结构优化升级，粮食生产率先实现全程机械化，国家农业科技园区获批建设，农业现代化水平稳居全省第一方阵。

（二）发展格局纵深拓展。准确把握发展阶段，系统谋篇布局，高位统筹推进，构筑起跨越发展的战略支撑。坚持规划引领，初步建立以总体规划为引领、相关专项规划为支撑的国土空间规划体系。区域融合步伐加快，积极融入长三角一体化，正式加入南京都市圈，常金一体提速推进，常州西部新城区雏形初现。通勤能力快速提升，南沿江城际铁路、高铁枢纽建设全面推进，镇宣铁路线型基本确定，茅山旅游大道、长荡湖旅游大道、233国道、265省道等主干道路建成通车，外联内畅的综合立体交通网加快构建。重点板块竞相发力，金坛经开区排名大幅提升，华罗庚高新区获批省级高新区，茅山旅游度假区稳居省级旅游度假区前三，长荡湖旅游度假区建设拉开序幕。

（三）两个加快成效彰显。坚持以两个加快为第一抓手，以项目质量为第一标准，成功实践“引进龙头项目、形成特色产业、推动高端发展”模式。项目引进卓有成效，“十三五”期间共签约引进项目844个，其中协议投资额超30亿元或3亿美元项目22个，超50亿元或5亿美元项目9个，超100亿元或10亿美元项目2个，24个项目列入省重大项目。项目建设成果丰硕，累计完成工业实际投入982亿元，中航锂电、蜂巢能源、信维通信、东方日升等落户投产，“三新一特”产业规上应税销售收入占据全区半壁江山，成为长三角新能源汽车、光伏产业链最长最全的地区之一。对外开放取得突破，持续举办全球招商网络大会和“三新一特”产业发展峰会，签约引进外资项目53个，协议投资总额43亿美元，其中德资项目19个，协议投资总额6.8亿美元，中德（常州）创新产业园被认定为首批“江苏省国际合作园区”，获批江苏自贸区联动创新发展区。

（四）改革创新提效破局。聚力改革破除机制障碍，聚焦创新突破瓶颈制约，保障服务发展更加有力。城乡融合稳步推进，被列入首批国家城乡融合发展试验区。千方百计争取发展空间，开展全域土地综合整治，加大低效用地再开发、工矿废弃地复垦、城乡建设用地增减挂钩等力度，累计新增规划空间规模4.7万亩、建设用地指标5.4万亩。持续深化国有企业改革，市场化运营迈开新步，政企界限更加分明、主责主业更加清晰、运行机制更加健全。多措并举推进政府隐性债务化解，总量从严管控、结构不断优化。稳妥有序完成党政机构改革、镇街道“三整合”改革以及综合执法改革、事业单位改革，调整完善区与镇、街道、园区财政管理体制，持续为基层发展赋权赋能。纵深推进“放管服”改革，获评全省营商环境评价先进地区。创新发展全面提速，高新技术企业、省级以上“三站三中心”总数分别达227家、63家，分别是“十二五”末的3.5倍、1.7倍，中航锂电、蜂巢能源获评独角兽企业，市场活力和创新动力不断迸发。

（五）城乡面貌显著改善。统筹推进“精致城、特色镇、美丽村”建设，打造城乡融合、宜居宜业的现代城市。坚持把中心城区功能做优、品质做高、环境做美，滨湖新城开发建设全面提速，图书馆、城市形象馆等功能项目建成投用，钱资湖大桥建成通车助力跨湖发展。金沙老城改造更新有序推进，常态化开展文明城市建设和城市长效管理，完成道路改扩建9条、老旧小区改造7个，雨污分流改造三年行动计划全面启动，居住环境进一步改善。大力实施乡村振兴战略，精心开展农村人居环境整治和美丽乡村建设，建成省级特色田园乡村4个，仙姑村获评首批全国乡村旅游重点村。加快补齐水利短板，城市防洪大包围基本形成。坚决打好污染防治攻坚战，关停化工生产企业38家、“散乱污”企业319家，环境质量持续向好。加大茅山生态修复力度，长荡湖水环境综合治理成效显著并创成国家湿地公园，美丽金坛展现新形象。

（六）民生福祉持续增进。坚持以人民为中心的发展思想，加大民生投入力度，共建共享发展成果。扎实推进富民增收，就业创业成效明显，城乡居民人均可支配收入分别为“十二五”末的1.4倍和1.5倍。深入开展“阳光扶贫”、结对帮扶等活动，经济薄弱村造血功能显著增强，农村建档立卡低收入人群全部脱贫。稳步提升社会保障水平，城乡居民基础养老金、基本医疗保险与常州主城区逐步接轨，养老服务、社会救助等体系更加完备。着力改善教育医疗条件，新、改（扩）建学校23所、医院5所，华罗庚中学、第一人民医院投入使用，河海大学常州新校区加快建设。大力实施文体惠民工程，基层综合性文化服务中心实现全覆盖，华罗庚艺术团挂牌省儿童艺术剧院，茅山山地半程马拉松赛成为金牌赛事。有力维护社会和谐稳定，创新推进网格化社会治理，全面落实安全生产责任制，成功应对特大洪涝灾害、新冠肺炎疫情等大灾大考，扎实开展扫黑除恶专项斗争和政法队伍教育整顿，实现省双拥模范城“五连冠”，连续16年获评“江苏省平安县（市、区）”。

（七）党的建设全面加强。深入贯彻新时代党的建设总要求，坚定不移推进全面从严治党。坚持以习近平新时代中国特色社会主义思想定向领航，认真学习贯彻习近平总书记视察江苏重要讲话指示精神和在庆祝中国共产党成立100周年大会上的重要讲话精神，精心组织“两学一做”学习教育、“不忘初心、牢记使命”主题教育、党史学习教育，切实增强“四个意识”，坚定“四个自信”，做到“两个维护”。区融媒体中心建成运营，进一步巩固壮大主流思想舆论。全面落实党管干部原则，牢固树立崇尚实干的用人导向，面向全球选拔紧缺人才，举办“金沙大学堂”50讲，健全完善考核体系，充分激发党员干部内生动力。着力建强基层组织堡垒，顺利完成村（社区）“两委”换届，深化实施村干部专职化管理，做优机关“先锋支部”、园区党群服务矩阵等党建品牌。强化正风肃纪反腐，层层压实“两个责任”，坚决纠治“四风”问题，完成省委巡视反馈问题整改，本届区委巡察实现全覆盖。切实发挥区委总揽全局、协调各方的作用，支持人大、政府、政协履行职责，推动统战、群团等各项工作取得新成效，不断汇聚起跨越发展的磅礴合力。

成就策励未来，经验历久弥新。这五年，抓党建引领，我们坚如磐石。唯有上下同心，方能行稳致远。坚持和加强党的全面领导，谋划战略布局，打开发展格局，弘扬苦干实干、涵养正气大气、激励担当作为，依靠金坛人办好金坛事，努力争创更多“第一”“唯一”。这五年，抓产业强区，我们坚定不移。唯有久久为功，方能善作善成。始终坚持实体为本，保持战略定力和发展耐心，锚定“两个加快”不动摇，培优“三新一特”不松劲，提升“四到服务”不懈怠，推动产业迈向高原、形成高峰。这五年，抓改革创新，我们坚韧不拔。唯有革故鼎新，方能激流勇进。打破守成心态、惯性思维、路径依赖，以改革突破瓶颈，以创新破解困局，注重运用市场化手段释放潜能，集中精力攻克制约发展的战略性、全局性、体制性难题。这五年，抓生态建设，我们坚持不懈。唯有坚守本底，方能基业长青。树牢“生态优先、绿色发展”理念，以大决心攻坚污染防治，花大功夫推进生态治理，下大气力淘汰落后产能，全力守护山水资源，厚植生态优势，提升发展成色。这五年，抓民生改善，我们坚定不渝。唯有造福百姓，方能赢得民心。紧扣群众关切，加大民生投入，办好民生实事，优化公共服务供给，提高现代治理效能，用实干为民取得群众理解信任，用发展惠民赢得群众拥护支持。

肯定成绩的同时，我们应当清醒地认识到，面向未来发展，我区依然面临诸多不足和挑战，主要表现为：一是经济规模总量偏小，新兴产业尚未实现爆发式增长，经济发展与先发地区差距有拉大的趋势，“补课式”“追赶式”发展尚未结束；二是产业创新步伐不快，企业科技创新、自主创新水平较低，创新资源要素集聚不足，上市主体较少，产业创新发展的良好生态有待持续营造；三是城市功能水平较低，教育、医疗、文化等服务质量距群众所需所盼仍有一定差距，城乡规划建设品质有待进一步提升，引人留人的城市魅力尚显不足；四是资源要素制约趋紧，有限资源节约集约利用水平不高，用地保障、环境容量、能耗指标等供需矛盾日益突出，债务总量偏大、结构不优等问题制约着我区下一步持续快速发展；五是干事创业劲头减弱，少数党员干部产生了松口气、歇歇脚的念头，进取精神、担当意识、落实力度有所下滑，全面从严治党需不断巩固提升。这些问题必须引起我们的高度重视，切实采取有力措施，在新一轮发展中积极应对和有效解决。

二、打造最美新城区、最强增长极，奋力谱写“美丽常州金坛样板”新篇章

善弈者谋势，善谋者致远。“十三五”是金坛撤市设区首个五年，我们通过“接轨常州主城区、推动发展新跨越”，成功跻身苏南发展第二方阵。未来五年，我们要立足新发展阶段、贯彻新发展理念、构建新发展格局，积极融入长三角一体化发展战略，抢抓上海大都市圈、南京都市圈、苏锡常都市圈叠加发展机遇，在常州“国际化智造名城、长三角中轴枢纽”发展定位引领下，进一步放大我区长三角几何中心区位优势，成为“两湖”创新桥头堡、产业重要承载地，拓展更大发展空间，集聚更多优质资源，努力成为创新创业创造的新高地、宜居宜业宜游的幸福城。

打造最美新城区、最强增长极，就是要摒弃郊区思维，突破县域经济，在常金同城化、发展现代化中放大规模效应，构筑常州主城拓疆的全新版图、活力空间，形成支撑常州发展的关键变量、重要增量。要牢牢把握常州“532”发展战略，全方位对接长三角交通中轴、创新中轴、产业中轴、生态中轴、文旅中轴建设，持续发挥区位、空间、产业、生态、人文优势，统筹落实“用好山水资源，做强现代产业，提升城市功能，打造美丽常州新样板”具体要求，加快同城步伐、强化协同联动，全力推进“两湖”创新区建设，努力把金坛建设成为“创新之区、时尚之都、活力之源”。

（一）交通同城互联。交通互联是同城先导。依托一批高等级、标志性重大交通项目的突破，加密与常州主城区的路网，加强与毗邻地区的衔接，加快与长三角中心城区、节点城市的通勤，更好服务交通中轴建设。对标常州长三角现代物流中心建设，在全市布局中，发挥优势、抢占先机，发展枢纽经济，成为重要物流基地。

（二）产业同城协作。产业协作是同城支撑。提升主导产业内部协同能力和集聚水平，培育更多龙头企业、隐形冠军、上市公司，形成一批城市名片企业、行业标杆企业和具有市场话语权的地标产业。融入长三角产业分工合作，服务协作产业中轴建设，取得战略性新兴产业、先进制造业布局突破，促进农业现代化和现代服务业高端发展，做优增量经济，做强现代产业。

（三）创新同城并进。创新并进是同城引擎。围绕常州长三角产业科技创新中心建设，深化创新政策系统集成，集聚更多高端创新资源，更强赋能主导产业跃升。培植科教资源优势，主动接受上海、南京都市圈创新协同辐射，承接一批长三角科技创新共同体建设项目，推动“两湖”创新区建设，实现区域创新俱进。

（四）生态同城联建。生态联建是同城内涵。加强毗邻地区生态协同治理，构建“山水林田湖草”生态保护修复机制，加快绿色转型发展，建设公园城市，支撑生态中轴建设。用好山水资源，以全域旅游为引领，推动文化和旅游相互赋能，成为文旅中轴建设重要承载地，打造常州长三角休闲度假中心最美窗口。

（五）民生同城共享。民生共享是同城根本。以人为本优化民生供给，建立健全城乡融合发展体制机制，在常州建设城乡融合发展示范区中走在前列。争取常州主城区优质资源要素向金坛延伸布局，提升城市功能，打通体制机制壁垒，强化市民同城观念，构建“共治共享、同标同质”的同城生活圈。

三、今后五年总体要求和重点工作

今后五年全区工作的总体要求是：以习近平新时代中国特色社会主义思想为指导，深入贯彻党的十九大和十九届二中、三中、四中、五中全会精神，坚持党的全面领导，坚持以人民为中心，坚持新发展理念，坚持深化改革开放，坚持系统观念，坚持“产业强区、工业立区、项目兴区”，坚持不懈攻坚重大项目，坚定不移推进改革创新，大力弘扬“自强不息、勇攀高峰”的华罗庚精神，苦干实干、接续奋斗，全面加速同城化、加快现代化，全力打造最美新城区、最强增长极，奋力谱写“美丽常州金坛样板”新篇章。

今后五年全区经济社会发展的主要目标为：累计工业实际投入确保1000亿元、争取1200亿元；到2025年，工业应税销售收入确保3500亿元、争取4000亿元，一般公共预算收入确保100亿元、争取120亿元，地区生产总值确保1500亿元、争取1600亿元，居民人均可支配收入增幅高于经济增长率。

根据总体要求和主要目标，重点推进以下五个方面工作。

（一）构建开放新格局

更高水平开放，是构建新发展格局的强大动力。要深度融入区域经济一体化，推动我区规划定位更准、坐标定位更显、角色定位更优，在构建开放新格局中谋求协同发展、特色发展。

规划引领新发展。统筹全域布局，积极对接省、常州市国土空间总体规划，清晰界定“三区三线”、全力争取发展空间，精准优化全区空间布局、产业布局、功能布局，加快形成国土空间开发保护利用一张图。细化片区设计，深化“两湖”创新区规划衔接，借鉴深圳、上海、苏州等先进城市规划经验，高标准编制“三城三区（金沙老城、钱资新城、科教名城，经开区、高新区、旅游度假区）”重点片区规划，水系、交通等专项规划，逐步实现详细规划全覆盖，做到城区、园区、景区相融合，形态、业态、生态相统一。推动规划落地，提高制定规划、理解规划、实施规划的能力，开展城市体检，建立规划实施评估和动态更新机制，保证规划合法性和延续性。

厚植交通新优势。加快构建综合立体交通网，南沿江城际铁路建成通车，力争镇宣铁路南延开工建设，争取城际铁路、市域郊铁路、地铁衔接贯通，推动实施阜溧高速、常金快速、233国道南延等外联互通工程，持续增强金坛港航运功能。稳步推进常金公交一体化，统筹智慧交通、公交客运、公路驿站等建设，优化城市慢行、微循环系统，有序实施县道大中修、四好农村路等工程，完善通达便捷的城乡交通体系。高品质建成高铁枢纽，完善接驳换乘系统，集聚仓储服务、跨境物流、城市配送等多种物流资源，培育壮大枢纽经济，推动人流、物流、资金流、信息流在金坛富集。

激发板块新活力。创新落实金坛经开区、华罗庚高新区直管区、共建区管理体制，经开区努力创建国家级经开区，高新区实现千亿园区、重点支撑，带动各镇现代产业园联动发展，推动“一区多园”深度融合。推进直溪、朱林、指前中心镇特色发展，促进金城、薛埠、儒林区镇融合发展，做强东城、尧塘、西城街道城市经济，推动以产兴城、以城促产、产城融合。探索中德（常州）创新产业园自贸联创区建设，创新投资、贸易、金融和综合监管等举措，努力扩大中日、中韩等国际合作新版图，不断增强对外开放活力。茅山旅游度假区努力创成国家级旅游度假区，长荡湖旅游度假区开启科教名城建设新征程。加快国家农业科技园区实体化运作，积极争创省级农业高新技术产业示范区。

（二）提升发展硬实力

实体经济是经济社会发展的压舱石。要以高端化、智能化、绿色化、服务化、国际化、品牌化为方向，加快构建现代产业体系，着力壮大实体经济，进一步彰显竞争优势、发展胜势。

持续攻坚重大项目。聚焦创新型、服务型、开放型、总部型、流量型“五型经济”发展，围绕“微笑曲线”两端，推进产业链招商、基金招商、委托招商、以商引商等多元化招商，加大对德、韩、日等国家和地区的招商力度，保持重大项目落地增势，加快集聚更多国内外头部企业，持续培育壮大市场主体。精心办好全球招商网络大会、乡贤大会等投资促进活动，持续提高金坛茅山、长荡湖产业发展峰会影响力，全力营造“大抓项目、抓大项目”的浓厚氛围。完善项目集体评审机制，把好项目产出贡献关、安全环保关、规划契合关，大力度推进低效用地整治、产业用地更新，将有限土地空间、环境容量释放给重大项目、优质项目。优化“月通报、季观摩、年考评”项目推进机制，加大全程跟踪服务力度，全面提高项目建设质效。

全面提升企业实力。深入实施工业经济高质量发展“十百千计划”，重点支持中航锂电、东方日升、信维通信等企业迈上百亿台阶。加大企业股改上市支持力度，推动中航锂电、蜂巢能源、牛创新能源等更多企业登陆资本市场。坚持市场化方向，深入实施金坛控股、金坛建设等区管国有企业改革，积极稳妥推进国企混改，实现以管企业为主向管资本为主转变，切实增强市场竞争能力。鼓励建筑业企业联合重组、抱团发展，引导城东建设、苏南建筑等企业瞄准高端建筑市场，提升专业施工能力，积极争创“鲁班奖”。全面落实各项惠企政策，常态化开展政银企对接活动，运用各类金融工具，支持实体经济高质量发展。持续深化“放管服”改革，提高“四到服务”成效，锻造政务服务“金钥匙”，构建亲清新型政商关系，全力打造一流营商环境。

有力提升产业层次。围绕“三新一特”为主的“五新产业（新能源、新基建、新能源汽车、新医药、新智能）”发展壮大，加快建链补链强链，全力培育科技型、效益型、规模型、龙头型企业集群，推动企业链内深度协同、跨链广泛合作，力争新能源汽车、光伏产业实现千亿突破。围绕传统产业转型升级，淘汰落后产能，鼓励金昇、晨风等企业加快数智转型，持续迈向产业链、价值链中高端。围绕战略性新兴产业发展趋势，超前布局氢能与储能、智能网联汽车、第三代半导体等未来产业，努力培育更多爆发力强、成长性好的新增长极。围绕现代服务业跨越提升，大力发展现代金融、工业设计、跨境电商等生产性服务业，丰富多元化的体验经济、共享经济、夜间经济，全力催生新业态、焕发新生机。

（三）增强创新驱动力

未来的竞争是创新的竞争。要牢固树立创新发展理念，更大力度实施创新驱动发展战略，全力推动发展动力由投资拉动转向投资拉动与创新驱动并举，努力抢占新一轮跨越发展制高点。

培育硬核引擎。加大科技创新项目引育力度，鼓励支持飞荣达、信维通信、贝特瑞等企业设立新型研发机构、组建创新联合体，助推企业产品科技创新、迭代更新。积极筹建华罗庚实验室，加快推进河海大学长荡湖科技园、中国（常州）德国中心和华罗庚产业科技创新中心等平台建设，探索在京沪深等重点城市布局“离岸孵化器”，吸引集聚更多创新项目和科技成果。借力河海大学常州新校区科教资源，加强与“双一流”高校联办孵化器，加快组建金坛产业联合大学，打造科创新中心、产学融合区。

构筑人才高地。紧扣产业技术创新、企业生产运营、教育医疗事业等领域，综合运用猎头引才、资本引才、以才引才等模式，面向海内外广纳科技领军型、专业技术型、学科带头人等紧缺高层次人才。严格兑现“金礼遇·才无忧”人才服务二十条，促进河海大学常州新校区毕业生留坛就业创业，提供落户安居、医疗卫生、子女教育等多层次服务，为人才创新创业、安居乐业创造贴心环境。建立人才创业投资引导基金，举办各类创新创业大赛和投融资对接活动，完善人才激励机制和培养体系，为各类人才服务金坛发展提供广阔舞台。

营造创新生态。优化科技资源配置方式，推进体制机制改革，大力发展研发设计、技术交易、检验检测、创投孵化等科技中介服务，切实为科研主体提供便利、让科研人员放开手脚。健全金融支持创新体系，加快推进“龙城金谷”西区建设，像招商引资一样“招金引基”，通过基金引导、风险补偿、财政奖励等方式，吸引境内外天使投资、创业投资、风险投资等机构落户金坛，丰富金融工具，支持服务实体经济，提供更多覆盖全生命周期的投融资服务。创造宽松包容社会环境，积极探索构建激励创新宽容失败机制，大力弘扬科学精神、工匠精神，持续凝聚起创新发展的最强合力。

（四）绘就城乡新图景

城乡面貌是综合实力的展示窗口。要坚持以人的城镇化为核心，推动老城与新城相得益彰、城市与乡村融合互补、建设与管理互促并进、人文与自然交相辉映，让“美丽常州金坛样板”更加名副其实。

彰显城市魅力。精致建设钱资新城，加快构建金山路科教走廊和钱资湖生态绿廊，完善商业综合体、酒店集群、邻里中心等现代商圈，进一步集聚商气人气，打造具有滨湖特色、富有现代气息的“城市客厅”；精心策划高铁片区，打造水站相融、站城一体的“城市门户”。精细提升金沙老城，大力推进城市有机更新，推动老旧小区改造和空间腾退，有序实施雨污分流三年行动计划，启动精品街道、美丽街区建设，打造传承历史文脉、保留居民记忆的“城市展馆”。精美绘制科教名城，积极培育总部经济、数字经济、众创空间等城市经济形态，营造现代化、多元化消费场景，打造亲水生态、活力迸发的“城市窗口”。

推进乡村振兴。促进城乡深度融合，以国家城乡融合发展试验区建设为引领，搭建城乡产业协同发展平台，基本打通城乡生产要素双向自由流动的制度通道，形成农村集体经营性建设用地入市、科技成果入乡转化等体制机制成果，强化以城带乡、以工补农。推动乡村产业振兴，坚决遏制耕地“非农化”、防止“非粮化”，不断提升农业产业化、规模化、科技化、品牌化水平，深化“企业＋集体＋农户”利益联结机制，有力带动强村富民。精心培育特色镇区，完善镇区功能，通过规划引领、公共政策、公共服务引导散居村民向集镇、规划发展村集聚。推进城乡基础设施一体化建设、公共服务区镇村统筹，着力把镇区建成服务镇村居民的区域中心。支持直溪镇加快推进经济发达镇建设。实施乡村建设行动，科学稳妥推进农村住房条件改善，持续提升农村人居环境质量，差异化引导村庄建设，打造一批美丽乡村示范项目，让“美丽经济”更好赋能乡村振兴。

用好山水资源。打响特色品牌，深入挖掘茅山千年底蕴、道教养生、盐矿储藏等资源禀赋，充分发挥长荡湖秀水美景、湖鲜美食、历史美名等独特优势，推动文旅、体旅、农旅、产旅、城旅、科旅融合发展，积极争创国家全域旅游示范区。狠抓生态治理，深入打好蓝天、碧水、净土三大保卫战，从严落实河湖长制、断面长制、林长制，严格执行“三线一单”、长江流域退捕禁捕等刚性约束，坚定走好绿色发展之路。美化生态空间，树立“全城皆景区、全域大花园”理念，推进公园城市、生态绿城建设，高品质打造城际铁路沿线“都市田园风光带”，积极争创国家生态文明建设示范区。

（五）推进治理现代化

围绕统筹发展和安全示范区建设目标，提高民生保障和本质安全水平，推进基层治理体系和治理能力现代化，真正实现高质量发展、高水平安全、高品质生活和高效能治理的良性互动。

提升公共服务水平。完善教育管理体制机制，在教育资源布局、社会力量办学、教师队伍建设等方面加快探索创新，推动学前教育普及普惠、义务教育优质均衡、高中教育强基提质、职业教育特色创新，重塑金坛教育品牌，办好人民满意教育。加快“健康金坛”建设，推进第一人民医院等与知名医院合作，积极筹办河海大学医学院，稳步提升基层医疗服务能力，让金坛人民享受到更加优质的医疗服务。全面提升公共文化服务体系建设水平，持续完善多层次、全覆盖的社会保障体系，扩大养老托育服务有效供给，提高就业质量和人民收入水平，推动共同富裕取得更为明显的实质性进展。

增强基层治理质效。进一步健全基层治理体系，提升社会化、法治化、智能化、专业化水平，打造共建共治共享的社会治理格局。完善“大数据＋网格化＋铁脚板”治理机制，深入推进“警格＋网格”双网融合，加强人防、物防、技防建设，优化升级立体化、智能化社会治安防控体系。全面深化依法治区，一体推进法治金坛、法治政府、法治社会建设，构建规范高效的依法行政体制、公开透明的执法司法机制、公平正义的法治保障体系。扎实开展重点领域突出信访问题专项治理行动，完善纠纷多元化解、联动应急处置机制，最大限度将矛盾纠纷防范在源头、化解在基层。强化基层智慧治理能力建设，健全完善城乡管理长效机制，加强新时代文明实践中心、所、站建设，在“创建文明城”中“培育文明人”，全力争创全国文明典范城市。

筑牢公共安全屏障。健全公共卫生防控体系，毫不松懈做好常态化疫情防控工作，持续抓好新冠疫苗接种，确保疫情不出现反弹。树牢安全发展理念，高标准完成“三年大灶”各项任务，坚决遏制重特大生产安全事故发生。严密防范化解政府债务风险，把牢合规融资、合规担保、合规投资关口，持续压降政府性债务规模。坚持底线思维，更好统筹发展和安全，高度警惕食品药品、生态环境、极端气候等领域风险，常态化开展扫黑除恶斗争，深化平安金坛建设，让城市更安全、社会更安定、人民生活更安心。

四、以高质量党建引领高质量发展

中国共产党是我们各项事业的领导核心。必须始终坚持和加强党的全面领导，大力弘扬伟大建党精神，把学习习近平总书记“七一”重要讲话精神的成果，转化为奋进新征程、建功新时代的实际行动，为奋力谱写“美丽常州金坛样板”新篇章提供坚强的政治保证和组织保证。

（一）着力构造把关定向的领导机制。坚持和完善区委总揽全局、协调各方的领导制度体系，支持人大、政府、政协依法依章履职，支持法院、检察院依法独立行使职权，形成同频共振、同心勠力的良好局面。全面加强区委常委会自身建设，不断提高把方向、谋大局、定政策、促改革的能力和定力，充分发挥深改委、网信委、依法治区委等议事协调机构的作用，把党的领导贯彻和体现到改革发展稳定的各个领域。完善区委统筹推进改革创新、全面研究经济社会发展战略、定期分析经济形势、研究重大决策的工作机制，提升制度的执行力和落实力，确保党中央、省委和常州市委各项决策部署在金坛落地生根。

（二）全力塑造信念如磐的精神风貌。始终把党的政治建设摆在首位，深入学习贯彻习近平新时代中国特色社会主义思想，引导党员干部在增强“四个意识”，坚定“四个自信”，做到“两个维护”上知行合一，在执行党的路线方针政策上坚决彻底。扎实推进“不忘初心、牢记使命”制度建设，办优办强“金沙大学堂”等载体，推动党史学习教育、党性修养锤炼常态化，始终把稳思想之舵、筑牢信仰之基。压紧压实意识形态工作责任制，加强网络空间、文化阵地、校园宗教等领域的建设和管理，牢牢掌握意识形态工作领导权、主动权和话语权，提高新闻舆论的传播力、引导力、影响力、公信力，集聚推动发展的正能量。注重以德润物、以文化人，扩大对外宣传推介，讲好金坛故事、发出金坛声音，全方位提振干部精气神、展示城市新气象。

（三）聚力锻造堪当重任的干部队伍。围绕建立干部工作“五大体系”，做到一盘棋谋划、一张网布局，统筹推进领导班子和干部队伍建设。坚持德才兼备、以德为先、任人唯贤、人事相宜，拓宽选人用人视野，坚持五湖四海，加大干部交流力度，强化树立注重基层、注重实践、讲担当重担当的用人导向。加大年轻干部使用力度，用好各年龄段干部，打造当下有活力、发展有潜力、未来有竞争力的“橄榄型”干部梯队。加强干部思想淬炼、政治历练、实践锻炼、专业训练，推进日常管理体系化建设和政治监督，推动干部履职尽责、担当作为。建立完善贯彻新发展理念、符合正确政绩观的考核体系，更好发挥平时考核和专项考核作用，落实完善正向激励机制，加强对敢担当善作为干部的激励保护，切实推动能者上、优者奖、庸者下、劣者汰。

（四）倾力打造基础稳固的战斗堡垒。深入开展“两在两同”建新功行动，推动广大党员牢记初心使命，坚定理想信念，践行党的宗旨。开展“逐村（社区）观摩、整镇（街道）推进、全域提升”工程，优化基层党组织设置，提升新时代机关事业单位、国有企业、“两新”组织等各领域党建工作质量，增强基层党组织政治功能和组织力。深化村干部专职化和社区工作者职业化管理，持续实施“返乡兴村人才计划”，提升村（社区）党组织书记综合能力，建强服务群众、富民增收的基层“领头雁”队伍。以组织体系建设为重点，突出“五个基本”，挖掘用好金坛红色资源，打造“映山红”全域党建示范圈，巩固扩大先锋示范效应，引领基层单元高质量发展和高效能治理。

（五）致力营造风清气正的政治生态。严格落实全面从严治党主体责任和监督责任，强化对“一把手”和领导班子的监督，用好监督执纪“四种形态”，推进纪律监督、监察监督、派驻监督、巡察监督统筹衔接，推动党内监督与其他各方监督有效贯通，形成常态长效监督合力。健全完善作风建设长效机制，深入开展党的优良传统和作风教育，毫不松懈纠治“四风”，持续整治群众身边腐败和作风问题，让群众获得感成色更足、幸福感更可持续、安全感更有保障。坚定不移深化反腐败斗争，坚持抓早抓小抓经常，推进警示教育常态化制度化，加强廉洁文化建设，严肃查处违纪违法案件，构建一体推进“不敢腐、不能腐、不想腐”的体制机制。

（六）合力创造开放包容的干事环境。坚决破除封闭保守观念，大力营造开放包容、充满活力的社会氛围，更大力度推动对外交流合作，广泛吸纳先进理念和生产要素，全面激发社会各界人尽其才、各尽所能，最大限度增进共识、凝聚力量，尤其是要吸引更多金坛乡贤、金坛资源回乡参与建设。巩固和发展新时期爱国统一战线，充分发挥各民主党派、工商联和无党派人士的参政议政作用，支持工会、共青团、妇联等群团组织创造性开展工作，重视发挥老干部、老同志的积极作用，全力做好民族、宗教、对台、侨务、人民武装等工作，不断聚合最强正能量、画好最大同心圆。

名词解释：

1. 常州“两湖”创新区：位于滆湖与长荡湖之间，依托优质生态资源，突出创新与科研功能，建设以水绿交融为特色的生态型创新示范核心区。引入一流大学、科研院所、重点实验室、企业技术研发中心等创新资源，空间上注重留白与弹性，形成生态赋能型组团空间结构。

2. 常州“532”战略：“五个中轴”指长三角交通中轴、创新中轴、产业中轴、生态中轴、文旅中轴，“三个中心”指长三角产业科技创新中心、现代物流中心、休闲度假中心，“两个示范”指城乡融合发展示范区、统筹发展和安全示范区。

3. 三区三线：“三区”指城镇空间、农业空间、生态空间三类空间，“三线”指城镇开发边界、永久基本农田和生态保护红线三条控制线。

4. 微笑曲线：微笑嘴型的一条曲线，两端朝上，在产业链中，附加值更多体现在设计和销售两端，处于中间环节的制造附加值最低。

5. 三线一单：生态保护红线、环境质量底线、资源利用上线和生态环境准入清单。

6. 两在两同：中共江苏省委开展的“同人民想在一起、干在一起，风雨同舟、同甘共苦，在现代化新征程上建新功”行动。

7. 五个基本：基本组织、基本队伍、基本活动、基本制度、基本保障。

落实“532”战略　推进“五大行动”
坚决扛起“两湖”创新区主战场重任
奋力开创“美丽常州金坛样板”建设新局面

——在区委十四届二次全体会议上的讲话（摘要）
（2021 年 12 月 29 日）

陆秋明

这次会议是我区迈进社会主义现代化建设新征程召开的一次重要会议。主要任务是：深入学习贯彻党的十九届六中全会、中央经济工作会议精神，认真贯彻落实省第十四次党代会、省委经济工作会议、常州市第十三次党代会和区第十四次党代会精神，总结今年工作，明确明年任务，动员全区各级党组织和广大党员、干部群众，进一步统一思想、凝聚共识，落实“532”发展战略，推进“五大行动”，坚决扛起“两湖”创新区主战场重任，奋力开创“美丽常州金坛样板”建设新局面。

一、“十四五”开局良好

今年是我们党成立100周年，是“十四五”开局之年。今年以来，在中央、省委和常州市委的正确领导下，区委全面落实常州“532”发展战略，站位全局、谋篇布局，乘势而上、真抓实干，各项工作取得新进展、新突破，“十四五”发展实现良好开局。

（一）发展格局加速打开。胜利召开区第十四次党代会，绘就了未来五年发展蓝图，明确以加速同城化、加快现代化为路径，以“最美新城区、最强增长极”为定位，打造创新创业创造高地、宜居宜业宜游福地，实现“美丽常州金坛样板”目标愿景。围绕党代会确定的奋斗目标，全区上下抢抓“532”发展战略、“两湖”创新区建设等重大机遇，以更高标准、更严要求推动各项工作，形成了团结一心、奋力拼搏的生动局面。大力推进交通同城互联、产业同城协作、创新同城并进、生态同城联建、民生同城共享，常金同城化发展迈出坚实步伐。按照“东融、南拓、西优、北控”工作思路，加快构建“三城、三区、三个中心镇、三个融合镇、三个街道”空间格局；组建区城市开发建设管理委员会，统筹金沙老城、钱资新城、科教名城“三城”建设；高标准编制重点片区规划，做到城区、园区、镇区、景区相融合，形态、业态、生态相统一，全区发展格局加快系统性重塑。

（二）经济运行平稳向好。预计全年实现地区生产总值超1100亿元，增长9.5%左右；在增值税留抵退税达13亿元的情况下，实现一般公共预算收入60亿元，增长7.5%；实现工业应税销售收入1950亿元，增长26.7%；在2020年增长17.6%的基础上，实现外贸进出口总额

260亿元，增长18%；工业用电量57亿千瓦时，增长28%，中国工业百强区排名攀升至第42位。完成企业直接融资339亿元，蜂巢能源、中创新航双双获百亿级直融，接连刷新全省年度单笔最大融资纪录，携手入选江苏省独角兽企业，鹿山新材料、永臻科技、久诺建材入选江苏省潜在独角兽企业，斯威克入选国家专精特新"小巨人"企业，创健医疗等10家企业入选省级专精特新"小巨人"企业。现代农业和现代服务业发展步伐加快，柚山村美丽乡村示范项目揭牌开园，南顺食品入选国家级农业重点龙头企业；茅山旅游度假区跃居全省考评第二，薛埠镇获评首批全国乡村旅游重点镇，茅山森林世界创成国家AAAA级景区。

（三）*发展动力不断增强*。项目引建卓有成效，签约引进工业项目57个，协议投资总额545.4亿元，其中超100亿元项目1个、超50亿元项目2个、超30亿元或3亿美元项目3个；引进外资项目8个，协议投资总额9.8亿美元；完成工业实际投入305亿元、增长39.6%，中创新航三期、蜂巢能源三期、贝特瑞高镍正极材料等项目加快推进，SK隔膜二期、常宝普莱森特种管材等项目顺利投产，稳妥处置大乘汽车存量资源，牛创新能源全面入驻。重点改革稳步推进，基层政务服务体系更加完善，"放管服"改革链条持续优化，出台集体经营性建设用地入市政策，实现区管国有企业对镇、园区融资平台直接管理，刚性落实政府隐性债务化解任务，规模不断压降、结构不断优化。创新动能加快集聚，省级华罗庚高新区获批筹建，华罗庚创新中心揭牌成立，创成省双创示范基地，世界首座非补燃压缩空气储能电站并网发电，设立总规模100亿元产业创新发展母基金，引进星纳赫等5支产业子基金，人才公寓建设量位居全市首位。

（四）*民生福祉稳步改善*。以深入推进16项民生实事为抓手，着力补齐民生短板。重大基础设施加快建设，南沿江城际铁路完成架梁施工，镇宣铁路与南沿江城际铁路十字共站Ⅰ类变更通过国铁集团审批，荣获"四好农村路"全国示范县。城乡环境不断改善，老旧小区改造、老城雨污分流、城市微更新等工程稳步实施，一污厂建成投用，生活垃圾焚烧发电及飞灰库项目试运行，高铁站房及周边配套道路开工建设，金山路南延跨沪武高速大桥合龙，完成花山等16个被撤并集镇整治，山水林田湖草生态修复试点工程完工，全国文明典范城市创建步履坚实。公共服务水平持续提升，河海大学常州新校区主体结构全面封顶，华罗庚中学新校区等3所学校竣工投用，引进阳光控股教育集团等优质民办教育资源，金坛第一人民医院与上海市第一人民医院合作共建取得实质性进展，公立医院综合改革效果评价位列全省第5名。安全屏障更加牢固，安全生产"三年大灶"扎实开展，事故起数和死亡人数实现"双下降"，疫情全链条常态化精准防控水平不断提高，区域社会治理现代化试点取得实效，发展大局始终保持和谐稳定。

（五）*党的建设持续深化*。弘扬伟大建党精神，以高质量党建引领现代化建设。隆重举办庆祝建党100周年系列活动，认真学习贯彻习近平总书记"七一"重要讲话精神、党的十九届六中全会精神，忠诚拥护"两个确立"、坚决做到"两个维护"。深入开展党史学习教育，在全社会弘扬"自强不息、勇攀高峰"的华罗庚精神，持续办好金沙大学堂、道德讲堂，汇聚起建设"美丽常州金坛样板"强大合力。全面加强干部队伍建设，从严从实做好区镇两级换届选举工作，各级领导班子结构进一步优化、整体功能进一步增强。着力夯实基层基础，扎实开展"两在两同"建新功行动，深化村、社区干部专职化管理，常态化推进"两新"党建"扩面提质增效"行动，编制完成全域党建红色地图。持续推进"两个健康"先行区创建，统战优势效应不断放大。认真贯彻全面从严治党方针，实施"清风护航"行动，一体推进"三不"机制，十四届区委巡察深入开展，自觉接受涉粮问题专项巡视巡察，大力开展政法队伍教育整顿，风清气正的政治生态持续巩固。人大、政府、政协围绕中心、服务大局，积极履职尽责，法院加大企业破产力度，在盘活存量资源上发挥较大作用，检察院、人武、群团等工作取得新成效。

在肯定成绩的同时，我们也要清醒看到，发展中还存在一些薄弱环节：一是发展质量还不够优，产业链、价值链高端项目还不够多，债务、土地、能耗、排放容量等瓶颈制约越发凸显，创新发展有待加速；二是城市能级还不够高，城市品质、公共服务水平与群众对美好生活的向往还有差距；三是干部能力素质还不够强，与打造"最美新城区、最强增长极"的新要求还不相匹配。对此，我们必须高度重视，采取有效措施，加以研究解决。

二、坚决扛起"两湖"创新区主战场重任

省第十四次党代会吹响了"争当表率、争做示范、走在前列"，奋力谱写"强富美高"新江苏现代化建设新篇章的号角，确立了"六个显著提升"目标任务和九个方面重点工作；常州市第十三次党代会系统阐释了"532"发展战略，指明了实施路径，明确了工作重点。省、市党代会精神完整准确全面贯彻了新发展理念，是当前和今后一个时期高质量发展的行动指南。"两湖"创新区正是在这样的背景下应运而生，将绿色作为最鲜明的底色，让创新成为最鲜明的特质，在全省全国的大格局中去思考、去定位、去把握，充分体现了常州的担当和追求。

“两湖”创新区承载着常州的未来和希望，当前正以世界眼光、国际标准高起点规划，以对历史、人民和未来高度负责的态度，举全市之力专班推进，打造生态之城、秀美之城、科技之城、创新之城、青年之城、未来之城，五年成势、十年成形、十五年成城。市第十三次党代会报告提出，要推动环长荡湖特色化发展，加快常金同城化，打造“未来科创城”，这是金坛发展又一重大历史机遇和重要窗口。我们要努力把握新一轮发展最好的“时与势”，将“两湖”创新区作为加速同城化、加快现代化的首要载体支撑，充分发挥我区区位、空间、产业、生态、人文的优势，把握大势、顺势而为、乘势而上，努力在“两湖”创新区建设中画出一条“增益曲线”。

要高站位策划。无论是从主城区资源制约看、从未来增长空间需求看，还是从长三角一体化、扬子江城市群和上海、南京、苏锡常三大都市圈的发展趋势看，都要求我们跳出原有格局开拓新的空间，不走“千城一面”的老路，不搞“摊大饼”式的扩张。要坚持“创新、协调、绿色、开放、共享”理念，瞄准长三角“最美湖湾城、未来科创城”定位，围绕“1358”总体空间结构，与西太湖协同分工、错位发展，以高铁片区、河海大学片区为主体打造科创中心组团，以经开区、华罗庚高新区为主体打造高端产业组团，重点发力“1—100”的应用创新。要在高质量发展背景下，摆脱工业园区发展模式和经营城市开发房地产模式依赖，探索以“五型经济”为主要特征的城市经济发展新范式，让资本、基金、股权成为未来可持续收益，打造创新创业创造高地、宜居宜业宜游福地。

要高起点规划。“两湖”创新区涉及我区三镇、三街道和长荡湖旅游度假区，总面积约570平方公里，是一块生态本底优、产业基础好、创新实力强、发展空间大的宝地。要立下大志向、拉开大框架、做好大规划，充分借鉴现代城市发展的先进理念和先进经验，促进“科产城人”深度融合。要注重深化与全市“两湖”创新区规划的对接，形成适度超前、相互衔接、满足未来需求的规划设计，勾勒一张具有强烈震撼力、得到各方认可、经得起历史检验的发展蓝图。要以“全城皆景区、全域大花园”理念，坚持形态、业态、生态相统一，加快产城融合、城乡融合，彰显金坛独特的山水资源、水乡肌理、历史积淀、文脉气韵，打造“都市里的村庄”和“拥有田野的城市”，探索新时代“鱼米之乡”发展模式。

要高标准建设。以科技赋能产业、以产业承载科创，加快打造高质量发展最强引擎。要按照“工作项目化、项目清单化、清单责任化”的要求，集聚资源、集成政策、集中力量，加快实施一批强基础、增功能、利长远的基础设施项目、产业项目、生态环保项目、民生项目。要打响华罗庚科创品牌，加快建设华罗庚高新区，打造华罗庚创智十二坊，结合大学科技园建设华罗庚科学城（数字港），推动华罗庚创新中心实体化运营，打造创新要素集聚强磁场。要放大河海大学效应，推动校区、园区、城区、景区“四区联动”，更强赋能主导产业跃升。要加强国际合作创新，加快建设中德（常州）创新产业园，打造德国小镇。要积极倡导开放包容、宽容失败的“双创”文化，努力建成“创新之区、时尚之都、活力之源”。

一代人有一代人的使命，一代人有一代人的担当。作为常州最为年轻、最富活力、最具潜力的新城区，金坛正面临最好的发展时期、最佳的发展机遇。“两湖”创新区既有站位全球、全国视野的“全局之谋”，也有面向未来、抢占先机的“长远之谋”，既是目力所至，又是量力能及，需要我们以更大的力度、更高的标准、更强的作风去接力奋斗。要有团结进取、攻坚克难的豪气。高质量发展的样板、城乡融合发展的样板，不是轻轻松松能够实现的，需要我们上下同欲、上下同心、齐心协力，以舍我其谁的担当推进各项工作，以钉钉子精神狠抓落实，唯有如此方能引领城市发展、实现新的跨越。要有敢闯敢干、争创一流的志气。“两湖”创新区很多工作都是开创性的，没有先例可循，需要我们大胆蹚出一条路子来，打破思维定式、克服路径依赖，从“找惯例”转变为“创新例”，以思想破冰推动行动突围，唯有如此方能在创新发展的路上赢得主动、创出实绩。要有保持定力、做好自己的底气。“两湖”创新区建设是未来大计、发展大业，需要我们拿出更大的气魄和胆略、更持久的闯劲和耐力，以及更高超的智慧，以“功成不必在我、功成必定有我”的精神，一年接着一年干，一张蓝图绘到底，唯有如此方能加快把宏伟蓝图变成美好现实，成为名副其实的最美新城区、最强增长极。

三、奋力开创“美丽常州金坛样板”建设新局面

进入新阶段，国内外环境正发生新的深刻变化。世纪疫情冲击下，百年变局加速演进，外部环境更趋复杂严峻和不确定。我国经济发展面临需求收缩、供给冲击、预期转弱三重压力。当前金坛正处于结构调整、转型升级、动能转换的关键时期，需要应对更大的困难，冲破更多的关口。把区第十四次党代会描绘的“美好蓝图”变成“施工图”乃至“实景图”，需要找准战略抓手。为此，区委谋划实施重大项目突破行动、微笑经济创新行动、全域旅游

创建行动、城市能级提升行动、城乡融合发展试验行动。“五大行动”与常州着力打造的长三角“五大中轴”“三个中心”和“两个示范区”一脉相承，并注重体现金坛特色、彰显金坛担当，是系统贯彻落实常州“532”发展战略的“金坛方案”；“五大行动”与区第十四次党代会确定的目标定位一以贯之，并进一步继承发扬、深化完善，是开启社会主义现代化建设新征程的“金坛探索”。我们要深刻理解“五大行动”的丰富内涵，将其作为今后一个时期统领全区工作的主抓手。

明年全区工作的总体要求是：坚持以习近平新时代中国特色社会主义思想为指导，高举中国特色社会主义伟大旗帜，深入贯彻党的十九大和十九届历次全会精神，更好担当“争当表率、争做示范、走在前列”光荣使命，在常州“国际化智造名城、长三角中轴枢纽”城市定位引领下，坚持稳字当头、稳中求进工作总基调，以推动高质量发展为主题，全面落实“532”发展战略，聚力推进“五大行动”，坚决扛起“两湖”创新区主战场重任，全力打造最美新城区、最强增长极，奋力开创“美丽常州金坛样板”建设新局面，以优异成绩迎接党的二十大胜利召开。

明年全区经济社会发展的主要目标为：地区生产总值确保增长8%，争取1200亿元；一般公共预算收入确保增长6.5%，争取65亿元；固定资产投资增长6%；工业应税销售收入增长20%；居民人均可支配收入增幅继续快于经济增长，外资、能耗和生态环境等指标完成上级下达任务。

围绕以上目标要求，重点要做好以下六个方面工作：

（一）更高站位谋发展。道路千万条，发展第一条。发展是解决所有问题的关键，要依靠发展提升实力、化解矛盾、振奋人心。我们应该看到，经济稳中向好的基本面没有改变，随着长三角一体化发展、长江经济带建设等国家战略的深入实施和扬子江城市群、苏锡常都市圈等协同战略的深入推进，制约要素流通的思想束缚、空间阻隔、市场障碍加快打破，为金坛融入区域一体化发展、加快集聚优质资源创造了条件。同时，“532”发展战略、“两湖”创新区、常金同城化战略机遇叠加，南沿江城际铁路建设加速、镇宣铁路线型确定、河海大学常州新校区快速推进、未来科创城加快打造，特别是金坛在区位、空间、产业、生态、人文方面具有明显的比较优势，完全有基础、有条件、有能力在长三角一体化、常金同城化新征程中争取主动、赢得先机、拔得头筹。我们要抢抓机遇、趋利避害，下好先手棋、打好主动仗，把工作着力点放在更加主动系统谋划上、放在更加积极对接跟进上、放在创造性落实上级决策部署上，加强前瞻性思考、全局性谋划、战略性布局、整体性推进，注重谋划、策划、规划、计划，有效破解土地、能耗、环境等短板难题，有效解决制约高质量发展的痛点难点问题，以科学的战略目标引领人，用美好的发展蓝图鼓舞人，在应对各种变化变局中走好同城化、现代化之路。

（二）更新目标促奋斗。把“最美新城区、最强增长极”的定位干成地位，要拿出不等不靠、敢闯敢试的气魄，走出“舒适区”、敢涉“深水区”、勇闯“无人区”，全力推动“美丽常州金坛样板”在与时俱进中焕发绚丽光彩。全面提升综合实力。大力发展“五新产业”“五型经济”，促进产业链与创新链深度融合、协同升级，培育一批百亿企业集团、千亿产业集群。全区主要经济指标增幅全面领跑全市、竞跑苏南，以最强增长极的昂扬姿态，努力成为支撑常州发展的关键变量、重要增量。全面提升创新活力。打响华罗庚科创品牌，微笑园区、微笑平台、微笑企业全面起势，形成一批城市名片企业、行业标杆企业、“专精特新”小巨人企业和具有市场话语权的地标产业，高新技术企业、德资企业数量持续跃升，各类高层次、高技能人才不断集聚，努力成为创新创业创造高地。全面提升环境魅力。系统构建全域美丽格局，不断壮大时尚产业，为城市经济发展注入新动能，争创国家生态文明建设示范区、全域旅游示范区和全国文明典范城市，努力成为光彩夺目的最美新城区。全面提升城市引力。不断提升城市能级，大力推进常金同城化，持续完善“三城”功能，城市形象特质彰显，知名度、美誉度和影响力持续攀升，努力成为居者自豪、来者依恋、闻者向往的宜居宜业宜游福地。全面提升融合动力。城乡融合发展走在前列，大力开展美丽宜居乡村建设，加快新型城镇化进程，城乡居民生活水平差异缩小，不断夯实共同富裕的基础，“美丽常州金坛样板”展露现实模样。

（三）更清思路抓推进。金坛近几年的较快发展，主要得益于常州城市的西进、得益于常金一体化，要找准与“532”发展战略的切入点、结合点和发力点，加快推进同城发展取得实质性进展、标志性成果。做好交通同城互联文章。以常州西站的定位谋划和建设金坛站，依托南沿江城际铁路、苏锡常城际西延、镇宣铁路、阜溧高速、中吴大道西延、340省道改造提升等一批高等级、标志性重大交通项目的突破，加密与常州主城区的路网，加强与长三角中心城区、节点城市的通勤，同时积极探索高铁物流，全力建设“1带3中心”重点物流区域，壮大枢纽经济，成为重要物流基地。做好产业同城协作文章。全面对接常州十大先进制造业产业集群和八大高成长性产业链，加快壮大“五新产业”和“五型经济”，特别是放大以中创新航、蜂巢能源等为代表的动力电池产业集群优势，成为全国甚至全球的高原和高峰。做好创新同城并进文章。大力实施创新驱动发展战略，加快科技自立自强，建设更高水平创新园区、更优质量创新平台、更强活力创新企业，集聚一批活跃度高、成长性好、贡献度大、影响力强的创新主体，加快打造人才友好型城市。做好生态同城联建文章。推进公园城市、生态绿城建设，打造中央公园、都市田园和公路花园，推动文旅、体旅、农旅、产旅、城旅、科旅融合发展，开展洮滆片区水环境综合治理与可持续发展试点，不断厚植生态优势。做好民生同城共享文章。坚持发展为民价值取向、民生优先行动指向，大力提升教育、卫生管理水平，积极引进国内外优质教育资源，加强与长三角知名医院合作办医，实现全区人民不出金坛就能读好书、看好病的目标，同时积极争取常州主城区优质资源要素向金坛延伸布局，构建“共治共享、同标同质”的同城生活圈。

（四）**更大格局快落子**。更加自觉、更加坚定地把金坛的发展置于“532”发展战略，置于常州建设“国际化智造名城、长三角中轴枢纽”的大格局中去审视谋划。构建空间新格局。进一步树立大目标、扛起大责任、展现大担当、推动大发展，高标准高质量推进“两湖”创新区建设。充分发挥城市开发建设管理委员会作用，有效克服空间割裂、规划打架、功能碎片化等突出问题，通过空间布局整体优化，推动资源要素科学分布，让“三城变一城”，成为创新发展主战场、城市经济主载体和城市功能主平台。直溪、朱林、指前镇立足中心镇、走好特色路，金城镇与城区、薛埠镇与茅山旅游度假区、儒林镇与长荡湖旅游度假区深度融合发展，茅山旅游度假区力争跻身国家级，长荡湖旅游度假区探索城旅一体发展新路径。构建产业新格局。坚持以高端化、智能化、绿色化、服务化、国际化、品牌化为引领，推动“五新产业”做大做强，全力招引旗舰型企业、细分领域隐形冠军、高科技独角兽企业，形成大项目顶天立地、科技型中小项目铺天盖地的良好发展态势。数字经济具有高创新性、强渗透性、广覆盖性，是转型发展的关键增量，要围绕“数字产业化”，加快新型基础设施建设，加强关键数字技术创新应用，培育壮大人工智能、大数据、云计算等新兴数字产业；要围绕“产业数字化”，促进数字经济与实体经济深度融合，赋能传统产业转型升级。构建开放新格局。不断提升开放质量和水平，更深层次融入长三角一体化发展，主动参与区域分工协作，形成全方位、多层次、宽领域的全面开放新格局。用好自贸联创区政策，积极发展外贸新业态、新模式，巩固提升国际市场份额。成立中德（常州）创新产业园管理办公室，专班推进对德合作，打造领跑全省的德资集聚新高地。华罗庚高新区要在日韩工业园的基础上，探索争取建立 RCEP 合作区。

（五）**更硬措施保落实**。坚持目标化管理、项目化推进、责任化落实，推动“五大行动”真正落到实处、取得实效。大力实施重大项目突破行动。创新招商机制，灵活运用产业链招商、以商引商、标准地招商等方式，精准组织一批产业专题招商活动。做强载体平台，充分发挥经开区、华罗庚高新区主阵地作用，做到重大项目向园区集聚、政策资源向园区倾斜、发展压力向园区传导。优化项目服务，深入实施产业链链长制、深化落实“四到”服务，倾心打造“金钥匙”政务服务品牌。大力实施微笑经济创新行动。做优做强微笑园区，形成“多园支撑、全域推进”的创新发展格局。做精做新微笑平台，分类打造“总部型”“科创型”“创意型”平台。梯次培育微笑企业，形成“科技型中小企业—高新技术企业—瞪羚企业—独角兽企业—上市企业”梯队。构筑创新人才高地，实施新时代“金沙英才计划”，一体落实人才引育、人才服务政策。大力实施全域旅游创建行动。创建一流生态环境，深入打好污染防治攻坚战，坚决守好蓝天、碧水和净土。创建一流旅游环境，推进明月湖度假酒店、芸酒店、童瑶岭建设，加快紫云湖、万豪、美池等酒店开业，培育晨风时尚创意小镇，打造一批休闲观光特色村庄、精品特色商务街区和省级工业旅游区。创建一流人文环境，大力弘扬“自强不息、勇攀高峰”的华罗庚精神，着力塑造更加开放包容的城市品格。大力实施城市能级提升行动。统筹“三城”发展，钱资新城加快打造 15 分钟便民生活圈，金沙老城整体推进有机更新，科教名城快速完善周边商业配套。提升城市教育、医疗功能，华罗庚实验小学、中医院移址改扩建等项目竣工投用。优化完善路网体系，畅通“主动脉”和“微循环”。推进全区公交客运资源整合，更好满足群众出行需求。大力实施城乡融合发展试验行动。更大力度推进乡村振兴，加快农村住房更新改造、美丽乡村建设、农村人居环境整治步伐。更深层次推进产业融合，争创省级农业高新技术产业示范区，精心培育高效精品农业和都市农业，引入市场主体参与城乡融合发展先行区建设。更宽领域激发要素活力，全力推动融合发展体制机制实现新突破。

（六）**更强力度优保障**。以充足的要素、优质的服务、稳定的预期、安定的环境，为高质量发展保驾护航。强化要素供给。着眼破解用地保障、环境容量、能耗指标等供需矛盾，坚持对上争取、对内加压、对外联动协同发力，确保好项目高效落地有空间、企业全生命周期发展有依托。以供给侧结构性改革为主线，全面深化要素市场化配置改革，持续放大政策集成效应，推动生产要素加快向优质高效主体流动。做优营商环境。聚焦重点领域、关键环节，以最高标准为改进方向，以企业需求为根本导向，持续优化联系重点企业、挂钩重点项目、政企交流对话等制度，以包容审慎的监管为项目建设增速，以公正高效的法治环境为企业经营护航，努力做到贸易投资最便利、行政效率最高效、政府服务最规范、法治体系最完善，营造市场化、法治化、国际化营商环境。维护和谐稳定。统筹发展和安全，推进区域社会治理现代化试点，以智能化、数字化为突破口，推动治理模式创新、治理方式重塑，努力创成省级安全发展示范城市。健全完善公共安全体系，毫不懈怠抓好常态化疫情防控、安全生产、食品药品等底线性工作，全面提升本质安全水平，建设更高水平平安金坛。

四、筑牢全面从严治党坚强政治保证

办好金坛的事情，关键在党、关键在人。必须坚持和加强党的全面领导，全面落实新时代党的建设总要求，纵深推进全面从严治党，更好担负起打造“美丽常州金坛样板”的时代重任。

（一）夯实绝对忠诚的思想根基。坚持把党的政治建设摆在首位，始终胸怀“两个大局”、牢记“国之大者”，不断提高政治判断力、政治领悟力、政治执行力，坚决推动中央、省委和常州市委各项决策部署落到实处、见到实效，以实际行动争做捍卫“两个确立”、践行“两个维护”的表率。坚持用习近平新时代中国特色社会主义思想定向领航，跟进学习贯彻党的十九届六中全会和党的二十大精神，巩固拓展党史学习教育成果，将伟大建党精神融入血脉、铸入灵魂，真正把学习成果转化为推动工作的强大力量。严格落实意识形态工作责任制，用好新时代文明实践中心（所、站）、融媒体中心等主阵地，弘扬主旋律、凝聚正能量。充分发挥区委总揽全局、协调各方作用，支持人大、政府、政协和法院、检察院依法依章履行职责，深入推进党建带群建、群团共建，引领全区上下步调一致向前进。

（二）打造坚强有力的基层堡垒。大力实施基层党建全面提升工程，推动党组织有形覆盖和有效覆盖有机统一，健全上下贯通、执行有力的组织体系。建立“五新产业”“五型经济”链上党建联盟，做深做实“两新”组织党建，打造产业鲜明、服务多元的园区党建阵地集群，实现社区党建、单位党建、商圈党建、行业党建互联互动。持续推进“映山红”全域党建示范圈建设，深化“1+3+N”城市基层党建工作制度，切实发挥好华胜、九洲里、黄金村等典型引领作用，打造更多全市乃至全省立得住、叫得响的工作品牌。深化村、社区干部专职化管理，完善双5A晋档升级机制，挖掘培养一批服务基层群众、推进基层治理的年轻能手。

（三）锤炼素质过硬的干部队伍。牢固树立重实干、重实绩、重担当的鲜明导向，坚持五湖四海、唯才是用、人岗相适，持续用好各领域、各年龄段干部，抓好后继有人这个根本大计，高质量高标准完成换届工作，把各级领导班子建设得更加坚强有力。突出抓好换届后干部队伍履职能力建设，加强思想淬炼、政治历练、实践锻炼、专业训练，不断提高各级干部推进“五大行动”的能力水平。积极探索领导干部积分制考核和履职清单式管理，以过程化考核对干部精准画像、科学评价，推动广大党员干部把功夫下在经常、工作干在日常。持续深化“三项机制”运用，坚持严管与厚爱结合、激励和约束并重，推动优者上、庸者下、劣者汰成为常态。

（四）强化多点发力的改革保障。坚持把改革创新作为推动高质量发展的根本动力，筑牢推进“五大行动”的制度保障。全面深化体制机制改革，加强系统集成、协同高效，推深做实基层“三整合”改革、综合执法改革、新一轮事业单位改革等重点任务。积极探索城市运行管理综合指挥体系建设，完善网格、整合资源、改进模式。构建精细精准的“五大行动”考核体系，深化考核结果运用，引导各板块、各部门既协同联动、又争先进位，形成竞相干事创业的生动局面。深化国企改革，充分发挥基金的作用，组建产业、科技、城投基金，让国企从管业务、管企业向管资本转变。继续推进财政体制改革，强化预算约束、绩效管理和债务管控。

（五）涵养正气充盈的政治生态。压紧压实责任链条，推动各级党委（党组）主体责任、书记第一责任人责任、班子成员“一岗双责”和纪检监察监督责任贯通联动，引导各责任主体知责担责尽责。坚持系统思维，推动“四个监督”统筹衔接，精准运用“四种形态”，全面加强对“一把手”和领导班子的监督，通过抓好“关键少数”带动“绝大多数”。严格执行中央八项规定及其实施细则精神，驰而不息纠“四风”，多措并举树新风，让好作风充盈新时代。始终保持“赶考”的清醒，把严的主基调长期坚持下去，一体推进不敢腐、不能腐、不想腐，深入开展小切口治理，深挖彻查群众身边的腐败和作风问题，深化以案促改、以案促建、以案促治，让政治生态更加山清水秀。

政府工作报告（摘要）

——在金坛区第十八届人民代表大会第一次会议上

(2022年1月4日)

代区长　吴小华

本届政府工作回顾

本届政府组成以来，在区委的坚强领导下，在区人大和区政协的监督支持下，团结依靠全区人民，凝心聚力，砥砺奋进，经受住来自各个领域的严峻挑战和考验，战胜了各种困难和风险，较好完成了区第十七届人大历次会议确定的各项目标任务，顺利开启“十四五”发展新征程。

过去的五年，是综合实力不断增强的五年。2021年，预计地区生产总值突破1100亿元，增长9.5%左右，是2016年的1.8倍；一般公共预算收入达60亿元，增长7.5%，是2016年的1.4倍；工业应税销售收入达1950亿元，增长26.7%，是2016年的2.2倍。进出口总额突破260亿元，比2016年翻一番以上。经开区省级排名上升至第10位，茅山旅游度假区省级排名上升至第2位，中德（常州）创新产业园成为首批省国际合作园区，获批江苏自贸区联动创新发展区，省级华罗庚高新区获批筹建。位列全国百强新城区第32位、工业百强区第42位。

过去的五年，是产业升级大步迈进的五年。大力发展实体经济，工业经济量质并举。累计签约引进项目688个，信维通信、贝特瑞、北电爱思特等24个项目列入省重点项目，完成工业实际投入1145亿元。“五新产业”集聚发展，成为长三角新能源汽车、光伏产业链最长最全地区之一。斯威克获评国家专精特新“小巨人”企业，蜂巢能源、中创新航两度获评独角兽企业。拥有省级以上绿色工厂8家、省级示范智能车间19家。现代农业稳居全省第一方阵，省级现代农业产业示范园挂牌运行，国家农业科技园区获批建设。实施重点农业项目46个，省级以上农业龙头企业总数达14家，南顺食品入选国家重点农业龙头企业。现代服务业加快发展，吾悦广场、红星美凯龙等一批综合体建成投用。东方盐湖城•道天下、花谷奇缘、茅山森林世界创成国家AAAA级景区，获评全国休闲农业与乡村旅游示范县、省级全域旅游示范区。

过去的五年，是改革创新成果丰硕的五年。获批国家城乡融合发展试验区，出台集体经营性建设用地入市相关政策。积极争取各类用地政策，持续开展土地整治，累计争取规划空间规模5.3万亩、建设用地指标4.8万亩，盘活各类土地3.7万亩。纵深推进“放管服”改革，获评全省营商环境评价先进地区。深入推进国有企业高质量发展，构建“2+4”区管国有企业体系，刚性落实政府隐性债务化解任务，规模不断压降、结构不断优化。创新能力持续增强，高新技术企业总数达275家，比2016年净增189家，研发经费支出占地区生产总值比重达2.9%。拥有中盐金坛卢强院士工作站、中创新航技术研究院等省级以上科创平台11家，获评省大众创业万众创新示范基地。

过去的五年，是交通环境显著改善的五年。内畅外联、互联互通的综合立体交通体系加快构建。编制完成江苏南沿江城际铁路和镇宜铁路“十字共站”等一批重大交通规划，启动一批重大交通基础设施建设。交通建设总投资84亿元，新增一级公路120公里、二级公路67公里。江苏南沿江城际铁路率先在金坛开工，金坛高铁枢纽加快建设。茅山旅游大道、长荡湖旅游大道、233国道、265省道等主干道路建成通车。打造“乐道金坛”农路品牌，获评“四好农村路”全国示范县。金坛港—太仓港内河集装箱支线航线正式开通。

过去的五年，是城乡面貌焕然一新的五年。统筹推进“精致城、特色镇、美丽村”建设，城乡格局全面拓展。钱资新城不断完善现代功能，构建宜居品质，图书馆、城市形象馆、钱资湖大桥、钱资湖北岸风光带建成投用。金沙老城强调文化复兴，全面启动更新改造，大力实施雨污分流改造三年行动计划，9个老旧小区完成改造，7个小区创成省级宜居示范居住区。科教名城注重创新创智，打造未来科创活力之城，河海大学常州新校区建设如火如荼。建成省级特色田园乡村4个、美丽宜居村147个，仙姑村入选中国十大美丽乡村。新孟河延伸拓浚工程完工，龙山、钱资湖、良常水利枢纽投入使用，城市防洪体系日益完善。

大力推进生态文明建设，累计完成1838项污染防治攻坚项目，环境空气质量率先达到国家二级标准，创成省级生态文明建设示范区。成功争取并完成省级山水林田湖草生态保护修复试点，长荡湖实现由生产型湖泊向生态型湖泊的转变，茅山入选国家级森林康养试点建设基地。

过去的五年，是社会事业齐头并进的五年。坚持以民为本，发展成果共建共享。每年集中70%以上可用财力用于保障和改善民生，累计投入超286亿元，完成民生实事56件。2021年，预计全区城乡居民人均可支配收入分别达6.3万元和3.4万元，年均分别增长9.6%和10.5%。新（改、扩）建华罗庚中学新校区、段玉裁中小学等29所学校。第一人民医院、金坛血站等6家医疗机构竣工投用。长荡湖水厂建成投运，区域供水一体化全面完成。基础养老金、基本医疗保险等社会保障标准逐步与常州主城区接轨。华罗庚艺术团挂牌省儿童艺术剧院，茅山山地半程马拉松赛成为金牌赛事。创成省级食品安全示范城，实现省双拥模范城“五连冠”，连续17年被评为江苏省平安区。

过去的五年，是自身建设全面加强的五年。我们始终坚持苦干实干、正气大气不动摇，攻克了防洪抗灾、疫情防控、要素保障等诸多困难风险和严峻挑战，实施了高铁、高校、高新区建设等许多打基础的实事和利长远的大事，水利、交通、生态环境、棚户区改造、农村人居环境整治、公立医院、殡葬改革、质量创新等一系列工作获省政府真抓实干督查激励。扎实开展“不忘初心、牢记使命”、党史学习教育等主题教育，从严从实抓好省委巡视、中央环保督察、危化品安全生产和涉粮问题专项巡视、扫黑除恶、政法队伍教育整顿等反馈问题整改落实工作。自觉接受人大法律监督和工作监督、政协民主监督和社会监督，1570件区“两会”建议提案和30万余件“12345”服务热线诉求顺利办结。

特别需要指出的是，刚刚过去的2021年是“十四五”开局之年，也是本届政府收官之年。一年来，我们坚决贯彻落实中央、省市和区委决策部署，以及省、市、区党代会精神，一心一意抓落实，凝心聚力谋发展，全区经济社会呈现快速增长的发展态势。

一是坚定不移攻坚重大项目。聚焦“五新产业”，突出招引优质项目。全年累计签约引进项目57个，协议投资总额545.4亿元，其中，外资项目8个。中创新航四期项目超100亿元，东方日升二期、恩捷隔膜项目超50亿元，牛创新能源汽车、普洛斯物流园等3个项目超30亿元或3亿美元。完善重大项目决策论证和专班推进机制，构建重大项目招引、服务、推进的全周期管理模式。中创新航三期、蜂巢能源三期、贝特瑞高镍正极材料等项目加快推进，SK隔膜二期、常宝特种管材、联益光学等项目竣工投产。设立总规模100亿元产业创新发展母基金，引进星纳赫等5支产业子资金，创新开展“园区保”等金融服务，加大对重要产业、重点项目和小微企业支持力度。完成企业直接融资339亿元，蜂巢能源和中创新航双双获百亿级股权融资，连续刷新全省年度单笔最大融资纪录。

二是与时俱进实施创新驱动。构建“1+X+N”产业科创体系，华罗庚创新中心正式揭牌。成功举办中国数学会工作会议、第八届全国数论会议。364875号小行星被命名为“华罗庚星”。新认定高新技术企业106家，永臻科技、久诺建材、鹿山新材料等3家企业入选省潜在独角兽企业，创健医疗等10家企业获评省级“专精特新”小巨人企业，东方日升创成省级产业创新中心。世界首座非补燃压缩空气储能电站并网发电。加强与上海海洋大学、河海大学等高等院校产学研对接，与省产业技术研究院建立全面战略合作关系。落实“金礼遇·才无忧”人才服务政策，发放“金沙英才”服务卡857张，财政补助超4亿元。引育高层次人才276人，入选省“双创计划”项目2个。

三是持之以恒提升城乡品质。深化国土空间总体规划编制，深入对接常州“两湖”创新区规划，加快“三城三区”等重点片区规划编制。南沿江城际铁路完成架梁施工，57条涉铁通道基本完成建设。通济南河整治工程主体完工。一污厂、儒林及茅东污水处理厂投入运行，工业污水处理厂开工建设，生活垃圾焚烧发电及飞灰库项目运行。深入推进全国典范性文明城市创建。开展新一轮农村人居环境整治提升，花山等16个被撤并集镇完成整治，柚山村美丽乡村示范项目开园，薛埠镇入选全国乡村旅游重点镇。

四是慎终如始抓好疫情防控。按照“外防输入、内防扩散、严格管控”总要求，精准做好“突发疫情应急”和“常态化防控”有序转换。强化重点人群、重点场所、重点领域、重大活动防控，严格排查中高风险地区和境外来坛返坛人员，完成核酸检测113万人次，全力推进新冠疫苗接种。加强进口冷链食品监管，做到“人、物、环境”同防，不断提高全链条精准化防控水平。

五是凝心聚力改善民生福祉。扎实推进16件民生实事。河海大学常州新校区主体结构完工，岸头佳园幼儿园、儒林镇中心幼儿园等建成竣工，汇贤初中开工建设，老华中改造有序实施。阳光控股等知名民办教育集团落户我区。第一人民医院与上海市第一人民医院合作共建正式实施，加快推进中医医院搬迁改造，妇幼保健院投入使用。

新增“夕阳红”居家养老服务中心32个，村（居）覆盖率达80%。改造雨污水管网28.5公里，改造提升文化一村、河滨（含北戴）小区。完成各类道路消险20处。实施停车收费智能化管理，新增停车泊位2000个。扎实推进“一年小灶”和“三年大灶”衔接转化，开展省级安全发展示范城市创建，整治“危污乱散低”企业531家，生产安全事故起数、死亡人数实现“双下降”。

此外，海关、气象、供销、工会、烟草、消防救援、人民银行、住房公积金等部门认真履职，取得了新的成绩；史志侨台、人民武装、邮电通信、妇女儿童、民族宗教、慈善红十字等单位扎实工作，作出了新的贡献。

各位代表，五年的征途凝聚艰辛，五年的成就催人奋进。我们深刻体会到：目标坚定方能行稳致远。路虽远行则将至，事虽难做则必成。实践证明无论挑战多么严峻，只要我们始终牢牢把握高质量发展第一要务，抢抓“常金同城化”发展机遇，坚定“最美新城区、最强增长极”发展定位，坚守“创新创业创造高地、宜居宜业宜游福地，美丽常州金坛样板”的目标愿景，以“产业强区、工业立区、项目兴区”为抓手，以改革破除机制障碍，以创新突破瓶颈制约，笃定前行久久为功，就一定能把定位干成地位。民生为上方能无往不胜。民生连着民心，民心凝聚民力。实践证明无论发展任务有多么繁重，只要我们始终紧扣以人民为中心的发展理念，用心用情用力解决群众“急难愁盼”的问题，就一定能形成同心同德、群策群力、共建共享的生动局面，凝聚起推动实现跨越发展的磅礴力量。勇争一流方能跨越赶超。“自强不息、勇攀高峰”是华罗庚精神的鲜明特质，更是金坛干部群众血液中流动的奋进基因。实践证明无论区域竞争多么激烈，只要我们始终保持永不服输、永不自满、永不懈怠的奋斗状态，不以事艰而退避、不以任重而畏缩，勇于动真碰硬，就一定能够在新征程中谱写新篇章、创造新辉煌。

在肯定成绩的同时，我们也清醒地看到在发展中还存在的矛盾问题：最大的不足在于经济总量规模偏小，市场主体数量偏少，培育龙头型、创新型、标杆型企业，做大经济总量、提升发展质量任重道远。最大的短板在于城市能级不高、人才的集聚吸引力不强，交通、生态、教育、医疗、养老、文化服务等城市功能短板还需加快提升。最大的制约在于资源要素保障瓶颈突出，土地、能耗、环境、资金、技术、人才等要素保障还需持续攻坚。此外，安全生产、环境保护、社会稳定、债务管控等领域风险不容忽视，干部能力素质与现代化建设新要求还不相适应。对此，我们将高度重视，采取有效措施，切实加以解决。

今后五年的奋斗目标和2022年工作安排

今后五年，是金坛奋进全面建设社会主义现代化新征程的首个五年，是乘势而上、赢得新一轮发展机遇的关键五年。当前，金坛发展面临的外部环境和内部条件正发生复杂而深刻的变化，机遇与挑战同时孕育并存，并相互交织转换。在世纪疫情冲击下，百年变局加速演进，外部环境更趋复杂和不确定性，我国经济在高质量发展的同时也面临需求收缩、供给冲击、预期转弱三重压力。但是对金坛来说，交汇叠加的国家战略和地区发展战略、日益凸显的区位优势、更加优越的投资环境、团结奋进的干群队伍，让我们处于“天时地利人和”的重要发展机遇期。近年来，我们持续突破了一批支撑长远的重大项目，培育了一批优势明显的产业集群，解决了一批制约发展的难点问题，金坛的发展越来越符合新发展理念要求、越来越具备蓄势突破的现实条件。放眼周边，未来五年，区域竞争格局巨变的红利在金坛，交通枢纽地位的提升在金坛，新一轮发展的时与势聚于金坛。立足新起点，我们必须善于积势蓄势谋势，抢抓发展机遇，顺势而为，借势而进，在现代化新征程中展现更大作为、成就更好发展。

今后五年，全区经济社会发展的主要目标任务是：

——打造常州发展最强增长极。摒弃郊区思维，突破县域经济，加强与常州主城区在交通、产业、创新、生态、文旅、教育、卫生等全方位对接，实现常金同城发展。力争各项工作走在全市前列，各项指标全市占比大幅提升，成为常州经济发展增量的关键支撑。到2025年，工业应税销售收入确保3500亿元、争取4000亿元，一般公共预算收入确保100亿元、争取120亿元，地区生产总值确保1500亿元、争取1600亿元。

——打造美丽常州金坛样板。以国家城乡融合发展试验区建设为引领，建立城乡要素双向流动的制度性通道，打造“都市里的村庄”和“田野里的城市”，成就美美与共的“新时代鱼米之乡”发展模式。加快推进“三城三区”建设，更加重视山水资源、文脉传承和特色塑造，因地制宜、精心布局生态景观、休闲旅游、高端服务、文化创意等现代产业和城市功能，以“山水美”引领“全域美”，创成国家全域旅游示范区。全方位加强环境保护和生态提升，确保$PM_{2.5}$平均浓度、优良天数比率、国省考断面水质等主要环境指标好于全省平均水平，节能减排完成省市下达目标。

——打造常州两湖创新主战场。抢抓“两湖”创新区发展机遇，以“生态创新区、未来科创城”定位，主动衔接和融入“两湖”创新区规划，构建以河海大学常州新校区和华罗庚科学城为核心、产业园区为载体、创新型企业为主体的创新网络，全面建立“华罗庚创新中心”产业科创体系，打响华罗庚科创品牌。加快“五新产业”向“微笑曲线”两端奋力攀升，经开区争创国家级经开区，华罗庚高新区实现千亿园区。建成产业技术研究院不少于4个，企业重大科技创新平台、高水平双创载体分别不少于20个。打造“科产城人”融合的生态之城、秀美之城、科技之城、创新之城、青年之城、活力之城，成为名副其实的未来科创城。

——打造幸福常州建设新标杆。把保障和改善民生作为工作导向，积极回应人民群众的新关切、新需求。千方百计稳定和扩大就业，完善富民增收体制机制，居民人均可支配收入增幅高于经济增长率。全面实现社会保障与常州主城区接轨，突出解决“看病、上学、养老”等民生关注问题，完善风险闭环管控安全发展机制，文明典范城市建设和城市长效管理位次前移，实现城市更有温度、文明更有高度、幸福更有厚度。

——打造践行常州精神主力军。大力弘扬“勇争一流、耻为二手”常州精神和“自强不息、勇攀高峰”华罗庚精神，在全区上下营造敢于担当、舍我其谁的干事创业氛围，让党员干部有担当、有能力、有情怀，让企业家队伍有眼光、能创新、创大业，让人才队伍引得来、留得住、用得好，汇聚想干事、敢干事、会干事、干成事，善于创新创业创造的主力军，确保经济社会发展各项工作推进有速度、有力度、有高度。

各位代表，2022年是党的二十大胜利召开之年，是“十四五”规划推进的重要一年，也是新一届政府的开局之年，做好今年各项工作的意义十分重大。今年政府工作的总体要求是：坚持以习近平新时代中国特色社会主义思想为指导，全面贯彻落实党的十九大和十九届历次全会精神，更好担当“争当表率、争做示范、走在前列”光荣使命，在常州“国际化智造名城、长三角中轴枢纽”城市定位引领下，立足新发展阶段、贯彻新发展理念、构建新发展格局，坚持稳字当头、稳中求进总基调，全面落实“532”发展战略，聚力推进“五大行动”，坚决扛起“两湖”创新区主战场重任，全力打造最美新城区、最强增长极，奋力开创“美丽常州金坛样板”建设新局面，以优异成绩喜迎党的二十大胜利召开。

今年全区经济社会发展主要预期目标为：地区生产总值确保增长8%，争取1200亿元；一般公共预算收入确保增长6.5%，争取65亿元；固定资产投资增长6%；工业应税销售收入确保完成2200亿元，争取完成增长20%；外资、能耗和生态环境等指标完成上级下达任务。

为实现上述目标，我们将重点抓好以下七个方面工作：

一、以重大项目突破行动为抓手，厚植区域竞争优势

全力开展重点招商。聚焦“五型经济”和“五新产业”，瞄准欧美日韩、北上广深等重点国家和地区，持续推进产业链招商、基金招商、以商引商等多元化招商，精准招引一批强链补链延链项目、新兴产业项目、总部经济项目。经开区、华罗庚高新区、中德（常州）创新产业园要充分发挥招商主阵地作用，大力引进旗舰型、引领型、创新型大项目、好项目。各镇、街道要围绕各自产业特色，着力引进处于创新链、价值链上的优质项目。茅山、长荡湖两个旅游度假区要积极招引龙头项目，推进文旅、体旅、农旅、产旅、城旅、科旅相结合。全年力争引进协议投资总额超30亿元或3亿美元项目6个，其中超50亿元或5亿美元项目1个、超100亿元或10亿美元项目1个。德资企业累计不少于60家。

全力推进项目建设。强化项目全生命周期管理，全力争取资金、土地、能耗、环境和政策等支持。严格实施项目落地审查，据实核准用地、用能规模，逐个项目落实保障方案，确保35个省市重点项目、39个政府投资项目、14个国企投资项目和86个重点产业项目全面完成年度目标。建立区领导牵头专班推进机制，协调推进“532”发展战略、“两湖”创新区各项重点项目（工作）建设。开工建设中创新航四期、恩捷隔膜、普洛斯物流园、东方日升二期等20个项目，中创新航三期、蜂巢能源三期、贝特瑞二期、贝特瑞高镍正极材料、牛创新能源汽车等项目竣工投产。全年工业投资完成200亿元，其中设备投入占比不低于60%。

全力优化营商环境。持续深化“放管服”改革，锻造政务服务“金钥匙”，提高“四到服务”成效，构建亲清新型政商关系。发挥区政务服务中心以及镇（街道）为民服务中心作用，推动“一门”“一窗”“一次”办理，审批事项平均压缩至2天。落实减税降费等各项惠企政策，做好政府专项债券、中央预算内投资补助、省重大项目等申报工作，争取更多资金资源。发挥产业扶持基金作用，完善“1+N”产业基金体系，优化“苏科贷”“园区保”等金融服务，加大碳减排等绿色低碳产业金融支持力度，推动实体经济高质量发展。

二、以微笑经济创新行动为抓手，充分激发发展动能

培育微笑创新主体。推动“华罗庚创新中心”产业科创体系建设，以企业关键技术研发、科技成果转移转化，为全区产业迈向“微笑曲线”两端提供技术支撑。鼓励信维通信、贝特瑞、当升科技等企业设立研发机构，助推企业产品科技创新、迭代更新。支持凯博研究院、东方日升产业创新中心、SK认证中心和常州华大研究院等增加研发投入、布局前沿技术，突破一批关键共性技术“卡脖子”问题。深入实施工业经济高质量发展“十百千计划”，扶持“专精特新”企业发展，加大单项冠军、隐形冠军、瞪羚企业培育力度。鼓励“个转企、小升规、规改股、股上市”，新认定高新技术企业120家，科技型中小企业达250家，新增上市企业2家。

打造微笑科创载体。充分发挥大学大院大所科技、人才、平台和学科资源优势，支持与省产业技术研究院、河海大学共建创新联合体，助力“五新产业”高质量发展。加快“龙城金谷”西区、“茅山药谷”、中国（常州）德国中心孵化中心、德国小镇、华罗庚科学城、华罗庚创智十二坊等载体建设。加快推进数字产业化、产业数字化，持续推进智能车间、智能工厂建设，加快机器换人、数据换脑，培育壮大人工智能、大数据、云计算等新兴数字产业，加快“5G+工业互联网”建设，促进数字经济与实体经济深度融合。积极借鉴自由贸易试验区改革经验，推进中德（常州）创新产业园跨境贸易便利化和管理体制高效化。开展与中国（常州）知识产权保护中心全面合作，发明专利授权时间最快压缩80%。大力发展生产性服务业，切实为科研主体提供便利。

建设人才聚集高地。大力实施新时代“金沙英才计划”，一体化落实人才引育、人才服务政策，围绕产业需求广纳紧缺高层次人才和技能型人才，培育更多“金蓝领”和新时代工匠。新增市级以上领军人才36人、产业技术工人5000名以上。配套落实常州市创新发展专项资金，积极兑现高层次人才薪酬奖励、华罗庚创新中心建设等政策，引导创新要素加快集聚。建立人才创业投资引导基金，高水平办好新财富论坛、创新创业大赛等活动。实施“人才优居工程”，加快丰泽二期、金沙·紫东等人才公寓建设，中创新航四期公寓建成投用，新增人才公寓4200套。

三、以全域旅游创建行动为抓手，推进生态文明建设

创建一流生态环境。以第二轮中央环保督察和省级环保督察为契机，确保突出环境问题彻底整改。深入打好蓝天、碧水、净土保卫战，确保空气环境质量和国省考断面水质稳定达标。深化长荡湖水环境综合治理，全面整治高铁片区水系、湟里河等，打通新丰河、镇广河、朱庄河等断头河，畅通城区水系。新材料科技产业园通过省级验收。加速建设工业污水处理厂，提标改造第二污水处理厂，改扩建直溪污水处理厂，进一步提升区域污水收集和处理能力。实施公园城市和生态绿城建设，打造金山路科教走廊和钱资湖生态绿廊。全面开展“乱堆放、乱搭建、乱停车、乱排放、乱张贴”等“五乱”整治行动。

创建一流旅游环境。打响金坛茅山品牌，持续推进茅山国家级旅游度假区创建，推进明月湖度假酒店、芸酒店、童瑶岭建设，加快紫云湖、美池等酒店开业。东方盐湖城·道天下争创国家AAAAA级景区，承办好江苏省乡村旅游节。打响金坛长荡湖品牌，提升景点品质，加快产品开发，精心办好长荡湖籽虾节等系列活动。打响“运动金坛、活力金坛”品牌，积极备战省运会，推动茅山山地半程马拉松赛等品牌升级。加大文旅旗舰型项目招引力度，培育晨风时尚创意小镇，打造一批特色农庄、精品街区和工业旅游区，全力争创国家全域旅游示范区。

创建一流人文环境。深入挖掘红色印记，用好中共苏皖区一大会址、茅山乾元观陈毅司令部、“映山红”党建馆等红色资源。加强文化遗产资源的保护与利用，筹建段玉裁研究中心，谋划建设三星村遗址公园。发挥民间组织、行业协会作用，加强金坛刻纸、金坛抬阁、巨村舞龙等非遗项目的保护传承，研究设立非遗集中展示区。凝炼城市特质，塑造城市品格，弘扬华罗庚精神，加大城市外宣。

四、以城市能级提升行动为抓手，打造时尚活力之城

加速常金同城化。立足同城编规划、同城谋项目、同城搞建设。坚持规划引领，深化“两湖”创新区规划衔接，优化“两湖”创新区布局，科学划定生态保护红线、永久基本农田和城镇开发边界，编制完成国土空间总体规划，加快推进“多规合一”，形成常金同城发展“一张蓝图”。坚持交通先行，加密与常州主城区的路网。加快江苏南沿江城际铁路和高铁枢纽建设，金沙大道、云锦路、金门路等道路建成通车。推进阜溧高速、中吴大道西延、233国道金坛段南延、金城大道等工程。金山南路、庆升路等建成通车。坚持项目带动，结合推进“两湖”创新区建设，优先谋划实施一批有支撑力的功能性项目、有牵引力的产业项目和有获得感的民生实事，确保干一件成一件。

繁荣城市业态。精致建设钱资新城，金沙科技金融中心、万豪国际酒店、万枫酒店建成投用，高标准建设金山路中央商务区。加快推进滨湖商务中心、滨湖花园酒店、金陵国际酒店等项目，开工建设杨贺巷等邻里中心。精心策划高铁片区，探索高铁物流、快递联动发展新模式，全力建设“1带3中心”重点物流区域。加强高铁新城策划和推介，推动大企业、大集团设立总部大楼。精美绘制科教名城，全力推进河海大学常州新校区等重点项目建设，加快配套城市综合服务功能，启动建设涑渎片区都市田园。精细提升金沙老城，策划运营老飞洋鱼地块等文化创意产业园，打造老城经济新亮点。

提升城市品质。华罗庚实验小学、华罗庚实验幼儿园等4所学校竣工投用，开工建设河海大学附属中小学，加快推进原华罗庚中学改造，改扩建第一中学、第四中学、西城实验小学城西分校。探索医疗集团运作模式，推动第一人民医院与上海市第一人民医院合作共建取得成效。中医医院完成移址搬迁，争创三级中医医院。大力支持桑榆堂、逸仙等养老机构发展，打造养老服务标准化、规模化运营标杆。改造提升春风一村、华苑新村和虹桥新村等11个老旧小区。新建改造金沙老城雨污水管网20公里，整治提升东环一路、虹翠路等道路。优化城区停车管理，建设货车停车场，开放机关、企事业单位停车设施。

五、以城乡融合发展试验行动为抓手，高质量实施乡村振兴

城乡改革有力有效。加快实施城乡融合发展各项改革任务，深入推进农村集体经营性建设用地入市，统筹利用农村闲置土地，探索多元化入市途径，促进农村资源优化配置。稳步推进农村宅基地制度改革，为城乡融合发展提供更多资源保障。开展农村集体产权制度改革“回头看”，逐步推进“村社分离”，探索农村集体经济组织通过多种方式促进资产保值增值，引导农村集体经济组织盘活资产资源，因地制宜做大村集体经济“蛋糕”，拓展强村富民渠道。探索生态产品价值实现机制，推动盐穴等特色资源价值提升。

现代农业做优做强。深入实施“藏粮于地、藏粮于技”战略，加强地方储备粮管理，完成粮食种植面积36万亩、粮食产量3.6亿斤、生猪存栏6.5万头等任务。规范用地管理，坚决遏制耕地“非农化”、防止耕地“非粮化”。推进国家农业科技园区实体化运行，全力创建国家现代农业产业园和省级农业高新技术产业示范区。培育壮大智能化渔场、鸣源牧业、茅山茶海等一批农业龙头企业和优势企业，推动一二三产融合发展。完成建昌红香芋地理标志保护工程建设，推动长荡湖大闸蟹、金坛米猪、金坛雀舌、朱林水芹、指前标米等地理标志创建，持续擦亮“金字号”农产品品牌。巩固全国农民合作社质量提升整县试点成果，新增区级以上示范社、示范家庭农场各20家以上。

乡村建设提标提档。加快编制村庄规划与农村居民点规划，实现城镇开发边界以外村庄规划全覆盖。深入推进农村人居环境整治，集中开展城乡接合部、建制镇、被撤并集镇等环境综合治理，持续推进“四清一治一改”村庄清洁行动。规范农村宅基地审批管理，有序推进现代化宜居农房建设，提升乡村风貌。积极开展传统村落保护和省级特色田园乡村建设，加快谢桥美丽乡村示范区、上阮美丽乡村和南瑶城乡融合先行区建设。持续完善农村基础设施建设，改造金茅线、茅别线、金竹线等农村道路，完成110处农村小微水体整治。

六、以统筹发展与安全为抓手，全力维护大局稳定

持续抓牢疫情防控。坚持“科学放”与“严格管”相结合，完善应急和常态化防控结合的措施与机制。坚持“人、物、环境”同防。严格落实中高风险地区和境外来坛人员排查管控，加强进口冷链物品全链条监管，对重点场所采取严格的环境监测和卫生措施。做好重点人群疫苗接种工作。全方位提升应急处置能力，做好应急队伍建设、隔离场所安排、物资储备工作，增强核酸检测、保障隔离、医疗救治能力，做到随时应战、确保打赢。

全面提升本质安全。严格落实安全生产“五个责任”，高质量完成“三年大灶”专项整治任务和省级安全发展示范城市创建。聚焦危化品、道路运输、建筑施工、消防等重点行业领域和重大风险隐患，开展安全风险辨识评估，通过源头治理、基础提升、制度创新，提升安全生产治理能力。持续巩固“危污乱散低”出清提升行动整治成果。切实加强食品药品安全监管。实现生产安全事故起数、死亡人数“双下降”，推动安全生产形势持续稳定向好。

多元创新社会治理。推动国有企业高质量发展，鼓励支持国有企业市场化项目实行混合所有制改革，提升运营质效。坚决遏制隐性债务增量，持续推进融资成本下降，优化融资结构。坚持“房住不炒”定位，促进房地产业健康发展和良性循环。持续开展非法金融活动风险排查和专项治理，严厉打击非法集资等行为。坚决防范电信网络诈骗等违法犯罪，常态化开展扫黑除恶。借鉴新时代“枫桥经验”，深入开展区域社会治理现代化试点工作，加快推进综治网、警网、城管网数据资源共建共享，激发社会治理新活力。

与此同时，我们按照“群众提、委员议、代表定、政府办”的原则，聚焦教育、医疗、养老、城市建设等社会关注、群众关切的热点问题，在前期广泛征求意见、充分研究论证的基础上，梳理形成了18件民生实事候选项目，提请本次大会票决确定16件重点实施项目。对票决决定的民生实事项目，区政府将狠抓工作落实、强化督查考核、保质保量完成，并接受区人大代表和社会各界监督，以实实在在的工作成果回应群众期盼。

七、以强化自身建设为抓手，塑造实干有为政府

弘扬担当作为之风。积极营造担当作为、干事创业的良好氛围，知责于心、担责于身、履责于行，始终同人民想在一起、干在一起，风雨同舟、同甘共苦，勇于担当、善于作为。坚持目标导向、问题导向、结果导向，发扬“马上办、办上马”的工作作风，推行“工作项目化、项目清单化、清单责任化”的工作方法，心无旁骛谋发展，扑下身子抓落实，推动各项决策部署迅速落地生根。健全容错纠错机制，为担当者担当，对负责者负责，引导广大干部把精力集中到想干事上、把责任体现到敢干事上、把能力展现到会干事上、把目标落实到干成事上，以良好政风推动发展、服务人民。

夯实依法行政之基。深入推进“八五”普法，将法治理念、法治思维、法治方式贯穿政府工作始终，建立政府顾问团聘请管理机制。健全重大行政决策公众参与、专家论证、风险评估、合法性审查、集体讨论决定制度，提高科学民主决策水平。加强政务诚信建设，推动权力公开、透明、阳光运行。自觉接受人大法律监督、政协民主监督、社会监督和舆论监督，坚持重大事项向人大报告、向政协通报、与民主党派协商，高质量办好人大代表建议和政协委员提案。

绷紧清正廉洁之弦。自觉扛起全面从严治党主体责任，严格落实“一岗双责”要求，坚决贯彻落实中央八项规定及其实施细则精神，以及省市区有关规定要求，持之以恒纠“四风”、树“新风”。强化财政监管、审计监督，全面实施预算绩效管理，坚决压缩一般性支出，将更多财力集中到民生领域。牢牢守住廉政底线，坚决惩治各类腐败行为，努力营造风清气正的政治生态。

名词解释：

1.“2+4”区管国有企业体系：“2”指由区政府作为唯一出资人的2家区管国有企业，分别为江苏金坛投资控股有限公司和江苏金坛建设发展有限公司；“4”指由上述2家区管国有企业作为唯一出资人的4家区域开发运营公司，分别为江苏金坛华罗庚科技产业发展有限公司、江苏金坛金城科技产业发展有限公司、江苏茅山旅游控股有限公司和江苏长荡湖旅游控股有限公司。

2.“1+X+N”产业科创体系：“1”即产业技术研究院，包括以技术研发、设计、试验、检测等为重点任务的新型研发机构和江苏省产业技术研究院专业所，及面向现代制造业发展和科技创新与成果转化需求，以提供共性技术服务为重点的科技公共服务平台。“X”即企业重大科技创新平台，包括省级以上院士工作站、技术创新中心、产业创新中心、制造业创新中心、企业研究院、重点实验室、省产研院联合创新中心等创新平台。“N”即高水平双创载体，包括获得市级三星级及以上的众创空间、众创社区、企业孵化器、加速器，大学科技园等双创载体。

3.三城三区：“三城”指金沙老城、钱资新城、科教名城；“三区”指金坛经开区、华罗庚高新区、旅游度假区。

4.五型经济：创新型、服务型、开放型、总部型、流量型经济。

5.五新产业：新能源、新基建、新能源汽车、新医药、新智能产业。

6.“1+N”产业基金体系：“1”即政府出资设立政府引导基金，发挥“母基金”作用；“N”即根据产业需要，由母基金和社会资本共同出资成立N个子基金。

7.“1带3中心”重点物流区域：“十四五”期间，按照高质量发展新理念，提升现代物流业对经济增长和发展方式转变的支撑作用，规划形成“1带3中心”的物流空间功能布局。“1带”为打通金坛港、金坛高铁站连接通道，形成现代物流业集聚发展，打造港铁物流产业集聚带；“3中心”为金坛物流园、金坛港物流枢纽、金坛高铁物流枢纽。

（编辑　储　劼）

大事记

1月

3—5日　政协常州市金坛区第十届委员会第五次会议召开，陈忠平当选为十届区政协副主席。

4—6日　常州市金坛区第十七届人民代表大会第五次会议召开，陆秋明当选为区政府区长。

7日　常州市委书记齐家滨带队对金坛区经济社会发展情况进行专题调研。

9日　省政府批准筹建江苏省金坛华罗庚高新技术产业开发区。2月8日，江苏省金坛华罗庚高新技术产业开发区揭牌成立。

12日　江苏省副省长马秋林率队到金坛调研新一代信息技术产业发展情况。

18日　金坛区举行2021重大产业项目集中签约仪式，8个产业项目签约落户金坛，总投资225.4亿元。

是日　常州市委书记齐家滨到金坛区现场察看疫情防控工作。

19日　江苏省人大常委会副主任邢春宁带队到金坛专题调研动力电池产业链发展情况。

是月　江苏省委农村工作领导小组发布关于2020年度乡村振兴实绩考核情况的通报，金坛区位列县级综合排名第一等次。

2月

3日　区委、区政府下发《关于明确江苏金坛经济开发区和江苏省金坛华罗庚高新技术产业开发区直管区及共建区区域范围等事宜的通知》，明确两区直管区和共建区范围。西城街道五星社区、丹阳门社区、春风社区、文化社区、西门社区、小南门社区由金城镇党委政府托管。

8日　国家发展改革委复函，批准《南京都市圈发展规划》，金坛区位列其中。

19日　金坛召开“两个加快创新推进年”动员大会。

20日　常州市市长陈金虎，常州市委常委、常务副市长梁一波到金坛走访调研企业。

25日　全国脱贫攻坚总结表彰大会在北京人民大会堂举行，朱林镇黄金村党总支第一书记严清华作为先进个人代表应邀参加大会。

是日　江苏省华罗庚中学新校区举行揭牌仪式。

3月

2—3日　全省人大农业和农村工作座谈会在金坛召开，省人大常委会副主任魏国强参加会议。

6日　金坛区召开“创建全国文明典范城市，打造美丽常州金坛样板”工作推进会。

7日　全区党史学习教育动员会议召开。

15日　金坛区被命名为第三批江苏省生态文明建设示范县（市、区）。

18日　金坛区召开见义勇为表彰大会，对20名见义勇为先进分子进行表彰。

24日　为净化湖区水质，丰富底栖生物量，金坛区在长荡湖首次开展螺蛳增殖放流活动，共放流螺蛳40万公斤，放流面积约1000亩。

25日　区长、区疫情防控指挥部总指挥陆秋明带队现场督导新型冠状病毒疫苗接种工作，并带头接种新型冠状病毒疫苗。

26日　“奋斗百年路启航新征程”大型主题采访暨“扬帆2021”大型新闻行动在中国（常州）德国中心正式启动，全面推进庆祝中国共产党成立100周年宣传报道工作。

是日　金坛区与常州工学院签订全面合作协议，常州工学院技术转移金坛分中心同时揭牌。

27日　金坛区召开农村工作会议，对2020年度“三农”工作先进集体和个人进行表彰。

29日　金坛区获评2016—2020年度全国科普示范县（市、区）总结评估优秀单位。

30日　2021中国常州金坛全球招商网络大会正式启动。大会打造1个招商平台、2个云端实景，梳理43个招商项目和18个平台载体。

是日　河海大学常州新校区主体工程开工仪式举行，该工程建筑面积70万平方米，有50多栋单体建筑。

31日　太一光伏科技（常州）有限公司高效光伏电池组件项目在朱林镇现代产业园奠基，项目计划总投资5.1亿元。

是月　江苏省信用办发布2020年度设区市和县（市、区）政务诚信评价结果，金坛区获评第一等次。

4月

3日　金坛区召开在外知名人士座谈会，来自全国各地的70多位嘉宾出席活动。

6日　中航锂电与四家银行成功签约，获得贷款13.5亿元。该笔贷款主要用于中航锂电A8项目建设。

18日　2021金坛茅山山地半程马拉松赛在茅山旅游度假区举行。赛事分半程马拉松、微型马拉松、迷你马拉松项目，总奖金12万元。

26日　《金坛时报》更名为《金坛日报》。

30日　全区庆祝“五一”国际劳动节暨劳动模范表彰大会召开，表彰2018—2020年度金坛区劳动模范79人。

是月　金坛区受江苏省全民阅读活动领导小组表彰，获评江苏省第三批书香城市建设示范市（县、区）。

5月

7日　民盟中央副主席、中国科学院院士、中国数学会理事长田刚到金坛区开展专题调研。

13日　江苏省审计厅厅长侯学元到金坛区开展党史学习教育调研活动。

14日　常州市市长陈金虎到金坛区专题调研乡村振兴发展情况。

18日　金坛疼痛中心在直溪中心卫生院揭牌。

19日　江苏省交通运输厅厅长陆永泉到金坛区调研交通运输事业建设发展情况。

是日　由江苏省文化和旅游厅、常州市人民政府主办的2021年“中国旅游日”江苏省分会场活动在茅山旅游度假区宝盛园举行。江苏省文化和旅游厅厅长杨志纯、常州市市长陈金虎等参加活动。

是日　民革常州市金坛区支部成立。

25日　常州市市长陈金虎到金坛区调研重大项目建设情况。

28日　由江苏省儿童艺术剧院和江苏大剧院联合出品的原创青春剧《野蜂飞舞》在江苏大剧院首演。

29日　江苏一鸣食品生产基地举行开工投产庆典暨新品发布会，项目总投资6.8亿元。

是日　“百年之春　生活之美”献礼建党百年主题摄影展暨金坛茅山红色旅游产品发布在茅山半边山下九龙潭公园举行。

6月

1日　四川省成都市委常委、常务副市长谢瑞武率成都市党政代表团到金坛区考察经济社会发展情况。

3日　江苏省统计局农村调研组到金坛区调研农业高质量发展及规范化建设情况。

是日　江苏省政协副主席周继业到金坛区专题调研“落实新时代劳动教育、强化劳动和实践育人”工作。

5日　以“产业集聚智动未来”为主题的2021新能源汽车产业发展金坛长荡湖峰会开幕。

6日　2021中国·长荡湖籽虾节在儒林镇柚山村开幕，主题为“品虾寻味　柚山玩水”。

10日　“澳苏大学生阳光成长”2021年文化交流营走进金坛区，来自澳门的80多名大学生参观东方盐湖城景区。

12日　金坛区乡村振兴局挂牌成立。

16日　世界领先的汽车工业高强度螺栓制造商——卡迈锡精密成形（江苏）有限公司在中德（常州）创新产业园奠基。

17日　2021美丽中国行·旅游高质量发展（金坛茅山）论坛暨全国主流媒体采风活动在茅山旅游度假区举办。

18日　金坛区10个重大项目集中签约，总投资178亿元，其中超50亿元和超30亿元项目各一个。

21日　金坛区首家村级河长制工作站在尧塘街道林丰村揭牌。

27日　金坛区举行“百年恰是风华正茂”庆祝中国共产党成立100周年歌咏文艺晚会。

是日　中国首部道教题材爱国主

义电影《茅山往事》在金坛乾元观举行开机仪式。

7月

1日　金坛区召开庆祝中国共产党成立100周年座谈会。

是日　金坛区庆祝中国共产党成立100周年主题展“百年华章砥砺奋进”正式开放参观。

6日　江苏省人大常委会副主任陈震宁到金坛区调研经济发展情况。

14日　常州市委书记陈金虎到金坛区专题调研科技型企业和人才工作情况。

15日　辽宁省朝阳市市长谢卫东率经贸考察团到金坛区考察产业培育情况。

24日　金坛区召开全区领导干部会议，宣布省委、市委关于金坛区党政主要领导调整的决定，陆秋明任中共金坛区委书记，不再担任金坛区区长职务；狄志强不再担任中共金坛区委书记职务；吴小华任中共金坛区委副书记。

25日　区十七届人大常委会召开第三十三次会议，决定接受陆秋明辞去金坛区人民政府区长职务，任命吴小华为金坛区人民政府副区长、代理区长；任命刘小平为金坛区人民政府副区长，免去石江水金坛区人民政府副区长职务；任命周律诚为金坛区监察委员会副主任、代理主任，接受纪海平辞去金坛区监察委员会主任职务。

26—28日　中国共产党常州市金坛区第十四次代表大会在市民中心召开。陆秋明代表中共常州市金坛区第十三届委员会作题为《加速同城化加速现代化全力打造最美新城区最强增长极奋力谱写“美丽常州金坛样板”新篇章》的报告。会议审议通过区委、区纪委工作报告，选举产生新一届区委、区纪委。

28日　中共常州市金坛区委十四届一次全体会议召开。会议选举产生区委常委11名，陆秋明为区委书记，吴小华、刘国新为区委副书记。

是日　中共常州市金坛区纪委十四届一次全体会议召开，选举周律诚为区纪委书记。

8月

10日　区政协开展“有事好商量·文旅融发展”专题协商议事活动，围绕“金坛文旅融合发展”主题建言献策。

14日　常州市委书记陈金虎带队督查金坛区疫情防控工作。

19日　金坛经开区“开门接电”示范区落成揭牌，示范区总面积35.5平方千米。

20日　常州市委副书记、代市长盛蕾专题调研金坛区经济社会发展情况。

26日　常州仲裁委员会金坛办事处揭牌成立。

9月

1日　常州市委书记陈金虎在金坛调研文旅中轴及长三角休闲度假中心建设。

是日　德国晟达传动设备项目在中德（常州）创新产业园签约落户，该园引进德语区企业达40家。

6—7日　区委书记陆秋明、代区长吴小华率区党政代表团赴溧阳、桐庐、吴江、相城等周边县（市）区，考察其城市管理、产业升级、城乡融合、新城建设情况。

9日　常州博雅实验学校过渡校区举行揭牌仪式，金坛汇贤初级中学在钱资新城奠基。

10日　无锡市人大常委会党组副书记、副主任曹佳中带队到金坛，调研金坛区动力电池产业。

25日　全国工商联在长沙举办2021中国民营企业500强峰会，江苏金昇控股有限公司以营业收入171.6亿元，位列中国制造业民企500强第344位。

28日　金坛区举行“华罗庚星”命名暨“华罗庚创新中心”揭牌仪式。

30日　金坛盐穴压缩空气储能项目一期60兆瓦压缩空气储能发电系统并网试验成功，标志着世界首个非补燃空气储能电站在金坛成功发电。

是月　金坛区文广旅局被国家体育总局、人社部评为全国群众体育先进单位。

10月

8日　江苏省儿童艺术剧院携精品儿童剧《戏娃》在全区农村中小学校开启巡演。

12日　常州工业职业技术学院金坛分院揭牌仪式举行。

15日　易控汽车电子总部园区在金坛落成。中国科学院院士、民盟中央副主席、全国政协常委欧阳明高等参加活动。

16日　金坛区城市开发建设管理委员会挂牌成立。

17—19日　区委书记陆秋明率金坛区党政代表团赴陕西省安康市石泉县、宁陕县开展对口协作活动。

29日　区十七届人大常委会召开第三十六次会议，任命徐俊为金坛区人民政府副区长；免去俞金红金坛区人民政府副区长（挂职）职务、朱霞金坛区人民政府副区长职务。

是日 “名家聚金沙 翰墨颂党恩”当代中国画名家作品邀请展在区博物馆举办。

30日 金坛区第十届文化艺术节、第七届中国•长荡湖湖鲜美食节、2021中国（长荡湖）休闲湖泊峰会在儒林柚山村开幕。

11月

1日 江苏省委第三巡视组组长葛笑天一行调研金坛区经济社会发展情况。

2日 区委书记陆秋明、代区长吴小华带队参观学习常州市钟楼区和新北区人才公寓示范点。

10日 常州市委副书记、代市长盛蕾到金坛检查疫情防控工作，对医疗废弃物收集和集中处置管理情况进行实地调研。

是日 纪念华罗庚诞辰111周年活动在区华罗庚纪念馆举行。

13日 常州市委书记陈金虎到金坛督查疫情防控工作。

16日 常州市委副书记、代市长盛蕾一行到金坛区督查文明城市建设工作。

18日 交通运输部发布2021年153个“四好农村路”全国示范县公示名单，金坛区入选。

19日 金坛区首家乡镇影院在茅山颐园建成开放，“红色电影展映周”活动同步启动。

19—20日 陕西省宁陕县委书记郑红丹带领党政代表团到金坛开展苏陕协作活动。

20日 区十七届人大常委会召开第三十七次会议，决定任命姚祥、叶琳为金坛区人民政府副区长，庄诚为金坛区人民政府副区长（挂职）。

22日 金坛区被中国科协确认为2021—2025年度第二批全国科普示范县（市、区）创建单位。

22—23日 陕西省石泉县领导陈莲、胡学军率领党政代表团到金坛开展苏陕协作活动。

28日 以“休闲湖泊与‘两湖’创新”为主题的2021中国（长荡湖）休闲湖泊峰会在金坛区举办。

12月

6日 金坛区区、镇人大代表统一进行换届选举，115个选区按照法定程序，规范有序地组织选民参与投票选举。

8日 总投资150亿元的蜂巢能源锂离子电池项目四期举行奠基仪式。

11日 区工商业联合会(总商会)第十一次代表大会召开，选举卢建新为区工商联主席、总商会会长。

15日 江西省宜春市副市长、高安市委书记郑绍率队到金坛区考察经济社会发展情况。

20日 安徽省芜湖市繁昌区党政代表团到金坛开展友好共建活动。

29日 中共金坛区委十四届二次全会召开。区委书记陆秋明代表区委常委会作题为《落实“532”战略，推进“五大行动”，坚决扛起“两湖”创新区主战场重任，奋力开创“美丽常州金坛样板”建设新局面》的讲话。

30—31日 2022新能源汽车产业链投资年会金坛区举办。知名产业专家、新能源汽车产业链上下游公司代表、专注相关行业投资嘉宾等近百人参加活动。其间，金坛区产业创新发展基金发布。

（夏 冰 陈书明）

（编辑 吕洪力）

基本情况

【地理位置】 常州市金坛区地处江苏省南部，位于北纬 31° 33′ 42″ ～ 31° 53′ 22″，东经 119° 17′ 45″ ～ 119° 44′ 59″，为宁（南京）、沪（上海）、杭（杭州）三角地带之中枢。东与常州市武进区相连，西与句容市接壤，南与溧阳市、宜兴市依水相望，北与丹阳市、镇江市丹徒区毗邻。

（刘士科）

【人口】 截至 2021 年年末，全区户籍人口 54.24 万人。其中男性 26.71 万人，女性 27.53 万人，男女性别比为 97。户籍人口出生率 4.43‰，人口死亡率 8.49‰，人口自然增长率为 −4.06‰。年末常住人口 59.29 万人，其中城镇人口 39.41 万人，城镇化率 66.47%，比上年末提高 0.67 个百分点。

（徐　飞）

【行政区划】 2021 年年末，金坛区行政区域总面积 975.7 平方千米，辖 6 个镇、3 个街道，下设 92 个村民委员会、33 个社区居委会。

2021 年金坛区行政区划统计表

表 1　　　　单位：个

街道办事处 / 乡镇	数量	村（居）民委员会名称
东城街道	5	村：柘荡、河头、中塘、五联、明星
	11	居：华苑、峨嵋、东方、华胜、华兴、华城、电胜、金河、南苑、新城、汇贤
西城街道	5	村：城南、涑渎、方边、黄庄、岸头
	18	居：花街、河滨、北园、东园、北门、虹桥、翠园、愚池、朱庄、南洲、九洲里、金安、西门、文化、春风、小南门、丹阳门、五星
尧塘街道	11	村：西华、谢桥、尧塘、汤庄、红旗、水东、迎春、万新、下庄、水北、林丰
金城镇	11	村：元巷、冯庄、后阳、南瑶、白塔、庄城、长竹埂、沈渎、培丰、前庄、联丰
薛埠镇	21	村：上阮、花山、致和、仙姑、西旸、东进、上阳、薛埠、连山、方麓、山蓬、罗村、长山、茅庵、东窑、泉江、下杖、神亭、石马、茅东、倪巷
直溪镇	12	村：汀湘、王甲、建昌、新河、吕坵、坞家、西溪、巨村、溪滨、天湖、井庄、迪庄
	3	居：溪城、直溪、直里
朱林镇	9	村：朱林、龙溪、长兴、西岗、三星、唐王、红旗圩、沙湖、黄金
指前镇	12	村：社头、解放、建春、芦溪、清水渎、庄阳、指前、东浦、丰产、王母观、新河、岳阳
儒林镇	6	村：南社、儒林、后庄、五叶、柚山、湖头
	1	居：河下

（陈　干）

【土地、矿产资源】 根据2020年度土地变更调查成果显示，金坛区辖区总面积97567.7公顷，农用地面积61911.6公顷，建设用地面积20445.34公顷，未利用地面积15210.76公顷。2021年年末，全区在采矿山5个。分别为盘固采石有限公司大石包山水泥用灰岩矿区，开采矿种为水泥用灰岩、建筑用白云岩；朝阳洞水泥用灰岩矿区，开采矿种为水泥用灰岩、水泥配料用砂岩；江苏亚邦矿业有限公司常州市金坛区花山建筑用玄武岩矿区，开采矿种为建筑用玄武岩；中盐金坛盐化有限责任公司茅兴盐矿；中盐金坛盐化有限责任公司陈家庄盐矿。

（陆思民）

【水资源】 全区年水量1448.8毫米，折合降水总量14.14亿立方米，比上年多65.8%，比多年平均值多25.2%，属丰水年。全区地表水资源量6.96亿立方米，年径流深713.3毫米，比2019年地表水资源量增加228.3%，比多年平均地表水资源量偏多47.1%。入境水量117287万立方米，出境水量100100万立方米。全区地下水资源量0.29亿立方米。其中，平原区地下水资源量0.26亿立方米；山丘区地下水资源量0.03亿立方米。全区水资源总量7.25亿立方米。全区平均产水系数0.51，平均产水模数74.31万立方米／平方千米。

（陆　燕）

【动物资源】 金坛区森林动物种类繁多，主要动物类群组成中昆虫782种、鱼类85种、爬行类23种、鸟类275种、兽类39种等。国家级野生保护动物42种，主要有梅花鹿、猕猴、鹦鹉、猫头鹰、小天鹅、鸳鸯、鹤类、红隼等。江苏省重点保护动物132种。“三有”（有益、有重要经济价值、有科学研究价值的野生动物）保护动物283种，主要有刺猬、白鹭、绿头鸭、黑水鸡、野猪、狗獾、夜鹭、池鹭等。

【植物资源】 金坛区陆生植被资源丰厚，植被类型从平原、岗地到低山分布明显。全区共有植物180科900多种，可分为木、竹、花、蔬、草五大类。国家Ⅰ级保护植物水杉，属中国特有植物，被世界自然保护联盟评定为濒危等级。国家Ⅱ级保护植物有杜仲、野大豆、樟等。全区水生植物可划分为浮游藻类、挺水植物、浮叶植物和漂浮植物四大类80多种，其中芦苇群系比重较大，占湿地植被总面积的47.4%。比较珍稀的还有国家Ⅰ级保护植物莼菜（极危等级），国家Ⅱ级保护植物莲、四角刻叶菱等。

（耿　欣）

【气候】 2021年，金坛区总的气候特点是气温显著偏高、降水偏多、日照时数正常。年平均气温17.8℃，比常年（1981—2010年）平均偏高1.8℃，创历史新高。各月平均气温和常年值比较：2、3、9月异常偏高，最大偏高值为4.8℃（2月），1、10、12月显著偏高，4、5、6、11月偏高，7、8月正常。年极端最高气温为37.0℃（7月14日），年极端最低气温为−8.3℃（1月8日）。全年日最高气温出现≥35℃的高温日数计8天，高温日为近20年来最少。年总降水量1496.5毫米，较常年偏多388.1毫米。其中夏季降水量984.5毫米，为有记录以来同期降水历史第三。月降水量和常年值比较：12月异常偏少，6、9月显著偏少，1、3、4月偏少，2、5、11月正常，10月显著偏多，7、8月异常偏多，最大偏多值为2.1倍（7月）。年总日照时数为1924.0小时，比常年偏多18.7小时，属正常年份。

1月上旬受强寒潮天气袭击，因缺少雪层覆盖的保温作用，越冬作物和蔬菜、苗木均有一定程度受冻，茅山茶海部分黄金芽等不耐冻品种茶树有冻死现象。寒潮影响期间，市民用电量激增，给电力调度造成一定压力，部分地区自来水管受冻。下旬降水偏多，前期偏干的土壤墒情得到改善。2月气温异常偏高，前期受冻的小麦顺利恢复生长，生育期明显加快，返青苗情达到或超过常年同期水平，全区茶叶开始零星采摘。3月21—23日的降温致部分冬小麦幼穗冻伤。4、5月天气总体利于小麦后期生长、成熟和收获，但5月14—16日出现的强雷电、雷雨大风天气致小麦倒伏266.67公顷，经济损失约40万元。同时造成3座蔬菜大棚坍塌，经济损失约8万元。6月上旬多晴少雨，给小麦收获和晾晒带来很大便利。入梅后降水呈间隙性，有利于水稻秧苗移栽和成活，但对水产养殖水环境的改善有一定影响。7月10日8时至11日7时金坛区出现局部雷暴、大风和强降水，最大风力28.4米／秒（10级），最大雨量出现在东城街道（142.6毫米），最大小时降雨强度达109.4毫米／小时。受台风“烟花”影响，7月24日8时至29日8时全区累计降水量140～200毫米，并伴有7级大风，最大雨量出现在金城镇白塔村（332.9毫米）。城区低洼地带因此出现短时积水、受淹，但未形成大面积影响交通安全的情况。强降水对水稻苗期分蘖、烤田有一定影响，还造成部分农作物受淹，对其他蔬菜、瓜果生长和水产养殖也不利。8月副热带高压调整，梅雨环流特征明显，致11—27日出现连续阴雨天气（俗称“倒黄梅”）。其间出现14天雨日。8月多雨寡照对水稻幼穗分化、孕穗和抽穗产生不利影响，病虫害隐患大。9月，受第14号台风“灿都”外围云系影响，全区出现风雨天气。12日8时—15日8时累积最大雨量在薛埠镇，达19.1毫米，部分地区出现7级阵风。9、10月月初气温异常偏高，降水少光照足，昼夜温差大，利于水稻灌浆结实，水稻长势好。10

月7—16日出现连续阴雨，阴雨天气不利于前茬作物的收获、腾茬，但有效改善了土壤墒情。下旬天气有利于秋收秋种，水稻单产创新高。11月多晴好天气，秋冬季寒潮过程频繁，其中11月6—8日48小时最低气温降幅达14.7℃，寒潮没有造成较大影响。

2021年灾害性天气主要有寒潮、低温、暴雨洪涝、连阴雨、台风等。全年全区主要农作物、旅游与交通行业、水环境等气候年景较好，农业气象条件总体利大于弊，粮食增产，品质好，综合评估属年景较好年份。

（黄玲玲）

2021年金坛区气象资料一览表（一）

表2

项目	1月	2月	3月	4月	5月	6月	7月	8月	9月	10月	11月	12月	全年
平均气温（℃）	4.6	9.8	12.1	16.4	22.2	26.1	28.5	27.9	26.4	19.7	12.8	6.8	17.8
极端最高气温（℃）	17.9	25.5	26.1	30.9	33.8	33.7	37.0	35.7	34.5	32.8	23.9	18.0	37.0
出现日期	14	22	29	30	10	7、24	14	30	23	4	1	21	7月14日
极端最低气温（℃）	-8.3	0.3	2.2	6.9	14.3	17.7	22.3	21.3	19.3	9.7	1.4	-4.1	-8.3
出现日期	8	18	2	5	17	4	17	14	30	17	24	27	1月8日
降水量（毫米）	32.8	51.0	62.4	57.7	116.6	76.2	603.2	305.1	25.5	104.6	56.1	5.3	1496.5
一日最大降水量（毫米）	14.3	17.7	19.6	12.0	32.3	18.4	150.5	76.2	14.9	62.5	33.2	4.6	150.5
出现日期	22	26	19	26	26	27	28	24	13	15	5	12	7月28日
降水日数（≥0.1毫米）	8	9	14	10	12	12	18	16	4	10	6	3	122
最长连续降水日数（天）	4	4	6	2	4	3	6	8	2	4	4	2	8
最长连续降水量（毫米）	6.5	36.2	49.0	17.1	18.5	24.6	249.1	92.6	15.0	83.1	43.5	0.7	92.6
起止日期	25—28	25—28	2月25日至3月2日	26—27	14—17	17—19	24—29	11—18	13—14	13—16	5—8	16—17	8月11至18日
最长无降水日数（天）	22	9	6	8	6	7	5	4	16	10	14	19	22
起止日期	2020年12月30日至2021年1月20日	16—24	21—26	13—20	5—10	5月27日至6月2日	11—15、19—23	7—10、28—31	8月28日至9月12日	22—31	10月22日至11月4日	11月23日至12月11日	2020年12月30日至2021年1月20日
日照时数（小时）	164.4	133.8	123.4	130.3	163.4	138.0	166.3	149.7	179.1	167.0	202.6	206.0	1924.0
日照百分率(%)	52	43	33	34	38	33	38	36	48	47	64	66	43
相对湿度（%）	68	74	78	74	78	80	84	85	80	80	73	69	77
最小相对湿度（%）	17	19	17	20	17	23	43	45	23	28	18	19	17
出现日期	9	19、21	22	5	5	7	30	8	23	5	23	27	1月9日、3月22日、5月5日
最多风向（十六方位）	NE	ESE	ESE	ESE	ESE	ESE	ESE	ESE	ESE	ESE	E	C,NNE	ESE
及其频率（%）	10	20	17	23	19	26	23	18	20	15	19	12，10	17
平均风速（米/秒）	2.5	2.7	2.7	2.5	2.4	2.3	2.7	1.9	2.4	2.2	2.3	1.9	2.4
大风日数（≥17.0米/秒）	—	—	—	1	—	—	2	—	—	—	—	—	3

2020—2021 年金坛区气象资料一览表（二）

表 3

时间		雪	积雪	最低气温≤0℃	地面最低温度≤0℃	草面最低温度≤0℃
2020 年度	初日	12 月 14 日	12 月 29 日	12 月 14 日	12 月 5 日	12 月 4 日
	终日	12 月 30 日	12 月 31 日	1 月 29 日	2 月 19 日	3 月 23 日
	初终间日数	17	3	47	77	110
2021 年度	初日	—	—	12 月 18 日	12 月 1 日	12 月 1 日

（黄玲玲）

【水文】 2021 年，金坛区汛期降水量较常年偏多近七成，主要集中在 7、8 月，占汛期总雨量的 87.5%。5—9 月，金坛区汛期平均降雨量 945.2 毫米，为常年（667.6 毫米）同期数值的 1.42 倍。汛期降水日数 76 天，较常年（56 天）偏多。金坛区于 6 月 13 日入梅，7 月 11 日出梅，梅雨期 28 天，较常年（22 天）偏长 6 天。梅雨量总体偏多，梅雨期降雨过程呈间歇性，降水时空分布不均。金坛站梅雨量为 331.4 毫米，较常年（257.8 毫米）偏多 28%。最大梅雨量出现在金城镇为 348.7 毫米。7 月 10 日 5 时至 17 时，尧塘、东城、西城、金城、朱林范围骤降暴雨到大暴雨，最大雨量在东城街道为 138.4 毫米，其中 15 时至 16 时城区降雨量超 100 毫米／小时。

7 月 26 日，第 6 号台风“烟花”滞留金坛区 5 天，台风时间长、范围广，风雨强，是有气象记录以来影响江苏过程雨量最大的台风。受台风影响，全区普降大暴雨，河、湖、库水位明显上涨，河湖水位最大涨幅 1.49～3.24 米。7 月 28 日凌晨 4 时，丹金溧漕河水位超警戒并迅速上涨，28 日上午 10 时，超过保证水位 6.00 米，丹金闸站（下游）最高水位 6.40 米，王母观站最高水位 5.75 米。受该次台风影响，全区共出现短时间积水 9 处、农作物受灾面积 57.72 公顷，直接经济损失 119.76 万元。2021 年，累计投入水利救灾资金 488 万元，减淹耕地 2800 公顷。全年全区未发生严重旱、涝情况，未发生堤防溃决和较大以上险情、灾情，未发生人身伤亡事故、重大财产损失，城市运行安全平稳有序，企业生产经营、物流运输、居民生活基本正常。

2021 年丹金闸站（下游）、王母观站水位雨量一览表

表 4

月份	丹金闸站（下游）		王母观站	
	月平均水位（米）	月雨量（毫米）	月平均水位（米）	月雨量（毫米）
1	3.21	42.5	3.16	38.5
2	3.23	47.5	3.19	51.0
3	3.48	64.5	3.40	67.0
4	3.51	43.0	3.42	46.5
5	3.66	100.0	3.53	115.0
6	3.83	72.0	3.72	85.5
7	4.14	623.0	4.07	430.5
8	4.25	284.5	4.25	307.0

续表 4

月份	丹金闸站（下游）		王母观站	
	月平均水位（米）	月雨量（毫米）	月平均水位（米）	月雨量（毫米）
9	3.86	37.5	3.79	25.5
10	3.79	86.0	3.72	133.0
11	3.54	57.5	3.48	53.5
12	3.32	5.5	3.26	5.5
年平均水位	3.65	—	3.58	—
年雨量	—	1463.5	—	1358.5

（吴　洁）

【建置沿革】 金坛历史悠久，早在石器时代即有先民栖息、生存。春秋时期，金坛属吴地，后越灭吴，属越地。战国时期楚灭越，属楚。秦汉归曲阿县，晋属延陵县。隋置金山府，仍属延陵县。隋末农民起义时，乡人自立金山府金山县。唐垂拱四年(688年)，改为金坛县。后县名一直未变，但境域和隶属关系多有变动。

1949年4月24日，金坛解放，属苏南行政公署武进行政分区，11月改属常州专区。1953年1月，撤常州专区,属镇江专区。1958年8月，撤镇江专区，属常州专区。1959年9月，撤常州专区，属镇江专区。1983年3月，实行市管县体制，金坛县属常州市。1993年11月，撤销金坛县，设立金坛市（县级），以原县行政区域为市行政区域，金坛市由江苏省直辖，仍暂由常州市管辖。2015年4月，撤销县级金坛市，设立常州市金坛区。

【历代名人】 金坛自三国至清末，有影响力的诗人、学者、著述家、政治家有百人以上，其中佼佼者有唐代诗人储光羲、戴叔伦，明代医学家王肯堂，清代训诂学家、经学家段玉裁，近现代的《神曲》译者王维克、《民立报》主编徐血儿、数学家华罗庚、物理学家汤定元、地质学家孙枢、自动控制学家冯纯伯、生物学家王志新、物理学家周远、微电子专家胡正明等先后为中国科学院院士（学部委员），还有“两弹一星”功臣钱骥、法学家杨兆龙等。

（刘士科）

【风景名胜】 金坛旅游资源得天独厚，有着2600多年古老文化的积淀。境内“1998年全国十大考古新发现”之一的三星村遗址中，发现了世界上迄今最早的大米标本和蚕图腾。金坛刻纸、金坛抬阁、董永传说、龙舞（直溪巨龙）、金坛封缸酒传统酿造技艺成为国家级非物质文化遗产。谈庄秧歌灯、指前鱼灯、柚山放灯节等地方文化传承至今。金坛区被文化和旅游部确定为“国家全域旅游示范区”创建单位，被江苏省文化广电和旅游厅确定为“江苏省第三批省级全域旅游示范区”，先后获得“中国优秀旅游城市”“全国休闲农业与乡村旅游示范县”等称号，全区拥有省级旅游度假区2个，国家AAAA级旅游景区

茅山旅游度假区美景

3个，国家AAA级旅游景区2个。全区有全国乡村旅游重点镇1个，全国乡村旅游重点村1个、省级乡村旅游重点村3个、省级工业旅游区2个、省星级乡村旅游区19个。

江苏省金坛茅山旅游度假区位于金坛区西部薛埠镇境内，东临新浮水库，南至沿江高速，西靠340省道，北达致和公路，规划管辖总面积128平方千米。度假区历史文化底蕴深厚，以道教上清派发源地茅山为基础，依托“山水茶盐药泉”等资源要素，致力于打造观光休闲、研学旅居、运动拓展、商务会展、康养度假为主题的国家级旅游度假区、长三角知名生态旅游目的地和长三角首席道养休闲度假目的地。随着外部南沿江城际高铁开工建设、265省道及茅山旅游大道的通车，内部十余条道路管网、景观照明等基础设施工程相继竣工，度假区区位优势愈加凸显，功能形态日益完善。此外，度假区产业业态持续更新，项目品类不断丰富。东方盐湖城·道天下景区、花谷奇缘景区、茅山森林世界顺利获评国家AAAA级旅游景区。一号农场成为省五星级乡村旅游区。仙姑村获批全国乡村旅游重点村。茅山颐园康养小镇获中国老年宜居住区试点工程，开启茅山医养新时代。

江苏省金坛长荡湖旅游度假区是以湖鲜美食、禅修养生、湿地休闲为特色的长三角滨湖生态旅游度假胜地。度假区区域面积143.8平方千米，东至240省道、常溧高速，南至金坛区域边界，西至241省道、长荡湖西路，北至常合高速，具有优越的地理位置和便捷的交通条件。长荡湖生态环境优美，有水域面积87.3平方千米，是太湖流域三大湖泊之一，湿地生态系统保持完好。宜人的自然风光造就了以渔文化为核心，儒文化、禅文化、蟹文化、乡村文化为特色的文化内涵。具有代表性的景点有水街、水城、水八卦、水上丛林、普门禅寺等。湖鲜美食节、籽虾节、八鲜宴、全虾宴已成为长荡湖旅游的知名品牌。

金坛城南风景区面积11.02平方千米，其中水域面积7.75平方千米，以湿地景观、水系景观和历史文化景观为主题，形成了愚池公园人文历史景区、南洲湿地水生态景区、金沙湖水文化运动景区、顾龙山垂钓景区四大景观带。风景区内亭台轩榭仿明清建筑风格，园林景观设计错落有致、独具匠心，处处彰显江南水乡之韵味。景区内历史人文景观众多，文化底蕴深厚，建有段玉裁纪念馆、华罗庚纪念馆、戴叔伦纪念馆，以及博物馆、古民居群落等多处文化场馆，充分展示了廉政文化、名人文化、建筑文化和孝文化。

（李文韬）

【地方特产】 长荡湖大闸蟹，主产地：长荡湖。长荡湖水质呈弱碱性，是太湖流域典型的浅草型、过水性湖泊。湖内水草繁茂、螺蚬众多，适宜大闸蟹的生长发育。长荡湖大闸蟹，又名玉爪蟹，采用生态养殖模式，以螺蛳、野杂鱼、水草、玉米、小麦为饵料，体形健壮硕大，青背、白肚、黄毛、金钩，色泽鲜亮、蟹体肥满、蟹黄厚实、蟹膏肥糯，白似玉而黄似金，色、香、味三者兼具。连续3届获得“中国十大名蟹”称号，先后入选生态原产地保护产品、首批中国农业品牌名录、江苏省名优农产品、钓鱼台国宾馆特供农产品，是深圳口岸出口免检产品。大闸蟹产业是金坛区农业的主导产业，是金坛农业中第一个产值突破10亿元的单品种产业，占全区渔业总产值的70%，占全区农业总产值的25%。以长荡湖周边水系池塘养殖为主，养殖面积共8300公顷，常年产量1.5万吨，产值15亿元左右。亩均产值超过1.2万元，亩均效益5000元左右。金坛区以长荡湖大闸蟹作为建设主导品种，成功入选首批江苏省特色农产品优势区。

茶叶，主产区：薛埠镇。金坛区产茶历史悠久，茶叶久负盛名，是中国名茶（绿茶）之乡、全国重点产茶地。2021年，全区茶园面积2733公顷，形成以金坛雀舌茶、茅山青锋茶为主，红茶、抹茶粉为辅的茶产业体系。20世纪80年代初，金坛对雀舌茶进行恢复性研制，在提升中创新。金坛雀舌茶外形扁平挺秀、状如雀舌，茶条匀整、色泽绿润、香气清高、汤色明亮、滋味

金坛雀舌茶

鲜爽、叶底嫩匀。金坛雀舌茶在历届“中茶杯”全国名优茶评比、江苏省历届“陆羽杯”名特茶评比活动中多次获金奖、特等奖。金坛雀舌茶先后成功申报地理标志证明商标和保护产品，成为全国首批通过森林认证茗茶品牌、江苏省著名商标、常州市十大知名农产品品牌。2021年，全区茶业综合产值6.8亿元。金坛区成功入选江苏唯一茶叶类有机肥替代化肥示范县（区）。

建昌红香芋，主产区：直溪镇建昌村。建昌红香芋产于金坛区境内第一大圩——建昌圩，圩区内水质清澈、气候温湿、土壤肥沃，土壤质地为乌散土，pH值7.0，适于红香芋生长。红香芋皮红、透白、性糯、味香。经江苏省农科院化验分析，红香芋富含粗蛋白、淀粉、聚糖、粗纤维，以及钙、磷、铁、钾、镁、钠、胡萝卜素、烟酸、维生素 B_1 和 B_2 等元素。建昌红香芋辐射种植面积300公顷，种植区域有直溪镇蔡甲村、吕垢村、迪庄村、下蔡村、养殖场、建昌村、天湖村、井庄村、杨家舍村、新河村。

指前标米，主产地：指前镇。指前标米历史悠久，美名享誉海内外。米色晶莹剔透、柔软丰腴、清香四溢、颗粒饱满。现形成绿色大米、有机大米的金字塔式梯度结构。1915年，指前标米与茅台酒同获首届巴拿马万国博览会金奖。2014年，注册指前标米商标。2020年，申报国家农产品地理标志证明商标，并被江苏省知识产权局列为江苏省地理标志注册省级项目，是苏南地区唯一获准立项的商标。2021年，指前标米成功入选“常州市十大农产品品牌提升行动计划”。

黄金村软米，主产地：朱林镇。黄金村软米的种植区域生态环境独特，地处茅山东麓，四周环水，南、西、北方向与茅山丘陵地带隔河相望，东南方向邻近长荡湖和漏湖，为典型的盆地圩区地貌。黄金村土壤肥沃，土壤有机质平均含量达36.7克/千克，较金坛区平均含量高出22.8%。土壤供氮占水稻生长所需的60%～70%。灌溉水系源自茅山溪水，水体富含丰富的钙、镁、铁、锌等矿物质元素，保证了黄金村软米营养丰富、口味芬芳的独特品质。弱酸性水土是黄金村软米最佳生产环境，黄金村土壤pH值6.7～7，灌溉溪水pH值6.5～7，为黄金村软米健康栽培提供了理想环境。

金坛米猪，主产地：朱林镇。太平天国时期大批苏北人南迁，带来的“沙皮猪”与金坛当地的“棉皮猪”杂交，逐步形成繁殖力高、抗逆性强、肉品质好的金坛米猪。作为太湖猪系列品种之一，20世纪70—90年代，金坛米猪迅速发展为金坛地区当家猪品种，最高养殖规模达5.5万头。1974年建成金坛米猪种猪场，1986年金坛米猪被收入《中国猪品种志》，2014年被列入《国家级畜禽遗传资源保护名录》。金坛米猪采取“集中选育、按群建系、统一供种、分场经营”的方式，选择品系纯正的种猪，构建繁育基地。金坛米猪窝产崽14头以上，利用年限7～8年。肉色鲜红，脂肪洁白，大理石纹评分4.5～5，肌内脂肪含量4.8%，每100克猪肉蛋白含量19～25毫克、胆固醇含量34.5毫克。熟制后肉质鲜美、细嫩多汁、香味浓郁、肥而不腻，汤汁清澈，食后唇齿留香。

无节水芹，主产地：朱林镇。水芹种植在金坛已有800多年历史，尤以朱林无节水芹有名。金坛无节水芹于2013年被国家工商总局认定为国家地理标志证明商标。每100克无节水芹含蛋白质21克、脂肪0.3克、钙154毫克、磷9.8毫克、铁23.3毫克、维生素C47毫克、胡萝卜素4.5毫克。水芹具有清血脂，降血压和抑癌的功效。

（史黎明）

国民经济和社会发展

【概况】 2021年金坛区实现地区生产总值1101.09亿元，按可比价计算，同比增长9.5%。其中，第一产业完成增加值40.63亿元，增长2.6%；第二产业完成增加值571.57亿元，增长10.3%；第三产业完成增加值488.89亿元，增长9.2%。三次产业增加值比例为3.7∶51.9∶44.4。全年实现一般公共预算收入60.03亿元，同比增长7.5%，其中税收收入49.67亿元，占一般公共预算收入的比重为82.7%。分税种看：增值税和个人所得税分别完成14.64亿元、3.13亿元，同比增长30.6%和58.7%；企业所得税完成6.73亿元。全年新设各类市场主体22412户，注册资金441.4亿元，年末共有各类市场主体80033户，注册资金3830.67亿元。

【农业和农村经济】 2021年，全区实现农林牧渔业总产值75.06亿元，同比增长3.6%；实现农林牧渔业增加值46.25亿元，按可比价计算，同比增长2.7%。全年粮食总产量17.08万吨，较上年增加2519吨，其中夏粮总产量4万吨，较上年增加2498吨，秋粮总产量13.08万吨，与上年基本持平。现代农业成效显著。全区粮食生产全程机械化率96.7%，特色农业机械化率63.5%，位居常州市第一。建成2家省级“全程机械化＋综合农事”服务中心、5个常州市特色农业生产全程机械化示范基地。

【工业和建筑业】 2021年，全区实现规模以上工业总产值1489.99亿元，同比增长36.2%，其中高新技术产业产值827.36亿元，同比增长

31.4%，占规模以上工业的比重为55.5%。全年实现规模以上工业增加值395.37亿元，按可比价计算，同比增长17.0%。支柱产业贡献突出。全年规模以上五大支柱产业实现产值1431.15亿元，同比增长34.5%。装备制造、汽车及零部件、光伏新能源产业分别实现产值551.74亿元、319.05亿元和240.81亿元，同比实现两位数增长。化工及新材料和纺织服装产业分别实现产值214.45亿元、105.09亿元。建筑行业运行平稳。全年资质以上建筑业企业实现施工产值430.34亿元，同比增长1.3%，签订合同额607.53亿元。全年建筑企业房屋施工面积3725.92万平方米，同比增长6.4%，按建筑业总产值计算的劳动生产率为29.5万元／人，比上年提高0.9万元／人。

【固定资产投资】 2021年，全区社会固定资产投资额同比增长7.2%，其中第二产业、第三产业分别增长8.3%和6.5%，第一产业下降50.9%。非制造业投资高速增长，全区非制造业投资完成额同比增长181.8%，计划总投资5000万元以下的项目支撑有力，项目数量与完成额呈现双增长趋势，分别增长92%和65.9%。招商引资不断突破，全年累计签约引进工业项目63个，协议投资总额553.36亿元。其中供地项目33个，协议投资总额481.26亿元；外资项目10个，协议投资总额11.82亿美元。单体投资超5亿元或5000万美元项目22个。

【国内贸易】 2021年，全区实现社会消费品零售总额276.48亿元，同比增长13.2%。基本生活消费增势较好，限额以上单位日用品类、粮油食品类商品零售额分别增长38.3%、17.0%。升级类消费需求持续释放，限额以上单位金银珠宝类、文化办公用品类商品零售额分别增长25%、15.2%。

【开放型经济】 2021年，全区签约引进外资项目10个，投产开业的外商投资企业374家，实现实际到账注册外资3.58亿美元。中德（金坛）创新产业园被认定为中国（江苏）自由贸易试验区联动创新发展区，集聚速德、舒富、晟达等44家德语区企业，总投资额超过12亿欧元。对外贸易再创新高。全年实现外贸进出口总额272.9亿元，同比增长23.9%，创下历史新高。其中，出口额212.9亿元，同比增长31.7%；进口额60亿元，同比增长2.4%。

【交通、邮电和旅游业】 2021年，全区实现交通基础设施投资3.65亿元。公路总里程1161千米，航道总里程300千米。全年完成公路客运量1562万人次，公路客运周转量1.23亿人千米。完成公路货运量2678万吨，完成水路货运量1973万吨，港口吞吐量103万吨，内河港口吞吐量1031万吨，船舶总吨位42万吨，全社会船舶拥有量622艘，公共汽（电）车客运总量778.6万人次。旅游产业形式多样。薛埠镇成功入选首批全国乡村旅游重点镇，柚山村、金牛村成功入选省乡村旅游重点村。举办“2021春到茅山赏花季”活动、2021年“中国旅游日”江苏省分会场活动、长荡湖籽虾节、夜生活节、金坛嗨购节、2021美丽中国行·旅游高质量发展（金坛茅山）论坛暨全国主流媒体采风、金坛美食大赛、2021金坛茅山第四届汽摩运动文化节等活动，持续提升金坛文旅吸引力。

【金融保险业】 截至2021年年末，全区金融机构人民币各项存款余额1509.39亿元，比年初增加229.51亿元，增长17.9%。其中住户存款562.84亿元，较年初增长9.1%。单位存款946.55亿元，较年初增长24.0%。人民币各项贷款余额1208.99亿元，比年初增加186.98亿元，增长18.3%。其中短期贷款423.69亿元，较年初增长3.5%。中长期贷款776.51亿元，较年初增长28.6%。保险业务平稳发展。全年实现保费收入18.21亿元，同比增长3.2%，其中财险保费收入6.14亿元、

4月，第十七届中国杜鹃花展览会开展

寿险保费收入12.07亿元，同比分别增长8.0%和1.0%。全年各类保险理赔和给付支出5.66亿元，同比增长11.9%。其中财险赔付支出3.91亿元，同比增长26.3%，寿险赔付支出1.75亿元，同比下降10.8%。

【科技创新】 2021年，全区万人发明专利拥有量24.52件，有效发明专利累计1435件，同比增长31.5%。全年认定高新技术企业106家，完成科技型中小企业认定202家。蜂巢能源、中航锂电获评省独角兽企业，永臻科技、久诺建材、鹿山新材料获评省潜在独角兽企业。校企合作深入拓展。与常州工学院签订合作协议，设立技术转移中心金坛分中心，7家企业与常州工学院科研团队签订产学研委托项目合作协议，6家企业分别与四川大学、江苏理工学院、常州大学等高校建立科技副总合作，清华大学研究生实践江苏金坛基地再次获评为五星级基地，6名博士生获优秀奖补项目。

【教育、文化、卫生、体育】 截至2021年年末，金坛区拥有各级各类学校109所，在校学生69442人，专任教师5474人。文化事业精彩纷呈。年末拥有电影院8座、文化馆10座，综合性图书馆1座、藏书71.7万册，接待读者32.8万人次。医疗服务日益健全。年末拥有各类医疗卫生机构221家，其中区属医院3家、卫生院12家、城市社区服务中心2家、民营医院8家。拥有卫生技术人员3981人。达成“院府合作”，金坛区与上海市第一人民医院正式签约，合作共建金坛第一人民医院。体育事业蓬勃发展。举办2021年金坛茅山山地半程马拉松赛，承办2021年江苏省青少年田径中长跑竞走项群赛。推动体育高质量发展，完成区民生实事项目20个全民健身场地建设任务，完成1家体育公园和2千米健身步道的建设任务。

【民生与社会保障】 2021年，全区民生工程扎实推进。实现一般公共预算支出90.21亿元，同比增长3.5%。其中社会保障和就业、卫生健康、交通运输等民生支出分别为19.38亿元、9.07亿元和2.47亿元，同比增长30.1%、7.6%和30.9%。完成改造提升文化一村（一期）、河滨（含北戴）小区2个老旧小区，涉及93栋2561户居民。深入推进棚户区改造，全年新开工棚户区改造九洲里花园四期等项目1083套，基本建成连珠水苑一期等项目3010套。社会保障更加完善。持续推进全民参保计划，全区企业职工基本养老保险净增参保10288人。城乡居民基础养老金标准从280元／月提高到335元／月，缴费满15年的从310元／月提高到365元／月；被征地农民养老补助金标准从680元／月提高到760元／月，惠及10万余人。

【城乡建设和环境保护】 2021年，全区基础设施加快建设。钱资湖大道西延、乌干路（含桥梁）、汇金路南延和幸安路竣工等6条道路竣工，高铁枢纽配套云锦路、金门路等7条道路全面开工。完成县府路、胡姬花园等19个堵点改造工程，新增人防地下泊位2000余个。生态环境持续改善。完成5个码头堆场扬尘治理项目、50个施工工地扬尘治理项目，开展“清洁城市行动”，加强道路保洁。全区$PM_{2.5}$年均浓度为34.2微克／立方米，比上年下降5.8%，优良天数287天。全区水环境质量5个国考断面4个达标、4个优Ⅲ，达标率和优Ⅲ率均为80%。11个国省考断面10个达标，10个优Ⅲ，达标率和优Ⅲ率均为90.9%。

（徐　飞）

12月，河滨新村完成老旧小区改造工程

人民生活

【城镇居民生活】 据城乡一体化住户抽样调查资料显示，2021年金坛区城镇居民人均可支配收入62316元，同比增长9.1%；城镇居民人均生活消费支出32628元，同比增长22.6%。从收入结构看。2021年，金坛区城镇居民人均工资性收入38144元，同比增长8.8%，占人均可支配收入的61.2%；人均经营净收入8390元，同比增长11.0%；人均财产净收入7230元，同比增长8.2%；人均转移净收入8552元，同比增长9.6%。金坛区城镇居民人均居住建筑面积53平方米。

2020—2021年金坛区每百户城镇居民耐用品一览表

表5

项目	单位	2020年	2021年	项目	单位	2020年	2021年
1. 摩托车	辆	5	4	10. 摄像机	架	—	—
2. 助力车	辆	128	125	11. 照相机	架	14	14
3. 家用汽车	辆	52	53	12. 微波炉	台	87	87
4. 洗衣机	台	95	103	13. 空调	台	215	228
5. 电冰箱	台	104	116	14. 热水器	台	109	109
6. 彩色电视机	台	182	183	15. 健身器材	套	10	10
7. 中高档乐器	件	5	5	16. 固定电话	部	40	42
8. 计算机	台	75	76	17. 移动电话	部	234	234
9. 组合音响	套	—	—				

【农村居民生活】 2021年，金坛区农村居民人均可支配收入33796元，同比增长10.7%。其中，人均工资性收入21592元，同比增长10.0%；人均经营净收入7569元，同比增长14.3%；人均财产净收入1065元，同比增长7.0%；人均转移净收入3570元，同比增长9.2%。全区农村居民人均生活消费支出21418元，同比增长27.6%。金坛区农村居民人均居住建筑面积为69平方米。

2020—2021年金坛区每百户农村居民耐用品一览表

表6

项目	单位	2020年	2021年	项目	单位	2020年	2021年
1. 洗衣机	台	96	99	8. 固定电话	部	71	68
2. 电冰箱	台	113	127	9. 移动电话	部	198	198
3. 空调	台	171	172	10. 彩色电视机	台	150	150
4. 抽油烟机	台	72	78	11. 摄像机	台	—	—
5. 微波炉	台	89	90	12. 照相机	架	2	2
6. 热水器	台	102	101	13. 计算机	台	37	39
7. 家用汽车	台	23	23				

（周　晴）

精神文明建设

【概况】 2021年，金坛区精神文明建设以培育和践行社会主义核心价值观为核心，推进全国文明典范城市创建，成立新时代文明实践中心，实现新时代文明实践所（站）建设全覆盖。深化公民道德建设和未成年人思想道德建设，坚持立德树人，培树道德典型，厚植文明新风，为打造美丽常州金坛样板提供强大精神动力和丰润道德滋养。

【文明城市建设】 2021年，金坛区坚持城乡一体、全域推进、以创聚力，持续推动文明创建向纵深发展。召开“创建全国文明典范城市，打造美丽常州金坛样板”工作推进会，下发《关于开展“全国文明典范城市创建基础年”活动的实施意见》。开展“全国文明典范城市创建基础年”六大提升工程、十大专项整治行动。区委、区政府主要领导靠前指挥，深入实地现场督查文明城市创建情况。建立督查—通报—整改—督查的闭环机制。加大巡查、督查力度，下发通报20期，1200余条问题得到解决。开展镇、街道城市文明程度专项测评，并在《金坛日报》上予以通报。60家区级街（巷）长单位常态化开展“文明城市建设志愿服务日”活动，乱停乱放、私搭乱建、乱扔垃圾、出店经营、散养宠物等不文明行为明显减少。组织推选2019—2021年度省、市文明镇村、文明单位、文明社区。2个镇获江苏省文明镇称号，5个社区获江苏省文明社区称号，16个村获江苏省文明村称号，22个单位获江苏省文明单位。出台《金坛区“五星级文明户”评选实施方案》，组织开展五星级文明户评选。推进全区92个村委会、33个居委会修订和完善村规民约，并将移风易俗文明如殡葬等内容纳入村规民约。

【公民道德建设】 2021年，全区定点定位布置社会主义核心价值观等主题公益广告2000处，悬挂道旗2000面，绘制文化墙2000余平方米。电视台、电台、《金坛日报》、金坛网等区主流媒体，统一开设《金沙文明行》专题专栏，全面宣传报道精神文明建设工作。发布“文明祭扫，平安清明”“共树文明新风，共建文明城市”等倡议书，广泛设置善行义举榜。举办“学习道德模范，践行初心使命”党史学习教育专题道德讲堂。持续开展身边好人、道德模范、最美人物、优秀志愿者、优秀志愿服务项目、优秀志愿服务组织、优秀志愿服务社区等评选活动。陆旭东获评全国道德模范提名奖，陆旭东、谢茗获评省道德模范，1人获评中国好人，2人获评江苏好人，7人获评常州好人，3人获评常州市新时代好少年，1人获评河南省防汛救灾优秀志愿者，2个组织获评河南省防汛救灾优秀志愿服务组织，1人获评常州市优秀志愿者，1个项目获评常州市优秀志愿服务项目，1个组织获评常州市优秀志愿服务组织，1个社区获评常州市优秀志愿服务社区。落实《金坛区关爱礼遇道德典型实施办法》，向道德典型发放慰问金4.6万元。组织开展“周末关爱”活动4次，关爱困难群众40户，发放慰问金、慰问品价值7万元。

【新时代文明实践】 2021年，金坛区着力推进新时代文明实践所站建设全覆盖，召开“我为群众办实事”实践活动推进暨新时代文明实践中心建设会议，出台《常州市金坛区新时代文明实践中心建设工作实施意见》。金坛区新时代文明实践中心揭牌成立。成立金坛区新时代文明实践志愿服务总队。理论宣讲、教育服务等8支区级常备志愿服务支队以“我为群众办实事”实践活动为抓手，共组建“金农先锋”“蓝盾卫士”“义心医意”等各类专业特色志愿服务队48支，全年为基层群众提供“点单式”“个性化”志愿服务万余次。结合各地历史人文特色，整合各类资源，分级打造新时代文明实践所（站）。在新时代文明实践所（站）全覆盖的基础上，重点打造了“品质朱林”“福临北门”“一水方边”“七彩华兴”等新时代文明实践所（站）示范点和“田园诗社”“芋你香约”“黄金农学园”等新时代文明实践基地。发挥服

12月11日，金坛区道德讲堂总堂开展党史学习教育专题党课活动

务群众的功能作用，因地制宜开展党史学习教育、理论宣传、环境卫生整治、推进移风易俗等新时代文明实践活动3000余次。举办“金沙杯”新时代文明实践公益创投大赛，扶持优秀项目8个，发放资助资金37.49万元。结合“周末关爱”活动，关爱帮扶40户家庭，发放资助7万多元。围绕“金善金美”主题，打造“邻里金声”“漕河新声”“九洲有理”等服务品牌，发布百项新时代文明实践志愿服务活动。“理论巴士进基层”“健康小药箱”“长荡湖上说四史”等主题活动，把优质服务送到群众身边。

【未成年人思想道德建设】 2021年，金坛区深化未成年人思想道德建设，重点打造“礼在茅山·遇见文明”未成年人文明礼仪养成教育体验区建设，下发《“礼在茅山·遇见文明”未成年人文明礼仪养成教育体验区建设实施方案》，推进课程体系开发、形象系统设计、智能软件开发等联盟基地建设。推进黄金村农学园中小学生劳动实践基地建设和课程开发，黄金村中国农民丰收节暨黄金农学园正式开园。依托未成年人成长指导中心，开设14场家庭教育讲座及读书沙龙等活动，开展“沐浴阳光”“感恩生命、自信成长”等心理健康教育主题宣讲活动，受众3000余人次。实施未成年人思想道德建设工作目标项目管理，经专业申报立项、过程督导、结项认定和办公会讨论研究等程序，确定并实施28个未成年人思想道德建设工作目标管理项目，以项目化促进未成年人思想道德建设工作品牌化。深化“美德佑成长”——青少年身心健康素质关爱公益行动，15家单位共捐献废纸8.2吨，用于扶持困难家庭青少年重大疾病援助。围绕庆祝中国共产党成立100周年，推进16项“童心向党”系列教育实践活动有序开展。开展“童心向党·梦圆中华”青少年庆祝建党100周年红色歌曲大赛，区四中合唱代表团队获常州市合唱大赛少年组特等奖。持续开展“我们的节日”“七彩的夏日”等主题活动，承办常州市“星火常传·十八而志”十八岁成人仪式观摩活动，常州市电视台现场直播，12万余名观众在线观看。

（吉　瑶）

金坛区组织机构与负责人名单

·区负责人·

中共金坛区委员会

书　记　陆秋明（7月任）
狄志强（至7月）
副书记　陆秋明（至7月）
吴小华*（7月任）
刘国新
俞金红（至9月）
常　委　刘明江（至7月）
纪海平*（至7月）
石江水（至7月）
朱建清
董龙庆（至7月）
刘小平
孟敖祥（至7月）
王海波
朱　霞*（7月任）
周律诚（7月任）
徐　俊（7月任）
杨　健（7月任）
刘亦波（7月任）

金坛区人大常委会

党组书记、主任　王跃中
党组副书记　刘东升
孟敖祥（12月任）
王生大
副主任　刘东升
王艳红*
王新辉
冯锁强
党组成员　孟敖祥（7—12月）
诸葛林（11月任）
吴志高（11月任）

金坛区人民政府

党组书记　陆秋明（至7月）
吴小华*（7月任）
区　长　陆秋明（至7月）
代理区长　陆秋明（至1月）
吴小华*（7月任）
党组副书记　俞金红（至9月）
石江水（至7月）
刘小平（7月任）
副区长　陆秋明（至1月）
吴小华*（7月任）
俞金红（至10月）
石江水（至7月）
刘小平（7月任）
朱　霞*（至10月）
徐　俊（10月任）
周新生
周文俊
沈振华
苗　润
朱天明
姚　祥（11月任）
叶　琳*（11月任）
陈伟刚（至8月）
庄　诚（11月任）
党组成员　华　磊
王　丽*（3月任）

政协金坛区委员会

党组书记　陈锁龙（至12月）
刘国新（12月任）
主　席　陈锁龙
党组副书记　徐　俊（12月任）
周文俊（12月任）
黄克洪
葛惠明
副主席　葛惠明
吴欲晓（至1月）
朱亚群*
卢建新
陈忠平（1月任）
党组成员　史荣生（12月任）
秘书长　施生华

·区级机关和区直单位·

中共金坛区纪律检查委员会

书　记　纪海平＊（兼，至7月）
　　　　周律诚（兼，7月任）
副书记　汤国忠
　　　　于　方（7月任）
　　　　张小平（至7月）
常　委　于　方（至7月）
　　　　孙红琴＊（5月任）
　　　　陈志亮
　　　　袁照华（7月任）
　　　　李　啸（7月任）

金坛区监察委员会

主　任　纪海平＊（兼，至7月）
代理主任　周律诚（兼，7月任）
副主任　周律诚（兼，7月任）
　　　　汤国忠
　　　　于　方（7月任）
　　　　张小平（至7月）
委　员　于　方（至7月）
　　　　王　伟

中共金坛区委巡察工作办公室

主　任　汤国忠（1月任）
　　　　樊　莹＊（至1月）
副主任　徐程萍＊
　　　　沈云川（11月任）
　　　　汤云峰（至11月）
巡察组组长　王　涛
　　　　王俊平
　　　　蒋志军
　　　　王洪庆（至11月）
巡察组副组长　顾　旭＊（5月任）
　　　　沈云川（至11月）
　　　　田永灿（兼，至5月）
　　　　任立新（兼）
　　　　汪开友
　　　　贡柏芳

金坛区人民法院

党组书记　于立峰
院　长　于立峰
副院长　庄　严
　　　　吴卫东
　　　　胡　哲
审委会专职委员　袁照华
　　　　戴杜平
政治部主任　吴　懿

金坛区人民检察院

党组书记　仲　军
检察长　仲　军
副检察长　沈宏伟
　　　　田　娟＊
　　　　蒋志书
政治部主任　冯　玉＊

中共金坛区委办公室

主　任　许海连
副主任　周忱成
　　　　奚屹峰（至11月）
　　　　江　霞＊

中共金坛区委机要局
（国家密码管理局）

局　长　许海连

金坛区档案局

副局长　王晁彬

中共金坛区委研究室

主　任　周忱成
副主任　倪　翔（至5月）

中共金坛区委全面深化改革委员会
办公室

主　任　周忱成
副主任　樊九畅

中共金坛区委组织部

部　长　王海波（兼）
常务副部长　樊　莹＊
副部长　于　水

中共金坛区委党建工作领导小组
办公室

副主任　于　水

中共金坛区委区级机关工作委员会

副书记　白　杨＊

中共金坛区委机构编制委员会办公室

主　任　樊　莹＊
副主任　张伟波

中共金坛区委老干部局

局　长　樊　莹＊
副局长　王小俊（5月任）
　　　　蒋云清（至11月）

中共金坛区委离退休干部工作委员会

书　记　樊　莹＊

中共金坛区委宣传部

部　长　刘明江（兼，至7月）
　　　　朱　霞＊（兼，7月任）
常务副部长　邢卫东
副部长　徐忠敏（兼）
　　　　匡小红＊

金坛区精神文明建设指导委员会
办公室

副主任　王　彤

金坛区人民政府新闻办公室

副主任　王　珊＊

中共金坛区委网络安全和信息化
委员会办公室

主　任　邢卫东
副主任　陈　新

金坛区融媒体中心

党委书记、主任　徐忠敏
副主任　孙忠民
　　　　薛忠明
纪委书记　林　槩

中共金坛区委统一战线工作部

部　长　刘明江（兼，至7月）
　　　　徐　俊（兼，7月任）
常务副部长　刘　斌（11月任）
　　　　张志荣（至11月）
副部长　刘　斌（至11月）
　　　　汤鹏飞（11月任）

金坛区民族宗教事务局

局　长　刘　斌（11月任）
　　　　张志荣（至11月）
副局长　王国锋

中共金坛区委政法委员会

书　记　刘国新（兼，7月任）
　　　　孟敖祥（兼，至7月）
常务副书记　陈　嵘＊（至11月）
副书记　沈振华（兼）
　　　　徐　俊（11月任）
　　　　马红星

金坛区网格化服务管理中心

主　任　徐　俊（11月任）
　　　　陈　嵘＊（至11月）
副主任　孙　斌（兼）

中共金坛区委党校
金坛区行政学校

常务副校长　秦文斌

副校长　　盛南萍＊
　　　　蔡　俊

中共金坛区委党史工作委员会
金坛区地方志编纂工作办公室

主　任　　吕洪力
副主任　　储　劼
　　　　张继华

金坛区档案馆

馆　长　　奚屹峰（11月任）
　　　　许月平（至11月）
副馆长　　王云平
　　　　刘　剑

金坛区人大常委会办公室

主　任　　韩双庆
副主任　　徐　忠

金坛区人大常委会研究室

主　任　　杨龙军

金坛区人大常委会法制和内务司法工作委员会
金坛区人大常委会民族宗教侨务工作委员会

主　任　　陈建平

金坛区人大常委会财政经济工作委员会

主　任　　汤文斌（11月任）
　　　　吴文琴＊（至10月）

金坛区人大常委会农业和农村工作委员会

主　任　　汤　芳＊（11月任）
　　　　李久生（至3月）

金坛区人大常委会环境资源城乡建设工作委员会

主　任　　刘留生
副主任　　季锁平（5月任）

金坛区人大常委会教科文卫工作委员会

主　任　　李　平

金坛区人大常委会人事代表工作委员会

主　任　　陈　嵘＊（11月任）
　　　　吕　庆＊（至11月）
副主任　　高　赟

政协金坛区委员会办公室

主　任　　王少云（11月任）
　　　　施生华（至11月）
副主任　　蒋利军

政协金坛区委员会研究室

主　任　　陈林凤＊（11月任）
　　　　许　靖＊（至11月）
副主任　　陈　卫＊

政协金坛区委员会提案和委员工作委员会

主　任　　王和平

政协金坛区委员会经济科技和农业农村委员会

主　任　　凌　涛

政协金坛区委员会教文卫体和文史委员会

主　任　　殷　俊

政协金坛区委员会环境资源和城乡建设委员会

主　任　　何云华（11月任）
　　　　唐志明（至11月）

政协金坛区委员会社法民宗和港澳台侨委员会

主　任　　王洪庆（11月任）
　　　　王和荣（至11月）

金坛区人民政府办公室

党组书记、主任　岳惠剑
副主任　　张罗明（兼，3月任）
　　　　朱国杰（兼，至3月）
　　　　冒丽萍＊（至11月）
　　　　徐　俊（至11月）
　　　　潘建华
　　　　陈丹锋
　　　　邹文龙
　　　　欧阳一帆＊（11月任）

金坛区人民政府研究室

副主任　　顾林骏

金坛区人民政府外事办公室

副主任　　石连华

金坛区机关事务管理中心

主　任　　冒丽萍＊（至11月）

金坛区发展和改革局

党委书记、局长　王　勇
副局长　　孟明刚
　　　　徐科峰

金坛区粮食和物资储备局

局　长　　王　勇
副局长　　徐荣华
　　　　练龙俊

中共金坛区委教育工作委员会
金坛区教育局

区委教育工委书记　吴军华＊
局　长　　吴军华＊
区委教育工委副书记　林厚从
副局长　　吴　芳＊
　　　　张五芳＊

江苏省华罗庚中学

党委书记　吴军华＊
校　长　　谭瑞军
党委副书记　谭瑞军
　　　　秦小芳（9月任）
副校长　　丁苏霞＊
　　　　王志刚
　　　　李雅琴＊（9月任）

常州市金坛第一中学

党委书记、校长　周双平
副校长　　周国庆（至2月）
　　　　史新平
　　　　庄荣珍＊
　　　　殷春花＊（9月任）

常州市金坛第四中学

党委副书记、副校长　王　成
副校长　　杨　罡
　　　　庞金华
　　　　袁兆强

江苏省金坛中等专业学校

党总支部书记　林　静＊
校　长　　卞勇平

金坛区科学技术局

党组书记、局长　施小民
副局长　　陈林凤＊（至11月）
　　　　许国清
　　　　刘娅敏＊
　　　　刘　超

金坛区工业和信息化局

党委书记、局长　王新强
党委副书记　徐国祥
副局长　　朱云冰（5月任）
　　　　许小云＊（至11月）
　　　　孔德馨（至5月）
　　　　王　欢

金坛区民政局

党组书记、局长　潘明志（4月任）

刘国荣（至4月）
副局长 金朝霞*
孙伟良
赵济红*

金坛区司法局

党组书记、局长 杨震龙（11月任）
何云华（至11月）
副局长 纪俊明
孙 遐*
郭小强

中共金坛区委全面依法治区委员会办公室

副主任 周文俊（5月任）

金坛区财政局

党组书记、局长 谢晓骏（11月任）
于忠俊（至11月）
副局长 刘国平
王月珍*

金坛区政府国有资产监督管理办公室

主 任 谢晓骏（11月任）
于忠俊（至11月）
副主任 王益民

金坛区人力资源和社会保障局

党组书记、局长 吴 英*（11月任）
王少云（至11月）
副局长 王志东
陈国强
刘建华

金坛区自然资源和规划局

党委书记 黄克洪（兼）
局 长 叶 琳*（兼）
副局长 潘政权
杨建忠（至2月）
彭云俊
孙云清
高国庆
练晓华

金坛区住房和城乡建设局

党委书记、局长 史云峻
党委副书记 尹志文
副局长 顾永华（5月任）
李洪年
王芝滨（至12月）
杨擒龙

金坛区人民防空办公室

主 任 史云峻
副主任 柏国平
杨树清

金坛区城市建设发展中心

主 任 史云峻（兼，12月任）
副主任 彭云俊（兼，12月任）

注：2021年12月9日常编〔2021〕41号文，成立常州市金坛区城市建设发展中心，隶属金坛区政府，委托区住建局管理，机构规格相当于正科级。

金坛区城市管理局

党组书记、局长 韩巧生
副局长 姜秋生
庄月芳
孙 斌

金坛区综合行政执法局

局 长 韩巧生

金坛区交通运输局

党委书记 刘金保（11月任）
陈忠平（至11月）
局 长 陈忠平
副局长 罗 斌（3月任）
马国盛
吴文杰
总工程师 戴小荣

金坛区水利局

党委书记、局长 任林勇（11月任）
周 涌（至11月）
副局长 王卫国
孙俊华
胡 奕*
总工程师 张建成

金坛区农业农村局

党委书记、局长 邓九胜
党委副书记 姚江隽（至5月）
副局长 曹 波
贺建新
谢 培（5月任）
沈 钢（5月任）

金坛区政府扶贫工作办公室

主 任 邓九胜
副主任 曹建军

中共金坛区委农村工作领导小组办公室

主 任 邓九胜

金坛区商务局

党组书记、局长 谢 栋（11月任）
汤文斌（至11月）
副局长 聂文辉
戴 露*

金坛区文体广电和旅游局

党组书记、局长 尹 韧（11月任）
汤 芳*（至11月）
副局长 徐罗林
于国忠
李 玮
沃春华

金坛区卫生健康局

党委书记、局长 袁永炜
副局长 董文兵
林小俊
徐 颖
吕云磊（3月任）

金坛区老龄工作委员会办公室

主 任 袁永炜
副主任 潘卫民

金坛区人民医院

党委书记 苏建华
副书记 蔡郑东（12月任）
院 长 苏建华（至12月）
蔡郑东（12月任）
副院长 赵 凯
何 劲（3月任）
纪委书记 吴平涛*

金坛区中医医院

院 长 吴 杰

金坛区退役军人事务局

党组书记、局长 韩寅飞（11月任）
聂卫斌（至11月）
副局长 张国强
杨志云（11月任）

金坛区应急管理局

党委书记 庄金中（8月任）
党组书记 庄金中（至8月）
局 长 庄金中
副局长 庄新民

朱网富（至4月）
张　华

注：2021年8月16日坛发〔2021〕42号文，设立中共常州市金坛区应急管理局委员会，撤销中共常州市金坛区应急管理局党组。

金坛区安全生产委员会办公室

副主任　刘国华

金坛区地震局

局　长　王一新
副局长　刘友国（5月任）

金坛区审计局

党组书记、局长　王　初
副局长　张小华
马云澜＊
总审计师　朱忠祥

金坛区行政审批局

党组书记、局长　陆　斌
副局长　唐友明（2月任）
王建国

金坛区大数据管理局

局　长　陆　斌

常州市公共资源交易中心金坛分中心

主　任　唐友明（2月任）
陆　斌（至2月）
副主任　顾照平
邵军琴＊

金坛区市场监督管理局

党委书记、局长　刘国荣（3月任）
闫炳泉（至3月）
副局长　王伟政
喜晶颖
张　俊
王东方
马迎俊
食品药品总监　宋志龙（5月任）

金坛区知识产权局

局　长　刘国荣（3月任）
闫炳泉（至3月）
副局长　李建军

金坛区统计局

党组书记、局长　李　俊（3月任）
钱永锋＊（至3月）
副局长　李卫平（至11月）
储玉峰＊

金坛区信访局
中共金坛区委信访局

党组书记、局长　张罗明（3月任）
朱国杰（至3月）
副局长　高雷斌
陈　军（至5月）

金坛区地方金融监督管理局

党组书记、局长　陈兴龙
副局长　郑美华＊

金坛区政府金融工作办公室

主　任　陈兴龙

常州市公安局金坛分局

党委书记、局长　沈振华（兼）
党委副书记、政委　韩云峰（9月任）
马建春（至9月）
副局长　韩云峰（至9月）
王国元
王留林
吴文忠
孔海军（9月任）
尹黎平（9月任）
政治处主任　孔海军（至9月）
栾留康（9月任）

常州市医疗保障局金坛分局

党组书记、局长　冒丽萍＊（11月任）
史一飞（至11月）
副局长　汤洪俊

金坛区供销合作总社

党委书记、主任　毛卫平
党委副书记　郭和平
副主任　高勇军
监事会主任　陈　政

常州市不动产登记交易中心
金坛分中心

主　任　潘政权
副主任　刘　军（3月任）
徐月生

·镇、街道、园区·

江苏金坛经济开发区

党工委书记　杨　健（兼，7月任）
刘小平（兼，至7月）
管委会主任　于忠俊（10月任）
诸葛林（至10月）
党工委副书记　于忠俊（11月任）
诸葛林（至11月）
罗　祎
管委会副主任　卢建新（兼，至2月）
朱粉扣
束鸣东（2月任）
杨建忠（2月任）
冯　梁（2月任）
唐友明（至2月）
欧阳一帆＊（至11月）
纪工委书记　韩寅飞（至11月）

金坛新材料科技产业园管理办公室

主　任　杨建忠（2月任）
副主任　虞　晖（2月任）

注：2021年2月2日常编〔2021〕4号文，设立金坛新材料科技产业园管理办公室，为江苏金坛经济开发区管理委员会的下设机构，机构规格为正科级。

江苏省金坛华罗庚高新技术产业开发区

党工委书记　刘亦波（兼，7月任）
杨　健（2—7月）
管委会主任　黄建南（2月任）
党工委副书记　黄建南（2月任）
李冬英＊（2月任）
管委会副主任　李　俊（2—3月）
陈　云（2月任）
孔令辉（2月任）
朱海俊（2月任）
卞文娟＊（6月任）
纪工委书记　田粉忠（2月任）

金坛华罗庚科技产业园

党工委书记　杨　健（至2月）
管委会主任　黄建南（至2月）
党工委副书记　黄建南（至2月）
管委会副主任　李　俊（至2月）
陈　云（至2月）
李冬英＊（至2月）
朱海俊（至2月）

注：2021年2月2日常编〔2021〕2号文，中共金坛华罗庚科技产业园工作委员会、金坛华罗庚科技产业园管理委员会更名为中共江苏省金坛华罗庚高新技术产业开发区工作委员

会、江苏省金坛华罗庚高新技术产业开发区管理委员会，为金坛区委、区政府的派出机关。

江苏省金坛茅山旅游度假区

党工委书记 史荣生
管委会主任 陈建军（至12月）
党工委副书记 陈建军（至12月）
王立兴
宗　华（至4月）
副主任 杨国忠
陈锁连
章成荣（4月任）
佘义洪（至11月）

江苏省金坛长荡湖旅游度假区

党工委书记 陈锁龙（兼，至12月）
陈建军（12月任）
管委会主任 徐　俊（兼，至8月）
党工委副书记 徐　俊（兼，至9月）
孙　坚
管委会副主任 薛金华
张大勇
孙伟忠
宋建春（5月任）

金坛金城科技产业园

党工委书记 董龙庆（兼，至3月）
管委会主任 李　祁（至3月）
党工委副书记 李　祁（至3月）
管委会副主任 束鸣东（至2月）
罗　斌（至3月）
肖　巍（至3月）
虞　晖（至2月）

注：2021年2月2日常编〔2021〕4号文，撤销中共金坛金城科技产业园工作委员会、金坛金城科技产业园管理委员会。

金城镇

党委书记 董龙庆（兼，至3月）
李　祁（3月任）
镇　长 陈学谦（11月任）
吴　英*（至11月）
人大主席 张建俊
党委副书记 陈学谦（11月任）
吴　英*（至11月）
张建俊（11月任）
谢　栋（至11月）
党委委员 史冠桦（5月任）
朱　迪（5月任）
马燕萍*
吴建华（5月任）
朱　斌（5月任）
李　泉（5月任）
副镇长 史冠桦（5月任）
张玉峰（5月任）
刘双云*（5月任）
李铁锋（5月任）
吴佳琪（5月任）
孙桂华（至5月）
宋志龙（至5月）
陈旭清（至4月）
纪委书记 朱　迪（5月任）
耿新民（至5月）

薛埠镇

党委书记 宗　华
镇　长 张金彪（11月任）
任林勇（至11月）
人大主席 潘洪军
党委副书记 张金彪（11月任）
任林勇（至11月）
蒋峥辉（5月任）
章成荣（至4月）
党委委员 于　杰（5月任）
王　薇*（5月任）
曹　君（5月任）
谢杏林*（5月任）
许　嵩（5月任）
张留斌（5月任）
沈文杰（5月任）
副镇长 于　杰（5月任）
袁国栋（5月任）
吴慧芳（5月任）
刘　纲（5月任）
王　鑫（5月任）
胡国英*（至5月）
杨小保（至5月）
陆游如（至5月）
蒋峥辉（至5月）
纪委书记 王　薇*（5月任）
许荣俊（至5月）
人大副主席 崔鑫福（至5月）

直溪镇

党委书记 吴志高（至11月）
周　涌（11月任）
镇　长 李俊平（11月任）
徐　飞（至11月）
人大主席 徐海平
党委副书记 李俊平
徐海平（11月任）
徐　飞（至11月）
党委委员 姜文阳（5月任）
梅家乐
田永灿（5月任）
戴宇辉（5月任）
王正强（5月任）
张　凯（5月任）
陈　鹭*（5月任）
汤　彬（5月任）
副镇长 姜文阳（5月任）
刘海祥
胡卫平（5月任）
曹金霞*
孔德馨（5月任）
尹冬妹*（至11月）
谢晓贤（至5月）
纪委书记 田永灿（5月任）
周君华（至5月）

朱林镇

党委书记 徐　飞（11月任）
刘金保（至11月）
镇　长 范水庆
人大主席 张　铧
党委副书记 范水庆
谢晓贤（5月任）
李亚东（至5月）
党委委员 邵　凯
陈　科
陈铭业（5月任）
王　坤（5月任）
张　亮（5月任）
李　恒（5月任）
副镇长 邵　凯（5月任）
马徐丽*（5月任）
陆游如（5月任）
宋永栋（5月任）
胡卫平（至5月）

陈小芳＊（至5月）
沈　钢（至5月）
纪委书记　陈　科

指前镇

党委书记　施　顺
镇　长　钱永锋＊（3月任）
施　顺（至3月）
人大主席　丁　皓
党委副书记　钱永锋＊（3月任）
朱训杰（11月任）
张金彪（至11月）
党委委员　倪　翔（5月任）
徐国强（5月任）
丁悦森（5月任）
栾文华（5月任）
张　旭＊（5月任）
杨国平（5月任）
副镇长　倪　翔（5月任）
陆湘毅＊（5月任）
肖亮明（5月任）
于　刚（11月任）
张国忠（至5月）
朱训杰（至11月）
孔令辉（至2月）
纪委书记　徐国强

儒林镇

党委书记　贺国洪
镇　长　于立俊
人大主席　王丹华＊（11月任）
杨震龙（至11月）
党委副书记　于立俊
王丹华＊（5月任）
于建林（至5月）
党委委员　陈　超（5月任）
周君华（5月任）
滕民兴
高　杰
刘　丹（5月任）
孙丽萍＊（5月任）
袁　方（5月任）
葛　珺＊（5月任）
副镇长　陈　超（5月任）
谢启飞（5月任）
段　康（5月任）
肖　巍（3月任）
何　彬（5月任）
顾永华（至5月）
冯　梁（至2月）
朱云冰（至5月）
刘　军（至3月）
纪委书记　刘　丹（5月任）
王　薇＊（至5月）

东城街道

党工委书记　孙　凯
办事处主任　张　阳（5月任）
潘明志（至4月）
人大工委主任　陈云翔（5月任）
周建立（至5月）
党工委副书记　张　阳
朱丹俊（5月任）
潘明志（至5月）
党工委委员　袁海涛（5月任）
孟明俊（5月任）
林　娟＊
崔鑫福（5月任）
王永亮
王　璐＊（5月任）
办事处副主任　陈云翔（至5月）
袁海涛
王永亮（5月任）
陈　钰（5月任）
纪工委书记　崔鑫福（5月任）
田粉忠（至2月）

尧塘街道

党工委书记　杨　健（至7月）
王和荣（11月任）
办事处主任　韦国猛
人大工委主任　陈旭清（4月任）
张罗明（至3月）
党工委副书记　韦国猛
陈旭清（11月任）
陈学谦（至11月）
党工委委员　张国俊
余云芳＊
陈　军（5月任）
陈建华（5月任）
张国乾
办事处副主任　张国俊（5月任）
陈　军（5月任）
戴文娟＊（5月任）
朱丹俊（至5月）
岳　松（至5月）
谢　培（至5月）
纪工委书记　余云芳＊（5月任）
孙红琴＊（至5月）

西城街道

党工委书记　周　俊
办事处主任　尹冬妹＊（11月任）
尹　韧（至11月）
人大工委主任　赵林华
党工委副书记　尹冬妹＊（11月任）
许志明（5月任）
尹　韧（至11月）
党工委委员　薛　明（5月任）
蒋玉新
储　斌（5月任）
周　玲＊
黄　巍（5月任）
谢益平（5月任）
办事处副主任　薛　明（5月任）
蒋玉新
储　斌（5月任）
周　玲＊（5月任）
季锁平（至5月）
纪工委书记　黄　巍（5月任）
许志明（至5月）

·民主党派和群众团体·

民盟金坛区委员会

主　委　朱亚群＊（兼）
副主委　庄　严
郑美华＊
姜　玮
于　燕＊

金坛区总工会

党组书记、主席　陆礼军
副主席　荆　霞＊
石新华（至11月）

共青团金坛区委员会

书　记　汤鹏飞
副书记　王丹华＊（至5月）

金坛区妇女联合会

党组书记、主席　林　燕＊
副主席　张　婕＊

金坛区科学技术协会

党组书记、主席 于炳忠
副主席 王慰东
范献忠
董文兵
陈 云
邓九胜
吴 芳*
盛荣生
孙铁囤
姜方俊

金坛区归侨侨眷联合会

主 席 李佳真*
副主席 耿新民（5月任）
傅小平（至4月）
王 跃
孙铁囤
郑满香*
谈东华
李 晴*

金坛区工商业联合会

主 席 卢建新（兼）
党组书记 汤鹏飞（11月任）
刘 斌（至11月）
副主席 许小云*（11月任）
马旗斌（5月任）
刘 斌（至11月）
许忠平（至11月）
刘静瑜*（12月任）
王志坤（12月任）
曹 强（12月任）
汪献利（12月任）
丁国荣（12月任）
尹家豪（12月任）
张晓平（12月任）
张伟华
周国平
周月怀（12月任）
潘小平（12月任）
吴 静*（12月任）
单爱娟*（12月任）
沈兴旺（12月任）
陈国平（至12月）
荀建华（至12月）
潘雪平（至12月）
戚建国（至12月）
费建林（至12月）
吴长全（至12月）
王向东（至12月）
朱琛琦（至12月）

金坛区文学艺术界联合会

党组书记、主席 许 靖*（11月任）
季明华（至11月）
副主席 虞青平*（至4月）
许 靖*（至11月）
吴 芳*
程云仲
史国生
祝柏华

金坛区残疾人联合会

党组书记、理事长 刘 坚
副理事长 王建涛

金坛区红十字会

会 长 朱 霞*（兼）
党组书记 李晶阳
副会长 李晶阳
徐 颖
吴 芳*
朱网富（至4月）

·区管国有企业·

江苏金坛投资控股有限公司

党委书记、董事长 姜金华
总经理 周 胜（11月任）
谢晓骏（至11月）
党委副书记 周 胜
谢臣相
张国庆（3月任）
谢晓骏（至11月）
副总经理 徐留军
潘忙青
闵郁沣
张国庆（至3月）
欧阳一帆*（2—11月）
监事会主席 张国庆（3月任）

江苏金坛华罗庚科技产业发展有限公司

董事长 周 胜
总经理 王俊伟
副总经理 李 辉
陈建国

江苏金坛金城科技产业发展有限公司

董事长 谢臣相
总经理 张叶华
副总经理 刘 诚
童 瑶*

江苏金坛建设发展有限公司

党委书记、董事长 刘亦波（至7月）
陈 俊（9月任）
总经理 陈 俊（至9月）
陶 俊（9月任）
党委副书记 陈 俊（至9月）
杭爱民
陶 俊
谭益民（3月任）
副总经理 倪益民
李文俊
俞云翔
钱玉琪
滕荣国（至3月）
监事会主席 谭益民（3月任）

江苏茅山旅游控股有限公司

董事长 杭爱民
总经理 季 敏
副总经理 谈 阳
姜文阳（至5月）

江苏长荡湖旅游控股有限公司

董事长 陶 俊
总经理 严 波
副总经理 陈 超（至5月）
欧 卉*
史云松（9月任）

注：1. 区委、区人大常委会、区政府、区政协及其他机构领导人均收录至2021年12月。

2. 姓名有*者为女性。

（区委组织部、区志办）

（编辑 方 骊）

重要会议

【“两个加快创新推进年”动员大会】 2月19日在市民中心召开。区委书记狄志强作动员讲话。区委副书记、区长陆秋明主持会议。会议表彰区“十三五”期间突出贡献先进人物、2020年度全区两个加快全面决战工作先进集体和先进个人，宣布2020年常州市市长质量奖和金坛区区长质量奖获奖名单。狄志强、陆秋明等区领导为大会表彰的十大感动金坛先进人物、十大贡献金坛先进人物以及杰出企业家、优秀企业颁奖。会议强调，各级领导干部要争做新时代光荣而伟大的奋斗者，全区广大企业家要在成就自我人生价值同时，担当金坛区发展时代重任，全区人民要在各自平凡岗位上做出不平凡业绩，建设美丽幸福新金坛。

【全区镇领导班子换届工作会议】 3月20日在市民中心召开。区委书记狄志强出席会议并讲话，区委常委、组织部部长王海波主持会议。会议指出，要坚持和加强党的全面领导，深入贯彻新时代党的建设总要求和组织路线，绘出好蓝图、选出好干部、配出好班子、树立好导向、形成好气象。会议要求，要领会换届工作重大意义，是顺利实现“十四五”发展目标任务重要保证，是巩固发展风清气正政治生态重要契机；要把握换届重大要求，加强对换届工作统一领导，选出忠诚干净担当好干部，换出堪当持续快速崛起重任好班子；要扛起换届重大责任，区纪委监委、区委组织部、区委宣传部、区委统战部、区委政法委等部门要各司其职，通力协作，形成合力；各镇党委要及时成立换届领导机构和工作班子，党委书记要切实履行第一责任人责任；要坚持把纪律和规矩挺在前面，严明政治纪律和政治规矩，坚持底线思维，防范化解安全生产、环境保护、疫情防控、社会稳定等方面重大风险。

【全区党建工作会议】 3月27日在市民中心召开。区委书记狄志强出席会议并讲话，区委副书记刘国新主持会议。会议回顾总结全年党建工作，部署重点任务，贯彻全面从严治党方针，进一步压实责任、聚焦重点、担当作为，奋力推动全区党的建设展现新气象、新作为。会议要求全区各级党组织、广大党员干部和党务工作者要围绕工作主题主线，找准找实党建工作与推动高质量发展结合点和着力点，不断提高工作有效性和针对性，为金坛区跨越发展、快速崛起提供坚强保证。

【全区农村工作会议】 3月27日在市民中心召开。会议对2020年度农业农村工作先进集体和先进个人进行表彰。会议指出，金坛区获2020年全省乡村振兴实绩考核县级综合排名第一等次，全区农业基本现代化水平居全省第一方阵。全区乡村建设规划体系初步形成，城乡融合发展试验区、全域土地综合整治试点不断推进，农村人居环境整治和美丽乡村建设有序开展。会议要求，全区下阶段要注重从建设社会主义现代化战略高度来审视“三农”（农业、农村、农民）发展，用区域高质量发展大逻辑来谋划推进农业农村现代化；要统筹区域城镇和村庄规划建设。以国家农业科技园区建设为抓手，构建农业产业链条。以发展壮大村级集体经济为突破，不断提高村级集体经济经营性收入稳定性；贯彻落实好《中国共产党农村工作条例》，进一步健全党领导农村工作组织体系、制度体系、工作机制。

【区委十三届十一次全体会议】 5月8日在市民中心召开。区委书记狄志强主持会议。会议审议通过《关于召开中国共产党常州市金坛区第十四次代表大会的决议》。会议强调，金坛区第十四次党代会，是在深入贯彻习近平新时代中国特色社会主义思想，全面落实中共十九大和十九届二中、三中、四中、五中全会精神，推动金坛接续奋进苏南发展第一方阵大背景下召开的一次重要会议。会议要求，全区各级党组织要切实做好区第十四次党代会各项筹备工作，确保区第十四次党代会胜利召开。

【区委十三届十二次全体会议】 7月25日在市民中心召开。区委书记陆秋明主持会议。会议听取区第十四次党代会筹备工作情况汇报。会议认为，经过全区各级党组织和广大党员共同努力，金坛区第十四次党代会各项筹备工作基本就绪，会议同意于7月26—28日召开区第十四次党代会。会议讨论审议第十三届区委报告(草案)、区纪委工作报告（草案)，同意一并提交区第十四次党代会进行审查。

【中共常州市金坛区第十四次代表大会】 7月26—28日在市民中心召开。陆秋明代表中共常州市金坛区第十三届委员会向大会作题为《加速同城化　加快现代化　全力打造最美新城区最强增长极　奋力谱写“美丽常州金坛样板”新篇章》报告。会议回顾总结金坛过去五年发展成就，研究部署未来五年目标任务。会议要求，未来五年，金坛要在常州“国际化智造名城、长三角中轴枢纽”发展定位引领下，牢牢把握常州“532”发展战略，加快同城步伐、强化协同联动，全力推进“两湖”创新区建设，努力建设成为“创新之区、时尚之都、活力之源”。全区工作要坚持“产业强区、工业立区、项目兴区”，坚持不懈攻坚重大项目，坚定不移推进改革创新，大力弘扬“自强不息、勇攀高峰”华罗庚精神，苦干实干、接续奋斗，全面加速同城化、加快现代化，全力打造最美新城区、最强增长极，奋力谱写“美丽常州金坛样板”新篇章。大会选举产生中共常州市金坛区第十四届委员会、中共常州市金坛区第十四届纪律检查委员会。

【区委十四届一次全体会议】 7月28日在市民中心召开。区委书记陆秋明主持会议。会议通过中共常州市金坛区第十四届委员会第一次全体会议决议。会议选举陆秋明为区委书记，吴小华（女）、刘国新为区委副书记，朱建清、刘小平、王海波、朱霞（女）、周律诚、徐俊、杨健、刘亦波为区委常委。会议要求，新一届区委领导班子要认真贯彻落实本次党代会精神，强化政治意识、强化担当意识、强化宗旨意识、强化团结意识、强化自律意识，团结带领全区各级党组织和广大党员、干部群众，全力打造最美新城区、最强增长极，奋力谱写“美丽常州金坛样板”新篇章。

【区委十四届二次全体会议】 12月29日在市民中心召开。区委书记陆秋明代表区委常委会作报告。会议学习贯彻中共十九届六中全会、中央经济工作会议精神，贯彻落实省第十四次党代会、省委经济工作会议、常州市第十三次党代会和区第十四次党代会精神。全会明确2022年全区工作总体要求和经济社会发展主要目标。会议要求，要坚持以习近平新时代中国特色社会主义思想为指导，深入贯彻中共十九大和十九届历次全会精神，全面落实“532”发展战略，聚力推进“五大行动”,坚决扛起“两湖”创新区主战场重任，全力打造最美新城区、最强增长极，奋力开创“美丽常州金坛样板”建设新局面，以优异成绩迎接党的二十大胜利召开。

重要活动

【重大产业项目集中签约仪式】 2021年，金坛区聚焦高端产业引项目，秉承共赢理念强合作，开展重大产业项目集中签约仪式。1月18日，8个产业项目签约落户金坛，总投资225.4亿元。其中，超100亿元项目1个、超50亿元项目1个，外资项目2个。此次集中签约项目投资体量大、科技含量高、市场前景广，项目涉及新能源汽车、新一代信息技术、光伏等产业，与区“三新一特”产业布局高度契合。6月18日，10个重大项目集中签约，总投资178亿元，其中超50亿元和超30亿元项目各1个。重大项目集中签约仪式结束后，举行常宝股份PQF生产线竣工投产仪式，整条PQF生产线应用自动化、数字化和智能化设计，项目打造全球最先进PQF连轧管生产线。

【省级华罗庚高新区高质量发展暨全区科技创新平台建设推进会】 2月8日，金坛区举行省级华罗庚高新区高质量发展暨全区科技创新平台建设推进会活动。省科技厅副厅长蒋洪、常州市副市长杨芬共同为江苏省金坛高新技术产业开发区揭牌。蒋洪现场宣读《省政府关于筹建江苏省金坛华罗庚高新技术产业开发区的批复》。区委书记狄志强在致辞中指出，华罗庚高新区要按照“新兴产业高端发展、科技创新引领未来、千亿园区重点支撑”定位，聚焦高端产业引项目、聚集高端人才育项目、聚合高端环境促项目，加快打造成为金坛区“奋进苏南发展第一方阵”主引擎和增长极。活动现场，中日产业合作创新中心、金坛华科数字经济科技园、金坛华科信息技术产业园、华科·梅香苑等10个总投资51.8亿元科技创新平台项目集中签约。

【2021年全省重大项目建设推进视频会议常州市分会场会议在金坛区召开】 2月26日，省委、省政府召开2021年全省重大项目建设推进视频会议。会议连线全省13个设区市，常州市分会场设在金坛区中航锂电三期项目现场。区委书记狄志强表示，全区要坚持产业立区，聚焦“三新一

特”产业，突破产业龙头项目，延伸招引全产业链项目，布局未来产业项目，打造高端产业地标；要坚持创新强区，加快建设华罗庚高新区、中德（常州）创新产业园等重大创新平台，增强金坛高质量发展创新动能；要坚持实干兴区，各级干部争做新时代奋斗者、担当者、实干者，推动金坛跨越发展、快速崛起，为常州“五大明星城”建设作出更大贡献。

【中国常州金坛全球招商网络大会】 3月30日，2021中国常州金坛全球招商网络大会正式启动。大会邀请商界精英、专业机构到金坛茅山，对中外合作园区建设机遇和挑战问策。大会打造1个招商平台、2个云端实景，梳理43个招商项目和18个平台载体。大会计划开展4场峰会、6场对德交流活动。搭建全球招商“云平台”，发布人才吸引、资金扶持、科技创新等政策，向投资者展示金坛营商环境和投资服务。同步上线“VR全景金坛”平台，以三维实景形式向用户展示全区重点产业龙头企业、产业园区、风景名胜、综合配套等重点位置。

【金坛籍在外知名人士座谈会】 4月3日，金坛区召开在外知名人士座谈会，全国各地70多位与会嘉宾先后参观金坛城市形象馆、金坛第一人民医院、华罗庚中学滨湖校区、信维通信和中国（常州）德国交流中心。座谈会介绍“十三五”期间金坛区经济社会发展成绩，同时指出“十四五”期间，金坛要把握“立足新发展阶段、贯彻新发展理念、构建新发展格局、实现高质量发展”的总体要求，落实常州市委“用好山水资源，做强现代产业，提升城市功能，打造美丽常州新样板”的具体要求，强化战略布局，做强做大产业，推动创新发展，奋进苏南发展第一方阵。与会嘉宾就现代产业、科研院所、公共服务、现代农业、城市开发等项目，与相关板块和部门举行意向性签约。

【庆祝中国共产党成立100周年座谈会】 7月1日在市民中心召开，狄志强、陆秋明、王跃中、陈锁龙、刘国新、俞金红等区四套班子领导参加会议。会议传达学习习近平总书记“七一”重要讲话精神，金坛经开区、茅山旅游度假区、金城镇、区发改局、金坛控股、薛埠镇花山村党组织主要负责人和光荣在党50年老党员代表分别作交流发言。会议强调，全区上下要以庆祝建党100周年为契机，在学史力行中不忘奋斗初心，在展望未来中勇挑时代重担，在金坛跨越发展、快速崛起新征程上奋勇争先、建功立业。要保持旗帜鲜明、对党忠诚正气，在全区上下营造荣辱与共、同向同行强烈共识；要坚持观大势、谋大局，扛起“建设常州西部新城区，打造重要发展增长极”大旗，以工业经济高质量发展“十百千计划”为抓手，突出“三新一特”产业，持续引进优质项目；要把担当导向树得更牢，把基层基础夯得更实，把党风廉政建设抓得更严，以优良党风凝聚党心民心、带动政风民风。

【区党政代表团到周边市区考察】 9月6—7日，区委书记陆秋明，区委副书记、代区长吴小华率区党政代表团到溧阳、桐庐、吴江、相城等周边县市考察学习先进发展经验，深化交流合作。代表团学习溧阳“抓环境就是抓发展、抓发展必须抓环境，抓环境三分建七分管、建设和管理并重，一切以人民为中心”发展理念；学习桐庐重视产业发展和城市建设相互促进，积极统筹城镇化建设和美丽乡村建设，推进城乡一体化协调发展；通过学习吴江成熟经验，进一步开拓发展思路，在长三角区域一体化发展背景下，努力在更多领域开展交流合作。

【区委书记陆秋明为全区党员领导干部作专题党课】 9月18日，区委书记陆秋明在“金沙大学堂”第51讲上为全区党员领导干部上“传承红色基因　汲取前行力量奋力　开启‘美丽常州金坛样板’新征程”党史学习教育专题党课。党课传达解读省委第十三届第十次全会、市委第十二届第十三次全会精神，重点对区第十四次党代会精神进行系统解读、全面阐释。党课强调，全区要大力弘扬“自强不息、勇攀高峰”华罗庚精神和“勇争一流、耻为二手”常州精神；激励广大党员领导干部苦干实干、接续奋斗；倡导开放包容、宽容失败“双创”文化，聚天下英才而用之，实现党代会报告提出“创新创业创造高地、宜居宜业宜游福地”目标。

【“华罗庚星”命名暨“华罗庚创新中心”揭牌仪式】 9月28日在金坛举行。常州市政府党组成员狄志强、区委书记陆秋明共同为“华罗庚创新中心”揭牌。中科院紫金山天文台副台长吴雪峰宣读“华罗庚星”国际命名公报和命名证书，2008年2月29日发现、国际编号为（364875）号小行星正式命名为“华罗庚星”。揭牌仪式上，签订《常州市金坛区人民政府与江苏省产业技术研究院战略合作协议》。签约首批4个“华罗庚创新中心”产业科创体系培育项目。

【区党政代表团赴石泉县、宁陕县开展对口协作】 10月17—19日，区委书记陆秋明率区党政代表团赴陕西省安康市石泉县、宁陕县开展对口协作活动。金坛与石泉、宁陕分别签订“十四五”期间协作框架协议。活动指出，金坛有效推进落实与石泉、宁陕人才交流、产业合作、项目建设、资金使用、劳务协作及携手奔小康等重点任务，为推动两地经济社会高质量发展奠定坚实基础。活动强调，要围绕协作考核指标，细化分解任务，推动资金支持、产业协作、劳务协作、社会帮扶等工作落地落细；要立足两地发展实际，紧扣重点、创新举措，推动产业协作走向深入；要拓展两地合作领域和渠道，用金坛产业、人才等优势和石泉、宁陕资源、生态等优势有机结合，互利共赢。

【2022新能源汽车产业链投资年会】 12月30—31日在金坛举办。知名产业专家、新能源汽车产业链上下游公司代表、专注相关行业投资嘉宾近百人到金坛，围绕新能源汽车产业链发展方向进行探讨。通过年会活动，与新能源汽车产业链上市公司加强合作，推动链上企业在金坛发展布局、做大做强；与投资机构对接，推动金融资本为金坛产业集聚壮大增添资本引擎。活动中，金坛区产业创新发展基金发布。经济学家任泽平、中国汽车动力电池产业创新联盟副秘书长马小利、中创新航科技股份有限公司董事长刘静瑜及投资界代表作主题演讲。

【道德讲堂总堂党史学习教育专题党课】 12月11日，“学习道德模范践行初心使命”道德讲堂总堂党史学习教育专题党课在市民中心广场举行。党课主题以第八届全国道德模范提名奖获得者陆旭东及其家庭奋进向上励志实践为背景，传递道德榜样力量，弘扬“自强不息、永攀高峰”华罗庚精神和新时代“金坛好家风”。同时指出，广大党员干部要从专题党课中汲取好榜样力量，传承好楷模精神，激发全区上下牢记初心使命、践行宗旨意识，站稳人民立场使命感、责任感和正能量，为谱写“美丽常州金坛样板”新篇章凝聚强大精神动力。区委副书记、代区长、区新时代文明实践志愿服务总队总队长吴小华向“陆旭东护学志愿服务队”授旗，“陆旭东护学志愿服务队”正式成立。

（陈 曦）

组织工作

【概况】 2021年，全区组织工作贯彻落实新时代党的组织路线，坚持“抓基础、打基础、强基础、利长远”工作主基调，聚力大局，突出重点，担当作为，持续不断巩固基层基础、建强干部队伍、集聚优秀人才，为建设“美丽常州金坛样板”提供坚强组织保证。年末，金坛区有党工委11个、党组31个、基层党委58个、党总支194个、党支部1782个；有党员40637名，其中女党员9281名，占23%。年内发展党员912名，其中35岁以下党员627名，占69%；女党员404名，占44%；高中及以上文化党员898名，占99%。

【基层党建】 2021年，区委组织部聚焦建党百年主题，推进党史学习教育，开展“立百个先锋、强千座堡垒、树万面旗帜”系列活动，建设“红色基因库”，绘制“红色印记”地图。金坛“重温茅山抗日史，重走茅山抗战路”“走进茅山老区，感受乡村巨变”分别入选全国“百条红色旅游精品路线”、省“永远跟党走”红色旅游线路。推进党建重点工作，打造“映山红”全域党建示范圈，实施村（社区）党群服务中心“点亮工程”。九洲里社区等5家单位被授予市级示范阵地，花山村等12家单位获评“五星”级村（社区）党组织。实施城乡社区党建“治理力工程”，深化“两单一响应”（社区点单、街道下单、部门响应）机制，推行“三合七单”（“多网融合、功能整合、职能兼合”和“群众点单—平台下单—社区提单—街道收单—部门办单—验收销单—双向评单”）网格党建工作法，高标准打造常州市城市党建头雁学院。全市党建引领城市基层治理现场会在金坛区召开。在机关开展“先锋支部”创建活动，开展巡听旁听145场次，组织机关党建片区活动37场。在“两新”组织（新经济组织和新社会组织）组建“党企同心、发展同行”党建联盟，推动各领域党建全面进步、全面过硬。

【干部队伍】 2021年，区委组织部围绕区、镇、村三级换届工作，营造风清气正换届环境，坚持严的纪律贯穿换届全过程，坚持教育在先、警示在先、预防在先，开展“365清风行动”，组织签订《严肃换届纪律承诺书》3000余份，广泛送达换届纪律通知，发送短信3万余条，观看专题教育片21批3500余人次。聚焦“高素质、优结构、强功能”目标，严明用人导向、严格程序规范、严肃纪律要求，各级组织提名人选高票当选，打造符合“532”发展战略需求领导班子。换届后，村（社区）“两委”成员平均年龄降至39.5岁；镇（街道）共配备35岁以下干部39名，占比32%，其中90后正科职干部2名，超额完成配备目标。开设新任职干部专题培训班，举办年轻干部“周末课堂”“菁英·悦享”干部夜学活动。

【人才吸纳】 2021年，区委组织部编制金坛区“十四五”人才发展规划，研究制定新时代“金沙英才计划”，构建“1+X”人才政策体系。推进“华罗庚创新中心”产业科创体系建设，举办第四届“金工匠”系列职业技能竞赛和第二届“金创翼”创业大赛，到东北5校开展“金沙英才”推介会，入选省“双创计划”项目2个，完成“龙城英才计划”创业类项目备案37个，入选创新类项目6个。大力实施“人才优居工程”，全年新建人才公寓5563套，发放租房购房补贴超4亿元，吸引金坛创新创业各类人才9600余人。向215名考取“双一流”建设高校的金坛学子寄送祝贺信，打造“金礼遇·才无忧”人才服务品牌，上门发放“金沙英才服务卡”857 张，推动人才服务更有温度。

【全区“两优一先”表彰大会】 6 月 27 日在市民中心召开。大会表彰全区优秀共产党员、优秀党务工作者和先进基层党组织，为“光荣在党 50 年”党员代表颁发纪念章。会议指出，近年来，全区各级党组织和党员干部围绕“跨越发展、快速崛起”奋斗目标，推动金坛区各项事业取得长足进步。会议要求，要放大格局、振奋精神，为跨越发展凝神聚力，抓好区委、区政府决策部署落地；要聚焦重点、担当作为，为跨越发展蓄势赋能，加快常金同城步伐，规划建设“常州两湖创新区”金坛片区，加快国家城乡融合发展试验区建设；要从严从实、管党治党，为跨越发展保驾护航，开展党史学习教育，贯彻落实习近平总书记视察江苏重要讲话指示精神，增强基层党组织政治功能和组织能力，以优异成绩向党的百年华诞献礼。

【“映山红”全域党建品牌建设】 2021 年，区委组织部坚持党建工作与中心工作、重大战略、红色文化相结合，按照系统化、品牌化、项目化标准，集中建设沿线农村、社区、机关、“两新”组织、国有企业等各领域示范点，串点连线、扩线成面打造“一线两团三核多点”党建示范圈。依托“金武快速路—金坛大道—茅山旅游大道”主干线进行集中打造，结合沿线城乡风貌特点，合理布点党建小品、精神堡垒；以“映山红”党建品牌为统领，加强区域整体推进，六镇三街道分东、西两个组团协同建设，各组团统分结合、各有侧重，实现领域党建、区域党建、全域党建协同推进、一体建设；依托良好山水生态环境、丰富旅游资源、集聚产业资源三个核心连片打造党建核心片区，主要包括茅山老区红色血脉、城乡融合红色样板、科技创新红色引擎；突出有时代旋律主题内涵、有独具特色品牌形象、有系统完备制度机制、有带头示范先进典型、有可供复制成果展示“五有”标准，在全区各领域挖掘提炼形成 80 个优秀案例、20 个样板案例基层党建精品库，编制全域党建红色地图。

【全市党建引领城市基层治理现场会】 11 月 18 日在西城街道九洲里社区召开。市委常委、组织部部长季培东出席会议并讲话。会上举行常州市城市党建头雁学院揭牌仪式，向首批特聘教师颁发聘书，为全市首批五星村（社区）党组织代表颁发证书。会议强调，要进一步推进党建引领城市基层治理工作，要把握大局大势，明确城市党建方向路径。抓好城市基层党建，要认清形势、把握趋势，遵循城市发展规律，紧扣城市战略定位，着力增强“城市大党建”工作整体效应、溢出效应。要紧盯重点难点，提升城市党建覆盖水平。城市党建需要与时俱进、顺势而为，有效推进党组织领导下各类主体和各方资源统筹整合，实现党建工作最佳效果。要加大保障力度，夯实城市党建工作基础，牵头当仁不让、参与要主动作为，真正做到政策向基层倾斜、资源向基层投入、人才向基层集聚，确保形成推动工作强大合力。

（徐　敏）

2021 年，金坛区开展“映山红”全域党建示意图

宣传思想工作

【概况】 2021 年，全区宣传思想文化战线工作围绕学习宣传贯彻习近平新时代中国特色社会主义思想，以庆祝中国共产党成立 100 周年为主线，牵头组织好全区党史学习教育，聚焦区第十四次党代会“加速同城化、加快现代化，全力打造最美新城区、最强增长极，奋力谱写‘美丽常州金坛样板’新篇章”战略目标，坚持守正创新，强信心、聚民心、暖人心、筑同心，不断提升宣传思想文化工作凝聚力、引领力，为全区经济社会高质量发展提供理论支撑和良好舆论氛围。

【理论学习教育】 2021 年，全区宣传思想工作把握正确政治方向和工作导向，推进理论学习走深、走实。完善领导干部导学促学机制和巡学旁听机制。全年区委理论学习中心组集中学习 12 次，对 24 家基层党组织开展巡学旁听。办好金沙大学堂。邀请江苏省委党校党史党建部副主任周延胜、常州市委党校常务副校长王定新和区委书记陆秋明进行专题党课3讲；邀请江苏省工业和信息化厅副厅长池宇，常州市安委办主任、市应急管理局局长王竹林作数字赋能创新、安全生产专题辅导报告。依托新时代文明实践站，创新宣讲形式，打造“圩圩道来”“塘口大学堂”“小红妈”等一批基层宣讲品牌，举办全区“永远跟党走 奋进新征程”百姓名嘴风采展示大赛。组织人员参加常州市“永远跟党走 奋进新征程”百姓名嘴风采展示大赛，分获二、三等奖。开展2020—2021年度基层党员冬训工作，制定基层党委（党组）理论中心组学习计划，对水利局等16家单位进行旁听。在全区副科级领导干部中开展“‘争当表率、争做示范、走在前列’ 谱写金坛跨越发展、快速崛起新篇章”专题读书调研，精选出102篇优秀调研报告，编印《聚焦新时代，共话开新局》调研成果汇编。在全市优秀理论文章评选中，金坛区获一、二、三等奖各1篇，居全市前列。

【新闻舆论宣传】 2021年年初，全区部署“奋斗百年路 启航新征程”大型主题采访活动并举办启动仪式，开展全区庆祝中国共产党成立100周年新闻宣传报道和年度大型新闻行动，统筹推进疫情防控和经济社会发展宣传工作。组织开展区“两会”“两个加快创新推进年”动员大会、区第十四次党代会、区庆祝中国共产党成立100周年、党史学习教育、道德讲堂专题党课等重要会议和重大主题活动宣传报道。先后在《常州日报》推出“十大感动金坛人物”“十大贡献金坛人物”专版和《创新正当时 昂首迈大步》《弘扬华老精神 加速金坛崛起》《茅山根据地老区换新颜》等4个版面。结合市、区“两会”召开，常州电视台专访时任金坛区区长陆秋明，在《常州新闻》推出《金坛：夯实民生基础，筑就百姓幸福梦》专题新闻报道。结合省、市、区党代会精神宣传，《新华日报·交汇点》、江苏卫视、常州电视台都专访陆秋明，省党代会期间在《新华日报》推出专访《发挥农民主体作用，全面推进乡村振兴》；《交汇点》栏目专题报道《省委有部署、金坛见行动》；江苏卫视专题报道《加快转变发展方式，加快创新驱动，打造城乡融合试验区的靓丽样板》。常州市党代会期间，常州电视台推出区委书记陆秋明专访《聚焦同城化 打造美丽常州新样板》《山水融城产业强区》等系列新闻报道。区党代会期间，在《常州日报》、“常州发布”推出《这五年，金坛：崛起，加速度》等专题报道，在《扬子晚报》推出《最美新城区、最强增长极——全力打造“美丽常州金坛样板”》专版。服务全区经济社会发展大局，全年先后配合开展全球招商网络大会、新能源汽车产业发展金坛长荡湖峰会、光伏产业发展金坛长荡湖峰会以及重大项目集中开工仪式、华罗庚高新区揭牌等重大活动媒体邀请和宣传报道。贯彻常州“532”发展战略，在《新华日报》《常州日报》分别推出《打造“两湖”地区美丽乡村最美示范窗口》专版和《文旅融合好戏连台》《立足两湖创新区跑出赶考加速度》等头版报道。构建全方位、多层次、宽领域宣传模式，对外推介金坛城市形象。3月底，正式对外发布金坛城市宣传片《金坛脉搏》，完成《媒眼看金坛2020外宣汇编》。面向国内外全面征集金坛城市形象标志和宣传用语，共征集到408个标志和6201条宣传用语。申报省、市对外宣传工作创新项目，《深化对德交流 助推对德合作全面升级》获常州市对外宣传工作创新奖，与常州市政府新闻办联合申报江苏省对外宣传工作创新奖“十竹斋笺谱系列非遗笺纸外宣制品”项目。加强和改进新闻发布工作，全年全区共举办全球招商网络大会新闻发布会、中航锂电战略发布会等21场新闻发布会，推出300多篇专项报道。注重加强与国家级、省级重点主流媒体交流与合作。《乐道金坛故事》在央视纪录片《交通中国》播出；《华罗庚科学家精神》在央视《新闻联播》播出。在《新华日报》先后推出头版导读《金坛开启“十四五”引才新篇章》《金坛今年前7月引资500亿，落地项目中“三新一特”逾九成》《金坛打造永不落幕的招商大会》《金坛“塘口大学堂”擦亮党建品牌》《见证“生

10月15日，“永远跟党走 奋进新征程”百姓名嘴风采展示大赛决赛在薛埠镇薛埠村举行

产湖”迈向“生态湖”》《金坛举办道德讲堂专题党课》等8篇头版报道，以及《金坛洼地引才打造发展高地》《华罗庚用一生推演爱国公式》《“我们黄金村，土里能生金”——“一粒米”让曾经的省级贫困村谱写新篇章》《金坛数学会华乡寻道》等报道。全年，《新华日报》录用稿件51条，头版8条。《常州日报》录用新闻稿件415条，103条头版，12条头条，3条报眼。围绕庆祝中国共产党成立100周年，结合党史学习教育宣传报道，做好中国数学会华乡寻道等系列活动宣传报道；宣传报道全国道德模范提名奖获得者陆旭东及其家庭；组织区融媒体中心、区作协、区摄影家协会赴上海采访抗战老兵徐进；与《扬子晚报》在茅山旅游度假区共建“红色文化传承”新闻传播创新实践基地。

【文化产业扶持】 2021年，全区举办“爱党爱国爱家乡　书香致远新征程”第十二届“金坛读书月”活动启动仪式暨庆祝中国共产党成立100周年公益书市等14项活动。以“山水福地　风雅金坛”为主题开展“两节一会”（第十届文化艺术节、第七届中国·长荡湖湖鲜美食节、2021中国·长荡湖休闲湖泊峰会）开幕式等22项活动。金坛区创建2020年江苏省第三批书香城市，成为常州首创，区委宣传部获2020年江苏省文化科技卫生“三下乡”先进集体。常州市公安局金坛分局交通警察大队“陆旭东护学岗”入选第七批江苏省“学雷锋活动示范点”，杨旸、谈晓东获江苏省“紫金文化人才培养工程”文化优青，陈月兰获江苏省最美社工称号，李文霞、顾静家庭获江苏省最美家庭称号。围绕建党百年等重要时间节点，创作推出一批文艺精品。5月，华罗庚艺术团与江苏大剧院共同打造原创爱国青春剧《野蜂飞舞》成功首演，获“2021紫金文化艺术节优秀剧目奖”；葛安荣短篇小说《风中的轮笛》获省“紫金山文学奖”，省作协到金坛区召开省级创作研讨会；以全国公安楷模陆旭东为原型的广播剧《风雨“护学岗”》播出；以中国道教学院首任院长黎遇航支持新四军创建茅山抗日根据地为原型的电视剧《茅山往事》开机；儿童剧《野蜂飞舞》、长篇小说《蓝水谣》入选常州市2021年优秀精神文化产品创作扶持项目。组织“欢乐金沙大舞台”“文体惠民进基层”“文艺直通车”三大品牌活动，开展“文明社区天天乐”“文化村村行”等群众性文化活动。电影放映队、文艺团队到各镇、街道、园区送文化进基层，共计放映红色电影655场，举办“听党话、跟党走”主题文艺晚会乡村行等群众性文化活动1000余场，惠及百姓30余万人次。

【意识形态引领】 2021年，区委常委会专题研究意识形态工作2次，定期牵头召开区委意识形态领域情况分析研判联席会议和区“扫黄打非”工作领导小组（扩大）会议2次。区委印发《全区意识形态工作任务清单》，明确基层各级党组织工作职责和目标任务，完成对区人社局、区民政局、区工信局、区红十字会、区残联等16家基层党组织落实意识形态工作责任制专项巡察。开展意识形态领域风险隐患集中排查整治专项行动，共梳理出五大类问题，有针对性地制定落实11项措施。印发《党（工）委、党组网络安全工作责任制实施细则》，明确各级党组织承担网络安全责任。加强党对互联网领导，正式成立金坛区互联网行业党委，培育常州创忆文化传媒有限公司成立党支部，承办常州市互联网行业“E企学”党史学习教育主题党日活动。压实主体责任，严查属地1926家网站，排查出被篡改、插暗链等112个违法违规问题，逐一核查并要求备案主体进行整改，关闭“爱游戏”“bet365”等7家网站。约谈“金坛零距离”“金坛政企网络”两家微信公众号，指出违规发布新闻信息、使用夸张标题和未能有效落实互联网企业主体责任等问题，责令“金坛零距离”公众号限期更名。开展网络资产核查专项行动，共核查出2321个有效IP资产。应对省、市“网安2021”行动开展本地区网络应急实战演练，抽取金坛区人民医院、金坛区交通运输局信息系统进行专项检查，全面查漏补缺。开展关键信息基础设施和信息系统网络安全防护工作，邀请具有资质的技术安全保障企业，解决金坛区图书馆等重点单位安

5月19日，区委网信办检查金坛山水网站内容审发机制

全防护技术能力不足问题。7月，常州市委网信办监测数据显示，金坛区安全网站数量占比达83.9%，位居全市第一。

【庆祝中国共产党成立100周年系列活动】 2021年，全区举办庆祝中国共产党成立100周年系列活动。举办“百年恰是风华正茂”庆祝中国共产党成立100周年歌咏文艺晚会，晚会通过金坛手机台同步直播，观看人数超35万人次。组织“百年华章 砥砺奋进——金坛区庆祝中国共产党成立100周年”主题展，主题展完成25000字脚本撰写，462幅图片、182件实物征集和1200平方米区域布展。分层级、分单位组织党员干部群众赴南京、常州观看省级、市级建党百年主题图片展。举办“百年之春·生活之美”建党百年主题摄影展、“名家聚金沙 翰墨颂党恩”全国美术名家作品邀请展和第十届文化艺术节，启动“百团颂百年 永远跟党走”百场红色文艺惠民演出。开展百位先进典型学习宣传、百场红色故事宣讲比赛、百村（社区）红色电影巡映、百场红色经典阅读推广等“五个一百”特色主题宣传教育活动。

【党史学习教育】 3月11日，全区召开党史学习教育工作动员会议，会议组织传达学习中央、省、市党史学习教育动员会议精神，成立以区委书记、区长等区领导为主的领导小组，对全区党史学习教育作出部署并印发实施方案。组织开展“金沙大学堂”，创新开展“夜学·周末读”专题党课，把中央党校12堂精品党史课作为党史学习教育重点内容学深、学透。举办区四套班子党史学习教育专题读书班，进行集体学习研讨，到中共苏皖区一大会址开展现场教学，赴江苏溧阳、浙江桐庐、苏州吴江和相城等地学习发展经验。组建5个党史学习教育巡回指导组，加强科学统筹、坚持问题导向、设置量化指标、建立评估体系。抓好专题学习、专题培训、专题宣讲等工作，通过潜心自学、集中学习、专家辅导、研讨交流等形式，强化党的创新理论武装，加强领学促学和分类指导。延伸开展“百场红色故事宣讲比赛”等“五个一百”特色主题系列活动，策划开展建党百年党史知识网络竞赛等活动。面对不同受众群体成立各类党史宣讲团。针对流动党员、“两新”组织党员，设立“留灯书屋”“小巷读书会”；针对少数民族群众，利用向阳党建果蔬园、“红石榴家园”开展面对面宣讲；针对青少年，开展“童心向党”主题征文、歌咏、演讲比赛和“我们的节日”“七彩夏日”等活动。组织青少年走进“老兵课堂”听抗战故事，走进爱国主义教育基地当好“小小红色讲解员”。串联中共苏皖区一大会址等58处革命遗址绘制金坛红色印记地图，开展“一张红图讲党史”红色线路研学活动。制作播出“100个红领巾讲100个红色故事”原创微视频、微动漫、直播等210多个（次），累计点击量超180万人次。开展庆祝中国共产党成立100周年主题活动现场直播120多场，单场最高30万人次在线观看。启动“小红妈”“华罗庚”党史学习教育红色公交专线，打造党史学习教育流动课堂。2022年1月19日，召开全区党史学习教育总结会议，全区各板块、各部门全面总结党史学习教育成效和经验，巩固拓展学习教育成果，弘扬伟大建党精神，激励全区上下更好地从党的百年奋斗历程中汲取智慧和力量，高标准落实“532”发展战略，高质量推进“五大行动”，奋力开创“美丽常州金坛样板”建设新局面。

【我为群众办实事】 2021年，区委印发《常州市金坛区“我为群众办实事”实践活动方案》等系列文件，全区各级党委（党组）通过多种形式广泛听取群众意见，共收集群众“心愿单”1.2万余条。精准服务解民忧。将“我为群众办实事”实践活动与“两在两同”（同人民想在一起、干在一起，风雨同舟、同甘共苦）建新功行动有机结合，集中解决突出问题。每月第三个周六开展“我为群众办实事”集中服务活动。围绕“我为群众办实事”，分别打造为民服务“金钥匙”、为企服务“金管家”、为农服务“金专家”等金字招牌，全区共创设“为民服务”各类子品牌20余个。全区共确定100项重点民生项目和200项惠民实事清单，县处级领导干部领办实事42项。重点民生项目和惠民实事完成率100%，群众评议优秀率100%。137家单位与150个村（社区）结对共建，2.8万名党员干部与村（社区）开展结对服务，组建志愿者队伍500余支，开展活动1000余场次，收集各类问题5000余个，解决群众“急难愁盼”问题1000余个，认领志愿服务岗位1206个，开展文明劝导、扶贫助困等志愿服务10.28万人次，受益群众30万人次。儒林镇在农村安置小区将闲置土地打造“天香苑小菜园”被《新华日报》《光明日报》、“学习强国”江苏平台等主流媒体专题报道。新增“夕阳红”居家养老服务中心32个，新增停车泊位2000个，金坛第一人民医院与上海市第一人民医院合作共建正式启动，妇幼保健院投入使用。

（党建科）

统战工作

【概况】 2021年，全区制定出台《关于深化新时代金坛大统战工作格局机制建设的实施方案》，在统一战线各领域深入开展党史学习教育，举办全区统一战线学习贯彻习近平总书记“七一”重要讲话精神座谈会，印制下发《中国共产党统一战线工作条例》学习手册100余份。开办新任统战干部培训班，不断提升统战干部政策水平与业务能力。

【民主党派与党外代表人士工作】2021年，区委统战部指导成立民革常州市金坛区支部、九三学社常州市金坛区支社，协助完成农工党金坛支部换届，筹备成立民进金坛支部。完成区党外知识分子联谊会换届手续。在直溪镇建立全区首家“党外知识分子之家”。提升民主党派、党外代表人士参政履职建言献策能力，民盟《尽快启动“华罗庚星”小行星命名申请》等5项提案被确定为重点督办提案，国际编号为“364875”号小行星被正式命名为“华罗庚星”。健全全区党外知识分子1136人、金坛籍在外知名人士728人数据库，配合区委、区政府筹备组织区乡贤大会，配合做好市、区政协委员人选推荐、考察，配合做好金坛籍在外知名人士调查摸排。在党外代表人士中开展“四史”学习教育，组织各民主党派基层组织到常州市“三杰”纪念馆、中共苏皖区一大会址开展现场教学。

【经济领域统战工作】2021年，区委统战部完成全区9个基层商会换届工作，召开区工商联（总商会）第十一次代表大会。开展“民营企业服务月”活动，推进“送政策、送服务、送温暖”活动，开办常州市第二轮民营企业家队伍建设“百千万工程”2021年度金坛万人班，培训覆盖民营企业家及中高层经营管理人员220名。举办青年企业家成长论坛3次，专题对接会5次。与区税务局开展政策解读助力税费优惠落地，与区发改、环保、应急等相关部门帮助化工新材料企业解决难题。

【民族工作】2021年，区委统战部开展民族团结进步宣传月活动，宣传党的民族理论政策，全年累计赠送法律法规书籍300余册、民族政策宣传材料5000余份。加强少数民族流动人口服务管理，定期逐户上门走访，在重要节假日组织开展少数民族主题活动。做好因灾致贫家庭慰问与政策帮扶，帮助协调解决子女入学入园、新冠肺炎疫苗接种、创业开店、进企务工等困难，全年发放慰问与光彩基金医疗补助资金15.2万元。推进全区民族团结进步创建，东城街道华胜社区、金城镇“向阳果蔬园”、朱林镇“金斗云”电商平台、直溪镇昌玉红香芋专业合作社等阵地创建提档升级，参与全省第二批“红石榴家园”创建评审。

5月21日，召开民革常州市金坛区支部成立大会

【宗教工作】2021年，区委统战部举办宗教界人士“四史”学习（学习党史、新中国史、改革开放史、社会主义发展史）暨宗教政策法规学习培训班，指导开展宗教领域庆祝中国共产党成立100周年学习、征文、演讲、书画展、讲经交流等系列活动。对接省民宗委，共同承办第五届国际道教论坛准备工作。推进全区宗教活动场所安全鉴定，建立宗教活动场所建筑安全专项档案与台账。加强重要节假日及重点时期值班值守与检查督查。承担全省宗教活动场所不动产登记试点任务，区基督教堂、区清真寺办理不动产权证，乾元观列入茅山旅游度假区专项推进登记试点成果。按照《江苏省宗教活动场所法人登记流程及事项》要求，完成乾元观、元阳观、区基督教堂3家宗教活动场所法人登记。制定下发规范宗教活动场所管理文件9件，完成基督教私设聚会点长效治理、民间信仰活动场所规范管理等工作。

【新的社会阶层人士统战】2021年，区委统战部以“同心楼”为主阵地，拓展“众创空间”“新创联盟”“新E帮”等辅助功能阵地，打造直溪镇心淇达新的社会阶层人士统战工作实践基地。打造“同心微党课”品牌，邀请新联会中党员代表上党课，组织会员线上观看中央统战部“寻美中国”活动启动仪式。“新创联盟”开展“同心圆梦”“同心沙龙”“同心讲堂”系列活动，邀请创新创业人才举办主题沙龙，分享创业心得与经验。“新E帮”主动对接精准扶贫、乡村振兴，帮助少数民族群众通过电商平台销售水芹、粉丝等10余种农产品，实现脱贫增收。

【港澳工作】11月，区委统战部安排人员赴深圳、中山两地分别拜访香港同乡会会长戴纪唐、秘书长徐振中。全年走访港资澳资企业21家，了解企业情况。加强与港澳同胞及其眷属联络,做好“三类人员”专访慰问（困难眷属扶贫慰问、精英眷属恳谈慰问、返乡重点港澳同胞探视慰问）。全年共走访慰问重点以及困难港澳同胞眷属家庭30户，发放慰问金1万余元。配合省委统战部、市委统战部做好“澳门新闻界参访团”“澳苏大学生阳光成长2021年文化交流营”到金坛区参观考察。

（张泰蓉）

保密工作

【概况】 2021年，全区保密工作坚持以“四化”（规范化、精准化、法治化、信息化）建设为目标，把握新发展阶段任务要求，全面落实各项措施，有效管控各类窃密泄密风险隐患，推动保密工作转型升级，为保障全区经济社会高质量发展营造良好安全保密环境。

【保密管理】 2021年，全区推动保密管理规范化、精准化、法治化建设，进一步完善保密工作体系，明确保密工作重点，加强定密管理和涉密人员管理。落实党政机关领导干部保密工作责任制，通过明确机关单位保密工作职责与规范，加强对涉密人员管理，开展机关单位保密自查自评，不断加强工作期间和流动环节各项管理措施，有效提高保密管理规范化进程。推进定密工作和日常管理精准化，通过定密数据汇总分析，推动机关单位进一步明确定密责任和派生定密流程，实现动态监管。推进保密管理法治化，落实保密法治宣传教育部署，普及保密法治知识和常识，规范微信使用保密管理，增强领导干部和涉密人员保密法治意识和履职能力。

【保密监督检查】 2021年，全区推进保密工作信息化建设，加强网络保密技术监管，及时发现和处理疑似涉密信息，规范自动化设备管理，杜绝保密安全隐患。对部分重点单位进行保密检查，研究部署高考安全保密方案，全流程开展保密教育提醒。完成政府信息公开保密审查工作审核，推动政府工作公开、透明和规范。

【保密服务指导】 2021年，全区着力提升指导管理质效，督促指导机关单位完成涉密载体销毁工作，共计销毁内部文件和资料18吨，涉密电子废物移交及销毁工作实现常态化。为各类涉密会议、活动提供保密技术服务60余次，实现安全保密零差错。

（岳兴芝）

研究室工作

【概况】 2021年，区委研究室围绕区委中心工作，把握常州市“532”发展战略，服务区“五大行动”“美丽常州金坛样板”建设，坚持想在先、谋在前、干在前，出思想、出政策、出精品，发挥以文辅政和参谋助手职能作用。

【文稿起草】 2021年，区委研究室组织起草区第十四次党代会报告、十四届区委第二次全会报告等一批重要综合性文稿，起草全区政法干警专题党课、党史学习教育党课、赴常州市委党校授课等讲稿，完成党代会、区委全会、党政联席会等重要会议任务分解方案，全年起草区委各类会议报告、领导讲话、专题汇报等文稿180余篇。

【调查研究】 2021年，区委研究室围绕领导关注重点、经济社会发展难点开展调查研究，形成《执党建之手护一湖清水——以金坛长荡湖综合整治为例》《盐产业链发展调研》等一批调研报告，获常州市委研究室好评；加强对上沟通汇报，推动苏锡常城际铁路西延线、中吴大道西延、“未来科创城”等重大项目、重点工作写入常州市第十三次党代会报告和“532”发展战略项目清单。

【推进改革】 2021年，区委研究室围绕常州市委改革工作要点和区委重点改革工作部署，开展各项工作。梳理确定区委、区政府主要领导联系的重点改革任务和全区自主实施改革项目，承接推进国家城乡融合发展试验区建设等16项常州市重点改革任务。发挥区委改革办统筹、协调、推动作用，细化分解工作目标任务、明确牵头单位和责任单位，严格推进改革任务落实并按时限要求完成年度重点改革任务。区“红色帮帮团”社区自治管理模式、人才政策创新等一批改革经验举措被《人民日报》《新华日报》等中央、省、市主流媒体报道。

（张雪斌）

巡察工作

【概况】 2021年，区巡察机构学习贯彻习近平总书记关于巡视巡察工作重要论述，落实“发现问题、形成震慑，推动改革、促进发展”巡视工作方针，围绕“三个聚焦”（聚焦贯彻落实党的路线方针政策和上级决策部署、聚焦群众身边腐败问题和不正之风、聚焦基层党组织软弱涣散、组织力欠缺），深化政治巡察，发现和推动解决影响党的领导、党的建设、全面从严治党的突出问题，发挥巡察政治监督和政治导向作用，为推动全区经济社会高质量发展提供坚强保障。

【政治巡察】 2021年，区巡察工作列入区委常委会和全区纪检监察工作年度要点，区委常委会学习传达巡视巡察有关内容4次，区委书记召开专题会议听取巡察工作汇报3次、调研巡察工作1次，区委巡察工作领导小组召开巡察专题会议3次。区委巡察工作领导小组定期听取、研究全区巡察工作。区委巡察办谋划实施区本级政治巡察，完成2轮常规巡察和1轮巡察“回头看”，配合开展省、市、县三级上下联动涉粮问题专项巡视巡察，组建联动巡察专项组对武进区开展专项交叉巡察，协助市委巡察组做好对区委政法委、区检察院和金坛控股提级巡察工作。

【监督质效】 2021年，区委巡察机构对17个区管单位和24个村（社区）党组织进行“再巡察”，常规巡察对象“回头看”比例达24%，对村（社区）巡察“回头看”比例达13%。第十三届区委巡察工作高质量完成，第十四届区委巡察工作接续推进，两轮巡察共完成对13个单位常规巡察，全年巡察共计发现问题522个，提交专题报告6篇，移交问题线索29件、问责线索8件，区纪委监委对巡察移交线索立案19件。

【整改落实】 2021年，区委巡察机构对照市委巡察反馈问题逐项研究制定整改方案，共明确整改任务26项，梳理2017—2021年出台30余项巡察工作规章制度，废止制度2条，修订1条，新出台3条。对13家调整主要负责人的巡察整改单位及时送达整改责任提醒函。制定出台《关于建立健全区委巡察整改督查督办协作联动机制意见》，明确巡察机构、纪检、组织、宣传等部门在巡察整改中职责分工，区委巡察办联合区纪委监委相关监督检查室对第十三届区委第十一轮、第十二轮、第十三轮巡察20家单位开展巡察整改专项督查行动。在巡察“回头看”和整改督查中共收集整理巡察推动改革、促进发展典型案例30余篇，在省、市媒体发表各类巡察工作信息、宣传稿件35篇。

【队伍建设】 2021年，区委巡察机构推进巡察干部能力素质建设，制定出台《关于进一步加强巡察干部队伍建设提升干部能力素质的实施办法》《中共常州市金坛区委巡察人才库管理办法（修订）》《中共常州市金坛区委巡察机构兼职巡察干部管理办法》等制度。制定《区委巡察组组长、副组长、联络员岗位职责（试行）》《巡察干部考勤等管理制度》等内部管理制度。全年共抽调4名新提拔副科级领导干部和37名科级以下干部参加巡察工作，提拔交流巡察组组长、副组长、巡察办副主任4名，选派1人到省委巡视机构参加“以干代训”。

（欧阳煜）

党校工作

【概况】 2021年年底，中共常州市金坛区委党校有教职工21人，其中专职教师10人，占47.6%。拥有硕士学位者3人，教师队伍中拥有高级职称4人、中级职称5人、初级职称1人。聘请思想政治教育、党史党建及政治学、经济学等领域兼职教师80余名。拥有现代化多功能厅、培训教室、图书室（藏书2万余册）。

【主体班培训】 2021年，区委党校按照全区干部教育培训计划安排，配合区委组织部，开展中共十九届五中全会精神轮训班、换届后镇街道领导班子综合能力提升班、党员标准化培训、乡村振兴专题培训班、村党组织书记培训等班次20余期，培训2800余人次。承办常工院、高淳等区外培训班8个。

【理论宣讲】 2021年，区委党校坚持理论宣讲方向政治性、内容通俗性和受众广泛性，组织全校教师加入区委理论宣讲团，在“七一”建党百年，召开区第十四次党代会等重要时间节点发布理论宣讲菜单，组织全校教师加入区委理论宣讲团，举办党史学习教育、区第十四次党代会精神宣讲等100余场次、受众10000余人次。

【教学科研】 2021年，区委党校完成常州市委党校及以上课题6项，课题文章《以一流业绩建一流基层党校》被《江苏党校报》刊载。获评省、市级优秀课题2项，在《常州日报》发表理论文章2篇。结合党史专题教育，

10月16—17日，金坛区2021年乡村振兴专题培训班开班

挖掘本地红色文化，5 篇介绍金坛党史事件、人物文章入选常州百年党史专集《奋进》。服务区委、区政府中心工作，与区政协协作，参与部门调研，形成《不断做大做强新能源汽车产业链》《精准分析产业动向做优做强光伏产业》等 6 篇调研报告。

（周艳艳）

台湾工作

【概况】 2021 年，全区台湾工作进一步完善服务机制、推动创新发展，支持和引导台资企业设立研发中心、运营中心、工程技术中心。区台办通过活动载体，整合合作资源，加强台商与相关部门联动互动，扩大和开展多领域合作交流。台企常州明耀半导体科技有限公司与大连理工大学江苏研究院签约试办“导电玻璃 +”联合创新中心，并获常州市集成电路产业发展专项资金支持。

【服务台企】 2021 年，区台办建立基层联系企业制度，全年走访、调研、慰问台资、台属企业 43 家。组建台胞、台商微信群，做好疫情防控信息传达和相关政策咨询、解答工作。落实回金坛台胞、台商隔离全免费政策，隔离费用共免去约 5 万元。全年安排在金坛台胞、台商 35 人完成新冠肺炎疫苗第二剂接种，其中 21 人完成新冠肺炎疫苗第三剂接种。

【宣传工作】 2021 年，区台办组织开展台属联谊会和对台工作干部台海形势报告会，全面落实各项惠台政策措施。与金坛电视台合作，宣传惠台“31 条”(《关于促进两岸经济文化交流合作的若干措施》)、省“76 条”(《关于深化苏台经济文化交流合作的若干实施意见》）等政策意见，会同相关部门对全区贯彻实施惠台“36 条”(《关于为深化两岸融合发展提供司法服务的若干措施》）进行执法检查。

【安全生产】 2021 年，区台办开展区域内台资、台属企业安全生产宣传和检查工作，对全区 35 家台资、台属企业上门进行安全生产大检查，摸清安全隐患和薄弱环节，督促各台企严格落实值班备勤纪律，保持通信畅通。落实台企突发情况第一时间报告制度，消除各类安全隐患，确保全区台资、台属企业安全生产。

【“两岸一家亲”载体平台】 2021 年，区台办每月召集在金坛台商开展“庆生会”，全年走访慰问台胞、台属家庭 46 户，发放慰问金 4.6 万元。协同区教育局解决台胞子女入学、择校 2 人。与江南农村商业银行共同推出“政银大走访”活动，根据台企需求推荐信用贷款产品，全年 3 家台企获得共计 2000 万元授信额度。组织台属参加党史专题教育和常州市“学党史、悟思想”网络知识竞赛，参与“奋斗百年路　启航新征程”文艺会演。1 月 8 日，组织金坛书画家到台企书写、赠送春联，为台商送去新春祝福。

（张泰蓉）

老干部工作

【概况】 2021 年年末，全区共有离退休干部党支部（总支）67 个，离休干部 52 人，其中区管 43 人、垂直部门 7 人、易地安置 2 人。年内，区委老干部局围绕中心工作，聚焦新阶段、践行新理念、着眼高质量，统筹抓好离退休干部党的建设、发挥作用、服务管理，团结带领全区广大离退休干部讲政治、献余热、做贡献，为全区经济社会发展凝心聚力。区住建局离退休干部第一党支部获评全省“百佳离退休干部党支部”。薛埠镇老干部第三党支部、发改局离退休干部第一党支部、农业农村局第二党支部获评市级“六有一提升”先锋党支部。区教育局等 3 个集体和朱金荣等 6 名个人，分别获得省关心下一代先进集体和先进个人称号。

【离退休干部党建】 2021 年，全区巩固和深化离退休干部党支部“六有一提升”(有党的组织、有领导班子、有组织活动、有作用发挥、有工作制度、有工作保障，着力提升离退休干部党组织的组织力）达标创建成果，推动离退休干部党组织建设全面提升。6 月 21 日，召开全区离退休干部党建工作暨表彰会，会议总结全区近两年离退休干部党建工作，并部署下阶段工作任务。对 15 个离退休干部先进集体和 45 名离退休干部先进个人进行表彰。开展片 (组) 交流学习活动，开展课题调研、党日示范学习等活动，打造“金沙银发先锋”党建品牌。举办离退休干部党支部书记培训班和党史知识竞赛，提升党建知识理论素养，发挥党支部书记“领头雁”作用。

【思想政治引领】 2021 年，区委老干部局综合运用专题报告导学、实境课堂教学、参观考察见学、支部党员送学、网上辅导助学等多种形式，在全区离退休干部中开展党史学习教育。围绕“回望百年路，助力新征程”主题党日活动，发挥老干部熟悉党史优势，邀请老干部以亲身经历讲党史，传承红色基因、弘扬优良传统。共举办全区离退休干部党史专题宣讲报告会 5 场。组织离退休党员干部到中共苏皖区一大会址、华罗庚纪念馆、江南新四军纪念馆等开展“学党史　知党情　悟思想　守初心”主题党日活动。全区 60 多个离退休干部党支部累计组织开展现场教学 80 余场，覆盖老党员 2000 余人。组织全区离退休干部和老干部工作者参加省老干部系统建党100周年党史知识竞答。

【落实离退休干部各项待遇】 2021年，区委老干部局按照定期通报情况、传阅文件、就近就地参观视察、走访慰问等制度规定，落实老干部各项政治待遇。组织老领导参加党史学习教育报告会和金坛区庆祝中国共产党成立100周年歌咏文艺晚会等活动；参加区“两会”、区第十四次党代会、区四套班子离退休老领导通报会，并征求意见。做好离休干部一次性生活补贴发放工作。关心改制企业离休干部待遇落实和管理服务工作，做好易地安置和异地居住老同志服务保障工作。全区30多个单位举行集体仪式为50年以上党龄的老党员颁发“光荣在党50年”纪念章。制定出台《健全完善干部荣誉退休制度》，举办“初心闪耀　情暖金沙”首届干部荣誉退休仪式。

【离退休干部服务管理】 2021年，区委老干部局组织对全区和易地安置离休干部及离休干部遗属进行全面走访慰问，开展“春送关心、夏送清凉、秋送健康、冬送温暖”活动，形成制度化关怀体系。春节、重阳节等时间节点，区领导带队走访慰问老领导、老干部。全年共走访慰问离休干部、四套班子老领导和离休干部遗属300余人次，发放慰问品和慰问金60余万元。深化离休干部看病就医“三有一落实”（有一条就医绿色通道、有一名家庭签约医生、有一套自付医疗费补助办法，落实好离休干部提高享受医疗待遇相关政策规定）工作，落实家庭医生签约服务，对离休干部和四套班子老领导进行健康体检。区人民医院成立老干部病区，建立离退休干部医疗保健服务领导小组，增设老干部病房和床位，改善医养条件，使离退休干部看病就医得到充分保障。

【发挥离退休干部作用】 2021年，区委老干部局组织离退休干部视察金坛开发区经济社会发展情况，赴武进区考察调研活动，老干部建言献策，共提出10多条意见、建议。落实“两在两同”建新功行动，开展“夕阳耀初心”实践活动，组织全区离退休干部为金坛经济社会发展凝心聚力。组织宣讲团成员到社区、学校、企业进行党的政策理论宣讲；“银发医疗志愿队”到社区开展义诊；文化艺术宣传志愿服务队到西城街道、黄金村、谢桥村演出3场。区老促会老干部挖掘红色资源，通过全面普查、实地核查，印制《金坛红色印记地图》。扶贫惠农志愿服务队深入扶贫联系点，帮助25人实现就地就近就业，为70余户困难农户发放慰问金。

【关心青少年健康成长】 2021年，区委老干部局发挥老干部关心教育下一代作用，围绕青少年思想道德教育，组织“五老”（老党员、老专家、老教师、老战士、老模范）志愿者在全区56所中小学校巡回演讲76场，受教育1.3万人次。开展“文化塑造未来铸魂工程”主题活动，以身边先进人物事迹来教育引导青少年爱党、爱国、爱人民。开展贫困学生帮扶工作，全年共筹措资金120万元，资助265名贫困生，走访慰问300多名留守儿童，赠送学习、生活用品共计15万多元。

【“回首一百年，助力新征程”主题系列活动】 2021年，为庆祝中国共产党成立100周年，区委老干部局在全区离退休干部中开展“回首一百年，助力新征程”主题系列活动。开展“我看建党百年新成就”专题调研、征文、书画摄影集邮展、文艺演出、诗歌朗诵会和观看红色影片等活动。“党的光辉照我心”主题征文活动全区共收到投稿53篇。其中，获省级一等奖1篇、三等奖2篇，23篇获奖征文汇编成册下发到各党支部。协助区融媒体中心采访离休干部老党员，拍摄微视频《追忆红色初心　讲述红色故事》。

【“翰墨颂党恩·丹青绘百年”老干部书画摄影展】 6月17日，“翰墨颂党恩·丹青绘百年”老干部书画摄影展在区博物馆举办。全区老干部书画摄影爱好者用笔墨丹青和相机创作出一大批优秀书画摄影作品庆祝中国共产党成立100周年。展览共展出作品140幅。其中，美术作品35幅，书

6月17日，区委老干部局在区博物馆举办“翰墨颂党恩·丹青绘百年”老干部书画摄影展

法作品45幅，摄影作品60幅。作品主题鲜明，内容广泛，形式多样，品位高雅，达到思想性与艺术性统一。

（张　丹）

机构编制工作

【概况】 2021年，区委编办推进基层整合审批服务执法力量改革、开发园区管理提升、深化事业单位改革，做好机构编制管理服务。提请区委办、区政府办印发全区各镇、街道、园区“三定”方案14份，全年累计印发机构编制调整文件31份，出台13家事业单位“三定”方案，精简事业单位5家。

【基层“三整合”改革】 2021年，区委编办构建基层简约高效管理体系，健全“六大机制”（党建引领、职责准入、权力调整、资源下沉、考核评估、信息共享），推广试点直溪镇建设经验，实现审批服务“一窗口”、综合执法“一队伍”、指挥调度“一中心”。牵头完善协调联动机制，强化驻镇、街道机构与属地融合协同，8个区级部门76名执法人员下沉基层综合执法一线。做好权力清单动态调整。3月，区委办、区政府办制定出台《明确镇、街道“属地管理”事项的实施意见》，明确《金坛区镇、街道“属地管理”事项主体责任和配合责任清单指导目录》《金坛区部门向镇、街道交办事项准入办法》。在各镇、街道开展相对集中处罚权工作，公布权力事项清单目录合计181条。11月，根据省指导目录《关于印发江苏省乡镇（街道）法定权力事项清单通用目录的通知》，编制区级镇（街道）权力清单。其中，各镇、尧塘街道权力262项，东城街道、西城街道权力234项。

【事业单位改革】 2021年，区委编办聚焦重点领域保障机构编制。做好中心城区基础教育管理体制改革，优化全区教育系统机构和编制配置。2月，东城实验幼儿园更名为经开区幼儿园，东方新都幼儿园调整为经开区幼儿园东方新都分园，新设经开区幼儿园华胜分园。重新核定全区各类教师编制总量，制定各学校编制分配方案。7月，区政府办制定出台《常州市金坛区公办幼儿园教师员额管理实施办法（试行）》。撤销区党员教育中心、民族宗教事务服务中心、青少年宫、妇儿活动中心、江苏省国画院金坛写生创作基地、残疾人就业和庇护服务中心6家事业单位，整合设立区党群服务保障中心。整合区滨湖新城开发建设办公室、金沙老城改造更新办公室和区住建局下属事业单位部分职能，撤销区住建局下属事业单位金坛区城建项目建设管理中心，组建金坛区城市建设发展中心。

【开发园区改革】 2021年，区委编办通过体制机制改革，整合金坛经济开发区相邻开发园区，撤销金城科技产业园，成立经开区下设机构金坛新材料科技产业园管理办公室、中德（常州）创新产业园管理办公室。设立江苏常州国家农业科技园区管理办公室。结合镇、街道改革，7月印发各板块“三定”方案。园区改革合计核增行政编制46名、事业编制36名，核增正科级职数1名、副科级职数5名，新成立事业单位2家。

【区级机关绩效管理】 2021年，区委编办结合区级机关单位服务高质量发展考核实施方案，牵头调整优化区级机关考核指标体系和考核细则。10月，区考核办制定出台《2021年度区级机关单位、区管国有企业党的建设考核细则》。年底，对区级机关单位服务高质量发展考核评分进行汇总统计。

【机构编制管理】 2021年，区委编办规范机构编制实名制管理，维护优化智慧人事编制管理信息系统，梳理机构编制月报、年报等统计数据，动态调整乡镇领导换届后职数申报和开发园区调整后职数申报。完成2020年度机构编制数据统计分析和重要事项报告，完成全区编外用工专项调查。制定2021年全区机关事业单位用编口径，执行实名制管理、机构编制统计和出入编工作，运用相关统计数据指导招考、转录工作。完成全区第二次机构编制核查，对区域内机构编制资源配置情况进行核实、检查、分析和规范，强化各部门依法管编用编责任。联合人社局制定出台《事业单位人员有序流动操作口径》，明确事业单位各类人员流动条件，严格执行最低服务年限规定，规范人员进出审批，加强事业编制总量控制、动态调整、前置管理。

【事业单位管理和信用监管体系建设】 2021年，区委编办完成2020年度各类学校和医院事业单位信用等级评价，信用等级评价结果向社会公示。加强全区事业单位法人异常名录管理，向14家事业单位出具《关于协助规范事业单位登记管理的函》，督促相关单位按照规定流程和要求限期改正。1月上旬部署2020年度事业单位法人年度报告公示工作，4月30日报告公示工作完成。全年共完成260家事业单位年度报告公示，设立登记事业单位法人4家，变更登记60家，注销登记65家。

（姜海波）

（编辑　刘士科）

综　述

2021年1月，金坛区第十七届人民代表大会召开第五次会议，听取和审议区人大常委会、政府、法院、检察院工作报告，审查和批准区第十四个五年规划和2035年远景目标、国民经济和社会发展年度计划，以及财政预算，并分别作出相应决议。全年共召开人大常委会会议9次，主任会议14次，听取政府、检察院专项工作报告22项，专题询问1次，作出决议决定18项，依法任免国家机关工作人员95人次，组织《宪法》宣誓22人次。督办代表建议127件，处理群众来信来访18件次。

10—12月，金坛区进行区、镇两级人大代表换届选举工作。依照《选举法》和省选举实施细则的规定，选举产生第十八届区人大代表247名，新一届镇人大代表475名。

重要会议

【区第十七届人民代表大会第五次会议】 1月4—6日在金坛市民中心举行。会议听取和审议《金坛区人民政府工作报告》《金坛区人大常委会工作报告》《金坛区人民法院工作报告》《金坛区人民检察院工作报告》，审查《金坛区国民经济和社会发展第十四个五年规划和2035年远景目标纲要草案》《金坛区2020年国民经济和社会发展计划执行情况与2021年计划草案的报告》《金坛区2020年财政预算执行情况和2021年财政预算草案的报告》，批准区国民经济和社会发展第十四个五年规划和2035年远景目标纲要、区2021年国民经济和社会发展计划、区2021年财政预算。会议就相关工作报告分别作出决议。

大会主席团通过《关于议案的审查报告》《关于计划草案的审查结果报告》《关于预算草案的审查结果报告》。大会共收到人大代表提出的建议、批评和意见125件，其中包括经审查不具备立案条件，作为建议、批评和意见处理的8件议案。

大会通过《选举办法》《民生实事票决办法》，选举陆秋明为区政府区长，陆礼军等3人为区人大常委会委员。票决产生16项区2021年度民生实事项目。

【区第十七届人大常委会会议】 2021年共召开9次人大常委会会议，听取和审议区人大常委会关于代表资格审查、第十八届人大第一次会议筹备等工作情况汇报，区政府关于上半年工作、上半年国民经济和社会发展计划执行、财政预算执行、财政决算、政府性投资重点项目及建设资金安排、2020年度环境状况和环境保护目标完成、国有资产管理、全民法治宣传教育第八个五年规划、审计查出问题整改、民生实事项目票决、代表建议办理等工作情况汇报。听取部分常州市人大代表述职情况。评议区金融监管局、区应急管理局、区财政局、区退役军人事务局、区住建局和区水利局两年来工作情况。专题询问区政府关于贯彻实施《优化营商环境条例》情况。听取和审议《中华人民共和国精神卫生法》《中华人民共和国矿产资源管理法》贯彻实施情况汇报。

区人大常委会分别通过《金坛区人大常委会2021年工作要点》《金坛区人大常委会规范性文件备案审查办法》《第十八届人民代表大会四个专门委员会组成人员人选的通过办法（草案）》和《关于接受张罗明等2名同志辞职的决定》《关于授予2018—2020年度常州市金坛区劳动模范荣誉称号的决定》《关于批准金坛区2020年决算的决定》《关于支持和保障南京都市圈共建长三角一体化高质量发展合作示范区的决定》《关于批准金坛区2021年度区级政府投资项目调整方案的决定》《关于开展第八个五年法治宣传教育的决议》《关于吴小华同志代理常州市金坛区人民政府区

长职务的决定》《关于接受陆秋明同志辞职的决定》《关于周律诚同志代理常州市金坛区监察委员会主任职务的决定》《关于接受纪海平同志辞职的决定》《关于区、镇两级人民代表大会换届选举工作的决定》《关于成立区、镇两级选举委员会的决定》《关于重新确定各镇人民代表大会代表名额的决定》《关于确认对常州市金坛区第十七届人大代表莫翠平采取刑事强制措施的决定》《关于接受莫翠平辞职的决定》《关于批准金坛区2021年支出预算调整方案的决定》《关于接受董龙庆辞职的决定》《关于召开金坛区第十八届人民代表大会第一次会议的决定》。

根据区人大常委会主任、区政府区长（代区长）、区监委主任、区法院院长、区检察院检察长提请，全年共任免国家机关工作人员95人次，其中包括任命吴小华为代理区长，周律诚为监委代理主任，刘小平、徐俊、姚祥、叶琳、庄诚为副区长，组织宪法宣誓22人次。

【区第十七届人大常委会主任会议】2021年，区人大常委会共召开14次主任会议，分别听取区人大常委会各委室相关工作情况报告以及政府、检察院关于反诈骗、刑事执行检察工作、道路交通畅行安全、高新技术企业培育和科技创新平台建设和贯彻实施《中华人民共和国电力法》等情况报告，视察政府关于现代养老服务体系建设、推进美丽乡村建设、“四好”农村路“乐道金坛”品牌提升工程、省级全域旅游示范区建设和邮政快递业发展等情况。

重要工作

【区、镇两级人大代表换届选举】10月起，按照中央和省、市、区委的统一部署，根据省、市人大常委会的决定和要求，区人大常委会指导各镇、街道充分发扬民主，严格依法办事，科学分析、正确应对新形势、新情况和新问题，依法有序开展宣传发动、选民登记、选区划分、名额分配、提名推荐、多轮协商、统一选举、结果确认等各环节工作，选举产生区第十八届人大代表247名、新一届镇人大代表475名。

【督办常委会审议意见及代表建议、批评和意见】2021年，区人大常委会共发送审议意见书6份、评议意见书6份、工作建议书4份、专题询问意见书1份，“一府两院”（政府，法院和检察院）分别在规定期限内作出答复和反馈，取得较好成效。对区第十七届人大第五次会议期间及闭会期间代表提出的127件建议，及时转交“一府两院”办理，并出台督办意见。对3件重点建议主任会议分别组织专题视察，进行重点督办。选取3件建议作为常委会分管主任领衔督办件，通过深入承办部门，听汇报、督进度、解难题，促进部门和代表的见面沟通以及问题的有效解决。所有建议均在规定时间内办理完毕，代表对建议办理工作的满意率100%。

【上下联动执法检查】6月，根据全国和省、市人大常委会的部署安排，区人大常委会在全区开展《中华人民共和国固体废物污染环境防治法》执法检查，督促区政府及其相关职能部门扎实推进固废污染综合防治，明确任务，落实责任，加大整治，不断健全政府主导、企业主体、社会组织和公众共同参与的环境治理体系，努力营造全区良好的生态环境、人居环境和投资环境。

【专题询问】2021年，区人大常委会就全区贯彻实施《优化营商环境条例》工作进行专题询问，在深入调研基础上，常委会组成人员和人大代表围绕减税降费政策执行、重大项目用地需求保障、数据共享“一网通办”“融资难、融资贵”等19个方面问题，向区行政审批局、区发改局、区人社局等单位主要负责人进行现场询问。通过会前联合调研、会上问答互动、会后整改反馈，切实做到问有依据、答有举措、督有成效。

【评议部门工作】2021年，区人大常委会分别对区金融监管局、区应急管理局、区财政局、区退役军人事务局、区住建局、区水利局开展工作评议。通过听取专题工作汇报、走访服务对象、实地察看、问卷调查、个别谈话等多种方式，全面了解被评议部门工作情况，并进行满意度测评。通过评议部门工作，督促被评议部门担当作为、依法行政和秉公用权。

【调研乡村振兴战略实施工作】6月至7月上旬，为配合省人大常委会听取和审议省政府关于实施乡村振兴战略情况报告并开展工作评议，区人大常委会广泛发动人大代表结合专题调研、联系群众等活动，召开专题座谈会3次，收集意见建议136条，为全省乡村振兴战略实施积极建言献策。

【代表走访服务选民月】2021年，全区按照与选民进行一次座谈、组织部分代表开展一次“代表向选民述职”活动、为原选区办一件力所能及的实事、走访和帮助一户困难群众、撰写一条高质量代表建议的“五个一”要求，436名区、镇人大代表在“人大代表之家”向选民述职153人次，慰问困难群众312人次，收集选民意见建议398条。

【备案审查工作】2021年，区人大常委会向市人大常委会报备《规范性文件备案审查办法》《关于支持和保障南京都市圈共建长三角一体化高质量发展合作示范区的决定》2件规范性文件，对区政府报送的《区级投资项目管理办法（修订)》《区级投资项

7月6日，省人大常委会副主任陈震宁（前排右一）到金坛调研经济发展情况

目审计监督办法（修订）》和区检察院报送的《关于量刑建议适用缓刑的规定》《关于规范诉讼监督的工作办法》4件规范性文件进行备案审查，推动规范性文件备案全覆盖，维护法制统一。

【听百案、议百事、评百员活动】 2021年，区人大常委会继续开展“听百案、议百事、评百员”活动，先后组织228名人大代表旁听19起案件的庭审，对19名法官、4名检察官、17名律师控辩审三方进行现场评议，发挥人大代表对司法行为的监督、支持和促进作用，不断彰显司法监督的法律效果和社会效果。

【人大讲堂】 2021年，区人大常委会共举办“人大讲堂”3讲。讲堂邀请国内知名专家学者、业务骨干就《中华人民共和国精神卫生法》《中华人民共和国矿产资源法》《中华人民共和国退役军人保障法》等内容作专题辅导，帮助人大常委会组成人员、机关干部开阔视野、更新知识、提升能力。

【调研和视察工作】 3月2—3日，省人大常委会副主任魏国强到金坛参加全省人大常委会农业和农村工作座谈会；3月29日，市人大常委会副主任戴士福到金坛调研美丽乡村建设情况；3月30日，市人大常委会副主任戴士福到金坛开展《国民经济和社会发展五年规划审查监督办法（起草稿）》调研；4月20日，武进区人大常委会副主任孙金才到金坛考察“人大代表之家”建设工作；4月23日，安徽省淮北市人大常委会党组书记、主任方宗泽到金坛考察；4月28日，市人大常委会副主任陈建国到金坛开展主任接待日暨代表重点建议督办活动；4月29日，市人大机关老领导、老同志到金坛参观视察；5月24—25日，浙江省衢州市开化县人大常委会副主任马建雄到金坛考察国有自然资源资产管理监督工作；5月24—27日，陕西省安康市宁陕县人大常委会副主任余永军、廖德谦到金坛考察；6月1日，市人大常委会人事代表工委主任刘忠培到金坛调研换届选举工作；6月16日，市人大常委会副主任张耀钢到金坛开展《中华人民共和国固体废物污染环境防治法》执法检查；6月16日，靖江市人大常委会农工委主任李江豪到金坛考察渔业绿色高质量发展工作；6月18日，市人大常委会研究室主任肖平到金坛调研乡村振兴战略及上半年农业和农村改革发展情况；7月6日，省人大常委会副主任陈震宁到金坛调研经济发展情况；7月21日，市人大常委会副主任盛建良到金坛开展《常州市旅游促进条例（草案）》民宿专题调研；11月23日，市人大常委会副主任盛建良到金坛开展“深入企业大走访服务高质量发展”活动；11月24日，市人大常委会副主任盛建良到金坛调研人大代表换届选举工作；12月3日，市人大常委会副主任蒋自平到金坛调研新型农业经营主体发展情况。

（吴　强）

（编辑　李华琴）

重要会议与活动

【政府全体(扩大)会议】 12月29日，区政府召开全体（扩大）会议，学习贯彻中共十九届六中全会、中央和省经济工作会议，江苏省第十四次党代会、常州市第十三次党代会，常州市和区委全会精神，部署2022年重点工作。区委副书记、代区长吴小华指出，各级政府围绕中心工作蓄势谋事，保持经济社会运行总体平稳、稳中有优、稳中向好，高质量发展成为鲜明导向。2022年是新一届政府起始之年，要开好局、起好步，全区上下要重点做好四方面的工作：增强大局意识、增强责任担当、提升工作效能、狠抓工作落实。要紧扣区委提出的“五大行动”，凝聚最广泛的思想共识和力量支持，努力奋斗，同心同德，以更好的发展、更好的服务，共同开创金坛经济社会发展新局面。会议就《2022年政府工作报告》起草情况做了说明，并分组讨论了《2022年政府工作报告》及民生实事安排情况。

【政府常务会议】 2021年，区政府召开常务会议13次，发会议纪要13期，研究讨论年度经济和社会事业工作目标、意见、考核办法及考核情况，贯彻落实上级会议及各类文件精神。会议研究通过一批规范性文件，包括《常州市金坛区集体经营性建设用地入市管理办法（试行）》《关于明确区级政府投资项目、国企拟投资项目有关事项的操作办法》《常州市金坛区政府投资建设项目审计监督办法》等。会议出台一批政策性文件，包括《工业经济高质量发展“十百千计划”实施方案》《“华罗庚创新中心”产业科创体系建设行动方案（2021—2025年）》《关于进一步深化安全生产三年专项整治工作的实施意见》《关于支持“华罗庚创新中心”产业科创体系建设的若干政策》等。会议制定各类政策规划，包括《2021年度金坛区重点产业项目（第一批）实施计划清单》《常州市金坛区2021年度打造一流营商环境重点任务清单》《法治金坛建设规划（2021—2025年）》《关于开展法治宣传教育的第八个五年规划（2021—2025年）》《2022年度常州市金坛区区级政府投资项目实施计划清单》《2021年度常州市金坛区重点规划编制及策划项目计划清单》等。会议研究讨论安全生产、疫情防控、“危污乱散低”专项整治、民生保障等重点工作。

【领导视察】 1月12日，江苏省副省长马秋林到金坛调研5G产业链工作；3月8日，广东省生态环境厅领导到金坛调研；3月11日，南京江北新区领导到金坛考察；4月6—7日，江苏省生态环境厅领导到金坛调研山水林田湖草生态保护修复试点工作；4月20日，海关总署领导到金坛调研；4月27日，仪征市党政代表团到金坛考察老旧小区改造工作；5月14日，江苏省农业发展银行领导一行到金坛调研信贷业务工作；6月1日，成都市党政代表团到金坛考察；6月21日，省商务厅领导到金坛调研中德（常州）产业园；8月31日，省统计局领导到金坛调研；11月19日，省化治办领导到金坛调研新材料科技产业园；11月22日，石泉县党政代表团到金坛调研；12月15日，宜春市领导到金坛考察；12月17日，省财政厅、生态环境厅领导到金坛调研太湖治理工作。

【接待工作】 2021年，区政府办进一步健全公务接待工作制度，规范接待工作标准，突出服务精细化、前瞻化，牢固树立公务接待服务发展大局的理念，充分展示“第一窗口”形象。完成对口帮扶宁陕、石泉党政代表团，山东肥城、安徽铜陵、抚州高新区等省内外党政代表团组12批次计490余人次。配合完成金坛籍在外知名人士座谈会、中国数学大会、新能源汽车产业发展金坛长荡湖峰会等大型活动前期筹备及接待服务保障工作。组织参加赴溧阳、吴江、桐庐等地外出学习考察、招商引资。科学安全、合理周到地做好疫情防控特殊时期接待工作任务。全年累计完成819批次6800余人次的接待任务，其中省部级领导有9批次。

（陈兆然）

人力资源开发

【概况】 2021年，区人社工作始终把“稳就业”摆在首位，健全完善就业创业政策体系，打好保就业、助创业组合拳，牢牢稳住就业基本盘。大力推进人才强区战略，在人才“招引育”上谋深度、强力度，多举措实现人才加速集聚成长。

【就业创业】 2021年，区人社局开展各类招聘会共70余场，提供就业岗位3万余个。加码政策扶持力度，发放失业保险稳岗返还资金1058万余元，惠及企业3567家。举办金坛区第二届“金创翼”创业大赛，支持高校毕业生、返乡农民工等重点群体创业，发放创业担保贷款2.9亿元，支持成功自主创业1798人，引领大学生创业219人，创业带动就业5414人。强化就业帮扶，发放失业保险金4058万元，失业补助金569万元。完善就业困难人员认定管理办法，帮扶就业困难人员实现再就业2094人，发放就业困难人员灵活就业社保补贴2935万元。加强大学生实习见习工作，已吸纳应届大学生见习人员531名。审核发放留金坛过节各类补贴（企业外地员工专项补贴、企业劳务派遣补贴、鼓励外来人员来坛就业补贴）1069万余元。发动全区121家、区外11家人力资源机构累计为金坛区企业引进工人2万余人，分批组织100余家次重点企业前往河南、陕西、贵州等地近13家劳务基地开展劳务对接，帮助企业引进新员工3000余人，全力服务企业用工。全区城镇新增就业人数15784人，城镇登记失业率1.86%，就业形势稳中向好。

【人才工作】 2021年，全区人才总量新增10512人，引进培养高层次人才271人，培育高技能人才1627人，全区每万名劳动者拥有高技能人才达1232人。入选省“双创计划”创业类项目1人，引进“龙城英才计划”领军型人才创业项目37个。启动“名校优才计划”，组团赴东北哈尔滨工业大学、吉林大学等4所高校开展校园招聘。开展“金沙乐业•春季引才”巡回校园招聘活动，组织131家企业先后赴省内外60余所高校（含高职院校）举办金坛企业专场招聘会，达成就业意向1500余人。出台人才新政20条，构建“金礼遇•才无忧”人才服务体系。审核、发放人才购房补贴4797人。发放高层次人才引育资助716万元，为16家领军人才创业企业拨付区级资助750万元，为多家企业申请省、市各类人才资助资金399万余元，为全区845名各类人才发放“金沙英才”服务卡。开展惠企爱才走访服务活动，先后7次走访25家企业，帮助企业及时协调解决各类问题。开发上线“金坛智慧人才综合管理服务平台”，实现人才项目申报、资金申请拨付、人才项目管理等全程网上经办，提升人才服务效能。优化改善事业单位人才素质结构，拓宽引才渠道，全区面向社会公开招聘普通事业单位工作人员28人、教育系统83人、卫健系统52人。

（尹　欢）

政务服务

【概况】 2021年，区行政审批局围绕“两个加快创新推进”，聚焦企业和群众反映强烈的突出问题，全力打造“审批事项少、办事效率高、服务质量优、群众获得感强”的一流政务服务形象，不断擦亮“金钥匙”政务服务品牌。

【行政服务】 2021年，区行政审批局聚焦办事群众需求，着力构建改革创新的政务生态。组织开展“金牌管家”上门办。组建“金牌管家”志愿服务队，为省、市重点项目晨创科技、太一光伏、牛创新能源等企业提供竣工联合视频验收、竣工前指导、企业设

6月，“金牌管家”上门开展竣工前指导服务

立上门指导等一系列特色创新服务。开展“减证便民”，道路运输经营许可证年审等事项推行告知承诺制。试行移动审批，实现上门受理审核、勘查、审批发证。4月，发出常州市首张生鲜乳收购“身份证”。强化基层政务体系建设。持续推动为民（便民）服务中心标准化建设，各镇（街道）平均进驻事项108项，村（社区）进驻事项85项，12家为民（便民）服务中心部署政务服务一体机，近百个政务服务事项通过一体机可查、可办。优化提升“一件事”效能。重点对“新生儿出生”“开小餐馆”等“一件事”进行业务整合和流程再造，办理时间平均压缩至2天，申请材料精简60%。着力打造高效便利的政务环境。全面升级竣工验收“现场办”。开发线上验收系统模块，通过线下现场勘察、线上系统签名盖章的方式，验收时间最短仅需0.5个工作日。5月，省内首个线上申请联合验收项目——江苏环宇弹簧有限公司厂房项目实现现场“即时出证”。推行企业开办“即时办”。为企业提供“全链通、一站式、零费用”的集成服务，定制“金钥匙”大礼包，将市场准入方面的优惠政策连同营业执照、企业公章、财务专用章等免费寄送给企业。全区企业开办平均用时0.53个工作日。

【窗口建设】 2021年，区行政审批局推行“一窗受理”模式，合理调配窗口和后台办公室，将工信、教育、气象等5个单人窗口合并成1个综合窗口。优化大厅布局，分楼层设立2大类6大专区，一楼和二楼是民生服务类，设立公安服务专区、不动产专区和综合服务专区，三楼是为企服务类，设立税务服务专区、企业开办专区和投资建设专区，完善导引功能，统一标志标识。完善系统功能，推动预约叫号智能化。打造“码上预约、现场办理”模式，采用分部门、分事项、分时段的方式预约，实现预约、取号、叫号、办事、好差评全流程闭环管理。

【政府采购】 2021年，区行政审批局聚焦集中采购效能，全力营造公开透明的交易环境。全年共完成66项政府集采项目，累计交易额19537.78万元，节省财政资金2276.47万元。全面实施“全流程电子化+不见面交易”。通过全流程电子化采购，使采购过程的每一步都在交易系统中留下“信息清单”，保证采购全过程的公开公平公正。全年政府集采项目“不见面交易”占比93.85%。推动采购信息清单公开。聚焦采购领域的难点，推动交易基本信息、评标结果信息、中标关键细节、合同结果等信息的公开。全年政府集采项目质疑数同比下降66.66%，无一例投诉；在线签发中标（成交）通知书、合同信息公示率100%。助推城市品质稳步提升。针对重点项目、民生类交易项目，开辟“绿色通道”，并提供上门对接服务。完成薛埠镇环卫作业市场化运营项目、金坛区17家医疗卫生机构医疗责任保险项目、金坛区教室健康照明环境提升改造项目、2021—2022年金坛区公路两年期绿化养护项目等一批重点、民生项目的采购工作。

（周　舒）

【不动产登记交易管理】 2021年，金坛不动产分中心把“我为群众办实事”实践活动与“两在两同”建新功行动有效融合，不断提升不动产登记交易服务效能和服务质量，落实“放管服”改革。

建立健全制度，强化窗口人员全业务流程廉洁风险防控，夯实不动产登记窗口作风建设基础。把党史学习教育与工作职责结合起来，增强“党员先锋岗”的“线下联动、线上互动”服务机制，在党员发展中注重培养窗口一线优秀同志，培养“听党话、跟党走、业务精”的业务能手。

规范不动产登记服务一体化，科学合理优化窗口设置和业务流程，将不动产登记交易职能科学合理地进行合并和组合，整合为集受理、审核、登簿一体化的平行登记小组，使工作人员全方位掌握各项工作，做到一专多能。

打造“交房即发证”金坛模式，并在全省不动产登记领域“我为群众办实事”工作推进会上作典型交流。在金坛区金悦湾花园、四季雅苑、金郡花园、融熙诚园等项目开展“交房即发证”，实现全流程现场受理办结。共登记发放不动产权证书4216本，发证面积505920平方米。完成“交

5月30日，金坛不动产分中心在金紫花园小区实施不动产登记“交房即发证”

地即发证”73宗，发证面积2749654平方米。坚持高速推进农村宅基地及集体建设用地确权登记工作，基本完成全区房地一体农村不动产登记发证工作，实现“应登尽登”。截至年底，发放不动产权证书39078本，登簿率97.12%。

继续有序推进拆迁安置房不动产登记发证工作，全年安置房发证3957本，发证面积356130平方米。妥善处理信访问题，全年共接洽处理政府服务热线问题70余件，比上年同期增长12.29%，处理阳光信访5件，及时做好办事企业群众的沟通和解释工作，将问题解决在萌芽状态。

全面实现不动产登记与水、电、气等关联业务的联运办理，全年易家窗口为群众集成办理3971次。持续开展“四时”（及时服务、延时服务、限时服务、随时服务）特色服务。全年共为群众延时服务112次。针对老弱病残不能到场登记的群众，成立专门的上门小组，全年提供上门服务48次。根据疫情防控需要，积极推出电话和网上“预约服务”，全年共办理预约服务102件，提供权属证书免费邮寄服务415件。

2021年，不动产登记交易方面共发放不动产权证书和证明58493本。其中，不动产权证书43665本，不动产登记证明14828本。所有登簿证书均已生成对应电子证书。房产测绘审核方面共完成测绘审核面积722万平方米，比上年同比增长30%，出具审核报告1012份，进行权籍调查58起，出具土地查验表48份。全年窗口查档145225份，自助查档机查档9512份，其中利用纸质档案139卷，整理、装订、入库的不动产权属档案33209份，协助政府核查9360份，人才购房补助审查5092份，协助法院查封登记9052份、解封3513份。

（丁　玲）

信访工作

【概况】 2021年，全区深入学习贯彻习近平总书记关于加强和改进人民信访工作的重要思想，扎实履行“为民解难、为党分忧”政治责任，统筹推进疫情防控与信访工作，及时妥善处理3000余件次信访矛盾和问题。全区信访总量为3538件次，其中信件1293件。

【信访受理】 2021年，全区共受理各类信访件3217件次，其中，来区上访327批1924人次，同比批次上升31.85%，人次上升24.29%；集访84批1594人次，同比批次上升44.83%，人次上升32.28%。共受理信件1293件。其中，来信351件，网上信访542件，领导信箱350件，人民网领导留言板50件。主要集中在农村农业、劳动和社会保障、城乡建设及政法领域。

【信访积案和重点信访矛盾化解】 2021年，区信访局坚持把集中治理重复信访、化解信访积案专项工作作为贯穿全年的工作主线，牢固树立“解决问题为先，化解矛盾为王”的信访工作理念，对国家局交办的210件、省交办的143件重复信访事项分类梳理，逐一交办属地，逐人逐案梳理信访诉求，分层分类建立台账，根据化解难度，有针对性地明确包案领导、责任主体和工作要求，做到一人一档、一人一册。围绕专项工作，区信访局与各镇（街道）建立挂钩联系制度，及时跟踪指导交办信访事项办结、化解。实现国家局交办件已全部报结，推动化解了中景华府产权证办理，翠园新村122、124幢遗留问题，东社村供水水压不足影响居民生活等重点信访积案。

在城乡建设领域信访问题专项整治方面，坚持重点问题重点抓，针对涉建信访事项高发的领域和地区严格落实领导包案，强化板块、部门之间的联动互通，分析问题症结，制定有效措施，明确工作重点，推动问题整改。上年度城乡建设领域省级以上的89件信访纯案件中，已化解81件，化解率91%。

区信访局及时协调相关职能部门积极接待处置新天地产权证办理、金福万象城项目延续开发事宜、天地公司出国劳务纠纷、江苏同大新能源科

4月，日常接待信访群众

技有限公司租户与房东纠纷、恒大项目工地停工、中海翠语江南降价等问题，妥善化解东城菜市场因改变规划引发的纠纷、保利金紫花园项目农民工欠薪、金玺别墅88户电梯入口封闭问题、修建直别公路导致房屋开裂等一系列民生问题，为建设“美丽常州金坛样板”提供和谐稳定的社会环境。

（魏 娟）

电子政务

【概况】 2021年，全区电子政务工作全力深化“放管服”改革，以改革为抓手，以问题为导向，以创新为动力，进一步优化流程、提高效率、完善服务，切实提升政务效率。

【政府网站建设】 2021年，全区围绕政府工作重点和群众关注热点，持续优化网站内容建设，严格落实信息发布审核机制，提升信息质量。根据区重点工作和重大时间节点，及时策划相应栏目，有效回应群众关切问题。健全运维管理制度，落实普查自查要求，保障全天候实时读网和增量扫描，政府网站的资源价值得到全面提升。全年累计发布各类政务信息11981条（市网录用278条，省网录用57条），制作专题专栏13期、政策图解15期、热点回应5期、在线访谈12期、问卷调查及结果反馈26期、意见征集及结果反馈26期、网上直播15期、新闻发布会5期。全区网站内容保障工作年度总分位居全市第二，区政府办获评江苏省政府网站工作先进单位。

机关事务管理

【概况】 2021年，金坛区机关事务管理中心以“沟通有效、反应迅速、保障有力、落实精准”为目标，以“包容、创新、服务”为工作理念，健全各项规章制度和工作流程，持续提升工作水平和服务质量，有力保障机关后勤工作的高效运行。

【后勤保障】 2021年，区会务服务共完成会议接待2270场次，会议人数超7万人次，由于疫情原因，持续压减大中型会议数量，会务服务基本做到零差错。加大对机关食堂督促检查，科学编制菜谱，把好原材料进口关，抓好菜品质量，建设高质量就餐环境。深入开展服务质量考核，对原有安保、餐饮、会务、设施设备、保洁5项考核内容进行修改完善，对空调、电梯、消防、音视频会议设备等专业维保项目分项拟定考核细则，在征求服务单位意见的基础上进行修改完善。开展事业单位车辆纳入平台化管理的工作。加强公务车辆日常检查维护，做好车辆更新报废工作，全年安全行驶20余万千米，出车1万多次。实时简化公务用车平台的监管流程，提高运行效率，对机关用车流程、费用实施更有效的监管，确保党政机关公务用车管理办法的贯彻落实。开展后勤保障满意度调查，邀请10家人社大楼入驻单位开展餐饮服务座谈会和满意度调查，对市民中心物业、电梯、VRV空调和地源热泵、音控维保服务进行满意度调查，持续跟进优化服务水平。

【后勤管理】 2021年，区机关事务管理中心在新冠疫情防控中严守工作职责，制订防控方案，细化防控措施，始终紧绷防控意识这根弦，做好市民中心办公楼、会议中心、政务服务中心、食堂等核心防控区的环境消杀，统筹做好环境整治，全天候做好进入市民中心人员“两码”（健康码和行程码）查看和体温监测，各项防疫措施扎实有效，有力保障了职工和办事群众安全。持续完善全区办公用房“一张网”，全年统计94家党政机关单位、69座院落、159栋楼栋，录入面积约40万平方米。对全区249家事业单位办公用房进行摸底调查，初步确定事业单位办公用房的面积、权属情况、房屋来源和使用情况，进一步加强办公用房的配置、使用、处置等管理，将办公用房纳入标准化、长效化管理轨道。严格执行公务用车管理规定，抓好公务用车平台和使用管理。强化公务用车标准。全年开展元旦、春节、五一、端午、中秋、国庆假期全区公务用车封存停驶情况监督检查。完成全区商务车、越野车配备和使用情况调研工作，完成全区公务用车数据报送工作。参加全市党政机关公务用车驾驶员安全教育会议，并认真宣传贯彻驾驶安全理念。开展事业单位车辆纳入平台化管理的工作。

（陈兆然）

外事工作

【概况】 2021年，金坛区人民政府外事办公室（以下简称“外事办”）坚持以习近平外交思想为指导，深入贯彻外事为民宗旨，以“争当表率、争做示范、走在前列”为使命担当，在区委、区政府的领导和上级外事部门的关心支持下，强化责任担当，发扬“三牛”精神，为金坛实现更高水平开放打开新局面。

【涉外疫情防控】 2021年，区外事办始终保持高度思想自觉、政治自觉、行动自觉，慎终如始抓好涉外疫情防控各项工作，坚决防范境外输入风险。截至12月31日，全区共摸排入境人员1698人。其中，境外到金坛外籍人士累计341人。3月25日至9月8日，为在金坛的外籍人士接种新冠疫苗。

由于疫情原因，全年严格执行暂停因公出国（境）审批。

【友好城市联络】 2021年，区外事办致力于拓展新的关联性友好城市，积极寻找契合的海外城市发展友好交流关系，不断涵养友城结好资源，逐步打造友城梯队，与德国巴登—符腾堡州奥芬堡市积极联系，于9月发出友好交流函。加强与已结好的澳大利亚谢珀顿等城市的联系，持续巩固交流合作成果，进一步深化两地经贸、人文等领域合作，增进友情、拓展合作。

【涉外管理】 2021年，区外事办坚持统筹疫情防控和经济社会发展，认真落实邀请外国人来华政策要求，积极联系商务，共为19个国家59家企业500名外籍员工及家属申请办理邀请函，成功办理499人，其中190人已顺利入境。在区外事办的举荐下，金坛区北电爱思特（江苏）科技有限公司总经理李世旭（韩国籍）和胜伟策电子（江苏）有限公司法定代表人冯学利（新加坡籍），成功当选“2021年度常州市荣誉市民”。

【对外开放】 3月，举办“中外合作园区建设的金坛机遇和挑战座谈会”。9月，“2021全球招商网络大会”进行云端招商，掌握更多投资信息，为招商引资、招才引智创造有利条件，营造高效的政务环境和与国际接轨的商务环境。

10月21日19点30分，德国当地时间10月21日13点30分，在中德（常州）创新产业园和德国慕尼黑两地采用视频专线连接的方式举行2021中德经济论坛暨中德（常州）创新产业园慕尼黑推介会，金坛、慕尼黑两地，再次共话合作、共谋发展。12月21日，由省外办、常州市人民政府、中德友好协会、中国德国商会共同在金坛经济开发区中德（常州）创新产业园主办首届“对话德国——江苏德国合作交流大会”。以“新机遇、新挑战、新发展”为主题，是后疫情时代观察江苏与德国合作发展的一个窗口。常州市副市长陈志良作专题推介，并与德国手工业行会奥登堡中国部培训总监安德雷亚斯·迈耶共同为德国手工业行会中德江苏高技能人才培训认证基地揭牌。会上举行10个中德合作项目签约仪式，并围绕“智同道合，互利共赢——后疫情时代中德企业双向投资新机遇”“中德双元，智造未来——江苏德国职业教育合作路径与探索”两大主题，现场嘉宾深入对话交流。

（龚　晶）

（编辑　李华琴）

综　述

2021年，区政协牢牢把握团结和民主两大主题，组织和动员全体政协委员和社会各界人士求真务实、开拓创新、履职尽责，积极在奋力开创“美丽常州金坛样板”建设新局面中展现政协新的作为。

全年共举行1次全体委员会议、7次常委会议、5次主席会议、4次主席（扩大）会议。上报提案169件，立案165件，提案工作办复率100%，委员满意率和基本满意率100%。社情民意信息被全国政协录用1件、省政协录用7件、常州政协录用14件，区政协被常州市政协评为“2021年反映社情民意信息工作先进单位”。编辑《金坛政协》4期，组织出版13万字的《金坛红色文化名片》，组织开展区政协庆祝中国共产党成立100周年书画展、“红心向党”两省三地书画联展。

重要会议

【政协常州市金坛区第十届委员会第五次全体会议】 1月3—5日在市民中心举行。会议认真学习和讨论了区委书记狄志强在会议开幕时所作的《携手开启快速崛起新征程、共同谱写跨越发展新篇章》的讲话。会议同意区政协主席陈锁龙所作区政协第十届委员会常务委员会工作报告和区政协副主席吴欲晓所作提案工作报告。会议赞同代区长陆秋明所作政府工作报告及其他书面报告。委员们围绕经济发展、民生改善、社会治理、城乡环境等重要问题进行协商讨论，积极建言献策。会议选举陈忠平为政协常州市金坛区第十届委员会副主席，增补于水、王和平、王和荣、殷俊为政协常州市金坛区第十届委员会常务委员。

【政协常州市金坛区第十届委员会常委会议】 2021年，区政协共举行7次常委会议。会议围绕区委、区政府中心工作和政协重点工作，对经济社会发展中的热点、难点问题开展专题协商讨论，提交建议报告2件。

1月4日，区政协召开十届二十六次常委（扩大）会议，会议听取区委关于十届区政协副主席、常委候选人提名并协商讨论；审议十届五次会议《选举办法》（草案）；审议十届五次会议选举总监票人和监票人建议名单；审议大会《决议》（草案）。1月5日，区政协召开十届二十七次常委（扩大）会议，会议听取大会秘书长关于讨论区委主要负责人讲话、审议区政协十届《常委会工作报告》和《提案工作报告》、讨论《区政府工作报告》及其他报告的情况汇报；听取各小组协商讨论十届区政协副主席、常委候选人、《选举办法》（草案）、选举总监票人和监票人建议名单及大会《决议》（草案）的情况汇报；协商确定十届区政协副主席、常委候选人名单；协商通过《选举办法》（草案）；协商通过总监票人和监票人建议名单；通过大会《决议》（草案）。1月5日，区政协召开十届二十八次常委会议，会议协商通过区政协2021年工作要点；协商通过有关人事事项。6月24日，区政协召开十届二十九次常委会，会议专题协商讨论关于“助力实施‘十百千计划’，推动工业经济高质量发展”的议题；协商通过有关人事事项。8月26日，区政协召开十届三十次常委会议，会议专题听取区政府关于1—7月经济社会发展情况通报并协商讨论。10月26日，区政协召开十届三十一次常委会议，会议专题协商关于“科学谋划‘三城’建设，聚力打造最美城区”的议题；听取区政府办公室关于区政协十届五次会议以来提案办理情况通报并协商讨论，区委书记陆秋明应邀参会并讲话。12月28日，区政协召开十届三十二次常委会议，听取区政府2021年工作情况通报，协商讨论区政协第十届常委会工作报告和提案工作报告（讨论稿），协商通过《关于召开区政协十一届一次会议的决定》。会议确定，中国人民政治协商会议常州市金坛区第十一届委员会第一次会议将于2022年1月3—6日在市民中心举行。

【政协金坛区第十届委员会主席会议】2021年，区政协共召开5次主席会议，4次主席（扩大）会议。

3月16日，区政协召开十届二十四次主席会议，专题听取做强中德（常州）创新产业园，服务金坛快速崛起情况通报并协商讨论。会议提出中德（常州）创新产业园要抓牢发展机遇，发挥平台优势，放大项目作用。

5月12日，区政协召开十届二十五次主席会议，专题听取凝聚各方力量，集聚发展要素，全力实施乡村振兴情况通报并协商讨论。会议提出乡村振兴战略实施要做好“规划”文章，发挥引领作用；做美“建设”文章，发挥示范作用；要做活“产业”文章，发挥支撑作用。

6月8日，区政协召开十届二十六次主席会议，专题听取提升基层医疗机构疾控预防和医疗服务能力情况通报并协商讨论。会议提出要进一步提高基层医疗卫生事业的重视程度，着眼基层医疗机构硬件条件和服务能力双提升；提高基层医疗卫生机构的保障力度；提高基层医疗卫生人才的支撑强度。

10月14日，区政协召开十届二十七次主席会议，专题听取扫黑除恶专项斗争情况通报并协商讨论。会议提出要着眼常态长效，持续拓展扫黑除恶的广度和深度；继续围绕“打早打小、依法严惩、除恶务尽”总体目标，不断巩固和扩大扫黑除恶专项斗争成果；坚持密切协作、造浓氛围、善谋实干，再建新功。

12月23日，区政协召开十届二十八次主席会议，协商讨论政协十一届一次全体会议等事宜。

2021年，区政协召开4次主席（扩大）会议，邀请部分委员分别就加快推进企业股改上市、全区财税、金城镇经济社会发展和机构改革运行、尧塘街道社会发展和机构改革运行等工作专题听取情况通报并提出建议和意见。

主要工作

【委员提案及提案办理】2021年，区政协围绕经济发展、民生改善、社会事业等问题，共上报提案169件，其中立案165件，确定重点督办提案13件。通过召开重点提案督办会，组织提案办理“回头看”等方式，先后集中组织3批次政协委员到长荡湖旅游度假区管委会、农业农村局、公安分局开展提案集中督办活动，加强与承办单位和提案人沟通联络，不断提高提案办理的质效，提案满意率和基本满意率100%。

【社情民意信息】2021年，区政协强化社情民意抓手，切实发挥社情民意信息“连心桥”和“直通车”作用。全年社情民意信息被全国政协录用1条、省政协录用7条、常州政协录用信息14条。4月，召开社情民意信息工作座谈会，会议邀请省政协专家作专题辅导授课，提高社情民意信息撰写质量和上报水平。1号社情民意信息“关于尽快启动‘华罗庚星’小行星命名申请的建议”被积极采纳，国际小行星命名委员会8月18日正式把编号为364875号小行星命名为“华罗庚星”。区政协被常州市政协评为“2021年反映社情民意信息工作先进单位”。

【“有事好商量”协商议事平台建设】2021年，区政协贯彻落实《关于推进全市政协系统“有事好商量”协商议事平台建设工作的实施意见》，大力创新平台载体，不断完善协商议事机制。统一组织全区各级“有事好商量”协商议事平台，开展“完善村规民约树立文明新风”专题协商议事活动80余次，为推动打造基层治理新模式，倡导社会文明新风尚贡献力量，方边村有关活动入编省典型案例。区协商议事厅围绕提升社区治理效能、文明城市创建、文化旅游融合发展、为民办实事等议题，开展4次大型协商议事活动。代区长吴小华参加“为民办实事”专题协商议事活动，现场与委员进行交流互动。

【文史宣传】2021年，区政协发挥文史平台的优势作用，积极奏响“主旋律”，传播“正能量”。围绕庆祝中国共产党成立100周年，组织出版13万字的《金坛红色文化名片》，再现了众多仁人志士、革命先辈在金坛开展革命斗争的英勇事迹。组织开展区政协庆祝中国共产党成立100周年书画展，联合浙江省台州市玉环市政协与江苏省南京市高淳区政协举办“红心向党”两省三地书画联展等系列活动，进一步加强对外交流，结交各方朋友，联络各界人士，扩大政协工作影响力。

（俞　政）

（编辑　李华琴）

综　述

【概况】 2021年，全区各级纪检监察组织履行职责使命，围绕中心、服务大局，坚定不移正风肃纪反腐，发挥监督保障执行、促进完善发展作用，为谱写“美丽常州金坛样板”新篇章提供坚强政治保障。

加强政治淬炼。区纪委监委坚持用党的创新理论武装头脑，深入学习贯彻中共十九届六中全会精神，教育引导全区纪检监察干部深刻领悟“两个确立”决定性意义。区纪委监委领导班子成员带头上专题党课，区纪委常委会、区监察委员会会议组织专题学习6次、共12个篇章。

提升能力素养。区纪委监委深化全员培训，通过实践锻炼、业务调训、视频观摩，“清风课堂”辅导、“夜学”等方式开展培训500余人次。对标高素质专业化要求，拓宽选人视野，大力引进各方面专业人才，打造一专多能、既专又全干部队伍。深化江苏智慧纪委监委平台应用水平，用信息化手段为监督办案提供支撑。加强日常管理和警示教育，自觉接受各方监督。

优化内部管理。区纪委监委新增、整合、优化纪检监察组织，设立2个区管国有企业纪委，整合区人民法院和区人民检察院派驻纪检监察组，将第四监督检查室变更为第四审查调查室，增设第八监督检查室，增挂纪检监察信息技术保障中心牌子。加强市监委留置分点金坛办案中心规范化管理，为南京、溧阳、武进等单位办理留置案件提供保障。严格执行议事决策规则，建立报告工作、挂钩联系等机制，对重点工作进行项目化管理，修订完善内部管理制度15个。

重要会议与活动

【区纪委十四届一次全会】 7月28日，中国共产党常州市金坛区第十四届纪律检查委员会召开第一次全体会议。会议选举产生中共常州市金坛区第十四届纪律检查委员会常务委员会委员，周律诚为书记，汤国忠、于方为副书记。全会肯定区十三次党代会以来，区纪委在全区党风廉政建设和反腐败工作中取得的显著成效。会议要求，全区各级纪检监察组织要以习近平新时代中国特色社会主义思想为指导，按照区委和上级纪委部署，忠实履行党章和宪法赋予的职责。要坚守初心使命，以坚强有力政治监督忠实践行“两个维护”；要把握规律方略，以系统施治、标本兼治理念一体推进“三不腐”（不敢腐、不能腐、不想腐）；要保持定力韧劲，以钉钉子精神纠治作风顽疾形成新风正气；要坚持人民立场，以精准有效举措整治关系民生突出问题；要拓展方法路径，以上下联动集成效应推动巡察深化发展；要聚力引导推动，以贯通融合监督体系更好释放治理效能；要加强自身建设，以更高标准更严约束锻造纪检监察队伍。

【区领导干部警示教育大会】 12月25日，全区召开领导干部警示教育大会，130余人参加会议。会议集体观看警示教育专题片《迷失》，通过以案示警、以案说纪，促进全区领导干部进一步筑牢信仰之基、绷紧纪律之弦、扛牢应尽之责。区委书记陆秋明强调，全区党员干部要深刻汲取反面典型教训，认真对照反思，坚定理想信念，坚守初心使命，严守党纪国法，永葆忠诚干净担当、为民务实清廉的政治本色。要淬炼政治品格，以忠诚之心对待组织。要砥砺担当精神，以进取之心干事创业。要恪守清廉底线，以敬畏之心管好权力。

主要工作

【强化政治监督】 2021年，区纪委监委精准开展疫情防控监督，运用“四不两直”（“不发通知、不打招呼、不听汇报、不用陪同接待、直奔基层、直插现场”）“室组地”（监督检查室、纪检监察组、地方纪委监委）联动等监督方式，组织开展监督检查90余批次，督促整改问题118个，推动疫情防控落到实处。开展粮食购销领域腐败问题专项整治，全面排查起底涉粮问题线索，立案6人，采取留置措施2人。严格换届风气监督，加强对换届纪律监督检查，开展专项监督8次。聚焦市委“532”发展战略和区委“美丽常州金坛样板”工作目标共开展监督36次，保障区“十四五”规划目标任务顺利推进。组织实施“清风护航”系列行动，重点加强对河海大学长荡湖校区、金坛高铁枢纽等重点项目监督，实行驻点办公机制，排查出33个廉政风险点；对金坛区生活垃圾发电及飞灰库项目、金城大道改扩建工程进行专项督查调研，督促相关职能单位按照时序进度推进工程建设，确保工程优质、资金安全、干部廉洁。运用“容错纠错”“回访教育”制度，落实失实检举控告澄清正名实施办法，对4件失实检举控告予以澄清正名，对9名党员干部实施容错纠错。

【群众身边腐败和作风问题整治】 2021年，全区查处群众身边腐败和作风问题47个，批评教育帮助和处理62人，处分50人，通报曝光问题25起。部署开展失地农民权益保障腐败问题专项治理，严肃查处违规违纪违法问题，立案24人，采取留置措施5人。针对养老机构内控制度不严、财务管理不规范等问题，联合相关部门对获得财政资金补贴的5家公办、12家民办养老机构建设、运行情况进行专项审计，发现问题5个，立案2件，追回超额发放补贴25.8万元。对全区残疾人“两项补贴”（困难残疾人生活补贴、重度残疾人护理补贴）发放情况进行交叉互查，严肃查处在残疾证办理以及“两项补贴”发放过程中吃拿卡要、优亲厚友、弄虚作假、冷硬横推等问题，立案5人。开展公共停车收费管理专项监督，查处利用公共停车资源谋私贪腐问题，立案2人，处分1人，督促职能部门整改各类停车收费管理问题163个，推动出台《关于进一步加强公共停车收费资金管理的通知》，新增停车位1800多个。巩固深化扫黑除恶专项斗争成果，结合政法队伍教育整顿，深挖彻查执法司法腐败，处置问题线索61件，立案12人，处分10人。

【监督提质增效】 2021年，区纪委监委督促各级党组织抓早抓小、防微杜渐，全年回复党风廉政意见3313人次，开展主动约谈1674人次。加强对派驻机构履职情况评估研判，全年派驻机构处置问题线索106条，立案67件。推动监察员办公室规范履职实体运作，开展专项检查200余批次，处置问题线索153条，谈话提醒81人，处分30人。以巡察“回头看”发现“村（组）集体资产、资源发包租金欠款相关问题”为切入点，在薛埠镇试点开展发包“清欠”专项行动，追回欠款近千万元。强化对“一把手”和领导班子监督，坚持细化清单明责、全程记实履责、检查考评督责、一案双查问责，压紧夯实党委（党组）全面从严治党主体责任，对履责不力的10家党组织、25名领导干部实施党内问责。统筹党性教育、政策感召、纪法震慑等方式，精准规范运用“四种形态”（经常开展批评和自我批评、约谈函询，让“红红脸、出出汗”成为常态；党纪轻处分、组织调整成为违纪处理的大多数；党纪重处分、重大职务调整的成为少数；严重违纪涉嫌违法立案审查的成为极少数）处理576人次，其中第一、二、三、四种形态分别占51.2%、40.8%、2.1%、5.9%。

【一体推进“三不腐”】 为构建一体推进“三不腐”，2021年，区纪委监委聚焦政策支持力度大、投资密集、资源集中领域和环节，加大审查调查力度，在征地拆迁领域、涉粮领域查处相关人员严重违纪违法问题，共立案30人，留置7人。区纪委监委全年制发纪检监察建议21份，督促相关部门出台《金坛区民政专项资金动态检查工作方案》《薛埠镇农村集体“三资”管理制度》等制度17个。区纪委监委推进警示教育常态化、制度化，协助区委召开全区领导干部警示教育大会，摄制警示教育片《迷失》。开展廉洁从政宣传教育，推进“一镇一品”（在廉洁文化建设方面每个镇各有特色）精品阵地建设，打响“知行”廉洁文化品牌。拍摄《映山红·金沙说——知行园里话清风》微党课视频，“非遗里的清廉”主题微电影《一纸万镂清正传世》在中央纪委国家监委网站、学习强国App等媒体展播，为正风肃纪反腐营造良好氛围。

【作风建设】 2021年，区纪委监委聚焦节日期间违规收送礼品礼金、违规吃喝、违规发放津补贴等问题，开展监督检查和明察暗访。先后成立65个监督检查组督查机关企事业单位、烟酒茶店、商场超市等375家，发现并督促整改具体问题36个。推进“私车公养”、挂证取酬和违规借贷三项治理，查纠挂证取酬71人，立案9人，处分9人，追回主动上交款145万余元，追缴违纪违法所得52万余元。开展危房改造领域专项治理，立案12人，处分12人。围绕落实中央和省、市、区委关于清理规范公务员工资津补贴决策部署，加强监督，督促相关单位自查违规新设奖励项目、提高标准扩大范围发放津补贴等问题，会同相关部门出台清理规范制度。强化制度执行，审核婚丧嫁娶、出境等重大事项报告17次。

（牛海鹏）

（编辑　刘士科）

民主党派·群众团体

民主党派

·民盟金坛区委员会·

【概况】 2021年，民盟金坛区委带领全体盟员，学习贯彻习近平新时代中国特色社会主义思想、中共十九大和十九届历次全会精神，切实加强自身建设，履行参政党职能，各项盟务工作取得新进展，年内发展新盟员7名，截至年底，全区共有盟员207名。

【参政议政】 2021年，常州市、金坛区两级金坛盟员人大代表、政协委员在市、区两级人代会、政协会上提交人大建议和政协提案共计36件。其中，党派提案《关于加快融入南京都市圈的几点建议》《关于高位规划我区职业教育高质量发展的建议》《关于多部门高效协同，加快推进我区养老服务事业高质量发展的建议》被评为年度优秀提案；《基层农业推广工作“虚化、僵化、弱化”问题亟待解决》《尽快启动“华罗庚星”小行星命名的申请》《关于加强长荡湖区域候鸟栖息地保护工作的建议》被评为2021年度优秀社情民意信息。盟员赵蓉、陈淑玲、徐锁福被评为2021年度优秀政协委员。

【组织建设】 2021年，民盟金坛区委坚持“以教育、文化、科技界为主，以中上层人士为主”方针，规范新盟员入盟程序，搭建新盟员培训、学习和活动平台，重点做好“80后”、公务员和非公经济代表人士发展工作。盟区委组织区第十四届委员会委员到上海考察、交流、联谊；组织文化界别盟员参加盟中央、盟省委及常州民盟书画摄影展；组织政协委员参加“红色悦读”建设“书香政协”启动仪式。5月，民盟中央副主席田刚出席金坛“华乡寻道”中国数学会工作会议，并为文化支部“盟员之家”揭牌。

【社会服务】 2021年，民盟金坛区委和各支部开展多种形式社会服务活动。文化支部到指前镇芦溪村开展义写春联结对帮扶活动；教育综合支部联合金坛绿色家园志愿者协会，开展“同饮一江水，共筑绿篱笆”之湿地生态保护宣传和长荡湖湿地生物多样性调查活动和环保公益宣传活动，组织教师盟员到茅麓中学进行送教下乡、结对帮扶活动；茅麓中学副校长、盟员任建兵到陕西省安康市宁陕县城关初级中学支教一年；开放大学支部联合学校党总支分别走进东城街道汇贤社区、尧塘街道水北社区开展“为民办实事”实践活动，盟员教师带领学生们利用专业技术、技能，为社区居民群众提供家电维修、修衣改衣、招生咨询、反诈骗知识宣传、生态文明知识宣讲等服务。盟员王雪松赴陕西省安康市石泉县支教一年；一中支部打造特色品牌，推进“名师大讲堂”；经济科技一支部开展保健食品知识进社区、谨防电信诈骗广场宣传活动；华罗庚支部全程参与区档案馆“党史话百年”活动策划、布置、推展以及现场宣传服务，开设“自然科普课堂”，在乾元观开展植树共建，与直属支部联合举办《中华人民共和国民法典》普法公益讲座；人民医院支部到社头镇为广大群众义诊，与乡镇医院联合，举行多种学术小讲座，传授新知识、新技术、新项目，提高乡镇医院医疗技术水平。通过创建“支部资助基金”，捐助“三无”（无身份、无责任机构或人员、无支付能力）病人；医卫综合支部组成心理健康咨询服务队，4—10月到学校、社区、企业，为青少年、老年人、残疾人士人群举办13场心理健康系列报告会和现场咨询服务活动。

【盟员风采】 2021年，金坛民盟1人获评民盟中央思想宣传工作先进个人；1人获评常州市推进“五大明星城”建设（重大项目）先进个人；1人指导“模拟政协”社团获4项团体和13项个人国家级奖项；1人撰写《耐心等待是最好的支持》《别再错过孩子的精彩》分别于2020年12月和2021年3月在全国学前教育核心刊物《幼儿教育》上发表；1人指导多名学生获作文竞赛一、二等奖，被评为优秀指导教师，其撰写《与民盟同行，我骄傲》在江苏民盟“庆祝中国共产党成立100周年、中国民主同盟成立80周年”主题征文评比中获三等奖，在《江苏民盟》公众号平台推送；1人分别在省级刊物《中学生数理化》《教研周刊》上发表论文；1人论文获评江苏省化学专业委员会一等奖；1人获第五届江苏省文华奖优秀美术书法作品奖；1人在2021年省建筑CAD中职组技能大赛中获“优秀指导教师”称号；1人被聘为江苏省运动医学会委员、常州市运动医学会下肢组副组长，在2021年第16卷10月10期《中国典型病例》中发表相关论文；1人获评常州市第八届师德模范；1人获2021年金坛区高中物理优课评比一等奖，10月在《高考》上发表论文《新高考背景下高中物理教学面临的现状及其应对策略研究》；1人被评为金坛区优秀教育工作者。

（马　莉）

·民建金坛区基层委员会·

【概况】 2021年，民建金坛区基层委员会发展会员5名，至年底共有正式会员54人、3个支部。民建金坛基层委员会被民建常州市委评为全市优秀基层委员会，民建金坛基层委员会二、三支部获评全市优秀支部。

【参政议政】 2021年，民建金坛基层委员会共向市、区人大、政协提交人大建议、政协提案20余件。其中，《关于加快我区现代农业园区建设，助推城乡融合发展的建议》《关于科学推进河海大学新校区建设的几点建议》提案获评区政协年度优秀提案。围绕常州市委招标课题“常州市静脉产业园建设”开展调研，撰写调研报告，并由民建常州市委以提案形式提交至市政协。向上提交社情民意信息20余篇，其中，《关于借鉴浙江经验在全省范围内更大力度扶持“农创客”发展的建议》被民建江苏省委录用；《关于创校招引进城市交通智能管理系统的建议》获评区政协优秀社情民意。

【社会服务】 2021年，金坛区对口帮扶安康市石泉县联络组被省委、省政府评为“三对”（对口支援、对口帮扶、对口合作）工作先进集体，民建金坛基层委员会主委王艳红、副主委陈林风赴石泉县挂职，被石泉县委、县政府表彰为苏陕扶贫协作、脱贫攻坚社会帮扶先进个人。金坛、石泉产业合作扩展至上海、南京等东部地区，一批区域龙头企业相继赴石泉签订帮扶项目。东方盐湖城景区超市建成消费扶贫专区，千秋大药房企业建成石泉县农特产品金坛专馆。先后建设金坛石泉企业家培训交流基地、国家茶叶产业体系苏陕共建（石泉）专家工作站、建立“定点帮扶联盟”等平台。搭建网上就业服务平台，举办苏陕劳务协作培训班，常州金坛腾远劳务公司石泉工作站建设“金石苏陕劳务协作基地”，石泉县职业教育中心建设“江苏金坛校企合作暨人力资源招聘基地”。金坛、石泉两地互相开通电视宣传专栏——“苏陕协作之窗”“金坛之窗”。金坛区各媒体平台发布有关石泉消息、通讯和新闻累计170多条（篇）。组织会员赴陕西石泉开展精准帮扶活动，接续“爱心药柜”专项帮扶，向石泉县童关村捐赠3万余元药物，向童关村委捐资2万元，组织开展“自然养生　体‘茶’生命”妇女节主题活动、“前行路上　感恩有您”母亲节主题活动。开展“思源工程——少数民族贫困学生助学行动”，为7名受助学生提供个性化资助，全年提供各项资助3万余元。

【民建宣传】 2021年，民建金坛基层委员会创新开展苏陕协作经验做法专题报道《深挖特色结合实际各项活动凸显成效——江苏常州市委金坛基层委员会活动小记》在民建中央网站“工作交流”专栏刊登。《金坛民建用心画出苏陕千里“同心圆”》等多篇稿件被民建中央网站、民建江苏省委网站等中央、省级媒体录用。《乡村振兴同频共振——江苏金坛陕西石泉携手奏响苏陕协作“最强音”》《苏陕协作，乡村振兴开新局》《3万只“长荡湖1号”优质蟹苗“爬”到陕南》等30余篇专题稿件在央广网、新华

4月27日，苏陕协作童关卫生服务中心启用

网、学习强国等国家、省级媒体报道。

（李星明）

·农工党金坛支部·

【概况】 2021年，中国农工民主党常州市金坛区支部委员会履行参政议政职能，开展社会服务，推进各项工作。年内发展新党员2名，截至2021年年底，全区共有党员20名。5月，农工党金坛区支部完成首次换届选举，5位委员组成新一届支部委员会，谢惠琴当选主任委员。

【参政议政】 2021年，农工党金坛支部参与政协、农工党组织各项会议和活动，提出《顺应百姓期盼，提升老小区改造品质》《关于我区精神卫生中心提档升级的建议》等为民惠民提案。围绕国家医疗和环保热点问题开展调研，强化与常州市金坛生态环境局、常州市第一人民医院、金坛第一人民医院以及相关政府部门联系沟通，副主委张彦提交调研文章《关于加强我市医疗废物收集处理的课题研究》，支部成员史文瑶立足民生提出《警惕男性急救人员不足成为院前医疗急救短板》。4月，主委谢惠琴被授予江苏省先进工作者荣誉称号；12月，谢惠琴当选常州市第十七届人大代表，张彦、黄晓春当选为常州市金坛区第十一届政协委员。

【服务社会】 2月7日，农工党金坛区支部“农工之家”正式揭牌。“农工之家”组织党员开展多种帮扶活动。9月，在华胜社区广场开展“不忘初心跟党走，关爱健康进社区”大型义诊活动。10月，到区薛埠、白龙荡、尧塘三所敬老院开展“九九重阳节，浓浓敬老情”慰问活动。

（史文瑶）

2月7日，农工党金坛支部“农工之家”揭幕

·民革金坛支部·

【概况】 5月19日，中国国民党革命委员会常州市金坛区支部成立，支部有党员13人，平均年龄39.2岁，来自金坛区机关事业单位，律师、台企等行业领域。2021年度民革金坛支部获评全市基层工作先进集体、信息工作先进集体，6名党员受到民革常州市委表彰。

【民革思想建设】 2021年，民革金坛支部把政治思想建设摆在首位，加强思想引领，坚持用党的创新理论指导实践、推动工作。组织党员参加民革常州市委召开的中共党史学习教育动员大会暨学习教育专题宣讲报告会；组织开展“学七一讲话坚定不移跟党走”主题活动；开展集中学习，传达学习中共常州市委十二届十三次全会精神、民革江苏省十一届十六次常委会会议精神；组织集体在线观看纪念辛亥革命110周年大会直播活动。

【参政议政】 2021年，民革金坛支部党员提交人大建议《关于重视解决老年人“上网成瘾”问题的建议》1件，《关于镇（街道）综合执法服装标识、执法车辆及执法场所的建议》《社区、学校设立有害垃圾集中回收日》政协提案2件。支部主委叶琳获民革常州市委参政议政工作先进个人称号，副主委纪俊明被评为金坛区优秀政协委员，党员章昭主笔的《常金交通一体化，助力金坛区接轨常州主城区，推动发展新跨越》获常州市年度参政议政调研课题优秀奖。

【社会服务】 2021年，民革金坛支部开展乡村振兴、产业发展、社会民生方面开展调研工作，实地走访苏州东沙湖邻里中心、星辰社区，形成课题文章《关于居民医保分档缴费的调查研究》。开展对口扶贫工作，支部党员通过App购买贵州省纳雍县猪场乡大冲村农副产品。7月底，支部党员董静到抗疫一线配合街道、社区，开展政策宣传、交通防控，疫情监测等工作。多名党员到社区开展法律法规、医保政策宣传服务工作。

（吴 楠）

群众团体

·金坛区总工会·

【概况】 2021年，金坛区总工会聚焦工会主责主业，团结引领广大职工为建功“美丽常州金坛样板”作出贡献。至年底，全区基层工会组织1756家，工会会员数253880人，新发展会员数2481人。

【思想政治引领】 2021年，区总工会以“庆祝建党百年”为主题，组织歌手大赛10场、技能展示2场、文艺轻骑兵进基层11场、大型文体活动3场，开展“百年回眸我与祖国共奋进”全区职工读书月活动。与区融媒体中心合作推出“产改进行时”“产改在基层”“产改观察”和“金坛工匠”4个专栏，每月宣传报道基层产改优秀做法、先进典型人物等内容。

【职工创新创业】 2021年，区总工会围绕金坛高铁枢纽等引领性项目开展重点工程项目创优立功竞赛，以“当好主人翁、建功新时代”为主题开展劳动竞赛和职工技术创新活动，共开展8个工种技能竞赛，承办建筑施工起重吊装市一级劳动竞赛。召开庆祝“五一”国际劳动节暨区劳动模范表彰大会，选树79名区级劳模。发放创新创业贷款190笔，合计发放贷款金额2975万元。组织开展创业大赛，为100家企业进行创业培训。指导15家企业签订技术创新专项集体合同，9月在直溪职工创新创业基地建设集体协商指导工作室。

【技能素质提升】 2021年，区总工会推进产业工人队伍建设改革，组织召开产改联席会议、试点单位培训会议和试点单位座谈会6场。出台产改激励政策文件《关于加强和改进新时代金坛产业工人队伍思想政治工作的方案》，加大产业工人党员发展力度，在先进典型评选中增加产业工人比例，使更多优秀职工成为“两代表一委员”（党代表、人大代表、政协委员）；联合区委组织部下发《在产改试点企业和非公有制企业中开展创建党工一体化示范企业的实施意见》。开展“思政教师进企业、劳模工匠进校园”活动12场、劳模“三走进”（走进企业、走进校园、走进社区）活动2场、劳模创新工作室交流会2场，创建市级劳模创新工作室1家、区级劳模创新工作室1家，徐永晨劳模创新工作室创建成省级示范创新工作室。建设职工培训基地10家，培训职工1.2万人次。

【共享发展成果】 2021年，区总工会实行小微企业工会经费全额返还政策，截至12月底，共收到5704家小微企业工会经费缴费2897.06万元，返还小微企业5684家，共返还工会经费2893.17万元，返还率99.8%。工会服务卡信息采集数13万个、办卡率90%、激活率80%，签约6家大型特约商户，开展购物优惠活动9场。每季度走访困难职工家庭，在档困难职工解困、脱困率62.5%。组织一线职工疗休养，完成2000名一线职工体检活动，创建爱心母婴室2个，组织相亲交友活动10场。创建1000平方米以上区域活动中心3家，建立以公交公司首末站和建设银行为场所的安康爱心劳动者驿站16家。

【工会组织建设】 2021年，区总工会实行培育党建带工建“三创争两提升”（创争先进党支部、创争模范职工之家、创争工人先锋号，提升政治引领力、提升群众组织力）市级典型6家。小微企业集中建会率超30%，完成物管行业建会和40家10辆车以上货运企业建会。14家单位创建市级信赖职工之家。出台非公企业兼职工会主席补贴制度，组织新任工会主席上岗培训和工会干部业务培训12场，培训工会干部约500人次，其中，10月开办的上海大学——金坛工会干部能力提升班，60名工会干部参加培训。

（沙一凡）

5月26日，区总工会举办“学党史诵经典 强信念跟党走”红色诗文朗诵比赛

·共青团常州市金坛区委·

【概况】 2021年，共青团常州市金坛区委以习近平新时代中国特色社会主义思想为指导，引领凝聚青年思想，聚焦服务中心工作，深化“金青年”品牌。截至年底，团区委有直属共青团组织26家、基层团委和团工委55个、团总支110个、团支部1203个，共青团员21519人。

【青少年思想引领】 2021年，团区委加强全区青少年思想引领，开展党史学习教育，举办“学党史、强信念、跟党走”主题团日活动，全区1082个团支部召开党史专题学习会，覆盖率达100%。团区委参与区乡贤大会筹备工作，创作《长湖之恋》思乡恋乡主题歌曲在全网发布。

【服务青少年发展】 2021年，团区委深化首批“全国大学生‘返家乡’社会实践试点县区”品牌效应，举办“我和我的家乡”2021年金坛籍大学生暑期社会实践主题活动，南京大学、中国科技大学、西安交通大学等知名高校200余名金坛籍本、硕、博在校学生报名参与。打造“菁彩金坛”微信小程序，集合线上招聘、实时互动、统计分析等多项功能，动员金坛籍在校大学生、有意到金坛发展的外地大学生和社会青年注册使用。形成人才数据库，截至年底，共有54家企业入驻，1000余名青年注册，覆盖258所高校。成立经开区重大项目服务等20余支青年突击队，其中，钱资湖大桥照明工程青年突击队等4支队伍受到市级表彰。落实金坛区“金礼遇•才无忧”相关政策，为持金沙英才卡各类人才和重点企业优秀青年员工子女提供青少年宫素质课程免费学习名额，全年共有50余人享受此福利。

【青年创新创业】 2021年，团区委联合区人才办开展“海外学子看金坛（德国专场）”直播活动，向在德海外学子介绍推介中德（常州）创新产业园及其重点企业，直播活动开通线上云招聘，10家企业、近20所德语区高校参与，企业共收到简历110余份，直播收看人数突破2万人。依托区青年创业服务中心开展公益性青年创业培训14期，培训400余人次，开展技能培训8期，培训280人次，其中，140余人通过培训进行创业，180余人取得职业资格证书实现更好就业。与江南银行、农业银行等金融机构合作，全年累计审核发放低息青年创业贷1.84亿元、免担保新农菁英贷300万元，扶持青年创业项目近300个。

【青年志愿服务】 2021年，团区委为全区重要行业、重点企业高层次人才搭建交友平台，举办高层次单身青年人才“趣缘”公益班4期，累计参与160人次。通过“苏青益筹”网络募捐平台募集社会爱心资金37万余元，首批12间为困境儿童改造的“梦想小屋”完成交付。开展“圆梦行动”，募集爱心资金9万元，资助区18名优秀困境高三毕业生考上大学。举办爱心暑托班3期，惠及社区儿童83人次。开展“联青服务”系列工作，依托联青服务站组织动员各级团干部定期开展集中服务活动，全年累计走访企业13家，与企业青年座谈交流，帮助青年解决困难；帮扶困境青少年40余名，实现“微心愿”50余个。

（李耀文）

7月15日，团区委举办“我和我的家乡”2021年金坛籍大学生暑期社会实践主题活动

·金坛区妇女联合会·

【概况】 2021年，金坛区妇女联合会创新实施“幸福来敲门”新时代巾帼文明实践项目，鼓励各级妇联围绕“幸福成长+”“幸福美丽+”“幸福平安+”“幸福和谐+”四大主题申报领办服务项目，全年实施项目38个。实施“幸福安康在金沙、巾帼维权在身边”项目，构筑妇儿维权全链条保护，该项目获评常阿姐123微治理工程维权子项目优胜奖（第一名）。全年新建妇联组织、妇女微家10家。

【思想政治引领】 2021年，为庆祝中国共产党成立一百周年，全区各级妇联发挥“巾帼好声音”“金沙听她说”宣讲团作用，启动“四个一百”巾帼宣讲活动，全年开展宣讲120余场。区妇联授牌成立10家首批巾帼思想学习社，在金坛女性微信公众号开辟“金沙女儿学党史”“金沙巾帼·微党课”专栏，推出10余期党课。区妇联在线上开设“‘金’彩巾帼说”专栏，制作“圆桌派·她说”访谈节目，讲述不同行业优秀巾帼代表奋斗故事，展示林心平、高志勤、谢荃等不同时期优秀女性形象。其中，打造原创音乐红色情景剧《碧血丹心》在学习强国上展播。推选区图书馆、西城街道妇联获评省、市三八红旗集体，史月香、徐静、袁翠获评常州市三八红旗手。区妇联开展“巾帼心向党 奋斗新征程”——庆祝“三八”节系列活动。开展“追光——我们走在大路上”庆祝建党百年活动，发布红色亲子研学路线，在虹桥社区、华城社区等开学习强国进家庭试点。在中秋、重阳等节日开展“我们的节日”主题活动。

【妇女创业就业】 2021年，区妇联联合区人社局举办“春风行动”女性人才专场招聘会及“金创翼”创业大赛和金工匠职业技能大赛。联合人社局、农业农村局等单位举办家政员、女能手素质提升培训班5期，培训妇女340人次。建立丁香苗圃金坛分站，开展“金沙巾帼集市”好农品展销，组织巾帼农产品参加南京都市圈妇联展洽贸，联合区供销社、机关事务局开展名优农产品进机关活动，扩大巾帼农产品销售渠道。区妇联承办常州市“美丽庭院”工作部署会，在儒林柚山建成市级“美丽庭院示范村”，挂牌表彰一批示范户，打造多个“五美”（整洁美、卫生美、绿化美、文明美、和谐美）庭院。新培育14个巾帼示范项目，争取上级巾帼基地扶持资金26.5万元，发放区级扶持资金9.1万元。争取省级农村妇女劳动力转移培训资金6万元，发放农村妇女小额担保贷款1343万元，帮助83名妇女解决创业资金难题。尹娟获评“全国巾帼新农人”。金坛区城建项目建设管理中心档案管理科获评“全国巾帼文明岗”，被《人民网》报道，金坛区种植业技术推广中心检验科、金坛区环境卫生管理处等3家单位获评常州市“巾帼文明标兵岗”，东方盐湖城旅游发展有限公司运营部导游讲解班组获评江苏省“巾帼文明岗”。

【妇儿权益维护】 2021年，全区加大帮扶力度，扩大“两癌”（乳腺癌、宫颈癌）贫困母亲救助范围，为60名“两癌”贫困母亲发放救助金18万元。区妇联组织女干联会员到陕西石泉县开展扶贫助困活动，为社区女工送去价值5万元物资，为60名贫困妇女儿童赠送价值1.8万元慰问品。组织开展“六一”慰问及爱心助学活动，为30名困境儿童发放慰问金（品）2万余元。策划“99公益日”“一起捐”活动，共募集资金6万余元。区妇联联合区教育局成立全区首个家庭教育工作室——润心家庭教育工作室，特聘11位名师担任工作室成员，每月到社区、企业为父母授课。全年在26个村（社区）开展“送你一缕书香——亲子阅读巡回活动”。评选100户最美家庭（平安家庭），选树李文霞、顾静家庭获评江苏省最美家庭，打造杜秀玲最美家庭工作室、朱林镇唐王村家风家训馆，营造向上向善家庭家风家教氛围。在华胜社区、华苑社区等6个社区开展“三全”（社区全域、父母全程、家庭全类型）社区试点，探索多元家庭教育路径。区妇联联合司法局成立女律师普法宣讲团，开展菜单式普法宣教活动30余场。实施农村巾帼“法律明白人”培养工程，培养村（社区）妇联干部100%成为农村“法律明白人”。在金坛手机台创新开设以《中华人民共和国民法典》《中华人民共和国反家庭暴力法》等为内容的四期妇儿维权直播间，点击量近40万人次，解答各类问题200余个。实施“三色法援行助力平安家”项目，对困境妇女儿童家庭进行摸排和分类援助，多元化调解婚姻家庭矛盾纠纷。

5月26日，全区成立首个家庭教育工作室——润心家庭教育工作室

【妇联组织建设】 2021年，区妇联推进村（社区）妇联换届工作，指导125个村（社区）妇联完成换届。在华高新、茅山控股、八佰伴、园林大酒店及金坛物业行业成立妇联，扩大基层妇联组织覆盖面、影响力。加强学习交流。区妇联强化妇联组织联学联动，为全区各领域妇联组织提供“点单式”课程学习服务，组织送出礼仪培训、点心制作、科学家教等公益课程近20场。用好辖区内红色资源，讲好金沙巾帼故事，组织开展“学党史、致巾帼、执委说”“妇女微家学党史”等系列活动。区妇联制定《金坛区妇联第十四届执委履职规则》《金坛区妇联执委赋能行动——头雁领航计划》文件计划，推进巾帼志愿服务长效化、精细化、体系化，36名区级妇联执委领办36件实事项目。全年组织巾帼志愿者队伍参与全区疫情防控、文明城市创建等工作。

（王胜玉）

·金坛区科学技术协会·

【概况】 2021年年底，金坛区共有各级科普教育基地38家、科学教育综合示范学校12所、省级海智工作基地1家、企业科协31个、企业海智工作站5个。年内，新创建市科技创新综合实践示范学校1所，新成立7家企业科协，新成立2家海智企业工作站。通过“平台＋俱乐部＋志愿服务队”新模式，融入新时代文明实践站（所）平台，组建一批金沙英才俱乐部，发动社会各界科技志愿者广泛参科普活动与学术交流。金坛区被中国科协评为2016—2020年度全国科普示范区总结优秀单位，入选2021—2025年第二批全国科普示范区创建单位，区科协被授予“2017—2021年度常州市科协系统优秀集体”称号，全区公民具备科学素质超14%。

【全民科学素质】 2021年，区科协关注青少年群体，举办第十届“青春向党科技筑梦”全区中小学科学节，700多名学生参加。实施青少年人才培育工程，组织开展少年科学院机器人公益培训，省院士冬令营学员、区第二初级中学谢玥获省金钥匙竞赛特等奖。关注农民，组织水产、稻麦中心农业专家到田间现场指导70多次，指导尧塘街道谢桥村远山花卉专业合作社等3家单位创建成常州市科普惠农服务站，辐射带动周边农户数千家。区农技协承办市农业高质量发展研讨会，建昌红香芋协会会长蔡冬生被中国农村专业技术协会评为“最美科技工作者”。关注老年人，在文化社区等10多个社区开展“科技夕阳红智慧新生活”培训。关注机关事业单位工作人员，发动参与网络答题活动，区科协被评为江苏省全民科学素质大赛网络赛优秀组织单位。

【基层科普】 2021年，全区基层科普工作构建以街道、镇、村（社区）为主阵地全域科普体系，“科普中国”通过云端走入千家万户，打造青少年科学教育品牌“中小学科学节”，建设新时代文明实践站阵地“党员科普讲习所”，创建科技人才服务站“金沙英才驿站”。区科协向上级争取专项资金10万元，支持区农业技术协会、绿色家园志愿者协会、茅驴党员科普志愿队等科技类社会团体向基层开展各类公益科普活动。支持儒林镇柚山村、东城街道华苑社区、东城街道新城社区开展科技志愿服务活动和科普阵地更新维护。

【科技志愿服务】 2021年，区科普阵地和科技志愿者队伍被区精神文明建设指导委员会纳入新时代文明实践站五大平台及常备志愿队。江苏科技志愿服务信息平台注册科普志愿者850人，志愿江苏、科技志愿服务信息平台发布活动数156项，分享传播“科普中国”优质科普资源5800多次，开展参与各类新时代文明实践活动20场，区科协被评为省科技志愿服务工作优秀组织单位。

【金沙英才俱乐部】 2021年，区科协制定服务细则优化金沙英才“俱乐部＋联谊会＋驿站”联合运转模式。在胡桃里俱乐部举办“区块链知识科技沙龙”“众心向党新四军革命斗争史暨茅山革命诗歌朗诵”两期活动，惠及各类人才近百名。为全体金沙英才在俱乐部商务会谈、科技交流等提供“无忧服务”。组织实施金坛区青年人才托举工程项目，重点支持高精尖企业青年科技人才，蜂巢能源董事长杨红新被评为常州市“最美科技工作者”。注重普通科技人才培养工作。举办“众心向党、创新自强”科技工作者日活动和第八届学术活动月，开展活动60多个、科技沙龙10多场。

【省市区企会协作】 2021年，区科协推进蜂巢能源与省能源协会协作，创建“院士协同创新中心”，为江苏鹿山新材料有限公司加强人才托举、校企合作、政府沟通、项目申报等方面提供服务。先后组织成立华诚电子有限公司科协等7家企业科协。对接海外人才信息，充分运用“科创中国”完成企业专利信息应用工作任务。

【金坛区第33届科普宣传周】 2021年，区科协围绕“百年回望：中国共产党领导科技发展”开展全国科技活动周暨金坛区第33届科普宣传周活动。全区30多个单位科普教育基地推出与主题科普展览或科普宣传活动，举办各类科普讲座、咨询服务、科普开放日活动100多场；组织参加常州市第三届公民科学素质网络大赛、省化学品安全知识竞赛；举办“了不起的气象——世界气象日”活动、防灾减灾应急疏散演练暨防灾减灾知识宣讲进校园活动，开展“百年

3月23日，金坛区举行“3·23”世界气象日科普进校园活动

回望航天科技”科普知识讲座，指导博物馆举办金坛传统历史文物科普知识展，布置展板700多个，发放宣传册、科普资料4000多册（份），覆盖20多万人次。

【全国科普日活动】 2021年，区科协围绕“百年再出发，迈向高水平科技自立自强”主题，联合区文明办在全国文明村西城街道方边村举办“气象科普大篷车走进美丽乡村”全国科普日活动。儒林镇万叶水产专业合作社“从书本走向研学——科普研学《螃蟹的一生》”活动被评为全国科普日优秀活动，区图书馆等4家单位被评为常州市科普活动优秀组织单位，“根正苗红”学党史——红领巾致敬了不起的中国气象等5个活动被评为常州市优秀特色科普活动，区科协连续四年被中国科协评为全国科普日优秀组织单位。

（尹跃忠）

·金坛区归侨侨眷联合会·

【概况】 2021年，金坛区归侨侨眷联合会服务金坛发展大局，走访调研海归人才、涉侨企业；组织参与常州市“创业之桥”活动；向区人大、区政协推荐侨界优秀青年参政议政；全年走访慰问重点归侨侨眷、华人华侨；召开区侨联五届六次全委会，增补副主席、副秘书长各1名。区侨联获常州市侨联系统先进集体称号，区侨联主席李佳真获常州市侨联系统先进工作者称号，区侨联第五届委员会秘书长梁君、副秘书长戴纪荣获侨胞挚友荣誉称号。

【人才服务】 2021年，区侨联走访调研金坛创新、创业海归人才39人次，涉及制造业、社会组织、商贸流通等多个行业，了解人才需求和困难；开展“金坛发展侨先行”活动，召集在金坛华人、华侨、海归等共同探讨金坛侨界人才工作；全年慰问在金坛侨界人才12人；协助完成2名外国专家工作签证办理；答复工作签证和居留许可咨询5次；帮助申报龙城英才计划1次；安排创业华人接种新冠疫苗2人次；答复各项招商投资政策15次；促成海归和泰籍华人达成商业合作；联系国投与侨资企业对接1次；为侨资企业招聘人员服务2次。

建立新塘新侨服务站，配备社区侨务联络员，提供华侨、“三侨生”（具有户籍考生本人属归侨，或归侨子女，或华侨在国内子女）身份证明办理指南、归国留学生学历认证操作说明、涉侨政策问答等与新侨息息相关资料，共计展板11幅，折页6类近千份；向区人大、区政协、区工商联等推荐优秀新侨创新、创业人员参政议政；为在金坛优秀新侨树立良好形象，共计在各级各类媒体宣传相关事迹10余次。

【侨务宣传】 2021年，区侨联“金沙侨苑”微信公众号宣传各类信息共计53条，最高阅读次数2055次，累计阅读次数32109次；向海内外8个国家和地区寄送金坛发展汇报书共计87封；帮助在金坛优秀涉侨企业和个人做好对外宣传，联系《新华日报》采访侨界优秀共产党员姜方俊等，全年共计在各类主流网络媒体宣传6次，在侨联系统宣传36次；在日本《中文导报》成功发布金坛专刊1次。

【对外联络】 2021年，区侨联与日本博士联盟、东非商会保持经常性情况通报；在26个海外微信群开展各项咨询答复服务；为美国华侨邮寄家乡书籍；与英国博士联盟、荷兰瓦大、欧美创业联盟等进行线上沟通交流，介绍金坛经济发展情况；助推金坛侨企参与创业之桥活动，联合区人才办向金坛高新科技工业园、金坛华罗庚科技产业园等园区推介项目；接待来自22个国家和地区的华人、华侨参观省级华侨文化交流基地；开展第二十二届世界华人学生作文大赛征文活动，共征集优秀作文219篇；组织侨界代表参加省侨联专题图文征集活动，金坛共推荐3篇作品，其中，2篇获得二等奖，1篇获得优秀奖。

【暖侨行动】 2021年，区侨联通过线上线下相结合，新侨、老侨两手抓的方式展开侨界走访慰问，全年共计慰问华人华侨、归侨侨眷57户；协助区第一中学举办第二十五届胡氏奖助金颁奖典礼，共发放奖励金4.3万元，惠及21名学生、1名教师；更新金坛侨情信息，确保走访慰问精准到位，开展侨界空巢老人、在外留学生家长和年度走访慰问对象摸排推荐，共计收到有效信息39条。

【侨益维权】 2021年，区侨联推进诉调对接机制，做好侨界来信来访接待工作，全年共计接待侨界来信、来访、来电45件（次），内容涉及就业，工作许可办理，金坛创业政策，人才补贴等多个方面，2个工作日内及时答复、帮助解决，有效办结率100%；开展党史学习教育，开展“为侨办实事”实践惠民工程，制作“侨法宣传以案说法”等系列宣传折页广泛发放。

【侨情调查】 2021年，区侨联启动金坛留学生数据库建设，筛选出在外留学人员信息500余条，初步完成留学生数据库建立；组织人手通过全区乡贤大会进行金坛籍在外知名人士摸排和推荐，共摸排出29名海外知名人士；在金坛侨界当中开展“四有”（政治上有影响、社会上有声望、学术上有造诣、经济上有实力）人物调查，收集汇总上报9条有效信息。

【侨务工作创新】 2021年，区侨联组织茅山茶海有限公司成功申报省华侨文化交流基地、市新侨创新创业基地称号；走访多个设有侨胞之家的社

5月7日，中国数学会参观侨企古籍印刷厂

区，沟通所属区域侨情变化情况，更新侨情信息；加强社区为侨服务能力，设立7个涉侨政策宣传角，提供侨务政策解答；利用好网络资源，在公众号设立侨情调查专栏，招募侨务志愿者12名，扩大侨务工作队伍，增强侨联内部工作能力。

【参与社会公益事业】 2021年，区侨联主动联系侨界，鼓励侨企和侨界人士参与社会公益事业。海归尹娟组织开展茶文化专场培训班，参与老区扶贫帮困工作；侨联委员王虹华参与陕西石泉支教活动；常州疫情防控期间，一号农场全力保障全市居民生活；省华侨文化交流基地东方盐湖城和省新侨创新创业基地金坛古籍印刷厂合作开展雕版线装印刷技术展示和体验活动；金土木公司、古籍印刷厂、鸿瑞昌泰、晨风集团等涉侨企业全年捐赠慈善金、物品共计价值100余万元。

（盛士琦）

·金坛区工商业联合会·

【概况】 2021年，金坛区工商业联合会加强民营经济人士思想政治建设，服务民营经济高质量发展，引导广大民营经济人士立足新发展阶段、贯彻新发展理念、构建新发展格局，为谱写“美丽常州金坛样板”新篇章贡献智慧和力量。年底，区工商联会员总数2592个，其中企业会员2416个、商会组织20个。2020—2021年度区工商联被全国工商联确认为全国“五好县级工商联”。

【政治引领】 2021年，区工商联推进民营经济人士理想信念教育。引导商会组织学习党史，邀请党校老师进行党史学习教育宣讲，组织党史知识竞赛，赴“常州三杰”纪念馆、中共苏皖区一大会址、“映山红”党建馆、茅山新四军纪念馆等红色纪念地实地参观学习。引导民营企业参与苏陕协作，向陕西宁陕县困难学生、群众捐赠价值20余万元羽绒服。宣扬金昇控股、东方日升跻身2021江苏民营企业200强榜单，激发全区民营企业创新创业热情。

【建言资政】 2021年，区工商联围绕全区工业经济高质量发展“十百千计划”成立课题调研组开展调研，形成《关于加快推进金坛区民营企业科技创新的调查与建议》调研文章，在区政协十届二十九次常委会会议上作交流。形成《碳达峰碳中和背景下常州市金坛区光伏产业发展战略研究》《关于加快纺织服装产业高质量发展的调查与建议》两篇调研报告，为区委、区政府决策、制定政策提供建议和依据。编印“两个健康”（非公有制经济健康发展和非公有制经济人士健康成长）专报，其中第1期关于“加快总部经济建设，推动产业转型集聚”建议，得到区委重视，要求相关职能部门研究出台政策落实。

【优化营商环境】 2021年，全区创建新时代“两个健康”先行区，贯彻落实常州市《关于创建新时代“两个健康”先行区的实施方案》要求，出台《常州市金坛区创建新时代“两个健康”先行区工作实施方案》，提出20项重点任务。9月17日，召开创建新时代“两个健康”先行区动员大会暨民营企业家座谈会，部署区“两个健康”创建工作，9位民营企业家代表作交流发言。区工商联对接企业需求，组织开展向区民营企业家“送服务、解难题、办实事”活动，走访调研36家民营企业，协调解决企业家反映的问题和意见建议，对获市级以上荣誉优秀企业家发放“常商服务卡”。与区税务局联合举办“助力全区产业升级发展政策解读暨第30个税收宣传月启动仪式”，帮助企业明晰政策，助力税费优惠落实落地，解答企业代表提出的高频涉税难点问题。关爱企业家身心健康，根据企业家需求定制全面体检套餐，组织区工商联常执委40余人到上海进行体检。开展教育培训，第二轮民营企业家队伍建设“百千万工程”金坛万人班邀请上海交通大学学者、教授通过战略人力资源管理、互联网与新科技等方面对全区220名民营企业家和中高层经营管理人员开展教育培训。搭建沟通交流平台，发挥商会组织作用，助力民营经济健康发展。组织浙江商会与金融机构对接，解决会员企业资金短缺问题；牵头时尚产业联合会到晨风集团昆山基地学习考察并座谈交流；邀请发改、环保、应急管理等相

6月26日，常州市第二轮民营企业家队伍建设“百千万工程”2021金坛万人班开班

关职能部门负责人与化工新材料行业企业面对面交流，解决企业发展难题。

【工商联自身建设】 2021年，全区组织做好工商联换届工作。9月底，区委批转区工商联《关于做好基层商会换届工作的通知》，对基层商会换届工作明确具体要求。10月30日，常州市金坛华罗庚高新区商会成立。11月上旬，6个镇、开发区商会完成换届工作。12月11日，区工商联（总商会）召开第十一届会员代表大会，选举产生新一届领导班子，卢建新当选为区第十一届工商联主席、总商会会长。推进工商联改革发展。区工商联召开商会改革与发展调研座谈会，听取商（协）会秘书长对商会改革发展意见建议；优化行业商协会评价体系，融合各职能部门支持商协会发展措施，帮助商协会承接公共服务、参与社会服务，提升商协会规范化发展水平。

（陈　薇）

·金坛区文学艺术界联合会·

【概况】 2021年，金坛区文学艺术界联合会围绕区委、区政府中心工作，结合传统节日和重要时间节点，全年组织八大协会开展文化惠民活动30余场次，各类文艺培训讲座20余次。重点围绕中国共产党成立100周年，开展“梨园百花颂党恩——戏曲进农村”文艺巡演100场次、“欢歌献给党幸福舞起来”专场巡演10场次，举办“学党史、强信念、跟党走”文艺家协会主席培训班，主办“绿水青山和谐家园”“六五”环境日文艺晚会。全区已有文艺家协会8个，会员1200余人，其中国家级协会会员51人、省级协会会员200余人、市级协会会员500余人。

【“百年担当光耀金坛”美术、书法主题创作展】 9月16日，“百年担当光耀金坛”常州市金坛区美术、书法主题创作展开幕。区文联组织书画家创作出100余幅书画精品，展出书画精品涵盖中国画、油画、书法等多种艺术创作形式，用不同构思、题材、视角、层面歌颂党、歌颂祖国、歌颂今天的美好生活，反映中国共产党成立100年来的发展与变化。

【“我为群众办实事”实践服务活动】 2021年，区文联结对尧塘街道谢桥村，开展“我为群众办实事”实践服务活动，用文艺战线力量助力谢桥村美丽乡村建设。7月18日，在谢桥村组织开展“学党史我为群众办实事”戏曲惠民演出；依托文联《洮湖》杂志发表报告文学《花木魂》；组织书画家创作书法、书画作品等。

【“名家聚金沙　翰墨颂党恩”当代中国画名家作品邀请展】 10月29日，“名家聚金沙　翰墨颂党恩”当代中国画名家作品邀请展在区博物馆举办。此次画展由江苏省中国画学会、金坛区人民政府主办，中国画学会创会副会长兼秘书长孙克，中国画学会副会长、江苏省中国画学会会长高云分别致辞，并向金坛博物馆赠送书画作品。现场展出100余幅根据中国共产党建党百年重要历史时刻和金坛重要事件、重要人物挖掘提炼的书画作品。

【艺术进校园】 2021年，区文联组织书画家到尧塘实验小学，面对面交流、手把手指导书画创作。戏曲家协会结对华罗庚试验学校新城分校，定期上门指导学生戏曲表演，该校成为江苏少儿戏曲特色学校。民间艺术家协会到区职教中心、区老年大学、段玉裁小学等校园开展面塑、客栈、指前鱼灯等非遗项目社团教学。

【出版《洮湖》杂志】 2021年，《洮湖》杂志出版6期。5月12日，由中国作家出版集团、中国作协社联部主办的全国文学内刊联盟会议在北京召开。会议邀请全国50家文学内刊主编、骨干编辑代表参加。《洮湖》杂志被聘为全国文学内刊理事单位，主编葛安荣在大会交流办刊经验《内外融合求生存，坚守品位找位置》。

（盛　菲）

·金坛区残疾人联合会·

【概况】 2021年，全区新增持证残疾人356人，注销残疾人证602本。年底，全区持证残疾人13740人，其中，肢体残疾人7816人，智力残疾人1558人，视力残疾人1505人，听力残疾人1206人，言语残疾人56人，精神残疾人1545人，多重残疾人54人。金坛区残疾人联合会巩固“残疾人之家”以ISO 9001质量管理体系规范管理涉残机构成果，促进涉残机构规范管理。提升残疾人托养服务。完成区残疾人庇护托养中心绿化提升、消防改造工程。年底，中心实名制托养82人，其中，残疾人63人。与区财政局联合转发实施《常州市残疾人托养管理实施细则》，推动区级财政按市级标准保障残疾人托养服务。打造优质服务窗口。2月，在区第一人民医院体检中心设立肢体残疾评定窗口。在常州市内首发“跨省通办”第一本残疾人证。区残联服务窗口被区行政审批局授予“2021年度区政务服务中心红旗窗口”称号。7月，区政府残工委被国务院残工委授予“全国残疾人工作先进单位”荣誉称号。

2021年，区残疾人庇护托养中心升级改造

【组织维权】 2021年，区残联录用5名残疾人专职委员，配备到三星级“残疾人之家”从事专职管理服务。完成45户低收入残疾人家庭无障碍环境改造。朱林镇三星村“残疾人之家”农疗面积由4亩扩大至65亩。10月8日，指前镇社头集镇新建南部片区助残服务中心运行，日托残疾人15名。建成居家托养信息枢纽指挥平台，打造成常州功能最全、全省一流残疾人公共服务平台和信息指挥中心。核查52名财政供养持证残疾人残疾等级，降级1人。残疾人基本状况完成信息采集比例100%、入户率99%。全年新办残疾人证328本，实现全区残疾人证档案（1997—2010年）数字化管理。年审安置残疾人企业344家，安置1423人。全年接待办理信访件23件（次），办结率100%，满意率100%。区残疾人法律援助中心提供法律援助服务25人次，帮助残疾人挽回经济损失18.4万元。“全国助残日”期间，在《金坛日报》刊发“改善残疾人生活品质，推动全区残疾人事业高质量发展”助残日专版。学习强国平台刊登区“改善生活品质构建残疾人社会保障和服务体系”等3篇报道。省、市、区广播电视报纸等主流媒体刊播31篇区残疾人事业报道。“金坛残联”微信公众号更新动态55篇。

【扶贫帮困】 3月，区残联制定出台《关于做好易返贫致贫残疾人跟踪监测和落实帮扶跟踪工作的通知》，定期开展入户走访，及时掌握返贫风险。结合党史学习教育开展“我为群众办实事”活动。区残联多次组织党员干部到结对帮扶村直溪镇井庄村走访看望残疾人，协调解决重度残疾人潘荣海住房隐患。7月1日，区残联到该村开展“拥有健康听力，享受美好生活”听力筛查公益宣传，普惠涉残服务。提标发放残疾人“两项补贴”（困难残疾人生活补贴和重度残疾人护理补贴）。1月，残疾人“两项补贴”中护理补贴提高10元/月。7月，生活补贴提高40元/月。全区全年共计发放残疾人“两项补贴”5090.8万元，惠及残疾人123242人次。实施“残疾人幸福生活推进计划”。区残联向有需要的残疾人家庭发放洗衣机、微波炉等基本家电50件。为14名重度残疾人家庭、2家涉残机构安装腾讯“99”公益日网络募捐电热水器30台。增加持证残疾人商业综合保险险种。10月20日起，区残联为全区持证残疾人增购“人安康·家安心”保险。全年全区残疾人商业保险共赔付83例，赔付金额155.4万元，赔付率113%。发放教育创业补贴。全年累计向25人次发放教育专项补贴2.15万元、励志奖学金1.39万元。向5人发放资助创业补贴1.5万元、3人发放租金补贴6万元。开展劳动技能培训。5月11日，区残联在直溪镇举行红香芋种植培训，活动邀请江苏省“脱贫攻坚”奖获得者、常州昌玉红香芋专业合作社理事长蔡冬生到现场授课，50人参加培训。7月5日，在金程职业技能培训学校开展为期20天的西式糕点培训，4人参加培训，2人获国家四级职业技能等级证书。

【康复服务】 2021年，全区开展“三助一免”（助听、助行、助视，精神残疾人免费服用基本药物）康复救助工程。全年实施白内障复明手术1740例。发放助听器、轮椅各类辅具198件，为710名精神残疾人提供免费服用基本药物服务。全区0～14岁残疾儿童康复训练107名，其中，区小天使康复培训中心训练儿童86名，区外21名。区残联与常州市定点儿童康复机构签订政府采购服务合同21份。区康复辅具服务中心累计为200多名残疾人提供轮椅、拐杖、助行器、助听器等辅具适配服务。西城街道东园、西门2个社区残疾人康复服务点建立社区残疾人康复档案。

【文体活动】 6月30日，区残联组织区小天使康复培训中心、区启智学校儿童参加“童心向党·逐梦百年”常州市残疾儿童朗诵比赛，2个节目获一等奖，2个节目获二等奖，1个节目获三等奖，2个节目获优秀奖。10月，区视残运动员陆文凯、陆文旋参加全国第十一届残运会暨第八届特奥会，获T11级中长跑800、1500、5000、10000米项目“4金2银”，陆文旋T11级10000米决赛成绩打破全国纪录。组队参加常州市第七届残运会，10月31日，市残运会第一阶段群体性比赛结束，金坛区获2块金牌、3块银牌、6块铜牌，总分位列第二。全年肢残人、聋人、盲人、智力残疾人及亲友和精神残疾人及亲友五大专门协会开展“一曲红歌献给党”“建党百年，缅怀先烈”、烈士陵园扫墓等各类活动20场次。

【全国助残日】 5月12—14日，区残联围绕第三十一次“全国助残日”“巩固残疾人脱贫攻坚成果，提高残疾人生活质量”主题，组织党员干部到陕西省安康市石泉县开展扶残助残对口交流活动，走访慰问当地涉残机构和困难残疾人家庭，赠送电热水器、液晶彩电、洗衣机、轮椅等家电和康复器具90件（套），价值10多万元。5月16日，区残联和区人社局联合举行“学党史办实事·助残疾人圆就业梦”残疾人就业专场招聘会。32家规模企业提供近百个岗位，六成以上参加活动残疾人与企业达成就业意向。区税务局、区司法局、区民政局等残工委成员单位现场提供法律援助、政策宣传等咨询服务。各镇、街道残联广泛开展走访慰问、就业帮扶、家庭无障碍改造等各类助残活动。

（徐　菲）

·金坛区红十字会·

【概况】 2021年，金坛区红十字会有应急救护培训基地1个，应急救援队1个，养老照护服务队1个，博爱家园2个。区红十字会以民生实事为切入点，开展各项红十字“人道博爱奉献”等民生实事，切实提升人民群众获得感、幸福感。

【惠民实事】 2021年，区红十字会开展各类惠民实事活动。6月18日，到西城街道花街社区宣传红十字会精神；10月22日，到京学附属实验幼儿园对全体教职工以及学生家长开展“关爱生命，你我同在”急救知识培训活动；7月23日，区金沙救援队、蓝天救援队派员赴河南新乡进行灾害救援，金沙救援队作为区红会派出队伍受到中国红十字总会通报表彰；全年先后将5台便民口罩机安装在中医院（2台）、图书馆（1台）、汽车北站（1台）、行政审批局（1台），减轻公共场所对口罩的供需压力，全年市民累计领取口罩1000多个；为河南水灾募捐活动，共收到捐款5.21万元，捐款根据常州市红十字会要求和捐赠人意愿，全部用于救灾。

【助力防疫】 2021年，区红十字会组织参与疫情防控，开展社会救助活动，为区集中医学观察点、集中健康监测点、社区、学校等重点场所提供消杀、宣传、劝导等服务。8月27日，区红会金沙救援队为金坛区实验幼儿园、金坛区华罗庚实验学校、金坛区段玉裁实验小学、金坛区第二中学等20多所学校进行全方位消杀，为学校师生营造安全、稳定校园环境。

【应急救护普及培训】 2021年，区红十字会与文广体局对接沟通，对区域内运动协会、游泳馆、网吧等人员进行多场救护培训，对北电爱思特、当升科技、吉地亚汽车等24家大型企业进行培训。全年累计组织20场初级救护员培训和55场普及性培训，完成初级培训802人，普及培训5113人。

【打造“博爱家园”品牌】 2021年，区红十字会开展“红十字博爱送万家”“两节送温暖”活动，朱林镇唐王村建设市级红十字“博爱家园”品牌项目。“博爱家园”项目整合社区资源，发挥社会功能，把红十字会工作融入社区公共服务，打造红十字志愿服务站，发挥人道救助、防灾减灾和应急救护等职能。

【造血干细胞捐献】 2021年，金坛区成功完成常州市第68例、69例（区第5例、第6例）造血干细胞捐献。同时报送造血干细胞志愿者样本136份，入库78份，登记遗体捐献志愿者3名，白血病小天使基金申报1名。

【推进AED+CPR培训】 2021年，区政府在学校、行政服务中心、车站、旅游景点等地点安装30台AED（体外除颤仪），区红十字会从安装单位和维护单位着手，根据实际需求培养一批AED+CPR培训应急救护人员；为员工、教师、学生等企业、学校的关键岗位人员提供应急救护培训，把江苏省教育厅和省红会关于推进学校应急救护培训工作要求落到实处。

（王　梅）

（编辑　刘士科）

政法及综治工作

【概况】 2021年，金坛区政法系统认真贯彻《中国共产党政法工作条例》，围绕“平安法治金坛”总目标，忠诚履职、担当作为，平安金坛建设深入推进，法治金坛建设稳步实施，政法队伍教育整顿扎实开展，有力维护了金坛经济社会发展大局的和谐稳定。政法队伍满意率、扫黑除恶成效满意率、网格服务满意率均位居全市第一，人民群众获得感、幸福感、安全感稳步上升。

【安保维稳】 2021年，全区政法系统坚持将防控风险作为工作底线，圆满完成庆祝中国共产党成立100周年、中共十九届六中全会等重大安保任务。全区成效满意率96.25%，矛盾纠纷调解率65.75%，列全市第一。预防隐患稳控风险。紧盯突出矛盾和潜在风险，加大对敌势力防范打击力度，落实“区、镇、村”三级稳控责任，建章立制化解风险。健全风险研判、风险决策评估、风险防控协同、风险防控责任四项常态化运行机制，细化工作措施。落实联合研判机制，实施研判评估、指令交办、协调处置等风险防控措施。对排查出的风险研究审核，实施分类处置，全年共滚动摸排140余个重大风险隐患。专项行动处置风险。严格落实安全生产工作责任制，依法严惩重大责任事故、重大劳动安全事故等危害安全生产类违法犯罪案件15件。常态化推进扫黑除恶，依法受理恶势力犯罪案件3件34人。先后破获“陈某友恶势力犯罪集团案件”“朱某龙恶势力犯罪团伙案件”“9·7”重大涉黑案件等一批社会影响恶劣的涉恶案件，共抓获涉黑涉恶犯罪嫌疑人252名。破获“八类案件”（故意杀人、故意伤害致人重伤或者死亡、强奸、抢劫、贩卖毒品、放火、爆炸、投毒罪）26起，破案率83.9%。侦破“1011”特大污染环境案，受到市委、市政府及区委、区政府领导肯定。

【疫情防控】 2021年，全区政法系统依法明确疫情防控要求，为人民群众健康安全、助推复工复产筑牢防线。涉疫信息数据排查核实全面精准。依托于网格平台疫情防控子系统，开展对涉疫人员的数据接收、情况摸排、日常巡查、信息核实反馈等工作。发挥法治保障功能，为企业发展提供法治服务。年内，政法各单位深入100余家企业了解法律需求，提供菜单式法治服务，助力企业复工复产；全区律师为园区提供法律意见125条，开展法治宣传136场次，调解矛盾纠纷484件，代理诉讼38件，开展法治体检90次。

【法治建设】 2021年，全区围绕“平安法治金坛”建设，转变执法理念、规范执法行为，做实措施举措，为全区经济发展与社会稳定提供法治保障。优化营商环境。区法院推进供给侧结构性改革，受理破产案件81件，结案55件。大力清退执行不能的“僵尸企业”，新收执行转破产案件37件。加大长期未结案件清理力度，将历时12年之久的常州鑫华服装有限公司破产财产以1900多万元的价格竞拍成功，破除案件进程障碍。区检察院常态落实“检企对话”沟通协作机制，深入中航锂电科技有限公司、东方日升（常州）新能源有限公司等12家重点企业开展法治需求调研和法律咨询服务，有序推进企业合规试点工作。强化知识产权保护，检察保护金坛雀舌、建昌红香芋等国家地理标志产品。金坛公安分局做实护企安商举措，设立经侦、出入境服务工作站和3个综合服务窗口，精简易制毒、通行证、互联网等公安政务服务流程，即时办理涉企业务3131件，并为高层次人才落户提供“一件事联办”。全年快侦快破涉企经济案件13起，集中清理非法集资陈案16起。区司法局围绕疫情后企业复工复产遇到的法律问题和光伏产业链等企业的法律风险防控，提供专项“法律体检”，帮助企业提升风险防范和控制能力。开展重点领域涉企行政处罚梳理工作，督促13个行政执法部门出台重点领域涉企常用行政处罚自由裁量标准和免罚清单，规范涉企行政执法。

提高司法公信力。开展执行攻坚，高效兑现胜诉权益，受理执行案件9665件，结案9234件。针对涉及民生、标的较小、妨害稳定等案件，常态化开展夜间执行、假日执行等集中执行行动16次，执行到位金额523.9万元。审结江苏省首例妨害安全驾驶犯罪案件，被央视新闻频道报道。充分发挥检察监督职能，全年发出各类检察建议296件。推进行政复议工作规范化建设，明确各镇（街道）相对集中行使的行政处罚权181项，受理行政复议案件37件，结案26件。

浓厚法治氛围。强化防范反诈宣传，组建反诈微信联盟群592个，组织开展警花团反诈宣讲活动1632场次，设置社会面反诈横幅标语4321条、宣传海报7.2万份，指导23.2万人安装国家反诈中心App，电信网络诈骗警情同比下降15.2%，电信诈骗发案同比下降27.4%。印发“八五”普法规划方案，发放法治宣传资料5万余份。有效开展“援法议事厅”工作，林丰村“援法议事厅”被江苏省委依法治省办公室评为省“援法议事”范例。至年底，全区累计创成3个国家级、55个省级民主法治示范村（社区）。

【区域社会治理】 2021年，全区积极探索区域社会治理试点工作有效举措，对照试点指引要求，制定施工图，实行倒排工期、挂图作战，锚定主攻方向，扎实推进试点工作各类项目。

试点工作稳步推进。区委、区政府专门研究部署区域社会治理工作，成立由区委、区政府主要领导为组长的区委平安金坛建设领导小组和7个专项协调组，结合实际，制定区级实施意见和工作方案，明确议事规章和组织协调机制。召开试点工作推进会，制定重点任务分解表，明确考评办法，各组成部门狠抓落实，有序推进区域社会治理现代化试点工作。

夯实网格基础。发挥网格化建设在区域社会治理工作上的重要载体作用，以儒林镇为先行单位，实施综合指挥中心一体化运行，新建区网格培训基地1000平方米、“平安前哨”71所。研发网格员平台系统，加强网格治理能力和风险管控，推进网格精细化管理。加大网格队伍建设，配备城区专、兼职网格员，并健全联动协调机制。推荐和报送参评常州“最美网事”“高质量网格事件”70余件，3名基层网格员被评为市级“平安卫士”、1名公安民警入选全国“平安英雄”。

实施创新项目。推进实施创新社会治理重点项目绩效管理模式，打造“平安前哨”新模式。围绕区域社会治理指标，推行“警格＋网格”深度融合。方边村“平安前哨”多元一体化工作站建设、九洲里社区“1+4”基层治理服务新思路、虹桥社区七彩党建进网格等社会治理惠民生项目，有效解决一批社会治理重点难点问题。

【政法队伍教育整顿】 2021年，全区政法系统深入贯彻落实《中国共产党政法工作条例》，扎实开展政法队伍教育整顿，将学习教育贯穿教育整顿全过程，筑牢全体干警思想根基。学习教育期间共发放自编学习材料2750本，举办党史宣讲报告会15场次、英模事迹报告会5场次、警示教育大会10场次、廉政教育报告5场次。坚持问题导向，狠抓查纠整改，确保问题精准整改、逐一销号。宣传贯彻“自查从宽、被查从严”政策，通过组织谈心谈话、自查事项填报、撰写“政治忠诚”剖析材料、召开专题民主生活会（组织生活会），开展“七查”工作（举报线索核查、涉黑涉恶案件（线索）倒查、重点案件交叉评查、涉法涉诉信访案件清查、法律监督专项检查、智能化数据排查、队伍建设巡查），排查梳理涉及政法队伍问题线索54件，运用“四种形态”处置政法队伍问题线索30件，41名干警主动说明问题。开展顽瘴痼疾问题专项排查，共排查出“六大顽瘴痼疾”（违反防止干预司法“三个规定”；违规经商办企业和配偶、子女及其配偶违规从事经营活动；违规参股借贷；违规违法减刑、假释、暂予监外执行；有案不立、压案不查、有

3月18日，区教育整顿办公室组织开展政法队伍教育整顿专项督导

罪不究；法官检察官离任后违规从事律师职业、充当司法掮客）内容四大类24种情形，并逐条制定整改措施，逐项明确整改责任和时限。坚持“当下改”“长久立”相统一，找准政法队伍教育管理监督的短板漏洞，做到治建并举、抓源治本。构建完善政法纪律条令体系，定期排查预警重点领域、重点环节、重点部门廉政风险，落实队伍教育整顿管理监督要求。印发《关于强化政法系统领导干部对落实“三个规定”认识　提高组织力　发挥表率作用的若干规定》，发挥其“警示器”“高压线”作用。加强统筹兼顾，确保教育整顿与各项政法工作一体推进、融合发展。开展“我为群众办实事”活动，先后推出动迁安置政策法规培训、打击治理电信网络诈骗专项行动、法援惠民生拓展工程等便民、惠民、利民举措38项。政法队伍建设满意率97.28%，位居全市第一。

（张永成　杨　滟）

公　安

【概况】 2021年，全区公安机关紧扣省公安厅“六六战略”和常州市公安局现代警务改革总体布局，坚持以理念转变优化机制、以作风转变促执行、以真抓实干提质态，围绕防疫情、护稳定、保安全、促发展目标，完成庆祝中国共产党成立100周年、中共十九届六中全会等重大安保任务，连续十年被评为江苏省县级公安机关执法质量优胜单位。

【维护社会稳定】 2021年，区公安机关以开展庆祝中国共产党成立100周年安保维稳攻坚行动为主线，坚守防控风险底线，提高风险防控效能。处置化解矛盾，维护区域稳定。完善落实“主动预警、前置防线、谋略处置”机制，社会矛盾得到有效化解，71件初信初访件全部办结，公安部交办重复信访案件、国家信访局交办信访积案化解率分别100%、91.7%。阻断疫情传播，抵御疫情风险。高效落实“数据导控、通道查控、重点封控、隔离管控、联防联控”五项措施，第一时间落实流调溯源、隔离管控、区域封控，累计核查中高风险地区人员5.7万人次，检查重点车辆13.5万辆次，完成2478名医学观察人员集中隔离管控任务，规范处置涉疫警情2403起，依法查处涉疫案件23起。压降安全风险，深化公共安全整治。加强出租房（群租房）风险隐患排查，与区住建、供电、消防等部门对群租房进行全覆盖检查，清理注销37户、核实232户，排查整改隐患1265处，当场处罚违规房东48名；专项整治“小化工”，建档列管危化品单位108家，联合查处违规经营单位1家，处置转移危险化学品655.3千克，查获非法流动加油车26辆、油品100吨。开展一般单位消防监督检查1.4万家，当场整改隐患2.3万起，开具责令整改通知书984份，整治消防隐患单位14家。开展“护校安园”行动，安防体检校园106所，打造平安校园。

【智慧警务建设】 2021年，区公安机关实施多维感知系统升级，提高社会治理的驾驭能力。开展治安关键节点智能化监控建设，积极打造平安校园“智能前哨”，推进商场、医院、景区3类智慧技防单元建设，布建结构化人脸相机，在29个居民小区联网运行微卡口、人脸抓拍设备，全区联网感知设备超500路。升级改造视频监控，开放数据赋能权限235个，支撑一线破获刑事案件183起、抓获违法犯罪人员165名。开展反诈宣传防范行动，专题研究电信网络诈骗打防治理工作方案，组建反诈微信联盟群592个，指导23万余人安装国家反诈中心App。精准落实建群通报、警花宣讲、警情回访等措施，电信网络诈骗警情、电信网络诈骗案件同比分别下降15.1%、27.4%。

【道路交通安全】 2021年，区公安机关贯彻落实《江苏省道路交通安全条例》，实施道路安全畅通工程，提高道路安全水平。对国、省、县道158个干支路落实标准化改造，取缔农村道路非法接口17处，拆除城区超负荷环岛2处，新增停车泊位1245个，更新交通标志417个。开展交通安全隐患整治。针对重大交通事故隐患与重点违法行为，实行亡人事故深度调查、隐患点现场会诊和每晚设卡联勤查控机制，排查整改道路安全隐患453处，现场查处“三超一疲劳”（超员、超载、超限、疲劳驾驶）等严重交通违法行为13.7万起，涉酒交通事故亡人数下降13%。针对校园周边拥堵难题，对21所沿街重点学校实施“一校一策”，因地制宜落实20项治堵措施。针对不文明交通违法行为，组织405名警力对7个主要路口、5条主次干道和62个路面点位实行叠加管控，持续提升文明交通长效管理水平。在全国文明城市检查测评中，交通秩序实现“零扣分”。

【破获组织他人偷越国（边）境案】 6月15日，区公安分局东城派出所民警在对经济开发区东村50号例行检查时，发现5名缅甸籍男子在金坛区申嘉水晶厂非法就业。经讯问，该5人交代系经1名缅甸籍男子使用中华人民共和国边境通行证，通过腾冲猴桥口岸进入中国边境云南省腾冲市，再由环某（女，云南人）负责接头转至金坛申嘉水晶厂工作。经办案民警研判分析涉案嫌疑人的身份位置，侦查人员辗转贵州六盘水、遵义、贵阳和江苏江阴等地，将6名犯罪嫌疑人抓获。经审讯，环某等6名犯罪嫌疑人交代了非法偷越国

（边）境犯罪事实。

【侦破省目标毒品案】 2020年8月，常州市公安局在涉毒线索分类整理过程中，发现活动在金坛区的刘某龙等人有贩毒嫌疑，且毒品数量较大。常州市公安局禁毒支队遂会同金坛公安分局等部门成立专案组立案侦查。经过6个多月的研判经营，逐步摸清整个贩毒网络结构，掌握了犯罪集团的人员组成和活动轨迹、资金往来等证据。2021年2月17日，经工作发现，贩毒人员前往山西吕梁进行毒品交易。专案组民警派出3个工作小组30余人兵分三路出击，对该贩毒网络人员进行收网行动。19日，在山西吕梁将贩毒上线人员刘某龙和狄某霞抓获。21日，在淮安将另外2名犯罪嫌疑人成功抓获。

【破获诈骗犯罪集团】 3月1日，区公安分局会同常州市公安反诈中心等部门在北京丰台、河北保定抓获吉某照、吉某龙（均为河北保定人）等42名诈骗犯罪嫌疑人，查获假药3000余盒。经查，2020年9月20日以来，吉某龙等人通过冒充医生、夸大中药治疗效果等方式，诱骗被害人高价购买不具备药物功能的“中药丸、膏、茶包”，被害人多达2754人，案值716万元；23日，区公安分局反诈中心在湖北省咸宁市咸安区三元城小区查获两处网络诈骗窝点，一举抓获网络诈骗嫌疑人杨某东、郑某丹、郑某楚、陈某、陈某文5人。经查，2020年9月以来，犯罪嫌疑人杨某东伙同郑某楚等人冒充医生在网上以给男性患者诊断男性疾病为由，开具虚假药方、出售自制假药诈骗被害人，获利100余万元。

【打掉非法捕捞、收赃销售团伙】 5月，区长荡湖管理人员发现时常有一伙人深夜驾驶组装快艇窜至长荡湖水域，用自制“电捕”设备非法捕捞水产品，严重破坏了长荡湖生态资源，遂向公安分局报警。区公安分局迅速组成专案组展开调查。经过3个多月深度调查，获取了该团伙非法捕捞、销售等证据。9月25日凌晨，公安分局抽调治安、刑警、巡特警等60余名警力分组开展精准抓捕，将善某宝（连云港市灌南县人）等10名涉嫌非法捕捞犯罪嫌疑人，裘某家（苏州市虎丘区人）等3名收赃销售犯罪嫌疑人抓捕归案。缴获电捕工具5套、快艇7艘以及渔货物300余千克，价值100余万元。

8月2日，金坛区交警大队民警在茅山道口执勤

【侦破重大污染环境案】 2021年，区公安分局在对生态环境部门一起普通行政案件排查时，发现一条涵盖上游产废企业、中间收购商、非法处置窝点、下游收购商等多环节、多层级的特大非法收购处置危险废物污染环境的犯罪网络，遂会同市、区两级生态环境部门成立“1011”联合专案组全力攻破案件。通过深度调查取证，11月25日凌晨，专案组在省公安厅食药环侦总队、省生态环境厅综合执法局的协调和镇江、无锡、南京等地警方配合下，共抓获涉案犯罪嫌疑人64名，查处涉污窝点7处，扣押压板机等机械设备10余台、各类危废桶300余吨，涉案金额1000余万元。

（潘一平）

检　察

【概况】 2021年，金坛区人民检察院坚持深化检察改革，更新检察理念，依法忠实履行法律监督职责。全年共受理各类案件1200件。其中，办理刑事案件992件；民事行政监督案件201件；公益诉讼案件7件。坚决打赢检察战“疫”，推动平安金坛建设。依法起诉跨多省妨害建筑工地复工复产的被告人33名，严厉打击1起涉案金额高达450万元的抗疫物资诈骗案，对利用疫情哄抬物价、囤积居奇等行为及时制发检察提醒函3件；依法对疫情防控关键时期的31个涉案企业和企业负责人决定不捕不诉，从快办理抗疫医生申请的融资租赁纠纷执行监督案1件。常态化开展扫黑除恶工作，成立专班提前介入常州市扫黑办指派交办的武进区“9·7”重大涉黑案件，批准逮捕14人，并就深挖组织犯罪、压实证据锁链、追查资金流向、扩大扫黑战果等方面向侦查机关提出具体侦查意见。维护良好网络市场秩序，主动应对网络交易平台虚拟性、开放性和跨地域性等特征带来的监管难题，先后办理电信网络诈骗案19件。其中在办理1起涉案犯罪嫌疑人60余名、被害商户500余家的“淘宝店铺装修”电信网络诈骗案时，促成各被告人退赃退赔，帮助被害人挽回经济损失86万余元。强化队伍建设，认真开展党史学习教育、检察队伍教育整顿，配合市委提级巡察，并以序时推进方式倒排整改时限、倒逼责任落实，提升检察素能。年内，区检察院获评江苏省首届“五好”基层检察院。

【刑事检察】 2021年，区检察院加大对影响社会稳定和群众反映强烈违法犯罪的打击力度，依法以涉嫌妨害安全驾驶罪办理全省首例抢夺方向盘案，审查逮捕故意杀人案2件2人，审查起诉贩卖新型毒品案2件2人，从严惩治侵害公民个人信息案3件8人，集中打击受害人数超千、涉案金额千万元的涉医网络诈骗案5件80人。整体推进刑事诉讼监督。年内，依法监督侦查机关立案16件、撤案45件，追捕追诉26人，对侦查活动违法情形提出书面纠正意见46件，对审判活动违法情形提出书面纠正意见16件，提出抗诉和再审检察建议3件，对刑事执行、监外执行、财产刑执行等活动履职不当提出书面纠正意见81件。依法应用尽用认罪认罚从宽制度，全链条压缩办案“往复”流程，认罪认罚适用率94.49%，定刑量刑建议采纳率99.33%，认罪认罚案件上诉率降为4.75%；引导侦查取证率上升9.27%，案－件比为1.05，有力提升司法办案质效。

【民事行政检察】 2021年，区检察院认真开展民事行政检察，切实维护司法权威，努力化解社会矛盾。加强民事审判活动违法与执行监督，持续深化民事案件正、副卷一并调阅机制，畅通与区纪委监委、区法院间的线索移送、信息共享渠道，提高检察监督的实效性和精准度。全年办理民事类案件178件。对民事生效裁判提请抗诉2件，对民事审判活动违法提出检察建议51件，对民事执行活动违法提出检察建议41件。常态化开展虚假诉讼专项监督，受理虚假诉讼案件31件，发出再审检察建议13件，法院改判12件。依法监督行政诉讼活动，持续将实质性化解行政争议作为行政检察工作发力点，与区法院会签出台《关于促进行政争议实质性化解的协作意见》，凝聚化解合力。年内，共发出行政审判违法检察建议4件、行政执行监督检察建议11件，行政终结审查23件。帮助1名社会抚养费征收领域案件申请人解决实际困难，化解1起养老保险跨省转移接续行政争议案件，促成行政机关和行政相对人达成行政和解协议，实现案结事了政和。办理的“网络司法拍卖执行监督案”入选全省民事检察典型案例。

【未成年人检察】 2021年，区检察院“没完没了”监督落实“一号检察建议”，推动建立入职查询、强制报告、行业禁入、性侵预防等制度机制，依法对实施强奸、猥亵未成年人的11名被告人提起公诉并提出从重量刑建议，切实保障未成年人合法权益。依法对7名涉罪未成年人不捕不诉，开展宣告训诫、亲职教育、公益劳动等帮教活动100余人次，通过司法援助、心理干预等帮助引导7名“问题少年”重返校园，6名“问题父母”再受教育。依法对遗产继承权、追索抚养费、申请人身安全保护令3件未成年人民事权益案件支持起诉。监督开展校园周边食品、托育培训机构、娱乐场所等专项整治32次，组织“送法进校园”普法宣传185场次。

【营商环境检察服务】 2021年，区检察院服务保障民营经济发展，升级做好法治版“店小二”。常态落实“检企对话”沟通协作机制，深入中航锂电科技有限公司、东方日升新能源股份有限公司等12家重点企业开展法治需求调研和法律咨询服务，对虚开增值税专用发票的8家涉案企业完善财务与纳税管理制度，制发检察建议7份，帮助企业堵塞制度漏洞、提供法治对策，有序推进企业合规试点工作。树立实质性平等保护、审慎谦抑、权益双向保护等理念，执行涉企案件调查评估机制，对犯罪情节轻微的涉案企业人员依法不批捕12人、不起

1月28日，区检察院组织开展“送法进校园”普法宣传活动

诉19人；打击侵害企业和企业家权益犯罪34件56人；快速办理涉企员工挪用资金、职务侵占等侵犯财产类犯罪11件16人，帮助企业挽回经济损失700余万元。加大知识产权保护力度，联合区知识产权局推进科技创新知识产权纠纷联动化解机制，金坛雀舌、建昌红香芋等国家地理标志保护产品得到有效的检察保护。

【创新检察机制】 2021年，区检察院就如何形成检察监督职能与行政执法职能合力、有效发挥河湖长与检察长在河湖治理保护中的监督协调作用，与区河长制办公室联合出台《关于建立“河湖长＋检察长”协作机制的实施意见》，并率先建立“河湖长＋检察长”协作机制，重点整治全区侵占河湖、破坏生态的乱占、乱采、乱堆、乱建的“四乱”问题；在水资源配置、水生态修复、水环境治理、水污染监管、水灾害防治领域发现的侵害社会公共利益、侵害国有财产、危害公共安全以及存在重大公共安全隐患问题；违法取水、排污等可能造成重大水资源破坏、水环境污染问题；行政机关违法行使职权或怠于行使职权问题；针对长荡湖的非法捕捞水产品、非法猎捕野生动物等问题。对涉河湖领域的重大案件，河湖长与检察长联合指挥、分工协作，研究并督促指导办理。“检察蓝”加入“河湖蓝”，检察机关将为全区河湖长制工作发挥“1+1 > 2”的聚合效应，推动河长制工作从“有名有实”向“有力有能”转变。

（汪佳敏）

法　院

【概况】 2021年，金坛区人民法院坚持以审判执行业务为中心，积极开展政法队伍教育整顿活动，持续固本强基、创新实干，审判执行各项工作稳中有进、进中向好。全年共受理各类案件22098件，其中新收案件21155件，同比分别上升32.66%和50.51%，审执结21105件，同比上升34.31%。

【刑事审判】 2021年，区法院共受理刑事案件570件，审结554件。审结故意伤害、盗抢骗等案件221件，保障百姓安居乐业；审结重大责任事故、重大劳动安全事故等危害安全生产类违法犯罪案件15件，保障地区安全生产及生命财产安全；审结《中华人民共和国刑法修正案（十一）》实施以来江苏地区首例妨害安全驾驶犯罪案件，维护社会公共安全秩序。严厉打击危害经济安全犯罪，公开宣判江苏嘉投实业集团非法吸收公众存款案，维护群众“钱袋子”安全。坚决严惩腐败，开庭依法审理王某双受贿案，组织公安、检察院、政法委等6家单位141名干警旁听，推动正风肃纪。

【民事审判】 2021年，区法院共受理民事案件11357件，审结10854件。坚持法理情交融汇合，妥善审结婚姻家庭、财产继承等家事案件906件。回应农业农村领域群众诉求，审结涉农村土地承包权、经营权纠纷等案件66件。坚持司法关爱未成年人成长，对未成年人人身保护令保护对象及时展开回访慰问。深化道路交通事故损害赔偿案件一体化处理机制，打通涉保险案件化解“快车道”。加强司法救助工作，年内为确有困难的当事人缓减免诉讼费116万元。

【破产审判】 2021年，区法院发挥破产审判市场拯救和净化功能，共受理破产案件81件，结案55件，化解不良债权23亿元，安置职工905人，盘活土地、房产44.9万平方米。提升破产财产处置成效，江苏新先制药有限公司破产财产拍卖成交2900余万元，江苏苏格达斯铝合金科技有限公司破产财产拍卖成交9200余万元。加大长期未结案件清理力度，常州鑫华服装有限公司破产财产以1900余万元竞拍成功，破除该12年未结案件进程中的最大障碍。

【执行工作】 2021年，区法院加强执行规范化建设，提升执行规范化素能。全年共受理执行案件9665件，结案9234件。常态化开展夜间执行、假日执行等集中执行行动16次，执行到位金额523.9万元；秉持刚柔并重、宽猛相济的执行理念，开展强制搜查15次，拘留“老赖”50人。严

11月26—28日，区人民法院开展集中执行行动

格执行事务内部管理，建立执行案款常态化管理机制，共清理执行案款5863.81万元。

【创新党史学习教育】 2021年，区法院积极打造“四个课堂”，创新“全链条”模式，真正让党史学习教育在全院干警中走“新”更走“心”。“体验课堂”增热度，打造“体验式”党史学习教育文化长廊。通过“365”党建特色、百年党史路、先锋模范墙等特色展区，同步对应政法队伍学习教育四个环节内容。教育长廊建成以来，已有省、市、区领导以及辖区企事业单位10余批次参访，开展各类主题活动数十次；“沉浸课堂”提鲜度，建设“沉浸式”金坛法院思政教育厅。通过VR技术，重温革命历史、习近平重要讲话精神，让党员在身临其境的同时更加铭记历史故事，更加筑牢思想之基；“掌上课堂”拓宽度，突出利用“金法1123”智慧党建系统，积极构建学习、宣传、教育、交流“四位一体”党史学习教育体系，建立党员在线学习交流群；“实践课堂”升温度，开展“四进四访四听”[进园区访企业听优化营商环境良方、进村（社区）访村（居）民听解决诉源治理良法、进学校访师生听护航少年成长良计、进律所访律师听改进司法作风良策]为民办实事活动，不断探索推行共建百名邮递员法治宣传队、“金天平”法官工作站、“你问我答”法官普法直播间、打通涉保案件化解“快车道”等特色为民办实事项目，坚持问政于民、问需于民、问计于民。

【江苏首例妨害安全驾驶罪案件审理】 3月2日，区法院开庭宣判周某妨害安全驾驶罪一案。被告人周某乘坐大客车因下车地点及车费问题与该车驾驶员发生争执，抢控客车操作装置，干扰公共交通工具正常行驶，妨害社会公共安全秩序，被判处拘役六个月，并处罚金人民币5000元。该案系《中华人民共和国刑法修正案（十一）》实施以来江苏地区首例妨害安全驾驶犯罪案件，同时入选省高院第二批“弘扬中华优秀传统文化典型案例”以及常州市2020—2021年度“以案释法”优秀案例。

（毛京华）

司法行政

【概况】 2021年，金坛区司法行政系统坚持以人民为中心，紧盯区委区政府中心工作，“多管齐下”提升服务质效，全面推进依法治区工作，锻造司法行政铁军，夯实“八五”普法基础，为全力打造“最美新城区，最强增长极”提供法治支撑。

【法治宣传教育】 2021年，区司法行政系统围绕年度普法责任清单部署普法任务，开展形式多样的法治宣传活动。先后与公安分局、区妇联、区农业农村局、区信访局、区教育局等部门联合开展“典亮新春茶市”“送法进景区”“全民反诈”“平安幸福+”等主题宣传26场次。开展“三节四时普法行”等系列法治宣传教育活动近200场次。依托新媒体平台，打造“法律就在身边”法治直播间试点12个，投放短视频16个。投入专项资金对区青少年法治教育基地提档升级，网络诈骗、民法典等相关体验项目整合到位。依托“民法典宣传月”，组建巾帼“法律明白人”志愿服务队进村入户宣讲，举办全区网格员、村书记民法典培训班，组织参与“中国普法”“百万党员考法”等民法典网络竞赛活动。依托“法律明白人”进网格工作，组织安全生产、民法典等专题法治培训12场次，培育法律明白人589人；面向各成员单位、法律服务队伍及镇（街道）征集普法宣讲团讲师23名。深化基层民主法治创建工作，方边村“平安前哨”基层依法治理经验得到区领导肯定，林丰村“林中微风”“援法议事”工作全面推广，“林中微风”品牌被江苏省委依法治省办公室评选为省“援法议事”范例。年内完成省级以上民主法治示范村复核创建迎检工作，新申报省级民主法治示范村（社区）4个。至年底，全区累计创成3个国家级、55个省级民主法治示范村（社区）。

【法律服务与法律援助】 2021年，区公共法律服务中心围绕打造优质营商环境，为企业、园区提供专项“法律体检”，帮助企业提升风险防控能力。制定金坛区司法局“促进非公有制经济健康发展和非公有制经济人士健康成长”任务分解表，为民营企业提供优质的法律服务。全年全区律师为园区提供法律意见121条，开展法治宣传136场，调解矛盾纠纷484件，代理诉讼38件，开展法治体检73次。组建律师团为光伏产业链提供法律服务，每季度撰写光伏行业研究报告1～2篇，深入解析内部控制缺陷，弥补法律风险。组织律师事务所、律师参与研发企业法律服务产品、“企业项目可行性报告”“企业劳动用工合规法律服务产品”“快递行业风险防控法律服务产品”等助企公共法律服务产品，参加常州市司法行政系统公共法律服务产品创新大赛，面向社会推广。加强法律援助，保障民生需求。在区环卫处、劳动监察大队新设法律援助工作站。全区累计建成法律援助工作站22个，法律援助联络点126个，开展法律援助咨询、援助申请指引等工作。做好弱势群体援助工作。与区卫健局、残联建立互通机制，邀请手语专业老师到援助中心现场为聋哑人申请法律援助服务，年内援助服务文盲聋哑人3人次，“失独家庭援手相助”项目入选省法律援助基金会项目。为保障援助案件办理质量，根据律师事务所规模及人员自愿原则建立由44名律师和法律服务工作者参与的律师人才库。全年共办理各类援助案件1828件。其中，民事申请类1684件；刑事申请类144件，回访满意率超95%。提供上门服务22次，群体性援助案件72起1375人。法律援助办件量达省定标准300%，区法律援助中心被评为“江苏省法律援助工作先进集体”。

【依法治区】 2021年，区委印发《法治金坛建设规划（2021—2025年）》《常州市金坛区法治社会建设实施方案（2021—2025年）》，区委依法治区办公室牵头制定《中共常州市金坛区委全面依法治区委员会关于加强法治乡村建设的实施意见》《区委全面依法治区委员会2021年工作要点》等相关文件，强化法治意识。推进党内法规和法律制度落实，细化目标任务，落实监测评价。制订《法治金坛建设规划（2021—2025年）重要举措分工方案》《常州市金坛区落实2021年度法治建设监测评价工作方案》，将法治建设“互联网+”监测评价细分为九类51项指标，召开法治建设监测评价工作部署推进会，明确牵头部门、责任部门工作举措，使部门推进法治建设工作有据可依、有力可使、有法可抓。推行证明事项告知承诺制。区依法治区办公室、区司法局分别印发《常州市金坛区全面推行证明事项告知承诺制实施方案》《常州市金坛区证明事项告知承诺制工作规程》，联合区行政审批局在区政务服务中心推行证明事项告知承诺制。提高办事效率。推进镇（街道）综合行政执法体制改革，提高基层执法水平。4月，举办综合行政执法业务培训班，组织各镇（街道）综合行政执法局和司法所工作人员参加培训。8月，发布《常州市金坛区人民政府关于在全区各镇（街道）开展相对集中行政处罚权工作的通知》，明确规定各镇（街道）相对集中行使行政处罚权181项以及开展执法工作的具体要求，为基层开展综合行政执法提供依据。全区9个镇（街道）建立了行政执法三项制度，并按照《常州市镇域综合执法格式文书规范指引》，依托“双随机、一公开”平台开展规范化执法。推进行政复议体制改革，印发《常州市金坛区行政复议体制改革实施方案》，开展行政复议工作规范化建设。年内共收到行政复议申请44件，受理38件，结案29件，其中撤销2件，确认违法5件，申请人自愿撤回行政复议申请4件，综合纠错率达37.9%。向行政机关制发行政复议建议书10份。全年共办理行政诉讼案件19件，发出行政机关负责人出庭应诉催告函73份。

【矛盾纠纷调解】 2021年，区司法行政系统综合运用人民调解、行政调解、律师调解、公证等多种方式，多元化解民事、商事、假释、行政等领域纠纷。成立了常州市仲裁委员会金坛办事处。建优研判预警机制，定期研判、收集、汇总、梳理各类矛盾纠纷动态信息。明确信息联络员和责任领导，形成多层次、多元化的信息网络，及时有效收集掌控、研判预警各类矛盾纠纷。建优联动处置机制，完善以非诉讼服务中心为主导的“1+N”（“1”非诉服务中心，“N”调解职能部分）衔接联动，非诉讼服务中心“一窗受理、集成服务”，建立健全矛盾纠纷受理、研判、分流、转办、督办等各项制度，最大程度简化、钝化矛盾。依托“苏解纷”与人民调解小助手平台，及时流转案件至法院等相关行政单位。全年，“苏解纷”平台共受理案件43件，21件流转至法院，8件流转至相关行政单位，调解成功率99.4%。建优检查督查机制，着力构建限期调解、精准督查、反馈通报、整改落实、回访暗查、考核奖惩六环相扣的“闭环体系”，每次督查均形成问题清单和建议清单。定期举办调解员培训班，全年“线上＋线下”组织调解员培训21场次923人次，培训覆盖率92.3%。年内，各级人民调解组织共受理矛盾纠纷13021件，调解13021件，调解成功12923件，调解率100%，调解成功率99.2%。

【特殊人群管理】 2021年，区司法行政系统建立社区矫正重大执法律师参与复核机制和执法要素清单机制，

8月26日，常州市仲裁委员会金坛办事处揭牌

制定精细化矫正方案，实行精准矫治。全区26家小微企业主参与精准帮扶，安置168名矫正对象在服装厂、浴室和花木公司等单位就业。与区法院、检察院、公安、监狱协作配合，细化合作机制，规范执法流程，健全信息交换。与常州监狱有效对接，成立由26位监狱民警组成的刑法执行志愿者队伍，定期通过微信群发布志愿活动，开展对服刑人员调查评估32件、集中教育28场次、心理辅导7人次，组织远程视频会见105场次。印发《关于开展全区特殊人群重点管控专项行动的实施方案》和任务清单，对全区特殊人群人员进行走访排查，建立重点人员花名册和包案制度，落实专班负责。排查出社区矫正重点对象8名、安帮重点对象15名，对2名矫正对象不请假外出行为提请公安机关给予治安处罚。开展安置帮教社会适应指数评估试点工作。全区共有安置帮教对象1435人，已评估1431人，评估率99.9%。完善后续照管工作流程。年内，接收后续照管对象15人，解除照管6人；至年底，在册后续照管对象51人，照管率100%。组织指导镇（街道）后续照管服务站参与市司法局组织的规范化服务站创建工作，西城司法所和薛埠司法所被推荐为首批争创单位。

（金少川）

人民武装

【概况】 2021年，金坛区人民武装部以习近平强军思想为指导，深入贯彻常州市军分区党委扩大会议精神，落实全面从严治党、从严治军要求，锤炼过硬作风，全面提高素质。

【思想政治建设】 2021年，区人武部认真组织学习贯彻习近平“七一”讲话和中共十九届六中全会精神，加强思想政治建设。组织党史学习教育活动，开展“传承红色基因、担当强军重任”主题教育，不断提高政治素养。3月，在新兵役前教育管理中组织开展党史知识竞赛、“学党史、感党恩”主题征文、“兵之初、家国情”一封家书、国防中秋晚会和邀请革命先辈授课等活动，增强战备观念，培育战斗精神。4月，组织区人武部干部职工、专武干部和基干民兵党员骨干到中共苏皖一大会址前重温入党誓词，确保党员干部思想纯净、作风纯正。在基干民兵中常态化开展一次党史学习教育大课活动、一场“不忘初心、牢记使命”主题晚会、一次“学党史、感党恩”主题征文活动、一次为群众办实事活动、一次评比表彰活动的专题教育，增强战斗精神和血性。5月，常州市军分区领导到国防教育基地，给基干民兵讲授“龙城铁人”精神，增强基干民兵的荣誉感、责任感和使命感。

【备战训练】 2021年，区人武部始终把备战打仗作为第一要务，以常州市军分区军事训练指示为指导，强化作战需求根本牵引，坚持瞄准实战，召开专题议训会研究年度军事训练工作，提升领战胜战能力。4月，组织民兵应急排参加轮训备勤。5月，组织区民兵应急分队参加常州市防汛防台风应急抢险联合演练。6月，组织民兵“四会”教练员参加编写教案、理论学习等科目集训和比武，获常州市综合成绩第三名。同时，组织完成全市民兵公路运输连跨区联训。7月，遭受极端恶劣暴雨天气，区人武部先后组织民兵昼夜奋战，加固堤坝、排除内涝，保证了人民群众生命财产安全。8月，出动民兵应急分队，参与金坛区全员核酸检测应急演练。11月，组织举办金坛区第二届军事体育运动会，增强民兵军事素质。12月，金坛区委将常委议军会开到训练场，并组织开展“军事日”活动，相关活动在央视人民网报道。

【国防动员】 2021年，区人武部对照《民兵调整改革落实情况检查考评标准》，重点抓好民兵整组方案拟制、民兵组织潜力调查和基干民兵编组，做好预征装备工作，配齐配全物资器材；落实《参加基干民兵通知书》发放，逐人、逐分队、逐专业建立基干民兵档案。抓好国防动员潜力核查工作，召集成员单位召开工作部署推进会2次；区人武部领导牵头，走访调查相关企业，了解掌握动员潜力；组织

12月12日，金坛区委常委在花山国防教育基地开展“军事日”活动

数据会审，顺利完成数据统计对接。抓好基层武装部规范化建设。11月，在金城镇开展基层武装部规范化建设试点活动，组织各镇（街道）分管领导和专武干部参观学习，规范基层武装部建设。

【兵役征集】 2021年，区人武部坚持紧前筹划部署、情况摸查到底，建立预征青年信息数据库；在全区户外大屏播放征兵宣传视频，利用微信发送征兵宣传广告20万条。7月，区人武部领导走访企业宣传带编入伍政策，并与5家企业签订大学毕业生入伍协议书。

（郑　浩）

武警金坛中队

【概况】 2021年，中国人民武装警察部队常州市支队金坛中队以习近平强军思想为指引、忠诚维护核心为目标，认真学习贯彻习近平视察武警第二机动总队重要讲话精神，聚力练兵备战，矢志奋斗强军。

武警金坛中队官兵训练场景

【练兵备战】 2021年，武警金坛中队落实武警部队正规化管理要求，加强安全监管，强化内部管理，严格安全制度，确保部队管理安全有序，建设秩序正规。坚持以《军事训练与考核大纲》为统揽，坚持以反恐防袭、应急处置作为训练重点，把提高快速反应和协同作战能力作为根本抓手，全体官兵时刻保持“箭在弦上，引而待发”备战状态。年内，在参加上级组织的军事技能比武竞赛中，取得2个第一名、1个第三名的好成绩。

【执勤战备】 2021年，武警金坛中队结合《执勤规范化手册》新要求，与目标单位积极研判驻地形势，制定有效风险应对措施，确保目标单位、执勤工作万无一失。严格落实相关防疫要求，与区公安分局巡特警大队紧密合作，有效完成庆祝中国共产党成立100周年等重大节日武装巡逻任务。全年累计出动兵力350人次，协助金坛区看守所、金坛公安分局圆满完成各类临时押解等任务。

（景　皓）

（编辑　钱国新）

开放型经济

综　述

【概况】 2021年，金坛区以“重大项目攻坚突破年”“两个加快创新推进年”为主旋律和主基调，有力推动全区开放型经济健康有序发展。全年实际到账注册外资3.6亿美元，同比增长7.14%。完成进出口总额272.9亿元人民币，同比增长23.9%。境外投资项目3个，累计投资额为9976万美元。

【招商】 2021年，金坛区全面落实常州市“532”发展战略，积极推进“两湖”创新区建设，坚持“产业强区、工业立区、项目兴区”，推动全区经济高质量发展，奋力谱写“美丽常州金坛样板”新篇章。全年累计签约引进工业项目63个，协议投资总额553.355亿元，完成全年目标任务的79.62%。其中供地项目33个，协议投资总额481.26亿元；外资项目10个，协议投资总额11.82亿美元；单体投资超5亿元或5000万美元项目22个。签约引进项目中“三新一特”产业项目协议投资额占比97.31%。完成常州市下达的重大项目招引目标，超100亿元或10亿美元以上项目1个；超50亿元或5亿美元以上项目2个；超30亿元或3亿美元以上项目3个。

区商务局对照《关于2021年度全区“两个加快”创新推进工作目标管理考核的实施意见》，做好全区项目引进、项目推进数据的采集、汇总和分析，为“两个加快”考核、督查工作提供有效的数据支持，完善项目资源库，实时跟进“签落项目”“在谈项目”。全面落实生物技术和新医药链长责任制，建立相关责任部门联络员制度，统筹调度要素资源，形成工作合力；调研梳理产业链发展现状，精准帮扶产业链协同发展，研究制定白皮书，形成《聚焦新产业，培育新动能，以生物技术和新医药为抓手，推动区域经济高质量发展》调研材料。建立灵活用人机制，协助制定《江苏省金坛华罗庚高新技术产业开发区投资促进中心高质量运营实施方案》，以市场化机制录用招商人员，建立规范的选人用人机制、考核机制、培训机制、激励机制和晋升机制。

组织参与多项招商活动。3月30日，举办2021年全球招商网络大会，继续深化国际视野，打好中德、中日两张牌，实现线上招商“永不落幕”。4月3日，配合做好乡贤大会项目签约仪式，助力乡贤回乡投资创业。5月17日，组织企业参加东亚企业家太湖论坛，稳定和畅通东亚产业链供应链。5月27—28日，组织2021上海经贸活动周，深化与企业的对接交流、推进项目进展、拓展客商资源。10月9日，参与2021常州科技经贸洽谈会及金坛区专题系列活动，推介投资环境，加强经贸交流。筹备2021常州开放合作活动周，面向西北线，积极开展项目合作、洽谈、对接。12月18—20日，组织参与2021深圳经贸活动周，拜访深圳燃气、华大基因等多家深圳知名企业。协助特色产业园区举办新能源汽车产业发展金坛长荡湖峰会、光伏产业发展金坛长荡湖峰会，牵头金坛经开区举办“云联五洲”招商活动。

区商务局积极强化对外宣传。对投资环境报告中、英文版进行修编，编制投资环境介绍中、英文版PPT及金坛区生物技术和新医药推介资料。配合区侨联在国际报刊进行金坛城市宣传，多角度、全方面展示金坛风采。维护、完善、推广“金坛招商”微信平台建设，及时更新金坛区招商动态、产业政策以及园区情况等相关信息，全面提升全区招商宣传力度。

（潘菲菲）

3 月 30 日，举办 2021 中国金坛全球招商网络大会

对外及对港澳台经济贸易

【对外及对港澳台贸易】 2021 年，全区完成外贸进出口总额 272.9 亿元，同比增长 23.9%，创历史新高。其中，进口 60 亿元，增长 2.4%；出口 212.9 亿元，增长 31.7%。与 2019 年相比，全区外贸两年平均增长率为 24.2%，较全市外贸整体两年平均增长率 14.7% 高出 9.5 个百分点。金坛区成功创建常州市级外贸转型升级基地（纺织服装），并复评常州市级外贸转型升级基地（光伏）。

2021 年，全区共有 595 家企业开展对外贸易。其中一般贸易进出口额 237.7 亿元，增长 25.4%，占同期全区进出口总额的 87.1%；加工贸易进出口额 3.1 亿元，增长 65.6%，占比 11.4%。民营企业进出口额 191.7 亿元，增长 36.9%；外资企业进出口额 80.2 亿元，增长 2.4%。外贸规模向大企业集聚特征明显，进出口排名前 20 的重点企业累计实现进出口额 188.6 亿元，占全区总量的 69.1%。全年共有 38 家企业进出口总额超亿元，北电爱思特、东方日升、晨风服饰等 7 家企业进出口总额超 10 亿元。以动力电池为代表的“三新一特”产业取代纺织服装等劳动密集型产业，成为引领金坛外贸高质量发展的支柱产业，全年全区太阳能电池出口额 49.6 亿元，增长 10.1%；锂电池出口额 30 亿元，增长 1.7 倍，占同期全市锂电池出口额的 78.9%。

（何常纯）

【利用外资及港澳台资】 2021 年，全区实际到账外资 3.6 亿美元，同比增长 7.14%。新增协议注册外资 8.82 亿美元。其中新增协议注册外资 3000 万美元以上大项目 10 个，新增总投资超亿美元外资项目 4 个。全年新设外资项目 40 个、增资项目 17 个。其中江苏牛创新能源科技有限公司增资 3.5 亿美元。江苏爱思开电池认证服务有限公司在年内完成 2 次增资。

区商务局认真贯彻《中华人民共和国外商投资法》《外商投资企业投诉工作办法》等法规条例，落实外商投资企业信息报告制度。全年共接收外商直接投资企业设立、变更信息报告 186 条，外商间接投资企业设立、变更信息报告 149 条。285 家外商投资企业完成外商投资信息年度报告，同比增长 1.06%。全年完成“双随机、一公开”单部门检查 1 场，跨部门检查 1 次。

全年共协助办理来自 12 个国家 34 家外资企业的 497 名外籍员工来华邀请函，协助企业向上争取外资提质增效资金 375 万元，协助经济开发区申请开发区高质量发展资金 500 万元。推进园区建设，金坛经济开发区已连续 3 年实现进位，并在上年度省级开发区高质量发展综合考评中，以排名第 10 的成绩迈入省级经济开发区第一方阵，并获评“第二批省级特色创新（产业）示范园区”。中德（常州）创新产业园获评“中国（江苏）自由贸易试验区联动创新发展区”。

（杨姗姗）

【对外及对港澳台经济合作】 2021 年，全区新批境外投资项目 3 个，中方协议投资额 9976 万美元。蜂巢能源有限公司总投资 9733.8 万美元，新设德国蜂巢能源科技（萨尔）有限公司，主营新能源汽车电池项目。蜂巢能源韩国技研有限公司完成增资 142 万美元报批。2 个项目在年前已分别汇入建设资金 505 万欧元及 1000 万元人民币，均已开工建设。

全区对外承包工程及劳务合作项目 9 个，期末在外人数 145 人。受疫情防控影响，2021 年新签对外承包工程和劳务合作明显下降，仅有江苏毓恒建设工程有限公司、江苏澄煌建筑劳务有限公司分别承建马来西亚恒昌环保科技二期自备热电厂锅炉安装工程、印尼德龙镍业劳务合作项目。面对严峻的境外疫情形势，全区坚持“稳住人心、稳在当地”“谁派出、谁负责”的工作方针和原则，严格按照相关法律法规建立健全风险防范机制，建立“日报告”“零报告”制度，积极指导境外企业科学应对疫情。

（方　斌）

2021年金坛区新设外商及港澳台商投资企业情况一览表

表7 单位：万美元

序号	企业名称	投资国别（地区）	总投资	注册资本	协议外资及港澳台资
1	常州云泉商务服务有限公司	美国	1158.96	1158.96	811.27
2	江苏智安迅货运代理有限公司	韩国	154.54	154.54	154.54
3	常州萨玛克自动化制造有限公司	意大利	196.25	137.38	137.38
4	埃亨（常州）机械租赁有限公司	美国	1000.00	1000.00	1000.00
5	齐康原医疗科技（常州）有限公司	德国	1465.23	586.09	586.09
6	三石新能源（常州）有限公司	新加坡	500.00	500.00	500.00
7	常州常景地产置业有限公司	新加坡	18.26	18.26	0.55
8	恩必肯环保科技（常州）有限公司	韩国	38.00	27.00	27.00
9	科索诺拉声学科技（常州）有限公司	日本	1000.00	1000.00	320.00
10	翔琦通信科技（江苏）有限公司	德国	4600.00	3633.00	3333.00
11	遛德机械（江苏）有限公司	德国	4500.00	3533.00	3333.00
12	籁斯汽车零部件（江苏）有限公司	德国	4900.00	3800.00	3334.00
13	常州广金汽车配件有限公司	中国台湾	7.74	7.74	7.74
14	常州市海目星金宇新能源技术有限公司	韩国	263.15	263.15	105.26
15	中能创光电科技（常州）有限公司	新加坡	15.46	15.46	6.18
16	常州普金仓储管理有限公司	中国香港	10049.65	10049.65	10049.65
17	江苏荣林新能源科技有限公司	中国台湾	1546.10	1546.10	1546.10
18	艾斯吉声学科技（常州）有限公司	日本	1004.97	1004.97	1004.97
19	常州海顿工业技术咨询有限公司	德国	5.84	5.84	5.84
20	常州市角羊企业管理咨询有限责任公司	德国	31.35	31.35	31.35
21	常州市斯凯林智能科技有限公司	印尼	15.68	15.68	7.84
22	极马自动化（常州）有限公司	德国	1000.00	800.00	800.00

续表7

序号	企业名称	投资国别（地区）	总投资	注册资本	协议外资及港澳台资
23	常州晨金房地产开发有限公司	中国香港	14579.07	14579.07	997.56
24	常州客威新材料科技有限公司	中国香港	5000.00	3900.00	3900.00
25	常州嘉昊建设工程有限公司	中国香港	8000.00	8000.00	8000.00
26	常州市众晟创业投资合伙企业（有限合伙）	德国	78.17	78.17	71.98
27	常州新晟创业投资合伙企业（有限合伙）	德国	154.80	154.80	147.06
28	常州科昊实贸易有限公司	中国香港	5000.00	5000.00	5000.00
29	德诺桦科技（江苏）有限公司	德国	1000.00	1000.00	1000.00
30	常州志晟实业投资合伙企业（有限合伙）	德国	115.46	115.46	1.17
31	常州君弘实业投资合伙企业（有限合伙）	美国	15.46	15.46	0.46
32	常州昌欣进出口有限公司	美国	77.26	77.26	30.13
33	常州市伊容服饰创意有限公司	中国香港	15.46	15.46	15.46
34	捷漫（常州）服饰有限公司	中国香港	94.05	94.05	46.09
35	常州柯缦仕商贸有限公司	日本	15.41	15.41	15.41
36	常州聚凯智能科技有限公司	韩国	50.00	50.00	50.00
37	常州欣佰特精密科技有限公司	中国台湾	46.38	46.38	13.91
38	常州国云绿色数据技术有限公司	中国香港	15479.40	5417.79	216.19
39	能兴数据服务（常州）有限公司	中国香港	231.29	231.29	196.59
40	常州市汉杰金属材料有限公司	中国香港	5633.17	5633.17	5633.17

2021年金坛区境外企业投资一览表

表8　　单位：万美元

序号	境外企业名称	对外投资主体	东道国	注册资本	合作方式	投资金额	中方协议投资额	批准证书号
1	蜂巢能源科技（萨尔）有限公司	蜂巢能源科技有限公司	德国	1216.70	新设	9733.80	9733.80	N3200202100239
2	蜂巢能源韩国技研有限公司	蜂巢能源科技有限公司	韩国	27.53	增资	142.00	142.00	N3200202100557
3	新加坡星材料股份有限公司	江苏海翔新能源科技有限公司	新加坡	176.90	并购	100.23	100.23	N3200202100904

经济开发区建设

【概况】 2021年，金坛经济开发区坚定“接轨主城区桥头堡、高质量发展主战场”的发展定位，因势而谋、顺势而为、乘势而上，为“十四五”开好局起好步奠定坚实基础。园区综合实力不断提升，在2020年度全省91家省级经济开发区高质量发展综合考核评价中，金坛经开区位列第十名，成功跨入全省省级经开区第一方阵。

金坛经开区直管区总规划面积调整为80.43平方千米。其中，中德（常州）创新产业园27.51平方千米，常金同城化点状发展区15.36平方千米，金城科技产业园37.56平方千米。

【经济开发】 2021年，金坛经开区在疫情防控、能耗“双控”的多重因素影响下，经济发展保持良好的运行趋势。园区全年工业开票销售收入累计完成806亿元，工业实际投入累计完成121.7亿元，同比增长12.9%；一般公共预算收入累计完成16.36亿元，同比增长44.01%，超额完成年度目标任务。

新增授权发明专利112件，鹿山新材料获评省知识产权战略推进计划项目，16家企业的30款产品获评常州市高新技术产品。蜂巢能源和埃马克获批省级工程技术研究中心，江苏索尔思等9家企业获批市级工程技术研究中心，亿晶光电、蜂巢能源、中盐成为华罗庚创新中心成员单位。除此之外，园区拨付专利奖励资金17.55万元，支持知识产权保护工作。

坚持用“产业”聚“人才”，以“人才”兴“产业”，年内开展高层次人才摸排走访企业1000余家，收集整理高层次人才信息488条，其中入选龙城英才项目创业类人才11名，入选“龙城英才计划”顶尖人才1名、创新类人才1名，培养高技能人才286人，有效发挥产才融合的乘数效应。

【招商引资】 2021年，金坛经开区瞄准补链、强链、扩链开展精准招商。全年共签约22个项目，协议投资总额220.125亿元，超额完成年度目标任务。其中，内资项目13个，协议投资总额144亿元；外资项目9个，协议投资总额11.7亿美元。签约项目中“五新产业”（新能源、新基建、新能源汽车、新医药、新智能）占比达98.6%。重大项目引进方面，完成50亿元以上项目1个（总投资52亿元恩捷隔膜项目），30亿元或3亿美元以上项目3个［35亿元的中策轮胎（金坛）生产基地项目、3.4亿美元的普洛斯智慧供应链园区项目、4亿美元的牛创新能源汽车项目］。

【重大项目实施】 截至2021年年底，金坛经开区2020年签约的52个项目中，已符合全区开工标准项目45个，开工率86.5%。2021年新签约的22个项目中，已符合区开工标准项目8个，开工率36.36%。全年金坛区重点工业项目中，经开区占79个。其中，新建项目59个，续建20个。

在中德（常州）创新产业园、金城科技产业园和常金点状化发展区原规划方案基础上，形成新一轮的经开区总体规划。重点开展中德云湖科创谷和德国小镇城市设计，进一步凸显紧密衔接、集约高效、绿色环保功能。科学编制《中德（常州）创新产业园“十四五”发展规划》，全方位打造产研中心集聚、两业深度融合、双创氛围浓厚、生态品质优良、服务配套齐全的中德产城示范门户。

园区升级深入推进。对标化工园区升级工作9项基本条件及1项并列条件进行梳理，稳步推进各项工作。金坛新材料科技产业园封闭化管理（一期）正式营运，危化品运输车辆专用停车场（一期）投入使用，产业规划通过专家评审并经金坛区政府发文，完成编制规划环评，并与省生态环境厅对接报批工作，工业污水处理厂排污口论证、环评均取得批复。

积极申报并推进中德城镇节能示范项目建设，与德国国际合作机构(GIZ)、中节能咨询有限公司、德国能源署（DENA）签订谅解备忘录，明确合作实施示范项目。促成德国手工业行会（HWK）与金坛中专联合开

12月11日，对话德国活动在中国（常州）德国中心开展

办中德国际班，启动建设中德高技能人才培训认证基地、交流中心为企业储备人才资源。中德（常州）创新产业园成功获批江苏自贸试验区联动创新发展区，并入选国家级中德智能制造合作方向12个试点示范。中德（常州）创新产业园已集聚46家德语区企业，总投资额超过13亿欧元，涉及汽车零部件、装备制造、高端医疗器械等领域。

（陈　翔）

江苏省金坛华罗庚高新技术产业开发区

【概况】 2016年8月，华罗庚科技产业园开始独立运行，规划和管辖面积28.95平方千米，承担招商引资、规划建设和项目服务职能。2021年1月9日，江苏省人民政府批复同意筹建江苏省金坛华罗庚高新技术产业开发区，实行现行省级高新技术产业开发区政策。2月，区委、区政府发文确立了“一区三园”（华罗庚科技产业园、金东现代产业园和华罗庚科学城）的发展格局，三个直管区总规划面积41.38平方千米，三个共建区（指前现代产业园、朱林现代产业园和儒林现代产业园），总面积23.95平方千米。对接“两湖”创新区等上位规划。7月，对总体规划进行调整，规划总面积76.39平方千米，基本覆盖除谢桥村外尧塘街道全境。7月，区委、区政府发文明确华罗庚高新区党工委、管委会的主要职责、职能机构和人员编制情况。8月，机关工作人员遴选到位，各部门工作正常开展。

【经济开发】 2021年，华罗庚高新区累计实现工业应税销售收入317.57亿元，同比增长72.04%。新能源汽车产业累计实现应税销售收入193.97亿元，增长336.95%，其中中创新航开票销售105.39亿元，成为园区首个百亿企业，贝特瑞开票销售62.72亿元。新一代信息技术产业累计实现工业应税销售收入46.63亿元，增长18.97%，信维通信开票销售40.32亿元。累计实现一般公共预算收入3.8亿元，税收超千万元的企业19家，晨风全年缴纳税收超过1.66亿元。全年实际使用外资6458万美元。

华罗庚高新区全年签约引进项目18个，协议投资总额201.63亿元。超10亿元项目4个。其中，中创新航四期投资125亿元，牛创新能源投资4亿美元；供地项目7个，协议投资总额183.85亿元。

【园区规划】 2021年，华罗庚高新区完成园区总体规划和控制性详细规划，同步编制创智生态融合区、科创中心、华罗庚科学城、国际产业合作创新中心城市设计及电力、水系、污水专项规划。排定“十四五”期间的政府性投资项目计划，围绕“创智十二坊”优化产城空间。完成信息技术产业园B区、华耀光电和精测新能源等项目地块的成片开发方案并上报，全力保障重点项目用地，全年出让土地49.66公顷。

【科技发展】 2021年，华罗庚高新区梳理园区工业企业426家，调查科技型企业102家，重点走访培育对象57家，初步建立科技企业培育库。飞荣达等5家企业被认定为“江苏省民营科技企业”，辉思特等17家企业获科技型中小企业备案，新认定高企7家，总数达32家。中创新航获“2021年度省独角兽企业”称号，首席技术官潘芳芳入选常州市龙城英才计划“顶尖人才”。3名领军型人才成功入选2021年省双创计划。推荐470名各类人才申报金坛区“金沙英才卡”，帮助228名高层次人才申报金坛区企业高层次人才专项资助。信维通信获省级工程技术研究中心认定，贝特瑞新能源等5家企业获市级工程技术中心认定。中创新航、同方威视获评省级博士后创新实践基地。凯博能源成立江苏省制造业创新中心，江苏省技术产权交易市场动力及储能电池行业中心挂牌运营。全年新增发明专利授权58件。中创新航、信维通信等企业完成技术交易合同登记13.29亿元。

2月26日，全省重大项目建设推进会议常州分会场活动在园区举办

与河海大学、南京邮电大学、常州工学院签约技术转移中心，成功对接园区企业37家，征集企业需求26项。新一代移动通信孵化中心申报省级孵化器。华罗庚创新中心挂牌，凯博能源、华罗庚科学城（数字港）、“华创智谷”纳入华罗庚创新中心产业科创体系。编制《总体发展规划（2022—2024年）》《产业发展规划（2022—2024年）》，并获省科技厅批复，修订《科技金融工作手册》《科创企业名录库》。

【安全环保】 2021年，华罗庚高新区完成对园区内356家有生产行为工业企业摸排并登记造册，按地域空间划分四个网格实行安全生产网格化管理。全面完成工业企业安全生产风险申报工作，共申报重大风险1条，较大风险539条，对无生产行为企业销号317家。常态化进行新《安全生产法》宣贯工作和企业主要负责人、安全管理人员安全生产资格培训。持续推进粉尘涉爆、金属冶炼和深井铸造、空气化工产品及有限空间企业专项整治行动，对使用危化品的企业申报、检查全覆盖，深入开展危污乱散低提升出清行动，共排查危污乱散低企业94家。其中，已关停企业44家，提升50家。打好污染防治三大攻坚战，加强涉气、涉水、固废、土壤等污染防治工作，指导重点企业制定一企一策整治方案，累计完成356家辖区企业环保信息建档工作。推进园区生态环境治理体系及治理能力现代化，编制区域规划环评，严格执行《排污许可工作条例》，深化生态环境保护体制机制，开展“十四五”期间污染物排放总量定向挖潜工作。

（窦洁颖）

海　关

【概况】 常州海关（驻金坛）综合业务二科主要承担金坛区的企业管理、加工贸易监管、原产地证签发、后续监管等职责。2021年，金坛区实现外贸进出口总值272.9亿元人民币，比上年增长23.9%。其中，出口212.9亿元人民币，增长31.7%；进口60亿元人民币，增长2.4%。

常州海关（驻金坛）综合业务二科以“互联网+”作业为推手，通过不见面审批、简化手续等方式办理企业注册122家，同比减少3.2%。办理企业变更40家，减少27.3%。

金坛区企业办理加工贸易手册359票，同比增长18.5%，备案金额38900.9万美元，增长237.3%。办理加工贸易手册变更814票，增长8.2%。办理外发加工23票，增长187.5%。

金坛区签发原产地证5980票，同比增长3.4%；签证金额80824万美元，增长28.7%。其中，普惠制产地证220票，增长4.8%；一般产地证1598票，减少0.7%；区域优惠产地证4162票，增长4.9%。

【金沙驿站】 2021年，常州海关（驻金坛）综合业务二科创新政务服务，打造支部党建服务品牌“常州海关关企面对面——金沙驿站”，以全新的姿态服务金坛外贸企业。凝聚红色资源，传承红色基因。全年帮助8家企业完成进口设备减免税2.3亿元人民币，减免关税0.9亿元人民币；引导企业利用通关一体化作业开展属地报关业务，为后续开展汇总征税打下基础，帮助企业节约行政成本；利用平台加大RECP（区域全面经济伙伴关系协定）政策宣传力度，帮助企业惠享协定红利等。

【外贸网格化管理】 2021年，常州海关（驻金坛）综合业务二科对金坛区开展外贸网格化片区管理，建立对口联络员机制。定期、定点向各片区开展海关政策服务，按季度提供外贸形势分析报告，动态分析各板块主要贸易进出口情况，切实将海关工作与地方政府发展需求紧密结合。

常州海关（驻金坛）综合业务二科积极协助中德（常州）创新产业园收集相关资料创建自贸联创区，并对标省自贸试验区2020年改革试点工作开展情况及金坛区外向型经济发展，撰写工作专报，提出海关7条建议，获得区委书记重点批示。

（黄晨婧）

（编辑　李华琴）

科技创新

【概况】 2021年，金坛区聚焦长三角创新中轴和产业科技创新中心建设，紧紧围绕“两个加快创新推进年”部署要求，推动深化创新政策系统集成，集聚更多高端创新资源，为全区经济发展提供科技支撑。年内，认定高新技术企业106家，实现高新技术企业保有量275家，拥有省级工程技术研究中心29家，全区规模以上高新技术产业产值827.36亿元，占全区规模以上工业总产值55.53%。

【科创企业培育】 2021年，金坛区继续引导企业推进高新技术自主创新工作。在江苏省生产力促进中心2021年度江苏独角兽企业、江苏潜在独角兽企业评估中，金坛区中创新航科技股份有限公司、蜂巢能源科技股份有限公司2家企业连续两年获评省独角兽企业，永臻科技股份有限公司、江苏久诺新材料科技股份有限公司、江苏鹿山新材料有限公司首次入选省潜在独角兽企业。蜂巢能源科技股份有限公司、永臻科技股份有限公司获省科技企业上市培育计划入库。常州市万叶饲料科技有限公司、常州市宏宝生物科技有限公司、常州市金坛江南春米业有限公司、江苏一号农场科技股份有限公司、江苏鑫品茶业有限公司5家农业企业入选高新技术企业培育库。全年认定高新技术企业106家、科技型中小企业202家，实现高新技术企业保有量275家，同比增长21%。江苏省金坛华罗庚高新区获批筹建。常州浩蔚环保科技有限公司、江苏助您智能机械科技有限公司、江苏创健医疗科技有限公司获省科技计划项目，江苏厚生新能源科技有限公司获批省外专百人项目。江苏鑫瑞崚新材料科技有限公司获中国创新创业大赛全国总决赛一等奖。

【全国创新创业大赛一等奖】 2021年，江苏鑫瑞崚新材料科技有限公司研发的“99.99999%（7N）级超高纯铜”项目获第十届中国创新创业大赛全国总决赛成长组一等奖，是常州市在全国创新创业大赛中获得的首个一等奖项。该公司成为中国第一、世界第三大7N超高纯铜生产企业。

【产学研合作】 2021年，金坛区举办“走进常工院”活动，区政府与常州工学院签订全面合作协议，设立技术转移中心金坛分中心，7家企业与常州工学院科研团队签订产学研委托项目合作协议7项，协议金额235万元。与江苏产研院开展全面战略合作，双方将依托金坛区产业优势，在

永臻科技股份有限公司车间一角

共建企业联合创新中心、共建专业研究所以及实施重大项目、共建研究生联合培养基地、共建江苏产研院金坛先导中心、共同培育江苏省研发型企业5个方面展开全面合作。鼓励支持全国高校院所科技人才到金坛企业兼任科技副总，6家企业分别与四川大学、江苏理工学院、常州大学等高校建立科技副总合作。清华大学研究生实践江苏金坛基地再次获评五星级基地，6名博士生获清华大学实践奖学金。年内，获批新增省双创计划创新人才2名、市创新型领军人才6名，新增省外专百人项目1项、市外国专家工作室3家。

2021年金坛区获认定高新技术企业一览表

表9

序号	企业名称	序号	企业名称
1	北电爱思特（江苏）科技有限公司	31	中盐金坛盐化有限责任公司
2	金为环保科技（常州）有限公司	32	江苏顺丰铝业有限公司
3	常州市瀚邦环保科技有限公司	33	常州志得电子有限公司
4	常州江环能源科技有限公司	34	江苏加怡热电有限公司
5	常州乐宇自动化技术有限公司	35	常州市金坛磁性材料有限公司
6	常州威可特新材料有限公司	36	常州市金坛腾远机械配件有限公司
7	江苏翼邦生物技术有限公司	37	江苏常宝普莱森钢管有限公司
8	江苏中建达丰机械工程有限公司	38	江苏宝辰环保科技有限公司
9	江苏易库科技有限公司	39	江苏蓝色星球环保科技股份有限公司
10	乐庭电线工业（常州）有限公司	40	常州市沃科科技有限公司
11	常州市沃尔核材有限公司	41	常州亚邦制药有限公司
12	常州德博新材料科技有限公司	42	江苏派崴智能科技有限公司
13	江苏威龙智能科技股份有限公司	43	江苏福亿自动化设备有限公司
14	江苏新蓝智能装备股份有限公司	44	常州美信机械科技股份有限公司
15	江苏国瓷金盛陶瓷科技有限公司	45	江苏斯维曼智能科技有限公司
16	江苏来义包装机械有限公司	46	常州冠荣新型包装材料有限公司
17	江苏鹿山新材料有限公司	47	江苏安变电力科技有限公司
18	因特希特（常州）电器有限公司	48	江苏誉立化工装备制造有限公司
19	江苏同威信达技术有限公司	49	冈田精机（常州）有限公司
20	常州市金坛区维格生物科技有限公司	50	常州浩阳新材料科技有限公司
21	当升科技（常州）新材料有限公司	51	昇英新材料科技（常州）有限责任公司
22	常州沐坤海绵科技有限公司	52	常州立全精密机械有限公司
23	江苏齐鑫智能科技有限公司	53	江苏卫护医疗科技有限公司
24	江苏凯键金属制品科技有限公司	54	江苏新永良线缆机械有限公司
25	常州市智鸿机械有限公司	55	江苏瑞东农药有限公司
26	江苏悦马特机械科技有限公司	56	索拉特特种玻璃（江苏）股份有限公司
27	常州曼美实业有限公司	57	新鸿电子有限公司
28	江苏金沙地理信息股份有限公司	58	江苏易成电力器材有限公司
29	江苏伊思灵双第弹簧有限公司	59	卓郎（常州）纺织机械有限公司
30	江苏宏源中孚防水材料有限公司	60	常州莱克斯诺传动设备有限公司

续表 9

序号	企业名称	序号	企业名称
61	江苏铭纳阳智能装备有限公司	84	常州斯威克光伏新材料有限公司
62	常州源通电子科技有限公司	85	健尔康医疗科技股份有限公司
63	卓郎（江苏）纺织机械有限公司	86	常州市爵信节能玻璃科技有限公司
64	贝特瑞（江苏）新能源材料有限公司	87	常州澳华新能源有限公司
65	信维通信（江苏）有限公司	88	常州万凯塑胶有限公司
66	江苏博盟科技有限公司	89	常州市利维铁路器材有限公司
67	江苏聚永昶电子科技有限公司	90	江苏科祥防腐材料有限公司
68	中航锂电科技有限公司	91	常州和艺翔环境工程有限公司
69	常州金坛群英机械有限公司	92	常州京洋半导体材料科技有限公司
70	凯博能源科技有限公司	93	常州瑞峰新能源有限公司
71	常州茂康医疗用品有限公司	94	江苏帕卓管路系统股份有限公司
72	江苏久力机械有限公司	95	常州科林线缆有限公司
73	江苏凌云药业股份有限公司	96	江苏助您智能机械科技有限公司
74	常州君堃电子有限公司	97	江苏安顺压力容器制造有限公司
75	江苏鑫瑞崚新材料科技有限公司	98	江苏群达机械科技有限公司
76	江苏力合粘合剂有限公司	99	常州华德机械有限公司
77	常州洐策机械科技有限公司	100	江苏华兴电子有限公司
78	江苏金旺智能科技有限公司	101	常州市益瑞高分子材料有限公司
79	江苏和宇新材料有限公司	102	江苏海锋能源科技有限公司
80	常州金坛裕元电子有限公司	103	江苏信达兴微电子有限公司
81	常州金坛超创电池有限公司	104	江苏海洋冷却设备有限公司
82	常州中晶自保温墙体材料有限公司	105	常州新欧新材料科技有限公司
83	常州市金坛碳谷新材料科技有限公司	106	江苏汤姆森智能装备有限公司

2021 年金坛区获常州市创新创业大赛奖企业一览表

表 10

<table>
<tr><th>序号</th><th>企业名称</th><th>获奖等级</th></tr>
<tr><td>1</td><td>江苏鑫瑞崚新材料科技有限公司</td><td>一等奖</td></tr>
<tr><td>2</td><td>贝特瑞（江苏）新材料科技有限公司</td><td rowspan="3">二等奖</td></tr>
<tr><td>3</td><td>凯博能源科技有限公司</td></tr>
<tr><td>4</td><td>江苏同威信达技术有限公司</td></tr>
<tr><td>5</td><td>江苏福亿机械科技有限公司</td><td rowspan="6">三等奖</td></tr>
<tr><td>6</td><td>江苏创健医疗科技有限公司</td></tr>
<tr><td>7</td><td>盘星新型合金材料（常州）有限公司</td></tr>
<tr><td>8</td><td>常州富创再生资源有限公司</td></tr>
<tr><td>9</td><td>合烯电子科技（江苏）有限公司</td></tr>
<tr><td>10</td><td>常州蓝艺珐琅金属工艺科技有限公司</td></tr>
</table>

科创平台

【概况】 2021年，金坛区加强储能产业科技创新中心建设，构建“华罗庚创新中心”产业科创体系，华罗庚高新区获批筹建省级高新区。编制《江苏省常州农业高新技术产业示范区建设发展规划》，完成省农高区创建申报。推进高新技术企业、规上企业研发机构建设，鼓励龙头骨干企业建立重点实验室。江苏长荡湖农业科技产业园有限公司牵头创建省特种水产种业技术创新战略联盟；常州市金坛区壹号农夫星创天地、常州魔筷名优农产品直播星创天地、常州长荡湖智慧渔业星创天地获省星创天地备案；与省科技资源统筹服务中心签订战略合作协议，成立省技术产权交易市场动力及储能电池行业分中心。蜂巢能源科技股份有限公司获批建设市级企业重点实验室，常州恒方大高分子材料科技有限公司、江苏鹿山新材料有限公司获批省产研院联创中心建设。

【江苏省金坛华罗庚高新区获批筹建】 1月9日，江苏省人民政府批复同意筹建江苏省金坛华罗庚高新技术产业开发区，实行现行省级高新技术产业开发区政策。江苏省金坛华罗庚高新技术产业开发区（筹）核心区规划面积3.37平方千米，东至复兴南路、南至长龙山路、西至金湖路、北至鑫城大道。2月，金坛区委、区政府确立“一区三园”的发展格局（华罗庚科技产业园、金东现代产业园和华罗庚科学城），总规划面积41.38平方千米。江苏省金坛华罗庚高新区将按照“新兴产业高端发展、科技创新引领未来、千亿园区重点支撑”的发展定位，打造创新载体平台、引进创新人才和创新技术，以创新驱动引领产业高质量发展，加快建设成为全区“奋进苏南发展第一方阵”的主引擎与增长极。

【华罗庚创新中心】 9月28日举行揭牌仪式。该中心作为常州长三角产业科技创新中心、“两湖”（滆湖与长荡湖）创新区和龙城实验室的有机组成部分，重点围绕新能源、新基建、新能源汽车、新医药、新智能“五新产业”，推进“1+X+N”（1：产业科技研究院，X：企业重大科技创新平台，N：高水平双创载体）产业科创体系建设，解决企业急需，支撑产业升级，驱动创新发展，打造“科研创新高地、引才育才阵地、成果转化基地”。中创新航技术研究院（江苏）有限公司、东方日升（常州）新能源有限公司、中盐金坛盐化有限责任公司、常州亿晶光电科技有限公司4家企业重大科技创新平台首批入驻“华罗庚创新中心”产业科创体系。

9月28日，“华罗庚创新中心”揭牌

【企业工程技术研究中心】 2021年，区科技局组织蜂巢能源科技股份有限公司、信维通信（江苏）有限公司、常州易控汽车电子股份有限公司等48家企业申报省市区工程技术研究中心，最终认定区级工程技术研究中心21家、市级工程技术研究中心17家、省级工程技术研究中心2家。工程技术研究中心的认定对培养与聚集一批高素质的科技创新人才、引导企业加强产业技术研发、攻克核心技术、加强产学研协同创新、加快科技成果转化和系统集成研究等具有重要意义。至年底，全区已建有省级工程技术研究中心29家、市级42家、区级74家。

科技项目与奖励

【概况】 2021年，金坛区争取上级政策资源，鼓励企业积极申报科技计划项目，提升企业自主创新力与竞争力。全年申报市级以上科技计划项目89项，获立项57项，其中实施省级科技计划项目11项，常州市级科技计划项目46项。累计对上争取省、市科技项目资金1333.7725万元。

【立项国际合作项目2项】 8月，江苏省科技厅公布的国际科技合作项目中金坛区江苏助您智能机械科技有限公司承担的“新能源汽车轻量化模具设计、制造的合作研发”与江苏创健医疗科技有限公司承担的“用于皮肤损伤修复的重组人源胶原蛋白的合作研发”项目榜上有名。江苏助您智能机械科技有限公司承担的“新能源汽车轻量化模具设计、制造的合作研发”，合作单位为日本株式会社小出制作所，2021年6月至2023年5月实施，总经费700万元，获省拨经费80万元。江苏创健医疗科技有限公司承担的“用于皮肤损伤修复的重组人源胶原蛋白的合作研发”，合作单位为中国香港中文大学，2021年6月至2024年5月实施，总经费500万元，获省拨经费80万元。

【埃森农机获联盟奖励资金】 2021年，金坛区埃森农机常州有限公司获常州市第五批科技奖励资金（省级产业技术创新战略联盟）奖励经费50万元。埃森农机常州有限公司位于金坛经济开发区，是集研发、生产、销售、服务于一体的专业化农机制造企业。2020年，埃森农机常州有限公司牵头成立江苏省除草机械产业技术创新联盟，联合农业企业、试验基地、科教单位，科技攻关旱地除草、水田除草、果园除草和水产养殖除草4个方面，加快智能化、高精度除草机械设备的研发、生产和推广。江苏省除草机械产业技术创新联盟由3所高校、5家研究机构、3家试验示范基地、10家农机装备制造企业组成。

2021年金坛区实施省级科技计划项目一览表

表11

序号	项目名称	承担单位	计划类别
1	新能源汽车轻量化模具设计、制造的合作研发	江苏助您智能机械科技有限公司	省国际合作
2	用于皮肤损伤修复的重组人源胶原蛋白的合作研发	江苏创健医疗科技有限公司	省国际合作
3	现代茶园高效绿色生产关键技术研发	江苏茅山茶海有限公司	省现代农业
4	金坛特种水产产业分店	常州万叶饲料科技有限公司	省农业科技社会化服务后补助
5	金坛主要农作物产业分店	常州市金坛江南春米业有限公司	省农业科技社会化服务后补助
6	常州市洮湖渔夫星创天地	常州洋泽农业科技有限公司	省农业科技社会化服务后补助
7	共建JITRI——鹿山联合创新中心	江苏鹿山新材料有限公司	省产研院联创中心
8	共建JITRI——恒方大联合创新中心	常州恒方大高分子材料科技有限公司	省产研院联创中心
9	江苏省高性能动力电池工程技术研究中心	蜂巢能源科技有限公司	省工程技术研究中心
10	江苏省新一代无线通信工程技术研究中心	信维通信（江苏）有限公司	省工程技术研究中心
11	江苏省水产种苗产业技术创新战略联盟	江苏长荡湖农业科技产业园有限公司	省农业产业技术创新战略联盟

（郑月萍）

（编辑　钱国新）

工　业

综　述

【概况】 2021年，金坛区工业紧紧围绕“两个加快创新推进年”发展主题，大力实施工业经济高质量发展“十百千计划”，不断提升为企服务水平，工业经济发展呈现稳中有进的良好态势。全年实现工业开票销售1950.41亿元，比上年（下同）增长26.7%；全区513家规模工业企业实现应税销售收入1482.48亿元，增长31.2%。

全区完成工业实际投入304.99亿元，增长39.58%。2021年，165个区重点工业项目完成实际投入225.13亿元，占全部投入的73.82%。147个项目达到开工标准，开工率89.09%。其中，116个项目竣工，竣工率70.3%。2020年114个区签约工业项目完成实际投入83.11亿元，占全部投入的27.25%。104个项目达开工标准，开工率91.23%。92个项目竣工，竣工率80.7%。

【高质量发展“十百千计划”】 2月3日，区委、区政府印发《工业经济高质量发展“十百千计划”实施方案》。

区工信局深入调研和摸排，列出当年“十百千计划”培育企业80家。其中，百亿企业集团11家，十亿企业54家，上市后备36家。实行区领导挂钩联系制度，按照“一企一策、一事一议”原则，重大事项由区委、区政府集体研究予以重点支持。下半年，聚焦“五型经济”发展，培育“五新产业”壮大，年末编制完成《金坛区“十四五”制造业高质量发展规划》。

【专精特新“小巨人”企业】 2021年，斯威克被认定为国家专精特新“小巨人”企业，成为金坛区首家国家专精特新“小巨人”企业。斯威克深耕光伏封装胶膜行业已有16年，精心专注于太阳能电池封装胶膜的研发、生产和销售。年产能5.2亿平方米，市场占有份额约20%，公司产能规模在江苏省排第一、国内排第二。沃尔核材、贝特瑞等10家企业被认定为省专精特新“小巨人”企业，入选企业数量为历年来最好水平。其中，专精特新产品5个、科技小巨人企业（制造类）3个、科技小巨人企业（创新类）2个。

区工信局围绕培育工业新兴优势产业链，着力推动中小企业走“专精特新”发展道路，在若干细分领域培育了一批有特色、有竞争力、高成长性的领军企业和优势企业。通过认定的10家省“专精特新”小巨人企业，在产品、技术、市场、管理等方面已经达到国内先进水平。

【绿色发展】 2021年，中盐盐化、常宝普莱森创成国家绿色工厂，中盐常化、斯威克创成省级绿色工厂，晨风集团获评工业和信息化部工业产品绿色设计示范企业。晨风集团股份有限公司继获评国家级绿色工厂、绿色供应链管理示范企业之后，被国家工信部授予第三批工业产品绿色设计示范企业称号，这是常州市第一家也是唯一一家获此殊荣的企业。

区工信局大力推进循环经济发展。推进工业废物和生活垃圾资源化利用，在组织实施绿色制造工程的过程中，把好质量关，推进省级绿色发展项目和市级转型升级项目建设；大力开拓技术改造项目源。通过内招外引储备一批技术水平高、市场前景好、产业带动强、投资力度大的优质技改项目。实施技术改造提升行动，引导企业着力提高投资质量和效益。

【两化融合】 2021年，全区推进两化融合管理体系（升级版）贯标工作，累计有8家企业启动（升级版）贯标工作；6家企业成功申报2021年省级两化融合管理体系（升级版）贯标试点企业；全年认定四星上云企业5家、五星上云企业1家；中盐常化成功获得了两化融合管理体系AAA级评定证书；中德（常州）创新产业园成功获评工业和信息化部中德智能制造合作示点示范园区。

【节能监察】 2021年，全区12家企业通过双控目标责任考核，16家企业全部完成市日常节能监察任务，4家企业（项目）完成省级5万吨节能监察，5家列入能源审计名单的企业均完成报告编制。

【化工整治】 截至2021年年底，全区园区实现封闭化管理，推进新材料科技产业园提档升级工作，建成危化品运输车辆专用停车场，工业污水处理厂等基础设施正加快推进。完成省化治办交办的各类安全环保整治提升任务，13家企业完成问题隐患销号，2家企业列入关闭退出计划，企业安全环保水平有了明显提升。

【自主创新】 2021年，全区引导企业加强对各类工业设计、技术中心、重点实验室智能（工厂）车间等建设，久诺建材等3家企业获评省级企业技术中心，当升科技等4家企业获评省级示范智能车间，中创新航确定承担2021年度江苏省工业和信息产业转型升级项目中关键核心技术攻关任务，蜂巢能源“156Ah高能量密度电芯”被认定为省重点推广应用新技术新产品；汤姆森获评市服务型制造示范企业，正隆粉体获评市工业设计中心，格优碳素、当升科技、埃马克等13家企业分别获评市级企业技术中心、市级智能制造示范车间、市级首台（套）重大装备及关键部件项目等荣誉；9个2021年常州市技术设备超亿元技改项目全部开工建设。

（杨兆平）

新能源汽车行业

【概况】 2021年，全区新能源汽车行业69家规模企业实现开票销售319.18亿元，比上年增长179.35%，占规模企业的比重为21.53%，增长11.42个百分点。其中，动力电池领域相关企业实现应税销售收入243.72亿元，增长342.51%，净增开票189亿元。1—12月，中创新航、贝特瑞、北电爱思特、蜂巢能源分别净增开票83.37亿元、52.44亿元、20.09亿元、19.79亿元，奥托立夫增长2.96%。

【中航锂电单笔融资120亿元】 9月初，中航锂电科技有限公司于完成新一轮120亿元股权融资。中航锂电科技有限公司成立于2015年12月，总部位于金坛区，专业从事锂离子动力电池、电池管理系统、储能电池及相关集成产品的研发制造。

【2021新能源汽车产业发展金坛长荡湖峰会召开】 6月5日，以“产业集聚智动未来”为主题的2021新能源汽车产业发展金坛长荡湖峰会召开，大会进行主旨演讲并发布《金坛新能源汽车产业发展年度报告（2020）》。来自国内外的200多位权威专家学者和业界精英共同分享新能源汽车产业发展前沿动态，展望产业发展美好未来，谱写合作共赢新篇章。

【蜂巢能源四期项目开工】 12月8日，蜂巢能源科技股份有限公司锂离子电池四期项目在金坛经开区开工。公司再投150亿元，用于建设5亿千瓦时锂离子电池生产线及总部办公大楼。

【蜂巢能源无钴正极材料在金坛正式量产下线】 4月8日，蜂巢能源科技有限公司以直播形式向全球宣布：无钴正极材料在金坛正式量产下线。已经投入使用的2条产线可实现多配方工艺生产，年产能达5000吨。

金坛蜂巢能源科技有限公司内部场景

蜂巢能源无钴电池的开发填补了国际空白，实现了国内该领域技术的突破。此次无钴正极材料正式量产下线，对于我国动力电池产业摆脱对外来稀缺资源的依赖、助力国家“十四五”能源绿色发展目标具有积极的引领作用。

【中航锂电战略发布会在常州举行】 11月17日，以“共伟大共美好”为主题的中航锂电CALB战略发布会在常州举行。

中航锂电已设立常州、洛阳、厦门、成都、武汉、合肥和哈尔滨七大产业基地，并将构建产业集群发展模式，规划形成珠三角、长三角、西南地区、中部地区和东北地区五大产业基地集群。

活动现场，中创新航与华友、中远海运、奇瑞汽车等15家企业签署战略合作协议。

中国科学院院士、清华大学教授欧阳明高表示，在与中创新航达成战略合作的基础上，将在技术研发方面开展更加紧密的合作，推动动力电池领域关键技术的持续升级。

（杨兆平）

新一代信息技术行业

【概况】 2021年，全区新一代信息技术行业16家规模企业实现开票销售64.15亿元，比上年增长10.61%，占规模工业的比重为4.33%，同比下降0.81个百分点。1—12月，飞荣达、信维通信、创客新材料、盈科通信等企业分别增长89.6%、14.33%、14.03%、11.94%。

【飞荣达电磁屏蔽设备及新材料入选2021年度省重大项目】 3月5日，江苏2021年度省重大项目清单出炉，金坛区4个项目入选，飞荣达电磁屏蔽设备及新材料项目名列其中。

飞荣达电磁屏蔽设备及新材料项目是新一代信息技术产业，符合金坛区“三新一特”产业发展趋势。同时，该项目也入选金坛区2021年度工业经济高质量发展“十百千计划”企业培育名单，为百亿级培育企业。

（杨兆平）

生物技术和新医药行业

【概况】 全区生物技术和新医药行业28家规模企业实现开票销售44.04亿元，比上年下降14.46%，占规模工业的比重为2.97%，同比下降1.59个百分点。1—12月，健尔康、亚邦强生、健裕医疗、激素研究所分别下降49.26%、21.24%、2.23%、0.44%。金远药业、恒方大分别增长15.6%、13.91%。

【金远药业专注脂质体药物】 金远药业从2004年起开始抗肿瘤药脂质体制剂的研发工作，经过十多年的发展，成长为国内唯一一家只专注于脂质体药物研发、生产、销售和服务的制药生产企业，公司生产的盐酸多柔比星脂质体注射液的市场份额已位居国内前三。

【创健医疗一项目获省国际合作项目立项】 6月7日，江苏省公布了第

11月17日，中创新航CALB战备发布会在常州举行

常州斯威克光伏新材料有限公司生产场景

一批76项拟立项国际合作项目，江苏创健医疗科技有限公司承担的《用于皮肤损伤修复的重组人源胶原蛋白的合作研究》项目榜上有名。

（杨兆平）

光伏新能源行业

【概况】 全区光伏新能源行业28家规模企业实现开票销售261.52亿元，比上年增长15.44%，占规模工业的比重为17.64%，下降2.41个百分点。1—12月，斯威克、永臻科技、正信光电分别增长85.01%、84.38%、1.63%；亿晶光电、中信博、东方日升分别下降18%、14.27%、5.39%。

【2021光伏产业发展金坛长荡湖峰会举办】 10月29日，2021光伏产业发展金坛长荡湖峰会举办。此次峰会以“助力双碳新战略，共谋光储新发展”为主题，峰会进行了主旨演讲并发布了《2020金坛光伏产业发展年度报告》。会上，包括光伏组件、硅料切片、氧化石墨烯、盐穴储能等在内的8个项目集中签约，协议投资总额超125亿元。

【亿晶光电获CQC发布的首张三星级光伏组件绿色建材产品认证证书】 10月15日，亿晶光电荣获中国质量认证中心CQC发布的首张三星级光伏组件绿色建材产品认证证书。

此次亿晶光电参与的绿色建材产品分级认证，经过文件审核、现场产品抽样等多个环节。认证等级根据每个类别的检测结果，分为一星级、二星级和三星级。亿晶光电生产的双玻组件产品首次便拿到了最高等级“三星级”。

【新能源领域产业创新中心揭牌】 4月16日，半导体（异质结）叠层新能源省级产业创新中心在东方日升（常州）新能源有限公司揭牌，该中心是此次获批的14家省级产业创新中心中唯一的新能源领域的产业创新中心。东方日升最新研发的高功率异质结组件最高功率已达606.656瓦，将异质结组件功率最高世界纪录提升了160瓦以上，为异质结高功率组件规模化生产奠定了新基础。

（杨兆平）

装备制造行业

【概况】 全区装备制造行业188家规模企业累计实现开票销售473.31亿元，比上年增长20.63%，占规模工业的比重为31.93%，同比下降2.8个百分点。1—12月，兴荣铜业、埃斯杰贝分别净增开票38亿元、3亿元。金旺智能、冈田精机、常宝普莱森、同方威视分别增长48.62%、47.37%、27.2%、5.81%。

【金昇控股上榜2021中国制造业民企500强】 9月25日，全国工商联在长沙举办2021中国民营企业500强峰会，发布了2021中国民营企业500强、制造业民企500强。江苏金昇控股有限公司以营业收入171.6042亿元，位列制造业民企500强第344位。

江苏金昇控股有限公司是一家以高端装备制造为主，致力于循环、绿色经济的全球化产业集团，旗下拥有卓郎智能、德国埃马克机床、德国科普费尔齿轮及瑞士赫伯陶瓷等一批百年企业，埃马克和卓郎智能分别在高端专用数控机床和智能纺机领域处于全球领先地位。

【金昇控股进入2021“民营企业研发投入与发明专利500家”榜单】 10月11日，在2021粤港澳大湾区民营企业科技创新峰会暨民营企业科技成果对接会议上，全国工商联发布了“2021民营企业研发投入500家”“2021民营企业发明专利500家”榜单以及“2021民营企业研发投入1000家”分析报告。江苏金昇控股有限公司上榜，位列“2021民营企业研发投入500家”榜单第147位、“2021民营企业发明专利500家”榜单第93位。

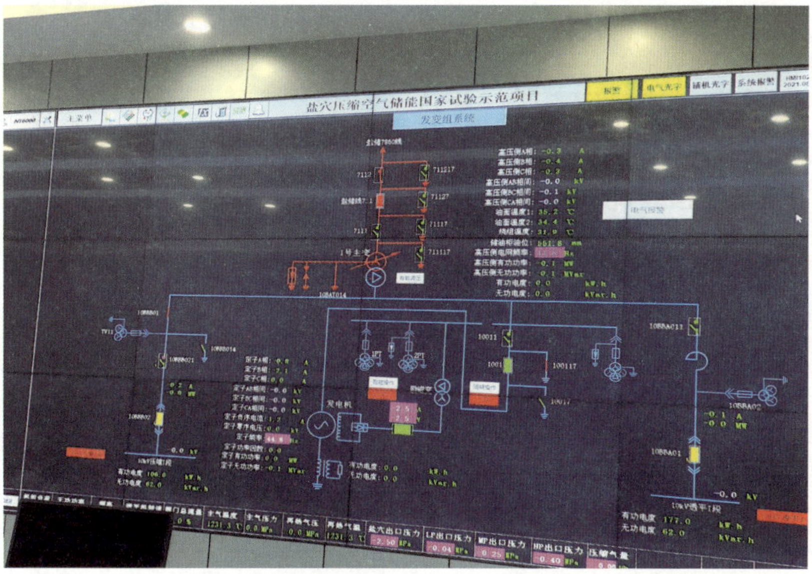

金坛盐穴压缩空气储能国家试验示范项目并网发电

【金坛区四家企业入选省级智能车间】 12月7日，2021年江苏省智能制造示范车间名单揭晓，金坛区4家企业的车间入选，分别是常宝普莱森高端管线管智能制造车间、蜂巢能源动力电池电芯智能制造车间、当升科技高镍锂电正极材料智能制造车间、晨风服装衬衫智能制造车间。

【常宝股份PQF产线竣工投产】 6月18日，常宝股份PQF产线竣工投产。此次竣工投产的产线项目是江苏常宝普莱森钢管有限公司投资新建的二期项目。项目达产后将新增产能40万吨高端管材生产及深加工能力，项目的建设将使常宝的产品技术、品种质量达到世界最高水平。常宝将形成100万吨高端中小口径专用管材产能，公司的核心能力将得到显著提升。

（杨兆平）

化工及新材料行业

【概况】 全区化工及新材料行业96家规模企业实现开票销售154.70亿元，比上年增长14.81%，占规模企业的比重为10.44%，同比下降1.49个百分点。1—12月，中盐金坛、中东化肥、中盐常化分别增长17.47%、15.29%、2.02%；久诺新材、盘固水泥分别增长32.68%、6.19%。蓝色星球比上年下降22.31%。

【金坛盐穴压缩空气储能国家试验示范项目并网发电】 9月30日，世界首个非补燃压缩空气储能电站在金坛并网发电。

金坛盐穴压缩空气储能项目是国家储能唯一国家示范项目，也是国家能源局和江苏省重点推进项目，由中盐集团、中国华能和清华大学共同开发。一期工程储能容量300兆瓦时，一个储能周期可存储电量30万千瓦时电，可供6万名居民一天的用电，年发电量约1亿千瓦时。项目利用金坛地下盐穴资源，以压缩空气为主要介质实现能量存储转化，全程无污染、零排放，电—电转换效率达60%。

作为世界首个大型非补燃压缩空气储能电站，远期建设规模将达1000兆瓦，并实现压缩空气储能技术试验、标准创建、工程及商业运营示范三大目标。

【金坛区新增3家省级企业技术中心】 11月22日，省工信厅公布了2021年省级企业技术中心名单，金坛区江苏久诺建材科技股份有限公司技术中心、江苏鹿山新材料有限公司技术中心、常州斯威克光伏新材料有限公司技术中心名列其中。

【中盐金坛盐化有限责任公司主导项目入选2021年第二批推荐性国家标准计划】 8月24日，国标委发布2021年第二批推荐性国家标准计划，常州市5家企业主导或参与的4项推荐性国家标准项目获批立项，其中包括中盐金坛盐化有限责任公司主导制定的《电力储能用压缩空气储能系统技术要求》。

（杨兆平）

纺织服装行业

【概况】 全区纺织服装行业71家企业实现开票销售107.96亿元，比上年增长3.52%，占规模工业的比重为7.28%，同比下降1.95个百分点。1—12月，金虹纺织、华越毛纺、华茂金昇分别增长40.96%、16.39%、3.4%；昌新织造、杰克服装、晨风服装分别下降32.28%、15.53%、11.89%。

【北京服装学院晨风时尚产业学院揭牌】 6月18日，北京服装学院与晨风集团共建的北京服装学院晨风时尚产业学院举行揭牌仪式。

晨风集团股份有限公司是国际可持续服装联盟（SAC）成员。集团坚持“企业集团化、生产规模化、经营国际化、产学研一体化”的发展战略，已拥有金坛、昆山等五大服装生产基地，常熟、宿迁两大麻、棉类纺织生产基地，实现了除正装西服以外的服装产品品类全覆盖。产品主要出口日本、美国、英国、法国、德国、意大利等国家。

北京服装学院是国内一流、国际

知名的时尚类高等学府，为纺织服装、时尚和文化创意产业培养了大批优秀人才，是人才培养与时尚创新的高地。面对纺织服装行业进入战略重构和创新蜕变的新发展阶段，双方为培养更多时尚产业知行合一、产教融合的高素质创新型人才，成立“北京服装学院晨风时尚产业学院”，有利于促进校企优势互补、合作共赢。

（杨兆平）

2021 年金坛区上缴税收十强企业名单一览表

表 12　　单位：万元

序号	企业名称	1—12 月开票销售				1—12 月入库税收			
		本期	同期	同比(%)	净增	本期	同期	同比(%)	净增
1	晨风（江苏）服装有限公司	272962.09	309809.72	-11.89	-36847.63	16578.43	13707.57	20.94	2870.86
2	东方日升（常州）新能源有限公司	976442.54	1032041.87	-5.39	-55599.33	16282.34	18400.72	-11.51	-2118.38
3	奥托立夫（江苏）汽车安全零部件有限公司	189304.34	183853.37	2.96	5450.97	15601.97	14127.45	10.44	1474.52
4	盘固水泥集团有限公司	245516.25	231197.27	6.19	14318.98	13188.98	19398.38	-32.01	-6209.40
5	江苏常友环保科技股份有限公司	72160.03	69627.13	3.64	2532.90	7455.24	3198.88	133.06	4256.36
6	中盐金坛盐化有限责任公司	146286.64	124533.56	17.47	21753.08	7118.38	6581.44	8.16	536.94
7	常州斯威克光伏新材料有限公司	473674.27	256025.80	85.01	217648.47	7050.38	5799.81	21.56	1250.57
8	常州金远药业制造有限公司	28822.46	24933.26	15.60	3889.20	7033.61	5488.24	28.16	1545.37
9	江苏金昇实业股份有限公司	727771.14	898971.00	-19.04	-171199.86	6705.05	16373.32	-59.05	-9668.27
10	健尔康医疗科技股份有限公司	92243.26	181783.41	-49.26	-89540.15	6477.15	21889.65	-70.41	-15412.50

（编辑　张继华）

综　述

【概况】 2021年，全区农村统筹推进疫情防控和经济发展，农业生产保持稳定。

产业升级再创新高。实现农林牧渔业总产值75.06亿元，比上年增长3.57%。南顺食品成功跻身国家级农业重点龙头企业，填补多年空白。全区农业物联网技术应用点316家，县域规模设施农业物联网应用占比达42.5%，成功入选省级“互联网+”农产品出村进城工程试点县。“一张网”兜牢农产品质量安全，7641户规模主体“入网监管”，超额完成7500户目标任务。

项目建设进度明显。全区21个项目列入省、市农业农村重大项目，年度完成投资16.82亿元，项目个数、完成投资额均呈正增长，2个项目列入省示范项目，省级以上媒体宣传报道6篇。承办常州市农村人居环境整治暨农业农村重大项目现场推进会，南顺油脂项目正式投产，填补了金坛区油脂精深加工方面空白。加速推进国家农业科技园区三年建设计划，整体进度68%。金坛区现代农业产业示范园以总分第5名的成绩跻身首批省级现代农业产业示范园。

增收致富成效显著。全区制订16个经济提升村集体经济发展“一村一策”方案，完成村级经营性收入增长2%的目标任务，集体经济强村数量指标超额完成。扎实推进全国农民合作社质量提升整县试点，依法办社强社经验全省交流。推进新型农业经营主体质量提升，新增区级示范家庭农场84家，区级以上示范农民合作社36家，金坛区农业农村局被评为全省脱贫攻坚暨对口帮扶支援合作先进集体。全区农村居民人均可支配收入33796元，同比增10.74%。

乡村面貌焕然一新。全区完成23个行政村“多规合一”村庄规划编制，147个规划发展村全部建成美丽宜居村庄。深入推进美丽乡村示范（片）建设，柚山村美丽乡村示范项目揭牌。新改扩建农村公厕21座，完成110处农村小微水体整治。全年农药使用量较上年减少3.07%，化肥使用量减少0.6%。建成75个农药包装废弃物回收点、2个省级“五有”标准废旧农膜回收网点，农作物秸秆综合利用率、畜禽粪污综合利用率分别达96%和98.44%。

（尹　凡）

【新型农业经营主体培育】 2021年，金坛区建立茶叶、河蟹、青虾、肉鸡4个江苏省现代农业产业技术体系推广示范基地；围绕稻麦、园艺、茶叶、河蟹、家禽五大主导产业开展基层农技推广体系改革与建设项目，培育科技示范户700户。全年组织各镇（街道）农技人员101人次赴南京农业大学、扬州大学开展专业技能轮训。全年完成高素质农民培育和新型经营主体带头人培训1360人。其中，部级任务320人，省级任务1040人。将高素质农民培训工作与普惠金融宣传相结合，邀请区农业融资担保中心合作银行讲解涉农担保贷款和惠农金融产品的相关政策，及时解决贷款难、担保难、融资贵的难题。

（孙亦诚　范晓璐）

【农产品标准化建设】 2021年，全区大力推进农业标准化生产，通过制定和实施农业产前、产中、产后各个环节的技术要求和操作规范，开展全程质量控制，突出抓好农业质量标准体系、农产品质量安全体系和农业标准推广体系的建设，制定涵盖粮油、果蔬、畜禽、水产四个主导产业的标准规程40余项。全区共拥有5个省级绿色优质水稻基地、1个茶叶基地，拥有绿色食品45个。2021年，全区绿色优质农产品比重达67.7%。

以绿色优质农产品生产为抓手推进标准化。圣贝特蜂产品荣获绿色食品认证，打破了金坛区畜牧产品中绿色食品为零的历史。南天荒农业科技有限公司鲢鱼获全区首个水产品中绿华夏有机认证。长荡湖农业科技有限公司在2021江苏最美绿色食品（大闸蟹）企业评选活动中获“最美绿色食品大闸蟹企业”称号。常州金坛江南制粉有限公司作为常州唯一一家20年以上绿色食品认证企业，在江苏农业绿色高质量发展研讨会上受省绿办授牌表彰，该表彰全省仅9个。薛埠镇省级绿色优质茶叶基地2133.33公顷通过验收。

10月29—31日，2021首届“苏韵乡情·乐和杯”江苏河蟹产业链博览会在南京召开，长荡湖大闸蟹在会上作推广宣传

以农产品质量安全监管为基础推进标准化。全面落实农畜水种类全覆盖、规模化基地全覆盖、获证企业全覆盖、监管环节全覆盖、时间段全覆盖的“五全”制度，优化快检模式，全区每个乡镇都建有1个胶体金校测示范点。全年完成定量检测任务878个。其中市级以上463个，合格率100%；区级415个，合格率98.8%。2021年，全区加入江苏省农产品质量安全追溯平台的生产（经营）主体7636户，其中薛埠镇1324户、金城镇1263户、朱林镇1141户、儒林镇1152户、指前镇1102户、尧塘街道252户、西城街道227户、东城街道70户。2021年，合格证开具率、监督检查率、产品检测率、电子化台账率、资料更新完善率、宣传培训率均达到100%。合格证累计开具280万张，其中入网主体开具超250万张。新建村级服务站13家，总数达23家，服务周边农户约4000户。指前镇农产品质量安全监管站获评全省首批“五星级监管站”。薛埠镇、金城镇农产品质量安全监管站被评为四星级监管站。

（周秋娟）

【农业品牌建设】 2021年，全区按照“一品一策”的运营思路，创新品牌运行机制，品牌发展基础进一步夯实。以长荡湖蟹业协会为依托，开展“长荡湖大闸蟹”品牌授权工作，并对授权单位开展质量检测和销售监管。着力开展“长荡湖”商标维护工作，所持“长荡湖”57项系列商标均已进行机构改革后的主体更名和到期续展工作，“长荡湖”30类商标申报成功，长荡湖大闸蟹地标产品申报工作已正式启动。组织龙头企业和优秀会员单位参加行业权威品质赛事及大型展销活动，在2021首届“苏韵乡情·乐和杯”江苏金蟹评比活动中获所有奖项。成功举办金坛雀舌品牌保护新闻发布会暨开采启动仪式，制定了《金坛雀舌品牌保护三年行动方案》，推进“金坛雀舌”地理标志证明商标和保护产品标贴授权许可使用，“金坛雀舌”市场效益不断提升。“建昌红香芋”深入实施国家地理标志农产品保护工程项目。“指前标米”等4个品牌成功入选“常州市十大农产品品牌提升行动计划”。1个区域公用品牌，3个企业品牌成功入选江苏省农业品牌目录。

【休闲观光农业】 2021年，全区充分利用乡村产业优势资源，全面推进休闲观光农业发展进程，着力打造“一山一水”两大休闲农业板块，集聚形成了“山边、水边、城边”休闲农业观光带。全区三星级以上全国休闲农业和乡村旅游单位累计达9家。黄金村、茅山森林世界成功通过休闲农业四星、五星实地考评，御庭春长山行舍、黄金村农耕基地、京东农业茅山南湖养生度假农庄入选江苏省乡村休闲旅游农业“一园两基地”（主题创意农园、农耕实践基地、康美基地）。1条休闲农业线路（金坛城区——一号农场—仙姑村—芥舟·长山行舍）入选全省乡村休闲旅游农业精品线路。数字化渔场、一号农场、一鸣食品等一大批农旅融合创意园区成为高效农业聚集区、农旅一体展示区、美丽乡村示范区。

（史黎明）

【农田建设】 2021年，全区建设高标准农田866.67公顷，高效节水灌溉33.33公顷，共投资2318万元。涉及4个项目区：金城镇白塔片266.67公顷项目区；金城镇冯庄片266.67公顷项目区；直溪镇新河片200公顷项目区；薛埠镇罗村片133.33公顷项目区。高标准农田建设项目被列入常州市农业农村重大项目、金坛区“我为群众办实事”实践活动重点民生项目。

全区完成2020年国家耕地轮作项目“稻油”轮作面积3693.4公顷，轮作区域涉及薛埠、朱林、金城、直溪、指前、儒林6个镇58个行政村，按照4350元每公顷的补助标准发放，共发放财政补助资金1606.629万元。其中，中央财政资金807万元，市级财政资金422.02936万元，区级财政资金377.59964万元。

（钱 俊 钟剑文）

【生态农业建设】 2021年，全区生态农业建设持续推进，农作物秸秆综合利用率为96%。利用方式主要有机械化秸秆还田、肥料化、基料化、原料化、燃料化等。沼气安全处置工作持续推进，全区在用规模沼气5家，在用户用沼气9户。

全区建立农药包装废弃物回收网点75个、废旧地膜回收网点7个、2个省级“五有”废旧地膜回收点、1个农药包装废弃物回收暂存点。2021年，回收农药包装废弃物48.78吨，处置率100%，涉农乡镇农药包装废弃物回收覆盖率100%，涉农乡镇农药包装废弃物回收评价优秀等次。2021年，全区共产生废旧农膜359吨，回收335.48吨，回收率93.45%；废旧地膜产生量41.15吨，回收量36.3吨，回收率88.21%。

在全区稻麦上普及耕地质量提升与化肥减量增效技术，化肥施用强度持续下降。金坛区创新形成的化肥减量模式、水肥一体化模式、耕地质量监测点考核模式和有机肥积造模式在全省广泛宣传。建立健全耕地质量监测网络，有1个国家级、4个省级、10个市级、18个区级耕地质量监测点和2个省级土壤墒情监测点，对耕地质量（土壤墒情）进行长期、定位监测。

全区完成规模畜禽粪污资源化利用巩固提升行动，并开展畜禽养殖污染治理检查认定“回头看”、标准化生态健康养殖场普及行动等工作。全区358家规模畜禽养殖场全部完成整治提升并通过联合认定，治理率100%，畜禽粪污综合利用率98.44%，规模场设施装备配套率100%，其中大型场配套率100%。开展非规模畜禽养殖场户污染防治和废弃物资源化利用工作，提升非规模畜禽养殖场户粪污资源化利用水平。

（白洁瑞 朱萍 沈鑫 张静）

农业生产

·种植业·

【概况】 2021年，全区夏粮作物总面积8340公顷，较上年增加790公顷，增长10.46%。主要作物小麦面积8100公顷，比上年增加600公顷，增长8%；公顷单产4867.5千克，减少112.5千克，减少2.26%。早大豆面积0.98千公顷，其他杂豆207公顷，较上年豆类1.23千公顷减少47公顷；早大豆公顷单产2445千克，其他杂豆2145千克，较上年2534.55千克分别减少89.55千克、389.55千克。油菜面积3.8千公顷，较上年723公顷增加2.779千公顷；公顷单产2355千克，较上年2536.5千克减少181.5千克。

秋粮作物总面积15347公顷，较上年增加30公顷，增加0.196%；主要作物水稻面积12760公顷，较上年增加10公顷，增加0.078%。薯类面积633公顷，较上年600公顷增加33公顷；公顷单产5025千克，较上年5289千克减少264千克。玉米面积766公顷，较上年733公顷增加33公顷；公顷单产5535千克，较上年5587.5千克减少52.5千克。

全区园艺产业总规模14927公顷，总产值24.52亿元。其中茶叶2887公顷，产值1.43亿元；蔬菜播种面积6267公顷，产值9.52亿元；食用菌生产面积75公顷，产值1.59亿元；果树1093公顷，产值3.6亿元（含瓜果类0.95亿元）；花卉苗木及其他园艺作物（含坚果、中药材等）8213公顷，产值8.38亿元。

全区共有蚕桑园13.2公顷，主要集中在薛埠、朱林、指前等镇，蚕品种为苏豪×钟晔（抗）。全年发种215张，其中，春季发143张，价格2650元/担；秋季发72张，价格2300元/担。全区共有果桑园4公顷，果桑采摘成为现代观光休闲农业项目之一。

（傅俊毅 曹丽华 姚国新）

【种植效益】 2021年，全区水稻平均销售单价每千克2.85元，较上年

7月，指前镇机械化收割小麦

减少 0.45 元；每公顷产值 26847 元，较上年减少 4299 元；每公顷成本 19218 元，较上年增加 4509 元；每公顷效益 7629 元，较上年减少 8808 元。小麦平均销售单价每千克 2.26 元，较上年增加 0.02 元；每公顷产值 11000.55 元，较上年减少 154.65 元；每公顷成本 7670.85 元，较上年减少 22.95 元;每公顷效益 3329.7 元，较上年减少 131.7 元。

（钟剑文）

【种植业技术推广】 2021 年，全区围绕节本增效，大力开展稻麦绿色优质高效技术集成，在集中育秧技术优化更新方面，大力研制轻简化自动化秧盘载具，区种植业技术推广中心牵头发明的秧田自动摆盘装置获国家实用新型专利认证，参与完成的“稻—麦两熟丰产高效绿色栽培关键技术创建与应用”成果，获得 2020 年度江苏省科学技术奖一等奖。

全区粮食绿色高质高效创建工作位列全省第一方阵。2021 年承担省级水稻绿色高质高效创建项目，建设 5000 亩以上示范片 5 个、千亩示范片 17 个、百亩示范方 62 个，实施总面积 5000 余公顷，涉及 5 个粮食主产镇，平均实收公顷单产 11094 千克。建设小麦全程机械化绿色高效百亩方 40 个，示范机械化适期精量播种、测土配方施肥、抗逆应变等技术。

全区以金坛稻麦科技示范中心为平台，测试（展示）稻麦品种 24 个。其中，小麦 8 个，水稻 16 个，筛选适宜本地种植稻麦品种各 2 个。印发《2021—2023 年金坛区主要粮食作物品种应用布局规划》，发布品种应用意见 2 次，水稻主推品种南粳 5055、镇糯 19 号和镇糯 20 号，推广面积分别达 3426.67、3306.67 和 2706.66 公顷；小麦主推品种扬辐麦 4 号及扬麦 25，推广面积分别达 4220 和 2853.33 公顷。水稻繁种备案面积 47 公顷，达标种子数量约 455 吨；小麦繁种备案面积 50 公顷，达标种子数量 262.5 吨。

（钟剑文 朱 萍 郑 飞）

【稻米产业发展】 2021 年，全区优质稻谷“五位一体”全产业链新型订单生产涉及龙头企业 9 家，全区订单生产面积近 8 万亩，订购稻谷 3.5 万吨。新增一个江苏省“味稻小镇”（金城镇），加上之前的指前镇、朱林镇，总数达 3 个。

（朱 萍）

【农药管理】 2021 年，全区核发 8 家农药经营许可证（限制使用农药除外）。开展“百团进百万企业”农药行业安全生产宣讲 1 次。以“落实安全责任，推动安全生产”为主题，联合江苏省激素研究所股份有限公司开展区农药行业安全事故综合应急救援演练 1 次。

（张叶飞）

【种子管理】 2021 年，全区农作物种子市场秩序良好，种子质量安全事故零发生，未发生重大种子生产经营违法行为。全年抽检农作物种子样品 84 个。其中水稻 15 个，小麦 11 个，玉米 10 个，油菜 19 个，其他作物 29 个，主要农作物抽检合格率 100%。完成农作物种子生产经营网上备案 443 个。其中委托代销备案 13 个，委托生产 2 个，经营不分装 428 个，主要农作物备案率 100%。

（郑 飞）

【绿色蔬菜产业基地】 2021 年，金坛区按照绿色生态发展理念，以“保供给、保生态、保安全、推动农业高质量发展”为总体要求，以绿色蔬菜产业基地为抓手，大力推进园艺生产绿色化、生态化、科技化、标准化。全区共创建绿色蔬菜产业基地 11 个，绿色蔬菜总播种面积 2907.64 公顷，绿色蔬菜占比达 46.89%，绿色蔬菜产值 42552 万元。

【非木质林产品（金坛雀舌）经营联合认证通过森林认证 2021 年度监督审核】 为确保金坛非木质林产品（金坛雀舌）联合认证持续符合森林认证标准要求，2021 年，第三方认证机构对金坛区非木质林产品（金坛雀舌）联合认证开展了年度监督审核。通过此次审核，确认常州市金坛区参加联合认证的茶园 373.127 公顷，干茶数量 22455 千克，持续符合非木质林产品茶叶认证规范的要求。

2021“金坛雀舌”首批地标产品企业授牌仪式

【常州昌玉红香芋专业合作社成功创建省级园艺作物标准园】 2021年，常州昌玉红香芋专业合作社成功入选江苏省第七批省级园艺作物标准园名单。该合作社基本实现规模化种植、标准化生产、商品化处理、品牌化销售、产业化经营，通过合作社+农户的产业化经营模式带动周边农户增收。

【精美小菜园】 2021年，全区新增精美小菜园1个（朱林镇三星村），总数达7个（薛埠镇仙姑村、石马村；儒林镇柚山村；金城镇后阳村；指前镇岳阳村；朱林镇黄金村、三星村）。精美小菜园的创建，不仅对“乡村振兴战略”的实践进行了探索，也成为全区“菜篮子工程”建设的有益补充。

（曹丽华）

【植物保护】 2021年，全区水稻重大病虫害在自然发生条件下呈稻纵卷叶螟大发生，表现为三、四代峰期长、蛾量高；褐飞虱大发生，白背飞虱中等偏重发生，均表现为迁入期早、迁入量大；灰飞虱、大螟、二化螟轻发生；纹枯病中等发生；穗颈瘟、稻曲病田间零星查见；杂草轻发生。小麦重大病虫害在自然发生条件下呈蚜虫中等发生；粘虫、灰飞虱轻发生；赤霉病大发生；白粉病中等发生；纹枯病中等偏轻发生；叶锈零星发生，条锈未查见；杂草中等发生。油菜重大病虫害在自然发生条件下呈蚜虫中等偏轻发生。上述病虫害经过及时有效防治，防控效果均较为理想。

2021年，全区水稻病虫草发生总面积79566.67公顷次，防治282820公顷次，挽回产量损失28076.7吨。小麦病虫草发生总面积21433.33公顷次，防治61100公顷次，挽回产量损失20254.06吨。油菜病虫草发生总面积8667.87公顷次，防治11904公顷次，挽回产量损失1501.217吨。

增设病虫疫情智能化监测点，构建智能监测聚点成网。分别在直溪镇、朱林镇、指前镇新增稻纵卷叶螟智能性诱监测设备4台（套），在朱林镇、直溪镇新增斜纹夜蛾智能性诱监测设备2台（套），在指前镇更换智能灯诱监测设备1台（套）。全区现有重大病虫情智能化监测设备8台（套），提升了全区重大病虫预警测报工作智能化、信息化、精准化水平。

小麦赤霉病大流行，经防控后防效显著。系统观测圃表现，2021年，全区小麦赤霉病病穗率50%以上，病指20左右，达大发生程度。为有效抑制小麦赤霉病流行危害，区农业农村局争取市区两级资金共计42.13万元，其中34.13万元用于20亩以上规模种植户购置高效药剂－40%丙硫菌唑·戊唑醇悬浮剂的差额补助（亩均补助5.9元，农户自筹7元），实现了20亩以上规模种植户小麦赤霉病两次用药防治全覆盖。经小麦成熟期考察，防治后全区小麦赤霉病平均病穗率2.42%，平均病指1.06，防效位常州第一、苏南前列。

多项目融合引领，推动统防统治覆盖率等关键指标提升。2021年，全区实施水稻、葡萄重大病虫害绿色防控示范区创建项目，病虫害专业化防治服务组织提升项目，中央农业生产救灾补助项目等多个项目。通过多项目的整合、融合和示范引领，推动了全区病虫害专业化统防统治覆盖率达63.85%，绿色防控覆盖率提升至58.9%。

全面推广应用高新高效药剂、药械。2021年，全区主要农作物重大病虫防控药剂均为江苏省绿色防控名录产品。据农药强度调查，所用农药低微毒性占比98.31%，中等毒性占比1.69%，无高毒农药使用。现用植保机械主要为植保无人机、自走式喷杆喷雾机和担架式液泵喷枪喷雾机，基本淘汰了传统“跑冒滴漏”药械。

创建省市级病虫绿色防控示范区，实现示范区内化学农药使用量大幅缩减。2021年创建省级水稻病虫绿色防控示范区面积72.66公顷，示范应用绿色防控技术11项；创建市级葡萄病虫绿色防控示范区面积6.67公顷，示范应用绿色防控技术9项。绿色防控技术、产品覆盖率、非化学防控技术覆盖率均达100%，其中水稻亩均化学农药折百用量减34.69%、葡萄减68.3%。

（段云辉）

·渔　业·

【概况】 2021年，全区养殖池塘生态化改造稳步推进。按照“设施化、生态化、信息化”总要求，以水产养殖尾水净化生态示范点建设和美丽渔场创建为抓手，推动实施了百亩连片以上养殖池塘生态化改造，全年共完成池塘改造面积644.46公顷。截至年底，全区累计改造池塘面积5123.53公顷，占全区水产养殖面积的51.13%。

长江流域重点水域禁捕成效显著。在巩固长江流域重点水域的长荡湖国家级水产种质资源保护区2017年提前退捕工作成效的基础上，着重探索重点水域“十年禁捕”长效管理机制，构建责任明确、能力匹配、运行高效、监管有力的执法管理格局，形成“水上打、陆上管、市场查”的禁捕执法监管合力。退捕渔民安置保障动态跟踪、联合监管执法、长荡湖网格化管理及“四清四无”整治等工作成效显著，积极营造了“不敢捕、不能捕、不想捕”的良好社会氛围。在长江流域禁捕退捕的新形势下，长荡湖全年无捕捞生产。

美丽渔场创建数量质量领跑全市。按照生产规模适度、设施设备优良、技术模式先进、生态环境优美、产品优质安全和示范效应明显的建设要求，在全区推进市级美丽渔场创建工作。全区5家单位达到创建要求，获批常州市市级美丽渔场。

渔业安全生产保持良好态势。2021年，持续与6艘养殖渔船和11艘捕捞渔船船主签订安全生产承诺书。严格按照《内河小型渔船法定检验技术规则（2019）》对渔业船舶开展年度检验，年度检验全部合格。全年举办渔业安全生产专题培训班1次，安全生产集中宣讲5次，分管领导深入水产养殖单位开展“百团进百万企业”宣讲活动3次，渔业安全生产监督检查39次，出动检查人员75人次，检查水产养殖企业11家、养殖户28户。其中，涉渔危化品和有限空间安全生产专项检查各2次，发现并及时排除一般安全生产隐患6个。

技术引领示范作用发挥明显。在全区范围内开展“民师出高徒”活动，在带领技术创新、带强产业发展和带动群众致富上的作用发挥明显。邀请省级以上河蟹领域权威专家6人，开展技术培训班4期，参与培训人员达300余人次。加强苏陕协作，强化脱贫攻坚成果，为陕西石泉河蟹养殖基地免费提供3万只优质蟹种和1套价值5万元的微孔增氧设备，并先后2次前往石泉基地提供养殖技术指导。

加强种质资源保护与育种创新。长荡湖渔业资源养护取得明显成效，全年网围养殖总产量240.5吨（鱼类196.3吨、河蟹44.2吨）。全年放流的鲢、鳙鱼冬片43.3万尾、放流的鲢、鳙鱼夏花807万尾，放流的鲢、鳙鱼潜在资源量为3611.48吨（238.56万尾）。全年共调查到鱼、虾、蟹、螺等渔获物29种，其中鱼类24种，数量优势种为刀鲚，占77%；重量优势种为鳙和鲢，分别占33.8%和32.0%。打好“种业翻身仗”，联合上海海洋大学开展“长荡湖1号”（暂定名）新品系第四年选育工作。“长荡湖”河蟹优质抗逆新品种选育项目获省种业振兴“揭榜挂帅”项目立项。

（刘伟杰　付言言）

【金坛区水产技术推广中心首批上“星”】 2021年，金坛区水产技术推广中心被全国水产技术推广总站授予首批全国星级基层水产技术推广机构称号。该中心坚持“做给农民看、带着农民干”，在原有230亩渔业科技示范基地的基础上，与国有公司合资建成1100亩全国领先的智能化渔场。2021年，渔场承办全国水产养殖机械化现场会，并先后接待各地参观交流代表团超1000人次。该中心坚持“试验、示范、推广”的渔技创新与推广路线，积极争取项目扶持，先后开展配合饲料替代冰鱼、河蟹“小精高”高效养殖技术、河蟹养殖机械化智能化技术、河蟹养殖高效精准投喂技术、渔业大数据平台建立等多项技术试验示范，并结合基层农技推广体系改革与建设项目，在全区范围内推广成熟技术。同时，与上海海洋大学联合开展“长荡湖1号”自主河蟹新品系科学选育，2021年是第四年选育，新品系优势已凸显。该中心重视从“好蟹”到“名蟹”的转身，使得“长荡湖大闸蟹”先后入选生态原产地保护产品、首批中国农业品牌名录。

（肖温温）

2021年5月8日，“长荡湖1号”河蟹新品系选育

【省淡水水产研究所专家到金坛共谋河蟹产业长远发展】 9月15日，江苏省淡水水产研究所所长潘建林携专家团队到金坛，就金坛河蟹产业长远发展进行了深度交流和探讨。潘建林认为，金坛河蟹产业在科技推广、生态养殖方面极具影响力，先后有“微孔增氧”“小精高”等诸多技术模式在全国进行推广。金坛是最早提出并开展网围养殖的地方，现在又最早提出“数字化渔业”概念并很快付诸实施，建设并建成了“数字化渔场”。金坛渔业技术推广部门和各大科研院所保持着非常紧密的合作关系，这是金坛渔业发展能够一直走在前列的关键因素。潘建林指出，金坛河蟹产业的发展在于品种和品牌，省淡水水产研究所将充分发挥自身科研优势，为金坛河蟹新品种选育工作提供技术支持和合作，尽快在金坛构建“长荡湖1号”（暂定名）和“长江3号”（暂定名）两大河蟹新品种选育工作并肩共进的良好格局。建议金坛利用河蟹产业科技优势，塑造“科技蟹”形象，同时在“长荡湖大闸蟹”品牌培育上成熟运用“数字化渔业”概念，制定最严“河蟹”品牌标准。

【蟹池微孔增氧设备首次进入秦岭大巴山】 4月16—19日，金坛区水产技术推广中心为陕西石泉旭兴元渔业有限公司免费提供一套可覆盖30亩养殖塘口的蟹池微孔增氧设备并赴现场指导安装。为加强苏陕协作，强化脱贫攻坚成果，促进实体产业发展，2021年，金坛区还向该公司免费提供了3万只优质蟹种，在技术和种苗的双重支持下，石泉县河蟹产量明显提升，亩均效益已突破2000余元。蟹池微孔增氧是金坛针对河蟹池塘养殖自主研发的增氧设备，直接作用于池塘底部，增氧效率高，非常适合于蟹虾类底层活动的生物，已在全省乃至全国进行推广，被业内称为“河蟹产业的第一次革命”。此项“技术支持”将进一步促进石泉河蟹产业升级，加速河蟹产业机械化、高效化的发展步伐。

【常州湖中香水产食品有限公司获全区首张熟制水产品生产许可证】 2月7日，常州市行政审批局向常州湖中香水产食品有限公司颁发《食品生产许可证》，这是金坛区首张熟制水产品食品生产许可证。金坛区水产企业加快发展步伐，加大河蟹、青虾等水产品初加工及相关制品的深加工试验探索，其中，常州湖中香水产食品有限公司走在前列，该公司从硬件设施配套、人员资质培训、加工技术提升、产品质量可控等方面着手，逐步达到各项要求，取得食品生产许可证，不仅填补了水产资源深加工空白，提高了产品附加值，同时也带动了周边水产养殖业发展，促进了周边人员就业。

【金坛区开出首张跨省水产苗种产地检疫合格证】 3月7日，金坛区农业农村局派遣渔业官方兽医对江苏长荡湖农业科技产业园有限公司的“长荡湖1号”新品系河蟹苗种进行水产苗种检疫。此次水产苗种产地检疫主要检查该公司的水产养殖生产记录等，核实养殖场过去12个月内是否发生相关水生动物疫情的情况，了解公司的进出场、饲料、用水、疾病防治、消毒用药、疫苗和卫生管理等情况。经水产技术人员检验苗种健康状况后，渔业官方兽医确认检疫合格，向该公司开出水产苗种产地检疫合格证，这是金坛区首张跨省水产苗种产地检疫合格证。

【开展长江流域重点水域禁捕专项执法联合行动】 1月，全区联合开展长江流域禁捕专项执法联合行动，对长荡湖国家级水产种质资源保护区和长荡湖壹号度假酒店进行执法检查和普法宣传，共出动执法人员20人次，渔政执法船5艘，执法车3辆。

【金坛区3家苗种生产单位获区级水产苗种生产许可证】 6月25日，常州鑫泽农业科技有限公司、金坛区指前镇凯霖家庭农场和金坛区建昌爱俊家庭农场经现场验收合格后获区级水产苗种生产许可证。金坛区共有获水产苗种许可证单位12家，其中金坛区建昌水产养殖场和直溪国平青虾良种繁育场被认定为省级良种繁育场，常州市金坛区水产良种繁育场和江苏长荡湖农业科技产业园有限公司被认定为省级河蟹良种培育场。

【开展水产养殖尾水达标排放政策宣贯工作】 为落实江苏省全面实施池塘养殖尾水治理工作要求，促进水产养殖和水域生态保护协调发展，12月，金坛区渔业行政主管部门开展水产养殖尾水达标排放政策宣贯，主要群体是水产养殖面积大于50亩养殖大户、拥有养殖水面100亩以上连片池塘的养殖主体及村民委员会、镇（街道）农业农村部门，区渔业行政主管部门结合当前水产养殖实际，编制下发《金坛区池塘养殖尾水排放标准宣贯手册》5000余册，重点宣贯水环境保护、水污染防治和池塘养殖尾水排放具体要求等。

（刘伟杰）

·畜牧业·

【概况】 2021年，全区畜牧业以生猪和家禽两大主导产业为发展重点，克服重大动物疫情和市场双重不利因素的影响，较好完成全年工作目标与任务，全区畜牧生产规模化、集约化、产业化水平大幅度提高。

全区生猪存栏6.914万头，比上年增长28.28%；其中，能繁母猪0.64万头，减少7.25%；生猪出栏9.01万头，增长91.74%；家禽存栏601.59万羽，出栏2521.51万羽，分别减少9.99%和增长9.5%。全年屠宰生猪227414头、家禽屠宰量为1231万羽、牛屠宰214头。

【生猪补栏增产技术指导和服务】 2021年，全区把生猪稳产保供作为重大政治任务，结合区域实际，研究制订区级稳产保供实施方案，全力做好规模猪场的技术指导和各项服务工作，指导养殖户加强环境、饲料、血样等检测，加强生物安全防护设施建设，提升疫病防控能力。积极协调有关部门落实各级关于扶持生猪生产的各项惠民政策，加快稳定和恢复生猪生产，积极配合企业做好种猪、苗猪调运协调工作，做到早扩产、多扩群，全区生猪产能逐步恢复。

【加快推进畜牧业重大项目建设】 9月，总投资1.5亿元的常州鸣源牧业牧场建设项目正式投入生产。该项目位于金城镇，占地面积13公顷，设计存栏奶牛3000头。设计年出栏5000头的金坛米猪原种场异地新建项目顺利完工，该项目的落成有利于地促进地方畜禽遗传资源的保护与利用。

【无纸化出具动物检疫合格证明（B证）试点】 自6月21日起，金坛区正式开展无纸化出具动物检疫合格证明（动物B证）试点工作。无纸化出证系统的推行可以节省纸质台账数量，简化工作流程，进一步强化从养殖到屠宰环节的闭环监管，提高检疫监管能力，提升信息化管理水平。10月，金坛区代表江苏省进行试点工作汇报，顺利通过部级验收。

【开展江苏省第三次畜禽遗传资源普查】 按照省农业农村厅《关于开展全省农业种质资源普查的通知》要求，金坛区开展了第三次畜禽遗传资源普查工作，依托基层畜牧兽医站、村级防疫员及社会力量成立了专业普查队伍。10月14日，全区顺利完成畜禽遗传资源普查工作任务，共普查全区9个镇（街道）127个行政村（社区），共上报已知资源4个畜种11个品种，共有群体数量108225头（羽），其中能繁母畜2109头，种公畜62头，无新发现资源和蜂资源。金坛区农业农村局畜牧兽医科在该项普查工作中受到省农业农村厅表扬。

（张　静）

【畜产品质量安全】 2021年，全区加强畜产品质量安全监管，加大对养殖环节、经营环节、屠宰环节的畜禽及产品药物残留的抽检次数和监管力度，从源头上控制“瘦肉精”等投入品进入畜牧养殖领域。区级共送检畜产品样品22个批次，抽检屠宰环节尿样12401批次和养殖环节尿样617批次，未发现违法使用瘦肉精、禁用兽药和苏丹红等化合物产品的行为，抽样检测合格率为100%。配合部级、省级和市级在农贸市场、超市、蛋禽养殖场和生猪屠宰场进行风险监测，共抽检畜产品样品133个批次，兽药、饲料质量监督抽样18批次。样品合格率达100%。

（汤明庚）

【畜禽屠宰行业完成转型升级】 2021年，金坛区鼓励、引导全区畜禽屠宰企业进行转型升级改造，组织企业淘汰一批落后的生产加工设备，大力推进“集中屠宰、集中检疫、规范管理”，确保屠宰企业“线上有岗，岗上有人”。通过转型升级，有效地保障全区畜产品质量安全水平，促进全区畜牧业高质量发展。

【设立“一站式”犬只狂犬病免疫接种点】 2021年，为配合《常州市养犬管理条例》的实施，金坛区组织区内动物诊疗场所，设立“一站式”犬只狂犬病免疫接种点8家。“一站式”服务点全部应用“常州市动物狂犬疫苗免疫信息管理系统”，实行信息化管理，并配合市动物疫病预防控制中心承担犬只狂犬病免疫效果评价工作。

（张恩爽）

【重大动物疫病防控】 2021年，全区开展强制免疫三大防疫行动，强化春、秋两季重大动物疫病集中防疫行动以及夏季消毒灭源和集中补免行动，畜禽重大动物疫病应免免疫密度和免疫质量均超过国家规定要求。全年全区共防疫生猪口蹄疫8.77万头次，羊口蹄疫1.19万头次，高致病性猪蓝耳病6.61万头次，猪瘟8.67万头次，小反刍兽疫0.83万头次，高致病性禽流感3566.12万羽次，鸡新城疫3248.45万羽次，其他病种也做到应免尽免。强化实验室监测，提高预警能力，金坛区动物疫病预防控制中心采取日常监测、集中监测和飞行监测相结合的模式，使疫病监测做到量化、细化、日常化，实时监测、点面结合、动态反馈。全年共监测各病种样品总数12417份，抗体合格率平均为96.78%，高于农业农村部规定的70%标准。

做好非洲猪瘟防控工作，开展生猪违法违规调运专项整治行动以及生猪产地检疫专项督查，有效落实“堵、控、防、灭”等综合防控措施，全面开展非洲猪瘟防控阻击战。坚持不懈抓好泔水禁喂、调运监管、“两场”生物安全管理、清洗消毒、监测排查、应急处置等措施，严格执行生猪定点屠宰企业派驻官方兽医检疫监管制度和非洲猪瘟企业自检制度。强化部门联合执法，严厉打击私屠滥宰、违规调运等违法行为。对生猪养殖场（户）、农贸市场、生猪屠宰场、无害化收集体系等场所开展定期监测，全面掌握区域内疫情形势。完成全区非洲猪瘟专项检测工作，共检测样品288份，结果均为阴性；全年共检测非洲猪瘟样品2612份，结果均为阴性。强制免疫“先打后补”工作持续推进，鼓励引导符合规定条件的规模养殖企业自主采购、使用国家批准的强制免疫疫苗，并依照国家和省强制免疫计划自行开展免疫工作。全区11家规模畜禽养殖企业参加到“先打后补”工作中，规模占比达75%以上。全年累计补助畜禽22535925只（羽），发放疫苗补助4092211.56元。金坛区被选为全省三个开展牧运通“动物疫病强制免疫信息管理模块”试点工作的县区之一。

（徐荣军）

·数字农业与装备·

【概况】 2021年，金坛区以“全程全面”（全程全面农业机械化）为要求不断提升农机化高质量发展水平，农机装备水平再创新高，全区农机总动力435503千瓦，粮食生产全程机械化水平达92.35%。着力加快特色农业新机具、新装备、新技术推广使用，构建全区特色农业机械化发展技术体系，智能、绿色、高效农机具保有量快速提升，主机与农具配套比进一步优化，特色农机化水平达到64.65%，农业物质装备保障能力不断增强。加快推进省级现代农机装备与技术示范推广项目，建成2家省级“全程机械化＋综合农事”服务中心，5家常州市级特色农业机械化示范基地，推动全区农机化加速发展。

全区设施栽培智能化面积1330亩、规模设施总面积3230亩；畜禽养殖智能化覆盖生猪4.69万头、家禽932.32万羽，规模设施畜禽养殖物联网应用占比达100%；水产养殖智能化设施面积12000亩、规模设施总面积79000亩。县域规模设施农业物联网推广应用占比达42.5%。

（钱　俊　史黎明）

【农机管理】 2021年，全区完成376台（套）各类农机具购置补贴，使用农机购置补贴资金539.4694万元。

夏季秸秆机械化还田面积5798.73公顷，秋季9400公顷，还田总面积15198.73公顷，秸秆还田率达66.8%。全年共兑付秸秆机械化还田补助资金264.649万元。其中，省级补助资金227.981万元，区级配套补助资金36.668万元。

全区加强农机安全源头管理，落实农机安全生产网格化监管体系建设，开展农机安全生产专项整治与农机安全隐患治理，深化“平安农机”创建，宣传贯彻“沙湖经验”。切实抓好农机安全宣传教育，全面提高农机安全监管水平，强化安全生产责任落实，全年未发生农机安全责任事故。共配合上级主管部门、区农业行政执法大队等部门出动93组310人次，对全区65个农机专业合作社、维修网点督查，排查出安全隐患22项，整改22项，整改率达100%。

【农机服务】 2021年，全区农机合作社达到136家，其中具备耕、种、管、收、粮食烘干一条龙作业服务能力的合作社65家。有全国农机示范社5家、省级示范社35家、常州市A级合作社45家，基本实现了分布合理、服务全覆盖。简化办事手续，落实便民政策，组织开展拖拉机、联合收割机免费实地检验与驾驶人送考下乡等便民服务。全年共出动人员285余人次，免费实地检验轮式拖拉机366台（新注册54台）、手扶拖拉机运输机组527台、收割机150台（新注册26台）。

（钱　俊）

【区农机化技术推广中心获全国星级认定】 11月17日，农业农村部发布了全国星级基层农技推广机构和星级农业科技社会化服务组织公示名单，江苏6家单位入围，金坛区农机化技术推广中心作为常州唯一一家单位入选。金坛区农机化技术推广中心负责全区农业机械新技术、新机具的引进、试验、示范、推广等工作。

（尹　凡）

【全市首台热回收粮食烘干机在金坛投用】 2021年，金坛区百果园农机专业合作社率先在全市实现粮食烘干机空气源热泵热回收改造，并完成50万千克秋粮烘干任务。

金坛区试点推进“煤改电”工作，将粮食烘干设备以空气源热泵替代老旧的燃煤设备。金坛区农机化技术推广中心主动对接区综合能源服务中心，联合研发空气源热泵回收和功率总控新技术，在空气源热泵系统基础上增加粉尘处理、热回收装置，收集热泵烘干过程中的余热，经除尘后返回热泵循环使用。通过远程自动化监控系统，“煤改电”后的烘干机对谷物烘干程度可精准控制，避免稻谷爆腰情况发生，且烘干后谷物营养成分不受破坏，实现粮食烘干品质提高，稻谷出米率提高3%以上。

烘干设备改造使用新热泵系统后，成本降至每吨25元左右，既让利于民，又增加了合作社收益。采用空气源热泵机组代替燃煤热风炉为粮食烘干机提供热源，不仅实现污染物零排放，而且比燃油和燃煤方式节能50%以上。全区共有粮食烘干机400余台，若全部进行热回收改造，每年可为种粮农户节约成本3200万元左右。

（陆　新）

·农林场圃·

【茅东林场】 金坛区茅东林场坐落于金坛区西部茅山东南侧，全场经营总面积1815.53公顷，其中省级公益林面积1649.27公顷，森林覆盖率86.94%。2021年，全场有职工500余人，其中退休职工266人。林区主要植被乔木树种有榉树、朴树、冬青树等30余种。灌木及小乔木有六月雪、小叶女贞、乌饭树等40余种。林下草本植物有沙参、苍术、苔藓、玉竹等百余种。林区常见的野生动物有野猪、狼、猴、白鹭、刺猬等30余种。

随着旅游业的快速兴起，林区内景点项目有茅山森林世界、元观、三清观、元阳观、崇寿观、茅山索道、半边山下民宿、金牛山庄林家乐等，各景区之间纵横交错、相互贯穿、交通便捷，是集旅游、餐饮、休闲、观光于一体的游览胜地。

2021年，林场在抓好林业生产的同时做好护林防火工作，完成大龙背、变电所、凤凰嘴、珠山等6个林班共1100亩的林内可燃物清理，小塘一号、小塘二号、大龙背林班生物隔离带清理190亩，森林防火物理隔离网安装789米，林南工区五指山防火道砂石路1280米，林南、林北工区安装森林防火标识标牌共计215块，在五指山山顶建200立方米的蓄水池一座。新建一处森林消防车车棚，对林北工区消防应急取水处坝埂挡墙进行维修，林下可燃物清理775亩。组织松材线虫病防治清理800亩，土地复垦（占补）27亩，造林45亩，旅游道路及生物隔离带清理500亩，清理加拿大一枝黄花150亩，路南林班和路北林班共实施茶田施肥70亩。维护保养引水上山三期管道13343米，消防栓42处，覆盖森林面积9000亩。对林区45个消防水罐进行维护保养，开展森林防火扑火演练6次，参加森林消防培训50余人次，新添置高压水车1辆，远红外夜视镜和森林防火观测镜各1台。全年多次召开护林员会议，要求加强林区巡逻，防患于未然，茅东林场护林防火创下零火警纪录。

【茅麓茶场】 常州市金坛茅麓茶场有限公司坐落于茅山东麓，距离市区20千米，总面积1026公顷。

2021年，公司拥有茶园365公顷，林地308公顷，耕地203公顷。有股民职工215人，科技人员26人，辖有1个综合性茶叶加工厂，8个茶叶工区，1个国家级茶树良种繁育示范场。茶树良种有龙井43、龙井长叶、福鼎、浙农113、舒茶早、迎霜、碧云、乌牛早、元农绿、白茶等50多个优良品种，年产成品茶能力达52万千克，年出产优质无性系良种茶苗1000万株。主要产品有茅山青锋、金坛雀舌、雨花茶、银毫茶、烘炒青绿茶、袋泡红绿茶、铁观音、珠红茶和供糖尿病患者饮用的薄玉茶。产出的茶叶全部使用“金鹿”牌商标，该商标被江苏省认定为著名商标。“金鹿”牌茅山青锋茶被江苏省认定为绿色食品。“茅山青锋”商标被评定为常州市知名商标、有机食品，获江苏省名牌产品称号。

茅麓茶场加快优质无性系良种茶苗的引进、繁育和推广，建成国家级茶树良种繁育示范场，达到年出圃1000万株良种茶苗的能力，建成高效生态复合优质高产绿色食品茶叶示范园66.7公顷。同时，公司利用科技手段积极探索技术革新，从日本引进风力选别机，提高产品质量，以质量创品牌，以品牌拓市场，建成全省最大的名优绿茶清洁化连续机械化加工生产流水线以及生态园式的加工生产基地。茶树种苗繁育种植、生产、加工通过ISO 9001：2015质量体系标准认证。推广茶叶生产优质化、机械化、规模化、产业化、绿色化、现代化，带动产业结构调整，促进农民增收，使企业不断壮大和发展。成立金坛区茶叶经济合作社，以江苏省茅山青锋茶叶有限公司为龙头企业，制定《茅山青锋茶生产技术规程》江苏省地方标准，开发机制名优茶，依托“金鹿”牌茅山青锋品牌优势，成为集公司+基地+农户名优茶生产、加工、销售、茶文化为一体的茶叶产业化经济合作组织，订单收购鲜叶的产业化经营模式，带动农户690户，带动基地670公顷。2021年，公司实现产值2450万元，销售收入2190万元，利税480万元。

（王柳松）

【方麓茶场】 金坛区薛埠镇方麓茶场地处茅山东麓，总面积250公顷，户籍人口456人，常住人口332人，事业单位退休老职工204人。辖区内现有江苏方麓茶场有限公司，麦宝、安优牧业等企业。江苏方麓茶场有限公司，为金坛区重点茶叶龙头企业，“百园春”牌金坛雀舌为江苏著名商标、江苏省名牌产品。

2021年，方麓茶场持续改善工区人居环境，投入50多万元用于道路硬化、塘坝维修和工区环境卫生长效管理。依托大数据、网格化及十户联防机制，全年共摸排中高风险地区及所在设区市返村人员12名，均已按要求落实管控措施。积极发动村民接种新冠疫苗。春节期间向75周岁以上的老年人发放春节慰问金，为11名就业困难人员申请年度灵活就业社保补贴，完成退役军人信息采集，并发放光荣牌。积极推行农村合作医疗保险，关爱退休职工的生活健康，组织老年人体检并为全场退休职工办理了人身意外险和合作医疗意外险。

（葛志祥）

·农村工作·

【概况】 2021年，金坛区全面实施乡村振兴战略，加快推进农业农村现代化。城市和县级公立医院综合改革、殡葬综合改革等工作被省委、省政府予以督查激励。金坛区农业农村局获评“全省脱贫攻坚暨对口帮扶支援合作先进集体”，薛埠镇党委获评“江苏省乡村振兴先进集体”。

【乡村建设】 2021年，金坛区深化规划引领，完成《“十四五”金坛教育发展规划》《金坛区教育设施布局规划》，完成全域美丽乡村规划9个、村庄规划69个；美化农村环境，新改扩建农村公厕21座，完成110处农村小微水体整治，55个行政村创新采用农村人居环境长效管护“市场化运作”新模式，创成省级绿美村庄8个。优化城乡设施，推动覆盖城乡的公路、电力、天然气和供水等基础设施建设。完成良常水利枢纽、通济南河整治工程建设，新孟河延伸拓浚（金坛段）完成扫尾工程，疏浚整治农村河道5.5千米，村庄河塘清淤142座。三大运营商新建和改造5G基站654个，新建管道200孔千米，光缆1350皮长千米；强化公共服务，对4所农村学校厕所、16所农村学校音乐室和美术室、26所农村学校健康照明进行提档升级，6所农村义务教育学校办学条件得到全面提升。农村特困供养机构（镇级敬老院）实现公建民营的比例达到50%，夕阳红居家养老服务中心行政村覆盖率达80%，开展委托第三方运营试点。新增乡村医生30名，家庭医生签约覆盖率达到45.3%，新创建江苏省健康村、社区9家，江苏省健康促进医院1家，为贫困患病失能人员累计提供医养结合备用床位120张。

【农村改革】 2021年，金坛区深化农村产权制度改革，在10个村试行机构职能、议事决策、财务核算、资产管理“四分开”。推进农村宅基地改革，完成农村宅基地和农房利用现状调查试点工作任务，起草《农村宅基地管理办法（试行）》等一系列文件、方案、细则。推进国家城乡融合发展试验区改革，在建立农村集体经营性建设用地入市制度、建立科技成果入乡转化机制、搭建城乡产业协同发展平台、建立生态产品价值实现机制、健全农民持续增收体制机制、建立进城落户农民依法自愿有偿转让退出农村权益制度、建立城乡基础设施一体化发展体制机制等七个试点任务方面取得了阶段性成效。

（朱洪来）

【富民强村】 2021年，金坛区构建农业经营体系，开展全国农民合作社质量提升整县推进试点，新增区级及以上农业产业化龙头企业5家、省级“全程机械化＋综合农事服务中心”2家。巩固脱贫攻坚成果，将全区低收入农户1091户2089人列为新一轮防贫保险保障对象。将疾病保障范围中“重大疾病25种”调整至“重度疾病28种”，并扩增“轻症疾病3种”，年保险费用从180元／人增加至208元／人；壮大村级集体经济，制定16个经济提升村集体经济发展“一村一策”工作方案，统筹资金700万元扶持10个村级集体经济发展项目，村级经营性收入、经济强村数量指标超额完成。

惠农补贴资金发放规范有序推进，2021年，全区农业支持保护补贴（耕地地力保护补贴）面积18584公顷，补贴标准为1800元每公顷，涉及9个镇（街道）91个行政村79829户农户，共计发放补贴资金3345万余元。2021年，水稻田生态补偿面积7748公顷，补贴标准为409.16元每公顷，涉及7个镇（街道）64个行政村724户农户，共计发放补贴资金317万余元。2021年稻谷补贴（稻谷规模生产者补贴）普通补贴面积7760公顷，补贴标准为1777.5元每公顷，涉及7个镇（街道）65个行政村736户农户，共计发放补贴资金1379万余元。2021年实际种粮农民一次性补贴面积16834公顷，补贴标准为266.85元每公顷，涉及9个镇（街道）91个行政村16634户农户，共计发放补贴资金449余万元。2021年，绿色蔬菜规模种植补贴面积251.69公顷，补贴标准为3895.56元每公顷，涉及5个镇（街道）25个行政村115户农户，共计发放补贴资金98万余元。

（朱洪来　傅俊毅）

【乡村治理】 2021年，为推动乡村振兴战略深入实施和高质量发展，金坛区出台村、社区干部队伍建设五年规划和“432强链计划”年度培养方案，实施新一轮“返乡兴村人才计划”，开展村、社区干部集中轮训和村党组织书记精准化分类培训。增强乡村治理能力，坚持和完善“大数据＋网格化＋铁脚板”治理机制，群众安全感保持95%以上。方边村获评“全国乡村治理示范村”，黄金村乡村治理先进做法入选《全国乡村治理示范村镇典型案例》。加强精神文明建设，推进新时代文明实践所站建设，推进移风易俗，完善村规民约，树立文明新风，全区92个村委会、33个居委会全部完成村规民约的修订和完善。柚山村获评市级“美丽庭院示范村”，仙姑村、谢桥村等4个村获评省级“美丽家园”示范点。

（朱洪来）

（编辑　张继华）

商贸服务业

商贸流通

【概况】 2021年，全区实现社会消费品零售总额276.48亿元，同比增长13.2%。其中线上社会消费品零售总额73.55亿元，增长8.2%。城镇社会消费品零售总额69.04亿元，增长7.7%。农村社会消费品零售总额4.51亿元，增长15.9%。区商务局掌握大型商贸企业物资储备情况，提前做好分析预测以应对突发状况，组织并举办第二届金坛嗨购节，激发消费潜力。以安全生产和疫情防控为主线，定期组织职能部门和专家对重点领域开展检查督查。截至12月底，共检查加油站点52次，查处各类流动加油车11辆、加油罐3个，餐饮燃气单位130余家，大型商场超市440余次，累计出动检查人员620余人次。

【市场建设】 2021年，金坛国际大酒店、中景商务大厦、常州市金沙科技金融中心、汇贤东苑邻里中心、开发区工业园区丰泽公寓商务服务中心等综合性商业场所陆续投入使用，常州市泽阳餐饮服务有限公司在全区范围内实施社区商业智能化服务工程，已在城区17个社区完成布点建设工作，有效缓解了居民日常生活保障的便捷问题。工业园区公寓配套服务保障中心建成，引导企业发展社区经济，普及社区便利店。指导镇、街道开展菜市场改造提升工作，加快发展乡镇加盟店，促进区域经济发展。开发和完善电子乡村体系，健全乡村创新创业体系。

【餐饮服务业】 截至2021年年底，全区共有星级酒店8家。全年住餐企业实现销售额达5.2亿元，比上年增长19.3%。在常州市组织的“唱响常州菜”系列活动中，丽华快餐金坛分公司被评为“2021年常州市标准化厨房企业”。餐饮行业主动落实疫情防控要求，坚持有序、安全组织聚餐，举办各类喜宴，推行“公筷公勺”，推进“文明餐桌行动”的深化发展，有效维护餐饮行业在特殊情况下的安全稳定。

【现代流通业】 2021年，全区有各类物流机构15家，形成多功能联运的现代物流网，邮政快递将网点下沉，在各镇和行政村完成流通网点设置，提升农村市场的运输速度。电商物流成为新的物流终端配送模式，解决物流“最后一公里”的发展难题。全区家政服务业向规范化、规模化和节约化方向发展，家政服务业从业人员向专业化要求上发展。

（杨前保）

供销合作商业

【概况】 2021年，区供销合作总社按照“十四五”计划和年度重点目标任务，扛起“争当表率、争做示范、走在前列”使命担当，深入推进供销社综合改革，各项工作取得积极成效，实现商品销售40.98亿元，农产品销售28.65万元，农产品交易1.68亿元，农业生产资料供应8510万元，连锁企业销售3.65亿元。

【综合改革】 2021年，区供销合作总社以专班制推进重点工作，以农产品产销服务为基层社工作重心，建立绩效考核制度，启动农产品金牌经纪人培养计划。进一步规范区总社理事会、监事会自身建设，完善相关管理制度。完成薛埠、城西供销社基层社“三会”（理事会、监事会、社员代表大会）制度建设。并在朱林镇红旗圩村试点村级供销社建设。建成乡镇为农服务综合体2个，新建农民专业合作社2个，改造农村综合服务社3个。完成直溪、尧塘社老旧资产改造，提升基层供销社为农服务综合能力。通过省、市社资产资源专项清查。探索推进“农综社”生产、供销、消费、信用“四项合作”。

【为农服务】 2021年，区供销合作总社推行技物结合全程服务，实现农田增效、农户节本。区农资公司农药集中采购统一配供面积扩大到3万亩。区、基两级全年供应育秧基质料1850吨、测土配方肥2800吨以及各类农药、肥料9800吨，为全区水稻、三麦病虫害综合防治（统防统治）近65万亩次，提供水稻病虫害防治飞防服务3.4万亩，农业社会化服务面积13万亩次，为农户节约成本逾75万元。对接农民合作社、大户280家，种植面积4.5万亩。对指前镇标米协会会员、江南制粉成员和朱林镇长盛农机专业合作社推行农药肥料统一配供，覆盖面积2.2万亩。参与农村生态环境建设，全区实施农药包装废弃物、废旧农膜回收工作，完成区级农药包装废弃物收集贮存点建设，全年回收农药包装废弃物48.78吨、废旧地膜38.28吨。

【农产品流通服务】 2021年，区供销合作总社持续打造“茅山竹海”农产品区域公用品牌，在常州供销特产仓储体验中心开设金坛特产“茅山竹海展销馆”，发展加盟合作商3家，组织周边城市供应链龙头企业、连锁商超等采购负责人开展“金坛行”实地考察对接活动5批次，组织金坛名优农产品进机关食堂销售活动7场，在省农副产品展示展销中心组织开展金坛名优农产品专场推介活动。设立金坛区农产品产销服务中心，加快基础设施硬件改造和农产品产销大数据平台建设，在儒林镇柚山村完成产销数据试点准备工作，与有赞电商平台合作开设“供销市集微商城”金坛特产馆。

【城乡绿色生态服务】 2021年，区供销合作总社全面推进再生资源回收利用体系建设，实施“分类承包、分购联销”，建成2个区级再生资源分拣中心，完成34个基层分购联销网点布局，稳步推进“1+50”覆盖城乡模式。在朱林镇唐王村试点村社共建网点。主动参与城区38个社区生活垃圾分类运营工作，逐步实现与环卫清运网络有效对接、“两网融合”。全年各类再生资源回收约1万吨。

（周锦霞）

粮油贸易

【概况】 2021年，金坛区累计购进粮食62.22万吨，同比减少8.98%，其中国有企业购进7.92万吨，减少41.63%。累计销售粮食66.09万吨，增加3.69%，其中国有企业销售9.31万吨，减少22.8%。粮食加工业总产值29.85亿元、实现销售24.71亿元。

12月10日，“供销市集微商城”启动仪式

【粮食收购】 2021年，全区夏粮收购累计收购小麦38511吨，同比增加7.86%，其中国有企业收购32241吨，增加5.96%。收购均价128元／百斤，高于国家最低收购价15元／百斤。秋粮收购全区累计收购稻谷76493吨，同比增加4.68%，其中国有企业收购14941吨，减少60.43%。

【储备管理】 2021年，为进一步完善储备管理机制，根据国家四部委文件精神，区粮食行政管理部门严格落实“两分离、四分开”（储备运营业务与企业商业经营实行分离，人员、实物、财务、账务管理严格分开）管理规定。由江苏薛埠粮食和物资储备有限公司专门运作政策性粮食，由常州市金坛区粮食和物资管理有限公司负责运营商品粮。进一步优化成品粮油储备机制，将成品粮储备从原粮储备规模中划出，调整为“协议＋实物”储备的模式，在区粮食应急保供企业中，以公开招标的方式择优选择承储企业。

【依法管粮】 2021年，区粮食行政管理部门开展政策性粮油库存检查，对国有企业原粮进行全面清查，检查结果反映，全区政策性粮食库存准确无误，库存粮食性质明确，数量品种准确。开展超期超标粮处置监管，对全区的2批定向销售饲用粮稻谷粉碎混合物在入库接收、加工转化等过程展开监管，确保超期超标粮按规定用途规范使用。开展在储政策性粮食库存质量安全监测，按照全省粮食质量安全监测的工作要求，委托第三方对在储的政策性粮食进行抽检，共抽检29个批次，各项指标均符合食品安全国家标准。

6月，检查组用“大容器”测算仓内粮食数量

【产业发展】 2021年，区粮食行政管理部门组织粮食企业完成农产品初加工用电申报。围绕“五到位”（线路改到位、表计分到位、比例定到位、类别选到位、成本降到位）服务目标，将相关用电价格政策及时落地见效，惠及广大农产品初加工企业。完成“十四五”期间项目储备。重点以粮食安全保障、绿色仓储、粮油加工3个方向为培育重点。全区共摸排粮食产业重点项目7个，投资约1.78亿元。

（许　锴）

烟草专卖

【概况】 2021年，金坛区烟草专卖局（分公司）牢记“事业至上　规则同行　和衷共济　开放务实”的企业理念，认真履行烟草专卖专营主业，积极扛起国企责任担当，各项工作稳中有进，整体发展稳中提质。区烟草专卖局被评为“2019—2021年度江苏省文明单位”“常州市文明单位标兵”，办证大厅被评为“2019—2021年度常州市文明窗口”，区烟草分公司被评为“常州市创建和谐劳动关系五星级先进企业”。

【专卖管理】 2021年，区烟草专卖局坚持守土有责、守土尽责，深入推进“百日会战”“利剑7号”“利剑8号”无证户专项整治、烟（卡）治理等专项行动，持续加强卷烟市场监管，打造放心消费市场环境。全年共查获各类涉烟案件401起，查获违法卷烟502.67万支。切实优化行政服务，深入贯彻落实“放管服”改革要求，保持零售户数量总体稳定，全年新办证207户，网上申请率94.8%。加强中小学周边持证户、无证户与电子烟专营店的监管，有效保障未成年人身心健康。

1月，金坛区烟草专卖局稽查员对辖区内卷烟市场展开排查

【市场营销】 2021年，区烟草分公司坚持服务赋能，深化营销网络建设，建成金丝利零售加盟店10户，建设数字化零售门店103户，经济运行平衡。全年累计销售卷烟2.25万箱，税利同比实现较好增长。全面推进卷烟零售户诚信小组建设，全年在188个诚信互助小组内累计开展活动18448场次。发挥金丝利平台载体作用，组织开展元春金融赋能、加盟店直播带货等活动，提升“山水有相逢”金丝利助农直播品牌知晓度，持续提高客户盈利水平。深入推动文明吸烟环境建设，强化政企合作，加强对吸烟设施后期跟踪和规范化管理，全年共建成4个吸烟亭、1238个吸烟柱。

（邱珮芸）

（编辑　李华琴）

综　述

【概况】 2021年，全区金融系统围绕地方经济发展规划，聚焦重点领域和重大项目，积极扩大信贷投放，提升金融服务质量，加强金融风险防控，金融运行保持快速增长态势，信贷结构继续优化、融资成本持续下行、金融环境延续良好。

2021年，全区社会融资规模存量2479.02亿元，比上年增加679.06亿元，增长37.73%。

截至年末，全区本外币各存款余额1550.25亿元，同比增加248.85亿元，其中人民币各项存款余额1509.38亿元，外币各项存款余额6.41亿美元。全区本外币各项贷款余额1239.34亿元，其中人民币各项贷款余额1229.19亿元，外币各项贷款余额1.59亿美元。

截至年末，全区基础设施贷款余额489.07亿元，比上年增加102.53亿元，增长26.53%。截至年末，全区制造业贷款余额216.71亿元，比上年增加43.28亿元，增长24.96%。基础设施贷款和制造业贷款增速均超过贷款平均增速，为全区经济稳中有进、稳中提质提供了有力支撑。

截至年末，全区小微企业贷款余额为391.99亿元，较上年增长86.53亿元。小微企业贷款平均利率为4.86%，较上年下降0.37个百分点。普惠金融重点领域贷款余额170.79亿元（银保监统计口径），比上年增加49.66亿元，增长41.0%，贷款占比12%。全年累计为小微企业办理延期还本付息3669笔、涉及贷款本金72.07亿元，延期率86.45%。

截至年末，全区农、林、牧、渔业贷款余额60.1亿元，其中新型农业经营主体贷款余额5.5亿元，平均贷款利率4.41%，积极促进了农业增收、农民致富。

截至年末，全区房地产各项贷款余额308.15亿元，其中，房地产开发贷款余额81.75亿元，个人购房贷款余额223.34亿元。

贷款利率稳步下行。全年，企业贷款加权平均利率4.93%，比上年同期下降23个基点。其中小微企业贷款平均利率4.9%，比上年同期下降33个基点。

（姜　韬）

【金融支持小微企业专项行动】 2021年，中国人民银行金坛支行积极开展金融支持小微企业专项行动，推动政府完善风险补偿机制、加大财政贴息力度，充分发挥财政资金的杠杆撬动作用。制订“金融支持小微企业专项行动方案”，开展小微企业融资需求排查，指导银行机构建立小微企业银企对接长效机制。至年末，全区普惠小微贷款余额170.79亿元，比上年增加49.66亿元，增长41%。

【农村信用体系建设】 2021年，中国人民银行金坛支行多措并举开展农村信用体系建设工作。开展“三信”评定，评定出44.45万户信用户、46个信用村与4个信用镇，同时组织召开金坛区信用村、信用镇（街道）授牌暨新型农业经营主体签约活动，为后期全面深化工作奠定了基础。健全和完善农村经济主体综合信息管理系统，联合常州征信公司完善系统指标设置，加快农户信用信息采集步伐。组织召开农村信用体系建设工作推进会，加强与区财政局、农业农村局、医保分局沟通协作，组织金融机构成立信息采集小组，走村入户面对面采集第一手资料。截至12月末，金坛区农村信用体系建设领导小组归集土地确权、土地经营面积、医保参保、财政补贴、涉诉、信贷等信息280余万条，为12.26万农户完善信息档案，农户建档率100%。

【外汇政策助力中德（常州）创新产业园区企业健康发展】 2021年，中国人民银行金坛支行创新外汇服务提升外汇政策支持实体经济发展质效。举办中德（常州）创新产业园外汇政策宣讲暨跨境人民币工作推进

4 月 16 日，人民银行金坛支行与德国企业签订跨境人民币综合服务协议

会，解读跨境人民币创新试点政策，推进创新试点政策惠及更多企业，为跨境人民币创新试点在辖区增量扩面夯实基础；有序推进辖区银行与园区 8 家企业签订涵盖收支全流程的跨境人民币综合服务协议，通过海内外联动，满足境内外企业在人民币结算、融资、账户服务、汇率避险、保值增值等环节的需求；对园区重点企业开展实地走访，了解市场主体的“痛点”，指导银行创新工作思路，利用境外反担保保函解决企业资金紧张问题，银行累计转开 27 份保函，为企业释放 3343.00 万元的流动资金，帮助企业解决实际困难，助推企业持续发展。

（姜　韬）

【金融监管】 2021 年，常州市金坛区地方金融监督管理局将驻坛银行纳入全区“两个加快”创新工作目标管理考核，建立银行挂钩联系重点板块的服务机制，引导银行向上争取各类资源，围绕区“五新产业”和工业经济高质量发展“十百千计划”企业进行专项营销和精准服务，年末全区制造业本外币贷款余额 216.71 亿元，比上年增加 42.18 亿元。分园区、分行业，开展专题融资对接活动，组织实施小微企业专项行动和金坛经开区企业集中走访服务月活动，指导银行机构建立小微企业、园区企业银企对接长效机制、降低融资成本。深化农村信用体系建设，评定“信用户”44567 户，金坛区获常州市首个“农村信用示范区”。各银行机构提高政策落实的精准性和直达性，全年累计为小微企业办理延期还本付息，涉及贷款资金 72.07 亿元，延期率 86.45%。出台《金融系统打造一流营商环境工作方案》，明确便利融资降低企业成本的 17 项具体举措，强化行业指导，提升金融服务效率。创办《金融工作简报》月刊，编印江苏省综合金融服务平台宣传资料及《2021 年金融政策与产品汇编》。至年末，金坛区在江苏省综合金融服务平台注册企业 4588 家，全年累计解决融资需求 942 个、融资金额 30.65 亿元；首次在全区范围内建立与省再担保的合作关系，协助江苏金坛融资担保公司增资并纳入政府性融资担保公司名录，全面推广“园区保”政策性金融产品，与 7 家银行 2 家担保公司开展“园区保”合作。

【防范化解金融风险】 2021 年，区金融监管局加强融资租赁公司名单制管理，对小额贷款公司开展明示年化利率整改和 2020 年度业务、财务真实性专项检查，对融资租赁公司和融资担保公司开展年审评级。通过全年各项检查，本地 13 家地方金融组织合规经营情况良好，未发生重大违法违规行为。以《防范和处置非法集资条例》颁布实施为契机，开展防范非法集资宣传“六进”（进机关、进社区、进企业、进校园、进农村、进网格）活动 275 次，参与人数 3.36 万人次；结合元旦、春节、“3·15”消费权益日等时间节点和“我为群众办实事”等集中服务活动，组织相关部门、金融机构赴乡村、社区开展宣传教育，全年各项活动累计发放宣传物品、资料近 8 万份。制订出台区级金融突发事件应急预案，突出金融风险监测防范和应急响应，完善风险处置各项工作机制；发动综治网格员摸排非法金融活动线索，全年组织对 4 个乡镇、街道网格员开展防非处非工作培训，培训人数近 300 人次；完成对 1 家私募基金管理人和 179 家涉嫌非法私募机构的风险排查，及时上报排查情况；牵头组织区打击和处置非法集资工作领导小组成员单位开展非法集资风险专项排查行动，累计排查 483 家市场主体；协同市场监管、城管、教育，对 6 家涉金融字样市场主体和 3 家校外培训机构开展“双随机、一公开”检查。

【企业股改上市】 2021 年，金坛区被列入常州市“双百行动计划”（即 100 个重点上市后备企业和 100 个一般上市后备企业梯队）重点上市后备企业 12 家、一般上市后备企业 18 家。蜂巢能源和永臻科技列入省科技厅、省证监局公布的科技企业上市培育计划库。蜂巢能源、中创新航获百亿级直融，连续刷新年度全省单笔最大融资纪录，在全区掀起股权融资热潮，全区上市后备企业新增股权融资 339 亿元。全年新增永臻科技、蜂巢能源、中创新航（原中航锂电）3 家股份有限公司，年末常友环保、索拉特、久诺建材、健尔康、永臻科技5家企业在省证监局上市辅导。10月，出台《金坛区产业创新发展基金管理办法》。12月，举办2022新能源汽车产业链投资年会，会上发布总规模100亿元的区级政府产业创新发展母基金，并相继成立50亿元的瑞良新能源、20亿元的星纳赫产业投资子基金。

2021年金坛区上市公司一览表

表13

序号	公司名称	板块	上市（挂牌）时间	代码
1	亿晶光电科技股份有限公司（借壳）	主板	2011年12月30日	600537
2	常州朗博密封科技股份有限公司	主板	2017年12月29日	603655
3	江苏华盛天龙光电设备股份有限公司	创业板	2009年12月25日	300029

2021年金坛区“新三板”挂牌公司一览表

表14

序号	公司名称	上市（挂牌）时间	代码
1	江苏京东农业股份有限公司	2015年6月29日	832687
2	江苏帕卓管路系统股份有限公司	2015年8月26日	833395
3	正信光电科技股份有限公司	2016年8月12日	838463
4	江苏威龙智能科技股份有限公司	2016年4月7日	836556
5	索拉特特种玻璃（江苏）股份有限公司	2017年1月19日	870512
6	江苏一号农场科技股份有限公司	2017年2月10日	870986
7	江苏金沙地理信息股份有限公司	2019年10月9日	873361

2021年金坛区IPO后备企业进展情况表

表15

序号	企业名称	券商	意向板块	辅导备案日期
1	江苏常友环保科技股份有限公司	海通证券	创业板	2020年11月5日
2	索拉特特种玻璃（江苏）股份有限公司	万联证券	北交所	2020年11月23日
3	江苏久诺建材科技股份有限公司	民生证券	创业板	2020年12月14日
4	江苏省健尔康医用敷料有限公司	中信建投	主板	2020年12月23日
5	永臻科技股份有限公司	国金证券	主板	2021年12月7日

【基金招引促进产融结合】 区金融监管局配合常州“龙城金谷”建设，通过落实配套政策和绿色服务通道，协调引进产业基金及社会资本，引进各类基金、上市公司持股平台、创投企业共150家，管理资产规模300多亿元。10月，出台《金坛区产业创新发展基金管理办法》。12月，举办2022新能源汽车产业链投资年会，邀请知名产业专家、新能源汽车产业链上下游公司代表、专注相关行业投资嘉宾等近百人座谈，经济学家任泽平发表主题演讲，会上发布总规模100亿元的区级政府产业创新发展母基金，并相继成立50亿元的瑞良新能源、20亿元的星纳赫产业投资子基金。

（潘　铭）

【中国银行金坛支行全力服务新能源】 蜂巢能源科技股份有限公司是一家专业从事汽车动力电池材料、电芯、模组、PACK、BMS、大容量储能系统和制造的新能源高科技公司。中国银行金坛支行与中银投联手多次实地拜访企业，为其量身定制全流程、全方位的投融资服务方案，2021年中银投领投12亿元，并牵头20亿元银团贷款获批，最终成为蜂巢能源首轮、A轮、B轮和B+轮四轮融资中的唯一收款账户行，共计争揽融资款207.8亿元。中国银行金坛支行聚焦蜂巢能源客户需求，先后发挥跨境金融和财富金融优势，为企业提供了信用证、国际结算、海外高管代发薪等多项服务，并为蜂巢能源三期项目1000余名员工代发工资。

（刘长荣）

【江南农村商业银行金坛支行服务乡村振兴】 2021年，江南农村商业银行金坛支行推出乡村振兴专属金融服务方案——“一起富阳光贷”，以数字化线上渠道为切入点，用户通过手机银行或微信渠道即可获得授信额度，具有一次建档、自助办理、自动审批、随借随还的功能，实现从“抵押担保才能贷”向“诚实守信就能贷”的转变。该行运用“整村授信”模式，以行政村为单位，对村民进行集中授信，在区域市场精耕细作。同时，全员“5+2”“白＋黑”，发扬“背包精神”，走进企事业单位、商圈、市场以及社区、学校、商场超市等积极推广“阳光贷”，从“零敲碎打”到“整体推进”，有效满足“小、散、快”客群融资需求。至年末，支行已评议104个村（居）委会。其中，90个村委会，14个居委会，村委覆盖面达100%。共计有106481户家庭享受评议额度，其中77493户农村家庭享受评议额度，总授信金额90亿元。

（张　晶）

【金融青年点钞识假比赛】 9月12日，中国人民银行金坛支行联合区劳动竞赛委员会、区总工会、区金融监管局、区人社局、团区委等单位，组织辖区20家银行业金融机构，开展金坛区第十六届职工职业技能竞赛——金融青年点钞识假比赛。

【金融知识进校园】 2021年，中国人民银行金坛支行深入推进金融知识纳入国民教育体系工作，加强常州市首个金融知识教育实践基地建设。7月，组织开展优秀金融讲师评选活动，将获奖的6位优秀讲师全部聘请为金融知识教育实践基地的金融讲师。同时，持续开展“金融知识进校园”系列培训讲座活动，以“教育一个学生，辐射整个家庭，造福经济社会”为目标，16次组织金融讲师深入金融知识教育基地对参训学生开展活动式金融知识普及教育活动，提升金融知识纳入国民教育体系工作实效。全年受训小学、初中及高中学生近12000人次。

（姜　韬）

【太平洋“安贷宝”理赔300万元】 2020年4月12日，家住金坛区金城镇的杨某在江南农村商业银行金坛丹阳门支行办理贷款业务时，一并为自己投保了太平洋寿险的“安贷宝”意外伤害产品。2020年12月27日，被保险人杨某意外中毒死亡。接到报案后，该公司迅速开启理赔通道，第一时间安排工作人员与江南银行联系，了解案件基本情况并展开查勘工作，主动帮助杨某的家属和银行方面收集理赔材料。于3月18日向被保险人杨某之子支付“安贷宝”理赔款300万元。

（林培录）

银行业

【概况】 2021年，金坛区银行业坚持“稳中求进”工作总基调，全面贯彻新发展理念，加快构建新发展格局，全力支持地方经济高质量发展。

截至2021年年末，全区有银行业金融机构20家，本外币各项存款余额1550.25亿元，比上年增长19.12%。其中，住户存款564.78亿元，增长9.02%；单位存款985.27亿元，增长25.82%。本外币各项贷款余额1239.34亿元，增长20.53%。其中，短期贷款443.16亿元，增长6.98%；中长期贷款766.73亿元，增长26.78%。

【中国工商银行股份有限公司金坛支行】 2021年，工商银行金坛支行有员工135人，其中网点人数102人，下辖1个营业室、7个二级支行。该行凝心聚力谋发展，锐意进取开新局，为谱写“美丽常州金坛样板”新篇章贡献力量。至年末，支行人民币各项存款余额为108.32亿元，比上年增加4.38亿元。人民币各项贷款余额为169.53亿元，增加21.79亿元。

公司不良贷款余额为2590万元，贷款不良率为0.18%。该行全年累计办理票据贴现业务34.31亿元，票据贴现累计发生额在常州分行排名第一。其中制造业企业方面贴现11.335亿元，小微企业方面贴现4.8278亿元。

加大对金坛区2021年重点投资项目、“十百千计划”名单客户、“三新一特”产业融资的对接支持力度。积极落实支持补齐城市基础设施和公共服务设施短板，大力发展城市更新贷款。2021年，该行上报并通过省行预审会12个项目贷款，合计投放贷款32.1亿元。其中，投放标房项目2个2.8亿元，工业项目1个0.1亿元，城市更新1个3.4亿元，农业项目1个4亿元，债务置换6个11.8亿元，PPN项目1个10亿元。创新投行业务顺利投放常州首笔跨境人民币创新一资本金委托贷款1.2亿元，这也是人民银行新政策实施后全国首单，成功办理常州分行2021年首单承销协会债10亿元。

2021年，该行建设普惠金融旗舰网点1家，标杆网点7家，普及普惠金融业务网点全覆盖。至年末降准口径普惠贷款余额9.47亿元，较上年净增3.52亿元。全年实施延期还本118笔，金额合计6.0806亿元，借新还旧0.095亿元，普惠小微贷款延期率为74.3%。全年该行涉农贷款余额22亿元，较上年增加6.43亿元，其中普惠型涉农贷款余额3258.62万元，较上年增加2157万元。

（钱　磊）

【中国农业银行股份有限公司常州金坛支行】 2021年，农业银行金坛支行优化结构、创新转型、提质扩量、严控风险，以服务新发展格局为己任，各项工作稳步推进，获“2019—2021年度江苏省文明单位”称号。至年末，全行本外币各项存款总量124.3亿元、比上年增加9.1亿元。本外币各项贷款总量129.3亿元、比上年增加29.44亿元。主体业务持续向好，效益指标均创历史新高，实现营业收入46413万元，比上年增加4563万元。全年通过现金清收、风险化解、打包核销等方式共清收处置不良贷款2444万元，不良率0.15%，比上年下降0.05个百分点。完成润澳花园大酒店资产委托清收。

3月15日，农行金坛支行走进薛埠镇开展金融知识宣讲

2021年，该行获批项目贷款8笔，金额53.25亿元，投放金额17.81亿元。其中制造业贷款20.7亿元、比上年增加6.52亿元。引入政府增信机制，成功准入国有担保公司，累计投放苏微贷、苏担通、金农贷等政府增信贷款3.8亿元。全年全行银保监口径小微贷款总量8.07亿元、比上年增加2.05亿元。紧紧围绕碳达峰、碳中和工作，将绿色发展理念贯穿到业务发展全过程，至年末，绿色信贷日均增量3.36亿元，对区域内2个新能源独角兽企业金融实现全覆盖。

该行助力全区“两山两水六分田”发展提质增效，不断提升服务“三农”的广度和深度。重点调研全区各乡镇经济金融发展状况，组织全行开展“万人进千村”“深耕农村市场”活动，积极开展整村推进农户建档立卡工作，全年农户建档3012户。至年末，全行银保监口径农户贷款总量3.42亿元，比上年增加1.25亿元。金融支持茅山旅游度假区基础建设改造，新投放乡村振兴园区贷8000万元。制作发行龙城茅山旅游银行卡，全年投放8000余张，通过卡面将茅山旅游品牌在全市范围内推广，宣传大美金坛，助力区域旅游发展。

（张　敏）

【中国建设银行股份有限公司金坛支行】 2021年，建设银行金坛支行以“坚定信心、高点定位、高质量发展”为主线，坚持数字化经营理念，认真执行各项监管政策要求，纵深推进普惠金融、住房租赁、金融科技、乡村振兴等新金融行动，守牢合规案防底线，各项业务实现较好发展。至年末，支行一般性存款（含结构）余额234亿元，比上年新增32.18亿元。其中，对公存款余额129亿元，新增25.57亿元；个人存款余额105亿元，新增6.61亿元。各项贷款余额181亿元，新增35.7亿元。其中，公司类贷款余额124亿元，新增28.07亿元；个人类贷款57亿元，新增7.63亿元。实现中间业务净收入21233万元，拨备前利润60346万元。累计新增制造业授信客户合计42户，对公有效客户达2535户。新增信用卡客户3618户，个人商户1534户。

支行紧跟金坛区“两个加快创

9 月 12 日，区第六届体育四季联赛“交通银行　振兴乡村”职工篮球赛开赛

新推进年”步伐，加强区域内实体经济金融支持力度，全面帮助客户梳理业务流程、管理模式、盈利来源，分析所处行业、产业的发展现状与未来趋势，全年累计投放贷款 37.77 亿元。其中，制造业贷款 26.68 亿元（包括 2 家独角兽企业申报项目贷款 15 亿元），绿色信贷 11.09 亿元。股权投资 8 亿元，为 3 家上市、拟上市企业申报流贷 2.8 亿元。全年投放 5.8 亿元贷款资金用于支持金沙老城的改造，投放 3.78 亿元助力茅山旅游度假区打造和培育重点产业、特色产业。为三家平台公司投放住房租赁贷款 3.3 亿元，在系统内率先实现住房租赁购买贷、抵押贷首笔投放。该行借助金融科技力量，积极布局民生类移动支付便民场景，成功为本地多家物业公司名下的小区上线物业缴费云平台，累计服务 22 个小区合计 3.2 万户业主，并为其所有日常缴费项目开通了手机银行、龙支付、微信、支付宝等全渠道缴费通道。

（邵　芸）

【交通银行股份有限公司常州金坛支行】 2021 年，交通银行金坛支行有职工 20 人，有一个人工网点，一个在行式自助银行。支行秉承“最佳财富管理银行”的经营理念，服务于金坛地方经济建设，提供资产管理、融资信贷、国际业务等领域全面周到的专业化服务。至年末，支行存款余额 12.45 亿元，较上年减少 8.87 亿元，减幅 41.60%。其中对公存款余额 8.48 亿元，较上年减少 9.63 亿元，减幅 53.18%；对私存款余额 3.97 亿元，较上年增 0.76 亿元，增幅 23.68%。贷款余额 23.14 亿元，较上年增加 2.67 亿元，增幅 13.04%。其中新增普惠贷款 0.15 亿元，新增个贷 1.48 亿元。通过电视、广告等媒体造势，营销人员面对面讲解等方式扩大中间业务的知名度和影响力，2021 年，支行完成中间业务收入 1786 万元。

继续加大对个人、企业网银、手机银行的宣传力度，全年支行新增个人网银 946 户、企业网银 67 户、手机银行 1112 户，电子银行分流率 87.53%，全年新增个人理财客户 621 户。

支行支持地方经济发展。年末制造业贷款余额 5.4 亿元，其中新增发放江苏省激素研究所股份有限公司流动资金贷款 1100 万元，为常州经恒建设发展有限公司“金坛经济开发区南部片区城市更新项目”发放新增项目贷款 1.78 亿元。为金坛长荡湖现代农业新增投放 4000 万元。小微企业及个人经营性贷款新增发放 70 户，累计投放 1.61 亿元，其中通过线上类产品支持小微企业 25 户，新增投放金额 2100 万元。2021 年，支行继续为新增贷款及转贷业务全面降息，累计降息 33 笔，降息贷款金额 3.8 亿元。

（荆宁华）

【中国银行股份有限公司金坛支行】 中国银行金坛支行下设营业部、金谷华城支行、华城中路支行、河滨支行、华阳支行、横街支行、政务中心支行 7 个营业网点，职工 150 人。2021 年支行实现营业净收入 2.7 亿元，实现

3 月 15 日，中国银行金坛支行开展金融知识宣传活动

拨备前利润2.2亿元。至年末，支行本外币贷款余额81.4亿元，较上年新增10.87亿元。本外币存款余额113.04亿元，较上年新增39.73亿元。全年实现跨境结算94963万美元，比上年增长28.78%，其中国际贸易结算 84644万美元。完成跨境人民币结算额103325万元，比上年下降20.87%。本外币贸易融资余额31888万元，比上年增长31652万元。2021年新增商户93户，信用卡新增有效客户480户，新增有效卡1101张。手机银行新增交易客户20851户，借记卡新增发卡16351张。

（刘长荣）

【中国邮政储蓄银行金坛支行】 邮政储蓄银行金坛支行下设4个直营网点、24个代理网点。2021年，支行坚持以“收入利润、两资两负”为核心，先后开展了公司负债“聚力转型砥砺奋进”、零售信贷“奋勇争先”、小企业金融“建党百年挑战百亿”等专项营销活动，有力促进各项业务的发展。10月取得“园区保”业务资格后，金坛邮储银行与各乡镇经济发展局积极对接，组织参加商会活动，持续开展“大走访”活动，12月发放2笔“园区保”贷款，金额1300万元。至年末，支行各类存款余额108.09亿元，净增7.43亿元。其中，自营存款余额24.57亿元，邮政代理储蓄存款余额83.52亿元。各类贷款余额39.25亿元，净增7.09亿元。实现自营收入11982.48万元，比上年增14.54%。实现利润8108.76万元，比上年增16.9%。全年清收不良贷款1610.3万元，年末不良贷款余额1675.95万元，不良率0.45%，较上年下降0.12%，资产质量保持稳定。

支行积极践行普惠金融，全面助推乡村振兴。2021年，该行采用“公司＋合作社＋家庭农场”的创新经营模式，为一号农场农业产业链上的“信用农户”与“诚信农业经营主体”提供“金融＋供应链融资”的专属定制服务，为守信用的经营主体提供有效的资金流保障。全年普惠金融重点领域贷款余额11.84亿元，占各项贷款余额的比重为20.5%。

（朱华芳）

【中国农业发展银行常州市金坛区支行】 农业发展银行金坛支行经营范围包括办理政策性农业贷款、办理上级行在中国银监会批准的业务范围内授权的业务等，有在职职工20人。2021年，支行始终牢记作为金融央企国家队的责任和使命，积极践行“支农为国、立行为民”的使命，紧紧围绕“强基础、快发展、增亮点、创一流”的工作基调，为金坛区地方经济建设提供助力支持。2021年，支行顶住市场压力，共投放贷款12.12亿元，年末贷款余额50.01亿元，较上年增加5.15亿元，增长11.49%；年末存款余额6.21亿元，较上年增加0.71亿元，增长12.81%。全年督促自营粮食购销企业按时完成粮食收购“双结零”工作，累计投放购销储贷款共1.71亿元；同时采用江苏省农业融资担保有限责任公司普惠金融信用贷款的担保方式投放农业小企业贷款0.02亿元，开创全市首单引入专业性担保公司作为第三方保证的新业务。依据上级行“长江大保护”和“扶持小微企业”的政策，投放一号农场小微企业流贷0.08亿元、茅山竹海农业小企业流贷0.08亿元、长荡湖旅游发展的水利中期流贷0.98亿元、金坛垃圾处理及飞灰库建设PPP项目3.05亿元、中德产业园项目4.2亿元及梅香苑保障性租赁住房项目2亿元。

（徐婧雯）

【江苏银行股份有限公司金坛支行】 2021年，江苏银行金坛支行抢抓市场机遇，全力以赴谋发展。至年末，支行各项存款余额50.20亿元，本外币贷款余额31.15亿元，储蓄存款余额7.14亿元。全年实现拨备前利润0.87亿元。重点项目顺利投放，支行先后成功营销并落地金图实业“联东U谷”项目、康宁建设城市更新项目、江茂房地产“河海大学常州新校区教职工住宅”项目、长荡湖旅游控股“长荡湖水环境综合治理”项目。支行依靠票据贴现业务操作简单、时效较快、价格较低等优势，全年票据直贴量14亿元。同时通过联动投行债券投资及承销等业务，支行全年实现资产托管规模新增48亿元。创新业务，为深入贯彻国家科技自立自强战略，抢抓产业链强链补链政策新机

1月15日，农发行金坛支行走访金坛老区支农项目

8月14日，江苏银行金坛支行志愿者协助华苑社区“入户调查”工作

遇，提升金融服务关键领域自主创新和重大核心技术攻关水平，为企业综合授信专项贷款800万元。

（葛　嘉）

【中信银行股份有限公司常州金坛支行】　中信银行金坛支行成立于2010年，有员工21人。截至2021年年底，支行一般性存款余额33.77亿元，较上年减少7.86亿元。其中，公司存款27.87亿元，储蓄存款5.9亿元。贷款余额41.46亿元，较上年增加10.86亿元。其中，公司贷款30.75亿元，较上年增加9.49亿元；个人贷款余额10.71亿元，较上年增加1.36亿元。全年实现营业净收入1亿元，连续四年实现营业净收入超亿元。

支行立足“早”字，通过项目储备带动公司负债，以盘活存量，挖掘增量为指导思想，多跑、勤跑、常跑存量客户，提高优质存量客户的贡献度。2021年，支行成功落地江苏金坛建设发展有限公司2.8亿元债券募集资金。进一步拓展政府金融合作，创新型地投放金坛当地首笔管网贷业务3.5亿元，并且贷款期限长达15年，同时新增投放城市更新贷9亿元，在维持原有各家平台公司流动资金贷款业务基本不变的前提下，加大与金坛当地政府平台的合作。积极支持当地先进制造业，先后为当升科技、北电爱思特、永臻科技、蜂巢能源、贝特瑞、索拉特等优质企业提供了综合授信服务，实际投放金额超过6亿元。年末，支行个贷余额10.71亿元，较上年增1.36亿元，占支行贷款余额的25.8%。合计放款248笔金额28231万元。其中，按揭贷款155笔金额11844万元，房抵贷93笔金额16387万元。

为服务好小微企业，支行大力开展普惠金融业务，投放了南京分行辖区内首笔房享贷100万元，投放惠享贷415万元。通过“商票贷”等模式配合国有公司为建筑类、贸易类等行业的上下游小微企业集中投放信用类贷款3300万元。全区全支行新增普惠金融授信22户，共有普惠金融授信34户，累计发放普惠法人金融贷款16234.03万元。

（唐俊慧）

6月27日，中信银行金坛支行参加常州市分行党建百年活动

【华夏银行股份有限公司金坛支行】2021年，华夏银行金坛支行有员工35人，有金坛支行本部和金城支行两家服务机构。至年末，华夏银行金坛支行各项存款余额46.33亿元，其中对公存款39亿元，个人存款6.34亿元。人民币各项贷款余额35.64亿元。

支持经济发展。2021年，支行及时审时度势，抢抓窗口期，攻坚克难，破局对公存款增长困境。积极营销金融市场承销业务。年初成功营销金坛建设PPN承销业务，12月成功独立承销2.5亿元。为同方威视科技（江苏）有限公司新增制造业贷款1亿元。为小微企业融资200万元。

（冯智慧）

【中国民生银行股份有限公司金坛支行】　2021年，民生银行金坛支行共有员工20人，内设公司业务部和小微金融部，下辖营业部和御湖豪庭社区支行2个营业网点，配有自助银行设备4台、智慧柜员机1台。全年实现利润4521万元，有不良贷款760万元。截至2021年年底，该行各项存款38.12亿元，其中，对公存款35.26亿元，个人存款2.86亿元。贷款余额21.66亿元，较上年增长3.21亿元，主要得益于年初隐债置换和中航锂电银团投放。全年获批并完成投放的有金坛交通隐债置换5.84亿元、茅山景区隐债置换1.44亿元、国发国际隐债置换8000万元、中航锂电银团贷款2.33亿元、恒立液压银票4200万元、中盐盐化法透3000万元、中盐盐贷款2000万元、常友环保银票727万元。

小微团队坚持外拓、强化客户获得渠道，服务实体经济，小微贷款余额稳步增长，至年末，支行小微贷款余额为31440万元，较上年新增1600万元。

支行营业部通过与周边街道、社区联动，积极维护、拓展客户群体。同时，通过公私联动，中航锂电有限公司的劳务公司运用二类电子账户代发功能成功开卡，实现了南京分行辖区内第一个大规模运用二类电子账户代发，对提升支行的客户数起到较大的作用。全年支行共新增贵宾客户520户，完成非货币类基金销售6500万元。

（周金媛）

【平安银行股份有限公司常州金坛支行】 2021年，平安银行金坛支行坚持“科技引领、零售突破、对公做精”的方针，全面推进数字化经营、平台经营和生态化经营，不断完善线上线下相整合的服务渠道，各项业务得到了持续、稳定、健康发展。至年末，支行资产余额8.4亿元，实现营业利润15.46万元。

零售业务持续推进变革转型，紧握发展机遇，践行“数字化经营”理念，推陈出新、全面升级，不定期开展形式多样的活动。至年末，个人资产余额8.14亿元，个人存款余额2.37亿元，个人贷款余额2.99亿元。

对公业务在金融支持制造业、普惠金融重点领域、降低融资成本等方面取得显著成效。对制造业提供针对性服务，对产业链核心企业开通绿色通道。为中创新航、蜂巢能源等实体龙头企业提供项目贷、流贷支持。对普惠金融，主要推出小企业“房易贷”“税金贷”“发票贷”“个人新一贷”等产品。至年末，对公贷款余额5.49亿元，较上年增加0.85亿元，比上年增长18%。普惠型小微贷款余额1.61亿元，较上年增加0.89亿元，增长123%。

（周芷羽）

【兴业银行股份有限公司金坛支行】 兴业银行金坛支行成立于2013年，有员工17人。2021年，该行坚持“真诚服务，相伴成长”的经营理念，致力于为客户提供全面、优质、高效的金融服务。为金坛的产业结构调整和升级，为地方重大项目发展提供高效、满意的金融服务。至年末，支行一般性存款余额73.5亿元。其中，对公存款余额69亿元，零售存款余额4.5亿元。各项贷款21.75亿元。其中，对公贷款11.31亿元，零售贷款10.44亿元。

支行大力支持中小微企业融资需求，解决融资难、融资贵问题。全年该行新增制造业贷款6.9亿元，其中普惠贷6笔，金额4000万元。为更好为服务“三新一特”产业，该行与常州斯威克光伏新材料有限公司合作，为其续作授信1亿元。蜂巢能源科技有限公司在11月获批新增项目贷款9.7亿元，期限7年。

支行拥有丰富的个人贷款和存款产品。全年综合理财（本外币理财+代理类业务）销量8.99亿元。

（唐伟坤）

【中国光大银行股份有限公司金坛支行】 2021年，支行始终牢记作为金融央企国家队的责任和使命，积极践行“管理财务、服务民生”的企业使命，深化与金坛企业的合作，积极创新金融产品服务于金坛地方经济建设。至年底，支行在职职工人数为20人，一般性存款余额45.34亿元，其中，公司存款余额41.62亿元，零售存款余额3.72亿元。2021年，光大银行金坛支行中标金坛区教育局校外培训监管户的托管银行，并开发校外培训机构账户监管系统与其对接，获得金坛区教育局的认可。获得常州华科创业投资产业基金的托管，托管资金3亿元。为贝特瑞、蜂巢能源、当升科技等企业量身打造金融服务方案，解决企业在发展中遇到的融资困难。零售业务秉承“精细化管理、精准性营销”的理念，继续推行“以客户为中心”的管理理念，把工作的重心放在夯实客户基础上。支行通过尧塘镇和朱林镇拆迁项目，争取代发拆迁款7000万元，沉淀资金近2500万元，引入财富客户40户。年末个人贷款余额15257万元，较上年增长5244万元。全年金坛支行通过走进社区、走进企业举办民法典宣传、普及金融知识万里行、反洗钱和防电信诈骗宣传等公众活动及外拓宣传活动50余场。

（严 伟）

【江南农村商业银行金坛支行】 江南银行金坛支行下辖29家机构，在编员工344人。2021年，该行坚持“稳中求进”的工作总基调，在业务拓展上下苦功，在经营管理上更精细，在资产质量上再提升，各项业务稳步发展，全年实现经济利润4.37亿元，获2020年度金坛区税收突出贡献奖。

支行不断深化营销拓展与结构优化，在做好宣传、代发薪、工会卡激活等基础工作的同时，抓账户开户、结算资金和专项资金，做大存款规模，确保市场份额稳步提升。至年末，该

6 月 24 日，江南银行金坛支行召开“阳光信贷”整村授信推进会

行全口径存款总量 355.66 亿元，比上年增加 46.77 亿元，增幅 15.14%。其中储蓄存款余额 151.72 亿元，比上年增加 15.32 亿元，增幅 11.23%；对公存款余额 203.94 亿元，比上年增加 31.48 亿元，增幅 18.25%。

支行坚持“服务三农、服务中小企业，助推城乡一体化经济发展”的市场定位，紧扣支农支小、不断深化转型，灵活运用“拳头产品”，加大对小微企业和实体经济的支持力度。至年末，该行全口径贷款余额 218.69 亿元，比上年增加 32.46 亿元，增幅 17.43%。其中公司贷款余额 118.14 亿元，比上年增加 16.93 亿元，增幅 16.74%；零售贷款余额 63.33 亿元，比上年增加 7.96 亿元，增幅 14.38%；个人消费贷款 37.22 亿元，比上年增 7.57 亿元，增幅 25.52%。支行持续坚守服务“三农”初心，以“支农支小”为重心，对符合条件的“三农”贷款客户，用青年创业贷款、妇女创业贷款、工会创业贷款等一系列优惠特色贷款产品，给予贷款优先、利率优惠、流程优化等扶持政策，不断加强对“三农”支持力度。至年末，该行青年创业贷款余额 16588 万元，妇女创业贷款 773 万元，工会创业贷款 2592 万元。

（张　晶）

【常州金坛兴福村镇银行有限责任公司】 2021 年，金坛兴福银行下设直溪支行、薛埠支行、儒林支行、西城路分理处，在职员工 74 人。公司积极响应国家“振兴乡村”的号召，坚持立足于服务小微、服务“三农”的市场定位，紧紧围绕金坛经济发展的区域特点、产业结构和行业状况，本着做“小”、做“散”、做“精”的原则，增强服务功能、创新服务品种、丰富服务手段、提高服务效率、改善服务质量，积极推进践行普惠金融，促进金坛经济和本行各项业务健康、协调发展。截至年末，该行资产总额 161630.3 万元，较上年增加 22773.71 万元；负债 146433.26 万元，较上年增加 23088.05 万元；利润总额 42.45 万元。获 2020 年度“全国乡村振兴服务优秀村镇银行”称号。

坚持“存款立行”，努力挖掘存款潜力，加大产品宣传力度。截至年末，该行存款余额 138301.28 万元，较上年增加 33203.04 万元。其中，储蓄存款余额 83045.40 万元，较上年增加 13346.82 万元；对公存款余额 55255.88 万元，较上年增加 19856.22 万元。

继续坚持“立足三农、服务小微”的市场定位和“做小做散”的发展方向，把“支农支小”作为生存与发展的依靠和使命。截至年末，该行贷款余额 132939.45 万元，较上年增加 15016.43 万元。其中，涉农贷款余额 22502.26 万元，小微企业贷款余额 114703.21 万元。

进一步深化普惠金融，规范整村授信业务。截至年末，该行对 3364 户村民进行授信，授信金额 43737 万元。

（吴佳颖）

【南京银行股份有限公司金坛支行】 2021 年，南京银行金坛支行践行“责任金融，和谐共赢”的企业文化理念，全力支持金坛区域经济发展。至年末，支行各项存款余额 83.56 亿元，比上

9 月 29 日，南京银行在虹桥社区开展防范非法集资宣传活动

浙商银行金坛支行服务大厅

年增长71.93%。对公业务秉承“以客户为中心”理念，利用审批半径短、审批效率高的特点，充分发挥投行产品特色优势，全年在金坛区域累计投放61亿元，支持区域经济发展。截至2021年年末，对公存款余额72.9亿元，比上年增长85.96%。南京银行金坛支行拥有丰富的个人贷款和理财产品，通过对老客户进行分层维护、多渠道宣传理财产品、邀请中高端客户开展黄金和保险沙龙等多种营销方式，以及山水网、社区、商场多渠道宣传，积极拓展中间业务。至年末，储蓄存款余额10.66亿元，比上年增长13.4%；个人金融资产余额为19.82亿元，比上年增长10.11%。用心服务金坛区优质小微企业，全年运用“成长贷”“鑫科保”“鑫人才”“常科贷”“首贷融”“增额保”等产品，以信用方式为主，先后为优质民营企业新增发放低息贷款1.4亿元。

（蔡　扬）

【浙商银行股份有限公司常州金坛支行】 浙商银行金坛支行有员工16人。2021年，该行坚持“服务实体经济、创新转型、合规经营、防化风险、体质增效”五项经营原则，打造平台化服务，为客户提供开放、高效、灵活、共享、极致的综合金融服务。截至年末，该行金融资产8.58亿元。人民币各项存款余额16.92亿元。其中，对公存款14.53亿元，对私存款2.39亿元。人民币各项贷款余额16.97亿元。其中，公司贷款16.79亿元，个人业务贷款0.18亿元。支行继续增加对金坛区实体公司的融资支持力度，保障企业的稳健运营。该行利用资产池(出口池)、国际贸易特色产品，提供流动性融资，助力企业业务快速发展、盘活资产、降低财务成本。2021年，成功为永臻科技、茅麓晨丽、舒悦旅游、茂康医疗和格瑞林家居合计发放2600万元信用贷款，为江苏磊祥建设新增3000万元授信，为正信集团新增3000万元锁汇免保额度，帮助企业降低汇率波动风险，增加财务收益。支行通过聚鑫赢系列、永乐理财等零售特色产品，通过对老客分层维护、社区共建等多渠道宣传浙商银行品牌，并且不断优化服务，对客户资产情况进行专业化建议，增强客户满意度。

（李少华）

保险业

【概况】 2021年，全区17家数据独立核算上报的保险分支公司、营销部（寿险6家、财险11家）实现保费收入18.21亿元，共计赔付4.70亿元，其中，寿险公司保费收入12.07亿元，赔款支出0.79亿元，财险公司保费收入6.14亿元，赔款支出3.91亿元。

（姜　韬）

【中国人民财产保险股份有限公司常州市金坛支公司】 人民财产保险金坛支公司坚持“稳中求进”工作总基调，围绕“高质量发展、转型”这一主线，聚集转型发展、融合发展、创新发展三大动能，不断升级“保险+”，各项工作跃上新台阶，获评2020年度金坛区税收突出贡献奖、金坛区为农服务先进单位。截至2021年年末，公司累计完成保费收入26545万元，比上年增长10.9%，市场份额持续提升，市场占有率43.24%，在金坛区域内财产险市场份额排名中第一。其中，车险17901.4万元，增长2.5%；非车非农险保费收入4464.31万元，增长18.57%；农险秉承强化合规意识，实现保费收入4179.48万元，增长29.8%，高效农险覆盖面达到60%以上。

公司围绕“降赔付、强服务”持续提升理赔工作效能，提升客户服务满意度，全年全险种案件处理率100%，共受理各类有效报案（除农险）14020件。其中，机动车辆险12361件，非车险1659件。全险种已决赔款1.42亿元。其中，车险1.21亿元，非车险0.21亿元。

2021年，农险包括小麦、水稻、能繁母猪、茶叶、食用菌等26个保险产品，政策性农业保险比上年保费增加196.14万元，为5.04万户次农户提供10.61亿元风险保障。承保流转面积139.1公顷，增长2.74%。全年处理农险案件并结案2584件，累计支付赔款2892.31万元，增长53.1%，3551户次农户得到赔偿。万元以下养殖业的理赔周期缩短至3.27

人保财险金坛支公司全程护航2021金坛茅山山地半程马拉松赛

天，种植业的理赔结案率100%。

（董　盼）

【中国人寿保险股份有限公司金坛支公司】　人寿保险金坛支公司成立于1949年，1996年从中国人民保险公司分设出来，2003年改为国有股份有限公司。2021年，公司有员工49人，其中本科学历49人。持证营销人员634人。

公司全面推动高质量发展，扎实推进保险主业价值和规模协调发展。2021年，金坛支公司实现总保费5.58亿元，比上年增长0.9%，市场份额46.26%；首年期交保费1.5亿元，比上年下降17.1%，市场份额54.08%；短期险保费7057万元，赔款4212.13万元，件数10708件；各类给付4710.85万元，件数49031件。

服务中心设置空中客服专员，柜面爱心专座、专柜、药箱、轮椅等便民举措全面配置，并按需提供专属陪同、上门服务，敬老服务极速升级。寿险App服务客户20余万人次，同比增长29.5%。柜面服务、电话服务客户好评率分别达到99.4%、99.5%。申请支付时效缩短至1.19天。

（陈文群）

【中国太平洋财产保险股份有限公司金坛支公司】　2021年，太平洋财产保险金坛支公司完成保费17637万元，比上年增长6.96%。全年处理赔案件数13079件，赔款支出10785万元，简单赔付率61.15%，全面实现“双优双对标”的年度经营目标。支公司积极应对车险市场变化，提升核心渠道业务，特别是发展车商渠道。严格管控高风险业务，降本增效。全年完成车险13909万元，其中交强险3309万元，净增保费484万元，比上年增长3.61%。加强非车团队化建设，重视团队业务发展。持续推进非车险传统险业务拓展，同时狠抓新型业务。全年非车险完成3728万元，净增保费663万元，比上年增长21.63%。

（强媛媛）

【中国太平洋人寿保险股份有限公司常州市金坛中心支公司】　2021年，太平洋人寿保险金坛中心支公司各类保费收入5.02亿元，较上年增长1.06%，占市场份额41.55%，全年受理理赔案件2496件，赔款给付3566.88万元。各类给付20352件，给付金额4647.5万元。全年公司职业营销在册人力620人，新单保费5110万元。服务营销在册人力94人，新单保费1180万元，续期保费收入6600万元，续保率92.6%。顾问营销截至2021年年底，在册人力157人，全年新单保费收入803万元，同比增长92%。团险业务实现短意险保费688万元，增长6.2%。

（林培录）

【中国平安财产保险股份有限公司金坛支公司】　2021年，平安财产保险金坛支公司完成保费总量6208万元，比上年净增保费420万元，增长7.3%，其中车险4855万元，财产险761万元，意健险590万元。

车险业务坚持渠道化经营，紧盯市场不放松，并根据市场动向的改变，不断调整工作思路，作出应对。全年车险累计完成保费收入4855万元，净增保费14.5万元，比上年增长3%。

非车险业务加强团队化建设，重视团队业务发展。加大员工考核力度，狠抓新型业务不放松。全年非车险累计完成保费收入1351万元，其中意外险、健康险590万元，财产险761万元，实现总体净增保费406万元，比上年增长43.91%。

2021年，支公司在“3·15”消费者协会日派发宣传手册，在“7·8”全国保险公众宣传日开展“不忘初心，守护美好”社区宣导，开展“7·8”扶贫公益跑活动。利用宣传海报、LED显示屏等媒介向员工和客户宣导防范非法集资、金融犯罪等主题标语。

（于　露）

证券业

【概况】　2021年，全区共有证券机构3家。全年新增客户6051户，比上年增长3.08%；交易额累计862.80亿元，增长12.71%；营业收入累计0.34亿元，增长15.69%；截至12月末，客户总资产163.20亿元，增长 62.8%；融资融券余额 2.40 亿元，增长 17.07%。

【东海证券股份有限公司常州金坛东环二路证券营业部】 2021 年，营业部有营业场所面积 600 平方米，有员工 16 人。东海证券金坛营业部合规经营、不断创新，依托公司强大的理财服务业务平台，为当地投资者提供多层次、全方位的特色财富管理服务。至年末，营业部共有客户 30523 个，托管客户资产约 96 亿元。全年新增客户 1055 个，股票成交额 4221300 万元，代理买卖业务收入市场份额 0.11‰。为政府融资平台做财务顾问和债券发行承揽工作，为常州市金坛区惠金建设投资发展有限公司发行公司私募债 3.35 亿元。

东海证券金坛营业部在加强监管的大环境下，强化合规管理，做好投资者适当性管理和投资者教育工作。配合监管部门开展“保护投资者合法权益我们在行动”“3•15”宣传活动、“5•15”全国投资者保护宣传日活动、防范非法证券期货宣传月活动，开展“重走百年路，投教红色行”东海证券走进茅山老区活动，多次举办投资者报告会。

（王剑波）

【华泰证券股份有限公司金坛南环一路证券营业部】 2021 年，营业部总面积 250.01 平方米，在职员工 7 人。华泰证券金坛营业部始终秉承“高效、诚信、稳健、创新”的核心价值观，坚持“以客户为中心，以市场为导向”的经营宗旨。以专业的服务、先进的技术、新颖的产品、全面的业务渠道成为广大证券投资者理想的投资场所，为各类企业提供全方位的资本运作和投融资服务。华泰证券金坛营业部全年新增证券账户数 4246 个，其中新增有效户为 1170 个，较 2020 年增加 27.72%。金融产品销售总额 14.13 亿元，比上年增 90.68%。其中私募产品销售 4825.6 万元，比上年增 23 倍。新增两融（融资、融券）客户与上年持平，两融日均余额同比增加 37.50%。至年末，营业部总客户 44670 个，其中有效户 5672 个，托管客户证券资产总额 49 亿元。营业部全年股基交易额为 331 亿元，销售各类理财产品 6.8 亿元。

6 月 5 日，华泰金坛营业部举办庆祝建党 100 周年暨公司成立 30 周年工会活动

2021 年，营业部倡导合规经营理念，积极培育合规文化，定期组织本单位员工开展合规培训与宣传，举办多次投资策略报告会，与虹桥、徐塘社区及浦发银行合作举办金融知识普及、反洗钱、防范金融诈骗等主题的投资者教育活动。同时，积极开展投资者风险教育工作，加强与投资者互动，在营业部的公告栏制作“投资者教育园地”，在大厅显要位置张贴风险提示标语，同时对投资者开展背景调查、信息告知与风险揭示、客户回访等一系列财富管理业务工作。

（杨之舟）

【南京证券股份有限公司金坛东环二路证券营业部】 成立于 2010 年，有员工 6 人。截至 2021 年年底，营业部托管各类资产 14.13 亿元，全年股基交易额 109 亿元，有融资融券客户 100 户，融资余额 2800 万元，营业部全年新增客户 712 户，为 5000 多名个人及机构客户提供专业金融服务。2021 年，营业部获得人民银行金坛支行颁发的“平安金融”荣誉称号。

该营业部全年组织开展了 3 场宏观经济策略分析会，与华城社区等社区居委会及银行合作举办以金融知识普及、反洗钱、防范金融诈骗等多主题的投资者教育活动共计 8 场，向社区居民普及了金融知识，提高了防范金融诈骗意识。营业部每周三持续开展快乐阳光大讲堂系列活动，加强与投资者互动。营业部积极开展投资者风险教育工作，在营业部的公告栏制作“投资者教育园地”，在大厅显要位置张贴风险提示标语。

（冯 超）

（编辑 夏 冰）

城乡建设与管理

城乡一体化建设

【概况】 2021年，金坛区围绕住房和城乡建设工作，有序推进重点项目和城建领域专项规划的编制研究。南沿江城际铁路涉铁通道（滨湖新城段金山路、丹桂路、庆升路、茂盛路、翠微路、叠翠路）、乌干路西延、幸安路南延、钱家路人行道等竣工；第一污水处理厂移址新建、薛埠污水处理厂扩建、儒林污水处理厂移址新建等工程建成投入运营；金沙老城污水管网建设工程完成28.5千米管网改造。推进滨湖新城配套道路（汇金路南延、凌云路、思诚路）、第二污水处理厂提标改造项目建设。完成金坛区城镇生活污水专项规划修编、金坛区供水专项规划、金坛区绿地系统规划和金坛中心城区绿线规划。完成南门大街、西环一路等公共空间环境提升方案设计，完成金坛大道、金山路、汇贤路等钱资新城环境整治方案策划。

【市政建设】 2021年，金坛区配合文明城市建设，加强市政设施巡检和维护。全年共维修混凝土道路16388平方米、沥青道路20529平方米、各类人行道27421平方米、各类侧平石和树池13158米、各类井盖2637只，总费用约4400万元。做好城市长效考核及相关投诉工作，全年有效处理数字化城管案件14000余件。

启动金沙老城雨污分流3年行动计划（2021—2023），结合城镇老旧小区改造工作，开展金沙老城范围内雨污分流工程建设。全年完成指导督促金坛建设、属地政府等单位重点实施南门大街等11条市政道路（含雨污分流、空间提升等）约15千米，11个机关单位庭院、7个小区、6个城中村的雨污分流改造，对3个排水管网建成片区采取“回头看”。年内完成南环一路、河滨东路等4条市政管网和道路建设。完成西环一路、南门大街等4条市政管网建设和路面施工。完成西环二路市政管网建设。完成汇贤路市政管网建设和路基施工。金沙大道主干管进场施工。

加快全区城乡污水处理设施建设。新第一污水处理厂、薛埠、儒林污水厂新改扩建工程完工。新第一污水处理厂12月调试运行，全区城镇生活污水处理能力将从11.5万吨/日增加至15万吨/日。

对全区2.5万盏城市道路、公园绿地、河道景观路灯开展养护工作，确保城区道路主干道功能照明亮灯率99%，探索在南环一路等新扩建道路推行多杆合一模式。

2021年金坛区市政设施竣工项目一览表

表16

序号	工程名称	位　置	建设单位	投资额（万元）
1	金沙老城雨污分流改造——南环一路工程	东环二路—华阳路	金坛建设	776
2	金沙老城雨污分流改造——学基路工程	沿河东路—南门大街	金坛建设	648
3	金沙老城雨污分流改造——弘化路工程	南门大街—县府路	金坛建设	625
4	金沙老城雨污分流改造——河滨东路工程	东环一路—南环一路	金坛建设	1755

续表16

序号	工程名称	位 置	建设单位	投资额（万元）
5	金沙老城雨污分流改造——西环二路工程	良常路—西门大街	金坛建设	2560
6	金沙老城雨污分流改造——南门大街工程	南环一路—县府路	金坛建设	2530
7	金沙老城雨污分流改造——北戴路工程	河滨东路—南环一路	金坛建设	150
8	钱家路人行道增设工程	南环二路—钱资湖大道	金坛建设	260
9	翠园122～124栋楼二次供水改造	完成二次供水泵房、53户水表改造	金坛自来水公司	90
10	照明改造工程	东园小区等6个老小区、水厂路等9条道路	市政中心	116
11	共享自行车点位建设	共计完成302个点位建设	市政中心	90
12	下坵路等人行道贯通工程	共计完成下坵路、龙山路、金桂美庐、丹荆路、邮堂庙路等人行道贯通	市政中心	580
13	东环二路转盘拆除工程	虹翠路与东二环交叉口	市政中心	220
14	汇贤路转盘拆除工程	华城路与汇贤路交叉口	市政中心	15
15	吾悦堵点整治工程	吾悦广场北侧公交站台处	市政中心	20

【镇村建设】 2021年，金坛区在五十百千工程实施的基础上，完成69个宜居村建设和16个被撤并乡镇集镇区专项整治工作，美丽宜居乡村建成率达100%，大大提升全区农村人居环境。组织开展全区农村建档立卡贫困户、低保户、农村分散供养特困人员、贫困残疾人家庭4类贫困人员的危房改造工作，24户农村危房改造全部完工。

11月24日，金坛茅山人防教育体验馆揭牌

【人防建设】 2021年，全区围绕有效履行战时防空、平时服务、应急支援使命任务，积极参与城市建设，努力探索人防工作与地方经济建设相融合、与社会民生相融合的发展道路。着眼工程质量品质提升，抓好人防工程建设。严把工程建设项目审批关口，严格执行收取标准，加强人防易地建设费管理，执行收支两条线管理。梳理权力事项清单，探索实施联合图审、并联审批、统一收费等系列新模式。通过即办的方式实现“最多跑一次”，积极融入投资项目审批“一窗受理、集成服务”。以改革试点为契机，不断加强基于信息系统的体系能力建设。建成省市科普教育基地——金坛茅山人防教育体验馆。体验馆展馆面积约3980平方米，是民防、减灾、公共安全的科普体验平台，是青少年的民防科普阵地，是市民提升防灾减灾救灾的素质场所，全年接待2万余人参观体验，拓展了人防宣教能力与社会反响。

公用事业

【概况】 2021年，全区供排水、供气、供电等公用事业行业平稳发展，无重大安全生产责任事故发生，与上年度相比，供排水、供电、供气规模稳中有增。

【供水】 2021年，全区供水6310.05万立方米，同比增长9.83%；全年售水量5818.77万立方米，增长14.08%。加强巡查和执法，保障供水管网运行安全。加大供水管网巡查和检漏力度，全年累计巡查管网2.5万千米，巡线有效防止损管116处。实行管网抢修24小时应急，提高管网维修及时率，严格控制水源漏损，维修漏点共1738处，拆换各类水表2597只，保养阀门664只、消防栓352只，抢修及时率100%。按规定发布水质监测信息，全年出厂水、管网水、末梢水各项指标检测均达国家标准。

【排水】 2021年，全区开展排水企业上门服务200余次。组织企业排水行为日常巡查（夜查）120次，累计受理各类信访投诉160件，对36家企业发放排水许可证。全年累计巡查排水管线3.17万千米，更换排水井框盖780只，修复排水管道239.5米和爬梯破损6处，清除管线积泥9处，更换防坠网20张，累计完成排水检查井防坠网安装9347张和排水检查井标识10552个。对金坛区第一污水处理厂、金坛区第二污水处理厂、指前污水处理厂现场业务考核检查80次，三个污水处理厂全年生产运行稳定，无重大生产事故发生。加快推进城乡生活污水一体化工作。政府和社会资本合作的城乡污水处理项目中新第一污水处理厂、薛埠、儒林污水厂新改扩建工程基本完工。巩固城市黑臭水体治理成效。开展东社河、电胜河、运粮河水质提升工程，指导城市污水公司完善城区污水提升泵站调度管理，动态监测河道水质变化，全力做好水环境整治提升。

【供气】 2021年，全区供应管道气2.5亿立方米、液化石油气1.1万吨，同比增长20%。全区共有管道燃气居民用户11.8万户，工商业用户1236户。天然气客户13万户，燃气管网总长1097千米，全年新建长荡湖东路（柚山线）、303县道中压（金阳玻璃—观前村）等燃气管道，新增燃气管道约59千米。城镇燃气主管通至各建制镇集镇区。开展居住小区燃气改造，完成儒香苑、白塔新村、银杏小区、汇贤苑等民用天然气改造1069户。

（于　溢）

【供电】 2021年，金坛区全社会用电量71.1亿千瓦时，历史上首次突破70亿千瓦时，同比增长24.98%。全社会用电量占常州全市用电量的1/8，呈逐年上升趋势。工业用电量57.04亿千瓦时，增长28.24%。

全年累计投资电网建设近6亿元，完成35千伏坛涑线杆线迁改，有力保障南沿江高铁项目建设。紧密融入地方发展规划，滚动编制《金坛区“十四五”高压电网发展规划》和《金坛区电力专项规划》。助力世界首座非补燃压缩空气储能电站（盐穴储能电站）并网试验，序时推进110千伏钱资湖西等8项输变电工程。累计完成带电作业1489次，同比增长近5倍。促成金坛区纳入整区屋顶分布式光伏试点，配合出台全省首个整区屋顶分布式光伏开发示范区指导意见，编制完成金坛全域新型电力系统先行示范区建设方案。

稳妥有序开展能耗双控和有序用电工作，积极向上争取资源，最大程度提高金坛区用电限额。主动对接企业用电需求，制定“一户一策”精准控制策略，梳理核定企业用电设施保安定值，确保电网避峰和企业用电两不误。高效应对暴雨、台风等极端恶劣天气下的应急响应，迅速恢复受影响用户用电。完成江苏德国合作交流大会、长荡湖峰会等重大保电任务34项。全区供电可靠率提升至99.96%。

建成华罗庚高新区、金坛经开区

5月11日，江苏省金坛华罗庚高新技术产业开发区“开门接电”示范区落成暨揭牌仪式

“开门接电”示范区，实现金坛两个省级园区全覆盖，在全省“开门接电”示范区中区域面积最大、投资力度最强。挂钩服务“十百千计划”培育企业，顺利保障蜂巢能源二期等12个省、市重点项目送电投运。配合政府做好电价市场化改革政策宣传贯彻，梳理分析、动态调整高耗能行业用户清单。持续提升服务水平，“95598”供电服务实现零投诉。

投资1100余万元完成河滨小区和文化一村老旧小区线路改造，筹集900余万元保障南门大街10千伏东门线等高、低压线路改造。与区农林局、百果园签订三方协议，试点应用粮食空气源热泵热回收和功率总控新技术，提升农村生产生活电气化服务水平。深化“供电+能效服务”，完成金沙金融中心能源站设备安装和调试。建成投运全电化餐饮、企业内河码头安装岸电桩等能效项目，降低全社会综合用能成本。积极服务乡村振兴，打造渔光储一体“零碳”渔场，建成全省首个乡村电气化实景培训基地。

（陈玥霖）

建筑管理

【概况】 2021年，金坛区共新开工房建工程88项，建筑面积444万平方米。新开工市政工程34项，造价157468万元。办理安全终止114项，出具质量监督报告126项。全年共出动检查人员3466人次，检查建筑工地1271个次，签发工程质量类整改通知书272份，质量类局部停工（暂停）通知书13份。签发工程安全类隐患限期整改通知书478份，安全类停工（局部）整改通知书44份。加强可燃物及易燃易爆危险化学品管理，共检查项目333项次，发现涉及危化品管理安全问题27个并责令整改到位。办理起重机械使用登记369台次，安装告知290台次，拆卸告知346台次。组织诫勉约谈54次，约谈施工单位56家次，监理单位38家次。移交区综合行政执法局建管类案件33起，处罚29起。扣除51家企业信用分。共对13家企业实施安全生产条件动态考核，其中不合格的5家企业，均已按要求完成整改。全年新开设农民工工资专户共256个，实名制采集8.16万人。全区农民工工资专户覆盖率100%，工资代发覆盖率100%。全年共完成336个标段项目的发包，累计建筑面积600.74万平方米，累计工程造价210.41亿元。

【建筑质量管理】 2021年，金坛区制定《关于进一步加强政府投资项目质量安全管理工作的意见》，聚焦建设单位首要责任落实，明确了隐蔽工程落实举牌验收管理。细化关键工序、节点样板设置要求，强调政府性投资项目混凝土试块唯一性标识见证取样工作，并在全区其他建筑工地推广执行。建立“业主开放日”制度。让业主参与建设过程，了解房屋建设在交接阶段及分户验收阶段的内在质量控制水准，强化分户验收的效果。促进全区检测工作标准化。邀请常州市检测行业专家对金坛区建筑科学研究院有限公司进行检测行为咨询，通过对检测人员、检测设备、样品留置、原始记录和检测报告的检查，提出整改建议，提升检测能力。建立外检微信群，实时掌握并监督质量检测情况。

【建筑安全管理】 2021年，金坛区开展“送安全进工地”活动10次，组织监督人员、属地监管人员、国有企业关键岗位人员开展10期业务培训，通过培训，持有省建设工程质量监督人员资格证书的人数由9人增至21人。全年组织消防演练、外爬架观摩、临时用电观摩、河海大学质量观摩、钱塘映像防水观摩等活动。树牢安全发展理念，落实常态化疫情防控措施，督促工程参建各方强化安全预控和隐患排查双重机制，推进智慧工地建设，加速新技术、新工艺的应用，插型盘扣支撑体系在全区广泛应用，全区建筑施工安全生产形势稳定可控。与上年相比，全年建筑施工领域的亡人事故起数和死亡人数实现双下降（均同比下降28.57%）。

【建筑市场管理】 2021年，金坛区全力保障农民工工资支付。在全区建筑施工领域贯彻落实农民工“四项制度”（农民工实名制管理制度、农民工工资专用账户管理制度、分包企业委托总承包企业代发工资制度和农民工工资按月足额支付制度），建筑工人管理服务信息平台考勤更新率、人员到岗率等指标在常州地区排名靠前。加强建筑施工领域欠薪风险预警排查，开展夏季根治欠薪大检查和房地产建筑市场“四项制度”拉网式排查。创新建立市场科与监督科竣工验收抽查内部联系制度。在工程竣工验收前，由市场科确认农民工工资专户中的拨付金额，再由监督科室监督竣工验收。同时要求在主体验收、终止安监、竣前抽查前农民工工资台账检查符合要求。

【建筑行业长效管理】 2021年，金坛区常态化做好扬尘管控和城市长效管理工作。推行施工质量安全条件核查制，将扬尘管控硬件设施的设置作为开工的必要条件。做好扬尘管控一日四报制度。制定《常州市金坛区建筑工地及建筑渣土专项考评方案》，将城市长效管理工作和扬尘管控工作有机统一。

2021 年金坛区获省级以上工程质量奖一览表

表 17

序号	承建公司	项目	所获奖项
1	江苏金坛市政建设有限公司	皇粮浜地块改造项目市政景观工程	江苏省“扬子杯”优质工程奖
2	江苏常金建设工程有限公司	景浦华苑 A 标段 22、27、28、33、34 号楼及地下室工程	江苏省建筑施工标准化星级工地
3	江苏城东建设工程有限公司	中航锂电（江苏）产业园二期项目第二标段设计、采购、施工工程总承包（EPC 一体化）	江苏省建筑施工标准化星级工地
4	江苏常金建设工程有限公司	凤凰新苑保障性安置房项目一期新建工程	江苏省建筑施工标准化星级工地
5	江苏城东建设工程有限公司	江苏省华罗庚中学滨湖校区新建工程二标段建筑施工总承包工程	江苏省建筑施工标准化星级工地
6	江苏金坛第一建筑安装工程有限公司	飞荣达新建高导材料研发及产业项目车间一、二、三施工总承包	江苏省建筑施工标准化星级工地
7	江苏城东建设工程有限公司	元巷小区三期保障性安置房项目二标段新建工程	江苏省建筑施工标准化星级工地
8	江苏城东建设工程有限公司	新建元巷小区三期保障性安置房项目三标段（53 号楼）施工总承包	江苏省建筑施工标准化星级工地
9	江苏城东建设工程有限公司	金郡花园三区 19 号楼、21 ～ 27 号楼、2 号楼配套及 7 号楼开闭所、8 号楼小区变、5 号楼、6 号楼小区变及北侧地下室工程	江苏省建筑施工标准化星级工地
10	江苏城东建设工程有限公司	鑫城大道南侧红星美凯龙西侧地块项目（左岸花园）一期设计、采购、施工总承包（EPC 一体化）	江苏省建筑施工标准化星级工地
11	江苏金坛第一建筑安装工程有限公司	金图联东 U 谷•金坛科技产业园项目一期 1 ～ 4 号楼、8 ～ 11 号楼、15 ～ 18 号楼施工总包工程	江苏省建筑施工标准化星级工地

2021 年金坛区建设工程获奖情况一览表

表 18

序号	所获奖项	数量（个）	序号	所获奖项	数量（个）
1	金坛区优质结构	25	3	金坛区“金沙杯”优质工程奖	19
2	常州市标准化工地	30	4	金坛区标准化工地	9

房地产

【概况】 2021 年，金坛区进一步规范房地产市场秩序，防控房地产市场风险。严格资质审核，共对江茂房地产等 22 个房地产开发企业的资质申报或延期申报进行了初审，上报合格率良好，全年全区新增房地产开发企业 5 家。截至 2021 年年底，全区具备开发资质的房地产开发企业共有 37 家，其中贰级（含暂定贰级）资质企业 31 家，叁级（含暂定叁级）资质企业 9 家。全年共受理审批发放商品房预售许可证 53 件，现售备案证 2 件，预售变更 7 件。批准预售许可 27805 套，面积 218.45 万平方米，其中住宅 15420 套，184.48 万平方米。现售备案 44 套车库，面积为 1.31 万平方米。办理商品房预售合同网签备案 19401 件，其中住宅 10707 件。对 18 个批次的开发项目进行公建配套验收并完成交付使用备案，项目竣工交付面积 163.63 万平方米，其中拆迁安置项目 44.69 万平方米。加强商品房预销售许可及行为规范，实行预售资金第三方托管。开展在建在售开发项目双随机抽查，严查无证违规预售、挪用预售资金、恶意炒作等行为。

【房地产开发】 2021 年，全区挂牌出让 13 处纯开发用地，出让土地面积 76.65 公顷，上升 18.98%。出让金额 65.55 亿元，下降 3.29%。开发企业领取施工许可证面积305.94万平方米，上升100.47%。项目交付面积163.63万平方米，下降19.69%。

【房地产销售】 2021年，全区商品房备案销售面积161.28万平方米，比上年下降5.58%；成交数量19401套，下降7.66%；销售金额约166.33亿元，上升28.31%；平均成交价格10313.45元/平方米，上升35.89%。全区商品住房销售面积131.53万平方米，下降9.25%；成交数量10707套，下降9.75%；销售金额约156.06亿元，上升30.21%；平均成交价格11864.70元/平方米，上升43.48%。

【棚户区改造】 2021年，金坛区完成省政府下达的棚户区改造任务，新开工目标任务900套，基本建成目标任务2000套。全年共获得中央、省级保障性安居工程补助资金4425万元。金坛区棚户区改造项目累计开工建设1083套，超额完成目标任务的120.33%。其中仙湖茗苑172套18741.98平方米，仙湖东苑二期96套11954平方米，均进入主体施工阶段。九洲里花园四期815套95395.66平方米，被列为全区2021年为民办实事重点工作，四证办理完毕进入主体施工阶段。金坛区棚户区改造项目累计基本建成3010套，超额完成目标任务的150.5%。其中，湖香苑二期935套152054平方米，完成竣工交付；元巷小区三期888套147108平方米、连珠水苑一期1187套283263平方米。主体封顶，达到基本建成条件。

（于　溢）

交　通

·综　述·

2021年，金坛区交通运输系统紧紧围绕“美丽常州金坛样板”建设新要求，以全面构建现代综合交通运输体系为重点，全面深化交通改革创新，进一步增强发展动能，全面加快交通基础设施建设，进一步推进常金交通同城化进程，全面强化交通运输服务建设，进一步提升交通惠民成效，全面强化行业综合治理，进一步优化行业发展环境，较好地完成了全年各项工作任务，为全区经济社会发展提供强有力的交通支撑。

8月，仙湖东苑二期工程完工

·交通建设·

【概况】 2021年，全区交通运输系统高标准推进交通项目建设，加快交通规划编制。推进《金坛区综合立体交通网规划研究》编制，形成送审成果；加快两湖创新区交通规划专项研究和金坛北部物流通道需求分析专项研究，形成送审成果；加快宁锡常结合片区普通国省干线互联互通研究，形成中间成果；深化金坛区交通基础设施国土空间控制规划。深入实施项目前期工程。完成金沙大道改线（沪武高速金坛互通至茅山旅游大道连接线）、金城大道（340省道城镇改线段）技术前期工作；推进233国道金坛段南延前期工作；深化研究常金快速通道，已纳入《常州市“532”发展战略重点项目（工作）表》及《常州市“十四五”重点交通基础设施项目清单表》。

【加快推进重点项目】 2021年，金城大道、金茅公路东延连接线、金沙大道改线、唐王大桥等年度交通政府性投资项目按计划有序推进。年内完成240省道塌陷路段维修项目、“四好农村路”项目。

【南沿江城际铁路配套建设】 2021年，南沿江城际铁路金坛段工程建设加快推进。南沿江城际铁路金坛段线下工程基本完成，预制箱梁架设完成99%，建设进度位居全线前列。完成南沿江城际铁路资本金解缴。金坛高铁枢纽全面开工，7条配套道路建设加快推进。建筑、景观绿化、信息智能化、照明等专业设计不断深化。全面推进高铁枢纽建设。省铁路办原则同意了金坛站交叉段的审查方案。3月，国铁集团和省政府在《关于新建江苏南沿江城际铁路句容站等五座站房及相关工程修改初步设计的批复》中，明确金坛站站房面积由8000平

6 月 12 日，南沿江城际铁路高墩群架梁完成

方米扩大至 16000 平方米，新增架空层 16300 平方米，镇宣铁路在金坛站与南沿江铁路十字交叉引入。高铁站房施工有序推进。站房 1、6 区主体结构混凝土浇筑完成，站房 3、4、8 区架体搭设完成。3、4 区模板支设完成，附属房屋宿舍食堂承台地梁混凝土浇筑完成。枢纽配套工程加快实施。全面开展道路、匝道桥施工。匝道桥积极推进现场施工，累计完成灌注桩 74 根，承台 7 座、墩身 3 座，桥梁引道工程 B 匝道挡墙基础 10 米。配套道路路基工程基本完成，进入路面施工阶段，配套雨污水管道基本完成。

【公路交工验收】 1 月 12 日，239 省道儒林段改线工程（卧龙大道）通过交工验收。该项目主线路线起于 239 省道与新柚线交叉口，终于 239 省道与规划中 233 国道南延段交叉处，总里程约 5.6 千米。采用农村公路标准建设，双向两车道，设计车速 40 千米／小时，路面宽度 8 米，桥梁及交叉口路段适当加宽。

2 月 1 日，扬溧高速荣炳互通至 241 省道连接线工程（直荣公路）通过竣工验收。该项目起于 301 县道，终于 241 省道，二级公路，设计车速 80 千米／小时，总路程 15.93 千米，路基宽度为 17 米，两侧分别设置 10 米宽的绿化带。直荣公路是金坛区西北部连接镇江市的快速公路，该条快速公路的建设，对于改善金坛交通条件，拉动地区经济发展有积极作用。

2 月 2 日，长荡湖大道工程通过竣工验收。该项目起于已建 201 县道河儒线，终于沿江城际铁路金坛站北侧规划站前路（233 国道），一级公路，双向四车道，设计车速 80 千米／小时，全长 7.3 千米。该项目的建成，对于构筑金坛区城市环线，完善区域公路网结构，促进长荡湖旅游业开发及沿线各乡镇经济社会发展具有重要意义。

2 月 9 日，物流大道（340 省道罗村段）新建工程通过交工验收。该项目起于 340 省道，终于罗村 205 县道。路线全长 7.31 千米，双向两车道，路面标准宽度为 8 米，共有桥梁 6 座。项目的建成对构筑薛埠镇的东外环，完善薛埠镇区骨架路网，带动薛埠地区的经济发展，服务沿线地区开发具有重要意义。

11 月 22 日，农村公路上阮至茅山连接线工程通过竣工验收。上阮连接线路线起于上阮环线，上跨建国路，后跨越 340 省道，下穿常合高速公路，终于寻仙路与尚水路交叉口，路线全长 11.01 千米，全线共设置桥梁 6 座，全长采用乡村道路标准，设计速度为 20 ～ 40 千米／小时，双向两车道。连接线工程是西部“茶香道韵”片区的重要组成部分，也是金坛“四好农村路”省级示范区创建的品牌工程。

12 月 9 日，265 省道金坛段建设工程通过竣工验收。265 省道金坛段起于常州金坛区与镇江丹徒区交界处，接 265 省道镇江段，向南与宁常高速公路、340 省道交叉，在薛埠镇与 265 省道溧阳段相接，路线全长 24.56 千米，一级公路标准建设，设计车速 80 千米／小时，采用双向四车道。265 省道金坛段的建设，对弥补扬溧高速公路以西地区南北向干线路网空白，改善茅山老区对外交通出行条件，加强区域南北向联系，服务茅山旅游度假区旅游开发，增强沿线城乡沟通、支撑城市与乡镇建设，优化地区投资环境，促进沿线经济社会发展等有重要意义。

· 交通运输 ·

【概况】 2021 年，金坛区交通运输系统坚持“以人民为中心”的发展思想，聚焦百姓日益增长的多样化出行需求，积极推动交通公共服务由“保障型”向“品质型”转变，全力提升交通运输服务水平。持续推进公交优先战略，全年优化（新增）公交线路 10 条，其中优化镇村公交线路 1 条、城市公交线路 5 条，新增城市公交线路 3 条，新增华罗庚中学（滨湖校区）定制公交线路 1 条。

【运输保障】 2021 年，全区圆满完成元旦、春运、清明、“五一”、端午、中秋、国庆等重大节日期间的运输保障工作，未发生重特大安全责任事故。清明节期间，客运北站临时增开茅山公墓扫墓专线，共发班次 120 班，运送旅客 3097 人次。调拨 43 辆专车，圆满完成金坛茅山山地半程马拉松赛的运输保障工作。

【获评“四好农村路”全国示范县】 2022年1月，金坛区被交通运输部、财政部、农业农村部和国家乡村振兴局共同命名为“四好农村路”全国示范县。全区“四好农村路”建设围绕“建管养运”四个方面全面推进，取得了明显成效。农村路网络畅通便捷。累计投资14亿元，新建、改建农村公路370千米。实施农村公路提档升级，乡镇通三级公路比例达100%，规划发展村庄等级公路通达率100%，三类及以上桥梁比例超97.24%。管养体系权责明晰。建立农村公路路政群管（协管）网络，健全爱路护路村规民约，实现农村公路“路田分家、路宅分家”。推进养护工程市场化，引进专业企业6家，县道优良路率、乡村道优良中等路率分别达100%、97.3%。品牌创建惠民贴心。完善农村路运输服务网络，开通镇村公交线路33条、旅游特色公交线路5条，建成农资配送网点120个、村邮站177家。推动农村公路与旅游景区、田园综合体等产业无缝对接，打造精品农路“绿野仙踪”，带动10余万名农民增收致富。加快农路品质提升，茅山旅游大道获评省级品质工程示范项目。

【深化城乡客运资源整合】 2021年，出台《金坛区城乡公交客运资源整合工作方案》等，成立企业对接洽谈组，就成本规制办法、公交资源整合等工作与3家运营企业进行洽谈，取得积极成果。

·交通执法·

【概况】 2021年，全区交通执法坚持教育与处罚相结合，重点打击水陆非法营运、涉路施工、船舶污染、超限超载等交通运输领域突出违法行为，有效保障交通运输市场秩序。全年累计实施行政处罚2431起（其中停业整顿40起），合计351.79万元。未因行政执法违规违纪被投诉曝光、未发生行政复议变更或撤销和行政诉讼败诉案件。辖区内未发生一般等级以上事故和因管理不善而发生的8小时以上的堵航事件。

【打好新冠肺炎疫情防控战】 2021年，区交通部门紧急应对南京禄口国际机场输入性疫情和常州输入性疫情，交通部门第一时间设置公路防疫查验点，开展辖区内6处高速公路、4处国省道以及2处水上查验点24小时防疫工作。先后累计出动值守人员3144人次，检查车辆14.11万辆次、船舶352艘次、车船载人员17.52万人次，圆满完成阶段性防疫任务。全年抓好常态化疫情防控工作，督促重点行业落实管控措施，加强对客运场站、港口码头、公共交通、冷链运输企业及交通工程建设项目等重点场所和行业管控力度。

【组织执法技能培训】 3月，区交通部门组织70余名交通执法人员参加全区交通运输综合行政执法技能培训。通过开展针对性、实用性强的培训，促进执法人员学以致用、用以促学、学用相长，进一步强化依法行政、执法为民意识，提升执法水平和办案能力。

【执法改革换证工作】 3月25日，金坛区交通运输综合行政执法大队举行集中换证仪式。对资格审查符合换证要求且培训考试合格后的88名行政执法人员更换为“综合执法”类交通运输行政执法证。原“公路路政”“道路运政”“海事行政执法”“航道行政管理”“港口行政管理”“工程质量监督”“综合执法”七证合一，全部持有“综合执法”类执法证。

【开展联合整治“亮剑一号”行动】 8月，金坛区交通运输综合行政执法大队、公安交警部门、沿江高速支队联合开展道路运输非法营运集中联合整治“亮剑一号”行动。此次联合行动以金坛高速公路收费站为“主战场”，依托省非法营运智能化整治系统，对全省疑似非法营运车辆实现跨区域、跨部门协同查处。重点对被列入“黑名单”的车辆、“两客一危”（公路客运、旅游客运、危化品运输车）重点车辆、疑似非法营运车辆、违法违规营运车辆进行执法检查，共查获非法营运网约车14辆、非法营运厂包车3辆。

【开展危化品专项治理行动】 9月，金坛区交通运输局开展全区危化品专项治理排查。通过发放安全手册和张贴海报的形式宣传贯彻安全生产主体责任，全面落实专项治理问效问责监督机制，加强专项治理行动的动态检查和过程监督，积极推动专项治理取得实际成效。

【开展打击道路违法行为专项行动】 12月，金坛区交通运输局组织开展金坛全域打击道路违法行为专项行动。通过开展普法活动，提高司机、运输企业的守法意识；同时与公安、城管、镇村、社区等联动开设应急预警群，拉起一道多部门联动、民众参与打造美丽公路齐抓共管的监控网，努力营造整洁、安全的公路环境，保障道路安全畅通。

【推进“信用交通”体系建设】 2021年，金坛区交通部门依托江苏省市场监督平台，共开展企业“双随机、一公开”检查212家次，“互联网＋监管”平台监管行业主项覆盖率100%。在“双随机”检查中应用信用结果，完成“信易＋行政检查”守信激励场景应用（机动车综合性能检测机构2家）。在治超领域推进信用联合惩戒，上报联合奖惩对象清单39条，成效清单39条。

【建立交通运输智慧执法新模式】 2021年，金坛区交通执法工作由“人海战术”向“智慧执法”转变。以治理超限、超载、超重非现场执法建设为突破口，逐步实现交通运输执法智慧取证、智能监管，运用不停车检测系统查处案件66起。结合“一体化+智慧执法+信用监管”新模式试点，先试先行非法网约车模块应用，通过应用程序锁定嫌疑车辆并预判订单派发时间和目的地信息，实现对非法网约车的提前布控、精准定位；通过信息化管理平台查处出租汽车违法案件6起。以“基层执法队伍职业化建设、基层执法站所标准化建设、基础管理制度规范化建设、基层执法工作信息化”为主线，加快推进“四基四化”建设，完成执法站所、车辆船艇统一标识建设和新式执法服装配发工作。

·交通管理·

【概况】 2021年，金坛区交通运输系统强化安全监管，行业安全形势持续稳定。深入开展专项治理，确保全区交通运输领域本质安全。强化安全责任落实，落实全员安全生产责任，督促建立健全内部安全生产费用管理制度。深化“放管服”改革。全面启用道路运输电子证照服务，累计发放电子“道路运输证”378件。办理电子“道路运输许可证”37件。成功办理金坛首张网络货运“道路运输经营许可证”。全面提升绿色交通水平。继续推进国三及以下排放标准营运柴油货车的淘汰，更新515辆。在省内率先完成单壳化学品船拆解工作。推进船舶岸电设施改造，提高岸电设施使用率。开展易扬尘码头企业检查，确保港区作业无扬尘。

【内河船舶远程视频检验】 1月28日春运首日，区港航事业发展中心利用视频通话设备对金航机998进行了远程检验。船检人员利用视频通话设备，通过腾讯会议软件，远程指挥船民对该船舶的船体、舾装设备、消防设施、救生设备、航行信号设备、主辅动力设备、电气设备、防污染设备等进行逐一检查并全程录像，顺利完成船检工作。

【全省首艘公务艇尾气后处理装置获国家专利】 11月16日，常州市金坛区港航事业发展中心智航QC小组获取国家知识产权局授予的实用新型专利证书。通过该项创新，使公务艇尾气排放从原有的相当于道路国Ⅰ的排放标准提升了国Ⅴ以上排放标准。目前，尾气净化装置，已在全省进行推广，并陆续在港航系统的公务艇上安装使用。

7月，开展路域环境整治“移除非标”行动

【在省内率先完成单壳化学品船舶拆解任务】 2021年，全区推进单壳化学品船舶拆解工作，在省内率先完成淘汰拆解内河单壳化学品船，推动其顺利退出航运市场。此次拆解的50艘单壳化学品船中，有46艘为金坛区企业江苏盐道物流股份有限公司的单壳盐卤船。淘汰拆解46艘单壳化学品船后，将进一步推动现有140多艘运输船只的更新换代和提升环保要求。

【安全生产监管】 2021年，全区深入开展“两客一危”、非法营运、交通基础设施安全隐患等专项整治行动。持续开展“危化品使用”“成品油”“燃气”等专项整治行动，合力推进重点领域安全监管。全年累计出动执法人员726人次、执法车176辆次，检查企业296家次，下发隐患整改通知书82份，有效保障交通运输领域安全生产形势稳定。

【推行“3+3”工作模式】 2021年，金坛区交通局全面推行三方主体、每周三次的“3+3”模式开展新《中华人民共和国安全生产法》的宣传、指导工作，促进全区交通运输行业安全、稳定发展。三方主体指运输中心、运输协会、运输企业通过宣传贯彻会议、工作群等方式，有重点地组织相关企业学习新《中华人民共和国安全生产法》，让企业系统掌握法律规定的工作重点和核心要求，认真落实企业安全生产责任，提高安全生产水平。每周3次是指运输中心、运输协会每周抽取3家信誉考核B级的企业上门指导企业完善制度建立。

（李星明）

信息化建设

·网络安全与信息化·

【概况】 2021年，金坛区网信工作围绕中心聚焦大局，以网络生态治理为抓手，扎实做好网信工作的关键点和着力点，努力在凝聚共识、防范风险、争取人心、保障安全和促进发展方面取得更大成效，为庆祝中国共产党成立100周年和金坛经济社会发展提供网上舆论支持和网络安全保障。

【网络宣传】 2021年，区网信工作以党史学习教育坚定信念，锻造主心骨。在金坛手机台、金坛网网站上开设“奋斗百年路 启航新征程”等专题专栏。制作60幅党史学习教育主题海报，开展“100名红领巾讲100个红色故事”系列微视频活动，摄制100集主题微视频，在微信视频号、金坛手机台上发布，打造线上党史学习红色阵地。以主题宣传凝神鼓劲，唱响主旋律。用好“金坛发布”微信公众号，在疫情等重要期间，及时发布官方信息，回应网民关切。围绕区委、区政府中心工作，做好网络主题宣传。以行业党建正面引领，掌握主导权。成立金坛区互联网行业党委，培育常州创忆文化传媒有限公司成立党支部，承办常州市互联网行业“E企学”党史学习教育主题党日活动。推动党建与业务深度融合，全面加强党对互联网的领导。

【阵地建设】 2021年，区网信办强化属地管理，压实主体责任。全年严查属地1926家网站，排查出被篡改、插暗链等112个违法违规问题，逐一核查并要求备案主体进行整改，关闭“爱游戏”“bet365”等7家网站。约谈涉嫌违规的两家微信公众号，指出其违规问题，要求作出相关整改，进一步压实属地自媒体主体责任。开展“清朗”专项行动，部署本地网站自查和清理存量有害信息，并对山水网等属地重点网站进行实地检查。开展有害信息举报工作，正本清源，营造清朗网络空间。

【网络技术安全保障】 2021年，区网信办结合上级下发的网络IP资产数据，开展网络资产核查专项行动，共核查出2321个有效IP资产，摸清系统类型、主管单位等详细信息，做到“家底清”，停用了闲置资产，完善了网络资产数据库，提升网络资产系统化、规范化、精细化管理水平，夯实网络安全监管基础。积极应对省、市“网安2021”应急实战演练。开展地区网络应急实战演练，对全区所有有效IP资产进行渗透测试和漏洞扫描等实战攻防演练行动，练好“基本功”。全面查漏补缺，对发现的问题要求各主管单位及时整改，并举一反三开展全面自查。抽取部分单位的重要信息系统进行专项检查，出具专项检查报告，推动问题有效整改。强化整改闭环管理，织牢“防护网”。以规范化、流程化模式将安全漏洞通报到各单位，按季度通报网络安全问题，推动各单位落实网络安全责任。统筹开展关键信息基础设施和信息系统网络安全防护工作。邀请技术安全保障企业，解决金坛区重点单位安全防护技术能力不足的问题，推进落实网络安全统筹防护，提供坚强的网络安全保障。

（贺 翔）

·电 信·

【概况】 2021年，中国电信金坛分公司（以下简称金坛电信）坚持稳中求进总基调，践行云改数转战略，超额完成年度营收预算目标，全年度总收入较上年增长7.9%，推动企业健康可持续发展迈上新台阶。

【电信业务规模稳步增长】 2021年，金坛电信聚焦新市场，关怀老用户，持续提升天翼、宽带业务的市场占有率。稳定用户规模，坚持高值融合，重点关注存量迁改。全年共发展高值融合同比提升7%，高值占比达48%。行业应用、纵向一体化项目拉动天翼规模发展。寻找宽带商机，推动团单大单发展。精耕细作小区活动，稳固宽带地位。突出电信1000兆宽带宣传，强化品质效应。大力推进智慧家庭相关业务。

【网络建设与运行效能稳步提升】 2021年，金坛电信网络建设与维护工作着眼于网络品质与响应能力的持续提升。新建开通5G建设室外站点229个，累计开通448个。室分开通96套，累计开通98套，人口覆盖率达80%。小区的千兆网络覆盖率达100%，千兆支撑能力得到进一步提升。聚焦重点楼宇和重点区域，加快推进5G网络验收及精细优化。

【提升为民服务综合能力】 2021年，金坛电信在日常客户服务过程中突出“三化”，全力提升客户服务感知。即客户投诉处理“前置化”。前移服务关口，梳理下发各类常见投诉问题处理流程，统一营销推荐口径，规范业务办理行为，深化客户人文关怀。服务过程管控“体系化”。针对服务薄弱环节及服务重点，明确服务责任。装维流程管理“精细化”。督促装维人员主动管好责任田，提升装维主动服务意识。装维工单“日清日结”，避免工单长期在途造成的服务投诉，提升客户满意度。

【“智慧金坛”建设】 2021年，金坛电信坚持云网融合，加快推进5G工业互联网建设，围绕政府的企业上云、智慧车间、强基安网等活动，打造金坛本地的5G工业互联网标杆应用项目，高质量转化云网一体化商机，扩大天翼云全业务渗透比例，在金坛智能化信息系统集成项目市场中占据主导地位。

【打造本地云服务标杆】 2021年，金坛电信依托华城机房大楼改造成建筑面积2000平方米的金坛国际数据中心。该中心配有高低压配电室、不间断电源室、电力电池室、网络机房、气体消防控制室、云数据机房、7×24小时监控室、备用拓展机房，大楼外还配套建设了柴油发电机房。已有政府、医卫、互联网企业云业务入驻中心。整个项目构建起以云主机、云存储、云桌面、云安全为核心的云服务体系，为5G大数据时代云服务提供数据平台支撑，为金坛及周边区域的产业智能化发展进程注入云动力。

（邓千羽）

·移动通信·

【概况】 2021年，中国移动江苏公司金坛分公司全力推进数智化转型、高质量发展，实现"十四五"开门红，经营业绩稳健增长，运营收入4.3亿元，客户群体超41万户，其中5G用户13万户。

【网络建设优化】 2021年，金坛移动公司持续做广做优5G网络，通过一批次700兆5G站点和两批次2.6G站点建设，完成建设700兆5G站点368个、2.6G站点285个，室内分布系统217个，实现金坛主城区、工业园区、重要景区和乡镇广域5G覆盖。全年新建管道200孔千米、光缆600皮长千米。结合乡村数智化新基建工程和美丽乡村示范村创建，投放资源，推动农村地区网络覆盖，助力"平安乡村""数字乡村"建设。

【家庭千兆网络升级】 2021年，金坛移动公司开展宽带用户千兆升级与家庭室内组网优化，全年建成350个千兆示范小区，新增千兆宽带用户1.95万户，家庭组网1.8万户。完善农村及偏远地区光纤补盲覆盖，全年新建宽带信息点1.7万个，累计覆盖家庭29.5万户，光纤覆盖率达99.8%，实现千兆到村、服务到村。

【信息化服务】 2021年，金坛移动公司完成5G+专网升级，新建公有云资源池3万余核，物联网连接数超10万个。建立了乡村振兴、智慧园区、智慧医疗等多领域的信息化应用平台。实施了智慧乡村、校园智慧照明、新材料产业园智慧园区等项目，持续发力新基建项目建设，提升政府及企事业单位5G+云网信息化应用水平。

【心级服务·百厅创优】 2021年，金坛移动公司从营业厅现场管理、营业厅综合满意度、营业厅投诉管理以及文明城市创建四方面组织开展门店"心级服务·百厅创优"活动，通过环境舒心、服务暖心、讲解耐心、办理放心打造"四心"优质服务，营业厅满意度月均99.6%。

【便民服务】 2021年，金坛移动公司累计开展"金沙亮剑惠民行、我为群众办实事"服务进集团、进社区活动100余场。开展服务进乡村活动，家庭安防安装新增7000户，累计8200户，平安乡村建设41个。以"断卡"行动、"安心"行动为抓手，常态化开展电信网络诈骗打防管控工作，在门店渠道、线上渠道配置宣传海报和提示单，加强电话卡安全合规使用宣传，提升客户防诈骗意识。参与新冠肺炎疫情防控工作，以"现场检测设备网络保障、视频监控保障、无线通信技术网络保障、引导志愿服务、信息及时通知、测温防控设备保障"6项服务，助力全区核酸检测演练11场次。

（吴国俊）

·联合网络通信·

【概况】 2021年，中国联合网络通信有限公司常州市金坛区分公司（以下简称金坛联通）为塑造高质量发展、高品质服务、高效能治理、高活力运营和高科技引擎发展新优势，重点推进创新产品新高地、智慧生活新生态、匠心网络新基建、数字智能新运营、深化改革新活力"五大"重点工程。金坛联通拥有移网、固网用户规模超6万，其中5G用户占比超20%。拥有自营、合作、异业合作的渠道网点近100家，实现街道、乡镇、商圈全覆盖。实现线上线下一体化服务运营模式，用户可以通过中国联通App实现线上全业务一站式办理。享受吃、喝、玩、乐、购、理财全新服务体验。利用5G网络、大数据、云平台等技术提供联通云视频应急会议平台、热成像监控、远程教育、移动办公等信息化解决方案和产品。

【防电信诈骗】 2021年，金坛联通在打击电信诈骗工作上主动作为，积极创新，不断加大资金和技术投入，健全网络安全保障体系，推出防诈骗公益提醒等服务，探索出一套具有运营商特色的有效治理措施。严格贯彻落实通信管理局、上级公司在防诈骗工作中的各项要求，加强日常监控管理，严把入网关，暂停房地产销售、教育培训、贷款理财等高骚扰率行业新用户入网，骚扰电话举报率大幅降低，用户满意度大幅提升。

【网络建设和优化】 2021年，金坛联通加大与金坛电信的5G共建共享合作。截至年底，累计开通5G基站约430个，室内分布深度覆盖约160个，基本实现金坛区域的全覆盖。在完善4G覆盖上，以新建住宅小区、新建中大型企业为重点，着力改善用户使用体验，全年新增4G基站（含室内分布）

21 个。在宽带接入方面，新增覆盖约 2.5 万户，持续完善新建新国标小区的全覆盖和千兆宽带的接入能力，全年新增光缆皮长约 300 千米。

【市政及保障】 2021 年，金坛联通配合进行市政杆线迁移迁改、“12345”热线和城市管理工作、老旧小区宜居改造等。全年完成迁改管（杆）线约 500 皮长千米。重点完成南沿江高铁站房地块、南门大街、白塔大街等处的杆线迁移。处理“12345”、城管、交通、公安、乡镇等部门反馈案件约 150 件次。配合金城镇政府，完成文化二村小区宜居改造的通信架空线整治工作。

（宫素梅）

·邮　政·

【概况】 2021 年，金坛区邮政工作以“高标准强化队伍提升”“高定位转变营销模式”“高效能做好经营保障”“高水准提升客户体验”“高要求行为结果管控”的“五高”体系为抓手，进一步做好各项工作。全年实现业务收入 2.37 亿元，同比增幅 9.08%。收入规模列全省县（区）公司第 21 位，较上年提升 2 位。

【寄递业务】 2021 年，金坛邮政分公司实现寄递收入 2362.66 万元，同比增长 4.63%。“双十一”期间出口特快邮件 2.17 万件，增长 21.28%。出口快递包裹 36.04 万件，增长 146.35%。税务项目累计收入 39.41 万元，增长 57.04%。关注税务电子化发票进程，在保存量基础上加大对其余 16 项涉税事项开发，创新税宜合作。法院项目累计收入约 119.27 万元，增长 62.25%。在政务服务中心设立代理点，每天安排专人揽投邮件，节约揽投时限，全年实现收入 3.32 万元。在与人社局仲裁文书合作基础上，积极推进工伤文书寄递。借第三代市民卡上线契机，为网上申领部分社保卡提供邮寄服务，全年实现收入 2.94 万元。与医药连锁店合作推进医药同城配送，全年实现收入 3.22 万元。

【渠道业务】 2021 年，金坛邮政分公司实现分销业务收入 2578 万元，增幅 128.35%。差价收入 225 万元，增幅 40.13%，增值业务收入 15 万元，增幅 158.24%，在全省名列前茅。

做大自营批销项目。全年线上自营批销额实绩 1665 万元，完成率 160.2%。大单品批销额实绩 1563 万元，完成率 200.5%。哈尔滨啤酒项目累计销售额 82.15 万元，目标完成率 100.2%。打造“网点＋站点”管理模式。打造以网点为中心的商圈联盟生态圈，加强邮政与“邮乐购”商户的深度合作，共享客户资源，实现双向引流。充分挖掘“站点”流量，通过导入邮商联盟活动内容和相关政策，引导网点依托站点消费场景，以在站点开展各类客户活动为抓手，推进网点获取客户量和业务发展。

【文传业务】 2021 年，金坛邮政分公司实现文传业务收入 1542.56 万元。其中，函件业务收入 411 万元，完成率 149.49%，列全省第一；集邮业务收入 532.56 万元，完成率 101.44%；发行业务收入 599 万元，完成率 115.13%，列全省第一。围绕全面建设社会主义现代化国家、脱贫攻坚、建设美丽乡村等重大节点题材，主动推进文明城市创建，环保、消防、安全、禁毒等知识传播。通过搭建文化墙，创建劳模工作室，开发党建笔记本等专属产品，深化红色基因传播。推动集邮业务向“集藏＋文创”转型。创新发展个性化定制业务，挖掘地方特色，发力知识产权市场。成功运作朱林“味道小镇”、直溪“光采小镇”邮册等系列地方特色文创产品开发，助力打造城市文化名片。积极融入赛事、演艺、旅游等市场，运营羽毛球公开赛等大型体育赛事、文化娱乐项目，满足人民群众需求。

【“建党 100 周年”邮展暨首届邻里读书节活动】 5 月 22 日，金坛邮政分公司在东城街道新城社区启动“建党 100 周年”邮展暨首届邻里读书节活动。活动主要包括“邮票上的党史”主题邮展、“邻里读书节”图书巡展、金融“反诈骗”宣传和“惠农”产品展销等 4 类主题。

【承办“2021 中国·金坛农民丰收节”活动】 9 月 26 日，“2021 中国·金坛农民丰收节”系列活动在指前镇东浦村开幕。金坛邮政分公司与金坛区农业农村局、中国农业发展银行常州市金坛区支行、邮储银行金坛支行进行了金融惠农党建联盟签约。金坛邮政分公司发挥“邮乐网＋邮政网点”平台优势，推广金坛名特优农产品。为广大农业生产经营者提供“销售＋寄递＋金融”优质配套服务。现场播放中邮惠农视频短片，向农民代表赠送丰收慰问礼包，设立“农民丰收节”主题邮局，销售丰收节相关邮品。金坛邮政分公司为本次活动定制《美丽乡村——东浦村》邮折 1000 版。

（符叶帆）

城市管理

【概况】 2021 年，金坛区继续深入推进城市长效综合管理工作，开展金武快速路、茅山旅游大道两侧建筑外立面出新整治。已拆迁未利用、已收储地块的清障整治。楼顶大型广告专项整治、省级垃圾分类达标小区创建以及区、镇精品街道建设等工作。创新实施城市容貌“小微执法”专项行动、环卫保洁精细作业、党建引领物业服务、有奖举报联合治理固废等举措。深入推进综合执法改革，完成属地镇、街道执法权限下放和中队派驻，完善行政执法“三项制度”，严格执法，助推金坛区综合行政执法改革再上新台阶。

【城市长效综合管理考评】 2021年，金坛区政府出台《关于进一步完善常州市金坛区城市长效综合管理考核工作的实施意见》，梳理完善各项考核标准。建立新的考核平台系统，增加考核人员和频次，确保街镇周覆盖、住宅小区和行政村季覆盖。以区级督办项目促进各镇、街道化解重难点问题。流转考核案件8.9万件，市级长效考核取得年度第5名的成绩。

【市容市貌管理】 2021年，金坛区开展城市容貌综合整治，促进城市环境精细提升。清理违规户外广告、破损杆牌灯箱、乱堆放等1.57万处，乱张贴涂写1.2万处。增补非机动车停车线5万余米，停车提示牌220块。查处非机动车乱停放3079辆次。创新开展“小微执法”专项行动，治理各类轻微违法行为1700余起。暂停通信号码40个，加强乱张贴涂写行为治理力度。开展建设工地、公共停车和渣土运输等专项治理。

【环境卫生管理】 2021年，金坛区根据“先重点、后一般”原则，增加道路机械化冲洒水作业频次。落实小区生活垃圾密闭收运，规范建筑垃圾转运场垃圾分类处置，严格审批建筑垃圾处置证9487件。创成38个省市垃圾分类达标小区和1个垃圾分类全域市场化街道。全年处置建筑垃圾1.94万吨，处理生活垃圾19.4万吨，处理大件垃圾7521件、易腐垃圾567吨、园林绿化垃圾4825吨、餐厨废弃物1.36万吨，提升全区环境质量。

【物业管理】 2021年，金坛区启用物业行业党群服务中心。创成南园二村省级党建示范点和玉山花园等30个市级党建示范点。检查整改住宅小区绿化管养、环境保洁等问题1300余件。指导完成25个住宅项目的合同备案、公建配套和承接查验，完成161个住宅项目收费信息公示。建设维修资金网上申报系统，全年共划拨356笔维修资金，累计508万余元。物业纠纷诉调中心处理群众来电来访885件，调解物业费等纠纷案件828件。

【民生实事】 2021年，金坛区稳步推进民生实事项目，建成金坛区生活垃圾焚烧发电一期及飞灰库项目，该项目于12月28日点火运行。2022年1月起全区生活垃圾全量焚烧，实现生活垃圾无害化、减量化和资源化处置。创成金桂路、南环一路2条区级和9条镇级精品街道，开展学基路、弘化路背街小巷综合整治提升。完成21座农村公厕和8座城区公厕新改扩建工程，创新试点“便捷驿站”。推进丹丽花园、金彩花园、金禧园3个既有住宅加装电梯项目。开展公共停车场收费专项整治工作，新增4200余个停车位，搭建智慧停车平台，推进区级机关、国有企事业单位停车设施开放共享。

【行政执法】 2021年，金坛区城市管理局联合区司法局召开金坛区综合行政执法第一次联席会议，向属地镇、街道执法中队派驻执法队员率超70%。建立法制审核问题通报制度，编制重点领域涉企常用行政处罚自由裁量标准和免罚清单。全年立案查处市容类案件4270件，城建类案件61件，规划类案件立案24件，处置往年规划类积案10件。建立打击擅自倾倒固体废物行为执法联动工作机制，开展有奖举报活动。全年行政处罚当事人（企业法人）36人，奖励举报12人次，发放奖金79000元。结合老旧小区改造，拆除文化一村、河滨（北戴）小区公共区域违法建设761平方米。全年全区共拆除违法建设559处，1.66万平方米。

（钱智超）

【园林绿化】 2021年，金坛区继续推进园林绿化精细化管理，全年招标绿化养护管理总面积1219.1万平方米，其中公园管养面积227.3万平方米，合计养护费用3259万元。结合城市长效管理要求，对城区绿地进行绿化拾遗补缺，其中道路绿地进行绿化补植825处2.7万平方米，行道树补植55棵。

（于　溢）

12月，生活垃圾全量焚烧首车垃圾进厂

水　利

【概况】 2021年，金坛区水利工作紧紧围绕“最美新城区，最强增长极”目标任务，着力加快建设，持续深化改革，不断创新管理，全年各项工作取得明显成效。水旱灾害风险普查试点经验获国务院表扬，区河长办获2020年“长江经济带全面推行河（湖）长制先进单位”、2021年“全国工人先锋号”称号，成功创成国家节水型社会建设达标县（区）、全国深化小型水库管理体制改革样板县，建昌圩入选全省首批省级水利遗产名录。

（陆　燕）

【水利建设】 2021年，全区共争取上级补助水利项目9个，争取资金0.9亿元，年度计划总投资2.39亿元，实际完成投资2.15亿元，占年度计划投资的90%。

重点水利项目。截至年底，新孟河延伸拓浚工程金坛段、通济南河整治工程、良常水利枢纽建设工程基本完工。下坵河东闸、钱资湖西闸及岸坵闸拆建，电胜河拓浚、下坵河清淤项目均按期完工。通济河整治工程项目前期工作加快推进，可研究性报告前置审批要件基本完成。

农村水利项目。全年完成农村水利建设投资0.3亿元，疏浚整治农村河道140条，清淤土方58万立方米。完成红旗圩中心河、岸头河、城头中河、白龙荡中心河等5条农村河道综合治理，农村生态河道覆盖率提升至35.4%。完成许巷排涝闸站、荡滩圩排涝站、河头排涝站、菀塘站等12座中沟以上建筑物建设，拆建渠道1.49千米，维修渠道4.9千米，加固圩堤2千米，小微水体整治110条。

水库移民后期扶持项目。截至年底，动态核定全区大中型水库直补农村原迁移民316人、三峡移民10人、自主外迁移民34人，共发放直补现金19.56万元。完成薛埠镇茅东水库灌溉渠（南干渠）整治、东进村便民服务中心建设、东进村“美丽库区·幸福家园”建设等3个移民后期扶持项目，总投资966万元。完成新建渠道2546米、新建便民服务中心1座、广场1处、绿化3672平方米、道路建设800米、拆建农桥1座、雨污水管道1100米。

（李勋章）

【水利规划】 2021年，金坛区“十四五”水利发展规划、河网水系规划通过区规评会审查，丹金溧漕河以东区域水系规划通过专家审查会审查，水利基础设施空间规划、河湖保护规划、水资源综合规划编制有序推进。

（夏春跃）

【水资源管理】 2021年，金坛区完成高质量发展考核中水资源管理工作，全区单位地区生产总值用水量位列常州大市第一方阵。全年设置取水口公示牌36个，取水表计计量身份证52个，完成省直报系统用水户46家。完成取水许可电子证照存量转换62个，完成非农取水工程51个，整改取水不规范企业5家，取消地表水取水户2家、取消地下水取水户1家。协助完成《茅东水库生态水位和保障方案》《湟里河生态水位确定》《茅东水库生态状况评价报告》《丹金溧漕河水量分配》《开发区规划水资源论证区域评估》编制工作，加强水源地保护，完成《长荡湖涑渎水源地长效管理和保护评估》《长荡湖水源地贯标建设》方案编制，开展水质监测并形成季度报告。强化取水许可定额管理，对全区728家非居民自来水用水户以及46家自备水用水户下达用水计划。强化水资源费征收工作，全区全年自备水总用水量约7500万吨，水费收缴与同期相比增长11%。全年共完成省市级节水创建项目28个，其中新增节水型灌区1个、节水型机关9个、节水型社区3个，节水型企业2个、节水型学校1所，生命之水教育园区1个，水效领跑者1个，水平衡测试4个，用水审计3个，节水技改2个，合同节水1个。

（陆　悦）

【河湖长制】 2021年，全区281名区、镇、村三级河长共巡河12464次，发现并整改问题53处，完成市、区两级交办任务117件。2017—2020年河湖长制工作通过省级评估。开展河湖“清晏行动”，完成太湖流域排污

五好河道——柚山新河

口整治270个，整治岸线违法行为34起，清理水面垃圾杂物5110吨，清除乱垦乱种99585平方米，复绿50777平方米，处理岸坡垃圾394吨，拔除非法渔网鱼簖56件，打捞移除“三无”（无船名船号、无船舶证书、无船籍港）船舶及沉船7艘。结合幸福河湖建设，建成柚山新河、大浦港、中鲍塘河等常州市级“五好河道”（谋划好、治理好、管理好、维护好、美化好）3条。建成尧塘街道徐家庄、朱林镇沙湖、薛埠镇仙姑自然村等小微水体河长制示范村3个。在常州市率先实现县级以上跨界骨干河湖协同共治机制全覆盖，率先建立区级“河湖长＋检察长”协作机制，率先组建村级河长制工作站。

（李培亮）

【河湖行业监管】 2021年，金坛区加强河湖空间管控，完成长荡湖、新孟河、茅东水库遥感监测变化点现场信息复核及会商，完成第二轮国普河道划界。完成全区水系复核，复核后全区共有大小河道433条，总长1249.15千米。全年开展日常执法巡查1006次，出动执法人员2342人次，查处涉水违法行为18起（立案查处3起），行政处罚3起。开展洗车场所违法取水专项整治行动，共检查经营性洗车场所163家，对存在违法取水行为的47家全部责令整改到位。开展汛期清障专项执法，共清除各类行洪障碍64处，保障河道行洪畅通。落实城市水体管护职责，处理相关任务单133件。开展水行政执法基地标准化建设，有效提升执法监管能力。强化水土保持监管力度，对在建生产建设项目开展水土保持专项检查2次，检查建设项目10个，约谈建设单位1家，发出责令限期改正通知书5份。

（彭　阳　于亮亮）

【工程管理监督及安全生产】 2021年，金坛区水利局履行水利行业监管职责，落实安全生产责任，开展水利工程建设季度信用管理履约考核、水利行业安全生产专项整治行动。加大对水利工程建设过程中质量、安全、进度、现场管理等方面的检查力度。全年共开展各类监督检查106次，发出检查意见29份，编发质检报告16份。通过监督，确保全区水利工程的建设质量。2020—2021年度全市水利建设质量考核获A级。

（张彦傑）

【水利资产管理】 6月，金坛区水利局会同国资办、金坛建设等单位组建金坛区推进水利资产管理使用专项整治专班，对水利资产使用管理中存在的问题开展专项整治。经排查发现，全区水利资产共涉房屋、水面等116处，面积约327公顷。截至2021年年底，落实房屋规范管理61处，清理基层水利资产违规占用、搭建29处，司法诉讼处理2处，整治率约79%，资产长期违规占用问题得到全面整治。16处水利资产移交江苏金坛建设发展有限公司，涉及土地面积约10.82公顷。

（张　巍）

（编辑　方　骊）

自然资源管理

【概况】 2021年，金坛区自然资源和规划管理工作围绕“优空间、护资源、促发展”中心任务，扎实推进规划编研，保障资源要素，严格开展资源保护，深化体制机制改革，巩固提升基础业务，为促进金坛经济社会持续发展主动担当作为。

【调查监测】 2021年，区自然资源和规划局开展2020年度国土变更调查工作，调查成果通过国家检查。推进房地一体农村不动产登记发证，完成受理收件79733宗，已完成登记76005宗，登记率98%；核发不动产权证58165件，发证率75%。针对单证及无权源的情况，研究制定“三级确认”实施办法和细则，推动解决农村不动产登记历史遗留问题。开展自然资源综合调查监测试点，技术方案通过江苏省自然资源厅审核。配合常州市自然资源和规划局完成茅东省级森林公园、湟里河、夏溪河的自然资源确权登记工作。

【土地管理使用】 2021年，金坛区编制完成第一批土地征收成片开发方案，面积181.4公顷。按需分批推进用地报批50个批次、340.27公顷，着力保障重大项目用地需求。科学有序经营土地资源，全年供地164宗530.63公顷，出让金总额120.76亿元；收储地块53宗121.13公顷。利用批而未供土地84.55公顷，盘活存量建设用地431.92公顷，低效用地再开发405.93公顷。

【测绘管理】 2021年，区自然资源和规划局落实工程建设项目审批制度改革，启用“五全五化”（实现自然资源和规划全业务上网、全流程在线、全过程留痕、全节点内控、全要素关联，不断提高自然资源和规划服务制度化、标准化、信息化、智能化、便民化水平）电子政务系统，实现“同一事项、同一标准、同一平台”，大幅度提高工程建设项目审批效率。落实《常州市工程建设项目审批豁免清单》，对15项免于办理和19项无须办理建设工程规划许可证的建设工程进行豁免。全年编制规划条件147件，办理规划用地许可证74件，核发建设工程规划许可证153件。

【自然资源行政执法】 2021年，金坛区巩固以基层网格信息员为基础、基层所为纽带、执法监察队伍为主体的群防网，加强日常土地动态巡查，查处土地违法案件14起35.63公顷及林业违法案件8起1.28公顷。开展违法用地“清零”行动和卫片图斑执法，全区共排查上报87个违法用

11月30日，区农村房地一体不动产登记集中颁证

地项目141.66公顷。至年底，完成整改42起58.60公顷，项目整改率48.3%、面积整改率41.4%。办理行政复议案件6起、行政应诉案件26起。

【国土空间规划编制】 2021年，区自然资源和规划局编制完成国土空间规划近期实施方案，持续深化国土空间总体规划编制，形成初步成果并面向社会公众征求意见。紧扣常州"532"发展战略，对接常州市级"两湖创新区"规划，组织开展《金坛城区及长荡湖地区高质量发展总体规划（2021—2035）》《金沙老城城市设计》编制。围绕全域美丽乡村规划、村庄规划与农村居民点规划三个层次规划的编制，逐步完成城镇开发边界以外村庄规划的全覆盖。9个全域美丽乡村规划通过专家验收、67个村庄规划取得省自然资源厅备案。江苏省内首个县域村镇空间发展智能化管控与功能提升规划技术研发示范应用基地在金坛挂牌启用，为加强小城镇培育和实现乡村振兴提供技术支撑。

（陆思民）

自然资源保护

【概况】 2021年，金坛区自然资源保护工作贯彻落实习近平生态文明思想，坚持问题导向、效果导向，推进耕地、林地、绿地、湿地、自然保护地"五地"同建，构建科学合理的全区自然保护地体系。

【耕地保护】 2021年，金坛区严格管控耕地"非粮化"，推进实施永久基本农田核实整改补足工作。组织实施耕地占补平衡项目154.93公顷，城乡建设用地增减挂钩及工矿废弃地复垦项目26.33公顷。组织开展全区耕地保护激励绩效评价工作，金坛区获评常州市级耕地保护激励辖市（区），直溪镇、指前镇、朱林镇、东城街道4个镇（街道）获评常州市级耕地保护激励镇（街道）。

【林业与湿地保护】 2021年，金坛区完成成片造林323.67公顷，其中退化林修复133.33公顷，封山育林160.4公顷，林木覆盖率28.03%。结合长荡湖水环境综合治理，完成湿地修复76.8公顷，自然湿地保护率80.61%。建立"五级林长"模式，在常州市率先实行"林长+检察长"制度。年内，完成8个自然村的省级绿美村庄创建工作，并通过省级验收。开展金坛区森林火灾风险普查试点工作，获国务院通报表扬。

【绿色矿山创建】 2021年，中盐金坛盐矿通过国家绿色矿山遴选，纳入全国绿色矿山名录，创建经验在全省推广。盘固大石包山、朝阳洞矿区已纳入省级绿色矿山试点，绿色矿山创建工作有序推进。

【国土空间生态修复】 2021年，金坛区根据《常州市金坛区国土综合整治与生态修复规划（2019—2021年）》，按时序组织实施金坛区国土综合整治与生态修复项目并通过省级验收。朱林镇全域土地综合整治试点项目建设工作已初步形成试点实施方案、永久基本农田调整方案、村庄规划等成果。

（陆思民）

生态环境保护

·环境质量·

【大气环境质量】 2021年，全区$PM_{2.5}$年平均浓度为34.2微克/立方米，同比下降5.8%，达到国家二级标准，实现历史新低；优良天数287天，同比减少3天，优良率为78.6%，全市排名第二。

【水环境质量】 2021年，全区5个国考断面4个达标、4个优Ⅲ，达标率和优Ⅲ率均为80%；11个国省考断面10个达标、10个优Ⅲ，达标率和优Ⅲ率均为90.9%，达到年度考核目标要求。

·环境治理·

【概况】 2021年，金坛生态环境局准确把握生态环境工作面临的新形势、新任务、新要求，坚守"生态环境质量只能更好，不能变坏，确保不发生重特大突发环境事件"底线，以"提气、降碳、强生态、增水、固土、防风险"为基本思路，强化源头治理，深入打好污染防治攻坚战，持续改善全区生态环境质量。

【大气污染防治】 2021年，金坛区找准问题根源，精准施策，持续改善辖区环境空气质量。明确目标责任。制定《关于建立和实施空气质量监测站点"点位长"责任机制的通知》，建立以区长为总点位长、各板块主要行政负责人为点位长的工作责任机制，压实管理责任。各板块空气自动站全部建成并投入使用，全面开展各板块降尘考核，区大气污染防治联席会议办公室每月在污染防治攻坚微信群里通报降尘情况。建立热点网格精准溯源机制，成立由各镇、街道、园区网格员参与的热点网格工作专班，实行网格报警、区级通知、网格巡查、处置、反馈、复核的闭环工作机制。实施精准治理。邀请江苏省环境科学研究院专家、北京大学博士团队系统开展臭氧溯源分析，对全区百家重点VOCs和NOx排放企业进行摸底，推进企业完成整改并进行评估验收。推行100平方米以上的重点餐饮单位油烟在线监控装置安装，全区99家重点餐饮单位已安装联网。推进主城区重点加油站三次油气回收设施改造，完成改造4座。定期对城区周边重点路段进行柴油车尾气抽测和工地非道机械尾气检测，全年完成柴油车排放路检路查抽测335辆次、入户监督抽测124辆次、非道路移动机械抽测120台次。强化扬尘管控，完成5个码头堆场、50个施工工地扬尘治理项目。推进挥发性有机物清洁原料推广替代工作，13家企业完成低挥发性有机物等原辅料源头替代，并在化工、家具制造行业分别打造清洁原料替代示范型企业2家。

【水污染防治】 2021年，金坛区落实目标责任，坚持精准治污，确保水环境质量稳定达标。建立严密组织体系。全区设立区级断面长11名、镇级102名、村级164名，区委、区政府主要领导以上率下落实断面职责。编制实施《金坛区区域水质考核断面工作方案（试行）》，共设置32个考核断面，以考促治。坚持规划引领。编制《金坛区“十四五”太湖流域治理规划》《常州市金坛区太湖流域水平衡分析专题研究报告》《金坛区太湖流域河湖生态系统调查专题研究报告》《金坛区太湖流域总磷溯源专题研究报告》《金坛区环太湖地区城乡有机废弃物处理利用体系建设专题研究报告》《常州市金坛区生态净水规划》。坚持问题导向。围绕处理设施运行、雨污分流和排污、排水许可执行等情况，对全区所有涉水工业企业开展排查，推动企业达标排放。完成1314个疑似排污口和308个敏感区的排查，确认排污口852个，完成排污口采样和溯源工作，整治排污口270个，其余582个排污口将于2023年完成整治。加密监测11个国省考断面，排查污染源，建立问题清单，编制完成尧塘河西华桥等8个断面水质限期达标整治方案并推动落实。继续实施长荡湖生态修复工程，常态化实施渔业控藻工程，持续开展水生植物栽种，恢复长荡湖水生态系统。加强基础设施建设。完成金坛区第一污水处理厂移址新建、达标尾水湿地净化与城市水体活水保质工程以及儒林污水处理厂移址新建、茅东污水处理厂扩建工程，推进第二污水处理厂提标改造工程以及金沙老城雨污分流三年行动，提升区域收集和处理污水能力。推进农村生活污水治理。编制实施《金坛区2021年农村生活污水治理工作方案》，15个规范发展村的建设任务全部完成，全区规划发展农村生活污水设施覆盖率100%。

【土壤污染防治】 2021年，金坛生态环境局筑牢净土环境“安全线”，对于暂不开发利用的超标关闭遗留地块，指导土地所有权人编制《暂不开发利用污染地块风险管控方案》，减少地块环境风险；对需要开发利用的土壤污染物超标遗留地块，督促土地使用权人依法开展土壤污染状况调查。全区18个重点行业超标地块中10个地块启动详细调查工作，2017—2020年关闭的9家化工企业中7家启动土壤污染状况调查。加强24家土壤重点监管单位风险隐患排查，关闭1家。完成23家土壤污染重点监管企业土壤和地下水自行监测，其中11家企业完成周边土壤和地下水环境监测。与自然资源规划局等相关单位联合建立健全用地变更信息互通机制，督促地块所有人对拟房地产开发的地块进行土壤污染状况调查。全年完成34个变更为住宅地块的评审备案，实现土地性质变更前土壤调查覆盖率100%。

【固体废物与辐射环境管理】 2021年，金坛生态环境局推进固体废物治理，织牢安全生产网。加强固体废物日常监管，重新调整全区危废重点监管企业名单，确定99家危险废物监管重点源在“省网”中实时申报，申报及审核率100%。初步建成危废全生命周期监控系统，集成700余家产废单位和经营单位信息，处置危废约34889吨（含去年库存830吨），库存量941吨。持续做好危废管理计划、危废跨省转移日常预审工作，预审危险废物跨省转移35家。推进核与辐射安全风险隐患排查治理，督促全区核技术利用单位对企业自身进行安全风险隐患自查，完成闲置、废旧放射源情况调查摸底，强化对放射源的动态监管。开展安全检查行动，牵头制订《常州市金坛区危险废物处置企业危险化学品使用安全专项治理行动实施方案》，明确检查要求和进度，督促危废处置企业自查，推动危险化学品使用单位开展自查自改、边查边改，建立问题隐患清单，逐条逐项整改闭环。深入排查区内危险废物经营单位、化工园区内产废单位以及年产废量10吨以上其他产废单位的危险废物贮存设施手续办理情况，依法督促补办相关手续，切实消除涉危险废物安全生产重大隐患。强化公众监督，联合区城管、公安、交通等部门，发布《关于有奖举报擅自倾倒固体废物违法行为的通告》，对全区范围内擅自倾倒固体废物、危险废物的人员和行为实行有奖举报，全年共接到各类倾倒工业固体废物的环境信访举报12起，联合查实并立案调查6起，成功破获一起涉及多地区特大污染环境案，查获各类危废300余吨，抓获嫌疑人62名。

【生态文明建设】 2021年，金坛区积极推进生态细胞建设工程，开展尧塘街道、东城街道、西城街道以及尧塘街道谢桥村、西城街道方边村省级生态文明建设示范街道（村）创建工作。3月，金坛区成功创成第三批省级生态文明建设示范区。推动实施山水林田湖草生态修复试点工程，全区八大工程16个重点项目全部完成建设。扎实开展“生态绿城”建设，实现增核8公顷、扩绿4.17

公顷、连网规模 7.845 千米，新增公园绿地 2.63 公顷。推进环境风险隐患点位排查工作，完成金坛区陆域风险隐患 44 个点位的排查，其中 21 个点位无风险隐患，23 个点位已完成问题整改。

· 环境监管 ·

【概况】 2021 年，金坛生态环境局坚持精准、科学、依法治污，持续推进各类专项执法行动，消除环境安全隐患，生态环境质量稳步改善；创新环境信访调处机制，全年环境信访、越级信访总量同比分别下降 47.6%、54%；加强生态环境宣传教育，增强全民生态环境意识。

【环境执法】 2021 年，金坛生态环境局加大日常检查、交叉检查和错时检查力度，开展大气、水、固废、安全生产及行业、建设项目等专项行动 35 个，现场检查 2319 厂次。运用 8 步移动标准执法程序 1696 条，完成双随机监察 220 家。立案调查各类环境违法行为 140 起，作出行政处罚决定 57 起，罚款 414 万余元，实施查封扣押 21 起，限产停产 1 起，向公安机关移送适用行政拘留环境违法案件 2 起；配合生态环境涉刑案件调查 1 起，对逾期不履行行政决定的 2 起案件申请法院强制执行，上报生态损害赔偿线索 7 起。坚持“科技引领监测、监测引领执法”工作理念，先后引进走航监测车、无人船、无人机等先进装备，构建“水、陆、空”立体化监测监管体系，发现环境问题线索 270 余个。建立生态环境监管大数据平台，对重点排污企业实施全天候实时监测监控，形成自动监测异常数据调处闭环，实现智慧监管新常态。推动火、电、水泥和造纸行业 4 家公司开展污染物排放自动监测数据标记和电子督办试点工作，并完成现场端改造和联网。

【环境信访调处】 2021 年，金坛生态环境局创新建立信访调处机制，运用“部门约谈 + 企业整改”模式，实行重点信访企业月度考评机制，考核结果逐级通报，对信访数量排名前十的企业由局领导进行约谈，力求直面问题、解决难题。严格规范信访件的接收、登记、录入、存档、流转、办理等各个环节，实施“短平快”处理方式，对已经结案的投诉，定期开展后督察。

【环境保护宣传】 2021 年，金坛生态环境局加强生态环境保护宣传教育阵地建设。通过电视、报纸、网络、微信等媒体以及公交站台、社区宣传橱窗等方式，由点到面全覆盖开展生态环境保护宣传。全年被生态环境部用稿 10 篇，《中国环境报》录用 5 篇，人民网用稿 8 篇，其他省级媒体录用 12 篇，省厅微信公众号录用 9 篇，“学习强国”平台刊用 3 篇。立足环保志愿者。组织环保志愿者走进社区、走进学校、走进企业、走进乡镇，向群众宣传生态文明和环保知识。全年共开展各类宣传活动 70 余场次，内容涵盖禁放烟花、垃圾分类、绿色出行、湿地保护、生态文明公约等。创新“环境日”宣传。组织开展以“绿水青山和谐家园”为题的“‘6•5’环境日”专场文艺晚会，通过歌舞、情景表演、戏曲联唱、小品、诗朗诵、环保模范访谈等节目，呈现金坛幸福生活美丽画卷，营造全社会关注、支持并参与环保的良好氛围。

【应急拉练】 2021 年，金坛生态环境局加强环境应急监测队伍建设，完善环境应急处置体系，印发《关于深入开展全区环境隐患排查治理和提升环境应急重点工作的通知》，组织环境应急演练拉练，提升突发环境事件应急处置能力。3 月 24 日晚，联合溧阳市生态环境局在别桥镇开展突发环境事件应急拉练；5 月 25 日，联合薛埠镇政府开展违法倾倒固体废物突发环境事件应急拉练；10 月 21 日，牵头组织金城镇、区应急局、公安分局、消防救援大队等在培丰化工集中区进行电路老化、形成静电并引发火灾突发环境事件应急演练。同时，督促并指导 60 家较大环境风险企业分别完成 1 次应急演练。通过系列应急拉练，进一步检验环境突发事件应急救援预案的科学性和可操作性，提高了应急救援组织能力、信息传递能力、快速反应能力和救援能力。

（王　洁）

气象工作

【概况】 2021 年，区气象局围绕区委、区政府中心工作，以深化改革和科技创新为驱动，做到监测精密、预报精准、服务精细，发挥气象防灾减灾第一道防线作用，实现气象事业和经济发展共赢目标。

【气象保障服务】 2021 年，全区气象工作以“监测精密、预报精准、服务精细”为宗旨，及时做好气象保障服务工作。在台风、寒潮等重要灾害性天气发生前后，通过传真、短信、电视、微信、微博等方式第一时间发布天气公报、信息专报、预警信息。全年共发布重要天气公报 31 期，信息专报 98 期，发布预警信号 51 次；发送天气信息短信 336 万人次，发布微博 1000 余条，接受媒体采访 22 场次。在“烟花”台风防御中，扣好责任键，巩牢防火墙，打好主动仗，及时启动气象应急响应，全覆盖、无死角做好各项防御准备工作，确保人民生命财产安全和经济有序运行。为有效降低气象灾害对农业生产带来的损失，开展人工增雨作业 9 次。与区政法委协作将气象预警工作融入基层网格化社会治理体系，打通气象灾害防御工作“最后一公里”。年内，顺利完成春运、“五一”等重大节假日、冬季寒潮和梅汛期、台风“烟花”和茅山山地半程马拉松赛、庆祝中国共产党成立100周年歌咏文艺晚会等气象保障服务。

【气象行业监管】 2021年，区气象局深化“放管服”改革创新，推进“互联网＋监管”“证照分离”等工作。“施放气球行政许可”实现秒批秒办，加大施放气球专项执法检查力度。更新和完善《防雷重点单位名录库》，建立并发挥重点单位防雷监管微信群便捷高效的优势，及时发布各项相关工作信息和气象灾害预警信息。与区应急管理局联合开展防雷安全检查工作。制订防雷安全生产专项整治实施方案、防雷重点单位执法检查全覆盖实施方案，开展防雷安全监管执法检查和专项整治行动。年内，安全检查金坛区防雷重点企业95家，制发防雷行政检查隐患情况表9份，隐患全部监督整改到位并通过复查验收。监督检查防雷检测中介机构防雷检测报告质量，查处资质挂靠、虚假报告等违法违规行为。开展“春风行动”等安全宣讲进企业活动。

【科普宣传】 2021年，全区气象科普宣传以第十六个世界气象日为契机，开展“‘3·23’世界气象日”“‘5·12’防灾减灾日”“安全生产月”“全国科普日”等一系列气象科普宣传活动。数十批机关、社会团体、学生1000多人次走进金坛气象科普园参观学习，了解气象知识和气象灾害防御常识，增强防灾减灾意识。依托志愿服务形式，组织“气象科普进社区”“气象科普进校园”“送科技下乡”等活动10余场次，提升辖区市民防灾减灾与自救互救能力。3月23日，与区科协、东城实验小学合作举行以“‘根正苗红’学党史——红领巾致敬了不起的中国气象”为主题的少先队科普系列活动，被评为“2021年度常州市优秀科普活动”。在省、市气象网站发表通讯27篇，《常州日报》选载2篇。

（庄春华）

（编辑　钱国新）

3月23日，区科协、气象局为东城实验小学学生颁发优秀科普气象知识活动奖

综合管理

宏观经济调控

【概况】 2021年，全区落实高质量发展要求，经济社会发展呈现稳中有进、进中提质的良好态势。实现地区生产总值1101.09亿元，可比价增长9.5%；一般公共预算收入60.03亿元，同比增长7.5%；全社会固定资产投资353.52亿元，增长7.2%；社会消费品零售总额276.48亿元，增长13.2%；外贸进出口总额272.9亿元，增长23.9%；全体居民人均可支配收入51004元，增长9.7%。抓好苏陕协作对口支援工作，全年落实财政帮扶资金200万元，派遣支医支教支农人才36人，区发展和改革局获评全省脱贫攻坚暨对口支援合作先进集体。

【国民经济和社会发展】 2021年，全区实现规模以上工业总产值1489.99亿元，同比增长36.2%，增速位列常州第一；斯威克获评国家级“专精特新”小巨人企业；蜂巢能源、中创新航获评省独角兽企业；金坛盐穴压缩空气储能发电国家示范项目一期工程建成，并网发电试验成功。重点服务业营业收入76.99亿元，增长39.5%；限额以上贸易企业销售额488.48亿元，增长33.4%。完成高标准农田建设1.3万亩；14家省级以上重点龙头企业累计实现主营农产品销售收入37.3亿元；粮食种植面积稳中有增，总种植面积35.5万亩、总产量17.1万吨；南顺食品创建国家级农业重点龙头企业；金坛现代农业产业示范园通过首批省级现代农业产业示范园认定，常州国家农业科技园区获批第九批国家农业科技园区（金坛全域设定为核心区）。

【资源争取】 2021年，区发改局紧盯国家、省、市政策，积极争取各类要素资源。金坛区获批江苏省第四批大众创业万众创新示范基地。围绕核心竞争力、战略性新兴产业、军民融合、水环境综合治理、生态文明建设、保障房基础设施配套等方面，依托国家重大项目库向上争取企业扶持资金近4亿元，获批三批次地方政府专项债近30亿元，其中蜂巢能源科技有限公司动力锂离子电池项目获得重大技术装备攻关项目中央预算内资金8500万元。新增项目节能审查能源消费量49.6万吨标煤（等价值），占常州市新增能耗比重达31.4%，有力保障贝特瑞、爱思开、斯威克等20个重大项目建设。金坛茅山道养文旅集聚区被评为常州市首批市级现代服务业集聚示范区；贝特瑞成功获批江苏省工程研究中心；盐道物流获评常州市级示范物流企业；晨风集团获评市级两业融合示范企业；江苏一号农场科技股份有限公司获评市级服务业领军企业、三新经济示范企业。

1月27日，区发改局为蜂巢能源科技股份有限公司授牌“江苏省高性能动力电池及系统工程研究中心”

2021 年金坛区发展和改革局向上争取资金（资源）一览表

表 19

级别	资金（资源名称）	项目单位（项目名称）
国家级	保障性安居工程配套基础设施建设 2021 年中央预算内资金	常州市金坛区儒风苑一期保障房配套基础设施建设项目
		常州市金坛区仙湖东苑二期保障房配套基础设施建设项目
		常州市金坛区仙湖茗苑保障房配套基础设施建设工程
	保障性安居工程老旧小区改造 2021 年中央预算内资金	金坛区 2021 年老旧小区（河滨、北戴）改造项目
		金坛区 2021 年老旧小区（文化一村）改造项目
	污染治理和节能减碳（污染治理方向）2021 年中央预算内投资计划	常州润恒能源科技有限公司金坛区生活垃圾焚烧发电及飞灰库 PPP 城镇生活垃圾处理设施建设项目
		江苏维达环保科技有限公司新建工业废物综合利用处置项目
	新能源汽车插电式混合动力系统自主技术产业化项目中央预算内资金	蜂巢能源科技有限公司动力锂离子电池项目
	中央预算内资金	南洲里桑榆堂颐养中心项目
省级	2021 年战略性新兴产业资金	常州斯威克光伏新材料有限公司年产 2.3 亿平方米太阳能电池封装胶膜项目
		凯博能源科技有限公司中航锂电中试基地二期项目
		蜂巢能源科技有限公司年产 20000 吨锂电池正极材料项目
	2021 年省级服务业发展专项资金	常州国云绿色数据技术有限公司
	江苏省双创示范基地	金坛区
	半导体（异质结）叠层新能源省级产业创新中心（全省唯一一家新能源产业的省级产业创新中心）	东方日升（常州）新能源有限公司
	省级信用示范企业	江苏久诺建材科技股份有限公司
	2021 年省级现代服务业发展专项资金（省级特色小镇奖励）	直溪光采小镇
市级	常州市军民融合发展引导资金	江苏晨创科技有限公司 5G 小基站及专用通信产品研发及产业化项目
		常州增材制造研究院有限公司航空航天阻燃 FR106 尼龙粉研发与产业化

【重大项目推进】 2021 年，全区新签约重大项目投资态势良好，全区累计签约引进项目 57 个，协议投资总额 545.4 亿元。“重大项目攻坚突破年”活动深入开展，SK 锂电池陶瓷隔膜、静脉产业园、飞荣达电磁屏蔽设备及新材料、茅山旅游综合开发、贝特瑞高镍正极材料 5 个省重大项目全部开（复）工，完成投资 55.3 亿元，其中 SK 锂电池陶瓷隔膜项目竣工投产。

【政府投资项目推进】 2021 年，区政府出台《常州市金坛区区级政府投资项目管理办法（修订）》，进一步加强区级政府投资管理，规范政府投资行为。全年政府投资项目累计完成投资 61 亿元；13 个区管国企投资项目累计完成投资 7.1 亿元。南沿江城际铁路完成架梁施工，57 条涉铁通道基本完成建设；通济南河整治工程主体完工；第一污水处理厂、儒林及茅东污水处理厂投入运行，工业污水处理厂开工建设，生活垃圾焚烧发电及飞灰库项目运行；河海大学常州新校区主体结构完工，岸头佳园幼儿园、儒林镇中心幼儿园等建成竣工，汇贤初中开工建设，老华中改造有序实施；第一人民医院与上海市第一人民医院合作共建正式实施；妇幼保健院投入使用。

【产业发展】 2021 年，区发改局作为区新能源汽车产业链链长单位，聚焦新能源汽车产业发展，建立区新能源汽车链长制工作专班，编制《金坛新能源汽车产业发展年度报告（2020）》。年内，贝特瑞（江苏）新材料科技有限公司分别获评常州市锂离子动力与储能电池正极材料工程研究中心和江苏省动力与储能电池正极材料工程研究中心。金坛区获得全国整县屋顶分布式光伏试点。

2021年金坛区市级以上工程研究中心情况一览表

表20

类别	平台名称	承担单位	产业领域	属地	获评年份
江苏省工程研究中心	江苏省电控高压共轨系统工程研究中心	常州博瑞油泵油嘴有限公司	高端装备制造	金坛经开区	2012年
	江苏省碳纤维复合芯导线工程研究中心	江苏易成电力器材有限公司	新材料	金坛经开区	2014年
	江苏省电力半导体器件模块工程研究中心	常州瑞华电力电子器件有限公司	新一代信息技术	指前镇	2014年
	江苏省盐穴储气储能及井矿盐综合利用工程研究中心	中盐金坛盐化有限责任公司	节能环保	金坛经开区	2016年
	江苏省汽车电器智能与集成化工程研究中心	江苏凯灵汽车电器有限公司	新能源汽车	金坛经开区	2016年
	江苏省光伏封装材料工程研究中心	常州斯威克光伏新材料有限公司	新材料	直溪镇	2016年
	江苏省新型超精细超高强度金刚线工程研究中心	盛利维尔（中国）新材料技术股份有限公司	新材料	金坛经开区	2019年
	江苏省高比能锂离子动力电池工程研究中心	中创新航科技股份有限公司	新能源汽车	华罗庚高新区	2019年
	江苏省高性能动力电池及系统工程研究中心	蜂巢能源科技股份有限公司	新能源汽车	金坛经开区	2020年
	江苏省动力与储能电池正极材料工程研究中心	贝特瑞（江苏）新材料科技有限公司	新能源汽车	华罗庚高新区	2021年
常州市工程研究中心	常州市新能源汽车核心零部件工程研究中心	江苏金坛绿能新能源科技有限公司	新能源汽车	华罗庚高新区	2018年
	常州市高比能锂离子动力电池工程研究中心	中创新航科技股份有限公司	新能源汽车	金坛经开区	2019年
	常州市禁限物品探测与分析技术工程研究中心	同方威视科技江苏有限公司	智能制造装备	华罗庚高新区	2019年
	常州市新型超精细超高强度金刚线工程研究中心	盛利维尔（中国）新材料技术股份有限公司	新材料	金坛经开区	2019年
	常州市快充低成本高能量密度动力电池工程研究中心	蜂巢能源科技股份有限公司	新能源汽车	金坛经开区	2019年
	常州市无线充电纳米晶材料工程研究中心	信维通信（江苏）有限公司	新一代信息技术	华罗庚高新区	2020年
	常州市高效光伏电池组件工程研究中心	东方日升（常州）新能源有限公司	新能源	直溪镇	2020年
	常州市动力总成工程研究中心	江苏三能动力总成有限公司	新能源汽车	华罗庚高新区	2020年
	常州市锂离子动力与储能电池正极材料工程研究中心	贝特瑞（江苏）新材料科技有限公司	新能源汽车	华罗庚高新区	2021年

【区域融合发展】 2021年，区发改局印发《2021年金坛区建设国家城乡融合发展试验区工作要点》《2021年金坛区建设国家城乡融合发展试验区工作任务清单》，上报15项省级赋权支持事项，其中7项纳入宁锡常接合片区省级重大支持事项清单。区发改局联合区农业农村局编制印发《常州市金坛区城乡融合发展试验行动实施方案（2022—2025年）》《2022年金坛城乡融合改革发展行动工作要点》，全面推进农村集体经营性建设用地入市工作，完成11宗集体建设用地入市，总面积531.2亩，出让金总额2.5亿元；山水林田湖草生态保护修复试点工程完工；将碳排放纳入环境影响评价，助力生态产品价值实现。金坛区融入南京都市圈步伐加快，在《南京都市圈发展规划》中被列为“宁杭滁生态经济发展带”，重点支持发展新一代信息技术、新能源汽车、智能电网、生态旅游、健康养老等产业；金坛压缩空气储能发电示范项目、南沿江城际铁路、镇宜铁路、河海大

6月5日，2021新能源汽车产业发展金坛长荡湖峰会开幕

学常州新校区等被纳入《南京都市圈一体化发展2021年度工作要点》。常金（常州、金坛）同城新格局持续构建，大力推进中德（常州）创新产业园等“同城化”项目建设；结合“532”（五大中轴、三个中心、两个示范区）发展战略，高起点谋划“两湖”（长荡湖、滆湖）创新区建设，初排3大类9大功能27项183个拟实施重点项目；长荡湖片区与武进滆湖片区被确定为全国第二批流域水环境综合治理与可持续发展试点。对外合作不断深化，中德（常州）创新产业园被认定为中国（江苏）自由贸易试验区联动创新发展区，申报中德（常州）智能制造合作示范园区，设立“外国人来华工作许可”受理点；编制《中德（常州）创新产业园“十四五”发展规划》。

【营商环境建设】 2021年，全区共审批备案固定资产投资项目645个，总投资1775.24亿元。推进信用体系建设，累计报送“双公示”信息40042条、行政许可31207条、行政处罚8835条；为128家企业提供信用查询服务，帮助20家有失信记录的企业完成信用修复；约谈9家失信被执行企业和7家失信运输企业；创建信用管理贯标企业8家。防范化解重大安全生产风险，组织油气长输管道、发热电企业、电力和粮食安全生产检查共35次，整改各类隐患200余个。落实能耗“双控”，编制《金坛区2021年有序用电方案和电力供应应急预案》《2021年工业企业错峰轮休方案》，对335家企业有序实施“开三停四”或调休方案；对全区38家中（工）频炉使用企业进行全面排查，坚决落实钢铁产能违法违规行为处置工作。

【价格工作】 2021年，区发改局完成26个房地产开发项目40批次价格备案，备案面积262.5万平方米；完成全区停车收费事项报备9件，受理和答复各类收费咨询和投诉116件；完成10多项农产品成本调查工作；认定8家农产品初加工用电企业用电性质，为企业节约生产成本超百万元；为全区低收入困难群体发放价格补贴107万元，惠及1.42万人；全年受理各类价格认定案件907件，涉税价格22.49亿元，涉案金额599万元，解决价格争议调处8件。

【粮食与物资管理】 2021年，区发改局深入开展粮食购销领域腐败问题专项整治活动，加快推进粮食企业改制工作，切实筑牢粮食安全底线；高标准完成政策性粮食轮换、夏秋粮收购及应急物资储备。全年完成政策性粮食轮换28024吨、夏粮收购全区累计收购小麦38511吨，同比增加7.86%，收购均价每百斤128元，高于国家最低收购价每百斤15元。秋粮收购全区累计收购稻谷76493吨，同比增加4.68%。完成2021年度区级储备冻猪肉和区应急救灾物资采购招标工作，储备冻猪肉200吨、应急物资3大类41个品种。

（孔梓道）

财　政

【概况】 2021年，全区落实积极的财政政策，扎实做好“六稳”工作，全面做实“六保”任务，推动财政工作在“十四五”开局之年乘势而上稳健前行。全区一般公共预算收入完成60.03亿元，增长7.5%。其中，税收收入形成一般公共预算收入49.67亿元，增长12.9%；非税收入形成一般公共预算收入10.36亿元，下降12.3%。全区一般公共预算支出完成90.21亿元，增长3.5%，增支3.06亿元。全区聚焦创新转型，全力以赴“保市场主体”，聚焦优化营商环境“软实力”，构筑促进高质量发展“硬支撑”。落实做细税费优惠政策，确保税费优惠政策红利直达快享。发挥资金引导作用，对重点企业跟踪帮扶、政策倾斜，综合运用研发补贴、基金投资、贡献奖励、人才政策及向上争取等手段。优化人才政策引领，深化高层次人才服务体系建设，全年安排人才专项4320万元，发放人才购房补贴4.8亿元。

【财政体制改革】 2021年，区财政局坚持创新管理理念，以“预算＋绩效”双轮驱动财政改革，努力打造高品质财政治理体系。深化预算改革。强化四本预算统筹衔接，国有资本经营预算调入一般公共预算统筹安排比例提高至 30%，合计调入 5850 万元。增强财政资源争引，全年累计争取上级转移支付补助 18 亿元。继续发挥常态化直达资金机制效用，全年共收到直达资金 2.6 亿元，执行进度 100%。注重绩效管理。对新农村文化发展专项和人才专项等项目开展财政重点绩效评价，做实做细做精全过程预算绩效闭环管理。调整优化体制。进一步明确财政事权和支出责任，完善税收收入分配机制，充分调动板块培植税源、发展经济、增收节支的积极性。研究并完善区与镇、街道、园区土地出让收入分配政策，全年安排基层保障 16 亿元。

【财政风险防控】 2021 年，区财政局紧紧围绕“平衡好财政、化解好风险”和“三个确保”（即确保经济平稳健康发展，确保供给侧结构性改革得到深化，确保守住不发生系统性金融风险的底线）目标，采取“清、规、控、降、防”五大措施，建立健全债务监督制度体系，强化目标考核，压牢管债控债主体责任，稳妥化解债务存量，坚决遏制债务增量。积极争取政府债券资金 30.8 亿元，推动河海大学常州新校区、高铁资本金和枢纽、金沙老城污水管网及老旧小区改造等重点项目加快实施。2021 年，全区地方政府债务限额为 126.81 亿元，其中，一般债务限额 32.91 亿元；专项债务限额 93.9 亿元。截至年末，地方政府债务余额为 124.91 亿元，其中，一般债务余额 31.11 亿元；专项债务余额 93.79 亿元。2021 年，地方政府一般债务还本支出 6.35 亿元，付息支出 1.04 亿元；地方政府专项债务还本支出 4.42 亿元，付息支出 2.29 亿元。

【国有资产监督管理】 2021 年，区财政局围绕高质量发展总体要求，有效发挥国有公司在城市基础设施建设、社会事业发展等领域的重要作用，以放活管好为导向，持续推动国企做强做优做大。优化国企管理模式。彻底剥离各镇、园区融资平台的政府职能，初步形成了区管国有企业对镇、园区融资平台全面管理为主，镇、园区参与管理为辅的双重管理模式。优化国有资本布局。制定金坛区国企改革任务清单，深入推进全区国企混合所有制改革，实现以管企业为主向以管资本为主的转变。逐步推进区属国有企业资源整合，促进国有资产保值增值。健全国有资产监督机制。依托现有的资产管理信息系统，加强区级行政事业单位资产管理。推动行政事业单位停车设施开放共享，将满足条件的国有停车资源统一委托给金坛建设运营，充分发挥存量公共资源效益。做好机构改革涉改单位的资产处置核实审批，进一步深化和完善行政事业单位国有资产管理体系。

【民生保障支出】 2021 年，区财政局面对收支矛盾和运行压力，始终坚持以人民为中心，千方百计压一般、盘存量、调结构，集中财力兜牢兜实民生底线，财政民生支出占地方一般公共预算支出的比重为 77.7%，有效维护社会和谐稳定。推动实现“学有优教”。安排教育支出 13.13 亿元，各学段生均公用经费均高于省定保障标准，保障新建华罗庚中学新校区等 3 所学校教育教学设备投入使用。推动实现“劳有所得”。坚持减负、稳岗、扩业等多措并举，持续加大财政投入力度，全力支持稳住保住就业岗位。安排社会保障和就业支出 19.38 亿元，支持落实落细各项就业创业扶持政策，其中安排各类稳岗就业政策资金 7000 万元。推动实现“老有善养”。积极推动养老事业多元化投入、多样化发展，多层次扩大养老服务有效供给。城乡居民养老保险基础养老金年内二次提标，全年共安排 3.6 亿元。企业退休人员基本养老金 17 连涨。推动实现“病有良医”。安排卫生健康支出 9.07 亿元，全区疫情防控投入 6500 万元，支持医疗机构发热门诊建设和村级卫生所提档升级，全力保障中医医院搬迁改造。推动实现“弱有所扶”。结合社会救助和保障标准与物价上涨挂钩联动机制，安排价格临时补贴 100 万元，安排低保金 1780 万元，安排被征地农民保养金及补贴 1.4 亿元。

【城乡融合发展支出】 2021 年，全区突出公共财政导向，推动城乡融合发展走在前列，夯实共同富裕的基础。支持乡村振兴战略。明确乡村振兴战略投入责任，完善财政支农投入稳定增长机制，与乡村振兴目标任务相适应，全年农业信贷担保贷款投放 2.5 亿元。加大财政资金支持粮食安全，大力推动实施藏粮于地、藏粮于技战略，全年安排发放各类涉农补贴 6032 万元，扛稳粮食安全重任。推进宜居城市建设。着眼老城改造，加快实施老旧小区改造，助推实现“乐居”金坛，安排城乡社区支出 6.84 亿元。着眼保障市政设施、城市道路管养，加强区管河道保养保洁，推动实现“城市蝶变”。推进环境魅力建设。安排节能环保等支出 4.82 亿元，安排山水林田湖草生态保护修复试点工程 1.5 亿元，安排水环境综合治理、垃圾处理等工程 1.2 亿元，支持完成 14.4 千米“四好农村路”提档升级，创建一流生态环境，深入打好污染防治攻坚战。

（刘　伟）

税　务

【概况】 2021 年，区税务局紧扣发展新阶段新要求，为服务地区经济升级、社会发展、民生保障而不断开拓进取、担当作为。全年组织各项收入 119.03 亿元，完成税收一般公共预算收入49.67亿元。全年共落实各类减免税金33.47亿元。其中，新增减税降费10.27亿元（不含增值税留抵退税），增值税留抵退税13亿元。落实制造业中小微企业缓缴税费1.91亿元。全年共获江苏省五四红旗团委、全省税务系统“示范党支部”等34个集体荣誉及23个个人荣誉，《打造“四互”税收共治模式精准服务实体经济发展》文章获得江苏省政府领导表扬批示，税收营商环境建设取得积极进展。

【税收征管】 2021年，区税务局围绕中共中央办公厅、国务院办公厅公布的《关于进一步深化税收征管改革的意见》（以下简称《意见》）相关要求，持续完善税收征管各项工作。及时成立深化税收征管改革意见落实领导小组及办公室，建立工作联络群，组织学习及内外宣传。企业所得税汇缴准期申报率99.37%。个人所得税综合所得汇缴完成率、经营所得汇缴年度申报率均高于考核要求。依托清算审核团队稳妥推进土地增值税清算审核工作，完成清算审核项目12个。逐项落细增值税专用发票电子化扩围工作，完成电子专用发票开具410户2758份，开具总额21.4亿元；做好电子专用发票接收方辅导745户4811份。贯彻落实《中华人民共和国契税法》《中华人民共和国城市维护建设税法》。顺利实现防空地下室易地建设费、水土保持补偿费的开票征收及油价调控风险准备金的申报工作。做好垃圾处理费划转各项工作，在全市率先实现住户垃圾处理费随水费委托代征。完成2022年度城乡居民基本医疗保险和长期护理保险征收工作，征收率较划转前显著提升。规范委托代征管理，完成对全区原有协税护税代征单位档案、业务交接和人员安置工作。设置6个办税服务延伸点，覆盖全区乡镇（街道），均增设线上体验区并运转良好。

【依法治税】 2021年，区税务局坚持内外风险双向防控，推动一体化综合监督体系落地落实。有序推进增值税留抵退税风险分析及跟进工作，外地来坛建安项目相关税收政策基本落地，持续推进对平台经济、成品油等的专项整治工作，规范代开票、异地协作平台、（花）苗木企业的税收管理，全年对927户实施风险提示提醒，入库成效2.35亿元，总成效4.74亿元。开展《意见》落实、疫情防控统筹、因私出国（境）等事项的专项检查，配合完成常州市税务局巡察整改“回头看”、内部财务审计、专项审计等工作，开展纪律作风问题专项整治工作，抓好“八小时以外”行为规范管理，通过自查自评、专题会议等方式持续落实保密工作各项要求。

【纳税服务】 2021年，区税务局深入推进“放管服”和办税缴费便利化改革，开展“便民办税春风行动”，拓展“以数治税”覆盖面，为纳税人和缴费人解决重、难点问题。借助《政风热线》节目、茅山马拉松赛事、“一企来”等平台强化政策宣传。走访中德（常州）产业园、河海大学等重大项目，为企业答疑解惑，相关举措受到纳税人和缴费人的好评，并被央媒、省媒报道76次。推进社保缴费、企业开办、房产交易与相关部门的“一厅联办”。线下平均等候时长7.1分钟，提供延时服务362次。留抵退税平均办理时长由年初的1小时左右缩短到5分钟内，退税到账时长由年初的3.2天缩短到4小时内。实行“首违不罚”约4000户次。为3000余户拆迁安置群众提供“进区入社”服务，为特殊需求人群提供上门服务23次。推广应用“江苏税务”App，实现综合覆盖率88.46%。电子税务局、“江苏税务”App、“个人所得税”App、社保费“网上办”“掌上办”、出口退税“网上办”等“非接触式”办税缴费清单453项。拓展自助办税范围至税邮合作网点，畅通微信、支付宝等多元办税缴费渠道。依托税收共治平台推动数据实时共享，全年与财政、工信、住建等部门交换数据6.02万条。推进信用联合惩戒，多部门联合开展信用等级评定。深化“银税互动”，联合多家银行为小微企业发放贷款。法税协作运行顺畅，收集核实破产企业债权申报资料52户，累计申报税收债权7321.5万元，历年破产企业于2021年度入库税款1734.9万元。

4月16日，区税务局走进《政风热线》栏目，在线解答纳税人和缴费人的政策疑问

2021 年度金坛区税收情况一览表

表 21 单位：万元

税种	入库	比上年		税种	入库	比上年	
		± 额	±%			± 额	±%
税收收入合计	809509.52	102759.29	14.54	印花税	14097.72	2340.86	19.91
增值税	292857.89	68607.81	30.59	土地使用税	33438.34	−3619.66	−9.77
消费税	323.39	45.97	16.57	土地增值税	32303.88	3851.07	13.53
营业税	21.16	−122.90	−85.31	车船税	4043.71	225.72	5.91
企业所得税	169140.91	−11745.45	−6.49	车辆购置税	17255.02	2184.40	14.49
个人所得税	78183.81	28947.72	58.79	契税	94813.61	2681.91	2.91
资源税	2396.50	88.13	3.82	环境保护税	4056.69	1962.06	93.67
城市维护建设税	26284.46	−321.06	−1.21	耕地占用税	4084.39	−1150.67	−21.98
房产税	36208.04	8783.38	32.03	—	—	—	—

（于　露）

市场监督管理

【概况】 2021 年，区市场监督管理局坚持党建引领，牢固树立“大市场、大质量、大监管”理念，坚守食品、药品、特种设备安全底线，优化营商环境，规范竞争秩序，提升质量水平，促进创新发展，强化行政执法能力和执法体系建设，探索市场监管新模式，服务全区发展大局，各项工作取得了新成绩。创作的微视频《党心照初心 巾帼在前行》获得全省市场监管系统“担当新使命　奋进新征程”微视频创作大赛一等奖；局工会获评常州市信赖职工之家。

【营商环境】 2021 年，区市场监督管理局通过“网上办”“掌上办”“邮寄办”等服务模式，实现全区 75% 以上的企业“不见面”完成企业开办；“企业开办专区”开启优化环境“加速度”，全区企业开办平均用时 0.53 个工作日，90% 以上的企业在 0.5 个工作日内完成企业开办，平均用时全市最短。全年新设各类市场主体 22412 户、注册资金 441.4 亿元，其中外资及私营注册资金分别为 39.74 亿元和 300.67 亿元，同比增长 11.69%、31.10%。个体工商户注册资金为 11.83 亿元，同比下降 14.83%，截至 12 月 31 日，全区共有各类市场主体 80033 户、注册资金 3830.67 亿元。

【助企工作】 2021 年，区市场监督管理局充分发挥股权质押职能作用，帮助市场主体解决融资难题，全年办理各类登记 27 件，各类担保资金 67.58 亿元；严格落实强制检定计量器具免费检定政策，服务 521 家企业免费检定计量器具 29312（件）台。

【知识产权工作】 2021 年，区市场监督管理局推进知识产权保护工作，区“长荡湖螃蟹”和“指前标米”申报国家地理标志证明商标材料已报国家知识产权局审核，黄金村软米 2 个（图形 + 文字、文字）地理标志证明商标通过国家知识产权局核准；1 家企业获国家专利优秀奖，2 家企业获省知识产权战略推进计划项目立项；1 家单位获省地理标志保护项目立项。联合多部门制定知识产权纠纷多元化解工作机制、大调解联动机制，全年查办商标案件 16 起。引入常州知保中心的快速预审、快速确权、专利导航等服务，累计为企业提供专利快速授权 100 余件。区万人发明专利拥有量达 24.52153 件，有效发明专利累计 1435 件，累计同比增加 31.53%。

【质量强区工作】 2021 年，全区质量强区工作持续推进。1 家企业获全省第一批“江苏精品”认证；1 家企业获评市长质量奖，3 家企业获评市长质量奖提名奖，参评企业数量常州第一；2 项企业标准入选常州市 2021 年企业标准“领跑者”第一批名单，获评数量全市第一，1 家企业参与主导制定 1 项国际标准，实现区企业参与制定国际标准“零”的突破，全区共参与制定国际标准 1 项、国家标准 6 项、行业标准 5 项；培育 6 家企业申报创建2021年省级诚信计量示范单位，新建企业最高计量标准5支；推进桑榆堂颐养中心开展养老服务认证工作，这是全省首次开展养老机构服务认证。

【市场监管】 2021年，区市场监督管理局持续推进“双随机一公开”监管，组织市场监管领域的27个部门开展24次联合抽查。梳理“互联网＋监管”市场监管领域事项88项，监管行为覆盖率达100%。持续强化信用监管，全区年报率达95.3%，比上年同期增长1.7%，超过全市平均年报率0.6%，位列常州第三。

【食品安全监管】 2021年，区市场监督管理局突出风险防控，巩固“江苏省食品安全示范区”创建成果。牵头多部门开展多项整治行动，着力消除监管盲点，查办全市唯一一起食品生产企业涉嫌违规经营进口冷链食品案，查获阿根廷进口冷冻牛肉2970.5千克，此案列入常州市典型案件。检查食品生产企业116家并完成问题整改闭环，农村集体聚餐备案2583场次；直溪山水酒坊、金坛华中食品有限公司、儒林建忠卤菜店3家小作坊被评为省“名特优”食品小作坊。

【特种设备安全监管】 2021年，区市场监督管理局积极推进液化气瓶赋码建档和液化气瓶档案上链工作，全区四家气站气瓶赋码建档工作完成率均列全市前五；深入开展“两化”（数字化＋专业化）融合工作，全年“两化”融合企业达57家，实现特种设备集聚使用企业全覆盖，全区特种设备安全监察成果显著。

【医疗器械安全监管】 2021年，区市场监督管理局对全区所有新冠病毒疫苗接种点完成三轮全覆盖检查，与分局联合开展30余次联合检查，开展5个药械专项检查，完成审批备案事项538件。依托智慧监管综合服务平台，汇总全年行政处罚、专项检查、飞行检查、日常监管、监督抽样和其他监督执法检查等情况，检查企业636家次，出动检查人员1677人次，完成药品抽样110批，对373家药品经营企业、441家医疗器械经营企业进行质量安全信用等级评定，全区“两品一械”监管扎实稳固。

【价格监管】 2021年，区市场监督管理局着力做好防疫物资及生活品价格的“监测＋预警”；引入第三方机构开展公平竞争审查评估，规范市场价格秩序；优化营商环境，先后开展涉企收费、教育收费、中介机构等12次专项检查。

【稽查执法】 2021年，区市场监督管理局在年综合考核中突出执法考核比重，突出执法稽查权重分值。重点开展长江禁捕（打击非法交易捕捞渔获物）、民生领域案件查办铁拳行动等专项执法行动25次，对违法违规行为一查到底，全年立案382件、结案328件，与上年同期相比，均增加近一倍。

【消费维权】 2021年，区市场监督管理局依托“3·15”活动，向消费者宣传了《中华人民共和国食品安全法》《中华人民共和国消费者权益保护法》《江苏省消费者权益保护条例》等法律法规知识，发放各类传单2000余份，现场受理咨询30余起，不同程度增强经营者的法律法规意识，保障消费者维护自身权益的能力。对已获放心消费先进荣誉的186家创建单位进行全面复核，撤销11家创建单位相关荣誉，创成省级放心消费创建单位3家，市级放心消费创建单位14家。全年收到投诉举报5610件，按时办结率100%。

（唐爱琴）

审　计

【概况】 2021年，全区审计工作紧扣高质量发展主题，围绕中心，服务大局，积极履行“经济体检”职能，发挥参谋助手作用，完成审计项目20个，其中政策跟踪审计1个、财政审计1个、民生审计4个、经济责任审计9个、资源环境审计1个、固定资产投资审计4个。审计查出管理不规范金额9.75亿元、处理处罚金额0.87亿元；发出移送处理14份，涉及金额0.59亿元；提出审计建议62条，促进出台规章制度16项，制定整改措施144项。撰写宣传稿件278篇，被各级媒体录用171篇次；撰写党政信息50篇，被录用25篇，其中被省级以上录用7篇。江苏金坛建设发展有限公司领导干部经济责任审计项目获常州市2020年度优秀“两统筹”审计项目，金坛区2019年度本级预算执行和决算草案审计获常州市2020年度优秀审计项目三等奖。区审计局获2020年度常州市审计系统综合考核第一、2021年度法律知识竞赛优胜集体，5人在常州市审计系统大数据审计技能竞赛中获奖。

【政策措施落实跟踪审计】 2021年，区审计局推动政府隐性债务化解。开展政府隐性债务风险防控专项审计，对全区2020年1月至12月政府隐性债务开展跟踪审计，重点关注政府隐性债务防控及化解进度完成情况，发现问题2个，提出严格管控融资成本，对高成本债务实行“削峰”管理等审计建议2条，确保不发生系统性金融风险。推动镇、园区融资平台改革。出台《关于区管国有企业对直接管理、吸收合并单位开展审计的操作办法》，通过与区管国有企业相关人员进行沟通协调等方式，对直接管理和吸收合并单位的全面审计工作进行业务指导，力促审计评估和清产核资工作有序进行，加快区、镇园区融资平台市场化转型升级，防范政府性债务风险，为国有企业改革提供保障服务。

【财政审计】 2021年，区审计局开展2020年度金坛区财政预算执行情况及其他财政收支审计，从预算收支、决算草案编制与59家一级预算单位部门预算执行情况入手，重点关注专项资金使用、国有资产经营收益、财政存量资金统筹盘活、预算绩效管理体系建设、中央八项规定及其实施细则精神执行等情况，融合实施政府债券发行使用审计、财政直达资金审计调查、战略性新兴产业发展专项资金审计，审计发现问题28个，提出进一步发挥财政资金导向和激励作用，加快吸引社会资本对重点领域投入等审计建议9条，提高财政资金使用绩效。

【民生审计】 2021年，区审计局开展全区2020年社会保险基金审计。全面摸清社会保险基金收入、支出、结余，探索使用大数据审计，建立数据分析模型34个。通过审计，发现重复参保、重复报销等问题，揭示出基金筹集使用管理、机关事业单位养老保险改革与政策执行中的突出问题和风险隐患，促进社保基金高效运行。开展全区养老机构管理领域问题专项治理工作。配合纪委监委对全区5个公办养老机构近三年补贴资金使用情况进行全面审计，对12家民办（含公建民营）养老机构补贴资金使用情况进行重点审计，重点关注养老机构违规运行问题、违反中央八项规定精神、违反财务管理规定等问题，对存在的违纪行为提出审计建议，要求予以整改。配合常州市审计局开展保障性安居工程资金投入和使用绩效审计。通过走访调研、抽查档案、比对分析等方式，审核金坛区公租房建设管理、城镇老旧小区改造、棚户区拆迁改造、住房租赁市场发展、安居工程资金使用绩效及税费减免等事项，撰写专题报告1份。开展金坛区城镇老旧小区改造情况审计调查。通过问卷调查、现场查看、比对数据等手段，摸清专项资金走向，关注目标任务完成、资金筹集使用、工程建设管理等情况。开展2020年度金坛区公交企业经营情况专项审计。重点关注新能源汽车配置数量、公交企业经营情况，分析公交企业亏损原因，促进公交企业降本增效。开展全省中小学教育经费管理使用情况专项审计。重点查找教育政策执行、教育经费投入与管理使用、教育改革发展体制机制障碍等方面存在的突出问题，促进教育改革政策贯彻落实，推动教育事业健康发展。

9月24日，区审计局开展教育局领导干部经济责任审计。图为审计人员在区薛埠小学食堂盘点库存货品并查验保质期

【领导干部经济责任审计】 2021年，区审计局对区住建局、教育局、行政审批局、华罗庚科技产业园管委会、东城街道、尧塘街道、指前镇、儒林镇、薛埠镇9个单位原主要领导开展经济责任审计，审计查出违规和管理不规范金额3.57亿元，发出移送处理书14份，提出审计建议33条，撰写情况反映6篇，《村级资产管理亟待加强》《我区对招商引资企业设备补贴政策亟需统一和完善》等得到被审计单位重视，推动了相关问题的整改。在审计过程中重点关注国家重大政策措施贯彻落实、财政资金和三公经费使用、部门职能履行情况，注意落实三个区分开来（审慎区分无意过失与明知故犯、审慎区分工作失误与失职渎职、审慎区分探索实践与以权谋私）要求，坚持严管与厚爱结合、包容与审慎并重。

【公共投资审计】 2021年，区审计局实施“三个加强”，推进投资审计。加强依法审计，全面推进“三个转变”。出台《金坛区政府投资建设项目审计监督办法》，明确建设单位和施工单位依据合同约定进行工程价款结算，审计机关独立行使审计监督权。加强重点审计，聚焦项目推进。对金坛高铁枢纽工程、河海大学长荡湖大学科技园（一期）项目、常州市金坛区华罗庚实验小学幼儿园新建项目以及金坛长荡湖科技创业园等政府投资项目建设管理情况开展跟踪审计；对金坛区城市社会氛围营造项目经费使用情况、2018年小农水重点县、2020年薛埠镇顺水桥顶坝道路改造工程等8个财务决算进行复核审计，提出审计建议14条。加强项目融合，投资、财务审计互为补充。投资审计与“同级审”、经济责任审计、政策落实跟踪审计等项目统筹融合，在儒林镇、老旧小区改造等多个项目中开展工程审计，做到投资审计发现问题为财务审计提供线索，财务审计发现问题在投资审计中得到验证，相互交叉，融合促进。投资审计改革经验在全省改革强审工作会议上作书面交流。

【内部审计】 2021年，区审计局探索实施内部审计指导员制度，以“以需定向，自下而上”为原则，不断提高内审联动力，深入推进内审改革。建章立制，完善体系。出台《常州市金坛区审计局关于贯彻落实〈常州市关于加强内部审计工作的意见〉的通知》《常州市金坛区审计局内部审计指导员制度》，让内审工作有矩可循，有规可依。加强指导，提升水平。开展全区内审机构年报统计调查，针对填报中发现的问题，提出规范和完善内审机构审计业务流程等建议；对区教育局、公安分局、开发区等多家内审机构开展调研，关注内审机构设置、人员配备、工作机制现状并提出指导意见。以审代训，加强合力。通过项目公示、自主申报等方式，组织内审业务人员参与审计机关组织开展的审计项目或专项审计调查，有14名内部审计人员参与12个国家审计项目现场。

【审计整改】 2021年，区审计局全面压实被审计单位的主体责任、主管部门的监督管理责任、审计机关的督促检查责任，构建审计整改工作闭环体系，建立审计整改工作对账销号机制，全过程督促审计查出问题有效整改。积极推动审计监督与纪监巡察、党政督查、人大监督等相结合，建立健全审计整改督办、结果运用、责任追究机制，构建整改效能提升闭环体系，全方位推动审计整改落实和整改结果运用，切实巩固和拓展审计的整改成效。审计查出的问题按规定期限全部整改，被审计单位建立规章制度16项，制定整改措施144项。审计整改工作经验在全市整改工作推进会上作大会交流。

（顾芮嘉）

统　计

【概况】 2021年，金坛区统计工作坚持以习近平新时代中国特色社会主义思想为指导，立足国民经济运行监测预警职能，做优统计服务、做精统计调查，各项工作有序推进。全区实现地区生产总值1101.09亿元，按不变价格计算，比上年增长9.5%，两年平均增长7.5%，增速位居全市第一。分产业看，第一产业增加值40.63亿元，比上年增长2.6%，第二产业增加值571.57亿元，比上年增长10.3%，第三产业增加值488.89亿元，比上年增长9.2%。

【统计服务】 2021年，区统计局聚焦区重大部署和热点问题，遵循问题导向、发展导向和服务导向，紧盯经济提质增效中出现的新情况、新问题，深入分析研究，撰写优质统计调研分析报告。结合党史学习教育和党建工作，撰写20余篇各类信息上报“金沙先锋”“金坛统计”等平台，其中《“清单式”管理抓实“我为群众办实事”实践活动》被新华日报交汇点App采用，《深化“党建+”引领统计高质量发展》统计信息被国家统计局网站录用。撰写统计分析30篇，内部专报10篇，统计动态87条，调研信息40篇，其中《总量提升强支撑结构优化促转型》统计分析被国家统计局网站录用。

【统计调查】 2021年，区统计局持续推进遥感信息技术新应用，推动遥感技术应用由点向面拓展、由量向质提升、由单一向多能深化。购进无人机1台，培养无人机驾驶员2名，稳步扩大无人机飞行覆盖面，秋冬播无人机飞行比例达30%，较上年提升10个百分点；开展1‰人口抽样调查，在全区23个村（社区）的102个调查小区延续开展1‰人口抽样调查工作，为党委政府制定相关政策提供数据支撑；及时对64家限额以下贸易抽样单位开展经营情况调查，向区政府申请经费，每个样本单位每月100元，辅调员每月每户50元，为抽样调查规范化工作提供物质保障，统一发放由区政府署名的“国家统计调查限下贸易样本单位”铜牌，增强样本单位的荣誉感和责任感。

【统计监测】 2021年，区统计局深入走访工业、投资、贸易、服务业、能源等重点企业，建立健全企业动态监测库，不断拓宽基础数据来源。整合统计在库项目、发改备案项目、工信技改备案项目、商务签约引进项目以及实际投入考核的项目信息，建成涵盖784个项目的投资项目库，并新增145个投资项目；建立143家“三新一特”产业企业库和49家“十百千计划”列统工业企业库，定期对工业重点指标进行监测，为工业经济快速发展提供预测预警；结合税务数据，推动建立有201家服务业贸易企业库，不断拓宽存量，寻找增量，深挖统计数据的“源头活水”。

【统计法治】 2021年，区统计局与各镇、区、街道主要负责人和统计工作负责人分别签订《防范和惩治统计造假弄虚作假责任书》，将统计法治工作纳入镇区、街道年度考核。根据省局执法处要求，组织统计执法人员对全区被抽中的规模以上工业、投资、建筑业、服务业、贸易专业共75家企业开展统计“双随机”执法检查，切实保障统计数据的真实性和准确性。积极推进全省统计信用红名单企业认定试点工作，上报 1 家工业企业为统计信用红名单企业，不断发挥统计红名单的榜样和示范作用。组织全局执法人员积极参加省、市各类业务培训及执法检查 12 次，增加知识储备，积累执法经验，不断提升统计执法队伍整体实力。

（徐　飞）

应急管理

【概况】 2021 年，全区认真贯彻习近平总书记关于安全生产、应急管理、防灾减灾救灾重要论述和重要指示批示精神，全面落实省、常州市和区工作部署，扎实推进安全生产专项整治三年行动，有效防范和遏制各类事故，实现生产安全事故起数和死亡人数“双下降”。全年共发生生产安全事故 27 起、死亡 11 人，同比分别下降 27% 与 35.3%，未发生较大以上生产安全事故，未发生自然灾害，全区安全生产和自然灾害形势持续稳定向好。

【应急值班值守】 2021 年，区应急管理局执行领导带班、值班人员 24 小时在岗值班制度，重点加强节假日、全国“两会”等特殊时期以及森林防灭火、防汛防旱关键期值班值守工作。向区政府和常州市应急管理局值班室报送突发事件信息 11 条，未发生事件未报、迟报等情况。将危险化学品重大危险源监测预警系统的日常监控纳入应急值守工作，组织开展网上巡检。

·安全生产·

【安全发展理念宣传】 2021 年，区委、区政府定期研究部署安全生产工作，安全生产工作被纳入全区年度高质量发展考核和年度述职。区委理论中心组和各板块各部门专门组织观看《生命重于泰山》电视专题片；“金沙大学堂”第 49 讲专题学习习近平总书记关于安全生产重要论述和重要指示批示精神。开展“百团进百万企业千万员工”、“四个一”说安全活动，累计开展宣讲 85 场次，覆盖 6018 人次。开展“安全生产月”、安全宣传“五进”、新《中华人民共和国安全生产法》宣传月等系列活动，累计举办宣贯活动 168 场次，发放宣传资料 2 万余册，覆盖企业 2608 家、员工 2.5 万余人。

【安全生产专项整治】 2021 年，区委、区政府出台《关于进一步深化安全生产三年专项整治工作的实施意见》，明确全区 28 项、重点行业领域 83 项重点任务，持续抓好危化品、建筑施工和燃气、道路交通、消防、特种设备、危废处置等重点行业领域突出问题整改。自安全生产专项三年专项整治工作开展以来（2020 年 6 月起），全区累计成立检查组 3041 个，检查单位 2.3 万家次，排查隐患 9512 处，已整改 9215 处（完成率 96.9%），罚款 1228.7 万元，约谈警示 22 家，停产整顿 77 家，联合惩戒 11 家，关闭取缔 11 家。

【“危污乱散低”出清提升行动】 2021 年，区政府印发《常州市金坛区“危污乱散低”出清提升行动实施方案》，将出清提升行动纳入各镇、街道、园区高质量发展重点任务考核。“七一”前，区政府全体领导带队开展“四不两直”专项督查。针对江苏经纬宏博汽车零部件股份有限公司、江苏同大新能源科技有限公司“厂中厂”、违规出租、脏乱差等问题，由区领导挂帅集中开展整治。全区累计摸排“危污乱散低”企业（作坊）771 家，整治完成 760 家。

【安全发展示范城市创建】 2021 年，区委、区政府制定《常州市金坛区创建省级安全发展示范城市实施方案》，明确 51 项重点任务。区财政划拨专项资金 400 万元，用于城市安全风险评估、应急管理综合应用平台建设和安全生产宣传教育。印发《进一步加强安全发展示范城市创建宣传工作的通知》，采取线上与线下结合的方式，利用各类宣传载体，精心布置宣传内容。累计宣传报道 200 余次，发放海报传单 1 万余册，发送宣传短信 30 余万条，进一步提升全社会安全意识。根据《常州市公共安全体验馆建设指导意见》，建成一类馆和二类馆各 1 个。

【安全生产督导考核】 2021 年，全区积极配合省、市开展督导巡查工作，对上级督导巡查反馈、交办问题，认真制定整改方案，扎实推进闭环整改。省督导组交办问题 30 个、常州市督导组交办问题 57 个，全部完成整改。区领导在元旦、春节、国庆等重要节点，带队对重点领域、重点企业等开展安全生产大检查。继续保留 7 个区级督导巡查组，每季度开展督导巡查，累计提出工作建议 94 条，现场检查企业 29 家、发现问题 78 项，全部完成整改。区安委办根据《区安委会工作规则》，利用警示、约谈、通报等制度，督促抓好问题整改，累计下发警示函 23 份、开展约谈 3 次、下发通报 8 期。

【安全生产执法】 2021 年，全区通过联合检查、联动执法、专项执法等方式，严厉打击安全生产违法违规行为。区安全生产监察执法大队事前处罚案件 200 件，罚款总金额 532.017 万元。

·应急管理体制机制建设·

【应急指挥中心建设】 2021 年，区应急指挥中心建成视频会议室和会商室，调整设立应急调度、危化品、工

6月11日，2021年全区天然气长输管道泄漏事故应急演练在朱林现代产业园举办

矿商贸、综合协调等8个专岗，购置移动布控球、卫星电话等装备，专业化水平进一步提升。常态化开展远程巡检、监测预警、视频点调等工作，全年开展各类巡检438次，处理传感器报警262次，督促重大危险源企业开展安全承诺申报2909次。

【应急预案和救援体系建设】 2021年，区应急管理局牵头修订《常州市金坛区非煤矿山突发事件应急预案》和《常州市金坛区工业企业燃气使用突发事件应急预案》，其他相关部门修订专项预案8件。制定《2021年度全区应急演练工作方案》，会同有关部门完成全区天然气长输管道泄漏事故应急演练。区政府印发《常州市金坛区应急救援队伍建设管理实施细则》，组建25支全区性专业应急救援队伍。

（徐　鑫）

·防灾减灾救灾·

【防汛抗旱】 2021年，区应急管理局会同水利部门开展全区应急抢险力量调查摸底，逐一登记造册并加强沟通协作。与江苏开岩路桥工程有限公司、金坛市政公司签订《防汛应急抢险合作协议》，依托专业队伍和设备，做好汛期应急备勤、抢险救援等保障工作。5月21日，常州市、金坛区2021年防汛防台风应急抢险联合演练举行，演练采取实战演练形势，模拟全区遭遇大暴雨及台风袭击，造成城区内涝积水、水库渗漏、群众被困、圩堤决口、供电线路故障、堤防滑坡、圩堤管涌等各类险情，重点演练巡查防守、抢排内涝、供电保障、险情监测、工程抢险、应急救援6大类17个演练科目。

【森林防灭火】 2021年，区应急管理局从安全巡查、人员培训、物资储备、应急演练等方面全面加强森林防灭火工作，组织全区森林防灭火指挥部成员单位参加全国森林防灭火业务大讲堂视频培训6次，开展全区森防检查9次，联合区自然资源与规划局开展森林防灭火安全教育培训1次。区森防办开展森林防灭火野外火源专项治理行动，11月26日在茅山森林世界开展秋冬防灭火应急演练。

【自然灾害综合风险普查】 2021年，金坛区作为全国第一次自然灾害综合风险普查试点县区之一，成立以常务副区长任组长、分管区领导任副组长、18个责任部门分管领导为成员的普查领导小组，制定1个工作方案和1个实施方案以及气象、林火、地震、地质、交通、住建、应急领域7个专项方案，坚持“政府统筹、上下联动、条块结合、分类实施、多方参与”的原则，高效推进相关试点工作任务。截至5月底，相关试点任务全部完成。

（徐　鑫）

·防　震·

【概况】 2021年，区地震局认真贯彻落实上级有关防灾减灾工作指示精神，牢固树立忧患意识，精心谋划，狠抓落实，勇于创新，组织开展地震监测、抗震设防、应急演练、综合风险普查、地震科普宣传等方面的工作。

【地震监测】 2021年，区地震局以高效有序地震情处置机制，抓好震情监视，落实震情值班工作责任制，坚持震情分析会商制度，参加常州市地震局组织的季度震情会商会，并且每周在区应急局建设的统一指挥应急体系中进行视频点调汇报工作。同时加强台站监测设备管理工作，保障地震台站仪器正常运行，做好地震监测设施设备的运行维护和地震观测环境保护工作，确保监测设备正常运行、地震监测资料持续可靠、信息传输及时准确。加强地震群测群防体系建设，提升防震减灾的专业能力，加强与区各乡镇（街道）灾情速报员的联系，每月开展“12322”速报平台测试。

【应急演练】 5月12日，区应急管理局、区教育局、区地震局在区段玉裁实验小学联合举办“5·12”防灾减灾应急疏散演练暨防灾减灾知识宣讲进校园活动，段玉裁实验小学全体师生1800余人参加活动。活动还邀请江苏省地震局应急救援处原处长邓民宪作题为《敬畏地球　珍爱生命》的防灾减灾知识讲座。

【科普宣传】 2021年，区地震局积极开展多种形式的防灾减灾科普知识宣传活动。“5·12”防震减灾科普宣传周期间，围绕“防范化解灾害风险、筑牢安全发展基础”这一主题，在西城街道朱庄社区开展防灾减灾科普知识宣传活动，通过宣传防灾减灾、应急救援知识，提高社区居民应急避险、自救互救的意识，提升居民的防灾减灾救灾能力。

【地震响应】 12月22日21时46分，常州市天宁区（北纬31.75度，东经120.00度）发生4.2级地震，震源深度10千米，金坛区普遍有感且震感明显。地震发生后，区地震局立即启动地震应急响应，并连夜开展灾情调查、流动监测、科学观察以及民众安抚和咨询答复等工作，未发现因地震造成的人员伤亡和财产损失。

（谢文胜）

·消　防·

【概况】 2021年，区消防救援大队全力以赴抓好火灾防范、应急救援、管理教育、队伍建设、疫情防控等各项工作，有效确保全区工作有力有序推进，实现社会面消防安全形势平稳、队伍内部未发生有影响的事故和案件、防疫工作万无一失的“三个稳定”良好局面。全年接警1521起，出动车辆2234辆次，出动警力9393人次，抢救和疏散遇险群众60余人，抢救财产价值509.93万元。

【消防事业建设】 2021年，区消防救援大队牢固树立“基层至上”的理念，着眼地区实际，落实消防事业高质量发展三年规划，以打通“生命通道”为重要抓手，指导全区小区完成充电桩改造升级工作，协调地方政府推动儒林、金城专职队站选址工作，其中儒林站已初步完成设计；围绕金湖路站成立全区应急救援保障基地。投入100万元购买体育健身器材，28.5万元购买装备器材，34万元购置2辆多功能勤务车，9万元改造升级大队围墙、家属招待所。积极争取消防救援人员工资经费1041.17万元，协调相关部门解决1名家属随调、6名消防救援人员子女入学择校等涉及全体消防救援人员切身利益的工作；依托东方盐湖城、一号农场等定期开展消防救援人员家属聚联活动；建成金湖路站“生态农场”，为消防救援人员提供绿色新鲜果蔬，消防救援事业发展基础越夯越实。

【消防安全宣传】 2021年，区消防救援大队做好宣传工作，强化宣传效力。通过集中讲座、现场实操、疏散演练等形式在社会单位中教育和培训一批消防安全“明白人”，通过走街串巷、摆台设点、警营开放日等一系列方式在人民群众中普及消防安全常识，为进一步加强全区社会单位消防安全管理打下坚实基础。利用张贴海报、走访社区物业等方式发放消防资料2万余份，累计培训各类社会单位1000余家次，接待学校团体“警营开放日”活动16场次，摆摊设点、走街串巷、流动宣传15场次，发放宣传单页40000余张，受训人数超过6000人次。

【救灾救援能力建设】 2021年，区应急指挥中心指导督促相关部门制定专项预案4件，组织编写工业企业燃气突发事件应急预案，成功举办全区天然气长输管道泄漏事故和防汛防台风应急抢险应急演练。区政府办印发《常州市金坛区应急救援队伍建设管理实施细则》，筹建25支全区性专业应急救援队伍。高质量完成全国第一次自然灾害综合风险普查试点工作。对全区救灾救援能力开展调研摸底，开展森林防灭火野外火源专项治理行动和应急演练，提升灾害救助和保障能力。针对强对流、寒潮等天气，加强动态监测预警，通过手机短信、金坛手机台App、“金坛应急”微信公众号等平台，发布预警信息和安全提示20余次，实现预警信息发布覆盖全区。

（叶建江）

（编辑　储　劼）

金湖路特勤消防救援站外貌

江苏金坛投资控股有限公司

【概况】 2021年，金坛控股围绕“两个加快创新推进年”和高质量发展目标，攻坚突破重点和难点，较好完成年度工作目标，全年实现营业收入40亿元，同比增长11.11%；净利润6.5亿元，增长22.41%；上缴税金2亿元，增长17.65%。截至2021年年底，公司总资产530亿元，净资产204亿元，企业主体评级AA。

【经济开发】 2021年，金坛控股加快推进改革，完成市场化项目开发建设等任务12项。与金沙拍卖和常州中天拍卖两家公司合作，推进金坛拍卖公司混改。全力支持中创新航加快上市，完成股份公司混改和洛阳锂电股权架构调整，推动城东建设完成股权架构优化、持股平台设立、众成实业股权转让。对经济开发区48家融资平台进行直接管理，制定直管意见和责任清单，做好资金保障等全面直管工作。完成34家控股企业审计。协力推进大乘汽车资产处置工作，全力服务牛创项目建设。

金坛控股完成亿晶光电、飞荣达、永臻科技、斯威克4个项目合计8.3亿元的市场化投资。参与11个证券市场项目的投资。与中石化签订合作联营协议，推进加油（充电）站选址建设。注册设立总规模100亿元（首期30亿元）的金坛产业创新发展基金、50亿元（首期10亿元）的瑞良新能源基金。签约投资总规模60亿元的常州天使母基金、20亿元的星纳赫基金。

金坛控股共实施建设项目12个，总投资26.08亿元。第三人民医院交付使用，中德二期孵化中心主体验收完成，兴河东路改造、华电路北延项目竣工通车，金坛中专本科部过渡改造、锡剧团改造、艺教中心改造项目交付，中医医院移址改建，金沙·紫东公寓等项目有序推进。

金坛控股与中南高科合作，市场化投资建设2.0容积率12万平方米国际工业城B区，积极推进“龙城金谷”西区建设，已在金沙科技金融中心注册设立无锡先导、东盈投资等创投公司、上市公司持股平台、投资机构79家。

金坛控股管理和运营区级政府性存量资产及下属子公司资产，对外出租资产215处，收取租金1265万元，日常安全巡查500余场次，投资478万元维修改造老旧资产36处，加大15个资产历史遗留问题处理。担保公司增加注册资本至3亿元，入选77家省政府性融资担保机构名单，实现保费收入171.35万元，追回代偿款1660.35万元。推行“园区保”产品，为湖畔光电等13家企业提供贷款8000余万元，累计为38家企业提供工程履约保函、工程电子投标保函、工程款支付保函业务4.58亿元。

【农业发展】 2021年，金坛控股完成1800平方米数字化渔场河蟹加工与仓储中心建设，投放“长荡湖1号”等优质蟹种4342.5千克，套养“太湖2号”青虾苗1820千克，投放60万尾罗氏虾苗小优品种进行试养，大闸蟹亩均产量较上年有明显提升，实现盈利。全年获项目奖补资金950万元。参加首届江苏金蟹评选活动，获“生态养殖基地奖”“金蟹奖”。整合农资服务资源，植保公司有序开展农化物资的运营保障工作。

（杨　娟）

江苏金坛建设发展有限公司

【概况】 2021年，金坛建设围绕区委打造最美新城区、最强增长极，奋力谱写“美丽常州金坛样板”的工作部署，严格落实《高质量发展总体方案》，持续推进国企改革和转型发展，努力提高市场竞争能力。金坛建设围绕项目建设、资金保障、深化改革，锚定全年目标任务，有序推动各项重点工作。公司总资产898.43亿元，主体信用评级AA+。全年通过地产销售，服务城市运行、服务城市建设，实现营收33.25亿元，净利润2.15亿元，利税2.69亿元。

【经济开发】 2021年，金坛建设共承接政府性投资项目39个，总投资额164.77亿元。其中，国有企业投资项目4个，总投资22.04亿元，市场化投资项目5个，总投资额88亿元，代建基础设施项目3个，总投资额1.2亿元。共承建安置房项目在建9个，总投资60.93亿元，总建筑面积107.3万平方米，总套数6617套。湖香苑二期5月份完成交付，连珠水苑一期、元巷三期、锦绣家园、儒风苑等年底完成交付。金坛高铁枢纽项目总投资25亿元，完成投资5.4亿元。生活垃圾焚烧发电一期及飞灰库项目总投资8.13亿元，完成投资7亿元，项目于12月28日顺利点火试运行。第一污水处理厂移址新建总投资6.12亿元，年底完成全部投资，项目基本落成投产。金沙老城雨污分流项目总投资约11.23亿元，共涉及12条道路改造，8条道路已通车，总长10.97千米。教育基础设施配套项目稳步推进，其中常州市金坛华罗庚实验小学项目总投资7.18亿元，完成投资5.2亿元，金坛华罗庚实验幼儿园项目总投资2.42亿元，完成投资1亿元，两所学校主体均已完工，内装饰准备进场施工。河海大学常州新校区教职工住宅项目总投资36.8亿元，完成投资4亿元，项目已进场施工，桩基工程完成24%。工业污水处理厂项目总投资3.7亿元，完成投资0.4亿元，项目年底前已进场施工。直溪污水处理厂扩建工程完成项目建议书批复。金沙科技金融中心项目整体已完工，正推进办公楼、公寓、酒店的装修工作。钱塘映像全部售空，累计销售额28亿元左右。钱家路项目已于8月竣工。杨贺巷邻里中心已完成初步设计。

金坛建设收购江东环科持有的70%江环能源股权，对建科院公司、城维公司运营机制进行梳理，注销建设工程质量检测公司，完成了江东传媒的改革。以收回水利系统资产为契机，全面梳理存量资产，对闲置的危房资产，如晖园宾馆、金谷肉食、宝尔曼斯等通过加固改造盘活，实现新增租金及存量房屋买卖收益约900万元。制定金海湾二手房销售方案，完成销售后预计可回笼资金2000万元。

金坛建设首次亮相直融市场，注册成功公司债60亿元、PPN30亿元、企业债5亿元，拓宽公司融资渠道，发行的私募公司债成本仅为3.8%，同区域最低。全年融资到账资金180亿元，新增融资平均综合成本5.24%，降低成本，优化结构，8%以上融资产品全部出清，非标产品比重下降4.78%。公司年末全口径债务综合利率5.74%，较年初下降0.76%，节约利息资金约4亿元。

（周　琦）

1月16日，金坛区第一污水处理厂（新厂）落成投产仪式

江苏金坛华罗庚科技产业发展有限公司

【概况】 2021年，金坛华科围绕区委、区政府的决策部署，牢牢把握自身发展定位，有序推进各项工作。公司总资产48.8亿元，净资产11.85亿元，资产负债率为75.72%，应收华罗庚高新区及区财政补贴收入5.214亿元，实现经营性收入7241.77万元。

【经济开发】 2021年，金坛华科共承建项目19个，总投资36.02亿元。其中，新建8个，续建11个。其中，政府性投资项目4个，国企投资项目4个，政府代建项目10个，市场化开发代建项目1个。华科梅香苑桩基施工完成。数字经济科技园、国际产业合作创新中心A区甲楼完成施工总承包招标。与常州星航金欣合作成立项目公司共同投资开发信息技术产业园B区项目。工程进度均达到年度目标任务。

金坛华科有经营性资产5处，总建筑面积53.06万平方米。华科竹香苑入住率90%以上，荷香苑已租出

112套，以信息技术产业园A区为创业基地，申报省级孵化中心，全力打造综合性科创载体，以上资产实现经营性收入1800余万元。

金坛华科下属子公司华科创投申报私募基金管理人，该子公司为全区首家具备私募基金管理人资质的国有企业。设立1.5亿元新智能创业投资基金设立，完成首期出资2325万元。出资2.04亿元受让金沙科技持有众成实业的股权，实现对城东建设财务并表。增资3600万元鼎盈投资，用于支持江苏厚生发展。

2021年，金坛华科融资总额69.38亿元，平均成本5.91%。其中，金坛华科融资余额12.76亿元，平均成本5.26%；朱林镇融资余额29.12亿元，平均成本6.01%；指前镇融资余额27.5亿元，平均成本6.11%。朱林、指前两镇融资平台年度化债目标任务已完成。对朱林镇、指前镇融资平台人员、财务、融资等工作直接管理，开展清产核资，及时解决历史遗留问题。实体化运营企业有3家，主要从事废旧金属、铝板制造加工与销售等业务，全年实现开票收入3.65亿元，年纳税2150万元，净利润134.4万元。

（乔元鸿）

江苏金坛金城科技产业发展有限公司

【概况】 金坛金科注册资本20亿元，2019年3月明确为区管国有公司，下设常州金沙城市开发有限公司、常州良常新能源有限公司2家全资子公司，中航锂电（洛阳）有限公司1家控股公司。金坛金科主要负责对金坛经济开发区金城科技产业园及薛埠、直溪现代产业园基础设施项目、开发建设项目实施投资和管理。设立产业投资基金，对园区内的优质企业和潜力企业实施投资。对金科园（金城镇）、直溪镇平台公司进行直接管理。

2021年，金坛金科围绕“两个加快创新推进年”，紧扣高质量发展总体方案，坚持党建引领，精准把握发展的“时与势”，聚焦“532”发展战略，高效支持服务经济开发区、薛埠镇、直溪镇板块产业高质量发展。

【经济开发】 2021年，金坛金科共承建工程建设项目18个，总投资额4.8亿元。其中，政府投资项目2个，国有企业投资项目3个，市场化开发建设项目1个，板块代建项目12个。实收代建费181.6万元。

南沿江城际铁路涉铁通道项目于8月底如期完成竣工验收。常州博雅实验学校过渡校区项目于8月底全部竣工验收。金坛新材料科技产业园智慧园区建设（一期）和金坛新材料科技产业园危化品专用停车场完成竣工投运，金坛新材料科技产业园智慧园区建设（二期）完成80%。直溪光彩溪郡花园市场化开发项目完成桩基及土方开挖工作。

金坛金科围绕服务全区经济与产业布局，高效推进产业投资。以6.48亿元的价格收购创智水都综合楼、人才公寓及附属资产，并对其改造升级，拟建设成金坛生物医药科技创新中心，为高校研究院、生物医药领域知名企业研发中心提供生物制药、化学原料药、中药研发的孵化平台和载体。金坛金科通过外立面、防水、智能化等的改造升级和规范的服务管理提高园区服务品质及租金标准，摸排金科现代产业科创园内的17幢标准厂房和5套用房的入驻信息、租金收缴情况。实现标准厂房、人才公寓入驻率90%以上，共收缴、追缴租金约1000万元。

金坛金科与江苏国经控股集团有限公司合作成立常州市国盈创业投资合伙企业（有限合伙），共同投资常州亚邦制药有限公司。经法院公开拍卖，最终确定以5.7亿元收购亚邦制药47.53%的股权。其中，金坛金科实缴出资7125万元，占比12.50%。收购中航锂电（洛阳）有限公司股权，聘请嘉源律师事务所和容城会计事务所开展尽职调查，金坛金科以15.3亿元的价格收购中航锂电持有的锂电洛阳51%的股权。顺融创投基金规模8100万元，金坛金科作为有限合伙人出资6000万元，占比74.07%。顺融创投投资斯威克8000万元，占比4.38%。以斯威克36亿元的市值

8月，改建完成的常州博雅实验学校

9 月，金坛新材料科技产业园危化品专用停车场投入使用

预估，通过退出基金部分，经测算，金坛金科实际可分得 8259 万元，实现盈利 2259 万元（含税）。

金坛金科对金城镇、直溪镇融资平台的融资、财务、对外担保等工作实行直接管理。注销江苏雅瑞商贸有限公司基本户。

盘活元巷小区商铺、店面房等资产，通过拍租拍卖的方式提高经营性收入。从同城建设平台公司收购常州良常能源科技有限公司全部股权。加快良常油库改造步伐。成立专项小组，处理江苏金坛酿酒有限公司等对外担保事宜。协商处理江苏星云谷新能源汽车有限公司、华尔升玻璃科技有限公司等对外投资借款事宜。成功追缴万德沃（常州）游乐设施科技有限公司借款本金 2613 万元，利息 680.36 万元。

（曹赵华）

江苏茅山旅游控股有限公司

【概况】 2021 年，茅山控股围绕做大做强国有企业，立足主营主业，全力抓好项目投资建设，着力强化公司运营管理，有力推进国企深化改革，为茅山旅游度假区及金坛西部乡村片区加快发展作出国企贡献。截至年底，公司总资产 19.47 亿元，资产负债率 50.21%，直接管理平台公司总资产 183.9 亿元，资产负债率 55.9%，平均融资成本 5.77%，全年融资 21.07 亿元，经营性收入 1.04 亿元。完成 13 家直管平台公司审计工作，签订移交协议，实现政企分开。金坛建设对茅山控股 20 亿元注册资本金注资到位，同步对茅山生态环境整治公司 10 亿元注册资本金实缴到位。

【经济开发】 2021 年，茅山控股实施茅山旅游度假区管委会及联系乡村片区代建项目 22 个，项目总投资近 2 亿元，完工 6 个，在建 16 个。总投资 8000 万元的上阮美丽乡村示范区一期已建成投运。总投资 3000 万元的 4 条涉铁通道完工。积极推进东方盐湖城盐湖温泉项目，加强与恐龙园文旅组建文旅创投公司投资建设运营。盘活利用西海湖度假村资源，完成与镇江金港集团资产收购对接。推动常州市金坛区中小学实践教育基地运营。加快推进“三星村遗址博物馆”和“三星村遗址保护公园”规划建设前期工作。与省文投集团共同发起设立 2 亿元“江苏省大运河茅山文旅产业发展基金”。推进薛埠人才公寓、薛埠农贸市场东侧商业综合体、茅山 B02、B03 地块项目等镇区景区一体化融合项目前期工作。盘活茅山地区水库及其周边资源，受托管理及维护水利与水投公司名下库区资产。梳理乡镇板块存量资源，盘活薛埠镇上阮村、连山村、西阳村多处优质闲置资源。积极对接 10 亿元国开行茅山片区生态环境治理项目、10 亿元农发行黄金大农场项目和 4 亿元土地综合整治项目。

（耿一卓）

江苏长荡湖旅游控股有限公司

【概况】 2021 年，长荡湖控股紧紧围绕长荡湖旅游度假区建设任务，推动企业自身稳步发展。截至年底，公司及下属子公司的账面资产总额 135.59 亿元，净资产 61.73 亿元，资产负债率 54.13%，已获 AA 评级（中证鹏元）。实现营业收入 20.63 亿元。其中，政府代建收入 14.37 亿元，贸易收入 6.17 亿元，其他收入 0.09 亿元。

【经济开发】 2021 年，长荡湖控股全面推进项目建设，4 个政府性投资项目均已完成建设进度目标任务。启动河海大学常州新校区建设，围绕 2023 年 4 月 30 日交付目标，突出河海大学常州新校区项目首位度，抢抓施工进度，总承包范围内 44 栋单体建筑主体结构全部封顶，完成投资额约 23.5 亿元。实施科教名城配套道路工程，金山南路路基及管网已完成，庆升路路基已完成，配套管网已完成工程量的 65%，其他道路完成可行性研究报告。打造沿湖景观，长荡湖东路两侧生态护坡及绿化工程已完工。完成柚山美丽乡村二期建设，柚

12 月 30 日，河海大学主体结构封顶

山村民国风特色已初步呈现，村容村景得到有效提升，柚山美丽乡村被命名为“江苏省特色田园乡村”，并于 9 月 27 日正式开园揭牌。开展水环境治理，编制完成《长荡湖水环境综合治理方案》，完成湖西水动力优化工程，推进水草恢复种植试验区、示范区建设 360 余公顷。开展整县（市、区）光伏推进试点工作，围绕市场化转型的方向，聚焦光伏发电主业，由长荡湖控股与常州港能投智慧能源有限公司共同发起设立的长荡湖智慧能源有限公司完成各级报批、组建，参与编制金坛整区屋顶分布式光伏开发试点，将新能源产业作为公司发展主业。与牛创新能源、儒林贝爱亿等企业洽谈，市民中心 1 兆瓦电站已完成方案设计。加快文旅开发步伐，启动中央公园都市田园活力带规划设计，年内多次召开规划评审研讨会，结合实际提出修改意见，持续完善规划方案。开展涑渎古镇提升改造计划，对接苏州蓝园等策划机构，研究探索运营模式与合作对象，加快编制提升改造方案。

长荡湖控股根据全年资金需求，积极对接各类金融机构，逐步拓展融资渠道，不断提升资金保障能力。全年长荡湖控股新增融资金额 11.68 亿元、到账 4.98 亿元。5 月，直管儒林平台公司，开展审计摸底工作，聘请专业审计机构对儒林镇 13 家平台企业进行摸底调查，全力压降儒林平台公司的融资成本，全年新增融资成本下降 1.2 个百分点，存量债务融资成本下降 1.31 个百分点。拆借资金给儒林平台公司用于还贷，防范出现违约风险。加强儒林平台公司法人治理，将原儒林镇政府工作人员担任的法人，全部调整为长荡湖控股或儒林平台公司留用的工作人员。

（陆　玄）

（编辑　李华琴）

综　述

【概况】 2021年，金坛区拥有各级各类学校110所。其中，幼儿园51所、小学31所、初级中学16所、九年一贯制学校5所、高级中学4所、职业学校1所、中小学生综合实践基地1所、特殊教育学校1所。在校学生69442人。其中，幼儿园14882人，小学30093人，初中13290人，高中8064人，金坛中专3071人，启智学校42人。教职工6827人，其中专任教师5474人（幼儿园843人，小学2048人，初中1411人，高中884人，特殊教育11人，职业教育277人），在职特级教师14人，特级教师后备人才18人，学术类优秀教师1473人（其中常州市级有768人，常州市名师工作室领衔人8名），优秀教师群体占专任教师的26.9%。

全区公办和普惠性民办幼儿园生均财政公用经费基准定额按每生864元的标准拨付。补助资金500万元，用于小规模学校专项补助。学前教育经费按生均400元的标准拨付并建立逐年增长机制。追加办学经费577.47万元，保障新学校运转。成立金坛区金沙教育发展基金会（暂定名），完善组织架构，明确运转流程。编制完善“十四五”教育发展规划、教育设施布局规划、“十四五”政府性重点（教育类工程）实施计划。全年共有10个教育工程建设项目有序推进，总建筑面积达33.68万平方米，总投资约27.74亿元。其中江苏省华罗庚中学新校区、尧塘实验幼儿园溪栖分园、新城实验幼儿园岸头佳园分园竣工投用，共增加学位1440个，原华罗庚中学改造、金坛中专过渡校区改造、汇贤初级中学新建项目于下半年开工建设，华罗庚实验小学、华罗庚实验幼儿园、汇贤实验幼儿园、儒林镇中心幼儿园等项目有序推进，持续优化资源配置，增加学位供给。引进优质民办教育资源，形成公办与民办教育的良性竞争机制。全年共投入近6000万元，对7所学校的教学及辅助用房、31所学校的音乐室及美术室、4所学校的体育运动场地、9所学校的厕所、43所学校的健康照明工程、12所学校的食堂操作间及学生餐厅进行改造，促进教育优质均衡发展。

聚焦“双减”政策，出台课后服务实施办法，研制作业管理实施意见，推出“体育美育课程菜单”，形成“1+X”课程服务体系，全区中小学生参与率93%以上。全面监管培训机构，利用“双随机、一公开”监管平台对19家校外培训机构进行抽查，对68所校外培训机构进行全覆盖督查，推进59所学科类培训机构“营改非”工作。完善教育贫困助学制度，全年发放教育救助资金964.59万元，惠及学生8465人次。14名教师赴新疆、陕西等地支教。建立留守儿童、残障学生等困难群体档案，确保外来务工人员随迁子女100%享受“同城待遇”。举办“家门口的暑托班”，为双职工子女提供公益看护、课业辅导、兴趣培养等服务。“家长约课”公益活动品牌效应逐步彰显，现场听课2000多人次，线上受众45000余人次。提升心理健康服务品质，开展心理健康教师师资培训，推进中小学生心理普测工作，全年开展心理健康讲座60余场，受益师生12000人次。

全年新增常州市主动发展示范校4所、常州市思政育人特色学校3所、常州市劳动教育示范校5所、常州市“墨香校园”2所、常州市食育改革示范校6所，1所学校获评“江苏省文明单位”、6所学校获评“江苏省文明校园”。

【全区教育工作会议召开】 9月9日，金坛区召开庆祝第37个教师节暨全区教育工作会议。区委书记陆秋明强调要自强不息，打造金坛教育的华罗庚品牌，要解放思想，激发教育改革发展动力，要优化供给，夯实教育优先发展基础，要突出重点，切实抓好

9月9日，金坛区召开庆祝第37个教师节暨全区教育工作会议

三支队伍建设，要尊师重教，营造教育浓厚发展氛围。区委副书记刘国新、副区长周文俊共同为“常州市金坛区金沙教育发展基金会”揭牌。第四届金坛区“十大最美教师”、2021年金坛区优秀教育工作者、师德师风模范、专业发展优秀教师、常州市特级校长、特级班主任和优秀学生（家长）代表受到大会表彰。优秀教师代表、常州博雅实验学校、区教育局、区委编办和朱林镇党委分别作交流发言。

【市政协调研区义务教育城乡均衡发展】 9月27日，常州市政协副主席赵正斌一行十余人，到金坛开展城乡义务教育均衡发展现场调研和民生协商议事活动。调研组一行先后视察建昌小学和段玉裁初级中学，对两校的硬件设施和校园文化建设留下深刻的印象，认为两校作为城乡义务教育学校的代表，较好地反映常州全面推进城乡义务教育均衡发展的成果，是城乡义务教育均衡发展的缩影。调研组召开会议专题听取市、区教育行政部门关于推进城乡义务教育均衡发展的情况汇报，并围绕这一主题开展政协委员协商议事活动。全区始终坚持把促进义务教育优质均衡发展作为推动社会公平的基础和经济社会发展的战略任务。积极贯彻落实国务院和江苏省文件要求，以立德树人为根本任务，以促进教育公平和提升教育质量为主要目标，出台《常州市金坛区人民政府关于统筹推进城乡义务教育一体化促进优质均衡发展的工作意见》，成为全区义务教育改革发展的行动指南。

【开展中小学课后服务工作】 9月6日，全区中小学开展课后服务工作。通过丰富的“1+X”课后服务课程菜单，全面满足不同学生的个性发展需求。全区课后服务工作要求做到“两个全覆盖”（覆盖全区所有中小学，覆盖所有自愿参加课后服务学生）。课后服务结束时间原则上小学不早于当地正常下班时间，初中工作日晚上开设自习班，原则上不晚于20∶30。区教育局建立科室与学校点对点交接管理机制，对学校课后服务工作开展常态化督查，同时积极与家长联系，做好家校共育的相关工作，促使从学校到家庭共同支持“双减”工作的开展。

【“家门口的暑托班”开班】 7月12日，由区教育局和东城街道办事处联合举办的“家门口的暑托班”正式开班。此次暑托班立足社区实际、因地制宜，精准对接家长和孩子的需求，设计专属特色课程，为未成年人提供公益看护、课业辅导、兴趣培养、红色文化教育等服务，丰富学生暑期文化生活，增强未成年人思想道德教育与安全文化素质教育，促进未成年人的健康成长。公益和志愿是本次暑托班的两大亮点，9位志愿者教师均来自区中小学及幼儿园。区教育局副局长张五芳为他们颁发聘书。暑托班坚持报名“零门槛”、家庭“零收费”、暑期“全过程”，为区域内未成年人提供“教育”和“托管”相结合的公益性暑托服务，切实解决双职工家庭无人照看子女的实际困难。

【华中新校区揭牌仪式】 2月25日，江苏省华罗庚中学举行新校区揭牌仪式，区委副书记、区长陆秋明与江苏省华罗庚中学校长谭瑞军一起为新校区揭牌，副区长周文俊主持揭牌仪式，区教育局局长吴军华致辞。省华中新校区位于金坛滨湖新城核心地段，占地17.47公顷，建筑面积11.6万平方米，于2017年12月28日正式开工建设，2020年10月竣工，2021年春学期正式投入使用。新校整体设计体现历史名校的文脉传承与时代创新，吸收清华大学等名校首府的景观设计特点，传承首府优良学风，融入华罗庚中学百年历史，再现江南园林书香雅气韵味。

【校园安全】 3月2—4日，区教育局组织建装中心、政策法规科以及学校总务人员，分成6组对全区学校开展校舍安全隐患普查及实验室危化品使用安全专项检查。检查组先后查看了学校图书馆、教学楼、食堂和实验室等相关建筑的安全状况，了解各栋楼房建筑年限、安全等级以及维修加固的相关情况。通过听取汇报、实地察看等方式，对学校办学规模、校舍情况、硬件设施等方面进行全面了解和细致检查。要求认真抓好安全风险隐患排查，及时做好整改工作，确保师生人身和财产安全。仔细查看学校实验室危化品存储柜和学生实验室，查阅实验室安全管理制度以及危化品使用登记台账等相关资料，向管理员详细询问了危险化学品的日常管理、使用和回收等方面的情况。在实地查看和听取学校管理人员的情况介绍后，检查组希望学校领导和管理员老师要进一步提高思想认识，规范管理、规范使用，要加强对学生的安全教育，切实做到规范操作，保障安全。

（石　磊）

10月22日，金坛区成为首批常州市幼小衔接实验区

学前教育

【概况】 2021年，区教育局全域推进幼儿园课程游戏化项目实施，出台《金坛区公办幼儿园教师员额管理实施办法》，招聘首批公办幼儿园员额教师99人，持续提升教育专业素养。制定《金坛区幼儿园与小学科学衔接实施方案（试行稿）》，出台《金坛区幼小衔接家长指导手册》，有序推进幼小衔接试点实验工作。新城实验幼儿园与华罗庚实验学校新城分校成为省幼小衔接试点园（校），金坛区成为常州市首批幼小衔接实验区。4所园、校成为常州市幼小衔接试点园（校）。举办寒、暑期园长培训班，邀请省市著名专家作专业引领，提升园长课程领导力。组织拍摄“金坛学前教育十年”专题宣传片。组织民办幼儿园参加“常州市民办幼儿园园长课程领导力评比”，2所民办园分获一、二等奖。组织教师参加第三届江苏省“幼芽杯”幼儿教育论文评比活动，数百篇论文获奖。3所幼儿园完成省优质园复审，2所幼儿园接受常州市教育局常规调研，直溪镇中心幼儿园成功申报常州市“stem”项目园，新城实验幼儿园获评“常州市主动发展示范校”。

【首批常州市幼小衔接实验区】 10月22日，2021年常州市幼儿园与小学科学衔接工作推进会在常州市华润小学举行。金坛区成为常州市首批幼小衔接实验区，华罗庚实验学校与实验幼儿园、东城实验小学与经开区实验幼儿园成为市结对试点园（校）。在幼儿园与小学科学衔接工作中，作为江苏省幼小衔接试点园（校）的华罗庚实验学校新城分校与新城实验幼儿园已经开展了多层次的积极探索，他们通过细化幼小衔接课程目标，在幼儿园和小学作息时间、学习习惯、心理适应、同学交往等衔接方面做出许多尝试，使幼小教育理念一致，课程内容和实施方式具有连续性，取得了良好的效果，为全区系统推进“幼小衔接”工作积累经验。组建省市试点结对园（校）工作团队，举办专题培训，在深刻理解“双减”政策背景下科学幼小衔接重要意义的基础上，做好课程、学习、评价、教师专业发展、时空等多方科学衔接，同时多形式开展科学育儿、教育规律宣传普及等家校（园）共育工作，引导家长积极配合，共同做好科学衔接工作。

（石　磊）

2021年金坛区幼儿教育基本情况一览表

表22

班级数（个）	入园（班）人数（人）	离园（班）人数（人）	在园（班）总人数（人）	教职工数（人）	专任教师数（人）	园长数（人）
404	4462	5172	14882	1663	843	74

2021 年金坛区幼儿园办园情况一览表

表 23　　　　单位：所

教育部门办园数		乡镇（街道）办园数		私人办园数	股份制办园数	合计
公办性质	集体性质	中心园	分园			
13	7	5	6	17	3	51

（符　玲）

中小学教育

【概况】 2021 年，全区小升初考生 3A 率达 30%。中考 640 分以上者 73 人，600 分以上者 767 人，均创历史新高。高考 600 分以上 51 人，高分段较上年有较大增幅提升，本一（特招）达线 753 人，达线率 60%，较上年增加 5 个百分点。省华中本一达线率首次破八，达 83%。段玉裁实验小学、东城实验小学创成常州市“新优质学校”，全区义务教育阶段学校“新优质率”达 27%。优化全区教育集团、教育教学联盟整体布局，打造集团办学文化特色。出台《中小学教育教学高质量发展三年行动方案》，确立质量绿色发展、内涵提升、全面崛起的“三步走”方案。实施第五轮学校三年主动发展工程，基于校情深入谋划发展路径，组织多轮专家评审论证，规范主动发展规划文本，严格要求按本实施方案。全面实施“德育 333 工程”，开展“品善金沙少年行”德育三年行动计划，充分挖掘华罗庚、段玉裁等地方名人资源，开展主题系列活动。深入开展常规、质量管理行动，实施常规管理量化评估考核。围绕高考综合改革，推进省华中高品质示范高中建设，制定高中薄弱学科攻坚三年方案，推进新高考选科培训、评估与指导工作。创造性地举办华罗庚少年科学院社会公益活动、推出“强基班”后备人才协同培养计划，探索拔尖人才一体化培养模式。全年新增品格提升工程、高品质项目等省市级内涵项目 15 项，通过省教研课题中期评估 5 项、市专项课题中期评估 45 项、市重点课题结题 8 项，获评市教育教学成果奖培育项目 7 项。

全面建设“五育”（德育、智育、体育、美育、劳动教育）融合课程体系，为学生全面发展、终身发展奠基。段玉裁实验小学“学党史跟党走”主题班会在中国教育电视台展播。省华中学生徐子轩获江苏省高中作文竞赛特等奖。在数学、物理、化学、生物、信息学五大高中学科联赛中，4 人分获全国一、二、三等奖，27 人获江苏省一等奖。第四中学合唱团获江苏省第七届中小学生艺术节一等奖，书法作品获全国现场书法比赛二等奖。3 人当选常州市“新时代好少年”，4 人获常州市微视频大赛特等奖，3 人获常州市红色讲解员现场宣讲大赛特等奖及一等奖并入选常州市“红色讲解员”宣讲团。金坛代表队在江苏省青少年篮球锦标赛中获冠军、在省青少年田径锦标赛中取得第八名的佳绩。34 人获常州市科技创新大赛一等奖，231 人获评“常州市劳动实践优秀学生”、225 人获评“常州市食育优秀学生”。

【主题班会在中国教育电视台播出】 8 月 6 日，区段玉裁实验小学教师孔丽执教的“同上一堂课”“学党史跟党走——脱贫攻坚，感恩奋进”主题班会在中国教育电视台 CETV 播出，中国教育网络电视台、长安书院 App 等新媒体平台同步上线。班会课前期，孔丽带领班内红领巾小分队赴朱林镇黄金村实地寻访，亲历并感悟黄金村发展的历史、深厚的底蕴和繁荣的产业。班会课上，红领巾分队用独到的方式介绍对黄金村的认识，

8 月 6 日，段玉裁实验小学主题班会在中国教育电视台播出

并邀请村第一书记严清华为孩子们讲述脱贫攻坚事例，帮助孩子们探寻黄金村的减贫密码。孩子们深切地感受到在这场持久的攻坚战中，共产党人“不忘初心、牢记使命”“全心全意为人民服务”的责任担当，纷纷表示要争做新时代好队员，牢记使命，努力学习、立志为建设社会主义现代化强国，实现中华民族伟大复兴的中国梦奋斗不息。

（石　磊）

2021 年金坛区普通中小学学校数、班级数、学生数一览表

表 24

小学（含九年一贯校）			初中（含九年一贯校）			高中			合计		
学校数（所）	班级数（个）	学生数（人）	学校数（所）	班级数（个）	学生数（人）	学校数（所）	班级数（个）	学生数（人）	学校数（所）	班级数（个）	学生数（人）
37	743	30093	22	314	13290	5	174	8064	58	1231	51489

2021 年金坛区普通中小学“三率”情况一览表

表 25　　　　单位：%

小学			初中		
入学率	毕业率	升学率	入学率	毕业率	升学率
100	100	100	100	100	94.25

（丁彩霞）

2021 年金坛区高级中等学校招生考试及录取情况一览表

表 26　　　　单位：人

参考人数	录取人数			录取率（%）
	普通高中	职业学校	合计	
3496	1872	1423	3295	94.25

（于云飞）

中等职业技术教育

【概况】 2021 年，金坛中专成功创建江苏联合职业技术学院办学单位，与常州工业职业技术学院联合成立金坛分院。开展国内国际合作办学，创新人才培养模式，进一步提升职业教育影响力和服务力。与百余家本地知名企业开展深度合作，共建校外实训基地 119 个。建立校企一体合作机制，全面推进“1+X”证书试点工作，成功申报 9 个“1+X”证书试点项目。持续扩大事业规模，全年招收新生近 2000 人，其中区域外新生 700 余人。师生在江苏省技能大赛中夺得 3 金 8 银 7 铜的佳绩。

【常州工业职业技术学院金坛分院揭牌】 10 月 12 日，常州工业职业技术学院金坛分院揭牌仪式举行。常州工业职业技术学院党委书记缪昌武、院长杨劲松和区有关领导等参加活动。仪式中，区政府、金坛中等专业学校分别与常州工业职业技术学院签订战略合作、融合发展协议。区委副书记、代区长吴小华与缪昌武共同为常州工业职业技术学院金坛分院揭牌。常州工业职业技术学院金坛分院的成立，构建全区职业教育与区域内优质高等教育资源全方位战略合作的关系，实现资源统筹、优势互补和共同发展。对于打造区域职业教育发展共同体，整体提升金坛区职业教育水平具有里程碑意义。

【承办省技能大赛】 4 月 3—6 日，江苏省职业院校技能大赛中职轻纺食品类服装设计与工艺项目比赛在江苏省金坛中等专业学校举行。此大赛设有学生组和教师组两个组别，包括理论考试和现场技能操作两个环节，旨在全面考察服装专业师生的理论水平与专业技能。来自全省10个地级市的81名师生参加比赛。大赛最终评选出一等奖8名、二等奖15名、三等奖23名。省金坛中专代表队获2金2银1铜，参赛成绩再次取得新突破，实现高质量办赛和高水平参赛。

（石 磊）

2021年江苏省金坛中等专业学校招生情况一览表

表27

中专类（含综合高中）		高职类		技工类	
班级数（个）	学生数（人）	班级数（个）	学生数（人）	班级数（个）	学生数（人）
35	1220	8	270	9	281

（凌 东）

高等教育

【概况】 金坛开放大学是以现代信息技术为支撑，面向成人开展远程开放教育的新型高等学校，以服务全民学习、终身学习为根本宗旨，提供多样化、多层次的学历与非学历继续教育。学校开设会计学、法学、行政管理、学前教育、计算机科学与技术、工程管理、工商企业管理、机电一体化技术等20多个本、专科专业。学校同时还是北京航空航天大学、西安交通大学和南开大学的网络教育学习中心。2021年，金坛开放大学多位教师获师德先进个人、优秀课程导师称号；学校被评为国家开放大学江苏分部优秀管理团队、网上教学先进单位、招生先进集体。

（石 磊）

2021年金坛区高等教育自学考试报名、考试情况一览表

表28

报名人次（人次）	参考人次（人次）	参考率（%）	毕业人数（人）		
			专科	本科	合计
4257	2907	68.29	19	36	55

2021年金坛区成人高校招生考试及录取情况一览表

表29 单位：人

报名人数	录取人数	录取率（%）
2802	2161	77.12

（于云飞）

社区教育

【概况】 2021年，全区紧密围绕乡村振兴战略，紧贴三农基地建设，大力开展新型职业农民培训。深入推进“志愿义工进家庭”“法制宣讲进村落”“老年空中课堂全覆盖”特色项目培训，组织技术人员赴陕西省石泉县开展建昌红香芋技术培训活动，推动社区教育高质量发展。薛埠镇社区教育中心国家级课题《农村老年教育活动项目开发的实践与研究》完成中期评估、“居山悦读”社区特色项目被确认为江苏省社区教育特色品牌，并获评“常州市终身学习品牌项目”、直溪镇社区教育中心“留守儿童”获评江苏省社区教育品牌项目、蔡冬生获评“2021江苏省百姓学习之星”。

【启动全民终身学习活动周】 11月29日，“庆建党百年华诞，谱终身学习新篇”2021—2022年度金坛区全民终身学习活动周启动仪式暨表彰会在薛埠镇薛埠村委举行。区政府新闻办副主任王珊宣布活动开幕，区教育局副局长张五芳宣读表彰决定，薛埠镇副镇长袁国栋致开幕词，各街镇分管领导以及受表彰的市民代表参加了活动。活动周期间，各单位全面围绕“全民智学助力‘双战双赢’”活动主题，积极拓展社区教育渠道，创新学习载体、深度挖掘社区教育内涵，聚焦疫情防控、全民阅读、职业培训、文化养老等民生问题，引导社区居民、新型农民、企业员工、弱势群体广泛参与线上线下活动，深入推进全民终身学习理念，进一步推动全民素质提升，促进全区精神文明建设，打造“美丽金坛”新形象。2021 年，全区参与全民终身学习人数达 18.96 万人。开幕式上，一批社区教育特殊贡献奖、社区教育突出贡献单位、支持社区教育先进个人、最优学习型组织、最佳学习型家庭、最亮学习之星、最美社区教育志愿者（团队）获得者受到表彰。

【“居山悦读”成功入选省社区教育特色品牌】 2021 年，江苏省社区教育特色品牌项目和老年教育学习资源库子库项目评审结果公布，全省共有 35 个项目入选省社区教育特色品牌，薛埠镇“居山悦读”社区教育特色品牌项目成功入选。薛埠镇社区教育中心以“立德树人”为根本宗旨，建设“学习型社会”为目标，充分利用地方优势，不断加强资源整合，积极开展社区教育项目创建、课题研究等，高质量服务社区居民终身学习需求，尤其注重社区教育特色品牌项目的培育和建设。“十三五”期间和“十四五”开局之年，共培育建设市级终身学习品牌项目 2 个、市级社区教育特色品牌项目 5 个、示范性社区学习共同体 2 个。

（石　磊）

教师队伍建设

【概况】 2021 年，全区纵深推进教育综合改革，出台考核分配文件，形成比学赶超、争优创先的干事氛围。深化“区管校聘”“职称评审”“岗位聘任”和校长任期目标责任制等管理体制改革，332 名教师参与跨校交流，其中骨干教师 119 人，城乡义务教育学校师资队伍结构更加合理。精准推进教育系统“核编”工作，化解“人岗分离”的管理矛盾。

区教育局多次召开党风廉政建设警示教育和师德师风建设推进会，深入开展“学习模范张桂梅，我为党旗争光辉”主题活动。通过学习宣讲、演讲比赛、家庭走访等活动，积极践行“两在两同”建新功，吴粉珍被授于“常州好人”称号，杨国华获评常州市“优秀党务工作者”，姚星获评常州市“先锋 90 后优秀党员”，陈艳、王志刚获常州市“五一劳动奖章”，蒋守成获评区劳动模范，6 个集体和个人“七一”前夕获区委表彰，13 人获评常州市师德标兵、师德模范，13 名个人、7 个集体获评常州市教育系统“两优一先”，10 人获评区“十大最美教师”。加强干部队伍管理选任，优化校级领导年龄结构，提任“80 后”校（园）级领导 11 名。举办教育系统暑期干部研修班、教育管理人才培训班，组织推选 30 余名校级领导参加省部级跟岗学习或上岗培训，提升理论实践水平。加大优秀人才引进力度，把好师资入口关，走进南京大学、河海大学、陕西师范大学等“双一流”高校，通过优才计划、公开招聘等渠道招录 87 名新教师。深入推进人才梯队建设，搭建名师成长营、骨干教师培育坊、非师范类新教师培训班、“四有”好教师团队等各种平台，多维度为教师专业发展赋能，培育 300 余名各类教育人才。全年新增中小学正高级教师 1 人、江苏省特级教师 2 人、常州市特级教师后备人才 2 人、常州市“龙城十佳”优秀教师 5 人、常州市“四有”好教师团队 5 个、常州市特级班主任、高级班主任、骨干班主任 18 人，25 人次在省市基本功、评优课竞赛中获一等奖。刘玉兰老师获评“感动江苏教育人物——2021 最美中学教师”提名奖。全区扎实做好区片校三级塔式研训工作，系统推进“名师成长营”项目建设，已拥有 1 个省级乡村教育带头人培育站，1 个省级学科发展示范中心，3 个省级乡村骨干教师培育站，8 个市级“名教师工作室”，9 个市级“四有”好教师团队，27 个区级“名教师工作室”，12 个区级“名班主任工作室”和 3 个区级“潜力教师研修班”等专业团队。

【名师成长营暑期研修班开班】 7 月 11—15 日，区教育系统管理人才暨“名师成长营”2021 年暑期研修班在华

7 月 15 日，区教育系统管理人才暨“名师成长营”2021 年暑期研修班结业

罗庚中学举行。此次研修班采用集中与分散相结合、线下与线上相结合的方式，依托省内外优秀教育专家资源，推动学员进一步增强师德修养，更新教育观念，提升管理素养和育人水平。通过自主学习、演讲展示、互动交流等形式，提升学员教科研能力，增强反思意识，强化发展自觉，持续提升综合素养。全体学员参加即兴主题演讲比赛，经过两晚的比赛，共有37名选手进入最终的决赛。决赛赛程上，选手们从本职工作出发，以饱满的激情、朴实的语言、真挚的情感，展示了他们对当前教育热点问题的独到见解及热爱教育、勇于奉献的高尚情操。

（石　磊）

2021年中小学、幼儿园专任教师数及学历达标情况一览表

表30

普通高中		职业高中		初中			小学			特殊教育			幼儿园		
专任教师数（人）	学历达标率（%）	专任教师数（人）	学历达标率（%）	专任教师数（人）	学历达标率（%）	本科达标率（%）	专任教师数（人）	学历达标率（%）	专科达标率（%）	专任教师数（人）	学历达标率（%）	专科达标率（%）	专任教师数（人）	学历达标率（%）	专科达标率（%）
884	99.7	277	99.3	1411	100	98.4	2048	100	99.9	11	100	100	843	100	97.9

（蒋怀歆）

教育督导

【概况】 2021年，区教育局以创建“江苏省义务教育优质均衡发展县（市、区）”为核心工作，强化责任分工，形成管理合力，完成江苏省义务教育优质均衡发展县（市、区）线上申报工作。在江苏省义务教育优质均衡监测中金坛区达标比例87.5%，位列全市第一。高质量完成省教育现代化监测工作，高标准完成常州市督导委对全区2020年政府教育履职情况现场考核。组织责任督学进校开展每月督导，累计上传督导信息182条。围绕素质教育目标，全面强化素质教育督导，全年先后对9所初级中学、6所小学进行素质教育督导评估，对11所幼儿园进行综合督导评估。

【市教育督导委实施督导考核】 12月1日，常州市教育督导委组织专家组对金坛区政府履行教育职责情况进行专项考评。副区长周文俊、区教育局领导以及区教育督导委成员单位参加考评活动。专家组通过听取工作情况汇报、查阅台账资料、召开访谈会、实地察看学校等形式，对区政府依法履行教育工作职责，保障教育投入法定增长，推进教育领域综合改革，统筹协调各类教育事业发展，切实加强师资队伍建设，严格规范办学行为等情况，进行了全面综合的考评。

（石　磊）

（编辑　李华琴）

文 化

·公共文化·

【概况】 2021年，全区坚持以文化高质量发展为引领，提升公共文化服务水平。推出金坛区庆祝中国共产党成立100周年“文化惠民十个百”系列活动，提升人均接受文化场馆服务次数。健全公共文化服务体系，对全区基层公共文化设施运行情况进行排查，提升基层公共文化设施运行效能。积极向上争取资金，累计向省文旅厅上报文化遗产保护项目13个，获批6个，文物保护专项经费2000多万元。区文化馆通过第五次国家一级文化馆复评，区锡剧团获评江苏省文化和旅游系统先进集体，东方盐湖城入选江苏省首批无限定空间非物质文化遗产进景区试点项目，区图书馆、尧塘街道文体工作站被评为江苏省最美公共文化空间。

【文化惠民】 2021年，区文旅局以群众文化需求为出发点，以公益性文化活动为主体，组织开展文化惠民服务。围绕文艺演出、艺术展览、公益讲座、辅导培训、宣传教育等10个主题，举办金坛区庆祝中国共产党成立100周年“文化惠民十个百”系列活动近千场次。推动旅游厕所革命，新建景点旅游厕所6座。区文化馆开办春季、暑期、秋冬季三期公益文化艺术培训35个班次，开展各类惠民活动400场次。区图书馆举办各类讲座、培训、展览等公益性活动684场次，其中线下活动421场次，服务读者211.75万人次，其中线下服务读者115.4万人次；借还图书32.87万册次，公共平台访问量86.44万人次，线上推广846条；先后荣获江苏省三八红旗手（集体）、江苏省“最美公共文化空间”、常州市爱国主义教育基地、金坛区“工人先锋号”和长三角地区公共图书馆阅读马拉松大赛优秀组织等称号。区博物馆、华罗庚纪念馆、段玉裁纪念馆、中共苏皖区一大会址、戴叔伦纪念馆共计接待参观131259人次。

【群众文化】 2021年，全区共有乡镇（街道）文化站9个，实现村级基层综合性文化服务中心全覆盖。培育扶持群众文化团队，金坛开发区锡剧团、金坛区乡音普法演艺团等3家团队入选省级“优秀群众文化团队”。全年区公共文化场馆服务231.62万人次，人均接受文化场馆服务3.96次。成功举办“百年恰是　风华正茂”庆祝中国共产党成立100周年歌咏文艺晚会。配合区委宣传部举办金坛区第十届文化艺术节，组织以“山水福地、风雅金坛”为主题的涵盖百姓大舞台才艺秀等活动22项。组织参加第二届常州市群众文化原创作品大赛，获“青果奖”作品5件。大型儿童剧《戏娃》入选2021年江苏省舞台艺术精品创作扶持剧目工程。红色青春剧《野蜂飞舞》在南京首演成功，并亮相于2021紫金文化艺术节，获优秀剧目奖。

【区锡剧团获评“江苏省文化和旅游系统先进集体”】 10月，省人力资源和社会保障厅、省文化和旅游厅联合印发《关于表彰江苏省文化和旅游系统先进集体、先进工作者和劳动模范的决定》。其中，金坛区锡剧团（江苏省儿童艺术剧院）被授予“江苏省文化和旅游系统先进集体”称号。19年来，该剧团成功打造了《少年华罗庚》《留守小孩》《田梦儿》《寻找红头发》《青铜葵花》《戏娃》等10部现代主义题材原创儿童剧，累计演出8000多场次，观众达800万人次。金坛区锡剧团坚持在大江南北、城市乡村巡演，把最好的儿童舞台剧送到偏僻边远地区孩子们身边，被誉为驰骋在大江南北的又一支“乌兰牧骑”。

【原创青春剧《野蜂飞舞》】 5月28—30日在江苏大剧院成功首演并连演4场，受到专家及观众好评。该剧在省委宣传部指导下，由江苏

5 月 28 日，青春剧《野蜂飞舞》在江苏大剧院首演

省文投集团、常州市委宣传部共同策划，江苏省大剧院、江苏省儿童艺术剧院（金坛区锡剧团）联合出品。青春剧《野蜂飞舞》改编自省著名儿童文学作家黄蓓佳的同名长篇小说，以抗战时期流亡大学所在地成都华西坝为背景，以来自南京的金陵大学教授黄裕华一家为中心，描写孩子们在艰难战争岁月的成长。该剧由中国儿童剧院原院长、国家一级编剧欧阳逸冰编剧，五易其稿。由中国儿童艺术剧院一级导演、中国音乐剧协会会长钟浩导演。

【《戏娃》入选省舞台艺术精品创作扶持剧目】 7 月 15 日，江苏省舞台艺术精品创作扶持工程重点投入剧目签约仪式在南京举行，金坛区锡剧团原创大型现代儿童剧《戏娃》入选扶持剧目。《戏娃》是金坛区锡剧团升格为江苏省儿童艺术剧院后排演的第一台新戏，2020 年 6 月 1 日公演，先后被列为省委宣传部重点扶持项目和全省艺术基金 2020 年度资助项目。该剧分 5 场，以传承中华戏曲文化为主题，围绕梨园世家后代的五年级学生庄石兰与父母、同学之间对待传统戏曲的矛盾纠葛，生动演绎新一代人传承中华传统文化的梦想追求和纯真情感。省舞台艺术创作扶持工程入选剧目《戏娃》作为“戏曲进校园”剧目，已赴全省各地中小学巡演近百场，全剧“戏中有戏”，深受少年儿童喜爱。

【文旅产业】 2021 年，区文旅局充分利用政策杠杆，用足用好上级对文化体育和旅游产业的各项优惠扶持政策，完成专项资金申报。茅山国际会议中心、宝盛园（现茅山森林世界）知青主题文旅项目申报省级文化和旅游发展专项资金 250 万元，申报省级现代服务业（广播电视）发展专项资金 200 万元，茅山国际会议中心申报市级旅游发展专项资金（产业发展类）50 万元，帮助东方盐湖城、花谷奇缘、一号农场、长荡湖旅游控股公司申报省级旅游产业发展基金（低息贷款）共 9000 万元。茅山旅游综合开发项目、常州美池凯莱温泉度假酒店项目、芸酒店项目、常州原丘生态农业建设项目、三星村遗址保护公园项目 5 个文旅类重点项目入选常州市“532”发展战略重点项目，计划总投资 53.8 亿元。区锡剧团全年演出 238 场次（公益演出除外），观众 22.8 万余人次，商业演出收入 193.15 万元。金沙影城在落实好常态化疫情防控基础上，全年放映影片 151 部 8500 场次，观影 3.5 万人次，实现票房收入 134 万元。

【文化市场管理】 2021 年，区文旅局加强文化市场管理，依法办件、高效服务，把好文化市场准入关。实行“提前介入”“容缺受理”“压缩时限”“线上受理”“上门送”“快递送”等一系列便民措施，116 项“应进必进”事项进驻大厅，实行一窗受理，内部流转，方便群众。全年服务窗口共受理办件 34 件（即办件 4 件，承诺件 30 件），办件流程录入全国文化市场技术监管与服务平台、金坛区政务服务一体化平台，线下线上审批全程留档留痕。以庆祝中国共产党成立 100 周年为主线，推进文旅市场专项整治。全年出动执法检查人员 600 余人次，检查经营场所 800 余家次，立案查处案件 53 件（旅游 1 件、印刷企业 6 件、出版物 9 件、网吧 19 件、高危体育 3 件、歌舞娱乐 13 件、广播电视 1 件、艺术品经营 1 件），对已办结的案件及时在政府网站行政处罚公示栏公示，入库率 100%。开展“扫黄打非”专项行动，联合相关部门对 12 家擅自从事印刷经营活动、出版物发行、违规公开发行内部出版物的单位进行立案查处。联合区市场监管执法大队、公安分局治安大队开展年度江苏省境外卫星电视传播秩序专项整治工作，查处擅自销售卫星地面接收设施单位 7 家，现场收缴卫星地面接收设施 40 余件，拆除非法安装卫星电视接收设备 200 余件，获江苏省广电局通报表扬。

·文化场馆建设·

【概况】 2021 年，全区高规格推进公共文化设施建设、管理、使用工作，区华罗庚纪念馆入选江苏省党史教育基地，金坛区图书馆、尧塘街道文体工作站入选 2021 年度江苏省最美公共文化空间。按照文化和旅游部办公厅印发的《关于开展基层公共文化设施运行管理情况排查的通知》要求，对 8 个镇（街道）综合文化站、123

个基层综合性文化服务中心进行重点摸排，确保基层公共文化设施运行管理正常、规范，满足人民群众文化活动需求。加强公共文化场馆建设，发挥服务功能。区文化馆成功通过国家一级馆复评；区图书馆藏书649734册，发放有效借书证39916张，资源总量突破30TB；区博物馆馆藏文物8620件（套），接待参观人员41091人次；区华罗庚纪念馆、段玉裁纪念馆、“中共苏皖区一大会址”、戴叔伦纪念馆、戴王府遗址分别接待参观人员37782人次、9484人次、24226人次、4903人次、13773人次。

【华罗庚纪念馆入选江苏省党史教育基地】 12月17日，江苏省委党史工作办公室命名14家单位为第三批江苏省党史教育基地，华罗庚纪念馆成功入选。华罗庚纪念馆位于金坛区城南风景区，临近金坛博物馆、段玉裁纪念馆和体育馆，建筑面积2050平方米。馆名由国务院原副总理李岚清题写。内部展厅呈圆形，由外部向四面延伸的墙体构成类似数学直角坐标系，象征华罗庚立足圆点、多方发展的大师精神。2007年被命名江苏省爱国主义教育基地，平均每年接受参观教育40000人次。2020年为纪念华罗庚诞辰110周年，金坛区政府投入800万元，对华罗庚纪念馆展厅进行了改造提升及重新布展，用图片、声光电、纪录片等形式展示世界数学泰斗华罗庚生前辛勤耕耘的成就。

【2家单位获评省最美公共文化空间】 8月19日，金坛区图书馆、尧塘街道文体工作站入选2021年度江苏省“最美公共文化空间”。金坛图书馆新馆坐落于金坛区清风路2号，总建筑面积（地上4层、地下1层）1.55万平方米，可同时为1000人以上读者提供服务，是一座具有人文唯美、开放共享、绿色生态、科技智慧的第三代公共图书馆。该馆以人文、开放、绿色、科技为建馆理念，打造信息资源基地、惠民服务窗口、文化交流平台，成为金坛区文化地标。区尧塘街道文体工作站建有戏院、室外舞台、茶馆各1座，灯光球场1个，另有图书室、电子阅览室、乒乓球室、健身室、舞蹈房、培训教室等功能室，设施设备完善，日常活动丰富多彩，在传承非遗文化、打造戏曲等方面颇有特色。

【区文化馆通过国家一级馆复评】 2021年，区文化馆按照文化和旅游部、公共文化发展中心、中国文化馆协会和省市文旅主管部门对第五次全国文化馆评估定级的工作要求，扩大改建场馆、完善各功能室配置，成功通过第五次国家一级馆复评。区文化馆坐落于区五角场文化大厦（三、四、五、七楼），总建筑面积5130平方米，内设展览厅、小剧场、数字文化体验室、文体活动室、群众活动室、录音工作室、综合排练室、各类培训教室等功能区域，每年开设公益文化艺术培训班30多个，组织开展各类文化活动400场次，惠民服务82.2万人次。2003年以来连续四次被评为国家一级文化馆。

8月，金坛图书馆获评江苏省最美公共文化空间

·文化遗产保护·

【概况】 2021年，全区共有文物保护单位50个，其中国家级2个，省级5个，市区级43个；非遗项目55个，其中国家级5个，省级7个。加强文物保护。编制《段玉裁墓保护规划》，为城乡规划与建设提供文物分布依据。区文旅局与区委政法委协同制定《金坛区文物保护协管员制度》，将文物安全监管纳入全区网格化服务管理，区、镇、村三级文物巡查管理网络有序实施。开展革命文物资源梳理，建昌圩入选江苏省首批100个红色地名，5处不可移动文物入选江苏省第一批革命文物名录，现有可移动革命文物238件。依法做好考古发掘工作。4月，完成花山茅庵村晚唐墓葬抢救性考古发掘工作；10月，配合市考古所做好河滨小区宋代墓葬群抢救性考古发掘工作。加强非物质文化遗产（简称非遗）传承保护，茅山号子等9个非遗项目被常州市人民政府列为第五批常州市级非物质文化遗产名录；长荡湖船宴代表性传承人唐晨辉等16人入选第六批区级非物质文化遗产代表性传承人。组织开展金坛区“文化和自然遗产日”等各类非遗主题展演展示活动50场次。

【东方盐湖城入选省级“无限定空间非遗进景区”试点单位】 5月30日，江苏省文旅厅公布25家“无限定空间非遗进景区”活动考察点与试点单位，金坛区东方盐湖城项目成功入选。东方盐湖城以茅山“山、水、茶、盐、药、泉”六大资源及道文化、民俗文化、非遗文化、金坛地缘文化为依托，倾心打造非遗博物馆、非遗演艺、非遗体验等项目，其中金坛刻纸、常州烙画、白塔景泰蓝、直溪铁水舞龙、金坛抬阁、金坛放灯节等非遗项目在景区进行展示互动。同时，结合节庆活动组织开展“非遗市集”展示表演，满足游客“求新、求奇、求知、求乐”旅游愿望，是国内首个集休闲度假、文化展示、互动体验等多主题的闲养度假区。

【建昌圩入选江苏省首批100个红色地名】 6月3日，省委党史工办、省民政厅、省文旅厅、省退役军人事务厅、省方志办联合召开江苏省首批红色地名新闻发布会，对外发布江苏省首批100个红色地名，金坛区建昌圩名列其中。建昌圩位于茅山东麓，陈毅、粟裕、谭震林、曾山、陈丕显、江渭清、吴仲超等老一辈无产阶级革命家在此领导苏南抗日，建党建政，屯兵扩军，开办兵工厂、被服厂、疗养所、后方医院和学校等，组织人民群众开展艰苦卓绝的抗日斗争。该地有中共苏皖区第一次代表大会会址、滨湖抗日中学、潘家墩兵工厂市级文物保护单位3处。

【增加市级非遗名录项目9个】 4月，常州市人民政府公布第五批市级非物质文化遗产名录，金坛茅山号子、茅山甩石锁、金坛蛋雕、金坛雕版线装印刷技艺、金坛绿茶制作技艺、茅山山芋粉丝制作技艺、长荡湖船宴、道家养生宴、常州东坡宴9个项目成功晋级。近年来，金坛积极探索非遗活态保护新路径，探索建立非物质文化遗产信息化保护平台，健全非物质文化遗产数据库。至年底，金坛区共有非物质文化遗产55项，其中国家级项目5项；非遗传承人125人，其中国家级传承人4人。

（李文韬）

·文学创作·

【概况】 2021年，区作家协会组织开展创作研讨与培训、主题征文大赛等活动。与区政协文史委联合开展“走访红色土地，赓续红色基因”采写活动，整理编写地方红色故事60多篇，出版《金坛红色名片》。在第十二届“金坛读书月”活动启动仪式上，区作协组织会员参加诗朗诵《爱党爱国爱家乡》的创作和演出，30多位作家创作出版的500余册图书和杂志赠送市民，助力“金坛读书月”活动。年内，金坛文联《洮湖》杂志被聘为全国文学内刊理事单位。葛安荣、李永兵创作的长篇小说《蓝水谣》获常州市文艺精品创作扶持。葛安荣创作的中篇小说《红鱼歌》在《钟山》杂志发表。李永兵、于建新等人十多篇作品在省级以上文学刊物发表。小会员王宁婧创作的小说《山远成云》获江苏省赛区一等奖，《槛外人》获第七届“北大培文杯”全国青少年创意写作大赛总决赛特等奖。邓云华、陆盛、韩献忠、顾裕铭创作的报告文学《风劲正是扬帆时》《洒墨点彩绘蓝图》《生命里的路》《四个党员一面旗》获江苏文学内刊联盟“我心向党”庆祝中国共产党成立100周年主题征文二、三等奖。葛安荣、韩献忠、李永兵创作的报告文学《一支特殊的水电部队》《大喇叭抗疫纪事》入选江苏省作协主编的《遍地英雄下夕烟——江苏省抗疫作品集》。年内，区作家协会会员李永兵加入中国作家协会，累计6人；王群、褚婷、王京、顾锁英加入江苏省作家协会，累计70人；谢丽霞、盛杰、徐锁平加入常州市作家协会，累计70人。韩献忠获评省作协“江苏省基层作家道德建设先进个人”。

【葛安荣小说创作研讨会】 5月14—16日，由江苏省作家协会、金坛区委宣传部主办，在清涟宾馆举行。来自全国各地的20多位小说作家及文学期刊编辑，围绕葛安荣近40年小说创作的语言风格、人物塑造、故事情节等方面开展研讨。省作协党组书记、书记处第一书记、副主席汪兴国，省作协书记处书记、副主席、《钟山》杂志主编贾梦玮，省作协名誉主席范小青，著名作家储福金、姜琍敏、陆永基等40多名省内外作家参加研讨交流。

5月14日，葛安荣小说创作研讨会在金坛清涟宾馆举行

【《洮湖》主题征文获奖】 7月6日，在江苏文学内刊联盟主办的庆祝中国共产党成立100周年“我心向党”主题征文评选中，由金坛文联《洮湖》杂志刊发并选送的两篇报告文学分获二、三等奖。此次征文共收到全国40多家文学期刊选送的200余件参赛作品。经省作协严格评选，12篇作品获奖。其中金坛作家陆盛创作反映乡村振兴的报告文学《洒墨点彩绘蓝图》获二等奖，顾裕铭描写奋战在苏陕协作一线医务工作者的《四面党员一面旗》获三等奖。《洮湖》杂志获组织奖。

【“方边村杯”建党百年征文大赛】 6月26日，金坛区“方边村杯”庆祝中国共产党成立100周百年征文大赛评比会在方边村举行。该征文赛历时两个月，共收到各类征文120余篇。经过初评、复评和终评，共评出特别奖与一、二、三等奖及优秀奖若干名。

【王宁婧获全国青少年创意写作大赛特等奖】 8月8日，第七届“北大培文杯”全国青少年创意写作大赛总决赛落下帷幕，王宁婧获第七届“北大培文杯”全国青少年创意写作大赛特等奖。王宁婧13岁开始尝试小说创作，多篇文学作品参加比赛获省级奖。2020年，她创作的小说《雅典会谈》获第二届曹文轩儿童文学少年创作奖。在第七届“北大培文杯”全国青少年创意写作大赛中，小说《山远成云》获江苏省赛区一等奖。在全国五百多人的总决赛中，小说《槛外人》获第七届“北大培文杯”全国青少年创意写作大赛特等奖（江苏省唯一）。

【创作培训】 10月，金坛区作家协会、《洮湖》杂志编辑部联合举办的主题创作培训班开班。培训班邀请江苏省作家协会联络部主任、江苏省网络作家协会副主席吴正峻和《江苏作家》杂志副主编、著名作家、第七届省紫金山文学奖获得者胡竞舟授课。《洮湖》杂志主编葛安荣做开班动员，金坛区作协主席韩献忠主持培训活动，区作家协会理事、《洮湖》杂志部分骨干作者和采编人员参加培训；同月，李淑妮、褚婷、王京参加江苏省第六次青年作家创作会议。11月，陈志明参加江苏文学院第四期县（市、区）骨干作家研修班研修。12月，褚婷参加第八期青年作家读书班（优青班）培训；韩献忠参加苏南片区文学创作工作会议，并就组织开展和积极参与创作重大题材作品的经验与成果及未来三年规划作交流发言。

2021年金坛区文学创作主要作品一览表

表31

作　者	作品名称	发表出版或获奖
葛安荣	《红鱼歌》（中篇小说）	《钟山》杂志发表
李永兵	《羊皮鼓》	《青年文学》杂志发表
	《非洲之夜》	《广西文学》杂志发表
	《非洲之眼》	《山东文学》杂志发表
	《卡萨布兰卡的雷暴》	《莽原》杂志发表
	《去巴拉巴》	《百花洲》杂志发表
	《酒醉的黄昏》	《绿洲》杂志发表
	《盛大的欢愉》	《雨花》杂志发表
	《非洲之恋》	《安徽文学》杂志发表
	《入戏》	《飞天》杂志发表
葛安荣 黄晓春	《美食在金坛——唇齿之间的记忆》	河海大学出版社出版
曹云娣	《“红色摇篮”里的新河村》	全国第九届“书香三八”读书征文优秀奖
李云芳	《活着·记忆》	文化发展出版社出版

续表 31

作　者	作品名称	发表出版或获奖
于建新	《味道》	《天涯》杂志发表
	《许民的难》	《青春》杂志发表
	《曹操的头痛》	
	《药》	《雨花》杂志发表
葛安荣 韩献忠	《一支特殊水电部队》	江苏凤凰文艺出版社出版
葛安荣 李永兵	《大喇叭战疫纪事》	
韩献忠	《永远的院落》	上海文艺出版社出版
陆　盛	《洒墨点彩绘蓝图》	江苏文学内刊联盟“我心向党”建党百年主题征文二等奖
顾裕铭	《四面党员一面旗》	江苏文学内刊联盟“我心向党”建党百年主题征文三等奖
王宁婧	《山远成云》	第七届“北大培文杯”全国青少年创意写作大赛江苏赛区一等奖
	《槛外人》	第七届“北大培文杯”全国青少年创意写作大赛特等奖
	《纸刀》	24 届新概念作文大赛初赛一等奖
	《活火》	24 届新概念作文大赛全国决赛二等奖
	《城市治理规划》	第六届“金鹰杯”海峡两岸征文比赛二等奖
李淑妮	《B 计划》	《山东文学》杂志发表

·美术·书法·摄影·

【概况】 2021 年，全区美术、书法、摄影工作者在创作交流、学术研究、教育培训、公益活动等多领域发展，有百余件作品在国家级、省级、市级展出或获奖。区书协举办“为民义写春联　送福进万家”“欢度春节　喜庆元宵”书法微展、“师古不泥”金坛区书画公益班作品展等活动 20 余场次。区美协组织参加常州文联举办的恽南田美术大展、区第 10 届文化艺术节开幕式暨园林大酒店 20 周年店庆画展与全国当代中国画百人百幅名家作品邀请展。同时，举办佘云祥个人美术作品展。在“荣耀百年——2021 新常州画派学术双年展（中国画）”“辉煌历程　华彩百年——常州市庆祝建党百年主题美术创作展”中，贺莉、刘栋、徐新华获提名奖。年内，王爱俊加入中国美术家协会，蔡群、耿慧红加入江苏省美术家协会；李建勋加入国家书法家协会，陆小斌、胡珊、陈吟秋加入江苏省书法家协会；许缘加入江苏省摄影家协会。

【“名家聚金沙　翰墨颂党恩”作品展】 10 月 29 日，江苏省中国画学会、金坛区人民政府主办的“名家聚金沙　翰墨颂党恩”当代中国画名家作品邀请展在区博物馆开幕。中共金坛区委

10 月 29 日，“名家聚金沙 翰墨颂党恩”当代中国画名家作品邀请展在区博物馆举办

常委、宣传部部长朱霞主持开幕式，区委书记陆秋明致辞。中国画学会创会副会长兼秘书长孙克，中国画学会副会长、江苏省中国画学会会长高云，中国画学会副会长张复兴、张桐瑀等参加活动。该展汇集了杨晓阳、孙克、高云、张复兴、张桐瑀、范石甫、韩显红、崔优、张广才、张艺等百位艺术家的精品力作。展出作品有人物画、山水画及花鸟画，其中，既有建党百年重要历史时刻的形象呈现，也有根据金坛重要事件、重要人物创作的佳作。活动现场，孙克向金坛博物馆赠送作品《江东福地　山水金坛》。

【“百年之春·生活之美”主题摄影展】 5月29日，“百年之春·生活之美”献礼中国共产党成立100周年主题摄影展在茅山半边山下举行。展览通过金坛摄影家、金坛人民的视角和照片展现家乡经济发展、乡村振兴、生态蝶变等方面，献礼中国共产党成立100周年。该摄影展共展出照片300多张，以“动态游园式”形式，定期更换摄影作品，打造金坛“摄影小镇”。区领导刘明江、刘东升、卢建新及爱国实业家纪振纲亲属参加活动。

【“庆祝建党100周年书画展”作品评选与展览】 6月3日，金坛区佛教界“庆祝建党100周年书画展”作品评选暨展览会在弥陀寺举行。活动由金坛区佛教协会、书法家协会、美术家协会共同主办。此次活动共征集到书法作品150幅，绘画作品80幅。最终评出入选书法作品133幅、绘画作品60幅，其中入展书法作品105幅、绘画作品39幅。

【《人民画报》推出范石甫特刊】 年初，著名画家范石甫受人民画报社邀约，在《人民画报》出版个人绘画艺术花鸟特刊。按创作特刊内容，人民画报社最终确定选用《百吉图》《草色入帘青》《江南三月草初长》《盈盈一室春》等鸡雏题材代表作，以及为庆祝中国共产党成立100周年专门创作的《江山千古》、为歌颂全民抗疫精神创作的《狂风难摧万木林》等28幅作品于年底出版。

2021年金坛区美术、书法和摄影主要作品一览表

表32

<table>
<tr><th>作者</th><th>作品名称</th><th>发表出版或获奖</th></tr>
<tr><td>戴鸿宝</td><td>国画《和平繁荣》</td><td>入选“2020江苏省颂扬抗疫彩色的赞歌书画精品集征稿”</td></tr>
<tr><td>陆丽华</td><td>国画《绿水青山半边村》</td><td>入选“小康颂·第三届江苏美术奖作品展”</td></tr>
<tr><td>佘云祥</td><td>漫画《针灸》</td><td>入选“中国厦门首届廉政漫画展”</td></tr>
<tr><td rowspan="3">王爱俊</td><td>油画《捉鱼日记之六》</td><td rowspan="2">入选第九届全国（大芬）中青年油画展</td></tr>
<tr><td>油画《渔夫礼赞系列之七》</td></tr>
<tr><td>油画《永不消逝的红色电波》</td><td>入选“信仰、力量、辉煌——庆祝中国共产党成立100周年”江苏省群众美术书法摄影作品展</td></tr>
<tr><td>韦仁俊</td><td>国画《芦塘清趣》</td><td>入选“美丽乡村——江苏省第四届农民美术作品展”</td></tr>
<tr><td>祝洪元</td><td>国画《荷塘月夜》</td><td>入选“2020江苏省颂扬抗疫彩色的赞歌书画精品集征稿”</td></tr>
<tr><td>蔡培新</td><td>书法《毛泽东忆秦娥·娄山关》</td><td>入选江苏省纪检监察系统离退休干部庆祝建党100周年书画摄影作品征集</td></tr>
<tr><td rowspan="2">吴炜栋</td><td>书法《百年星灯心底亮》</td><td>入选“诗书联袂，百年讴歌——庆祝中国共产党成立100周年江苏诗词书法展</td></tr>
<tr><td>行书《城南游记》</td><td rowspan="2">入选第五届江苏省文华奖优秀美术书法作品展</td></tr>
<tr><td>李国华</td><td>篆书《古诗四首》</td></tr>
<tr><td>罗湘云</td><td>刻字《竹枝词》</td><td rowspan="3">入选江苏省第七届刻字艺术展</td></tr>
<tr><td>杨丽香</td><td>刻字《龙驭天》</td></tr>
<tr><td>杨　晋</td><td>刻字《大雨落幽燕》</td></tr>
</table>

续表 32

作者	作品名称	发表出版或获奖
李建勋	书法《王澍竹云题跋节录（册页）》	入选第五届江苏省文华奖优秀美术书法作品展
	书法《宋思陵翰墨志节录》	入选第三届“颜真卿奖”全国书法篆刻作品展
陈　曦	书法《百年九域联》	入选“信仰·力量·辉煌——庆祝中国共产党成立100周年”全省群众美术书法摄影作品展
	书法《奋力乘风七言联》等2件作品	入选庆祝中国共产党成立100周年百年百场优秀群众美术书法摄影作品展
	书法《茅山诗一首》等5件作品	入选学院派·青年书画百家报
	书法《世事人情联》	入选百年百联——中国书画报社成功转制暨三十五周年报庆
	书法《惟愿安且吉兮》	入选第四届江苏省青年艺术周展
杨晓春	刻字《风雨南湖》	入选江苏省第七届刻字艺术展
	小楷《习近平在教育文化卫生体育领域专家代表座谈会上的讲话》选段	入选“翰墨盛世——江苏省群文书法精品邀请展”
	楷书《暇老斋杂记》选段	入选江苏省第三届妇女书法篆刻作品展
吴凯琪	刻字《为衔春色上云梢》	入选江苏省第七届刻字艺术展
郭志荣	书法《台湾八景诗抄》	入选2021年第八届“海峡杯”全国书画作品展
李志荣	刻字《散怀》	入选江苏省第七届刻字艺术展
王玉华	摄影《环卫工人》	入选摄影发现中国·溧阳生态全国摄影大展
	摄影《老兵送新兵2021》	入选2021紫金文化艺术节“百年光影　红色记忆”庆祝中国共产党成立100周年江苏摄影作品展
	摄影《严清华》	
王正祥	摄影《清洁电能映山乡》	入选摄影发现中国·溧阳生态全国摄影大展
王雷明	摄影《丰盛》	入选摄影发现中国·溧阳生态全国摄影大展
	摄影《乐在其中》	“影像的力量”——2020中国摄影报全国摄影拉力赛优秀奖
张新儿	摄影《快乐的童年》	入选摄影发现中国·溧阳生态全国摄影大展
	摄影《南来北往》	交建杯·江苏交通视觉巡展三等奖
程朝晖	摄影《轮滑嘉年华》	入选摄影发现中国·溧阳生态全国摄影大展
	摄影《快乐的农民工》	庆祝中国共产党成立100周年全省职工摄影展铜奖
张立强	摄影《光明使者》	入选美丽江苏摄影大展
金寿彭	摄影《村民投票选举》	入选2021紫金文化艺术节“百年光影　红色记忆”庆祝中国共产党成立100周年江苏摄影作品展
	摄影《从城里买电扇回家的农民》	
徐开仑	摄影《山路弯弯》	“奋斗百年路　启航新征程”——“美丽江苏　生态家园”主题摄影大赛三等奖
郭正和	摄影《火龙穿越》	“中国民俗摄影大典”优秀奖

·戏曲·音乐·舞蹈·民间艺术·

【概况】 2021年，金坛区戏曲、音乐、舞蹈协会会员参与惠民演出、文艺晚会、巡回演讲数百场。冯俊翔、李沁培加入江苏省音乐家协会。徐书翔、姚汝明、刘国红加入中国民间文艺家协会。至年底，全区共有国家级会员8人、省级会员17人。

【庆祝中国共产党成立100周年活动】 2021年，区戏曲家协会组织参加“梨园百花颂党恩”惠民巡演100场次，“百团颂百年·永远跟党走”戏曲巡演10场次。区音乐家协会组织参与区“绿水青山 和谐家园”和金坛区庆祝中国共产党成立100周年等专场演出。6月，区舞蹈家协会、区戏曲家协会组织会员参与“百年恰是风华正茂”——金坛区庆祝中国共产党成立100周年歌咏文艺晚会。区舞蹈家协会承办金坛区第十届文化艺术节“文体惠民城乡行‘欢歌献给党·幸福舞起来’——庆祝中国共产党成立100周年暨我们的节日”系列活动10场次。

【非遗进“乡村过大年”】 2021年春节期间，区民间文艺协会组织巨村龙灯队到各镇、街道开展“乡村过大年”舞龙活动，组织金坛刻纸、金坛抬阁、金坛面塑、金坛蛋雕等特色非遗项目参加仙姑村“乡村过大年”“长荡湖美食节”等非遗展示。国家级非遗项目金坛抬阁参加文化和旅游部在尧塘谢桥村举办的非遗过大年录像展演。

【杨兆群刻纸作品邀请展】 12月24日在南京师范大学中北学院美术系举行。展览由金坛民间文艺家协会、丹阳民间文艺家协会联合主办。该展展出金坛、丹阳两地剪、刻纸艺术家的精品之作百余幅，其中非物质文化遗产项目剪纸（金坛刻纸）国家级代表性传承人、江苏省工艺美术大师杨兆群刻纸佳作38件（套）。展览期间，金坛、丹阳两地剪、刻纸爱好者进行现场交流。

2021年金坛区戏曲、音乐、舞蹈和民间文艺主要作品一览表

表33

作者	作品名称	发表出版或获奖
杨兆群	《一刀一纸一世界：金坛刻纸》	南京师范大学出版社出版
	剪刻纸作品《我们的节日》《祈福牛年》	入选“春和景明——2021年江苏省文联系统迎春联展”
	剪刻纸作品《三兔飞天藻井图》	入选“大美民间 苏作百工——江苏民间工艺精品晋京展”
	剪刻纸作品《梁祝化蝶》《三兔飞天藻井图》	入选“匠心筑梦 颂歌献党——2021长三角地区传统美术精品展”
	剪刻纸作品《我们的节日》《华夏一家亲、同为圆梦人》	入选“百年百艺 薪火相传”中国传统工艺邀请展
	剪刻纸作品《铭记历史 珍爱和平》	入选“党在我心中·红色印象”全国剪纸邀请展
刘国红	剪刻纸作品《金牛闹春》	“百牛开春”2021年全国剪纸精品展二等奖
何雅雯	剪刻纸作品《春江水暖》	“百牛开春”2021年全国剪纸精品展入围奖
	剪刻纸作品《母亲的礼物》	获“深蓝大海·红色记忆——第二届全国海洋文化剪纸精品展”一等奖
	剪刻纸作品《红船领我向前行》	入选“党在我心中·红色印象”全国剪纸邀请展
叶林生	故事《五千大洋》	第一批中国好故事一等奖
韩献忠	评书《泣血的红豆杉》	江苏省第五届曲艺、喜剧小品邀请赛优秀节目奖（创作、表演）
	故事《最后一票》	《野马渡》杂志红色故事征文三等奖
徐书翔 祝柏华	评书《泣血的红豆杉》	江苏省第五届曲艺、喜剧小品邀请赛优秀节目奖（导演）

（盛　菲）

·新闻出版（版权）·

【概况】 2021年，金坛区以强化服务为宗旨，扎实推进新闻出版（版权）工作高质量发展。至年底，全区有出版物发行单位72家（含网上书店6家），从业人员300人，出版物年销售总额650万元。全区有印刷企业146家，厂房面积4.58万平方米，从业人员2634人，工业总产值12.01亿元，其中工业总产值5000万元以上企业3家、亿元以上企业1家。

【全民阅读】 2021年，金坛区围绕庆祝中国共产党百年华诞，将党史学习教育“我为群众办实事”实践活动和全民阅读活动有效结合，印发全民阅读应知应会宣传单18.5万份，利用金坛手机台、“金坛山水网”“金坛发布”等线上媒体平台开展全民阅读宣传。印发《关于深入开展红色经典全民阅读活动的通知》，组织发动全区机关干部、中小学生、村居民微信扫码阅读红色经典，浏览量40万人次，访客数达18万人次。依托区图书馆、农家书屋等阵地开展红色经典阅读、红色故事宣讲、红色电影展播及阅读示范推广、新时代乡村阅读季、“我的书屋·我的梦”农村少年儿童阅读实践等活动，推进全民阅读，促进党史学习教育全覆盖。全年累计举办各类阅读活动700余场次，其中薛埠镇致和村“品味书香金沙悦读”、东城街道华胜社区“学党史润书香蓄能量”阅读活动、儒林镇柚山村“流动农家书屋——长荡湖亮起一抹最美的‘红’”等活动先后在书香江苏、江苏省农家书屋、“学习强国”等平台刊发。征文《农家书屋，助我学习成长》入选中宣部印刷发行局2021年“我的书屋·我的梦”农村少年儿童阅读实践活动优秀作品；绘画《知史爱党》获江苏省2021年“我的书屋·我的梦”农村少年儿童阅读实践活动征文小学组三等奖。“书香金坛”成全省品牌。

【金坛获评省级书香城市】 4月23日，省全民阅读活动（办公室）领导小组公布江苏省第三批书香城市建设示范（县、区）名单，金坛区获评江苏省第三批书香城市建设示范区。近年来，金坛以“书香金坛”品牌建设为统揽，坚持顶层引领，构建全民阅读政策支撑体系。金坛区推行顶层先行引领读、组织先行推动读、机制先行长效读、舆论先行倡导读，从区委、区政府倾力打造的“金沙大学堂”到书香城市的发展路径与品牌推介，从连年将书香城市建设列入为民办实事项目和文化惠民工程到利用多种融媒体平台广泛宣传引导全民阅读，真正构建起全民阅读政策支撑体系。坚持目标引领，构建全民阅读设施保障体系。图书馆总、分馆覆盖率与农家（社区）书屋覆盖率100%，阅读服务设施满意率高于全省平均值。坚持创新引领，构建多层次全民阅读服务供给体系。截至2021年，“金坛读书月”品牌活动已连续开展12年，有10余万人次参与其中，形成年有主题、月有重点、周有活动的全民读书格局。此外，区图书馆、手拉手志愿者协会、大雅读书会等一批最美读书点、阅读好活动和阅读推广人、阅读志愿服务组织，形成一批特色亮点鲜明、形式可复制推广、整体成效显著的全民阅读先进典型，取得良好示范效应。

4月23日，金坛区获评江苏省第三批书香城市建设示范区

【农家书屋】 2021年，金坛区新闻出版局推进农家书屋建设，完成薛埠镇花山村农家书屋强国公益书架、朱林镇唐王村农家书屋图书角捐建工作。加强江苏数字农家书屋注册推广使用，方便农村群众体验数字化阅读，数字农家书屋注册人数达6000人，列常州辖市区前列，全年农家书屋通借通还7.6万册次。推动农家书屋示范典型创建，薛埠镇致和村、朱林镇龙溪村、儒林镇柚山村被评为“2021年度常州市四星级示范农家书屋”并获专项资金扶持。

【印刷发行监管】 2021年，金坛区根据省新闻出版局《关于做好2021年印刷复制发行管理工作的通知》精神，组织开展“建党100周年印刷复制发行市场监管保障年”主题活动，切实维护意识形态和文化安全。年内，新设、变更出版发行单位16家，网络书店备案2家，核准4家“内部资料”准印证，完成200余家新闻出版企业、单位年度核验。组织印刷企业负责人参加2021年度印刷企业法人法律法规暨安全生产教育培训班，重点开展印刷企业意识形态和安全生产教育培训。推荐江苏鸿邦彩印包装有限公司“凹印软包新技术扩产增效项目”申报省级现代服务业（新闻出版）发展专项资金，获项目补贴40万元。制定《常州市金坛区新闻出版领域危险化学品使用安全专项治理行动实施方案》，推进印刷企业危化品使用安全专项治理。聘请危化品专家联合开展“双随机、一公开”“互联网＋监管”及夏季、元旦期间安全生产执法检查，全年检查场所200余家次，双随机检查12家次，发现问题隐患50项，现场整改15项，限期整改35项。

【版权管理】 2021年，金坛区新闻出版局配合市版权局开展专业版权登记工作，年内完成著作权登记百余件。在“4·26”版权宣传周期间，以“全面加强版权工作，推动构建新发展格局”为主题，运用线上媒体平台开展公益海报宣传、版权有奖竞答、“关于版权的故事”征集等活动，宣传新《中华人民共和国著作权法》。根据常州市使用正版软件工作领导小组办公室和常州市卫健委联合下发《关于推进卫生健康委属单位办公软件正版化工作的通知》精神，协同区卫健局推进卫健系统办公软件正版化工作，提高软件正版化水平。联合区委网信办、公安分局等部门开展打击网络侵权盗版“剑网2021”专项行动，净化网络传播环境，促进互联网产业健康发展。

【“扫黄打非”工作】 2021年，金坛区组织召开“扫黄打非”工作领导小组（扩大）会议，拓展“扫黄打非”深度。联合印发《关于进一步加强“扫黄打非”工作融入基层网格化社会治理体系的通知》，推动“扫黄打非”基层站点与新时代文明实践所站、基层网格化、平安建设等平台融合融入工作，东城街道华胜社区入选全省“扫黄打非”进基层示范点。充分利用网络、基层站点等线上线下平台，开展“绿书签”宣传。协调新华书店开展“绿书签”优惠购书活动，组织中小学生观看红色电影《童年周恩来》。组织开展的“红心向党学‘四史’，消防科普护苗行”绿书签文明实践活动，被学习强国平台刊用。联合区委网信办、文化市场执法大队等单位推进“正道”“新风”集中行动和“净网2021”“清源2021”等专项行动，对58所中小学校校园周边文化市场进行全面清查；强化对印刷企业的日常巡查，全年检查各类场所380余家次，收缴各类侵权盗版出版物660余册；对2家不具备中小学教科书发行资质的书店、1家违规公开发行内部出版物的医院、2家擅自从事出版物发行的文具店、2家销售盗版音像制品的音像制品店及3家征订、散发、附送非法出版物的教育机构进行立案查处。深入开展“清朗”专项行动，严查属地网站1926家，核查出被篡改成涉黄涉毒网站112个，并要求备案主体进行整改；对整改不到位的7家违法违规网站，向市委网信办申请关闭。自查和清理存量有害信息，注销“僵尸”账号1500余个。

（吴锁平）

·融媒体·

【概况】 2021年，区融媒体中心紧紧围绕全区中心工作，充分发挥媒体深度融合和聚合共振效应，内宣外宣并举，线上线下同播，不断提高新闻信息生产、传播、服务能力。金坛人民广播电台《准点新闻》播出各类新闻625档，《行业之声》专栏播出728期、“微访谈”205档、“先锋访谈”12档，“交警直播室”每天滚动播出8次。金坛电视台制播《金坛新闻》《第一时间》732期，时长29280多分钟。《金坛时报》4月26日正式改版为《金坛日报》，周一至周五出版，由原先的每日4个版面扩到8个版面，全年出版248期，总发新闻稿3900余篇。金坛手机台优化升级，全年发稿9000多条、下载量突破14万次；抖音号粉丝23.2万人，总浏览量3.07亿人次；视频号发布视频300余条，总浏览量超500万人次；原创微视频130多部、总阅读量300万人次。金坛网微信公众号年发稿2000多条，其中原创稿400多条，传播指数始终位居全国县级融媒体百强。传承华罗庚精神、陆旭东先进事迹等报道被央视《新闻联播》等栏目录用，江苏电视台新闻用稿82条，常州电视台新闻用稿623条；“我苏网”“荔枝网”“小苏号”等省级平台用稿120多条，央视移动网发布短视频28部，“人民号”用稿80余条。“学习强国”平台用稿70条。

【主题报道】 2021年，区融媒体中心全媒体组织策划“奋斗百年路 启航新征程——庆祝中国共产党成立100周年”主题报道，推出“激情燃烧的初心使命”“学党史、悟思想、办实事、开新局”“百年奋斗历程”“追寻红色印记”“我为群众办实事”“先锋访谈”以及《100名红领巾讲100个红色故事》等20多个专题专栏，播发稿件900余篇，同时开展现场直播庆祝活动10多场次。推出主题策划“扬帆2021”“向金坛奋斗者致敬”“全面小康看乡村”“锚定新目标 开启新征程”“两在两同建新功”等重点系列报道20多组，主题报道近800篇。开设“在习近平新时代中国特色社会主义思想指引下”“践行嘱托开新局”“解码‘十四五’扬帆再启航”等专栏，报道全区上下学习贯彻落实中共十九届五中、六中全会精神与习近平视察江苏重要讲话精神和全国“两会”以及省、市、区党代会精神等方面实况，宣传全区上下全力以赴抓创新推进、招商引资、项目督查、服务项目建设与省市重大项目建设进展以及优秀企业家群体的先进事迹和精神风采。围绕民生组织开展

“融媒护航 幸福民生”新闻行动。加强公益科普宣传，做好新冠疫肺炎情防控常态化报道，及时发布防控信息和工作动态，刊播各类疫情防控稿件800多条。聚焦民生热点，先后策划推出重点民生工程、为民办实事项目、市场供应、“金沙老城雨污分流三年实施计划”“用好山水资源，做强现代产业，提升城市功能，打造美丽常州新样板”等系列报道，播发相关报道300余篇。同时完成《政风热线》升级改版，首次实现全年周播、全媒体联动，开展直播50期，接入电话650多个，帮助解决百姓遇到的问题和难题630多个，确保“事事有回音，件件有着落”。

【媒体融合发展】 2021年，区融媒体中心深化改革，推进媒体深度融合。深入推进人事制度改革，优化部门岗位设置，完成150多名职工双向选择；优化全中心绩效考核方案，采取以岗定薪，同岗同酬，并出台“融媒新闻奖”评定奖励办法、创优作品和外宣外发奖励办法、内容生产质量考评办法等考核制度。推进全媒体重构，优化全媒体生产流程。制定《“融媒深一度”三年行动方案》《融媒体中心各平台共享资料平台实施方案》等，形成科学、高效的新闻生产模式，实现资源共享、多渠道发布的传播机制。强化选题统一策划，完善金坛手机台App综合服务功能，整合微信公众号。全年通过报纸、电视、广播、微信、微博、金坛手机台App、金坛网、抖音、视频号等多个平台组织全省重大项目集中开工、新能源汽车产业峰会等重要新闻事件与活动的宣传，助力全区经济发展。推进融媒项目建设。全年投入176万元，完成高清演播室、高清播出室改造升级，为金坛电视节目制播迈入高清化时代奠定基础。

【区融媒体中心43件作品获奖】 2021年，2020年度省、县、市新闻（融媒体）中心系统好新闻评比和常州市优秀广播电视节目评选结果发布，区融媒体中心获奖作品43件。获省级奖项8件，《品读金沙》获江苏省优秀广播电视节目奖优秀栏目一等奖、《运河秀剪纸情》获江苏省2020年度电视节目录制技术质量奖二等奖、《移动直播“金沙文明行”——我们“益”起来找茬》获江苏省好新闻媒体融合类三等奖、《母爱不老》获江苏省优秀广播电视节目奖省播音主持作品三等奖、《我和我的剧团》获江苏省彩虹奖专题类三等奖、《寻找华罗庚精神》获省记协——践行“四力”、深化“走转改”优秀新闻作品三等奖、《交通广播直播室设计与建设》获江苏省2020年度科技创新奖三等奖、《金坛新闻》获江苏省2020年度电视节目录制技术质量奖三等奖。获市级奖项35件，其中节目编排《金坛新闻》、现场直播《主播邀你逛新城》、公益广告《保护生态绿色发展》和儿童剧《戏娃》4件作品获常州市优秀广播电视节目奖一等奖；专题片《绿叶一片扶助一片》、系列片《礼赞弄潮人·金坛优秀企业家风采录》《寻找华罗庚精神》、对象性节目《不求桃李芬芳只是静待花开》、公众性节目《我的金坛我的家》、电视播音新闻类《金坛新闻》和电视主持文艺类《向生命致敬》等12件作品获常州市优秀广播电视节目奖二等奖，长消息《金坛盐穴华丽转身绿能库》和系列报道（或连续报道）《打造中德合作“金坛样板”》2件作品获常州新闻奖二等奖。

【大型活动】 2021年，金坛区融媒体中心举办融媒“百姓大舞台”才艺秀暨“金坛首届百姓春晚”海选活动，组织“百姓大舞台”12场次，线上观看人数超12万人次、现场观看人数1万余人。组织开展“融媒五助”（助企、助农、助老、助学、助困）品牌服务活动，发布“融媒助企”招聘信息和相关报道100余条，举办“云招聘”直播3场次，观看量超10万人次；开展“融媒助农”带货直播，将农旅产品的宣传、推介、销售环节从线下搬到线上，为农村、农民“赋能”打通销售通路；与西门社区结对，开展防疫物资捐献、慰问敬老院老人、帮助独居老人清洁环境等助老、助学、助困活动。组织“茅山半程马拉松比赛”“‘5·21’防汛应急演练”“‘6·11’应急管理局应急演练”等活动网络直播170多场次。

【广播电视塔改造升级】 6月10—17日，区融媒体中心根据全省地面数字电视规划实施广播电视无线发射塔天馈改造项目。区融媒体中心广播电视无线发射塔上原有无线地面数字电视、广播89兆赫、CMMB（移动多媒体电视）、模拟电视12频道、广播106.7兆赫、模拟电视7频道六组天线，多年来为全区广播电视安全传输作出了重要贡献。为适应现代化城市建设与融媒体中心高质量发展，对原广播电视发射塔改造，安装新的全频广播天馈和天线，拆除三组模拟天线，通过调高发射铁塔上FM89.0和FM106.7天线提升音频信号发射质量，提高铁塔利用率，更好地适应城市发展需要。

【事业产业融合运营机制改革】 11月6日，区委、区政府召开重点工作推进落实会议，专题研究常州江东现代传媒有限公司改革工作。明确区委宣传部作为常州江东现代传媒有限公司主管部门，2022年1月1日起由区融媒体中心全面负责江东传媒人、财、物及经营等管理，江苏金坛建设发展有限公司对江东传媒合并报表。区融媒体中心将按照事业产业相融合的改革总方向，聚焦主责主业，依托事业发展产业，抓好产业支撑事业，不断提升软实力、激发新活力。

（吴建中）

·史志工作·

【概况】 2021年，全区党史、地方志工作围绕庆祝中国共产党成立100周年，推进党史编研、地方综合年鉴编纂出版、地方志书修编及史志宣传工作，发挥育人、存史作用。《中国共产党金坛历史（第三卷）》编写工作有序开展，完成资料收集和初步组稿；全程参与编修的《中国共产党金坛区组织史资料（1994—2020）》完成初稿资料的收集、审核工作。与有关部门联合开展金坛史志宣传工作。7月1日，与区委宣传部共同策划主办的“百年华章 砥砺奋进”金坛区庆祝中国共产党成立100周年主题展在区体育馆展出；与区政协文史委合力打造金坛红色文化名片，共梳理出重要革命事件24件28人、重要遗址或纪念场所8个；以新四军在茅山为背景，与区老促会联合编写《红色阳山》专辑，挖掘金坛抗日根据地红色资源。落实省“十四五”地方志发展规划，加大对全区修志工作推进力度，发动有条件的部门、行业和村镇进行志书编纂。对在编修的《致和村志》《柚山村志》《乾元观志》《金坛水利志》进行全过程业务指导，严把政治关、史实关、文字关。7月，组织指导的《金坛国土资源志》通过评审并由广陵书社出版；8月，组织指导的《金坛第一建筑安装工程有限公司志》通过评审，由中国商业出版社出版；12月，《金坛年鉴（2021）》由方志出版社出版。同时，为相关单位申报地理标志产品提供志书、年鉴支撑，并免费提供查阅服务。

【党史教育基地创建】 6月，为用好用活全区党史资源，进一步推进红色场馆建设，传承红色基因，赓续红色血脉，区委党史工委参与江苏省、常州市首批党史教育基地推荐遴选工作。7月，区华罗庚纪念馆、革命烈士陵园两家红色场馆被命名为首批常州市党史教育基地。12月，区华罗庚纪念馆正式被确定为江苏省首批党史教育基地。

【史志宣传】 2021年，区委党史工委聚焦开门办史、史志为民的职能职责，以史志文化“七进”为重要载体，进一步加强史志宣传力度，提高史志知识普及率。全年在金坛广播电台FM89.0开办“党史上的今天”“品读金沙”专栏，宣传介绍中国共产党重大历史事件、与金坛相关的党史事件及金坛历史、人文、地理概况；为庆祝中国共产党成立100周年，与《金坛日报》联合刊出“百年奋斗历程——建党100周年金坛大事记”，引导全区广大党员干部不忘初心、牢记使命。9月，向全区有关单位赠阅中国志书精品工程《常州市志（1986—2010）》百余套；10—12月，到金城镇、区气象局、中盐金坛盐化有限责任公司、华罗庚实验学校新城分校、东城街道南苑社区开展史志进乡镇、进机关、进企业、进学校、进社区活动，赠送党史、地方志书籍500余套。

10月9日，区委党史工委到华罗庚实验学校新城分校开展“史志七进”活动

【《金坛年鉴（2021）》出版发行】 12月，区政府主办、区志办编纂的《金坛年鉴（2021）》由方志出版社出版。《金坛年鉴》创刊于1995年，此卷为连续第19卷。区地方志办公室坚持年鉴编纂规范原则，优化框架，重点把握好年鉴选题立目，条目要素齐全及行文规范标准，提升年鉴内容质量，彰显金坛年度与地方特色。全书彩色印刷，共设有26个篇目65.3万字，精选照片300余张，详细载录2020年度金坛区经济社会发展的基本情况，反应各行业在实现新跨越中所取得的成绩。

（刘士科）

·档案工作·

【概况】 2021年，金坛区以档案工作“走向依法治理、走向开放、走向现代化”为引领，进一步补短板、强弱项，推进全区档案事业高质量发展。全年共接待查档7168人次，提供查阅档案7858卷、8559件，复制件28755页。金坛档案陈列馆被评为第九批常州市爱国主义教育基地和金坛区巾帼党性教育基地。

【档案资源建设】 2021年，金坛区档案馆着力加强档案馆资源体系建设，进一步扩大征集范围。做好民生档案接收，共接收脱贫攻坚档案37卷709件、出生医学证明档案77409

件、婚姻档案12604件。开展重大活动、重要事件档案等专题档案库建设，围绕庆祝中国共产党成立100周年，征集红色档案史料14件；围绕“华罗庚诞辰110周年”专题活动，征集档案资料29件；围绕对口支援工作，征集东西部对口支援援青扶贫协作数字档案8.29千兆，丰富对口支援档案专库资源。加强金坛籍名人名家档案征集工作，征集金坛籍院士孙枢个人档案资料近万件、范学贵家庭档案十大类970件。

【档案基础业务建设】 2021年，金坛区档案馆以创建市县级国家综合档案馆为契机，对照业务建设评价四大类70项指标，查漏补缺，对标找差。完善档案接收计划、接收登记、库房状况分析、库房检查、档案利用登记、利用事例、利用统计分析等一系列档案工作台账。细化馆藏资料统计、编目工作，整理馆藏《全宗卷》266卷，开展满50年馆藏档案的价值鉴定工作，完善馆藏档案数据库。加强规范业务指导。规范专业档案整理，指导完成水库移民、美丽乡村建设、农村集体产权制度改革村级档案、政府采购等专项档案的整理归档工作。服务企业规范建档，指导金坛投资控股有限公司、金坛区健尔康卫生材料有限公司、江苏凌云药业股份有限公司等企业以及国家级非物质文化遗产项目金坛刻纸代表性传承人杨兆群工作室规范档案工作；服务基层单位档案室规范建设，重点对各镇、街道机构改革前农村经济服务站、村镇建设管理服务站、民政办公室等职能部门文件材料及时归档和集中管理工作进行指导。组织档案业务培训，对全区各行政机关、企事业单位专兼职档案员开展档案业务培训5场次500余人次。

【档案信息化建设】 2021年，金坛区档案馆推进档案数字资源共享利用，主动融入常州市民生档案“一网通查，即时出证”利用体系。将婚姻、知青、计划生育、退伍军人、农民建房、残疾人证档案及部分职称评定文件纳入常州市“一网通办”查阅事项范畴，区档案馆、区政务中心、区乡镇（街道）实现市、区、镇（街道）三级联动，全年共接待跨馆出证27例。扎实做好档案数字化及电子档案接收试点，完成100余万页档案数字化工作，对区委办、政府办、人大办等10家单位的电子档案接收进馆。完善档案数字化管理工作，对照综合业务评价标准，建立健全信息化设备使用、网络设施、储存备份台账及数字化工作台账、统计报表、数字化各环节记录台账。同时，完成照片档案库、音视频库的建立和挂接工作。

【常州市爱国主义教育基地揭牌】 6月9日，“小小档案员　走进档案馆”暨“爱国主义教育基地”挂牌仪式在金坛区档案馆举行。区委宣传部常务副部长、区委网信办主任邢卫东和档案馆馆长许月平为“常州市爱国主义教育基地”揭牌，区档案局副局长王晁彬，区委党校副校长蔡俊以及团区委、区委党史工委等相关领导出席活动。活动邀请抗战老兵讲述红色故事，将爱国教育、革命传统教育、理想教育寓于青少年学生亲身实践中。

【档案安全管理】 2021年，金坛区档案馆严格落实《档案库房管理制度》，充分利用安防监控、电子门禁、消防设施等现代化智能手段，加强库房日常信息登记、库区安保巡逻，定期开展安全检查，确保档案实体安全。完善档案信息安全管理制度，严管涉密电脑和涉密存储载体，确保档案信息安全。建立多层次的数据安全备份机制，切实加强档案服务外包项目的安全管理，确保档案在出入库交接、数字化扫描、破损修复等专业化服务的全过程中得到有效监管。加强安全设施建设，投入30万元建成库房温湿度自动检测系统，增强管理质效。

（王亦喆）

旅　游

·旅游开发·

【概况】 2021年，金坛旅游坚持“宜融则融、能融尽融”基本思路，“以文塑旅、以旅彰文”为发展方向，提高旅游发展绩效。加快旅游资源开发，有序跟进景点项目建设，茅山国际会议中心、柚山美丽乡村建设、上阮乡村旅游重点村改造提升、南沿江高铁枢纽金坛旅游集散中心4个常州市级重点旅游项目完成投资1.9亿元。承办“2021年中国旅游日”江苏省分会场活动、“2021美丽中国行·旅游高质量发展（金坛茅山）论坛暨全国主流媒体采风”活动；以“春花、夏果、秋蟹、冬俗”为亮点，举办2021“森夏金坛　夜遇逍遥”夜生活节启动暨金坛文体惠民城乡行、“2021春到茅山赏花季暨金坛春季旅游产品发布”、2021金坛乡村美食大赛、“2021长荡湖籽虾节”、“第二届金坛嗨购节”等旅游四季节庆活动；配合举办第三届龙城芳华旗袍大赛暨汉服主题秀、2021仙姑丰收节暨“茅山有礼”旅游惠农月启动仪式、2021金坛茅山汽摩运动文化节暨房车露营嘉年华等活动，提升金坛文旅吸引力。创新融合发展业态，薛埠镇入选首批全国乡村旅游重点镇，茅山旅游度假区入选省级文化和旅游产业融合发展示范区建设单位，江苏一鸣益活观光工厂创成省工业旅游区，柚山村、金牛村入选省乡村旅游重点村，茅山森林世界、金牛洞分别创成国家AAAA、AAA级旅游景区。至年底，全区共有省级旅游度假区2个，国家AAAA级旅游景区3个、AAA级旅游景区2个，全国乡村旅游重点镇、乡村旅游重点村各1个，省级乡村旅游重点村3个、工业旅游区2个。全年接待游客计1026.76万人次，旅游总收入125.85亿元。

【薛埠镇入选首批全国乡村旅游重点镇】 8月，文化和旅游部公布第一批全国乡村旅游重点镇（乡）名单，金坛区薛埠镇名列其中。薛埠镇位于常州、南京、镇江三市交界处，是常州市、金坛区的西门户，古称“吴中门户”。境内有全国乡村旅游重点村1家，省级乡村旅游重点村2家，省四星级及以上乡村旅游区8家，国家AAAA级旅游景区3家。该镇依托道教“第一福地·第八洞天”茅山，以道养文化为底蕴，田园农耕、红色教育、亲子研学、运动野趣、团建拓展、商务会奖等资源丰富，被誉为人文丰厚，山水丰茂，负氧离子高的世外桃源，是长三角不可多得的道养休闲度假目的地。

【柚山村、金牛村入选省乡村旅游重点村】 6月9日，在江苏省乡村旅游高质量发展推进会上，江苏省文化和旅游厅公布了2021江苏省乡村旅游重点村名录入选单位名单，金坛柚山村位列其中。柚山村位于儒林镇西部，西接长荡湖，南与溧阳市上黄镇隔河相望，系长江中下游冲积平原，土地肥沃，物产丰富。辖区内有大涪山、普门禅寺、中干河、水泥厂遗址、宕口、储氏碑亭、湿地公园等景点。柚山村围绕一山一湖、一宕一村进行重点设计，建设诗园民宿、阡陌蟹塘、山水田园诗社等，全力打造“诗意柚山、梦里水乡”美丽乡村，构建集螃蟹养殖、销售、旅游观光于一体的一产、三产深度融合产业体系。10月25日，金牛村入选2021年第二批江苏省乡村旅游重点村。位于常州市金坛区薛埠镇的金牛村依托茅山旅游景点，充分利用茅东林场全场职工的居住地，因地制宜，以徽派建筑打造集“无味餐厅”、咖啡馆、半边茶室等住宿休闲为一体的旅游小镇。

【茅山森林世界】 9月22日，为聚焦森林微度假市场，打造更为丰富的全年龄山野度假乐园，茅山宝盛园景区召开新闻发布会，宣布宝盛园正式更名为“茅山森林世界”，开启全新森林度假IP新时代。更名后原宝盛园名称继续保留，作为茅山森林世界的二级项目名称，园区奇妙馆藏区更名为宝盛园森林艺术馆、宝盛园盆景馆、宝盛园茶博馆。12月13日，总面积233公顷的茅山森林世界（原名茅山宝盛园）被江苏省文化和旅游厅正式批复确定为国家AAAA级旅游景区。该景区背倚茅山二茅峰，怀抱仙姑村海底水库，森林覆盖率80%以上，是一个集“森林体验、美宿度假、亲子研学、网红打卡”等于一体的山野度假乐园。

8月，区薛埠镇入选首批全国乡村旅游重点镇

【茅山金牛洞创成国家AAA级旅游景区】 11月30日，茅山金牛洞景区被常州市文化广电和旅游局正式批复确定为国家AAA级旅游景区。茅山金牛洞景区坐落于茅山主峰南麓，生态环境与自然风光优雅，古代遗迹众多。拥有千年古观元阳观、古茅洞、天然溶洞金牛洞及茅山地区首家道养主题酒店保朴山房等自然与人文景观。该景区以茅山道家七层境界（敬信、断缘、收心、简事、真观、泰定、得道）打造集金牛洞寻仙生态体验区、元阳观休闲问道养生区、茅山上遇仙云端问鼎区、保朴山房道养度假区为一体的道养文化深度体验区。

【2021美丽中国行·旅游高质量发展（金坛茅山）论坛暨全国主流媒体采风活动】 6月17—18日在江苏省金坛茅山旅游度假区东方盐湖城·武养馆举办。来自全国各地的有关领导和业界专家齐聚金坛茅山，围绕“发展高质量　开创新局面”主题开展研讨与交流。该活动由中国旅游报社、金坛区人民政府、常州市文化广电和旅游局共同主办，江苏省金坛茅山旅游度假区管委会、金坛区文体广电和旅游局承办，并得到江苏省文化和旅游厅大力支持。中国旅游报社总编辑金启宁、金坛区区长陆秋明出席开幕式并致辞，江苏省文化和旅游厅副厅长兼省文物局局长拾峰，文化和旅游部资源开发司综合处四级调研员冯伟，常州市政府副秘书长刘文荣，常州市文化广电和旅游局副局长张立新等相关领导参加活动。

金坛国家AAAA级旅游景区——茅山森林世界（原茅山宝盛园）

·营销与服务·

【概况】 2021年，金坛加强旅游宣传营销与服务，组织景区（点）参与常州市文旅惠民月活动，出台门票特惠政策，刺激文旅市场。加大“山水金坛　闲养福地”推介力度，分别在常州市住宅、公寓、写字间进行楼宇框架海报广告位投放，覆盖楼盘280个，广告位7400多块；在沪宁高铁沿线21个文旅重点客源目的地，投放宣传大屏538块，整体宣传金坛旅游。组织金坛文创商品参加2021南京国际度假休闲及房车展览会、2021第三届大运河文化旅游博览会，推介金坛文旅；组织企业参加“水韵江苏·苏心产品”创新大赛、2021年中国旅游商品大赛;组织企业申报江苏“运河百景”标志性运河文旅产品；委托常州化龙巷运维金坛文旅抖音官方账号，开通金坛文旅微信视频号，编印《金坛新旅游》杂志，宣传推介金坛文旅品牌，提升金坛文旅知名度。

【精品旅游线路】 5月，“仙都金坛，品味山水二日游”线路成功入选文化和旅游部联合国家发展改革委推出“体验脱贫成就·助力乡村振兴”乡村旅游学习体验线路300条；“走进茅山革命老区，感受乡村巨变”二日游红色旅游线路成功入选江苏省文化和旅游厅推出的20条“永远跟党走”红色旅游线路；中共苏皖区一大会址入选文旅部中国共产党成立100周年红色旅游百条精品线路“致敬新四军·不忘革命路”线路。融入南京都市圈，每季度发布一条金坛四季二日自驾游线路。

【乡村旅游学习体验线路】 5月10日，文化和旅游部联合国家发展和改革委员会推出“体验脱贫成就·助力乡村振兴”乡村旅游学习体验线路300条，江苏省共有10条入选，其中金坛区“仙都金坛，品味山水二日游”线路成功入选。该次推出的300条乡村旅游学习体验线路，将红色文化资源与绿色生态资源相结合，反映脱贫攻坚与乡村振兴成效成果。“仙都金坛，品味山水二日游”具体线路为，第一天:长荡湖水街—花谷奇缘—半边山下—仙姑村；第二天：东方盐湖城—金沙湾乡村俱乐部，让游客在望山见水旅途中，了解发生在金坛乡村的“四史”故事，传承红色基因，振兴红色乡村。

（李文韬）

·江苏省金坛茅山旅游度假区·

【概况】 2021年，茅山旅游度假区坚持以规划引领、项目建设、专项治理、党旅融合为主抓手，提升管理水平。全年实现营业收入16.3亿元，接待游客568.24万人次，同比分别增长11.64%和36.64%。完成重点服务业和限上贸易营收5.2亿元。

【规划编制】 2021年，茅山旅游度假区明确总体发展定位，厘清旅游发展思路，完成《江苏省金坛茅山旅游度假区旅游总体规划》编制；续编包括《金坛茅山区域发展总体规划》等重点规划，构建生态保护、对外交通等体系，明确城镇开发边界、土地利用范围，优化镇村发展布局；完成编制《仙姑村村庄规划》《金牛山庄综合整治规划》《绿野仙踪IP策划》等9项规划，强化环境综合整治、景观环境提升、生态空间管控以及农居民建房、林地征占用等工作指导。

【项目推进】 10月，茅山旅游度假区总建筑面积4257平方米的茅山国际会议中心竣工并启用。该中心配备大宴会厅、贵宾接待厅、多功能厅，可满足会议、展览等活动需求。同月，明月湖度假酒店项目工程正式开工。该项目占地18.07公顷，总建筑面积约3.96万平方米，客房250间。紫云湖度假酒店装修有序推进。

【专项治理】 10—11月，茅山旅游度假区管委会针对金牛山庄“两违”（违法用地，违法建设）现象，组建工作专班，完成对金牛山庄统一代建区和自建区180户房屋建设问题专项整治，申办不动产权证书176户，办证率97.77%。年内，按照《度假区环境综合整治方案》，完成茅麓茶场四工区8公顷土地复绿工程，茅东、双山、营盘山矿区环境修复通过评审，取缔区内破坏生态的轧石点2处。

【党旅融合】 2021年，茅山旅游度假区结合党史学习教育及“映山红”党建示范圈建设，以“我为群众办实事”为宗旨，依托茅山文旅资源，重建新四军第一支队司令部政治部旧址；打造茅山革命史纪念馆、金坛茅山人防教育体验馆、初心花语大道等红色景点。“重温茅山抗日史，重走茅山抗战路”茶旅路线入选全国“百条红色茶乡旅游精品路线”，以红旅融合党建不忘初心，践行为民服务。

（谢嘉彬）

·江苏省金坛长荡湖旅游度假区·

【概况】 2021年，金坛长荡湖旅游度假区围绕“坚守一湖清水、绘就科教名城”目标任务，强化规划引领，完成科教名城发展等规划编制，推进科教名城配套工程项目建设。推进土地复垦，完成占补项目25.5公顷。加强宣传营销力度，举办中国（长荡湖）休闲湖泊峰会、湖鲜美食节和籽虾节。积极向上争取资金，多项工程被纳入国家和省计划“盘子”，全年争取到区级以上资金2.4亿元。

【规划编制】 2021年，金坛长荡湖旅游度假区根据发展需要，通过成立工作专班、精选设计团队、借鉴先进地区经验、邀请专家组织研讨等方式，编制完成科教名城发展规划、科教名城核心区城市设计和涑渎片区都市田园规划。同时，长荡湖水厂东侧3个地块的策划方案和涉沿江铁路通道、水系规划方案业已完成。

【重大项目】 2021年，金坛长荡湖旅游度假区加强省重点项目河海大学常州新校区工程现场管理，建立健全安全生产、质量控制、投资控制和廉政风险防控机制，强化疫情防控，提升精细化管理水平。做好建设用地规划许可证、不动产权证、建设工程规划许可证和施工许可证领取等前期保障工作。抢抓工程施工进度，总承包工程内的44栋单体建筑主体结构全部封顶，投资21亿元。

【生态保护】 2021年，金坛长荡湖旅游度假区实施水环境综合治理工程，全年湖区种植挺水植物86.67公顷、沉水植物203.2公顷，投放螺蛳582吨、鲢鳙鱼1000万尾，长荡湖高锰酸盐、化学需氧量、氨氮、总磷同比分别下降9.2%、3.8%、18.4%、15.5%，水环境质量稳步提升。坚持“生态优先、宜粮则粮、应种尽种”原则，完成歇耕土地农业种植600公顷。

（吴金林）

体　育

·群众体育·

【概况】 2021年，金坛区以实施全民健身战略为指引，推进全民健身场地设施建设，共建成全民健身场地36个，健身步道2千米，体育公园1家。丰富全民健身活动，组织举办区第六届体育四季联赛、文体城乡惠民行、全民健身日、2021金坛茅山山地半程马拉松赛等品牌健身活动。开展国民体质监测，在完成全区3000人监测任务的同时，配合常州市体育局在区指前镇、尧塘街道监测640人。区文旅局被国家体育总局评为2017—2020年度全国群众体育先进单位。

【区文旅局获评全国群众体育先进单位】 9月2日，国家体育总局公布2017—2020年度全国群众体育先进单位，区文旅局名列其中。区文旅局围绕群众便利健身、科学健身、文明健身开展各项工作，让群众有更多的获得感、幸福感。重点打造体育四季联赛、惠民城乡行、环钱资湖长跑大赛、迎新春文体惠民活动、亲子系列文体活动等活动；将全民健身场地设施建设列为政府为民办实事项目，不断加大全民健身场地设施的建设投入，每年建设全民健身场地20片；持续充实社会体育指导员队伍，常态化开展体育社会指导员培训；积极组织国民体质监测，充实和完善金坛区国民体质监测系统和数据库；开展体医融合，坚持每年开展不少于6次的运动健康知识讲座，指导人民群众科学健康运动。

【第六届体育四季联赛】 6—12月，按照常态化疫情防控要求，严格控制参赛人数，组织举办金坛区第六届体育四季联赛。该届体育四季联赛设置篮球、足球、乒乓球、羽毛球4个联赛项目和电子竞技、荧光夜跑、定向越野、传统武术展示、体育舞蹈展演、掼蛋、门球、跆拳道、中国象棋9个项目系列赛，参赛群众近4000人。

【体育设施、产业】 2021年，全区建成全民健身场地36个，健身步道2千米，体育公园1家，发放全民健身场地建设奖补经费 80.5 万元。奥体体育产业有限公司在保障全区疫苗接种、重大活动以及运动员训练的基础上，充分利用场馆现有资源开展体育商贸交流活动，实现全年主营业务收入 200 万元。体育彩票销售额达 1.2194 亿元，在全省 66 个县市区中位列第 24 名，较 2020 年进位 15 名，增幅排全省第二。

·竞技体育·

【概况】 2021 年，金坛竞技体育以中长跑、竞走、自行车三支市队区办项目以及集体球类与重竞技项目为重点，协调联络各方资源，发挥区青少年体校龙头作用，强化保障、训练、管理，备战江苏省第二十届运动会。成功举办 2021 金坛茅山山地半程马拉松赛，承办第 24 届中国“恩来杯”中老年篮球联谊赛、江苏省青少年田径中长跑竞走项群赛等体育赛事。

4 月 18 日，2021 金坛茅山半程马拉松赛在茅山旅游度假区开跑

【2021 金坛茅山山地半程马拉松赛】 4 月 18 日在金坛茅山旅游度假区鸣枪开跑，来自全国多个地区的 10000 名马拉松爱好者参赛。比赛设半程马拉松（21.0975 千米）、微型马拉松（9.8 千米）和迷你马拉松（5 千米）3 个项目，分别有 3000 人、3000 人和 4000 人报名。经过一个多小时的激烈角逐，内蒙古选手边岐以 1 小时 9 分 49 秒的成绩获男子组冠军；辽宁选手殷晓雨以 1 小时 21 分 9 秒的成绩获女子组冠军。赛事由金坛区人民政府、常州市体育局主办，金坛茅山旅游度假区管委会、金坛区委宣传部、金坛区文旅局承办。荔枝网、优酷、爱奇艺、金坛手机台等新媒体进行网络直播，网络在线观看 150 万人次。

【第 24 届中国“恩来杯”中老年篮球联谊赛】 6 月 24—29 日分别在金坛中专体育馆、金沙中学体育馆和金坛消防特勤中队体育馆举行。该届赛事由金坛区人民政府主办，金坛区委宣传部、区文旅局、区教育局承办，金坛篮球协会独家执行。比赛分男子 45～49 岁组、50～54 岁组、55～59 岁组、60～64 岁组、65 岁以上组及混合组、女子组 7 个组别，来自全国各地 44 支代表队的 517 名选手报名参赛。经过四天半的激烈角逐，金坛男子老年队获 55～59 岁组、60～64 岁组冠军，金坛搏宁公园代表队获女子组冠军。

【2021 年江苏省青少年田径中长跑竞走项群赛】 4 月 13—15 日在金坛区环湖北路举行。赛事由江苏省体育局、江苏省教育厅、江苏省文明办、共青团江苏省委、江苏省妇女联合会、江苏省发展体育基金会主办，金坛区人民政府承办，金坛区文旅局协办，共 13 城市 13 支代表队 311 名运动员、教练员参加。比赛分体能测试、公路测试两部分，分别在区自行车训练基地和钱资荡路进行。赛事采用最新竞走规则与最新电子判罚系统，设有罚停区。经过激烈角逐，常州市代表队取得 2 金 1 铜好成绩，其中金坛籍运动员张艾佳获女子 13～14 岁组 5 千米竞走全能金牌，刘袁强获男子 17～18 岁组 10 千米竞走冠军。

（李文韬）

（编辑　钱国新）

卫生健康

综　述

【概况】 截至2021年年底，金坛区拥有各级各类医疗卫生机构221家。其中，医疗机构209家，公共卫生及其他卫生机构12家。医疗机构中，区属医院3家，乡镇卫生院12家，城市社区卫生服务中心2家，社区卫生服务站17家，村卫生室94家，民营医院8家。门诊部24家（民办23家），诊所44家，企事业单位医务室13家。

全年自主、公开招录卫技人员58人、高层次专业技术人员16人、柔性引进实用性高层次人才2名。年末，全区床位共3075张。其中，区级医院实际开放床位1812张（区人民医院1000张、区中医医院362张、区二院450张），乡镇卫生院（含城市社区卫生服务中心）615张，民营医院648张。每千人拥有床位5.26张。

全区共有卫生技术人员3981人。其中，执业（助理）医师1692人，执业护士2002人。全区每千人拥有卫技人员6.80人、执业（助理）医师2.89人、执业护士3.42人。

2021年金坛区级医院、卫生院、专科医院情况一览表

表34

医院	卫技人员（人）	床位（张）	门急诊人次（人次）	出院人数（人）	重点（特色）专科
金坛第一人民医院	1154	1000	696538	22681	肿瘤科、泌尿外科、神经内科、消化内科、脑外科、骨科、心内科、急诊医学科、儿科、检验科、麻醉科、药剂科、放射科、神经病学学科、妇科
金坛区中医医院	546	400	414567	9785	皮肤科、骨伤科、中西结合心内科、脑病专科、中西结合妇产科、中西结合肿瘤科、中西结合呼吸科、中西结合消化内科、中西结合肛肠科、肺病科
金坛区第二人民医院	480	530	330250	4588	精神病专科、消化内科、妇产科、呼吸内科
金坛区直溪中心卫生院	126	100	112567	2772	小针刀专科、省级示范中医科、疼痛科
金坛区薛埠中心卫生院	129	100	94155	2001	老人山伤骨科
金坛区社头中心卫生院	42	20	43433	0	—
金坛区水北中心卫生院	48	25	95109	677	—
金坛区尧塘中心卫生院	90	36	90031	775	省级示范中医科
金坛区金城镇卫生院	264	100	211838	2865	妇产科、口腔科

续表 34

医院	卫技人员（人）	床位（张）	门急诊人次（人次）	出院人数（人）	重点（特色）专科
金坛区指前镇卫生院	43	20	53320	68	—
金坛区建昌卫生院	47	18	42169	153	—
金坛区儒林镇卫生院	100	30	103094	692	省级示范中医科（中医妇科、针推、骨伤）
金坛区茅麓卫生院	56	20	46002	372	—
金坛区朱林镇卫生院	94	36	61951	648	—
金坛区洮西卫生院	24	15	40560	27	—
金沙医院	75	60	64226	1600	
金坛区博爱医院	59	50	35602	1336	—
金坛爱伦医院	36	40	12775	844	—
金坛韩氏中医关节病专科医院	16	30	1526	440	—
江南医院	113	150	16805	2298	—
诚康医院	60	90	735	700	—
雅健医院	28	48	977	533	—
吴越医院	29	60	0	193	—

公共卫生

【新冠肺炎疫情防控】 2021 年，金坛卫健系统认真落实各项疫情防控任务，圆满完成聚集性疫情处置 3 次。先后派出 100 余名医务人员支援南京、扬州、常州等地进行核酸采样、疫情处置流调等工作。提升核酸检测能力。全区设有核酸采样点 19 个，完成新冠病毒样本检测 90 万余份，储备核酸采样人员 2000 人，确保 2 日内完成 58.51 万人的全员核酸检测目标人群任务。全区累计接种新冠疫苗 1056627 剂次，其中第一针 534900 人，18 岁以上常住人口首针接种率 92.95%（471113 人），累计加强接种 21627 剂次，加强接种率 4.74%。3～11 周岁人群接种任务数为 4.23 万人，完成首针接种 35557 剂次，首针完成率 84.06%。

【张俊东第三次出征支援西安】 12 月 19 日，金坛区朱林卫生院院长、社区防控专家张俊东第三次接受国家卫生健康委的指派到达西安，作为国务院联防联控机制综合组赴陕西工作组的一名社区防控组专家，指导当地新冠肺炎疫情防控工作。

（顾裕铭）

【疾病预防控制】 2021 年，全区共报告甲乙类传染病 583 例（发病率 103.46/10 万），与上年 512 例（发病率 90.86/10 万）相比增长 13.87%。除新冠肺炎、登革热、痢疾外，其他病种与上年相比均呈上升趋势，但与 2019 年相比仍保持稳定。全区高血压患者规范管理率 90.53%，糖尿病患者规范管理率 91.32%，在册严重精神障碍检出患者管理率 94.84%。重视预防接种工作。全区基本公共卫生各免疫规划疫苗接种率均达到 95%，乙肝首针、麻腮风接种及时率均达到 90%。全区建立居民健康档案 529421 份，建档率 93.96%。完成 65 周岁及以上老年人体检 86007 人，65 周岁以下企业退休人员体检 23923 人，体检率达 75.94%。提档家医签约服务能力。共组建高效率的家庭医生团队 99 个，全区总签约 205662 人，重点人群签约率 87.01%。在常州市艾滋病防治技能竞赛中，金坛区 4 名选手经过紧张激烈的角逐，最终获得团体第二名的好成绩。

【金坛第二人民医院创建省级家庭医生工作室接受现场评审】 11 月 25 日，江苏省级专家组一行到金坛区“郑芸家庭医生工作室”进行现场评审，常州市卫健委基层处处长苏燕、金坛区卫健局副局长徐颖等领导陪同验收。评审专家通过抽查部分工作室的签约服务记录、实地查看工作室的设备及人员情况、听取汇报的形式，对“郑芸家庭医生工作室”的运行情况进行了深入细致的了解。专家组对“郑芸家庭医生工作室”服务模式给予肯定，“郑芸家庭医生工作室”为东城街道华城社区签约居民的综合健康服务提供有力保障。金坛区第二人民医院全面推进家庭医生网格化服务，以省星级家庭医生工作室为标准，统一标牌标识和制度流程，配齐与服务要求相适应的设施设备，发挥健康保障网作用，努力创建更多特色省星级家庭医生工作室，服务好辖区居民。

（曹江鸣）

【金坛区中医医院接受中国高血压达标中心现场核查认证】 5月21日，南京市东南大学附属中大医院心内科教授童嘉毅、上海市第六人民医院教授赵清、国家高血压达标中心认证办公室主任成红3位专家到金坛区中医医院进行中国高血压达标中心现场核查认证。专家组听取工作汇报后，对高血压达标中心的双向转诊、随访、团队建设、信息化建设等问题现场提问，对中心建设设施、数据资料进行全面核查，对随访工作现场进行考核。会后，专家组走访医院高血压门诊、心脏彩超室、心电图室、动态血压监测室、心血管内科病区，实地考察高血压中心运行情况，查看病区高血压患者病程记录、医嘱及相关诊疗流程，对医院高血压达标中心的工作给予好评，认为认证资料准备充分、各项制度健全、人才梯队建设、硬件设施较为完善、高血压病诊疗流程、继发性高血压的筛查规范、精细化管理成效明显。

（曹　怡）

【卫生监督】 2021年，金坛区全面推行医疗机构、医师、护士“电子证照”，完成医师电子证照的申领率达96.9%，护士电子证照的申领率达95.16%。全年监督检查单位4732户次，其中医疗机构936户次、公共场所3573户次、学校214户次、消毒产品经营单位9户次，印发疫情防控宣传材料3800余份。行政处罚42起（含简易程序4起），罚没款总额35.889万元。

（刘佳静）

综合医改

【概况】 2021年，金坛区牢固树立“以人民健康为中心”的服务理念，推进综合医改进程。12月30日，金坛区政府与上海一院正式签约，合作共建金坛第一人民医院，让百姓享受到更高端优质的医疗服务。金坛区2020年度公立医院综合改革效果评价在全省53个县（区）排名中列第五名。全年基层医疗卫生机构诊疗量占总诊疗量的51.40%。金坛第一人民医院于11月初接受三级甲等综合医院评审，薛埠中心卫生院被确立为2021年度省级农村区域性医疗卫生中心。

【上海市第一人民医院金坛医院揭牌】 12月30日，上海市第一人民医院与金坛区人民政府签署院府合作协议，上海一院院长郑兴东与常州市副市长陈正春共同为“上海市第一人民医院金坛医院”揭牌。这标志着金坛区卫生健康事业发展踏上长江三角洲区域一体化发展的快车道。新任命的上海市第一人民医院金坛医院副书记、院

2021年12月30日，上海市第一人民医院、常州市金坛区人民政府合作共建金坛第一人民医院签约揭牌

长蔡郑东表示，将深刻把握公立医院的发展内涵要素，打造有真正影响力的专科，提升处理常见病、多发病的能力及疑难病的诊治水平，强化医生队伍整体素质；努力探索长三角一体化背景下具有上海市第一人民医院特色的紧密型医联体新模式。在学科建设、医疗质量、服务水平、医院管理、科教工作、人才队伍建设等方面加强双方合作，秉承上海市第一人民医院标准的同质化管理的“三高”目标，即将医院高质量发展、患者高满意度就医、员工高品质生活理念根植金坛；争取将金坛第一人民医院建设成政府放心、百姓满意、医疗能力一流、服务水平优良的三级甲等医院和基层区域医疗中心，打造医疗领域长三角一体化建设的标杆。

（顾裕铭）

【金坛第一人民医院全面实施支付方式改革】 1月份，金坛第一人民医院全面进入诊断相关分类（DRGs）付费模式，多层次开展DRG付费改革培训，利用信息化手段对超额病例进行监测与分析，优化病案首页填写，加强与行业标杆的对标分析。

（蔡　洪）

医政管理

【医疗服务】 2021年，金坛区突出“一院一品”专科特色，提升临床重点专科建设，进一步提升医院诊疗服务水平。第一人民医院儿内科、泌尿外科、麻醉科、消化内科、病理科通过市级临床重点专科评审。直溪中心卫生院与南京鼓楼医院林建主任团队展开全面合作，设立“金坛疼痛中心”及“林建主任医师疼痛科专家工作站”，金坛疼痛中心共接诊门诊4218人次，住院188人次，其中金坛区以外患者占35%。强化基层特色科室实力，中医药优势得到进一步发扬。直溪中心卫生院消化内科、薛埠中心卫生院老年病科、朱林镇卫生院糖尿病科、指前镇卫生院消化内科、水北中心卫生院中医科通过市级基层特色科室评审。直溪中心卫生院中医馆达到服务能力五级标准；尧塘中心卫生院、薛埠中心卫生院、金城镇卫生院3家的中医馆服务能力达到四级标准。

全年无偿献血7114人次，献血总量2395350毫升，核酸检测率100%。实现辖区内临床用血100%来自自愿无偿，血液成分制备使用率99.9%以上。

年内，金坛区卫生健康服务保障中心共组织基建工程、后勤物资、办公用品和医疗设备招标采购311次。其采购预算总价19933.52万元，实际招标总价17340.17万元，节约资金2593.34万元；全区医疗机构网上药品采购金额40917.2万元；全区公立医疗机构共采购医用耗材21748.72万元；中药饮片和中药颗粒剂共采购2165.2万元。

（马煜清）

【常州市医学会疼痛学分会委员赴金坛疼痛中心参观交流】 12月26日，常州市医学会疼痛学分会全体委员到金坛疼痛中心进行参观、学习、交流。直溪中心卫生院院长汤立明带领委员们参观疼痛中心病房、各种治疗设备，了解疼痛中心多种专业特色诊疗方式，并观摩腰椎间盘突出症CT下行胶原酶溶解术治疗。该技术是中心开诊以来开展的微创治疗，在全区属先例。金坛疼痛中心于2021年5月18日正式揭牌，汇集优秀疼痛科人才，并由全国知名疼痛专家、江苏省疼痛医学奠基人“国之名医”林建教授及其团队定期坐诊，拥有全区最完善的诊疗区域和各种先进的治疗设备。自开诊以来在专家团队指导下开展鞘内靶控（程控）药物灌注系统植入术，椎体成形术、射频热凝术（低温等离子）等手术治疗，其中椎间孔镜＋钬激光治疗椎间盘突出、椎管狭窄症；射频＋PRP（富血小板血浆）对骨性关节病、椎间盘胶原酶融核术等的治疗和手术在省内领先，为本辖区及周边市区众多患者解除疼痛。

（任　娟）

【区人民医院获评全国2020年度改善医疗服务示范医院】 2021年2月，在国家卫健委医政医管局委托健康报社举办的“进一步改善医疗服务行动计划”2020年度宣传推进活动中，金坛区人民医院获评改善医疗服务示范医院。国家卫生健康委医政医管局联合健康报社开展2020年度“改善医疗服务亮点推荐及展示活动”，旨在通过交流研讨，展示改善服务的创新成果，提高医疗服务水平，切实改善人民群众的就医感受。根据活动方案要求，金坛区人民医院参与了“改善医疗服务示范医院”的申报展示活动。

（吴晟华）

【区中医医院获评全省脱贫攻坚暨对口帮扶支援合作先进集体】 10月31日，区中医医院获评全省脱贫攻坚暨对口帮扶支援合作先进集体，受到省委、省政府的表彰。自2018年国家开展东西部协作帮扶以来，区中医医院积极响应号召，分批选派医德医风好、敬业精神强、业务水平高、具备一定指导带教能力的医疗专家到陕西省安康市的石泉县、宁陕县开展帮扶工作。三年来，区中医医院医疗专家帮扶累计接诊5000余人次，带教查房200余次，手术300余台，开展学术讲座30余次，下乡义诊32次，开展新技术新项目24项，有许多新技术填补当地技术空白。同时，接受陕西到金坛进修学习人员20人次，累计学习80个月。在脱贫攻坚战和对口帮扶支援合作工作中，区中医医院生动诠释“上下同心、尽锐出战、精准务实、攻坚克难”的脱贫攻坚精神，圆满完成脱贫攻坚和对口帮扶支援合作的任务。

（李云芳）

【医疗医学】 2021年，全区拓宽人才引进范围，持续落实高层次人才引进措施。完成2020年度引进的高层次卫生人才及团队的专家审核确认工作，并下拨2017—2020年引进卫生高层次人才资金318.55万元。招录研究生16名、农村定向医学生22名、省基层招聘人才3名，普通医卫类人才18名。新增到岗委培农村医学毕业生30名，通过职业资格考试录用乡村医生19名。2021年，共申报国自然1项、省科技局课题2项、省卫健委课题2项、省中医药局课题2项、常州市科技局课题12项、常州卫健委课题4项，申报市级新技术引进奖3项。申报江苏大学教改课题2项。常州市科技局课题有8项获立项，常州市卫健委课题有3项获立项。完成2项市科技局立项课题的验收，区科技局15项课题的验收。

【金坛第一人民医院血管外科完成首例颈动脉内膜剥脱术】 1月13日，金坛第一人民医院血管外科顺利完成首例颈动脉内膜剥脱术。患者为老年男性，因患左侧肢体麻木、乏力入住该院。经头颅CT检查，该患者脑部右侧基底节区腔隙性脑梗死，又经颈部血管超声及颈动脉血管成像检查，发现右侧颈内动脉重度狭窄，后经脑血管造影检查见右侧颈内起始处重度狭窄，呈闭塞前状态，左侧颈内动脉起始处、虹吸段斑块形成，轻度狭窄，左侧颈外动脉起始处重度狭窄。进一步证实该患者右侧颈内动脉狭窄90%，接近完全闭塞。经家属同意，血管外科副主任医师朱小俊决定采用目前国际上预防脑卒中治疗最先进的颈动脉内膜剥脱术。术后返ICU密切监护血压，第二天病情平稳后返回病房，病人感觉良好，恢复很快，能够下床活动，1周好转出院，半个月后复查颈部增强CT未见右颈内动脉狭窄。

（黄　聪）

【金坛第一人民医院心内科完成首例房颤射频消融术】 1月13日，金坛第一人民医院心内科顺利完成首例房颤射频消融术。患者路某，58岁，因“反复心慌8年，加重1年”在该院门诊就诊。初期患者阵发性房颤反复发作，1年前患者转为持续性房颤，平时服用抗心律失常药物心室率控制不佳，严重影响其生活质量，而且增加了因心房颤动而出现脑卒中的风险，心超检查提示心功能下降，心内科副主任医师杨黎明耐心沟通后建议其住院治疗行射频消融手术。患者入院后经食道超声排除左心耳血栓，术中患者转为窦性（正常）心律，术后患者恢复良好，心功能较前改善。

（蒋慧敏）

【区中医医院微创治疗成外科手术患者首选】 2021年9月上旬，患者胡某于单位体检时发现胃部恶性肿瘤，被区中医医院收住外科进行手术治疗。入院后副主任医师陈相评估患者病情后，考虑到患者肿瘤早期发现，采用微创治疗，可以减少患者手术创伤。患者于9月16日在全麻下行腹腔镜下远端胃切除术＋胃空肠吻合术，术后在医护人员的精心护理下于9月29日康复出院。金坛区中医医院外科从1996年起即开展腹腔镜胆囊切除术，这在当时的常州地区也属第一批开展微创治疗的医院。经过20多年的发展，区中医医院外科的“微创治疗”技术已趋成熟，并深入外科手术的各个领域，如腹腔镜结肠直肠癌根治术、胸腔镜肺癌根治术、胸腔镜食管癌根治术、腹腔镜胆总管切开胆道镜取石术等。相对于传统开放手术的切口大、创伤大、恢复时间长，微创治疗以其痛苦小、创伤小、恢复快等优势，日渐成为外科手术患者首选的治疗方法。

（李云芳）

健康促进

【概况】 2021年，全区积极开展妇幼保健工作，创建市级妇幼规范化门诊1家，推荐参评省级妇幼规范化门诊1家。在职业健康管理方面，卫健部门与开发区、华高新区、各镇（街道）对接，明确工作思路，确定职业健康监管人员；巩固职业卫生分类分级监督执法试点成果，启动职业健康保护行动先行区建设工作，推进江苏省健康企业建设和“职业健康达人”评选工作；推进健康促进区建设工作，开展城乡环境卫生整治行动，完成健康村和健康促进医院创建目标任务。

【妇幼卫生保健】 2021年，金坛区积极开展妇幼保健工作。全区个人母婴保健资格证考核换证22人，完成婚检894人，发放叶酸1491瓶，“两癌”筛查28375人，孕优407人。在园儿童视力免费筛查14642人。全区孕产妇死亡率为39.98 / 10万，婴儿死亡率为4.39‰，5岁以下儿童死亡率为6.40‰。

【金坛妇计中心妇女“两癌”检查典型案例获省三等奖】 12月，省妇幼保健院通报江苏省妇女“两癌”检查项目典型案例获奖结果，金坛妇计中心上报的《只要发现早，“两癌”能治好》获得典型案例类三等奖。2021年“两癌”检查项目被列为江苏省民生实事项目。金坛妇计中心作为区级项目技术指导和业务管理单位，高度重视项目实施质量和效果。截至年底，全区“两癌”检查累计22万人次，检出宫颈癌及癌前病变897人，乳腺癌及癌前病变69人。

（刘佳静）

【爱国卫生】 2021年，金坛区完成朱林镇、指前镇创建国家卫生镇考核验收工作，完成9个健康村、2个健康社区创建工作。开展全区控烟工作宣传活动和无烟党政机关建设工作，无烟党政机关建设率达100%。

【区中医医院戒烟门诊接受“国家级戒烟门诊”授牌】 5月27日，常州市第34个“世界无烟日”主题宣传活动在武进区牛塘镇清莲公园广场举办，常州市卫健委为金坛区中医医院戒烟门诊颁发“国家级戒烟门诊”铜牌。金坛区高度重视控烟工作，将“在禁止吸烟场所吸烟”列入不文明行为重点治理清单，积极开展健康金坛的“控烟行动”。通过广泛开展控烟宣传教育，积极推进无烟环境建设，持续加强公共场所控烟执法，逐步建立专业戒烟门诊的戒烟服务体系。

（荆菊梅）

人口与家庭发展

【概况】 2021年，金坛区人口监测与家庭发展围绕卫生健康中心工作，深入贯彻实施全面三孩政策，落实省、市关于促进3周岁以下婴幼儿照护服务发展的相关文件精神，以加强人口监测预警、完善生育服务管理、加强计划生育特殊家庭扶助、推进婴幼儿照护服务、提升家庭发展能力为重点，较好地完成各项工作任务。

【依法行政】 2021年，区卫健局贯彻落实《中共中央国务院优化生育政策促进人口长期均衡发展的决定》，加强三孩政策的宣传引导，落实配套措施，取消社会抚养征收。依法依规妥善处理历史遗留问题。督导镇（街道）做好生育服务登记工作，大力推进生育网上登记工作。全年登记2376对。其中，一孩1485对，二孩891对。

【家庭发展】 2021年，全区落实计划生育各项奖励优惠扶助政策，做好奖扶、特扶、企业退休职工一次性奖励、城镇非从业居民一次性奖励登记、审核、公示工作。全年共发放农村部分计划生育家庭奖励扶助金3120.86万元、特别扶助金1890.32万元、一次性奖励金2772.36万元、独生子女父母奖励金47.68万元、公益金4.4万元。

【人口统计】 根据2021年年报，全区总人口573867人。其中育龄妇女138176人，已婚育龄妇女82701人，初婚1372人。出生2531人。其中，一孩出生1384人，二孩出生993人，多孩154人。人口出生率4.40‰。死亡4441人，人口死亡率7.72‰。

【计生协会工作】 2021年，全区共196个计生协会组织，会员有55483人，其中集贸市场、企业、流动人口计生协有60个。评选出区级计生协先进集体4个、先进个人20名。聚焦生育关怀与家庭健康，以“壮阔四十年奋斗新时代——中国计生协成立40周年”“5·29会员活动月”“春晖送暖行动”“暖心行动”为契机，开展各类宣传、帮扶活动333场次，服务16697人次。新建金城镇庄城村、薛埠镇罗村村2个常州市级生育关怀帮扶基地。

（马煜清）

（编辑　张继华）

2021年10月8日，金坛籍医疗卫生界专家返乡义诊合影

社会生活

劳动保障

【概况】 2021 年，金坛区健全劳动关系综合治理体系，强化劳动关系源头治理、综合治理、依法治理，努力提高治理效能。坚持标本兼治，深化推进欠薪治理，以深化欠薪根治提档治理效能。夯实和谐劳动关系基础，构建劳动争议多元化解格局。深化校政企合作，提升育才实效。

【劳动争议仲裁】 2021 年，全区共受理劳动争议案件 1215 件，调解成功率 64%，按期结案率 93%，为劳动者追回各类经济损失 5300 余万元。加强劳动争议调解组织建设，完善区、镇（街道）、村（社区）、企业四级劳动纠纷调处网络。截至年末，全区 9 个镇（街道）、2 个行政村、10 家企业建立了劳动争议调解组织。创新网络调解仲裁办案模式，利用劳动人事争议“云仲裁”网络平台，高效处置劳动人事争议案件 521 件，努力提升劳动人事争议处理信息化水平。

【行政许可】 2021 年，全区共办理行政许可 116 件，其中职业中介经营许可 24 件，劳务派遣经营许可 77 件，特殊工时许可 16 件。特殊工时中，综合计时涉及 7206 人，不定时计时涉及 208 人。指导乡镇街道完成特殊工时审批 37 件，涉及综合计时 8890 人，不定时计时 1173 人。

【职业培训】 2021 年，区人社局深入推进职业技能提升行动，依托市级“职业技能培训云平台”，开展企业职工职业技能等级培训、专项培训。深化校政企合作，成立常州工业职业技术学院金坛分院，充分利用职业教育多元办学新优势，助推全区职业技能人才培育高质量发展。组织高职院校与金坛重点企业合作对接，签订校企人力资源合作协议，高标准打造企业新型学徒制培育升级版。举办全区第四届“金工匠”系列职业技能竞赛，以赛促训、以赛提技，为企业技能人才快速成长开辟“绿色”通道。加快职业院校、技工院校和行业组织职业技能等级认定，全区新增技能等级认定试点企业 3 家，民办职业技能培训学校 3 家，开展各类补贴性培训 7173 人。

【劳动监察】 2021 年，区人社局共立案查处劳动监察投诉举报案件 792 件，为劳动者追讨工资等各类待遇 6800余万元。扎实开展根治欠薪冬季、夏季攻坚行动，成立根治欠薪工作专班，联合住建、公安等部门稳妥处置岸头佳园、大乘汽车两起重点督办案件。深入推进“根治欠薪主题月”活动，落实工程建设在建项目“工程款支付担保”制度，强化执法联动协作，突出依法治欠效能和水平。设立劳动维权“法律援助工作站”，指导直溪镇、东城街道创建“和谐号”调解直通车，进一步加强劳动保障监察执法水平。联合市场监管、公安等部门开展劳务派遣市场专项整治，实地检查 34 家劳务派遣机构，52 家职业中介机构，责令 19 家企业限期整改，取消 2 家企业“劳务派遣经营资格”。推行“双随机、一公开”监管模式，完成 410 家企业的“双随机”检查工作。处理群体性欠薪案件 18 起，向公安机关移送涉嫌拒不支付劳动报酬犯罪案件 4 件，向社会公布重大劳动保障违法行为案件 7 件，被列入拖欠农民工工资“黑名单”2 人。

（尹　欢）

社会保障

【概况】 2021 年，区人社局始终坚持以人为本，围绕“普惠共享”强保障，在夯实参保扩面，抓实制度完善，落实惠民举措，严实基金监管，升级经办服务上持续发力，全区社保基金健康平稳运行，企业退休人员养老金十七连调，城乡社会保险覆盖率98%以上，基本实现法定人群应保尽保。

【社保扩面】 2021年，区人社局持续推进全民参保计划，重点做好企业职工应保尽保和新业态从业人员的参保扩面工作，企业职工基本养老保险净增参保11543人，城乡社会保险覆盖率98%以上。贯彻落实《江苏省超过法定退休年龄人员和实习生参加工伤保险办法》，超龄人员参保853人，实习生参保935人，新业态参保3867人。深入实施工伤保险"同舟计划"（国家、省根据建筑行业特点、保障建筑业职工工伤保险权益而专门出台的政策），建筑业新开工项目工伤保险参保率达100%。全面开展机关事业单位养老保险制度改革后退休人员待遇申领审核、退休待遇支付、年金归集等各项工作。研究拟订机关事业单位养老保险参保编外人员和人事代理人员转企业方案。规范有序开展企业职工养老保险补缴工作。稳步提升社保待遇水平，城乡居民基础养老金标准从每月280元提高到每月335元，缴费满15年的从每月310元提高到每月365元；被征地农民养老补助金标准从每月680元提高到每月760元，惠及10万余人。实施社保精准扶贫，为重残、建档立卡等四类人员代缴居民养老保险1554人。扎实开展工伤预防、认定、康复等工作，组织工伤预防培训1140余人，受理工伤认定案件2280件。

【社保基金管理】 2021年，区人社局强化社保监管稽核工作，联合区劳动监察大队，依法合规处理各类投诉举报案件。截至年末，实地稽核企业13家，稽核1351人。深入细致开展社保基金审计问题自查自纠专项行动，切实加强基金监管力度。严把基金出口关，根据民政、公检法等部门的大数据比对结果，核查重复领取养老待遇人员4人，追回违规领取待遇金额24万元。

【经办服务】 2021年，区人社局加速推进"网上通办"。以省人社一体化信息平台上线为契机，创新推行业务新模式，推广网上办事服务大厅、"江苏智慧人社"App，普及掌上人社服务。提供101项网上办理服务事项，人社网办率95%以上、一次性办结率100%，开展人社服务快办行动，实现349项人社业务统一办理。加速推行"综合柜员制"改革，对38个高频服务事项在法定时限基础上提速30%。简化企业社保登记程序，社保"即时办结"业务达24项。

（尹　欢）

【疫苗和接种费用保障】 2021年，金坛医保分局精准做好新冠疫苗和接种费用保障，全年支付新冠疫苗费用和新冠疫苗接种费用6286万元。持续降低常态化防疫成本，先后三次降低新冠病毒核酸检测价格，单人单检由120元降至40元，混检降至10元每人次，减轻群众和财政负担。同时，持续落实"两个确保"政策，创新经办管理服务，全力做好确诊和疑似患者医疗救治费用保障。

【医保参保扩面】 2021年，金坛医保分局强化医保政策宣传，加大参保扩面工作力度，做到应保尽保、应缴尽缴，全区基本医疗保险参保52.36万人。其中，职工医保23.28万人，居民医保29.08万人，生育保险13.46万人。基本医疗保险参保率98%以上。

【城乡居民医疗保险】 2021年，全区做好城乡居民医疗保险筹资标准调整工作。标准调整后，"老年居民""非从业居民"每人1620元，"未成年居民"每人1260元。其中，"老年居民""非从业居民"个人缴费标准为每人580元；"未成年居民"个人缴费标准为每人360元，政府补助标准分别为每人1040元、每人1040元、每人900元。全区城乡居民医疗保险住院医疗费用补偿政策与上年保持一致，目录范围内的一级医疗机构补偿93%；二级医疗机构补偿78%；三级医疗机构补偿60%。

【医保基金监管】 2021年，金坛医保分局强化与法院、检察院、公安、卫健、审计、市场监管等部门的联动协调机制，加大案件查处力度。严厉打击诱导参保人员小病大养、虚假住院等各种利用医保政策套取、骗取医保基金的行为。通过现场检查、夜间巡查等多种措施，高密度、多频次监督检查，对费用增长过快涉嫌违规的定点医疗机构重点检查，定点医药机构现场检查覆盖率100%，发布打击欺诈骗保典型案例7例，上级交办欺诈骗保举报投诉线索办结率100%。加强医保社会监督，通过聘请5名医保基金社会监督员，参与医保基金监管。通过公布举报电话、设置举报箱、意见簿、"12345"热线等方式畅通投诉渠道，发挥社会监督作用。对存在的问题线索发现一起、查实一起、处罚一起、曝光一起。全年共接到信访举报线索6条，发现存在违规问题的定点医疗机构3家，追回违规使用医保基金11613.71元，处违约金2万元。

【医疗救助】 2021年，金坛医保分局通过免缴个人居民医疗保险费，对最低生活保障家庭成员、特困供养人员、具有当地户籍的临时救助对象中的大重病患者、享受民政部门定期定量生活补助的20世纪60年代精简退职职工、重点优抚对象、困境儿童、区总工会核定的特困职工实施医疗救助。全年个人免缴居民医疗保险费为16648人，其中建档立卡低收入一般农户人口为3030人。

【医药服务管理】 2021年，金坛医保分中心完成定点医药机构服务协议签订532家。门诊慢性病待遇下放到各个乡镇卫生院办理，新增门诊慢性病共计9391件。累计办理双通道药品936条，特定病药品634条。异地就医网上办理1329件，现场办理1179件。

【招采工作】 2021年，全区国家和省组织药品集中带量采购约定采购量完成率为100%，国家和省组织医用耗材集中带量采购约定采购量完成率为100%。推进阳光采购平台建设，二级以上公立医疗机构药品网上采购率99.55%，二级以上公立医疗机构高值医用耗材网上采购率98.17%，省平台与二级及以上公立医疗机构达标联网率100%。

【智慧医保建设】 2021年，金坛区上线国家医保信息平台，根据实际情况及业务需求对医保信息平台进行配套完善和持续优化，做好本地个性化的延伸拓展。积极推广医保电子凭证应用，全区医保电子凭证激活率50%以上，参保群众就医购药时无须实体卡，直接使用医保电子凭证手机移动支付功能进行医保结算。

（狄予兴）

【住房公积金扩面】 2021年，常州市住房公积金管理中心金坛分中心（以下简称金坛分中心）新增开户586家单位，同比增长20.08%；新增人员19512人，增长53.71%。4月，区政府召开全区住房公积金工作会议，表彰10家缴存先进企业，部署2022年扩面目标任务。全年召开各类宣传会、培训会、座谈会、推进会11次，走访联系企业103家。在8个大型居民小区和21个公交站台设置宣传栏，在电视台气象预报节目进行字幕宣传，在3处市民广场布置了宣传橱窗，在广播电台制作出版报纸宣传专刊1期。金坛分中心到各镇区（街道）开展工作交流4次；约谈有职工投诉的企业负责人1次；到工作站开展业务指导2次；到4家企业开展上门服务、政策宣传和网上业务指导，听取企业的意见和建议；到楼盘为购房者提供贷款政策宣传和咨询解答3次；走进“政风热线”栏目进行政策解读1次。

【住房公积金归集】 2021年，金坛分中心共归集住房公积金11.77亿元，同比增长15.30%。金坛分中心在促进未建企业开户建缴的同时，重点引导已建企业实现全员建缴。如信维通信实现全员建缴，新增开户1200多人。6月，金坛分中心及时转发常州市住房公积金管理中心（以下简称市中心）有关2021年度基数调整文件，督促全区汇缴单位认真落实基数调整工作。全年共有2302家单位参加调整，参调率91.9%；65765名职工参加调整，参调率97.12%。人均月缴存金额由调整前的1133.65元增加到1153.08元，同比增长1.71%。金坛分中心定期对缴存情况进行梳理，及时开展催收催缴，共向10家企业寄送了催缴函。全年归集率达到101.70%，同比增加1.12%。

【住房公积金贷款】 2021年，金坛分中心发放住房公积金贷款3289户13.74亿元，同比分别增长20.21%和25.02%，户均贷款41.78万元，回收贷款5.31亿元，增长14.23%。全年受理16家开发公司的期房房源准入项目18个，预售证39张，建筑面积151.39万平方米。受理贷款贴息申请3户10066.50元，特困、低保、低保边缘各1户。

【创新服务管理】 2021年，金坛分中心根据市中心统一部署，在服务大厅设置了“零号窗口”，为职工排忧解难。分中心认真落实好市中心关于“跨省通办”工作相关要求，设立“跨省通办”专窗及受理岗，专人负责受理跨省通办业务。截至年末，办理异地购房提取、缴存证明打印等业务6笔。9月“好差评”系统试运行、12月正式运行后，整体情况良好，没有差评。金坛分中心持续做好个人网厅和微信公众号普及工作，通过发放线上业务宣传手册、组织人员到企业现场讲解等形式，有效提高职工群众对“智慧公积金”服务体系的了解，真正做到让数据多跑路，让职工少跑腿。

（庄静文）

【住房流通市场服务】 2021年，全区房改房上市交易并轨核准168户，补价金额45万元；经济房上市交易核准215户，补价金额1930万元；回购1户，补价金额2万元；房改房违规补价核准2户，补价金额14万元。累计核准上市补价金额1991万元。

【白蚁防治】 2021年，全区抓实白蚁防治工作，累计签订白蚁预防受理单124份，面积650万平方米；竣工项目123个，面积约394.6万平方米。全年灭治量比上年有所增加，累计接听电话、受理咨询约760多例，有效信息登记约300单，上门服务近300次，实际灭治建档260户。灭治主要采用饵站灭治，少量采用粉剂灭治。结合“守护红色基因　献礼建党百年”活动，对中共苏皖区一大会址、湖滨中学及华罗庚公园开展白蚁防治公益治理。

【公房管理】 2021年，全区完成第一批、第二批实物配租共16户家庭入住；完成公租房维修109套；新城东苑四区6号楼计60套公共租赁住房竣工验收并投入使用；完成14套非住宅（营业性用房）的年度集中拍租工作。

【房屋安全管理】 2021年，区住建局受理应急鉴定30起、房屋安全鉴定35处，出具应急鉴定报告30份、房屋安全鉴定报告35份，发出《危房通知书》9份。全年受理投诉举报179起，调查询问笔录63份，发放告知函63份，书面答复“12345”热线105件。

年内，全面完成房屋建筑调查工作，房管中心作为房屋建筑调查工作的责任部门，负责组织实施、统筹推进和监督指导。累计发动1500余人参与，开展培训和指导500余人次，调查房屋31.9万余栋、8172万平方米。其中，城镇房屋约6.4万栋、5951万平方米；农村房屋约25.5万栋、2221万平方米。相关数据已上传到国家平台，试点工作总结报告提交省厅相关部门，初步形成具有特色的“金坛试点”经验，12月底，住建局被国务院普查办以文件形式通报表扬。

根据省、市既有建筑安全隐患排查整治专项行动方案，2021年全区开展既有建筑安全隐患排查整治专项行动。截至12月31日，全区由乡镇自行排查城镇房屋18590栋，建筑面积3400万平方米，上报隐患建筑29栋。

【房屋市场管理】 2021年，区住建局为进一步规范、加强房屋市场管理，全区已备案的房地产经纪机构25家，已备案的房地产估价机构24家，同时联合市场监管局对已备案的中介机构开展常态化“双随机”检查；存量房市场交易方面，累计办理存量房网签合同备案4846件，资金免监管1975件（含上门服务3件）；房屋租赁方面，全年办理租赁合同备案315件。“常州市存量房交易一体化平台”11月28日正式在全区上线运行。

（邹　涛）

民政工作

【概况】 2021年，金坛区民政工作全面推进养老服务、救助工作、“三社”工作、殡葬服务、婚姻登记服务、地名服务六大质量提升任务。居民最低生活保障标准提高至每人每月940元，农村特困人员集中和分散供养标准均提高至每人每月1222元，城市特困人员供养标准提高至每人每月1945元，孤儿集中和分散养育标准分别提高至每人每月2522元和2018元。全年销售福利彩票6245万元，筹集福彩公益金627.62万元。区殡葬综合改革工作成效明显，获得省政府督查激励，区民政局获评常州市推进“五大明星城”建设先进集体。

【社会救助】 2021年，区民政局做好兜底保障工作，全面做好低收入人口认定和动态监测工作，以原农村建档立卡低收入农户、有重病患者或慢性病人的家庭、遇到急难事项或意外事故的家庭等六类对象为重点，广泛深入摸排，及时开展认定。截至12月末，全区摸排困难群众6085户11231人，认定低保边缘家庭217户473人。积极落实困境儿童分类保障政策，严格困境儿童对象审批程序，做到应保尽保，共认定209名困境儿童，全年发放保障金286.67万元。

【养老服务】 2021年，全区以为民办实事项目为契机，积极打造居家养老服务“15分钟服务圈”，建成社区“夕阳红”居家养老服务中心32个，村（居）覆盖率达80%。探索养老服务试点，在东城街道中塘社区、西城街道金安社区和金城镇丹阳门社区试点第三方管理“夕阳红”居家养老服务中心，尧塘街道敬老院“公建民营”，并通过以点带面，逐步在全区形成政府主导、社会参与、群众满意的养老服务新模式。用心办好为老服务实事，按照一户一策方案，认真实施并完成300户困难老年人家庭适老化改造工程。

【殡葬服务】 2021年，区民政局筹集财政资金2000余万元对殡葬服务设施进行升级改造，建成区级集中守灵中心1家、镇级集中守灵中心3家，尧塘街道、朱林镇建成生态节地葬区，指前镇、金城镇、直溪镇、东城街道、西城街道通过与福承园共建的形式实现生态节地葬区建设。举办第四届清明文化节，通过丰富多彩的活动，营造了“平安、绿色、节俭、文明”的清明节氛围，清明期间全区接待祭祀群众18.94万人，车辆4.6万辆。按照省政府15类52件民生实事项目计划，加快骨灰安放设施提档升级步伐，年内完成朱林镇土山公墓骨灰安放设施提档升级。全面实施殡葬惠民政策，截至12月末，全区3837户享受遗体火化基本费用减免，减免总费用375.63万元；4334户享受遗体接运减免，减免总费用130.02万元；358户享受集中守灵告别厅租用费减免，减免总费用71.6万元。

【社会组织管理】 2021年，全区参与省、市社会组织等级评估的6家社会组织中5家被常州市评为AAAA级、1家被江苏省评为AAAAA级。华胜社区“红色帮帮团”获评2021年江苏省社区社会组织高质量发展案例，区社会组织培育发展中心实施的“金益学堂”获评江苏省社区社会组织优秀项目案例。实施“僵尸型社会组织”专项清理行动，累计梳理出僵尸组织76家，通过办理注销和撤销登记处罚清理51家。举办第二届“金沙杯”公益创投大赛，8家社会组织为民服务项目落地城乡社区，服务内容涵盖社区治理、老年人照护、困境儿童帮扶、生态环境保护等，受益8000余人，有关工作被《中国社会报》《江苏民政》报道。

2021年金坛区社会团体一览表

表35

序号	社团名称	性质	办公场所	法定代表人
1	常州市金坛区教育学会	社团	金坛区东环一路411号	曹少华
2	常州市金坛区建筑行业协会	社团	金坛区住建局院内7号楼	周月怀
3	常州市金坛区医学会	社团	金坛区清风路1号A栋213	杨　璐
4	常州市金坛区茶叶协会	社团	金坛区薛埠镇下杖村168号	尹福生
5	常州市金坛区农民体育协会	社团	金坛区金城镇盐港中路181号	章　浩
6	常州市金坛区消费者协会	社团	金坛区西门大街70号	纪建华
7	常州市金坛区台属联谊会	社团	金坛区清风路1号市民中心A座708室	韩春阳
8	常州市金坛区计划生育协会	社团	金坛区清风路1号	沈　利
9	常州市金坛区棋类协会	社团	金坛区北环西路3号二楼207室	杨有洪
10	常州市金坛区老区开发促进会	社团	金坛区西门大街29号四楼	王和廷
11	常州市金坛区篮球协会	社团	金坛区弘化路8号	刘海宏
12	常州市金坛区质量技术监督研究会	社团	金坛区西环二路33号	朱云翔
13	常州市金坛区老年人体育协会	社团	金坛区县府路32号	周雪祥
14	常州市金坛区女领导干部联谊会	社团	金坛区妇联华阳南路88号	王胜玉
15	常州市金坛区作家协会	社团	金坛区南环二路118号	韩献忠
16	常州市金坛区摄影家协会	社团	金坛区文联	王玉华
17	常州市金坛区音乐家协会	社团	金坛区广播电视台	张金平
18	常州市金坛区美术家协会	社团	金坛区文联	程云仲
19	常州市金坛区儿童少年家庭教育研究会	社团	金坛区清风路1号	蒋　俊
20	常州市金坛区农村经济研究会	社团	金坛区西门大街29号四楼	谢锁生
21	常州市金坛区审计学会	社团	金坛区清风路1号A栋1036	徐福福
22	常州市金坛区体育舞蹈协会	社团	金坛区金东街1号文化大厦602室	潘龙珠
23	常州市金坛区木兰拳协会	社团	金坛区虹桥新村102～308	程跃芳
24	常州市金坛区茅山老区扶贫协会	社团	金坛区西门大街29号四楼	方志祥
25	常州市金坛区群星舞蹈健身协会	社团	金坛区西城街道文化路7～42号西门社区	黄月娟
26	常州市金坛区佛教协会	社团	金坛区尧塘街道南汤村188号	刘四儿（光超）

续表35

序号	社团名称	性质	办公场所	法定代表人
27	常州市金坛区个体私营经济协会	社团	金坛区市场监督管理局	吕建华
28	常州市金坛区武术运动协会	社团	金坛区南环二路58号（城南村委文化中心内）	王云强
29	常州市金坛区外商投资企业协会	社团	金坛区商务局	张月平
30	常州市金坛区钓鱼协会	社团	金坛区县府路32号	王龙生
31	常州市金坛区基督教三自爱国运动委员会	社团	基督教堂	王新海
32	常州市金坛区土地学会	社团	金坛区东门大街158号	黄克洪
33	常州市金坛区基层法律服务工作者协会	社团	金坛区华苑路30号	黄火荣
34	常州市金坛区交通运输行业协会	社团	金坛区北环西路118号	刘育伟
35	常州市金坛区慈善总会	社团	金坛区市场路156号2楼	潘明志
36	常州市金坛区癌友康复协会	社团	金坛区沿河西路98～502号	欧江涛
37	常州市金坛区税务学会	社团	金坛区东环二路9号	张志杰
38	常州市金坛区农业机械安全协会	社团	金坛区金城镇后阳集镇88号	陈　云
39	常州市金坛区鑫品茶业技术协会	社团	金坛区茅麓镇东下杖	戴粉华
40	常州市金坛区食用菌协会	社团	金坛区指前镇湖溪村常州金坛银湖食用菌有限公司	郑尊富
41	常州市金坛区殡葬协会	社团	金坛区华阳南路86号	孔　斌
42	常州市金坛区长荡湖蟹业协会	社团	金坛区金宜路4号	沈建国
43	常州市金坛区汽车行业商会	社团	金坛区弘化路8号	徐福芳
44	常州市金坛区兰花协会	社团	金坛区东环二路228号	许　昀
45	常州市金坛区体育总会	社团	金坛区金山路168号市民中心A座766室	冯小平
46	常州市金坛区企业促进会	社团	金坛区东门大街9号	张锁林
47	常州市金坛区道教协会	社团	金坛区茅山乾元观	倪雪斌
48	常州市金坛区互联网上网服务业协会	社团	金坛区东环一路8号	冯　景
49	常州市金坛区果品协会	社团	金坛区晨风路12号	周国超
50	常州市金坛区总商会	社团	金坛区市民中心A座7楼	卢建新
51	常州市金坛区女企业家协会	社团	金坛区西门大街43号	朱月珍
52	常州市金坛区羽毛球协会	社团	金坛区体育馆内	潘小平
53	常州市金坛区农村沼气协会	社团	金坛区直溪镇坞家村30号	张卫东
54	常州市金坛区民间文艺家协会	社团	金坛区文联	徐书翔

续表35

序号	社团名称	性质	办公场所	法定代表人
55	常州市金坛区志愿者协会	社团	共青团金坛区委内	闵　译
56	常州市金坛区指前社区百花健身协会	社团	金坛区指前镇原建筑公司办公大楼（指前小商品市场内）	徐正民
57	常州市金坛区后阳工业园区企业管理协会	社团	金坛区金城镇后阳工业园1号	赵国忠
58	常州市金坛区农产品发展促进会	社团	金坛区体育馆内	洪林炎
59	常州市金坛区文艺创作研究会	社团	金坛区清风路1号市民中心A幢559室	朱　瑜
60	常州市金坛区教育书画协会	社团	金坛区河滨小学内	冯建国
61	常州市金坛区建昌红香芋协会	社团	直溪镇建昌许家村128号	蔡九生
62	常州市金坛区炎黄文化研究会	社团	金坛区清风路1号1110室	段振国
63	常州市金坛区水芹协会	社团	金坛区朱林镇红旗圩村委189号	吴长庚
64	常州市金坛区老龄协会	社团	金坛区老干部活动室	姜　玲
65	常州市金坛区社会体育指导员协会	社团	金坛区文化大厦601室	于跃进
66	常州市金坛区青年企业家商会	社团	金坛区弘化路8号	柯玉意
67	常州市金坛区党外知识分子联谊会	社团	金坛区市民中心A幢7楼910室	周新生
68	常州市金坛区建昌圩文化研究会	社团	金坛区建昌集镇天湖街118号	谢国林
69	常州市金坛区餐饮行业商会	社团	金坛区弘化路8号	吴来生
70	常州市金坛区空竹协会	社团	金坛区城区花园1～51号	吴建中
71	常州市金坛区燃气行业商会	社团	金坛区弘化路8号	于锁洪
72	常州市金坛区现代农业装备行业商会	社团	金坛区弘化路8号	施坤林
73	常州市金坛区禁毒教育协会	社团	金坛区丹阳门北路1号	纪立新
74	常州市金坛区时尚产业联合会	社团	金坛区弘化路8号	李　德
75	常州市金坛区浙江商会	社团	金坛区弘化路8号	胡大海
76	常州市金坛区化工医药及新材料行业商会	社团	金坛区弘化路8号	张伟华
77	常州市金坛区朱林镇农村合作经济组织联合会	社团	金坛区朱林镇人民路118号	李林芳
78	常州市金坛区中医药学会	社团	金坛区金城镇沿河西路60号	吴华芳
79	常州市金坛区茅山武术研究会	社团	金坛区愚池公园南门城里尘外茶楼	陈志明
80	常州市金坛区健身气功协会	社团	金坛区荆溪社区7-1幢114	李秀红
81	常州市金坛区苗木商会	社团	金坛区晨风路12号	庄九生
82	常州市金坛区排舞协会	社团	金坛区北园社区紫金园64-8号（北园社区内）	江国娟

续表35

序号	社团名称	性质	办公场所	法定代表人
83	常州市金坛区反邪教协会	社团	金坛区县府路69号	冯罗金
84	常州市金坛区指前镇洮西农村合作经济组织联合会	社团	金坛区指前镇洮西新河村10号	徐　辉
85	常州市金坛区儒林镇农村合作经济组织联合会	社团	金坛区儒林镇	郭　兵
86	常州市金坛区薛埠镇农村合作经济组织联合会	社团	金坛区薛埠镇百花区场1幢101室	刘罗平
87	常州市金坛区绝缘材料行业商会	社团	金坛区直溪镇（镇政府内）	杜炳洪
88	常州市金坛区信鸽协会	社团	金坛区马家路166号	吴新华
89	常州市金坛区足球协会	社团	金坛区汇贤中路9号	王建华
90	常州市金坛区乒乓球协会	社团	金坛区丹阳门北路张角山8号（金坛金榆电子科技集团公司）	蒋玉华
91	常州市金坛区直溪镇农村合作经济组织联合会	社团	金坛区直溪镇直溪供销社办公楼	李　欣
92	常州市金坛区经济开发区河头农村合作经济组织联合会	社团	金坛区经济开发区河头集镇兴隆路141号	马国新
93	常州市金坛区台商联谊会	社团	金坛区清风路1号市民中心A座708室	陈俊隆
94	常州市金坛区冬泳协会	社团	金坛区滨河星城6幢906室	朱志文
95	常州市金坛区心理卫生协会	社团	左邻右里53幢106号	张小俊
96	常州市金坛区米猪协会	社团	金坛区朱林镇咀头村西洋圩	田青芳
97	常州市金坛区户外运动协会	社团	新城社区服务中心三楼（新城东苑一区）	李文忠
98	常州市金坛区自行车运动协会	社团	金坛区西环二路55号28幢02号	傅文杰
99	常州市金坛区春江健身艺术协会	社团	金坛区虹翠路380号（三楼）	于　斐
100	常州市金坛区爆破协会	社团	金坛区江南路36号	金荣林
101	常州市金坛区戏曲家协会	社团	金坛区丹阳门北路9号	王　伟
102	常州市金坛区农民专业合作社联合会	社团	金坛区儒林镇湖头村（常州市万叶饲料科技有限公司）	谢粉祥
103	常州市金坛区朱林镇体育总会	社团	金坛区朱林镇文化大厦	吴长荣
104	常州市金坛区儒林镇体育总会	社团	金坛区儒林镇文体站三楼	许禹九
105	常州市金坛区金城镇体育总会	社团	金城镇文体站	张国平
106	常州市金坛区直溪镇妇女儿童公益促进会	社团	金坛区直溪镇人民政府内	高　露
107	常州市金坛区企业发展研究会	社团	金坛区北环东路130号	徐宏斌
108	常州市金坛区绿色家园志愿者协会	社团	金坛区北环东路96号1504室	朱国平
109	常州市金坛区朱林镇商会	社团	金坛区朱林镇晨风路8号	王向东
110	常州市金坛区金城镇商会	社团	金坛区江南路99号	房国荣

续表35

序号	社团名称	性质	办公场所	法定代表人
111	常州市金坛区游泳协会	社团	金坛区南洲花园2-A3号	徐 伟
112	常州市金坛区儒林镇商会	社团	金坛区儒林镇府前路68号	蒋赤卫
113	常州市金坛区茅驴志愿者协会	社团	金坛区凤凰城工业园38幢1楼	陈月兰
114	常州市金坛区指前镇商会	社团	金坛区指前镇兴标南路27号	俞建强
115	常州市金坛区书法家协会	社团	金坛区文化馆	杨亚明
116	常州市金坛区机动车维修行业协会	社团	金坛区北环西路118号	丁建亮
117	常州市金坛区供销合作经济联合会	社团	金坛区西门大街86号	李国庆
118	常州市金坛区桥牌协会	社团	金坛区丹凤路29号	张陵洁
119	常州市金坛区大雅传统文化研究会	社团	金坛区北环东路117-10号	贺 健
120	常州市金坛区无偿献血志愿者协会	社团	金坛区聚贤路260号	帅健强
121	常州市金坛区金沙义工协会	社团	金坛区华城一村25幢107室	史 欢
122	常州市金坛区国际税收研究会	社团	金坛区华城中路5号	狄欣荣
123	常州市金坛区汽车流通商会	社团	金坛区汽车城8号	吕 锋
124	常州市金坛区人民调解协会	社团	金坛区江南路9号	童国俊
125	常州市金坛区舞蹈家协会	社团	金坛区金东街一号文化大厦三楼	祝柏华
126	常州市金坛区手拉手青年志愿者协会	社团	金坛区春风三村西区2-17号	周国强
127	常州市金坛区广场舞运动协会	社团	金坛区华胜社区居委会	戴梅玉
128	常州市金坛区指前镇东浦村文化建设促进会	社团	金坛区指前镇东浦村老年活动中心院内	陈洪金
129	常州市金坛区自驾游协会	社团	金坛区司马坊60号	周 鑫
130	常州市金坛区电子竞技运动协会	社团	金坛区东环二路152号	曹云峰
131	常州市金坛区化肥企业扶贫帮困协会	社团	金坛区焦园村213号	李文洪
132	常州市金坛区创意机器人协会	社团	金坛区河西庙巷24号102室	张 翔
133	常州市金坛区青少年护航教育志愿者协会	社团	常州区金坛区西门大街77号	丁旭伟
134	常州市金坛区旗袍文化艺术研究会	社团	金坛区乌龙山宝塔禅寺	施留琴
135	常州市金坛区房地产中介协会	社团	金坛区景潭花园E区23-14号	梁国祥
136	常州市金坛区和式太极拳学会	社团	金坛区华明电器厂（丹荆路3号）	欧阳华
137	常州市金坛区社会福利企业学会	社团	金坛区华阳北路15号	李有根
138	常州市金坛区马拉松运动协会	社团	金坛区星城朱庄花苑C区34-18号	薛 琴

续表 35

序号	社团名称	性质	办公场所	法定代表人
139	常州市金坛区家庭医生协会	社团	金坛区清风路 1 号市民中心 A 栋 119 室	周　杨
140	常州市金坛区董永孝文化研究会	社团	金坛区直溪镇董永村生达里 12 号	李洪坤
141	常州市金坛区茅山民俗文化研究会	社团	金坛区薛埠镇致和村委会	王　群
142	常州市金坛开发区益点点妇女儿童公益促进会	社团	金坛区华城中路 168 号	刘　琴
143	常州市金坛中国画学会	社团	金坛区沿河西路 66 号	范石甫
144	常州市金坛区婚庆行业协会	社团	金坛区丹阳门中路 83 号	赵孝卫
145	常州市金坛区婚姻文化协会	社团	金坛区凤凰城工业园 3-2 号	韩一鸣
146	常州市金坛经济开发区商会	社团	金坛区华城路 168 号	荀建华
147	常州市金坛区建昌大蒜协会	社团	金坛区直溪镇建昌集镇沿河北路 22 号	蔡辉宇
148	常州市金坛区直溪镇商会	社团	金坛区直溪镇振兴南路（直溪镇人民政府大楼内）	吴国荣
149	常州市金坛区农村电子商务协会	社团	金坛区薛埠镇仙姑村委庙西村 88 号	姜方俊
150	常州市金坛区黄金村软米协会	社团	金坛区朱林镇黄金村（金土地有机稻米合作社内）	严清华
151	常州市金坛区茶文化协会	社团	金坛区滨湖星城 2-108	李　旭
152	常州市金坛区石锁运动协会	社团	金坛区薛埠镇罗村集镇原建筑公司内	王柏松
153	常州市金坛区儒林乡土文化研究会	社团	金坛区儒林镇便民中心 208 室	周文良
154	常州市金坛区诸葛亮文化研究会	社团	金坛区儒林镇便民中心 208 室	诸葛佩圣
155	常州市金坛区老科技工作者协会	社团	金坛区西门大街 9 号	徐金福
156	常州市金坛区汉服文化协会	社团	金坛区沿河西路 102 ～ 107 号	姚海霞
157	常州市金坛区定向运动协会	社团	金坛区经济开发区汇贤南路 1 号体育馆 105 室	段建春
158	常州市金坛区农村专业技术协会	社团	金坛区金城镇弘化路 8 号	陈菊梅
159	常州市金坛区汽车摩托车运动协会	社团	金坛区西城路 96 号	冯　正
160	常州市金坛区儒林镇水产品电商协会	社团	金坛区儒林镇湖头村(常州市万叶饲料科技有限公司)	潘静兰
161	常州市金坛区徒步运动协会	社团	金坛区文化路 7-43-202	蔡洪青
162	常州市金坛区门球运动协会	社团	金坛区县府路 32 号	洪丽霞
163	常州市金坛区安全生产协会	社团	金坛区良常西路 6 号	陈文忠
164	常州市金坛区新能源汽车产业联合会	社团	金坛区弘化路 8 号	吴建中
165	常州市金坛区指前标米协会	社团	金坛区北环西路 129 号	单爱娟
166	常州市金坛区跆拳道运动协会	社团	金坛区金江东苑物业 3 楼	高　原

续表35

序号	社团名称	性质	办公场所	法定代表人
167	常州市金坛区福建商会	社团	金坛区西门大街219号中大国际商贸城B2-220号	柯志芳
168	常州市金坛区金融业协会	社团	金坛区横街3号	张伟荣
169	常州市金坛区越野跑协会	社团	金坛区西城街道城南村委西下垣321-10号	孙成昊
170	常州市金坛区香道文化协会	社团	金坛区中景商务中心C座1201室	郑小军
171	常州市金坛区科普创作协会	社团	金坛区环城南路131号	虞子宣
172	常州市金坛区掼蛋运动协会	社团	金坛区东环二路168号-4	戴英芳
173	常州市金坛区西城街道商会	社团	金坛区西门大街97号二楼	徐国平
174	常州市金坛区气排球运动协会	社团	金城镇文化路7～42号（三楼）	孙文春
175	常州市金坛区收藏协会	社团	金坛区朱寺巷47号	华福堂
176	常州市金坛区伊斯兰教协会	社团	金坛区马家路景阳花园46号清真寺内	李洪庚
177	常州市金坛区薛埠商会	社团	金坛区薛埠镇百花东路118号	王春华
178	常州市金坛区尧塘街道体育总会	社团	金坛区尧塘街道水北文化站二楼	姜　斌

2021年金坛区民办非企业单位一览表

表36

序号	民非名称	办公场所	法定代表人
1	常州市金坛区涑渎小学幼儿园	金城镇涑渎村	潘海平
2	常州市金坛区老龄问题研究服务中心	金坛区虹桥路6号101室	徐金庚
3	常州市金坛区红太阳幼儿园	金坛区西城路12号	徐国美
4	常州市金坛区金城镇白塔幼儿园	金坛区白塔集镇	周　香
5	常州市金坛区儒林镇五叶幼儿园	金坛区五叶南街84号	尹凤珍
6	常州市金坛区儒林镇中心幼儿园	金坛区儒林镇西街107号	蔡松林
7	常州市金坛区后阳幼儿园	金坛区后阳街80号	高华平
8	常州市金坛区登冠幼儿园	金坛区直溪镇登冠文化路	李粉香
9	常州市金坛区朱林镇敬老院	金坛区朱林镇长兴村	徐小扣
10	常州市金坛区社头幼儿园	金坛区社头集镇镇西路103号	史天一
11	常州市金坛区岸头幼儿园	金坛区西城街道岸头集镇	沈仁美
12	常州市金坛区金城镇白塔敬老院	金坛区白塔联湖村	王小凤

续表36

序号	民非名称	办公场所	法定代表人
13	常州市金坛区尧塘街道敬老院	金坛区尧塘街道汤庄东大街18号	尹卫东
14	常州市金坛区薛埠镇敬老院	金坛区薛埠集镇	袁月芳
15	常州市金坛区儒林镇敬老院	金坛区儒林镇沿河东路25号	尹息英
16	常州市金坛区金城镇敬老院	金坛区金城镇后阳村	倪东生
17	常州市金坛区指前镇敬老院	金坛区指前集镇	张爱生
18	常州市金坛区康苗幼儿园	金坛区尧塘街道汤庄集镇	陈　芳
19	常州市金坛区水北幼儿园	金坛区水北集镇北园39号	林　丽
20	常州市金坛区唐王幼儿园	金坛区朱林镇唐王集镇	徐罗凤
21	常州市金坛区河头幼儿园	金坛区河头集镇	朱夕婷
22	常州市金坛区金沙教育培训中心	金坛区西城街道金坛大道555号	马　平
23	常州市金坛区金城婚姻服务中心	金坛区北环西路161号	尹怡仁
24	常州市金坛区城西托老所	金坛区文化路80号	戚息梅
25	常州市金坛区卫生幼儿园	金坛区南环一路9号	龚秀珍
26	常州市金坛区建昌幼儿园	金坛区建昌育才路17号	孙保华
27	常州市金坛区金沙高级中学	金坛区西城街道金坛大道555号	马　平
28	常州市金坛区茅山台湾银发俱乐部	金坛区茅东林场林南工区	荆火福
29	常州市金坛区金谷新语幼稚园	金坛区北环东路10号	钱志平
30	常州市金坛区光明艺术培训中心	金坛区西门大街2～4号	高　强
31	常州市金坛区阳光教育培训中心	金坛区滨河星城9-110	朱美玲
32	常州市金坛区博学教育培训中心	金坛区西门大街98号B幢192号	袁　园
33	常州市金坛棋院	金坛区东环一路156号	赵　璐
34	常州市金坛区青年创业服务中心	金坛区西门大街77号	管伟华
35	常州市金坛区校外素质教育实践中心	金坛区薛埠镇河口村段玉裁路1号	马　平
36	常州市金坛区东方新概念教育培训中心	金坛区市场路490号三层396～422号	吴忠清
37	常州市金坛区茅山万福院	金坛区茅东林场南工区	荆火福
38	常州市金坛区洮西幼儿园	金坛区洮西集镇希望路2号	王小俊
39	常州市金坛区东进书画院	金坛区金城镇东环二路119号	周尚达
40	常州市金坛区拉丁舞结构舞蹈俱乐部	金坛区东门大街86-6号8楼	邓文军

续表 36

序号	民非名称	办公场所	法定代表人
41	常州市金坛区亿晶员工培训中心	金坛区金武路 18 号	荀建华
42	常州市金坛区美术院	金坛区愚池新村 57 幢 4 楼	朱春伢
43	常州市金坛区启明教育培训中心	金坛区西城路 4 号	吴洪涛
44	常州市金坛区鼎峰教育培训中心	金坛区沿河西路 54 号	杨月琴
45	常州市金坛区群星少儿艺术团	金坛区金东街—号文化大厦三 3 楼	韦小芳
46	常州市金坛区直溪巨龙队	金坛区直溪镇巨村村	欧阳洪福
47	常州市金坛区昂立教育培训中心	金坛区文昌机电市场 2 楼	谢云茹
48	常州市金坛区天一跆拳道俱乐部	金坛区东环二路 168 号 3 楼	王效春
49	常州市金坛区金城镇白龙荡幼儿园	金坛区金城镇白龙荡村向阳路 2 号	周莲华
50	常州市金坛区水北新欣幼儿园	金坛区尧塘街道水北 208-1 号	倪正文
51	常州市金坛区指前镇东浦村老年人关爱之家	金坛区指前镇东浦村	吕建民
52	常州市金坛区东方幼儿园	金坛区开发区东方村张巷里 250 号	陆忠平
53	常州市金坛区朱林镇黄金村老年人关爱之家	金坛区朱林镇黄金村	严清华
54	常州市金坛区茅麓幼儿园	金坛区薛埠镇茅麓石马新街 36 号	陈金明
55	常州市金坛区优容伯利兹培训学校	金坛区金城商业广场 A 幢 2～4 层	袁湘勤
56	常州市金坛区环球教育培训中心	金坛区沿河东路 198 号花都百货四楼	沙盛中
57	常州市金坛区碧水华庭慧乐幼儿园	金坛区南环一路 937 号	赵郦红
58	常州市金坛区居家养老管理中心	金坛区社会福利院内（汇贤南路南端）	许翠萍
59	常州市金坛区小天使康复培训中心	金坛区沿河西路 32 号	顾　叶
60	常州市金坛区金沙棋院	金坛区东门大街 216-1 号 4 楼	李伯庆
61	常州市金坛区指前镇解放村老年人关爱之家	金坛区指前镇解放村委杨树村	王宁民
62	常州市金坛区金沙乐团	金坛区虹翠路 16 号	卢春生
63	常州市金坛区薛埠镇明星体育舞蹈培训中心	金坛区薛埠镇百花市场 2～311 号	胡云仙
64	常州市金坛区名师青少年民族乐团	金坛区北环东路 130 号	崔　俊
65	常州市金坛区常金统计信息咨询服务中心	金坛区沿河东路 203 号	沙　莎
66	常州市金坛区艺海风教育培训中心	金坛区华城中路 138 号	曹月琴
67	常州市金坛区希望幼儿园	金坛区南环二路 108 号	戴国财
68	常州市金坛区社会组织培育发展中心	金江苑一村三区 18 幢同心楼 2 楼	庄　念

续表36

序号	民非名称	办公场所	法定代表人
69	常州市金坛区指前镇清水渎村居家养老服务站	金坛区指前镇清水渎村委	张明俊
70	常州市金坛区阳光志愿者服务队	金坛区丹阳门北路张角山4幢16号	朱红青
71	常州市金坛区江南书画艺术研究院	金坛区金碧园1-A-5号	裴生荣
72	常州市金坛区夏恩英语教育培训中心	金坛区南环一路928号508	倪云峰
73	常州市金坛区金馨托养中心	金坛区朱林镇西岗港城南路99号	周素芸
74	常州市金坛区康乐老年护养院	金坛区东城街道汇福路2号	韩兆清
75	常州市金坛区青少年事务服务中心	金坛区西门大街77号	高　珅
76	常州市金坛区新思维教育培训中心	金坛区华苑新村16幢	陈锁庆
77	常州市金坛区春晖养老院	金坛区文化新村1号	杨　莉
78	常州市金坛区金城镇培丰村居家养老服务站	金坛区金城镇培丰村委	张海益
79	常州市金坛区西城街道居家养老服务中心	金坛区朱庄花苑B区9号楼	谢蓉蓉
80	常州市金坛区西城街道社会组织培育发展中心	金坛区金水华都6号楼附楼	储京林
81	常州市金坛区好乐智慧通教育培训中心	金坛区南环一路938-307号	吴忠清
82	常州市金坛区羽缘羽毛球俱乐部	金坛区华罗庚实验学校羽毛球馆内	王罗华
83	常州市金坛区向日葵护苗之家	金坛区东环二路65号	李　莉
84	常州市金坛区瑞泽工疗中心	金坛区金江苑物业大楼	冯　前
85	常州市金坛区西城街道愚池社区卫生服务站	金坛区愚池新村57幢1楼东侧社区用房	张小俊
86	常州市金坛区西城街道东园社区卫生服务站	金坛区御花园126幢101室	黄国宝
87	常州市金坛区南洲幼儿园	金坛区城南大道302号	陈国华
88	常州市金坛区金馨残疾人之家	金坛区朱林镇西岗港城南路99号	周素芸
89	常州市金坛区东城街道残疾人之家	金坛区金江苑物业大楼	冯　前
90	常州市金坛区美地蓝庭幼儿园	金坛区邮堂庙路489号	徐国美
91	常州市金坛区啄木鸟益工社	金坛区东城街道华胜社区居委会三楼	李　珺
92	常州市金坛区薛埠镇上阳村居家养老服务站	金坛区薛埠镇上阳村委	杨国华
93	常州市金坛区东城街道社会组织培育发展中心	金坛区东城街道峨嵋新村2栋1楼社区用房	崔华强
94	常州市金坛区梦舞蹈艺术培训中心	金坛区虹桥小商品城市场路490号2层164～169号，172～179号	张　志
95	常州市金坛区乡音普法演艺团	金坛区薛埠镇仙姑村宜庄252号	张息林
96	常州市金坛区红太阳教育培训中心	金坛区邮堂庙路495、491、485、483、479号	谢倩冉

续表 36

序号	民非名称	办公场所	法定代表人
97	常州市金坛蓝天救援队	金坛区金水华都 6 栋附楼 3 楼	何　云
98	常州市金坛区天仁跆拳道俱乐部	金坛区西门大街 2～4 号	戴建华
99	常州市金坛区菁益青年志愿服务中心	金坛区西门大街 77 号	庄淑娥
100	常州市金坛区小天使爱心社	金坛区西城路 97 号	潘腊平
101	常州市金坛区沧海志愿者服务中心	金坛区华城汇贤南路 1 号	钱丽华
102	常州市金坛茅山棋院	金坛区薛埠镇茅山八卦台工区 88 号	倪雪斌
103	常州市金坛区小红妈爱心社	金坛区华胜居委会文体中心二楼	许惠燕
104	常州市金坛区西城街道残疾人之家	金坛区金城花园 15 幢	冯　前
105	常州市金坛罗兰教育培训中心	金坛区虹桥路 72-16	赵东翔
106	常州市金坛区韩氏普法戏剧团	金坛区东环二路 126 号御花园 2 幢 1 楼	陶小虎
107	常州市金坛区朱林镇三星村残疾人之家	金坛区朱林镇三星村东岗自然村	罗竹君
108	常州市金坛区白龙荡幸福养老院	金坛区金城镇南瑶村白龙荡白龙东路 1 号	倪东生
109	常州市金坛区丽康养老院	金坛区金城镇后阳街 12 号	刘玉芳
110	常州市金坛区蒲公英妇女儿童关爱服务中心	金坛区汇贤南路汇贤苑内社区居委会	王　娟
111	常州市金坛区益初心社工服务中心	金坛区文化路 7～42 号（西门社区服务中心二楼）	陈月兰
112	常州市金坛区尧塘街道残疾人康复中心	金坛区尧塘街道西华村老村委办公楼	冯　前
113	常州市金坛区金沙应急救援队	金坛区西门大街 97 号	赵建云
114	常州市金坛区益启爱志愿服务中心	金坛区华城路 91-31 号	储孝歆
115	常州博雅实验学校	金坛区尧塘街道晴湖路 599 号	辛　诚
116	常州市金坛区大兵小将工作犬训练中心	金坛区涑渎集镇桥头北街 11 号	汪　彬
117	常州市金坛区桑榆堂居家养老服务中心	金坛区西环一路 110 号	张　敏
118	常州市金坛区搏宁篮球俱乐部	金坛区晨风路 188 号	管　洪
119	常州市金坛区四世同堂康养中心	金坛区丰田路华胜社区同心楼 1 楼	刘　瑜

2021 年金坛区基金会一览表

表 37

序号	基金会名称	办公场所	法定代表人
1	常州市金坛区坤凤公益基金会	金坛区亿晶路 228 号	曹　坚
2	常州市金坛区龙藏慈善基金会	金坛区乌龙山宝塔禅寺	季汉卿

【基层治理与社区治理】 2021年，区民政局依法依规精心指导和组织全区125个村（居）民委员会进行换届选举，完成村（居）务监督委员会、村（居）民代表、村民小组长的同期换届工作，村（居）委会选举一次性成功率100%。建成5个“一门受理、一窗办结”全科社工服务试点社区。高效完成湖头村、建昌村、新塘社区、华胜社区、方麓村5个村（社区）综合服务中心提升改造任务，并投入使用。针对农村社区治理的薄弱环节，出台《关于进一步推进农村社区民主自治建设的指导意见》，就规范议事决策程序、发展村级协商民主等提出明确要求和改进方案。联合区政协、区文明办分别在每个镇（街道）选取一个村（社区）为试点，以举办现场观摩会的方式推动村规民约的修订和完善。指导8个城乡社区进行“常州市平安法治和谐社区示范点”的创建和申报工作，龙溪村等7个村（社区）获评“常州市平安法治和谐建设示范单位”，金河社区、西门社区获评常州市优秀社区。方边村获评第二批全国乡村治理示范村。

【地名管理】 2021年，区民政局启动全区地名规划工作，并委托江苏图博地理信息科技有限公司通过资料梳理、采集词库、匹配名称方案、征求镇（街道、重点板块）意见等工作流程集中编制。截至年末，全面完成9个镇（街道）以及重点板块的地名规划编制工作，在全市率先实现镇级地名规划全覆盖的目标。“金坛茅山”和“建昌圩”入选江苏省首批100个红色地名。规范道路命名、更名工作流程，全年受理地名申报14项、住宅小区门楼牌验收9个。

2021年金坛区新命名地名情况表

表38

序号	类别	新命名地名	四至范围
1	住宅区	云栖四季花园	东临光语花园，西至金湖路，南临金坛大道，北靠逸隽花园
2		乾湖雅苑	东临徐塘路，西至华阳南路，南临乌干路，北靠钱资湖大道
3		苹隽花园	东临永清路，西至金湖路，南临金桂东路，北靠鑫南路
4		连珠水苑	东临规划地块，西至金湖北路，南临夏溪河，北靠创智水都人才公寓（拟命名）
5		创智水都人才公寓	东临规划地块，西至金湖北路，南临连珠水苑（拟命名），北靠规划地块
6		翠语花园	东临金山路，西至群贤路，南临金桂路，北靠北贤路
7		花溪源著花园	东临明湖路，西至九龙山路，南临钱资湖大道，北靠九龙山路
8		金香园	东临金碧园，西至金桂园，南临北环东路，北靠紫金园
9		誉湖庄园沁园	东临茅东水库，西至340省道，南临茅东水库，北靠访仙路
10		仙湖茗苑	东临新浮溢洪河，西至薛埠镇东环一路，南临百花东路，北靠新浮溢洪河
11		儒风苑	东临儒风路，西至儒韵路（拟命名），南临儒雅路（拟命名），北靠儒林中河
12		锦绣家园	东临东进小区（锦绣二村），西至265省道，南临茅东大街，北靠东进路
13		仙湖东苑	东临薛埠镇东环一路，西至仙湖南路，南临仙湖东路，北靠茅东大街
14		熙隽花园	东临科秀路（规划命名），西至科杰路（规划命名），南临德远路（规划命名），北靠鑫城大道
15		滨湖云著花园	东临复兴路，西至明湖路，南临钱资湖大道，北靠九龙山路
16		马庄新苑	东临233国道（指前镇客运站），西至环镇西路，南临环镇南路，北靠学府路
17		辰汐花园	东临杨贺巷路（原新城路），西至徐塘路，南临乌干路，北靠钱资湖大道
18		龙瑞雅苑	东临中兴路，西至科秀路（拟命名），南临金桂东路，北靠德远路（拟命名）

续表 38

序号	类别	新命名地名	四至范围
19	道路	长荡湖北路	该道路为东西走向，东起萍湖南路，西至丹金溧漕河，南临河海大学，北靠华家路。长度为 14850 米，宽度为 8 米
20		华家路	该道路为东西走向，南起河海大道，向北折西至长荡湖西路（规划名称），南临长荡湖北路，北靠沪武高速。长度为 8230 米，宽度为 8 米
21		江东大道	该道路为东西走向，东起 233 国道，西至丹金溧漕河，南临沪武高速，北靠中航锂电科技有限公司。长度为 16100 米，宽度为 64 米
22		金龙大道	该道路为东西走向，东起 233 国道，西至金沙大道，南临乾元路（规划名称），北靠玉门路（规划名称）。长度为 14460 米，宽度为 50 米
23		萍湖南路	该道路为南北走向，南起河下东街，北至长荡湖北路，东临银湖南路，西靠云湖南路。长度为 2900 米，宽度为 32 米
24		汇福南路	该道路为南北走向，南起河下东街，北至沪武高速，东临水华街（规划名称），西靠水镜街（规划名称）。长度为 4560 米，宽度为 32 米
25		汇福北路	该道路为南北走向，南起良常路，北至金城大道，东临小东干自然村，西靠静安路。长度为 1250 米，宽度为 32 米
26		复兴北路	该道路为南北走向，南起良常路，北至九福路（规划名称），东临岳庄自然村，西靠后符路。长度为 1730 米，宽度为 36 米
27		长荡湖旅游大道	该道路为南北走向，南起 239 省道，北至沪武高速，东临叶兴村自然村，西靠长荡湖。长度为 10190 米，宽度为 50 米
28		金山南路	该道路为南北走向，南起河海大道，北至沪武高速，东临原胜营塘自然村，西靠九家里自然村。长度为 1590 米，宽度为 40 米
29		金山路	该道路为南北走向，南起沪武高速，北至鑫城大道，东临金沙科技金融中心，西靠金坛区人民政府。长度为 5030 米，宽度为 40 米
30		庆升路	该道路为南北走向，南起河海大道，北至滨湖南路，东临长荡湖水厂，西靠河海大学。长度为 3200 米，宽度为 18 米
31		丹桂南路	该道路为南北走向，南起河海大道，北至沪武高速，东临河海大学，西靠前湖庄自然村。长度为 2235 米，宽度为 24 米
32		丹桂路	该道路为南北走向，南起沪武高速，北至鑫城大道，东临原西万墅自然村，西靠原欧家村自然村。长度为 4400 米，宽度为 24 米
33		湖东路	该道路为东西走向，东起河下南街、西至长荡湖旅游大道，南临欧渚村自然村，北靠前桥村自然村。长度为 2200 米，宽度为 24 米
34		河下东街	该道路为东西走向，东起萍湖南路，西至河下南街，南临塘下门自然村，北靠金坛区五叶小学。长度为 2800 米，宽度为 18 米
35		钱资湖大道	该道路为东西走向，东起 233 国道，西至叠翠路（规划名称），南临钱资湖，北靠九洲里社区。长度为 15400 米，宽度为 50 米
36		金坛大道	该道路为东西走向，东起金坛区与武进区交界处，西至金沙大道，南临金沙科技金融中心，北靠南洲花园。长度为 18325 米，宽度为 50 米
37		鑫城大道	该道路为东西走向，东起 233 国道，西至金沙大道，南临金坛吾悦广场，北靠金沙体育广场。长度为 13000 米，宽度为 50 米
38		华城路	该道路为东西走向，东起 233 国道，西至东环二路，南临金坛区第一中学，北靠金坛区人民法院。长度为 8280 米，宽度为 46 米
39		晨风路	该道路为东西走向，东起 233 国道，西至下塘桥河，南临江南农耕园，北靠华庭嘉园。长度为 7510 米，宽度为 40 米
40		萍湖路	该道路为南北走向，南起江东大道，北至九龙山路，东临张巷自然村，西靠伏堂村自然村。长度为 2720 米，宽度为 32 米
41		云湖南路	该道路为南北走向，南起 239 省道，北至沪武高速，东临观庄引水河，西靠水华街（规划名称）。长度为 6620 米，宽度为 28 米
42		云湖路	该道路为南北走向，南起沪武高速，北至河山环路，东临萍湖路，西靠龙湖路。长度为 7590 米，宽度为 28 米
43		汇福路	该道路为南北走向，南起沪武高速，北至良常路，东临金坛国际工业城，西靠香格里拉山庄。长度为 9930 米，宽度为 32 米
44		复兴南路	该道路为南北走向，南起锦山路（规划名称），北至沪武高速，东临水镜街（规划名称），西靠水韵街（规划名称）。长度为 4660 米，宽度为 36 米
45		复兴路	该道路为南北走向，南起沪武高速，北至良常路，东临珑庭花园，西靠金坛东城实验幼儿园。长度为 9650 米，宽度为 36 米
46		中兴路	该道路为南北走向，南起长龙山路，北至良常路，东临华兴社区居民委员会，西靠东方新都苑。长度为 4985 米，宽度为 30 米

续表38

序号	类别	新命名地名	四至范围
47	道路	中兴北路	该道路为南北走向，南起良常路，北至九福路（规划名称），东临九村路，西靠周家村自然村。长度为2500米，宽度为30米
48		金湖南路	该道路为南北走向，南起金坛与宜兴交界处，北至沪武高速，东临金东现代产业园，西靠上汤自然村。长度为7615米，宽度为46米
49		金湖路	该道路为南北走向，南起沪武高速，北至良常路，东临金江苑，西靠金湖花园。长度为8930米，宽度为58米
50		金湖北路	该道路为南北走向，南起良常路，北至丹金溧漕河，东临原田舍村自然村，西靠原殷庄自然村。长度为4725米，宽度为26米
51		华阳北路	该道路为南北走向，南起良常路，北至戴庄路（规划名称），东临原殷庄自然村，西靠原戴庄自然村。长度为3425米，宽度为32米
52		河海大道	该道路为东西走向，东起银湖南路，西至金沙大道，南临长荡湖，北靠河海大学常州校区（在建）。长度为14750米，宽度为50米
53		良常路	该道路为东西走向，东起233国道，西至新丹金溧漕河，南临凤凰城，北靠金坛区交通局运政稽查大队。长度为14030米，宽度为28米
54		金城大道	该道路为东西走向，东起金坛与丹阳交界处，西至沈渎大桥，南临红山路，北靠西园路。长度为10640米，宽度为50米
55		汇贤路	该道路为南北走向，南起沪武高速，北至良常路，东临金湖路，西靠钱资湖。长度为8965米，宽度为46米
56		华阳路	该道路为南北走向，南起滨湖北路，北至良常路，东临金坛区公安局，西靠金玺天郡。长度为5500米，宽度为32米
57		杨贺巷路	该道路为南北走向，南起滨湖北路，北至鑫城大道，东临新城东苑，西靠华达名都。长度为2500米，宽度为24米
58		清风路	该道路为东西走向，东起金山路，西至群贤路，南临金坛区图书馆，北靠金坛区人民政府。长度为480米，宽度为12米
59		南店路	该道路为东西走向，东起汇福北路，西至金湖北路，南临连珠水苑住宅小区，北靠创智水都人才公寓。长度为3355米，宽度为20米
60		儒风路	该道路为南北走向，南起儒雅路（拟命名），北至儒林中河，东临规划地块，西靠儒风苑。长度为390米，宽度为8米
61		儒雅路	该道路为东西走向，东起239省道，西至大林路（拟命名），南临规划校区，北靠儒风苑。长度为520米，宽度为8米
62		尚阳路	该道路为东西走向，东起花茅路（拟命名），西至访仙路，南临尚水路（拟命名），北靠新浮水库。长度为7700米，宽度为8米
63		薛盛大街	该道路为南北走向，南起方麓路（拟命名），北至茅山旅游大道，东临仙湖茗苑，西靠薛埠村委会。长度为3330米，宽度为40米
64		方麓路	该道路为东西走向，东起西丘路（拟命名），西至春风十里路，南临窑山小区，北靠果园茶场。长度为5195米，宽度为16米
65		鑫城大道（双拥路）	该道路为东西走向，东起银湖路（233国道），西至金沙大道（233国道），南临金坛吾悦广场，北靠金沙体育广场。长度为13000米，宽度为50米
66		洮湖路	该道路为东西走向，东起长荡湖西路（拟命名），西至丹金溧漕河，南临指前现代产业园规划用地，北靠长荡湖科技创业园。长度为1117米，宽度为14米
67		薛盛大街	薛盛大街北延至340省道，该道路为南北走向，南起方麓路，北至340省道，东临仙湖茗苑，西靠薛埠村委会。长度为3330米，宽度为40米

【残疾人救助】 2021年，全区及时足额发放残疾人两项补贴，全年残疾人两项补贴共发放资金5090.80万元，惠及残疾人12.3万人次（其中包括护理补贴提标补发，补发资金30.069万元）。推进社区精神康复服务点建设，建成东城街道、西城街道、尧塘街道3家社区精神康复服务点，为辖区内精神障碍患者提供精神慰藉、心理疏导、日托照料、生活技能训练、社会心理功能康复等社区康复服务。

【婚姻登记与收养登记】 2021年，全区规范婚姻和收养登记工作，全年办理结婚登记2969对，离婚申请1814对（离婚冷静期撤回663对，离婚登记1003对，处于离婚冷静期或登记发证期148对，跨年至2022年办理），补领各类婚姻登记证1029对，收养登记11件，登记合格率100%。

【社区儿童“关爱之家”建设】 2021年，全区以省级儿童“关爱之家”创建为契机，夯实儿童福利基础设施建设，打造困境儿童“五彩行动”服务品牌，为困境儿童提供入户康复、楼

好邻居茶室议事

道伴读、社会融合、微心圆梦、家庭赋能等服务，形成全区关爱未成年人成长独有的服务模式。截至年末，共建成华胜社区、西门社区、峨嵋社区、华苑社区4家省级儿童“关爱之家”。

【“好邻居茶社”品牌打造】 2021年，区民政局为进一步融洽干群关系、激发自治活力、促进基层和谐善治，在天湖村、方麓村、唐王村、西华村、电胜社区、直溪社区6个村（社区）试点建设氛围轻松、利于沟通的群众协商民主自治平台——“好邻居茶社”。开展民情收集、矛盾调解、议事协商、法律服务、政策宣讲、志愿服务等功能活动，让村（社区）“两委”班子更好地集民意、议民事、解民忧、纳民智、暖民心。试点茶社已在化解矛盾纠纷、解决群众诉求、增进邻里和谐等方面发挥积极作用。

（陈　千）

退役军人事务

【概况】 2021年，全区退役军人事务工作纳入经济社会发展大局统筹考虑，退役军人服务保障水平和双拥工作列入镇、街道年度综合考核，双拥工作列入区级机关部门党的建设考核。及时召开区委退役军人事务工作领导小组会议和全区双拥工作会议，研究部署退役军人事务和双拥工作的重大事项、重要工作。积极开展党史学习教育，充分发挥区烈士陵园“常州市爱国主义教育基地”“常州市党史教育基地”作用，落实“我为群众办实事”实践活动，制定并落实公共服务项目清单，把退役军人的“关键小事”当成工作中的“头等大事”，努力解决好退役军人最关心、最直接的现实利益问题。辖区内1名现役军人谢磊荣立二等功。持续推进退役军人服务保障体系建设，全区9个镇（街道）退役军人服务站全部创成全国示范性退役军人服务中心（站）。开展《中华人民共和国退役军人保障法》《中华人民共和国军人地位和权益保障法》等法律法规宣讲。加强思想政治引领，展现退役军人风采，组建“金坛老兵”志愿服务队伍，由退役军人组建而成的区、镇、村“金坛老兵”志愿服务队伍，逐步成为全区服务退役军人、承担急难任务的常态力量。

【安置就业】 2021年，区退役军人事务局全面落实安置就业政策。全年接受接收符合政府安排工作条件退役士兵和军队转业干部，依计划做好退役军人待分配期间管理教育工作，按照量化积分，实现公平、公正、阳光安置。接收的军休人员，全面落实军休干部“两个待遇”（政治待遇和生活待遇）。强化一站式服务工作理念，统筹做好退役士兵报到、安置、培训工作。对2020年度秋冬季退役士兵、部队移交安置退役士兵，开展政府补贴性教育培训，发放自主就业地方一次性经济补助金；接收2021年秋季退役士兵，全面落实政府补贴性培训内容，适应性培训参训率、社会转移保险接续率、有学习意愿退役士兵参训率分别达100%。全年举办3场大型专场招聘会，186家企业提供岗位3392个。组织5个团队参加常州市第二届退役军人创业创新大赛，4个团队进入决赛，获二等奖1个、三等奖2个、优胜奖1个，全面激发退役军人就业创业热情。持续做好部分退役士兵社会保险接续工作，符合社会保险接续条件需要补缴社会保险费的退役士兵，补缴资金全部到位。做好信息采集和建档立卡工作，指导乡镇（街道）服务站开展以转业干部、享受抚恤补助优抚对象信息采集补录工作，规范新增采集数据。高质量完成全区“兵支书”建档立卡工作，审核通过最高级A级“兵支书”建档立卡档案。准确、及时足额发放下岗志愿兵生活困难补助，及时实施再就业帮扶，妥善解决部分下岗志愿兵的实际问题。

【优抚褒扬】 2021年，全区抚恤优待水平稳步提升，抚恤补助标准继续执行常州市标准动态调整到位。义务兵家庭优待金、入伍大学生奖励金和现役军人立功奖励金标准随本地上年度城镇居民人均可支配收入水平自然增长。全区优抚对象全年按规定发放各类抚恤补助金，发放现役义务兵家庭优待金、入伍大学生奖励金、现役军人奖励金。提高优抚数据精细化管理水平，组织开展享受国家抚恤补助优抚对象年度确认首年工作，保障了优抚对象亡故后能够及时核减，确保优抚资金发放使用安全。扎实有效开展优抚服务工作，优抚对象生活补贴每月按时发放，健康体检、短期疗养、残疾辅具巡修活动常态开展，参试人员涉核体检按需求及时组织，重点优抚对象免费参加居民医保政策较好落实。为残疾军人完成新“残疾军人证”换发，全额资助全区享受国家抚恤补助的60周岁以上烈士子女参加常州市城乡居民基本医疗保险。常态化开展困难退役军人帮扶工作。

【双拥工作】 2021年，全区开展省双拥模范区“六连冠”创建。区委、区政府领导“八一”、春节期间带队走访慰问驻常驻坛部队官兵。常态开展送法进军营、科技拥军和立功受奖官兵一日游等活动。筹措资金近80万元，完成为驻坛部队办实事项目10件。新兵入伍“四尊崇”（欢送仪式、举行座谈、挂光荣牌、拍集体照），退役返乡“五关爱”（迎接仪式、谈心谈话、宣讲政策、推介岗位、高效办事），日常关怀“六必访”（退役返乡必访、立功受奖必访、英模典型必访、重要节日必访、遇到困难必访、重大变故必访）有效开展。“情系边海防官兵”拥军优属活动深入人心。重要节日对退役军人重点对象走访慰问机制初步建立。“光荣之家”牌匾悬挂、上门送立功喜报等工作较好落实。重要庆典邀请优秀退役军人和烈属代表参加。在“烈士纪念日”举行向革命烈士敬献花篮仪式。烈士陵园清明烈士祭扫等工作得到较好保障，共接待祭扫烈士918批次，16316人，为25名烈士家属提供代祭扫与网上祭扫服务。加强烈士纪念设施的管理和维护，在烈士陵园增设“陶林王甲之战牺牲烈士之墓”纪念设施；联合区检察院、区纪委对全区部分烈士纪念设施迁移情况进行“回头看”，对全区仅剩的2座散葬烈士墓，督促属地乡镇人民政府加强管理，做好修缮维护工作，确保烈士纪念设施庄严、肃穆。烈士纪念设施落实一处一档、一墓一档。2名现役军人子女因教育优待而实现就近就便就优入学。加强思想政治引领，开展首届“金坛最美退役军人”推选活动，讲好退役军人故事，展现退役军人风采，表彰退役军人先进典型，激励广大退役军人不忘初心、牢记使命，继续在习近平新时代中国特色社会主义建设中再立新功，有效推动全社会形成尊崇军人、争当先进的意识和行动自觉。做好两节期间金坛籍师职以上现役军人父母、军休干部、重点优抚对象和困难退役军人慰问工作。

（万慧瑾）

老龄事业

【概况】 2021年，全区60周岁及以上户籍老年人口为15.55万人，占户籍总人口28.5%。全区老龄工作以习近平新时代中国特色社会主义思想为指导，认真落实全国、省、市老龄工作会议要求，围绕全区卫生健康工作中心，聚焦老龄事业规划设计，聚焦老年合法权益维护、聚焦老年精神关爱、聚焦老年友好型社会构建，积极应对人口老龄化国家战略，不断增强老年人参与感、获得感和幸福感。聚焦工作机制，健全组织机构。调整区老龄工作委员会组成人员，印发区老龄工作委员会成员单位职责；充实基层老龄工作人员，明确各级专兼职老龄工作人员，形成上下贯通、协调一致的老龄工作格局。积极开展城乡社区老年协会规范化建设工作，创成市级示范老年协会19家，市级达标老年协会44家。聚焦老年关爱，构建友好环境。切实加大安康关爱工作力度，8月底完成全年“安康关爱行动”任务，老年人意外伤害保险参保14.44万人，参保率达92.9%，并将此项工作列入2021年度区委、区政府综合考核；立足实际，建立培训组织体系，组织培训师资力量，免费培训老年人4000人次，帮助老年人跨越“数字鸿沟”。年内，史焕荣、刘国强被评为2020年度常州市第六届“十佳老有所为”人物；张国吾被评为常州市第七届“十佳孝星”。

【老年人优待服务】 7月20日，区卫健局、老龄办在青年广场开展老年健康周宣传活动，主题是“关注口腔健康，品味老年幸福”，有5家民营牙科医院参与此次活动，给老年人普及口腔健康知识，发放宣传资料。10月13日，举办“贯彻老年法，守护夕阳红”敬老月广场宣传活动，发放《江苏省老年人权益保障条例》等各类宣传资料1000多份；13日晚在青年广场举办“积极应对人口老龄化，乐享智慧老年生活”全区老年人文艺会演，共有10个节目参演。10月14日，区委、区政府领导带着慰问金和慰问品看望2名百岁老人，走访慰问2家养老机构，各镇、街道和各单位也都开展各种形式的走访慰问活动。

【红歌红舞大赛】 3月30—31日，区老年大学组织合唱队和舞蹈队参加在宜兴市举办的第一届长三角一体化旅游联盟红歌红舞大赛。合唱队合唱的歌曲《中国朝前走》获庆祝中国共产党成立100周年红歌红舞大赛二等奖；舞蹈队演出的舞蹈《五星红旗》获优胜奖。

【庆祝建党100周年文艺活动】 6月22日，区人社局与区老年大学在金江苑社区举行“永远跟党走”——庆祝建党100周年“夕阳美·社保情”社区巡回演出，6月25日，在九州里社区举行巡回演出。6月27日，老年大学艺术团合唱队参加区委宣传部组织的“百年恰是风华正茂”——金坛区庆祝中国共产党成立100周年歌咏文艺晚会。6月29日，老年大学艺术团合唱队参加常州市委宣传部组织的“百年筑梦壮丽航程”庆祝中国共产党成立100周年歌咏文艺演出。

【“重阳情·夕阳美”文艺晚会】 10月11日，区老年大学在金沙广场举办“敬天下老人，扬中华美德——2021年‘重阳情•夕阳美’文艺晚会，区委常委、宣传部部长、副区长朱霞，区人大常委会副主任王艳红，区政协副主席朱亚群等出席。200位师生参加了演出，共11个节目。区老龄委成员单位有关人员和观众1000多人现场观看，约有15万人通过金坛手机台直播方式观看。

【换届选举】 6月23日，在景灿国际大酒店召开区老龄协会第三次会员代表大会，会员代表86人参加会议。会议听取第二届区老龄协会工作报告，审议通过《常州市金坛区老龄协会章程》，选举产生新一届区老龄协会领导班子。召开区老龄协会三届一次理事会议，选举产生会长、副会长，秘书长等，姜玲当选为第三届区老龄协会会长。会议对协会班子作重大调整，一是变常任理事会负责制为理事会负责制；二是调整理事会成员结构，原来理事会是由部分相关政府部门分管领导和各镇（街道）会长组成，现调整为由各镇（街道）会长与老年大学及三个重点涉老企业的领导组成；三是协会领导层面更加充实，由原来的一名会长，一名秘书长，扩大到一名会长，两个副会长，一名秘书长，而且整体上年轻有活力；四是增设监事制度，确保协会工作的规范有序。

（仇慧萍）

2021年金坛区百岁老人统计表

表39

姓　名	户籍所在地	出生年月	姓　名	户籍所在地	出生年月
王来凤	东城街道	1913.12	杨立华	西城街道	1920.07
戴虎伢	朱林镇	1914.11	吴英华	儒林镇	1920.08
周海凤	西城街道	1917.01	葛长春	尧塘街道	1920.08
潘　高	指前集镇	1918.09	袁　郁	朱林镇	1920.10
徐冬英	朱林镇	1918.11	王荷娣	东城街道	1920.11
韩腊英	直溪镇	1918.12	姜粉小	儒林镇	1920.11
杨根娣	尧塘街道	1919.05	朱桂兰	指前镇	1920.11
陆根娣	尧塘街道	1919.07	汤生小	西城街道	1920.11
徐采保	尧塘街道	1919.08	张招娣	薛埠镇	1920.12
陆粉琴	朱林镇	1919.09	朱根忙	尧塘街道	1921.03
胡抱娣	西城街道	1919.12	史素珍	儒林镇	1921.04
龚素英	薛埠镇	1920.01	潘法娣	金城镇	1921.05
王兰凤	指前村	1920.06	褚来庚	朱林镇	1921.06
范炳文	东城街道	1920.07	罗贞源	朱林镇	1921.07
商锁妹	金城镇	1920.07	李阿娣	西城街道	1921.08
吴金凤	西城街道	1920.07	苏　英	东城街道	1921.08

续表 39

姓　名	户籍所在地	出生年月	姓　名	户籍所在地	出生年月
高双泉	西城街道	1921.08	张珍保	西城街道	1917.01
丁凤英	直溪镇	1921.09	马来娣	金城镇	1918.05
赵如忌	直溪镇	1921.09	方庚娣	金城镇	1920.05
郭根娣	直溪镇	1921.10	尹巧英	西城街道	1920.08
朱锁庆	西城街道	1921.10	汤英凤	西城街道	1920.09
夏鸣凤	金城镇	1921.11	史珍英	金城镇	1920.11
许书英	指前镇	1921.12	沈祝英	金城镇	1921.01
董鸭子	薛埠镇	1921.12	卢锁祥	朱林镇	1921.12
沈银根	儒林镇	1916.09	冷　铁	朱林镇	1921.12

民族宗教事务

【概况】 2021年，全区民族宗教工作围绕落实中共十九大、十九届历次全会以及中央民族工作会议、全国宗教工作会议精神，以凝聚“跟党走”共识、铸牢“共同体”意识为主线，紧扣“安全”与“规范”两大主题，做实新形势下民族宗教工作，确保全区民族宗教领域和谐稳定。金坛区有户籍登记的少数民族族别32个，常住人口超过3300人，其中人数在百人以上的民族为土家族、苗族、彝族、壮族、布依族、回族、满族、侗族8个民族，到坛务工经商的流动少数民族人口7000余人。全区现有佛教、道教、伊斯兰教、天主教以及基督教五大宗教，依法登记30处宗教活动场所，其中佛教7处、道教6处、伊斯兰教1处、天主教1处、基督教15处。经认定备案教职人员60人，各类信教群众11000余人。现有金坛区佛教协会、道教协会、基督教三自爱国运动委员会以及伊斯兰教协会四个区级爱国宗教团体。

【思想政治引领】 2021年，区民族宗教事务局（以下简称区民宗局）全面部署开展宗教领域“学党史、感党恩、跟党走”以及“爱党爱国爱社会主义”主题教育实践活动，教育引导宗教界人士不断增强“五个认同”（对伟大祖国、中华民族、中华文化、中国共产党、中国特色社会主义的认同）。组织开展全区“民族宗教政策法规学习月”活动，突出学习《江苏省宗教事务条例》，举办宗教界人士“四史”学习（学习党史、新中国史、改革开放史、社会主义发展史）暨宗教政策法规学习培训班，通过“用好资源实践学”“走进场所辅导学”“共享网络资源系统学”，进一步营造“四史”学习浓厚氛围。指导开展宗教领域庆祝中国共产党成立100周年学习、征文、演讲、书画展、讲经交流等系列活动。区民宗局组织邀请常州市民宗局、区委党校以及金坛公安分局等单位人员走进场所开展专题宣讲，组织部署宗教界人士学习贯彻习近平总书记在庆祝中国共产党成立100周年大会上的重要讲话以及全国宗教工作会议精神。

【民族团结进步创建】 2021年，区民宗局全面开展民族团结进步宣传月活动，利用“线上+线下”“咨询+座谈”“培训+走访”等形式，进广场、下社区、入家庭宣传党的民族理论政策，全年累计赠送法律法规书籍300余册、民族政策宣传材料5000余份。加强少数民族流动人口服务管理，将少数民族工作纳入网格，定期逐户上门走访，在重要节假日组织开展丰富多彩的少数民族主题活动。做实对少数民族低收入家庭或者因病、因灾致贫家庭的慰问以及政策帮扶工作，帮助协调解决子女入学入园、新冠疫苗接种、创业开店、进企务工等实际困难，全年发放慰问以及光彩基金医疗补助资金15.2万元。以“红石榴家园”创建为抓手，打造民族一家亲互动平台，整合创建力量，多方合力打造全区首家“红石榴家园”工作站落户“同心楼”，通过“红石榴家园”培训扶持、帮困安置、助

6月29日，全区宗教界人士“四史”学习教育暨宗教政策法规培训开班

销增收等多举措助力少数民族家庭共同致富。区民宗局全力支持东城街道华胜社区、金城镇“向阳果蔬园”、朱林镇“金斗云”电商平台、直溪镇昌玉红香芋专业合作社等阵地创建提档升级，积极参与全省第二批“红石榴家园”的创建评审。

【安全专项整治】 2021年，区民宗局加强重要节假日及重要时期值班值守与检查督查，全力打好中国共产党成立100周年相关庆典活动工作主动仗。全面开展整治非法宗教活动、遏制宗教渗透蔓延两个专项行动，落实《宗教教职人员管理办法》，加强信教群众建档动态化管理，建立非法宗教活动问题治理清单、合法宗教活动场所规范管理清单，落实长效管理。落实月巡查、重大节日节前查、极端天气及汛期安全重点查、专项治理全排查，及时消除宗教活动场所安全隐患。区、镇、村三级联合加大场所安全隐患排查整治及“回头看”检查力度，多部门协同联动推进重点难点问题治理，根治安全隐患。全年实现问题隐患即查即改、闭环整改73项。区民宗局全面开展宗教活动场所防火门、燃气使用安全专项检查治理，部署元旦、春节等重要节假日以及“七一”、全国“两会”等重大活动期间防风险、除隐患、保安全工作，联合开展宗教活动场所文物建筑消防安全专项督查检查。全年民宗条线共成立检查组50余个，开展各类专项检查178次。区民宗局邀请第三方专业机构，分两批次全部完成宗教活动场所建筑安全专业排查，结合宗教活动场所不动产登记试点工作，有序推进宗教活动场所既有建筑安全鉴定、消防评估及隐患整改工作。

【宗教活动场所管理】 2021年，区民宗局承办全省宗教活动场所不动产登记试点任务，区镇联动，取得2处场所办理两证、5处场所进入登记前安全鉴定环节以及乾元观列入茅山旅游度假区专项推进登记的试点成果。按照《江苏省宗教活动场所法人登记流程及事项》要求，规范工作流程，严把审查关，完成乾元观、元阳观、基督教堂等3家宗教活动场所法人登记工作。将全区所有宗教活动场所、民间信仰活动场所纳入“常州市市域社会治理现代化联动指挥平台”，并通过网格员定期巡查、重点事件巡查、重点场所巡查，实现精细化网格管理。通过网格员上门走访、采集以及更新数据，建档立卡，落实信息化报送处置。

（张泰蓉）

关心下一代工作

【概况】 2021年，全区各级关工委以习近平总书记对关心下一代工作的重要指示为指导，以习近平新时代中国特色社会主义思想武装青少年，按照《金坛区关心下一代工作委员会2021年工作意见》，坚持围绕中心，服务大局，充分发挥“五老”作用，全区关心下一代工作取得新进展。年内，区教育局关工委、市场监督管理局关工委等三家集体获得“江苏省关心下一代工作先进单位”称号，朱金荣、张重明等6名个人获得“江苏省关心下一代工作优秀工作者”称号。

【青少年主题教育】 2021年，全区各级关工委积极组织青少年开展报告会、座谈会、演讲比赛等78场，受教育26000人。金城镇关工委开展“童心永向党，共筑中国梦”活动；东城街道关工委开展“颂建党百年，育时代新人”活动；西城街道开展了“学党史颂党恩，守护安全伴成长”暑期关爱服务活动；西城街道关工委开展“追寻红色记忆，传承红色基因”活动；尧塘街道关工委组织第三季红色绘本推广阅读活动；儒林镇关工委开展“长荡湖上说国史，爱党爱国爱家乡”活动；薛埠镇花山村关工委开展“学党史讲故事，颂党恩，跟党走”活动；朱林镇关工委组织开展“传承红色基因，育时代新人”活动；直溪镇关工委组织开展“重读红色经典，礼赞建党百年”活动；指前镇关工委邀请区青少年教育报告团为全镇学生作革命传统教育报告。

【法制宣传】 2021年，区关工委积极组织“五老”志愿者配合社区做好预防青少年违法犯罪。组织青少年法制教育报告团进校园、进社区、进企业进行法制宣传教育，引导青少年学法、知法、遵法、守法，全年举办报告会30多场，听课人数1.8万人；168名“五老”网吧义务监督员对全区48家网吧进行日常检查，有效制止未成年人进入网吧。

【帮困助学】 2021年，全区各级关工委把关注弱势群体，为困境青少年办实事做好事时刻放心上。东城街道关工委11名“五老”志愿者捐款2.3万元，助学18名困境儿童；尧塘街道谢桥村关工委慰问生活困境青少年家庭10余人次；金城镇、西城街道、薛埠镇等关工委慰问贫困生69人次，送上慰问金、学习用品等十多万元。儒林建筑公司、利步瑞服装有限公司、金昇实业有限公司等69家民营企业捐资助学120万元。民间组织金坛于氏教育基金（筹委会）筹资300万元，全年发放10万元资助贫困学生。

（王一鸣　周美芳）

慈善事业

【概况】 2021年，区慈善总会牢固树立慈善为民的理念，以办老百姓满意和信任的慈善组织，做好慈善工作。总会与所有爱心企业、爱心人士通过定向慈善捐赠、冠名慈善捐助、设立慈善项目等救助方式，让困难群众得到及时有效的帮助。全年组织募集慈善资金总收入2077.77万元。其中，“慈善一日捐”活动区级机关、企事业单位干部职工捐款368.54万元，镇、街道社会各界捐款564.91万元，企业协议捐赠100万元，冠名、定向捐赠507.59万元，慈善资金保值增值收入536.73万元。全年慈善资金总支出1855.87万元。其中，慈善公益活动捐助支出1779.48万元，管理费用支出76.39万元。

【慈善“一日捐”】 9月3日，全区2021年度“慈善一日捐”活动启动。区四套班子领导带领区级机关干部参加爱心捐款活动。全区党政机关、乡镇街道、企事业单位、社会组织、社会各界等爱心人士，通过“99公益”网络平台为区“金坛助医一起捐”项目线上捐款358.3万元，获得“99公益”配捐25.5万元，提高网络募捐成效。“9·5中华慈善日”将线下的“慈善一日捐”与线上的“99公益日”众筹相结合，推动网络募捐，开展好全区“慈善一日捐”活动。“慈善一日捐”活动共募得善款933.45万元。

【公益项目】 2021年，区慈善总会持续推进精准济困项目，实施好慈善救助，全年共发放项目救助资金1233.13万元。与中华慈善总会、江苏省慈善总会联合实施好中华慈善“科跃奇”援助项目、“瑞华助孤”“贫困家庭儿童重大疾病慈善救助”项目，共发放联合项目救助资金15.55万元。针对突发事变困难家庭，依据省“情暖江苏”实施“春节送温暖”助困项目，投入资金142.25万元；对遭遇突发事变的返贫家庭，实施应急临时救助项目，投入资金170.08万元；对推动“居家养老”公益性服务规范发展、提高敬老院老人生活质量、帮助贫困家庭大中专院校学生完成学业、缓解重大疾病患者家庭经济压力，实施助老、助学、助医“三助”品牌项目，投入资金722.35万元；对关爱贫困残疾人庇护托养、小天使康复及“人安康、家安心”保险，保障贫困残疾人的基本生活，与区残联合作实施助残项目，投入资金64.4万元；对因病致贫的“两癌”妇女，与区妇联合作实施医疗救助项目，投入资金20万元；对农村建档立卡低收入农户，与区农业农村局扶贫办合作实施“防返贫保险”项目，投入资金43.5万元；对扶持福利企业发展，保障残疾人的基本生活，与区福利企业协会合作实施“福利企业残疾人就业扶持援助”项目，投入资金20万元；对加强乡村治理，助力富民强村帮促行动，实施“乡村振兴慈善扶持援助”项目，投入资金35万元。继续推进慈善冠名基金捐赠和定向捐赠。全年共发放冠名项目资金229.14万元，按照捐赠人的意向全年接转定向捐赠项目资金317.21万元。

【诚信公开】 2021年，区慈善总会遵循《中华人民共和国慈善法》依法行善，规范行善；以透明公开为原则，提高慈善精准扶贫济困实效；以区主流媒体为主要载体，定期公布慈善财务收支信息，及时发布慈善救助信息接受社会公众监督；以行业自律、规范管理为抓手，定时接受第三方慈善财务审计和以通信方式召开理事会、监事会议，接受理事监事和主管部门监管；以诚信公开、规范行善，推动金坛慈善事业高质量发展。经审计，历年慈善资金累计收入4.3亿元，慈善资金累计支出3.08亿元，慈善资金累计结余1.22亿元，累计救助和帮扶困难群众17万余人次。

（眭震球）

（编辑　储　劼）

金城镇

【概况】 2021年，金城镇区域总面积为99平方千米（其中金城镇面积80平方千米，托管面积6.2平方千米，园区面积12.8平方千米），耕地3483公顷。全镇辖11个行政村和7个社区，总人口9.4万人。全年完成地区生产总值84.03亿元，财政一般公共预算收入3.29亿元，农民人均可支配收入41432元，城镇居民人均可支配收入62209元。

【农业农村】 2021年，金城镇完成南瑶城乡融合先行区前期策划，打造长三角乡村美学策源中心、江苏省特色田园乡村样板、常州市乡村治理创新典范。江苏一鸣食品全产业链项目初步建成。鸣源牧场建成投用，二期原丘生态牧场加紧推进。遏制耕地"非农化"和防止耕地"非粮化"，开展歇耕复种91.3公顷，实施农业订单生产面积800公顷，完成高标准农田建设项目533.3公顷。争取资金1422万元，建设泵站3座，修建渠道20.2千米，新建、拓宽农田道路11.2千米。江苏省味稻小镇申报通过考核验收。实施新型农业经营主体培育工程，培育发展家庭农场、合作社、龙头企业、社会化服务组织和农业产业化联合体，发展多种形式适度规模经营，新申报示范合作社4家、家庭农场5家。加强"三资"常态化监管，对11个行政村开展资产、资源、资金清查核实。开展农村不动产登记发证三级确认及农村集体土地确权工作。

【工业经济】 2021年，金城镇完成工业开票销售50亿元，比上年同口径增长6%。积极对接创投机构、人才项目和"五型经济"（创新型经济、服务型经济、开放型经济、总部型经济、流量型经济）项目，不断深化和拓宽与科研院所的产学研合作，引进7家科技创新型企业。全年净增高新技术企业4家，新增有效发明专利8件，申报常州市"龙城英才"项目和常州市博士后科研平台后备项目各1个。鑫瑞崚新材料获中国创新创业大赛全国总决赛一等奖，是常州市参加该项目以来获得的首个全国一等奖；金鹏座椅获评江苏省专精特新小巨人企业，登冠医疗获评常州市瞪羚企业。

【招商引资】 2021年，金城镇新增市场主体超1500户，新引进当年纳税200万元及以上的重点税源企业5家，新增税源企业当年纳税总额超2800万元。对辖区内65家规模以上工、商、服务业实现领导、部门挂钩联系全覆盖。利用闲置资产，成立金城镇人才服务产业园。金城镇电子商务产业园落成，"流量型"经济初具形态。加快实施科技创新综合体建设，利用童车厂、中大国际商贸城、光荣行、物资大楼等载体着力打造文创、科创和总部税源新经济平台。

【镇村建设】 2021年，金城镇开展金沙老城老丹金溧漕河以西城市更新规划研究。完成江南路周边区域城市更新规划、镇域村庄发展总体研究及10个行政村实用性村庄规划。镇区农村公路路网规划方案等专题研究顺利收尾。文化一村老旧小区改造通过竣工预验收。白塔工业区污水系统顺利建成，2座污水处理设施投入运行。毛家村、南村、白塔管庄村等7个宜居村创建完成验收。完成白龙荡、后阳和白塔集镇改造提升。城市管理更加精细，统筹开展城市长效管理和文明城市创建，新时代文明实践所（站）全面建成，南瑶村、冯庄村、后阳村、春风社区和小南门社区分别获评江苏省文明村（社区）。开展"危污乱散低"、楼顶大型广告和沿街店铺招牌整治。完成竹木市场、培丰黄沙堆场整治等工作。后阳北大街顺利通过精品街道验收。强化日常巡查，全年金城镇数字平台共接案件11327件，处理结案11266件，处置率99.5%。共清除乱张贴、乱堆放等4000余处，清理绿化带内乱堆放、乱搭建、乱垦

7月，金城镇文化一村小区改造工程启动

种等1000余处，城乡环境明显提升。

【安全环保】 2021年，金城镇完成2家企业原料替代和4家企业“一企一策”整改落实。对燃气锅炉、铸造等重点领域深化治理，精细化管控大气扬尘，推进油烟净化设施清洗等生活源治理。全面排查农村污水处理设施，设施正常运行率超95%。稳步推进“河湖长制”工作，完成通济南河综合整治工程配套清障工作，加强东关塘、木社沟、城西中心河等水体“一河一策”整治。排查10个工商地块，48家企业完成雨污分流，开展187家涉磷企业排查。推进辖区秸秆和垃圾禁烧。完成培丰化工区土壤污染详调和转型升级方案。推进“一年小灶”和“三年大灶”衔接转化，采取“线上宣传＋送法进企业”方式，宣传《中华人民共和国安全生产法》，开展多轮安全生产专项督查。完成262家企业安全生产风险报告，完成率100%。推进燃气安全检查和危房排查，守护群众生命财产安全。

【社会事业】 2021年，金城镇全力推进新冠疫苗接种，全年累计完成首针疫苗接种85392剂次，启动加强针接种及3～11岁人群接种。开展核酸检测应急演练，共完成核酸检测采集样本6365份。2021年，金城镇发放800余万元用于民生事实，包括残疾人“两项补贴”（困难残疾人生活补贴和重度残疾人护理补贴）、特困人员供养费、城乡低保救助金、尊老金等。南瑶村创成“常州市平安法治和谐村示范点”。谢茗先后获中国好人和江苏省道德模范。实施素质教育，第四中学获评江苏省智慧校园示范校，第二中学获评全国青少年足球特色学校。美地兰庭托育部创建为省级示范性托育机构，提供托位45个。紧扣爱卫工作重点，后阳村积极创建省健康村。推进示范型、标杆型、精品型退役军人服务站创建。继续落实村民代表包户制度，构建多元参与调解机制，参与调解率100%。融入“雪亮工程”“数字城管”“环保监控预警”等系统，建设全方位、立体化、网格化的融合服务管理体系。

【丹阳门社区养老服务中心】 7月建成。服务中心建筑面积约550平方米，是金坛首家委托第三方管理服务的集助餐、助医、助洁、助急、助浴、助乐等社区日间照料、居家延伸服务于一体的社区养老服务中心。中心精准聚焦老年群体养老服务需求，以服务需求引导和倒逼服务供给，完善专业照料、社区日间照料、居家延伸服务等多层次多元化的养老服务功能，健全线上线下联动、资源共建共享的服务机制，搭建社区综合性养老服务平台。运营以来，开展各类爱老助老宣传服务活动30余场次，服务老年人5000余人次，服务满意度100%。

2021年金城镇各村（社区）基本情况一览表

表40

村（社区）名	党组织书记	村（居）委会主任	户数（户）	户籍人口（人）	面积（公顷）	集体经济收入（万元）	农民人均可支配收入（元）
南瑶村	曹　斌	曹　斌	2368	8269	935.00	380.00	35800
长竹埂	周小平	周小平	871	2764	214.00	258.68	35500
后阳村	陈　康	陈　康	2248	5778	800.00	320.00	37000
培丰村	庄　俊	庄　俊	859	2766	500.00	189.10	31000
沈渎村	杨国华	杨国华	3771	1148	680.00	209.61	32170
元巷村	王罗忠	王罗忠	2906	8626	960.00	408.27	38760

续表40

村（社区）名	党组织书记	村（居）委会主任	户数（户）	户籍人口（人）	面积（公顷）	集体经济收入（万元）	农民人均可支配收入（元）
冯庄村	李小丽	李小丽	2104	6312	880.00	277.60	40000
白塔村	谢海清	谢海清	3012	8701	1460.00	399.52	32100
前庄村	朱　迪	朱　迪	861	2447	620.00	187.25	29050
庄城村	蔡粉祥	蔡粉祥	1240	3633	690.00	205.06	38958
联丰村	刘　杰	刘　杰	2022	5854	999.00	279.95	29500
五星社区	高小燕	高小燕	3393	1523	40.00	—	—
丹阳门社区	徐　瑜	徐　瑜	4301	4503	125.00	—	—
春风社区	周艳丽	周艳丽	5569	7095	112.00	—	—
文化社区	王惠霞	王惠霞	6117	8514	120.00	—	—
西门社区	闵佳亮	闵佳亮	5439	7954	225.00	—	—
小南门社区	陈腊美	陈腊美	5270	6845	67.00	—	—
荆溪社区	陈扣网		2490	377	29.40	—	—

2021年金城镇骨干企业统计表

表41

企业名称	销售收入（万元）	利税总额（万元）	法定代表人	企业名称	销售收入（万元）	利税总额（万元）	法定代表人
常州久压久机械制造有限公司	4476	213	陈　渊	江苏翔发丝绸服饰有限公司	4188	144	蒋云涛
常州茂康医疗用品有限公司	4389	273	巫玉章	常州佳诚服饰有限公司	4302	644	王国昌
常州市金坛木兰服饰有限公司	8521	118	佴　慧	江苏登冠医疗器械有限公司	6003	131	单叶英
常州金坛金源电子有限公司	2497	194	周卫民	江苏云康药用包装有限公司	4550	138	李国云
江苏源力汽车内饰件有限公司	2920	49	姚佳梦	常州金坛鑫龙服装有限公司	12339	581	陈鑫元
江苏拓威机械有限公司	3152	334	张锡英	江苏金旺智能科技有限公司	44490	4346	房国荣
江苏凌云药业股份有限公司	8620	1915	李惠娟	常州市金坛鸿羽织造厂	2218	38	王菊琴
常州三佳服饰有限公司	8915	670	王国昌	常州金坛鑫隆防水塑胶制品有限公司	2685	248	史龙孝
常州金坛欧歌电声科技有限公司	3043	162	欧阳宝宝	常州润雨服饰有限公司	3306	-80	袁湘勤
江苏华尔升玻璃科技有限公司	2456	145	朱群华	常州市南岗鞋业有限公司	4473	198	杨　敏

续表 41

企业名称	销售收入（万元）	利税总额（万元）	法定代表人	企业名称	销售收入（万元）	利税总额（万元）	法定代表人
江苏你好鸭食品有限公司	12147	−1114	孙洪留	常州市金坛康达医用器材制造有限公司	3585	222	曹书保
常州市金坛区城市污水处理有限公司	3685	−661	张岳庆	常州市金坛文博服饰有限公司	2702	1	王文华
常州市金坛成龙橡塑制品有限公司	4526	−127	宫桂珍	常州金坛港华燃气有限公司	89320	13251	杨金才
常州华诚电子有限公司	6685	1145	陈　烈	江苏鑫隆复合工程材料有限公司	3551	151	史月香
江苏金鹏汽车座椅有限公司	28693	4259	严乔成	江苏大力士云石护理材料有限公司	21239	1425	杜昆武
常州市金坛华龙塑业有限公司	4977	233	孔　玮	常州市铨禾服饰有限公司	2830	40	刘宝香
常州市天华制药有限公司	5766	233	周益芳	江苏铁龙环保设备有限公司	3850	219	赵元芳
江苏鑫田柴油机有限公司	14141	88	许　强	常州市金坛欧酷电子有限公司	3967	287	欧阳宝宝
常州帝源精密机械加工有限公司	5489	115	尹光娣	常州勤创汽车配件有限公司	5277	329	黄怡建
江苏力合粘合剂有限公司	10130	536	蔡炳照	常州金晟制药厂	4298	727	郑锁庆
常州市金坛微特电机有限公司	12220	1019	王国俊	江苏绿盛工程材料有限公司	2764	408	蒋一成

（潘璐璐）

薛埠镇

【概况】 薛埠镇位于金坛区、溧阳市、句容市和镇江市丹徒区交界处，为全国重点镇、常州的西大门，也是苏锡常都市圈与南京都市圈交界的重要节点区域，属茅山老区。2021 年，被文化和旅游部评为第一批全国乡村旅游重点镇。全镇土地总面积 234.8 平方千米，下辖 21 个行政村、2 个场圃、3 个居委会、272 个村民小组，总人口 6.61 万人。全年实现地区生产总值 55.64 亿元，比上年增长 9.5%；财政收入 5.28 亿元，与上年持平；农民人均可支配收入 39052 元，增长 8.2%。

【农业农村】 2021 年，全镇农业总产值 11.25 亿元，比上年增长 7.52%。粮食总产量 28560 吨。水稻种植面积 2200 公顷，建设 6 个小麦高产示范方 56 公顷，完成轮作休耕面积 345 公顷，全年完成秸秆还田面积 1933 公顷。特色农业机械化水平达 65%。完成高标准农田建设 134 公顷。生猪年末存栏 30123 头，出栏 39202 头；家禽年末存栏 81.66 万羽，出栏 211.14 万羽；水产养殖面积 801 公顷，年产量 4825 吨；水果种植 56 公顷，年产量 930 吨。镇域茶叶种植面积 2600 公顷。创成“江苏省绿色优质茶叶基地”，基地重点建设鑫品茶业有限公司、茅山青锋集团、方麓茶场有限公司三大核心区。全年获评示范典型 9 个，新增区级以上示范农场 14 家、区级农业产业化龙头企业 3 家、省级农业产业化龙头企业 1 家。获省级“全程机械化 + 综合农事服务中心”称号 1 家。新成立新型经营主体 12 家，清理“空壳社”21 家。完善农村财务监管模式，村级资金分级分村管理，分类核算，权责明晰。千方百计增加集体经济，共指导市级增收项目 2 个，争取资金 160 万元。规范合作社运营，全年分红 240.92 万元，21 个行政村股份经济合作社开设银行账户，为工商登记和村社政经分离作准备。实施《常州国家农业科技园区总体规划》，加快院士工作中心筹建工作，全年新增省级农业科技企业 2 家（兴牧农业和卡夫特机械）、农业科技平台 1 家（省星创天地一号农场），启动省级农业高新区——茶叶高新区创建工作。

【工业】 2021 年，全镇完成工业开票销售收入 129.13 亿元，比上年增长 24.16%。全年全镇共签约引进工业项目 6 个，协议总投资 25.4 亿元，“五新产业”项目投资占比 100%。全年完成工业实际投入 10.58 亿元。2021 年完成实际到账注册外资 1457.12 万美元。净增高新技术企业 7 家，新增有效发明专利 14 件。全镇规模以上企业72家。其中，工业企业49家，贸易和服务业企业17家，建筑企业6家。全年共开展人才政策宣讲会40场，涵盖全镇所有规模企业、重点企业、村及村域内小企业，成功招商引资龙城英才项目5个。新建人才公寓2栋10972平方米，新增住房201套。

【安全环保】 2021年，薛埠镇推进安全生产专项整治行动，对冶金铸造、涉粉涉爆、有限空间重点企业、喷涂作业场所、危化品使用企业进行排查并督促整改。推进危化品专项整治行动，检查企业38家，完成率100%。完成辖区内37家规模以上企业和184家规模以下企业在江苏省政务系统的风险隐患首次录入填报工作，完成率100%。安全费用提取使用情况在安全生产管理系统的网上录入完成40家次，完成率100%。开展“危污乱散低”企业的专项整治行动，镇、村环境网格员不定期现场检查，强化长效管理。深化挥发性有机物专项治理，完成4家企业低挥发性有机物等原辅料源头替代工作。实施精细化扬尘管控，加强重污染天气防范应对。加强水污染防治，完成薛埠镇2条河道整改工作。完成辖区内74家企业涉磷调查网上申报。开展全镇12家涉水工业企业排查整治。新建10个规划保留村庄的农村污水处理设施，开展已建农村污水处理设施的运行状况排查，对42套农村污水处理设施进行了维修保养。深入推进土壤污染防治工作。

【镇村建设】 2021年，《薛埠镇总体规划和控制性详细规划》启动修编，完成中期成果。推动村庄规划全覆盖，启动辖区范围内15个行政村的村庄规划编制。推动完成花山村“五优农居”（优空间格局、优资源配置、优住房条件、优人居环境、优治理水平）示范点建设规划和泉江村“多规合一”

薛埠镇方麓村建国水库

实用性村庄规划。启动薛埠镇林地保护规划，重新梳理各类林地分类，加强林地资源的保护。与茅山旅游度假区推动265省道西侧景镇融合区的城市设计，进一步引导片区的形态协调、功能互补和风貌一致。加快政府性投资项目建设。涉铁通道农路、薛埠污水处理厂扩建、锦绣家园三期、仙湖茗苑、仙湖东苑二期和薛埠社区大型车辆疏导点工程（一期）等项目陆续竣工。协助条线部门做好农居民建房审批、宣传经济适用房申请政策等工作。全年完成“智慧城管”平台关于集镇维修案件87起。推进“四好农路”（建好、管好、护好、运营好）建设，打通南部上阮省级农业产业园与北部度假区核心景区的旅游线路。上阮村美丽乡村示范区项目已完善观光道路、李家山民宿、游客服务中心等基础配套设施。

2021年，全镇完成3个精品自然村及示范片区、27个宜居自然村和183个整洁自然村建设，农村人居环境整治投入4096万元。新建分散式农村生活污水处理设施46套，铺设管网9.8万米，新建公厕40座，完成河塘清淤2.35万立方米，垃圾分类全覆盖。新建农民健身广场、小憩园36座、停车场39座，安装路灯630套，新增绿化3.2万平方米，新改建道路30.4千米。建成神亭村粉壁头自然村健身小游园、泉江村多功能运动场等。花山村获得了2021年度“常州市平安法治和谐示范点”的称号。

【社会事业】 2021年，薛埠镇城乡低保户290户482人，新增低保户4户10人，对符合停保条件的22户低保家庭妥善处理。累计发放城乡最低生活保障资金335.5万元。共保障20名困境儿童、3名孤儿，累计发放资金332452元。对全镇建档立卡户、退保家庭及残疾家庭、困难家庭501户1123人进行入户摸排。将48户98人困难家庭纳入低保边缘困难家庭。慈善重大疾病救助319户810人，累计发放救助资金80.5万元。办理生育服务联系单220份，特发放独生子女父母奖励金55000元。申报三个老兵——“四心”服务品牌，完成全国示范型退役军人服务站创建。全镇有中学2所，小学5所，卫生院2所，卫生室18个，健身广场40个、健身室21个。全镇各村综合文化服务中心建设创建率100%，已全部通过检查验收并投入使用。开展校外培训机构集中整治工作，15家培训机构转办晚托11家，关停4家。

2021年薛埠镇各村基本情况一览表

表42

村名	党组织书记	村委会主任	户数（户）	户籍人口（人）	面积（公顷）	集体经济收入（万元）	农民人均可支配收入（元）
东进村	李友俊	李友俊	1100	2858	1410	338	31566
上阳村	陈旭伟	陈旭伟	1156	3183	1330	105	28997
薛埠村	胡国民	胡国民	4142	12377	860	550	42075
连山村	黄松林	黄松林	1120	3146	980	279	31076
方麓村	朱锁良	朱锁良	1216	3114	1448	320	34150
长山村	陈　云	陈　云	783	2251	723	461	26554
上阮村	张留斌	张留斌	1471	4408	2357	217	31557
罗村村	姜　涛	姜　涛	1147	3206	572	224	28970
山蓬村	蒋峥辉	蒋峥辉	708	1842	735	284	23145
花山村	袁剑峰	袁剑峰	1665	4306	1035	586	46887
茅庵村	杨伟斌	杨伟斌	754	2264	1021	743	34170
东窑村	周国忠	周国忠	836	2228	759	353	24970
泉江村	季卫民	季卫民	638	1743	720	250	36570
下枚村	钱一忠	钱一忠	521	1385	333	234	24955
石马村	黄文庆	黄文庆	1207	3085	620	120	28974
神亭村	丁家保	丁家保	644	1735	550	168	24334
致和村	鞠土华	鞠土华	736	2158	1137	447	34590
西旸村	李雪兵	李雪兵	1350	4096	870	161	28850
倪巷村	王息保	王息保	817	2234	550	90	19994
仙姑村	蒲　斌	蒲　斌	1316	4025	1120	165	41050
茅东村	王国华	王国华	732	2020	600	237	20177

2021年薛埠镇骨干企业统计表

表43

企业名称	销售收入（万元）	利税总额（万元）	法定代表人	企业名称	销售收入（万元）	利税总额（万元）	法定代表人
常州市金坛华鑫机械装备科技有限公司	231041.11	1016.94	柯顺敏	江苏华一船舶有限公司	5100.66	161.32	沈荷英
奥托立夫（江苏）汽车安全零部件有限公司	189304.34	15601.97	李洪瑞	江苏壹诺电力器材有限公司	5072.29	143.73	史　超
常州盘石水泥有限公司	112826.93	9079.84	张锁林	江苏上田民防设备有限公司	4957.44	349.28	王晓友
常州市金坛华能机械装备有限公司	83325.96	21.50	柯　霖	江苏富润生化科技有限公司	4740.37	112.37	孙雪平
常州金坛盘固轧石有限公司	21255.30	1093.42	张晓平	常州市金坛盘固塑业有限公司	4606	96.16	萧金铅
常州金坛超创电池有限公司	14588.43	813.49	解玉新	科威尔焊接（江苏）有限公司	4513.1	347.73	张晓平
大力新科技（江苏）有限公司	13970.43	137.20	张　名	常州新瑞松电子科技有限公司	4140.9	138.77	赵海龙
常州浦港物资有限公司	13374.78	176.17	王　萌	常州四杰机械科技有限公司	3896.11	29.80	顾丹烨
常州杰达制衣有限公司	11965.02	510.07	张文昌	常州泓盛混凝土有限公司	3883	109.92	徐国林
常州超越特种电缆有限公司	11481.93	113.98	荆庆福	常州忠正汽车零部件有限公司	3658.72	69.91	王竹青
江苏和宇新材料有限公司	10935.99	322.79	张晓宇	常州市鑫盛印刷科技有限公司	3635.72	207.66	唐建惠
常州金坛祥盛精制钙化有限公司	10097.58	70.36	陈国祥	常州旭普汽车零部件有限公司	3618.55	59.74	任伯龙
常州金坛盘固采石有限公司	9995.86	1444.64	张晓平	江苏晶昇服饰有限公司	3426.33	336.00	经　伟
江苏中广核金沃电子科技有限公司	9724.42	539.86	钟　鸣	常州卡夫特机械有限公司	3396.94	116.55	田启春
江苏兢业制药有限公司	9563.91	508.35	叶　荫	江苏晶盾新材料科技有限公司	3307.65	48.21	刘富生
江苏东展建筑材料有限公司	8790.77	105.94	崔刚超	常州万容新材料科技有限公司	3283.88	17.61	王国芳
江苏淳厚机械装备科技有限公司	8378.19	18.03	刘艳丽	常州金坛金星包装有限公司	3231.37	19.87	徐国亮
常州市金坛区昌鑫制衣厂	8261.47	157.09	王昌明	常州祥德机械制造有限公司	2982.88	100.61	孔祥云
常州市金坛茅麓晨丽制衣厂	8033.6	230.36	陈生根	常州万宏塑胶制品有限公司	2633.99	72.60	吴世诚
江苏亚邦矿业有限公司	7826.45	1012.63	杨建华	常州市金坛区金陶农配有限公司	2467.44	10.14	王素花
常州源通再生资源有限公司	6311.74	41.2	柯贺龙	江苏辛宙环保科技有限公司	2451.48	37.64	朱　慧
常州市舜尧服饰有限公司	5941.07	1192.1	王开平	迈卡格物流系统设备（江苏）有限公司	2329.33	5.48	章真雄
江苏东禾电声配件有限公司	5700.67	157.44	陈俊隆	常州市金鹿电缆材料有限公司	2254.84	48.02	吴长全

（李志兵）

直溪镇

【概况】 直溪镇地处金坛区西北部，与镇江市丹徒区、丹阳市接壤，属茅山老区。属地拥有丰富的岩盐资源，集镇西侧有盐卤矿区，其盐矿藏探明储量达163亿吨，被誉为“江南第一矿”。2021年，全镇区域面积106平方千米，下辖12个行政村、3个社区居委会和1个养殖场，户籍人口5.6万人。直溪镇先后被评为国家卫生镇、江苏省健康镇、江苏省生态文明镇、江苏省龙舞之乡以及江苏省和谐社区建设示范乡镇等称号。全镇实现地区生产总值78亿元，比上年增长8.2%，一般公共预算收入3亿元，全镇农民人均可支配收入39138元。

【农业】 2021年，全镇农业总产值11.3亿元，比上年增长8.4%。其中农业类产值2.6亿元，牧业类产值2.7亿元，渔业类产值5.9亿元。深入开展粮食高产创建示范，全年建设17个水稻百亩示范方、13个小麦百亩示范方。多渠道、多措施坚决遏制耕地“非粮化”，确保全年全镇粮食生产面积不少于10.5万亩。现代农业大力发展，争取上级财政资金525万元，完成新河、井庄3000亩高标准农田建设。加强自主家庭农场和农民合作社品牌培育，不断促进产业融合，促进农业增产增收，新成立家庭农场11家，新增区级示范合作社5家，创成国家级合作社2家、省级家庭农场2家。成功申报江苏省绿色蔬菜产业特色镇。开展水稻绿色防控技术，推广使用面积4000多亩。优化水产养殖布局，规范水产养殖标准，继续跟进天湖泥鳅养殖、稻田综合种养项目。大力推进建昌红香芋产业化基地项目建设，成功创建建昌红香芋产业科技示范园区。加大规模经营力度，推广农机合作社建设，全镇建成农机专业合作社15家，有效地推进农业全程机械化进程。2021年新河村获评“江苏省健康村”。

【工业】 2021年，直溪镇实现工业开票销售257.9亿元，全社会固定资产投资11.2亿元，完成工业实际投入26.39亿元。全镇主要行业基本实现正增长。光伏新能源、化工及新材料、装备制造、纺织服装、盐穴采储行业开票销售同比分别增长11.4%、20.8%、34.7%、20.2%、88.6%。 其中光伏行业完成应税销售209.16亿元，占全镇开票销售总量的81.1%。38家规模以上工业企业实现销售额244.23亿元，占比94.7%，比上年增长10.08%。全年入库税收超千万元工业企业9家。新增规模以上工业企业7家、高新技术企业5家。东方日升获授半导体（异质结）叠层新能源省级产业创新中心。斯威克获评国家专精特新“小巨人”企业，获得省级战略性新兴产业专项资金2000万元。健尔康获评省级专精特新“小巨人”企业。久诺建材入选江苏省潜在独角兽企业，获得“国家级绿色工厂”称号。全年全镇签约项目4个，全部为5亿元以上项目，协议总投资83.53亿元，其中东方日升二期项目总投资52.8亿元。2020年列入区重点的12个“三新一特”产业项目，全部实现开工。

【建筑业】 2021年，直溪镇建筑业聚焦建筑企业用人需求，坚持挖掘需求和强化供给相结合，积极推动建筑企业和劳务企业的产业融合、政策供给与服务对接，为建筑企业提供信息保障、税赋优惠、工程招揽等便捷服务。发挥区域乡土优势，争取更多企业回乡、资金回流。镇建筑行业健康平稳发展，全年实现建筑业总产值10.2亿元，比上年增长13.5%，实现入库税收2250万元。

【第三产业】 直溪镇第三产业保持平稳向好发展态势，金融、物流、商贸、信息等配套服务业产业均得到长足发展，集聚规模正逐步形成。2021年，全镇有重点服务业企业4家、住宿餐饮业1家，全年实现营业收入近1亿元。

【镇村建设】 2021年，直溪镇继续高质量、高标准推进镇村布局规划、村庄规划修编工作，科学划定城镇开发边界。总投资7.7亿元，建筑面积13万平方米的溪城雅苑四期安置房通过综合验收，并完成交付。集镇健身广场完成塑胶场地改造工程，安装电子大屏，铺设塑胶篮球场，切实满

直溪镇湿地公园

足群众文体需求。积极开展美丽乡村建设与农村人居环境整治，直溪社区新建公厕及部分道路拓宽工程、汀湘村东岗自然村农村人居环境整治（公共厕所工程）工程均按时按质完成。先后完成陈家山公墓、前亭公墓提升工程，马脚山垃圾中转站进出道路硬化工程投入使用。加大村级基础设施建设力度，完成坞家村张地墩与共丰河道清淤工程、吕坵村绿美乡村建设项目、井庄村小红妈墓道路新建等工程。扎实推进“蓝天、碧水、净土”环保行动，全镇共排查出“危污乱散低”企业44家，“一企一方案”排定整治措施，全年已完成26家。排查103处太湖流域入河排污口，完成55处整治工作。完成集镇卫生保洁服务外包，支持各行政村根据实际情况推进农村环境卫生服务外包，长效管理水平迈上新台阶。

“直溪事 直接办”服务品牌

【社会事业】 2021年，打造“直溪事直接办”服务品牌，实行“1+5+4”服务模式，深入推进整合审批服务执法力量工作。全年组织引导镇用工企业提供各层次岗位1051个，发布用工信息91条，完成城镇新增就业750人、城镇失业人员再就业150人、就业困难人员再就业50人。2021年，直溪镇拥有8所学校，在职教师284人，学生2111人。2021年投入80万元对建昌中学和建昌幼儿园校园进行改造升级，直溪中心幼儿园获评金坛区幼儿园办园质量考核一等奖。直溪镇拥有两家卫生院，医生106名，护士49名。金坛疼痛中心在直溪卫生院挂牌成立，与南京鼓楼医院合作建设疼痛科专家工作站。认真做好城乡居民基本养老保险各项工作，全镇城乡居民基本养老保险缴纳8358人，新增缴纳五险1365人。全年全镇发放社保卡559张，督促企业签订劳动合同10678份，办理企业职工、灵活人员退休435人。有效开展欠薪治理，共处理劳资纠纷47起，帮助工人追讨工资137.15万元。加强电信反诈宣传，受众达5万人次，全镇电信诈骗案发率低于全区平均值。严格按照“外防输入、内防扩散、严格管控”的要求，织密疫情防控网，在汀湘村圆满完成核酸检测应急演练。全镇累计接种新冠肺炎病毒疫苗5.3万剂次。围绕中国共产党成立100周年，紧扣直溪镇独特的红色、水圩、福孝、巨龙文化基因，举办一系列文艺活动。

【光采小镇创建顺利通过第一年审核】 直溪镇科学排定光采小镇产业项目和功能性配套项目，统筹推进各项创建工作任务。6月3日，省发改委到直溪镇进行光采小镇创建第一年度现场审核，直溪镇获得通过。全省第三批特色小镇仅8家合格，直溪镇得分排名第三。

【第二届光伏新能源长荡湖峰会举办】 10月28—29日，由直溪镇承办的以“助力双碳新战略共谋光储新发展”为主题的光伏峰会举行。与会人员共同探讨“光伏＋储能”发展新趋势，致力实现碳达峰、碳中和目标。直溪镇把握此次共商合作、共谋发展的重要机遇，结交光伏巨头，宣传直溪特色产业。8个光伏、储能项目在峰会上集中签约，协议投资总额超过125亿元。

2021年直溪镇各村（社区）基本情况一览表

表44

村（社区）名	党组织书记	村（居）委会主任	总面积（公顷）	户籍户数（户）	户籍人口（人）	常住人口（人）	集体经济收入（万元）	农民人均可支配收入（元）
坞家村	蒋学京	蒋学京	742	1243	3599	4332	398	39375
直溪社区	蒋国俊	蒋国俊	669	2764	6795	10311	394	40800
直里社区	王明华	王明华	390	681	1972	3520	334	41100
汀湘村	汤军强	汤军强	1120	1520	4244	4418	498	42196

续表44

村（社区）名	党组织书记	村（居）委会主任	总面积（公顷）	户籍户数（户）	户籍人口（人）	常住人口（人）	集体经济收入（万元）	农民人均可支配收入（元）
西溪村	孙玉忠	孙玉忠	637	1302	3629	2734	357	40894
王甲村	曹　康	曹　康	920	1694	4372	3295	243	39038
巨村村	欧阳林	欧阳林	630	1053	2938	3088	181	34320
溪滨村	耿锁盛	耿锁盛	672	1452	3790	3368	162	36450
建昌村	巫中卫	巫中卫	890	1704	4460	2676	321	40340
井庄村	陈杰	陈　杰	640	1204	3173	2513	266	40091
天湖村	虞冬雷	虞冬雷	760	1336	3474	3305	478	39657
迪庄村	周竞	周　竞	468	1878	4138	4061	301	40123
新河村	陈向君	陈向君	788	1643	4603	4923	253	39201
吕坵村	张旭辉	张旭辉	1120	1678	4562	4395	115	32500
养殖场	曹须海	曹须海	474	121	362	388	413	40991
合计			10920	21273	56111	57327	4714	39138

2021年直溪镇骨干企业统计表

表45

企业名称	销售收入（万元）	利税总额（万元）	法定代表人	企业名称	销售收入（万元）	利税总额（万元）	法定代表人
东方日升（常州）新能源有限公司	976443	16282	杨　钰	江苏长河电子有限公司	6455	74	陈荣昌
常州斯威克光伏新材料有限公司	473674	7138	吕　松	江苏双全新材料科技有限公司	4073	128	刘双全
正信光电科技股份有限公司	268885	1799	王桂奋	江苏科谷电子有限公司	5658	146	李锦红
常州中信博新能源科技有限公司	213415	3049	蔡　浩	常州亚细制衣有限公司	2783	309	王建俊
健尔康医疗科技股份有限公司	97108	6636	陈国平	常州瑞翔金属制品有限公司	2322	22	王　强
江苏久诺新材科技股份有限公司	85290	2814	王四九	常州卡瓦包装有限公司	3809	97	陈慧俊
江苏泰力松新材料有限公司	90815	743	常鹏雄	江苏东方广厦模块化房屋有限公司	6006	103	黄周伟
江苏泽润新材料有限公司	29116	1193	陈泽鹏	常州港华丝绸工艺制品有限公司	5957	252	李壮民
江苏丰登作物保护股份有限公司	23456	173	纪立新	江苏龙泉太阳能科技有限公司	3588	64	黄　慧
常州金坛江南制粉有限公司	21551	200	严　俊	江苏金仕威光电科技有限公司	2521	63	叶国金
常州市金坛区直溪亿晶光伏发电有限公司	15508	1550	荀建华	常州万凯塑胶有限公司	3181	56	董德炯
港华储气有限公司	32381	258	徐孜俊	常州金坛博华冶金科技有限公司	2413	53	王　俊

续表 45

企业名称	销售收入（万元）	利税总额（万元）	法定代表人	企业名称	销售收入（万元）	利税总额（万元）	法定代表人
常州市金坛新金冠盐矿有限公司	10618	2676	徐孜俊	常州心淇达电气有限公司	3279	96	邱日居
江苏圣鑫光伏科技有限公司	8279	170	李朝富	江苏天冀输送机械有限公司	3693	27	杨晓明
江苏兆维塑料科技有限公司	9982	176	章立清	常州市金坛碳谷新材料科技有限公司	2467	−90	刘宝兵
常州瑞通光伏设备有限公司	5674	104	卢小玉	常州澳华新能源有限公司	2327	38	黄　慧
常州市金坛天虹管业科技有限公司	5131	192	刘和平	常州雅迪服饰有限公司	5798	165	李国群
常州金坛金法码制衣有限公司	5198	150	王维荣	常州市东莱服饰有限公司	2247	48	张玉兵

（郑录游）

朱林镇

【概况】 朱林镇地形以平原为主，水陆交通发达，常合（原沿江）、扬溧高速公路、340省道和茅山旅游大道贯穿朱林镇境内。国家级文物保护单位——三星村遗址就坐落在朱林镇三星村。2021年，全镇总人口36696人，区域面积7699公顷，辖9个村民委员会和2个居民委员会，144个村民小组，耕地总面积3207公顷。全年实现地区生产总值47.40亿元，完成财政总收入3.13亿元，其中公共预算收入1.57亿元，农民人均可支配收入3.3万元。

【农业】 2021年，全镇实现农业总产值8.3亿元，农业增加值3.92亿元。全年粮食总播种面积3456公顷，粮食总产量2.47万吨，油料播种面积2637亩，总产量0.05万吨，生猪全年饲养量7110头，肉类产量0.47万吨，家禽饲养量184.49万羽，水产品总产量0.58万吨。现代农业大力发展，成功创建省级绿色优质水稻基地，创成国家级示范合作社2家，省级示范家庭农场6家。深化农村合作社股份制改革，印制发放省级农村股份经济合作社股份证书。五星级农产品质量安全监管站通过市级验收。金坛区金土地有机稻米专业合作社、金坛区三德利养鸡专业合作社、金坛区朱林镇黄金村农地股份专业合作社创建成国家级示范合作社，金坛区盛达农机专业合作社、金坛区金土地农机专业合作社创建成省级示范合作社，朱林陌上红和孟繁华家庭农场创建成省级家庭农场。金西现代畜牧产业园创建成常州市唯一一家现代畜牧产业园。全年畜牧业总产值2.47亿元。

【工业】 2021年，全镇实现工业开票销售90.75亿元，实现工业增加值18.71亿元。年税收100万元以上的企业54家，其中年税收500万元以上的企业8家，年税收超1000万的企业2家。产业结构优化升级，规模以上工业企业40家，实现增加值19.11亿元。高新技术企业累计20家，产值占规模以上工业产值比重的48.76%。全年签约引进项目13个，协议投资总额24.16亿元。全年累计签约引进项目5个，协议投资总额25.1亿元。分别为江苏晨迪总投资3亿元的智能汽车线性驱动系统项目、太一光伏总投资2.6亿元的2吉瓦

9月7日，朱林镇科林线缆车间正在生产

高效光伏电池组件项目、个人总投资8.5亿元的“新能源汽车装备及零部件产业园项目”、锦众铭发节能科技总投资1.4亿元的新材料项目和总投资9.6亿元的新能源及光伏节能材料研发生产项目。2021年实施重点产业项目14个，协议总投资52.4亿元。其中，新建项目13个，续建项目1个。14个项目中已开工13个。完成规模以上工业总产值41亿元，增长24%。日新树脂、天成涂装、凯明新材料等规上工业产值净增均超5000万元，实现应税销售收入39.4亿元。

【第三产业】 2021年，全镇完成三产增加值10.50亿元。占地区生产总值的比重达27.8%。朱林现代产业园集职工公寓、商贸、商务办公等功能为一体的邻里中心的装修、物业管理服务采购和商业招租到位运行。

【镇村建设】 2021年，朱林镇镇村建设以提升高质量发展内涵为导向，完善提升镇区服务设施与景观风貌，着力打造“美丽宜居朱林”。镇村规划持续优化。全域土地综合整治项目被列入国家试点名单；实施坑塘复垦占补平衡项目6个，净增耕地302亩。人居环境提升完成华林路精品街道整治提升和茅山旅游大道市容整治工程。完成西岗村等9个宜居村村庄建设和环境整治，完成集镇及园区所有老旧路灯的升级改造。为保障南沿江城际高铁朱林段建设，完成涉铁通道征地拆迁工作。直别路污水管网项目基本竣工。已完成龙溪新村、车站新村、银杏小区等5个片区雨污分流的改造。集镇健身广场改造工程竣工投入使用。园区道路框架结构形成，建成主次干道15千米，相应道路的水、电、燃气贯通工程和路灯亮化工程全部竣工。水岸风华、龙溪二村一期定向商品房项目竣工交付，龙溪二村二期定向商品房主体竣工。完成龙溪二村一期、水岸风华、中心家园等5个居住区燃气入户工程。

【社会事业】 2021年，朱林镇科教文卫事业繁荣发展。全镇有幼儿园4所，在园幼儿370人。小学3所，在校生991人，专任教师111人，小学适龄儿童入学率100%；初中2所，在校生519人，专任教师94人，初中适龄人口入学率100%，小升初升学率100%，九年义务教育覆盖率达100%。

全镇有镇卫生院1所，病床116张，执业医师83人。开展全员核酸检测演练1456人次，接种新冠疫苗达6.9万剂次，完成率位居全区前列。农村安全饮用水普及率100%，原址新建朱林卫生院西岗分院，创成常州市级中医馆。

文化生活日趋丰富。文化活动场所有建筑面积580平方米的图书馆1个。建筑面积1800平方米的公共图书室14个，藏书56000册。文化行业从业人员560人，其中事业单位从业人员5人。农村公共体育设施面积达2.1万平方米，公共文化设施面积7990平方米。利用拙存书苑、新时代文明实践站所等平台载体举办各类演出和展览活动82场。全年送戏下乡98场、送电影下乡120场。镇文化站创成“全国一级文化站”。

持续优化社会福利保障，新型农村合作医疗参保实现全覆盖。提供住宿的社会工作机构2家，提供住宿的社会工作机构床位280张，收养251人。城乡居民基本养老保险参保6075人，城乡居民基本医疗保险参保23816人，医疗保险覆盖率98.6%，老年人意外伤害保险体系建设覆盖率85%以上，发放独生子女父母奖励金3.66万元。共走访慰问残疾人、低收入户、五保户、困境儿童、百岁老人等1648人次，发放各类补贴慰问金716.54万元。建成村“夕阳红”居家养老服务中心7个，完成朱林镇福利院改造提升工程，朱林镇三星残疾人之家以“工疗”+“农疗”的辅助性就业型模式，成为全省残疾系统的新亮点。

【陕西省石泉县副县长董涌波一行考察黄金村】 9月23日，苏陕协作对口陕西省石泉县副县长董涌波一行到黄金村等地考察，在黄金村金土地有机稻米专业合作社就农产品产销对接进行了调研。陕西省安康市石泉、宁陕两县，是苏陕协作金坛区的对口帮扶单位，黄金村与石泉县良田村、宁陕县筒车湾镇海棠园村结为党建和产业共建村。董涌波感谢黄金村几年来无偿为陕西两个村脱贫致富的付出，通过近几年的扶贫协作，有力促进了当地农业增效、农民增收。

【三星村上线“智慧乡村综合服务”平台】 12月3日，朱林镇三星村正式上线的“智慧乡村综合服务”平台，用于检查村民学习台账和需要办结的村民服务事项，填写值班统计表，并察看村里小菜园的蔬菜种植保护等实时监测数据。常州产业投资集团帮助打造的这个乡村治理平台，让三星村连上了网络和大数据，也让脱贫致富的乡村打通了社会发展的信息大动脉，走上了现代化治理之路。全村6000多个村民的数据被接入平台，村民的家庭情况、农险报销、民政补助、低保申报等事项的办事流程，都在平台上自动生成相关数据报表和趋势分析，为村委进行决策、推进工作提供大数据支撑。

【唐王故事会获评常州市基层理论宣讲示范点】 12月15日，中共常州市委宣传部授予全市11家单位为常州市基层理论宣讲示范点称号，朱林镇唐王故事会榜上有名。唐王故事会会长韩献忠被评为“常州市理论宣讲带头人”。

唐王故事会成立于20世纪80年

夏夜，唐王故事会开讲

代，1995年被省文化厅命名为“文化特色（故事）之乡”。故事会拥有会员120多人，创作和宣讲人员60多人。先后创作出版故事图书6部，发表和宣讲各类故事400多则（篇），每年宣讲故事100场以上。曾获得常州市“书香常州·悦读生活”全民阅读年度好活动。2021年，开展“百场红色故事进万家”的主题宣讲活动。活动以会长韩献忠牵头创作和主讲，依托故事会平台培训好故事创作和讲演人员，宣讲传统故事、法治故事、地名故事、红色故事、新时代文明典型故事等。

2021年朱林镇各村基本情况一览表

表46

村名	党组织书记	村委会主任	户数（户）	户籍人口(人)	面积（公顷）	村集体收入（万元）	农民人均可支配收入（元）
朱林村	王卫中	王卫中	2081	5166	342	110	31623
龙溪村	陶小兵	陶小兵	1902	5183	264	95	33480
长兴村	王爱平	王爱平	1282	2992	445	439	31580
红旗圩村	朱小群	朱小群	949	2122	281	226	28560
三星村	罗竹君	罗竹君	1904	2702	413	141	25600
沙湖村	王春雷	王春雷	719	4605	183	154	24500
西岗村	蒋锁政	蒋锁政	2162	5442	436	272	28156
唐王村	丁沧宇	丁沧宇	1657	4547	190	521	27330
黄金村	王　娟	王　娟	719	2025	280	440	29820

2021年朱林镇骨干企业统计表

表47

企业名称	销售收入（万元）	利税总额（万元）	法定代表人	企业名称	销售收入（万元）	利税总额（万元）	法定代表人
江苏万顺新材料有限公司	86754.52	153.8	林翠华	江苏紫燕化学科技有限公司	5749.65	83.26	王华平
常州市日新树脂有限公司	52141.31	1657.54	陈　敏	常州方德精密机械有限公司	5306.07	213.84	王学勇
常州中嘉能源有限公司	50367.3	10.26	孙美云	常州大诚金盾新型建材有限公司	5206.51	111.61	焦景丽
江苏中实新能源有限公司	45290.29	60.53	葛相麟	江苏天鑫机械科技有限公司	4721.07	262.21	朱耀国
太一光伏科技（常州）有限公司	44619.96	45.48	刘　亮	常州恒岫工艺制品有限公司	4673.41	304.35	孙小军
常州宏鼎新能源科技有限公司	36902.45	4.79	张文静	常州市天顺能源科技有限公司	4596.76	181.66	陈网俊

续表47

企业名称	销售收入（万元）	利税总额（万元）	法定代表人	企业名称	销售收入（万元）	利税总额（万元）	法定代表人
天成涂装系统（常州）有限公司	33865.2	721.15	杨荣红	常州市金坛雄风五金装饰厂	4550.19	26.49	陆明荣
江苏立华食品有限公司	26838.91	47.46	王咏梅	常州茂康医疗用品有限公司	4515.33	156.76	巫玉章
江苏科菱库精工科技有限公司	26708.35	188.63	徐晓东	常州市和顺玻璃制品有限公司	4181.25	68.85	周月雷
常州瑞峰新能源有限公司	25869.14	167.81	冯　斌	常州市金坛建明机械制造厂（普通合伙）	4095.84	203.79	何建明
常州市瑞祥新材料有限公司	24266.55	5.1	徐国美	常州苏昊服装有限公司	3895.39	271.33	刘　昊
凯明（常州）新材料科技有限公司	19421.75	-145.08	韩　冰	常州市金坛中特轴承有限公司	3879.17	114.55	唐秀庚
江苏健裕健康医疗器械有限公司	16598.17	819.64	储小林	常州翔盛新型材料有限公司	3846.19	462.38	许建芳
江苏众锦物联科技有限公司	15571.15	37.12	周奋平	常州金坛企恒钢结构有限公司	3594.52	18.61	王小敏
江苏金坛晨林经济技术发展有限公司	14456.55	177.46	王昌文	常州徐沛金属材料有限公司	3533.24	4.48	时士桃
江苏科祥防腐材料有限公司	13222.36	601.24	郑国城	常州市仁旺机械有限公司	3072.53	68.73	陆仁伟
凡登（常州）新型金属材料技术有限公司	12817.08	504.76	钱海鹏	江苏科豪新材料科技有限公司	2961.53	164.59	赵金明
江苏羽翼铸造有限公司	12563.56	224.3	何　进	常州市实创润滑剂有限公司	2930.49	75.61	蒋惠琴
常州日新模塑科技有限公司	11640.29	452.45	王向东	常州市斯科沃高精密钢管有限公司	2872.86	17.96	张敦寿
常州新瑞卫生用品有限公司	11396.43	475.78	周立新	常州金坛金岗机械制造有限公司	2831.38	101.01	张兆华
常州日新化学有限公司	10242.39	463.82	董士伟	江苏宣臻防腐工程有限公司	2786.47	133.15	李传红
常州银丰电力装备有限公司	10081.46	213.48	薛　蔚	常州柏顺工具有限公司	2621.06	76.19	管　军
杜尔气体装备（常州）有限公司	10042.34	111.35	刘华明	江苏远能电力设备有限公司	2442.47	55.93	杨　欣
常州金坛徽林汽车部件有限公司	9794.89	40.51	柏金芳	常州市成林建材有限公司	2411.48	82.45	居金泉
常州京洋半导体材料科技有限公司	8734.84	586.75	刘云岗	江苏华达玻璃有限公司	2393.14	24.21	胡立志
常州市金坛唐王五金装饰有限公司	8726.72	79.91	王春福	江苏鹏德保温包装材料有限公司	2361.39	70.24	薛德保
常州科林线缆有限公司	8641.77	311.46	戴根洪	常州市金坛小有金属材料有限公司	2328.07	23.39	顾雪阳
江苏金动动力机械有限公司	8574.93	168.98	梁小平	常州蒙利瑞电工材料有限公司	2284.37	33.45	徐炳荣
江苏天驰轴承有限公司	7944.99	397.01	李钟平	常州洮湖机械有限公司	2219.37	79.47	庄龙华
江苏富沃德电子科技有限公司	7877.24	354.01	黄扣才	常州市利维铁路器材有限公司	2213.7	123.12	严留锁
常州市金坛宏达电镀有限公司	7510.88	257.29	蒋志刚	常州金阳纺织机械有限公司	2155.29	56.16	李钟平
常州市大地肥业科技有限公司	7343.33	38.16	宋乐东	常州韩利壁纸制造有限公司	2150.11	104.61	韩春吉
江苏帕卓管路系统股份有限公司	7326.09	445.81	詹以哲	常州金坛环保设备有限公司	2060.35	23.73	褚世卿
日轩汽车科技（常州）有限公司	6280.66	184.49	王银苹	常州格致金属科技有限公司	2029.25	1.32	孙方利
日正升汽车科技（常州）有限公司	6225.15	234.13	罗淇升	常州市开元玻璃有限公司	2017.39	13.18	周月雷

（韩献忠）

指前镇

【概况】 指前镇位于金坛区南部，东濒长荡湖，西临茅山，总面积105.2平方千米。域内233国道、常合高速、扬溧高速和丹金溧航道贯穿，地理位置优越。辖区内湖岸线15千米以上。拥有省级非遗文化项目东浦丝弦锣鼓、指前鱼灯，自然风光宜人，文化底蕴深厚。该区域为湖积圩田平原，河沟纵横、水网密布，土壤肥沃、物产丰富，拥有水产、水稻特色产业，长荡湖大闸蟹、金坛指前标米两大特色农产品驰名中外。2021年年末，全镇户籍人口5.46万人，常住人口3.52万人，下辖行政村12个、自然村226个，农村居民人均可支配收入34977元，比上年增长8.6%。全年完成地区生产总值41.57亿元。其中，第一产业生产总值5.73亿元，增长8.4%；第二产业生产总值24.29亿元，增长12%；第三产业生产总值11.55亿元，增长7%。

【农业农村】 2021年，全镇实现农业总产值12.17亿元，比上年增长12.75%；实现农业增加值6.76亿元，比上年增长8.8%。粮食总产量32583吨，夏粮亩产325.1公斤，秋粮亩产602公斤。渔业总产值6.68亿元，比上年增长19.9%。出栏家禽868.8万羽，比上年增长7%。水产品产量12135吨，比上年增长44.4%。全年全镇水稻种植面积3.78万亩。成功创建水稻绿色高质高效百亩示范方12个，落实小麦百亩示范方10个，绿色生产水平和优质品种占比进一步提升。至年底，全镇新增17个村企联建项目，总投资额1.73亿元，每年为村集体收入增加360余万元，为项目区农民亩均增收200元以上。2021年，指前镇被中国渔业协会授予“优质河蟹之乡”荣誉称号，获评省级五星级乡镇农产品质量安全监管机构。“指前标米”入选“常州市十大农产品品牌提升行动计划”。江苏南顺食品有限公司成功创建国家重点农业龙头企业，江苏长荡湖水产科技有限公司被评为江苏省最美绿色食品企业，为常州唯一。

【工业经济】 2021年，指前镇坚持工业立镇、项目为王，持续抓好项目招引和项目推进，实现以项目“提速度”促进发展“加速度”。全年实现纺织服装行业销售近15亿元，增长47%，占全镇销售的15.6%；机械装备行业销售额24.4亿元，增长38.6%，占全镇销售的25.4%，其中铸造行业销售额12.4亿元，增长31.7%；材料行业销售额34.8亿元，增长76%，占全镇销售的36.4%；食品及建材等行业销售额21亿元，同比增长33.3%，占全镇销售的22%。全年共签约引进项目9个，总投资18.35亿元，完成年度目标任务91.7%；完成一般公共预算收入1.82亿元，增长53%；实现工业应税销售收入95.8亿元，增长49.9%；完成工业实际投入5.72亿元，同比增长4%；外资实际到账500万美元。2020年签约的6个项目均竣工投产，2021年签约的9个项目，6个已开工，3个在建设。

【村镇建设】 2021年，指前镇致力于完善集镇基础设施，加速推进指前商贸中心菜市场装修、指前商贸中心人才公寓筹备建设和指前卫生院改扩建项目，建成健康主题公园1个，完成指前集镇污水管网改造项目、紫云湖小区一期雨水出口截污改造工程、南顺污水管网接管工程、社头集镇污水管网一期、社头集镇360吨污水处理设施项目等工程。完善提升交通网络，实施镇区主干道和园区道路质量提升工程，完成233国道、203县道、205县道等道路安全改造工程、指前工业园区道路维修提升改造工程、指庄线道路改造工程、社头东街道路整改工程。推进精品街道建设，完成学府路东延段、学府路东埂桥东侧道路、指前实验学校周围路段绿化改造提升等工程。

【生态环境】 2021年，全镇打好污染防治攻坚仗。加强太湖流域水污染防治，高标准完成工业企业涉磷调查和涉水企业排查整治。开展“危污乱散低”出清提升行动，共上报“危污乱散低”企业53家，关闭19家，整改提升34家。构建网格化环境监

规模化的指前镇数字化渔场养殖

管体系，把解决群众身边突出环境问题放在重要位置，全年共办结完成市、区两级推送的环境信访任务95件。打好安全生产保卫仗。深入开展危险化学品使用安全专项治理、工贸企业安全生产监督检查、烟花爆竹专项检查、涉氯企业安全生产大检查、食品安全专项整治等工作，发现并有效处置各类隐患286条。积极开展新安法宣贯、“百团进百万企业千万员工”安全生产学习等宣讲活动，实现关键岗位人员、安全管理人员、主要负责人宣传教育“全覆盖”，全面强化落实安全生产主体责任，切实增强安全生产思想自觉和行动自觉。打好镇村环境提升仗。扎实推进镇村管理，加快实施新一轮城市长效综合管理和“四清一治一改”村庄清洁工作，常态化开展巡察督查、整改提升行动，城市长效综合管理考核成绩位列全区和常州市25个二类乡镇第一方阵。积极开展土地综合整治，完成占补平衡项目5个，新增耕地面积267亩。深入摸排增减挂钩和工矿复垦资源，先后获得省、市耕地保护激励资金300万元。

【社会事业】 2021年，指前镇织密扎牢保障网络。完成全镇117个失独家庭认定签约，为5户残疾人家庭住房进行无障碍改造，帮助全镇1623名持证残疾人参加残疾人40种重大疾病保险和人身意外伤害保险。指前村等四个村级“夕阳红”居家养老服务中心建设完成，全镇12个行政村退役军人服务站年内通过验收。开展低收入人口调查，帮助30户家庭申请低保边缘家庭，至10月底，按要求取消低保家庭23户。开展“生活补贴、护理补贴”专项监查，追回金额19885元。助力群众安居乐业。完成马庄新苑255户安置户集中选房工作，组织西湖馨宁二期集中办理个人不动产权证1017本。对各类房屋建筑开展安全隐患排查共计14215座（次），分类推进后续整改工作。为838名就业困难人员办理社保补贴申请。统筹推进文教卫生。年末，全镇共有幼儿园3所、小学2所、中学1所，在职幼儿园教师36名、小学教师112名、中学教师68名，在校幼儿园幼儿393名、小学生1074名、中学生607名。全镇共有医疗卫生机构19家，执业（助理）医师35名，床位55张。全面推进农村人居环境整治工作，全镇建成9个美丽宜居村庄，农村人居环境整治综合年度排名位列全区第二名。扎实推进疫情防控工作，全年共完成核酸检测18680人（次），完成疫苗接种首针34774人，二针34260人，完成加强针19200余人（次）。

【区庆祝第四个“中国农民丰收节”系列活动】 9月26日，以“庆丰收 颂党恩 启新程”为主题的金坛区庆祝第四个“中国农民丰收节”系列活动在指前镇东浦村拉开序幕。活动现场，金坛区委副书记、政法委书记刘国新热情致辞，常州市委农工办副主任张涛向4个获评“常州市十大农产品品牌”的单位颁发证书，中国渔业协会河蟹分会终身荣誉会长李国平代表河蟹分会分别为金坛区“河蟹产业数字化发展示范区（县）”和指前镇“优质河蟹之乡”授牌。位于东浦村的稻渔文化园同时开园，并举办割稻穗、装稻谷、扎禾把、扎螃蟹等系列农事比赛，把金坛当地名优农产品米糕、醉蟹、牛肉、猕猴桃等进行集中展示。

【创建国家卫生镇通过省级验收】 12月16日，江苏省创建国家卫生镇评估验收组一行对指前镇创建国家卫生镇工作进行现场评估验收。评估验收组围绕爱国卫生组织管理、健康教育、环境保护、病媒生物防制、疾病预防控制、食品安全生活饮用水及公共场所卫生、传染病防治等方面工作，分组对指前镇东浦村、江苏金坛智能化渔场、健康主题公园、学校、卫生院、农贸市场、安置小区、污水处理厂、垃圾中转站、汽车客运站、卿卿针织厂以及餐馆、旅舍等进行实地考察，同时观看指前镇创建国家卫生镇专题宣传片、查阅创建工作台账。评估验收组对指前镇创建国家卫生镇工作给予了高度的肯定，认为指前镇创卫氛围浓厚，各项指标达到国家卫生镇要求。

9月26日，指前镇东浦村第四个中国“农民丰收节”现场

2021年指前镇各村基本情况一览表

表48

村名	党组织书记	村委会主任	耕地面积（公顷）	户数（户）	户籍人口（人）	常住人口（人）	集体经济收入（万元）	农民人均可支配收入（元）
指前村	王国强	王国强	640	1924	5884	7660	250.14	28500
庄阳村	殷美成	殷美成	839	1530	4456	1890	408.00	32800
清水渎村	鲍卫强	鲍卫强	670	1291	4261	2006	155.17	29500
东浦村	吕建民	吕建民	1002	1144	3444	3020	487.00	30800
社头村	张国庆	张国庆	1009	3444	7421	8351	369.00	36000
建春村	潘一炳	潘一炳	890	1507	4278	1885	181.30	34800
芦溪村	翟建平	翟建平	709	1427	3994	1664	132.59	31052
解放村	陈永财	陈永财	1100	1761	5150	3050	255.00	26400
丰产村	李国建	李国建	546	576	1639	762	216.00	26500
新河村	邱忠华	邱忠华	1100	2405	6991	3927	152.60	29200
王母观村	徐建华	徐建华	950	1460	4347	1845	234.87	31000
岳阳村	骆卫忠	骆卫忠	480	817	2529	1429	148.87	31000

2021年指前镇规模以上企业统计表

表49

企业名称	销售收入（万元）	利税总额（万元）	法定代表人	企业名称	销售收入（万元）	利税总额（万元）	法定代表人
常州长海焊材有限公司	31145	497.50	刁仁根	江苏华兴电子有限公司	7666	179.22	徐志明
江苏德邦铸造科技有限公司	16120	460.91	朱俊武	常州市金坛区望胜合金铸钢有限公司	5695	237.70	王丰明
江苏群达机械科技有限公司	21727	97.59	雷羽平	江苏华越毛纺有限公司	25381	434.32	俞建强
江苏金标毛纺有限公司	9472	108.15	邹斌泉	江苏安顺压力容器制造有限公司	4395	115.91	翟树兵
常州金坛茂盛精细化工厂	3378	80.27	王卫忠	江苏大隆铸造有限公司	5064	108.23	金宇裕
常州约特新材料科技有限公司	77415	30.29	王　强	江苏华竑非金属矿科技有限公司	37279	354.29	高押财
常州凯丽纺织科技有限公司	12963	468.53	姚晓东	常州市益瑞高分子材料有限公司	30363	1631.38	张明杰
江苏路博减振技术有限公司	8235	303.07	王　群	江苏金鼎新材料科技有限公司	7606	94.71	呙　平
江苏宏伟机械科技有限公司	3666	58.53	刘　伟	江苏后肖洲阳铝业有限公司	5898	41.00	曹玉萍
江苏博越羊毛科技有限公司	7720	63.04	俞建强	江苏双隆铝业有限公司	47451	20.31	童双青
常州赛丽家纺有限公司	9782	244.06	杨志强	常州卉意铝业有限公司	54194	100.85	呙　平

续表 49

企业名称	销售收入（万元）	利税总额（万元）	法定代表人	企业名称	销售收入（万元）	利税总额（万元）	法定代表人
常州市金坛区鼎金混凝土有限公司	27753	789.41	沈永建	江苏科奥新材料科技有限公司	3555	103.45	徐　伟
常州华德机械有限公司	19022	666.81	丁建中	江苏新立方板业有限公司	5573	94.90	呙　平
常州瑞华电力电子器件有限公司	5757	131.08	陈兴忠	常州毅联幕墙材料有限公司	5310	63.40	陆叶华
江苏铭鼎新材料科技有限公司	4441	344.05	李立仁	常州睿阳机械有限公司	2613	-34.04	朱跃平
常州市金坛瑞凌焊接器材有限公司	3208	24.89	邱光	江苏华彬新材料有限公司	33330	1786.07	黄　华
江苏海定工程机械有限公司	7135	283.28	王　俊	常州金艺装饰材料有限公司	3028	152.11	呙　平
江苏南顺食品有限公司	83080	960.62	梁玄博	江苏齐强新材料有限公司	5010	55.45	贾　婷
常州市金坛区恒利精纺有限公司	4444	90.08	周金洪	江苏助您智能机械科技有限公司	11871	690.42	王宗刚
江苏华荣绝缘材料有限公司	4988	91.79	陆帮荣	常州市卿卿针纺织品有限公司	18285	195.31	汤　辉
常州市科宇重工科技有限公司	22582	303.33	孙木清	常州南顺油脂有限公司	13112	-553.72	黄祖晖
常州市倩友服饰厂	18959	187.03	姚　青	常州市卿卿针织厂	23287	581.22	姚幼卿
江苏金洋造船有限公司	4412	148.81	练文林	常州市金坛区丰源铁路车辆配件厂	5651	74.88	李国平

（朱　浩）

儒林镇

【概况】 儒林镇位于金坛区东南部长荡湖畔，镇域面积 62.2 平方千米，人口 3.55 万人，下辖 6 个行政村和 1 个社区，共 385 个村民小组。是全国重点镇、国家卫生镇、全省首批国家新型城镇化综合试点镇、江苏省健康镇、江苏省生态文明建设示范乡镇和常州市中心镇。2021 年，全镇实现地区生产总值 64.5 亿元；一般公共预算收入 1.26 亿元。全镇农民人均可支配收入 36546 元。

【农业农村】 2021 年，全镇农业总产值 7.29 亿元，比上年增长 8.25%。其中农业类产值 0.74 亿元，牧业类产值 0.25 亿元，渔业类产值 5.59 亿元，农林牧渔服务业产值 0.7 亿元。实行网格化管理，狠抓农产品质量安全，对镇域内 1533 户养殖户（养殖面积 18044.4 亩）全面发放禁止养殖尾水直排告知书和农产品质量安全告知书。将 1151 个农产品经营主体纳入质量平台监管，全面完成巡查、抽检工作。全年新增区级示范家庭农场 6 家、市级示范家庭农场 2 家，清理吊销“空壳”合作社 8 个，推动农业适度规模经营发展。完成 1371 户 1084.2 亩水稻、1063 户 824.95 亩小

9 月 27 日，柚山村美丽乡村示范点揭牌

麦、276户304.1亩油菜政策性农业保险投保，全面实行应保尽保。坚持群众自愿，积极对接内塘螃蟹养殖保险，降低养殖户生产风险。全年完成产权交易项目77个，成交金额305万元。制定《歇耕地利用分工分块实施方案》《儒林镇歇耕地利用工作专项考核办法》，有序推进歇耕地综合统筹利用。

【工业】 2021年，儒林镇实现工业开票销售187.57亿元，完成工业实际投入11亿元。新签约引进信维通信、实力（安伊达）等高科技企业4个，均为盘活利用闲置资产项目，协议总投资10.2亿元。全年新引进税源企业29家，其中9家已形成开票销售。完善项目专班推进机制，签约项目开工率100%。国云大数据一期、崇信机械有效盘活。荣和纺织、海颜新材料、日新光伏一期、新欧一期竣工投产，贝特瑞项目有序推进。持续深化“危污乱散低”企业出清提升整治，上报企业30家，完成整治28家。源美新材料、广泽建设、儒林建设、汤姆森智能4家企业纳税超千万元，新欧新材料等14家企业工业应税销售收入超亿元。制定《儒林镇标准厂房管理办法》《儒林镇邻里中心管理办法》，将有限资源提供给更优质项目。制定《儒林镇工业企业综合评价工作方案》，根据企业实际产生的综合贡献合理配置资源。制定《2021年儒林镇重点企业精准服务活动实施方案》，全体党政领导和部门中层以上干部挂钩重点企业开展驻企服务。全年实现建筑业总产值39.04亿元，同比下降4.6%。

【第三产业】 2021年，全镇有重点服务业企业4家、住宿餐饮业20家，全年实现营业收入7.92亿元。柚山村美丽乡村示范项目成功揭牌，先后举办常州市金坛区第十届文化艺术节、2021中国（长荡湖）休闲湖泊峰会等节庆活动，旅游知名度日益提升。开展水街安全生产和生态环境专项治理，创新落实长荡湖水街市场化运作长效管护机制，引进先进票务系统，新建高标准公厕，国庆期间共接待游客超5万人次，实现管理收入32万元，业主经营收入超1500万元。

【镇村建设】 2021年，《镇村布局规划》《村庄规划》《柚山村村庄规划》编制完成。完成五叶集镇环境提升改造一期工程、50座小微水体整治工程，综合指挥中心和综合治理中心于9月投入运行，儒风苑一期附属工程完成工程量的90%。湖头老码头公园、如意湖湿地公园、大吕庄全民健身广场、儒林健身公园和新城路精品街道提升改造竣工并对外开放。儒成现代农业实行实体化运营，对歇耕地、收储企业等闲置资源进行高效管理，11634亩歇耕地综合利用有序推进。审核农村居民建房及设施农用地申请30余户。排查农村及集镇区既有房屋安全7700余户。完成2021年度占补平衡项目111.9亩施工及验收工作。

【社会事业】 2021年，儒林镇成立湖香苑、水香苑、天香苑3个党群服务站，助力服务小区居民。全年投入1130余万元，落实城市长效管理。全面实施定人、定区域、定责任“三定”原则，开展“两违”（违法用地、违法建设）网格化巡查，实现“两违”零增长。开展“大走访”活动，共走访困难户96户、动迁户70户、企业89家，结合疫情防控入户调查累计走访群众19808人，收集各类意见建议153条，已答复处理139条。全年完成教育支出14.6万元、文化旅游体育与传媒支出33.09万元、卫生健康支出84.15万元。儒林中学重点高中录取率34.1%，普高达线率72.7%。柚山村、五叶村成功创建“江苏省文明村”，柚山村书屋获评四星级农家书屋。成立疫情处置工作专班，下设12个重点工作组，明确分工，责任到人，在常州出现确诊病例、水街疑似排查等疫情防控工作中，快速反应、迅速处置。儒林庙石河、五叶蒋家河两条黑臭河通过活水畅流变成美丽生态河。9月下旬顺利完成省级农村垃圾分类迎检工作。全年积极向上争取并实际使用各类补助资金2878万元、镇级财政支出1521万元。其中，用于发放各类困难补助1684万元，惠及困难群众1565人，为老年人和残疾人缴纳意外险；用于42个各类大小民生实事项目投入2715万元。

5月，天香苑小菜园一角

【新建儒林长荡湖螃蟹市场】 2021年，儒林镇政府利用闲置厂房，共计投入265.1万元，进行螃蟹市场建设，9月建成投入使用。市场公开拍租18个大摊位、20个小摊位、便民中心和电商中心。至2021年年末，市场实现累计销售超亿元，成为金坛地区规模最大的河蟹交易集散地。

【新建“天香苑小菜园”】 2021年，儒林镇立足安置小区居民生活习惯和实际需求，规划建设占地约24亩的“天香苑小菜园”，不仅解决了“毁绿种菜”问题和部分邻里矛盾，更是弥补了居民土地被征用后没地种菜的局面。“小菜园”经验做法被《新华日报》《常州日报》等省、市级媒体宣传推广。

【全区首次全域核酸检测应急演练在儒林镇开展】 为进一步加强新冠肺炎疫情防控工作，全面提升应对、处置突发状况的能力，切实保障人民群众身体健康和生命安全。8月6日上午6时至7日上午6时，儒林镇开展全区首次全域全员核酸检测应急演练，共进行核酸检测24176人，完成常住人口22000人测试目标。

2021年儒林镇各村（社区）基本情况一览表

表50

村（社区）名	党组织书记	村（居）委会主任	面积（公顷）	户数（户）	户籍人口(人)	集体经济收入（万元）	农民人均可支配收入（元）
柚山村	蒋赤卫	蒋赤卫	718	1249	3746	733	46137
南社村	王乡清	王乡清	823	1575	4525	527	38242
儒林村	周建华	周建华	1187	3130	7996	207	27223
后庄村	谢启飞	谢启飞	798	1300	3703	199	36571
五叶村	尹金虎	尹金虎	1436	3076	8579	255	32903
湖头村	袁　方	袁　方	558	938	2745	172	41927
河下社区	徐云中	徐云中	598	1041	2890	390	32819

2021年儒林镇骨干企业统计表

表51

企业名称	销售收入（万元）	利税总额（万元）	法定代表人	企业名称	销售收入（万元）	利税总额（万元）	法定代表人
常州源美新材料科技有限公司	986481.53	1486.08	潘江峰	江苏海颇新材料有限公司	6704.84	112.06	顾红宇
江苏汤姆森智能装备有限公司	35794.31	1031.08	汤建华	常州市崇信机械科技有限公司	6250.93	106.16	周婉英
常州市星光电缆有限公司	30792.46	104.27	蒋亚军	常州市金坛奉献橡塑有限公司	5751.72	30.24	钱　峰
常州洪记两轮智能交通工具有限公司	25004.68	113.77	徐洪军	江苏环宇弹簧有限公司	5633.51	28.96	柳　尉
江苏君诚新材料有限公司	20822.79	436.08	陆　平	常州信泰包装有限公司	4737.07	271.18	刘桂兰
常州新蓝天汇丰钢结构有限公司	19320.27	257.64	刘荣桂	江苏万泰电机有限公司	4167.40	27.59	徐小龙
江苏万纳普新材料科技有限公司	14899.66	320.08	李翰卿	常州市腾利汽车配件有限公司	4112.07	72.01	左家梅
常州瑞凯化工装备有限公司	12866.21	24.60	徐志刚	常州金坛鑫奥电子元件厂	3923.69	72.62	汤小平
常州杰克服装有限公司	11980.33	445.72	李海骄	常州威丽新材料有限公司	3800.57	201.35	陈良威
常州市金坛金鸥水处理有限公司	11567.09	155.59	金敖大	常州金坛万达线缆有限公司	3559.28	62.63	陆和凤

续表 51

企业名称	销售收入（万元）	利税总额（万元）	法定代表人	企业名称	销售收入（万元）	利税总额（万元）	法定代表人
常州市苏优辐照科技有限公司	11083.18	63.77	蒋旭峰	常州市银诚精密铸造有限公司	3215.65	294.11	蔡云彬
江苏海洋冷却设备有限公司	10563.70	508.02	郭士祯	常州丽龙新材料有限公司	3047.97	37.96	邱校兴
常州瑞壳新材料科技有限公司	8669.70	139.23	梁春生	江苏宏艺天地节能科技有限公司	2804.83	126.97	缪建军
江苏海锋能源科技有限公司	8242.38	405.22	于伯全	常州市金坛鹏飞铜业有限公司	2482.22	22.63	胡金龙
江苏恒宏链传动有限公司	7115.24	466.70	汪　芸	常州祺源精密机械加工有限公司	2177.92	307.76	陆震宇

（陈　俊）

尧塘街道

【概况】　尧塘街道位于金坛区东南部，东邻武进区，南望宜兴市，北接丹阳市。全街道呈桑叶形，尧塘河、湟里河穿境而过，沪武高速、233 国道、金武快速路等省市干线公路贯穿境内。2021 年街道面积 88.74 平方千米，户籍人口 5.2 万人，下辖行政村 11 个、自然村 269 个、社区 1 个，人均可支配收入 36830 元。

【征地动迁】　2021 年，尧塘街道实施飞荣达二期项目建设用地征收任务，搬迁房屋 188 户，面积 5.4 万平方米，兑付资金 2.7 亿元。启动遗留户搬迁“攻坚行动”，为汇福路、钱资湖大道等重点工程依法搬迁多年遗留户 12 户，确保产业项目和政府性投资项目顺利建设推进。完成林丰村钱资东河开发地块、文山路土地、国际产业园合作创新中心地块等 13 个项目的土地清障，面积 1940 亩，保障了涉铁通道 233 国道南延、金湖路污水管网、汇贤变电站、南汤变电站进出线工程、蜂巢能源四期等项目建设。完成补充耕地核查整改 320 亩，建设用地增减挂钩复垦 40 亩，完成占补平衡总面积 387 亩。录入飞荣达项目房屋搬迁数据信息 157 户，对历年房屋搬迁档案进行整理、归档 8000 套。

【城市经济】　2021 年，尧塘街道完成一般公共预算收入 9600 万元，新增法人企业 191 家，全年招引科技创新项目 15 个，引进税源项目 17 个，在尧缴纳税款 880.19 万元。成立华创智造工坊，打造科技创新项目孵化载体，盘活 2 家企业闲置厂房，为华创智造工坊提供 3070 平方米创业孵化空间，引入 2 个海外人才项目并成功入选第十七批“龙城英才计划”。摸排领军型创业类人才信息备案 1 家，为企业培养高技能人才 50 余人。依托碧桂园、万科等商住小区，放大钱资东河生态优势，强化商贸要素集聚，壮大经营主体。

【农业农村】　2021 年，尧塘街道进一步做大做强尧塘特色花木产业，经营花木 30 余种，全年经营总额 11.37 亿元。至年末街道有花木种植面积 33000 亩，有花木规模经营户 376 户、花木合作社和花木家庭农场 62 家，蝉联农业农村部“2021 年全国特色产业十亿元镇”。全年街道行政村总收入 5265.2 万元，比上年增长 63.9%，其中经营性收入 3836.7 万元，比上年增长 109.6%。街道、村两级农村集体三资监管平台线上运行顺利，完成村级财务审核 3578 笔。对国有资产进行梳理、明确产权和规范属地管理，将部分国有资产委托行政村管理、发包，壮大村集体经济，促进村（社区）全年增收 300 万元。推进农村集体产权交易，规范村级集体资产资源发包，完成集体资产资源出租、发包交易 69 个，交易总额 443.08 万元。完成 11 个“空壳”专业合作社的清理，成功申报 1 家市级示范家庭农场，1 家区级示范家庭农场。做好上汤和谢桥两个规划保留村的规划设计工作，推进 6 宗土地入市的规划报批。完成 6000 亩种植业、600 亩园艺业、31000 亩林业、4500 亩渔业用地的监督管理和推广工作，出台相关文件，建立农业（农机）安全生产和农产品安全监管网格化管理体系，将 250 个农产品经营主体纳入监管平台，完成 1960 个农产品样品监测。

【城市管理】　2021 年，尧塘街道全域科学划分 39 个网格，新招录 34 名城管协管员，按一类街道要求，对照市、区考核标准，建立分工明确、沟通快捷、处置及时的管理机制。市场化运作全域保洁，对农村环境进行全面清理整治和提升，有效解决垃圾围村、围田、围路和围河问题，基本实现了农村环境“三无一规范一眼净”（村内及周边无垃圾堆放、无污水横流、无杂物挡道；日常生产生活物品堆放规范有序；主次干道两侧环境干净）的目标。推进西华、李家、东榭 3 个美丽宜居村环境治理，完成 11 个行政村、219 个自然村水环境综合治理。通过6处道路节点和“口袋公园”建设，增绿添绿3500平方米。改造尧塘健身广场，在亿晶大街增设9个智能化探头，将市容环卫责任落实给沿线商户。制定香树苑小区改造方案，统筹考虑排口改造、道路修补、立面出新等；对辖区内48座桥梁进行检测，同时完成1.02万户农村房屋、538栋商品房和53栋公共建筑安全隐患排查工作，下发3份危房解危告知书。梳理29个农村生活污水处理待改造工程情况，分步实施整改，确保运转正常。深入推进“河长制”各项工作。推动各级河长履职尽责，全年巡河730余次，处理涉河问题42个，对尧塘境内的小微水体进行排摸检查，落实水体的日常管护。

【社会事业】 2021年，尧塘街道完成海棠明都玉兰园小区动迁户安置房收件办证1474本，完成农村不动产房地一体确权发证2374本。完成水东村、迎春村“夕阳红居家养老服务中心”建设，在西华村开展“好邻居茶社”试点工作。持续做好双拥优抚，统计各类优抚对象486人，办理军人优待卡4张。完善居家养老服务，开展困难家庭、慈善和医疗救助，核查计生困难家庭117户，帮助特殊家庭申报住院护理险材料23例。节日期间慰问困难家庭240余户次。完成1477名低收入人员摸排工作，特困人员供养实行村两委干部包户动态监管责任制。“扩面征缴”城镇职工养老保险，年度净增604人。全年调处人事争议案件7起，简易劳资纠纷23起。助力创业就业。开展创业培训，全年培训89人次，开展高校毕业生就业情况调查27人次，申报优秀创业项目4个。全年开展各类健康教育活动248次，受众8270人次。在街道开展金坛区非物质文化遗产巡展，组织30000人次观看。结合“建党百年”举办“江苏省百年百场送文艺下乡”和“文化惠民城乡行”演出4场，1500人次观看。

【综合治理】 2021年，尧塘街道制订常态化防控与紧急情况响应疫情防控方案，将疫情防控融入网格化管理，配合卫生、公安等部门收集、整合数据，摸排、组织重点地区返坛人员核酸检测，常态化做好防疫。开展全员核酸检测预登记5.3万人，在河海大学工地、下庄村委2次开展疫情防控核酸检测应急演练，运用多种传媒平台常态化宣传防疫信息。抓好法治建设，全年组织法治授课4场，参与175人次；法治宣传活动8场，发放资料600余份。实施群租房安全隐患集中整治，重点摸排群租房安全隐患7次，对私接、乱接电线等问题摸底、跟进整改。投入60余万元对敬老院消防、用电等方面存在的安全隐患进行全面整改，关停未经备案登记、存在重大安全隐患的养老院2家。对加油站、校园和校车、建筑施工、商贸、城镇燃气等重点领域开展检查30余次。开展“危污乱散低”整治工作，上报华罗庚高新区118家“危污乱散低”企业，区级认定的28家全部完成关停或整改。完成省级生态文明建设示范街道创建。高压态势推进违建整治，全年处置违建63起，拆除18处，总面积463平方米。开展乡村安全隐患排查整治工作，完成南住路、白头桥路、塘上路3处隐患整治，增加限重、限高标识等。

【探索运行敬老院公建民营模式】 尧塘敬老院建于1999年，占地面积12亩，建筑面积3600平方米，床位120张，是尧塘唯一持有“养老机构备案通知书”的养老机构，主要为五保老人提供全托养老服务。2021年入住63人，其中“五保”老人54人，社会寄养老人9人。12月16日，尧塘街道办事处与青岛中康爱邻里智慧医养服务有限公司本着“政府引导、市场运作、普惠适用”的原则，尧塘街道敬老院社会化运营项目成功签约。

【亿晶大街获评常州市智能化精品街道】 亿晶大街北至金武快速路，南至钱资湖大道，全长1.8千米，是尧塘街道的标志性道路。2021年，街道按照“一街一景、一路一特色”建设原则，对亿晶大街进行颜值改造、风貌重塑和文明提升。先后实施建筑、店招出新，绿化景观调整，增加6处道路节点和“口袋公园”建设，添设绿化带3500平方米，翻新尧塘健身广场，铺设塑胶活动场地，沿途布设20张休闲座椅。设置9个智能化探头，抓拍不文明行为。将市

智慧化管理街道——亿晶大街

容环卫责任落实给沿线商户，通过包装彩绘，将配电箱、垃圾箱等城市家具打造成文明创建的宣传窗口，有效提升城市管理科学化、精细化、智能化水平。12月被常州市城管局评为智能化精品街道。

2021年尧塘街道各村（社区）基本情况一览表

表52

村（社区）名	党组织书记	村（居）委会主任	面积（公顷）	户数（户）	户籍人口（人）	集体经济收入（万元）	农民人均可支配收入（元）
西华村	孙华东	孙华东	1280.00	1968	5148	448.49	31105
谢桥村	周国平	周国平	1056.00	1910	5470	823.00	36000
尧塘村	王　健	王　健	318.00	1834	4680	441.64	31880
下庄村	孙文俊	孙文俊	250.00	828	2344	260.00	35000
汤庄村	张国俊	张国俊	339.00	1775	4764	440.70	34000
红旗村	赵志忠	赵志忠	938.00	2091	6332	638.20	35000
水北村	周小平	周小平	600.00	2019	5204	408.10	38000
迎春村	季晓春	张卫星	959.00	1738	4806	396.00	29451
水东村	陈　忠	陈　忠	980.00	2152	5740	438.86	31100
林丰村	夏建新	夏建新	673.00	1235	3466	475.97	42900
万新村	秦建明	秦建明	743.00	1601	4351	412.35	29800
尧顺社区	—	施伟生	60.14	2589	263	100.50	31250

（张卓琲）

东城街道

【概况】 东城街道地处金坛城区东部，北与丹阳市导墅镇、东与丹阳市皇塘镇、南与尧塘街道、西与西城街道接壤。行政区域面积74.49平方千米，常住人口12.29万人，下辖行政村（社区）22个。其中，社区17个，村（居委会）合一3个，农业行政村2个，华阳、华光社区由东方社区代管，金东社区由河头村代管，中塘社区由中塘村代管，新桥社区由新城社区代管。2021年，东城街道聚焦“打造活力新东城、温情新东城、幸福新东城、文明新东城、平安新东城”的主责主业，各项工作取得显著成效，被区委、区政府授予2021年度“先进集体”称号。

【经济发展】 2021年，东城街道成立城市经济发展工作专班，制订鼓励城市经济发展奖励办法，高质量完成年度各项目标任务。全年完成一般公共预算收入3亿元，实现建筑业总产值71.2亿元、重点服务业营业收入25.6亿元、限额以上贸易企业销售额39.1亿元。引进科技创新项目13个，税源项目77个（含重点税源项目7个），新引进重点税源项目实现税收7400万元。城市经济发展年度考核位列全区第一。

【征地动迁】 2021年，东城街道清障交地2068亩，完成金坛新材料科技产业园、化学药科技创新中心、工业污水厂、国际工业城B区和C区、紫东公寓、丰泽佳园（二期）、恩捷和蜂巢能源四期等多个重大项目地块的清障工作。拆除兴隆路6家民房、4家企业厂房，总面积10071.6平方米；妥善解决五星印花厂久拖不搬的历史遗留问题。完成金城大道拓宽项目涉及的9家企业部分国有土地使用权收购和构筑物拆除的签约工作。在土地整治方面，完成53亩耕地占补平衡任务和14035亩歇耕未利用的土地管理，土地耕地保护考核列常州市镇（街道）第一，获市级耕地保护激励资金100万元。

【城市管理】 2021年，东城街道高标准建设华胜、华兴、华城社区新时代文明实践站。开展市容环境专项整治，处置各类问题5000多个。完成汇贤村、峨嵋村、小下云3个城中村、小区的环境综合整治。完成谢家村、邮电楼、美丽华公寓、职教公寓和杨家棚5个城中村、小区的雨污分流改造。投入500万元用于新城东苑四区、汇贤苑等18个省、市生活垃圾分类达标小区的智能化建设运行，并高标准通过省级验收。构建城市长效管理三级巡查处置体系，成立街道党政领导负责、机关中层干部参与的“周周查”小组、街道职能部门“日日查”小组、村（社区）网格“时时查”小组，日均处置问题超500个。

东城街道汇贤苑小区垃圾分类收集点——清洁小屋

【安全环保】 2021年，东城街道开展燃气安全专项整治，安装燃气泄漏安全保护装置676家。开展高层建筑消防安全专项整治，消除隐患527处。开展商贸服务行业危化品专项治理，完成平台注册登记396家。开展“危污乱散低”出清提升行动，关停取缔10家。动态做好水污染防治，地毯式排查尧塘河入河排口65个，制作电子图，实现点位“一图全览”、问题“对号入座”“按时销号”，完成整治问题排口30个。

【社会民生】 2021年，东城街道坚持平战结合，严格落实外防输入，发挥“大数据+网格化+铁脚板”作用，有序推进疫苗接种工作，18周岁以上人群完成首针接种102624人，完成全程接种96789人，完成加强接种21367人。引入第三方服务机构，新建新塘、中塘、峨嵋、新城、金河、河头6个村（社区）“夕阳红”服务中心。华苑社区完成省级儿童“关爱之家”创建。推进文化惠民，举办文化巡演50余场、主题展览100余场。扎实开展省“双拥”模范城创建工作，街道退役军人服务站获评常州市优秀退役军人服务站。企业社保扩面征缴净增2518人次，公积金扩面征缴4369人次。辖区内共有幼儿园11所（含4家民办）、小学4所、初中2所、高中1所、中专1所，在校学生21434人。

2021年东城街道各村（社区）基本情况一览表

表53

村（社区）名	党组织书记	村（居）委会主任	面积（公顷）	户数（户）	户籍人口（人）	集体经济收入（万元）
峨嵋	虞国新	虞国新	96.00	4409	4975	147.70
电胜	李俊峰	李俊峰	61.00	3478	2830	188.83
华胜	王月平	王月平	218.00	4750	2944	314.22
东方	史跃忠	史跃忠	404.00	7052	4995	148.97
华兴	王建伟	王建伟	1100.00	5259	5607	383.73
河头	马金芳	马金芳	550.00	2216	5408	448.40
中塘	沈建华	沈建华	433.00	4907	3881	424.68
柘荡	吕国军	吕国军	1000.00	2185	7020	689.09
明星	陈息定	陈息定	960.00	2046	6603	288.53

续表 53

村（社区）名	党组织书记	村（居）委会主任	面积（公顷）	户数（户）	户籍人口（人）	集体经济收入（万元）
五联	蒋雪芹	蒋雪芹	1150.00	2130	6476	227.80
新城	沈　俊	沈　俊	155.00	6252	5488	—
华城	杨志超	杨志超	60.00	4567	5215	—
南苑	杨景贤	杨景贤	40.00	3288	2325	—
金河	朱慧晶	朱慧晶	63.00	4532	3127	—
华苑	芮晓霞	芮晓霞	76.00	4452	6126	—
汇贤	夏小俊	夏小俊	230.00	4901	3352	—
新塘	蒋　晗	—	74.53	6759	1320	—

注：新塘社区成立于2021年第六届居委会换届选举之后，故居委会主任暂缺

（陈　琪）

西城街道

【概况】 2021年3月，西城街道行政区域将6个社区委托给金城镇管理。调整后，西城街道辖区范围东至东环二路、金湖路，西至新、老丹金溧漕河，北至良常路，南至长荡湖北岸，区域总面积56平方千米、常住人口9.8万人，下辖12个城市社区、5个行政村。完成地区生产总值77亿元，一般公共预算收入1.72亿元。

【征地动迁】 2021年，西城街道始终以服务“三城”建设、保障重大项目实施为工作主线，服务大局坚定有力。成立工作专班，排定任务清单，实行领导挂帅、各方联动，全力攻坚完成河海大学常州新校区、高铁枢纽区域内16个堵点项目。开展高铁枢纽“四电”用地岸头段的清障任务，完成黄庄村大德发服饰、腾飞机电、华月制衣、粮食供销总公司等5家企业的收储工作，保障丹桂路等涉铁通道、金山南路、省道S241改道的顺利施工。对照图斑、深入挖潜，完成56亩耕地占补平衡任务和1600亩歇耕未利用的土地管理。

【经济发展】 围绕城市经济发展，西城街道积极开展招企引税、为企服务活动，2021年工业应税开票销售收入10.5亿元。加快市场主体培育，新增市场主体1800家，新增个体工商户1180家。盘活原公安局办公楼、原不动产中心等多处闲置楼宇，成功打造西城街道创享经济产业园、中科（金坛）数字经济产业园等经济平台。在老飞洋鱼地块高标准运营文化创意产业园，加快形成文化产业集聚。围绕科创型项目和重点税源项目，深入挖掘各类资源，成功引进了科技创新型项目7个、重点税源项目6个。

【城市管理】 2021年，西城街道结合“城区雨污分流三年行动”，逐步实施河滨与北戴片区老旧小区改造、污水管网改造、零星维修等23个改造项目，累计投入资金6300万元。研究制定《西城街道2021年度文明城市建设考核办法》，对照“创建全国文明典范城市”的标准要求，稳步推进河滨东路精品示范街、西城街道新时代文明实践所的建设。加强城市精细化管理，建立常态化巡查考核机制，受理数字化城管平台案件1.16万余件，案件处置率99.3%。办理“12345”各类诉求5185起，按时办结率100%。重点整治各类市容问题、集贸市场周边小区环境，拆除违法建筑178处，清理占道经营3650处、流动摊位4651处。

【社会民生】 2021年，西城街道有效落实各类民生保障措施，让发展成果惠及更多西城人民。做好各类重点对象的关怀慰问，完成79户困难家庭的适老化改造，全年累计救助低保、残疾等各类困难家庭961户。组织实施九洲里花园二区拆迁安置房不动产权证办理、虹桥菜市场散居楼改造、南洲花园车位改造等一批民生实事项目。持续推进文教卫体建设，街道辖区范围内有华罗庚中学、段玉裁中学、朝阳小学等公办中小学校11所，教职工1381人，学生11181人，有金沙中学1所民办高中，有实验幼儿园、虹桥幼儿园等5所公办幼儿园，教职工275人，学生2289人，有南洲幼

儿园、岸头幼儿园等4所民办幼儿园。有金坛第一人民医院三级综合医院1所，医护人员1445人，另建有4个村卫生室、9个社区卫生服务站，共配备47名医护人员。完成17个村、社区新时代文明实践站建设，实现村居全覆盖，新增城南村、北门社区等5个村、社区全民健身广场。积极开展形式多样、喜闻乐见的群众性文体活动，输送优秀文化进基层，举办活动230余场，共计有9万多人次参加活动。

西城街道岸头村林丰河绿化景观

【综合治理】 2021年，西城街道牢固树立底线思维，扛牢属地责任，严格落实常态化疫情防控要求，全年排查疫情接触人员5423人，扎实做好新冠疫苗接种工作，累积接种第一针7万人、第二针6.7万人、加强针1.7万人。认真做好安全、消防大排查大整治工作，重点完成新世纪大厦消防隐患整改和美食一条街小型餐饮单位环境安全整治。深入推进“危污乱散低”出清提升行动，摸排“危污乱散低”企业57家，出清37家、整改提升20家。积极开展反诈骗宣传工作，加强网格化社会治理，累计上报网格事件6.1万件，办结率100%。

2021年西城街道各村（社区）基本情况一览表

表54

村（社区）名	党组织书记	村（居）委会主任	面积（公顷）	户数（户）	户籍人口（人）	集体经济收入（万元）
城南村	钱卫军	钱卫军	1407.0	3867	8881	1371.89
黄庄村	陈阿平	陈阿平	360.0	879	2831	348.57
涑渎村	顾建华	顾建华	970.0	2210	5926	686.24
方边村	田松青	田松青	920.0	1788	5170	586.68
岸头村	张乔关	张 乔关	1040.0	2439	5946	484.04
北园社区	谈英桃	谈英桃	35.0	3387	3411	—
北门社区	李富琴	李富琴	233.0	2313	3551	—
虹桥社区	吴梓源	吴梓源	45.0	4471	8757	—
东园社区	袁建霞	袁建霞	47.0	3833	5574	—
南洲社区	虞亚俊	虞亚俊	166.0	3176	2102	—
朱庄社区	丁香云	丁香云	170.0	4302	2275	—
愚池社区	谢月华	谢月华	67.0	2348	3814	—
花街社区	朱华香	朱华香	97.0	2958	6398	—
河滨社区	唐惠娟	唐惠娟	37.5	3619	5382	—

续表54

村（社区）名	党组织书记	村（居）委会主任	面积（公顷）	户数（户）	户籍人口（人）	集体经济收入（万元）
翠园社区	艾　霞	艾　霞	84.0	4091	6204	—
九洲里社区	施可慧	施可慧	27.8	2014	245	—
金安社区	王　宇	王　宇	30.0	3109	269	—

2021年西城街道骨干企业统计表

表55

企业名称	销售收入（万元）	利税总额（万元）	法定代表人	企业名称	销售收入（万元）	利税总额（万元）	法定代表人
江苏金坛建工集团有限公司	401388	26448	董锡定	常州市金坛区房产有限公司	3838	216	钱玉琪
常州江东房地产开发有限公司	45000	6100	陈　俊	江苏峻硕建设工程有限公司	3816	372	唐扣俊
江苏中建达丰机械工程有限公司	34038	2064	林翰威	常州市金坛金建路灯安装工程有限公司	3565	1580	荆　星
常州金坛交通养护工程有限公司	30353	3521	徐　键	江苏常翠建设工程有限公司	3420	138	岳志泉
常州市金坛苏龙劳务服务有限公司	27744	2345	蒋锁龙	江苏凯联建筑设计有限公司	3345	282	于秋阳
常州市金坛自来水有限公司	22246	2009	秦　湘	常州市顺和园林绿化有限公司	2973	8	戴爱民
常州金坛中天汽配有限公司	10280	203	曹庭霞	江苏善筑建设有限公司	2877	76	史列军
常州星杭金网络通信有限公司	10234	605	刘　军	江苏强盛机电设备有限公司	2770	54	马琳淞
常州同泰建设工程有限公司	8680	61	徐瑞照	常州市金坛海龙航运有限公司	2705	69	王冬娣
华阳建设工程有限公司	8327	398	田福平	常州君邦建筑安装劳务有限公司	2640	259	王才和
常州金坛乔非商贸有限公司	8289	59	杨建国	常州市金坛荣庆家电有限公司	2578	101	王荣庆
江苏巨能建设有限公司	7562	1306	李剑平	江苏洮湖建设有限公司	2343	134	戴　烨
常州煜轩商贸有限公司	6851	101	许文化	常州大德发服饰有限公司	2287	2	许小海
中涧建设有限公司	6246	341	佘丽君	江苏云盾建设工程有限公司	2256	65	朱留平
江苏博盛园林建设有限公司	5148	429	汤粉荣	常州凯联工程监理有限公司	2169	1269	于秋阳
常州金坛新千秋大药房有限公司	5133	305	刘道鑫	常州金坛坤远服装厂（普通合伙）	2167	30	丁国栋
常州菲图康国际贸易有限公司	4052	90	陆　斌				

（高　坤）

（编辑　夏　冰）

新任区领导

陆秋明

中共常州市金坛区委书记，区人武部党委第一书记。

1969年8月生，江苏常州人。1989年9月参加工作，1994年5月加入中国共产党。大学文化。1987年9月至1989年7月常州工业技术学院语言文学系中文秘书专业学习；1989年8月至1992年7月江苏武进纺织厂厂办工作，任厂团委书记；1992年7月至1998年1月任武进市（县）经济委员会工业系统团委书记（其间：1995年12月至1998年1月借调中共武进市委组织部工作）；1998年1月至2000年11月任中共武进市委组织部组织科科员；2000年11月至2003年8月任常州市武进区（市）湖塘镇党委组织委员（其间：2000年8月至2002年12月中央党校函授学院经济管理专业学习）；2003年8月至2004年2月常州市武进区湖塘镇副镇长人选；2004年2月至2006年3月任常州市武进区湖塘镇副镇长；2006年3月至2007年1月常州市武进区湖塘镇党委副书记、镇长人选；2007年1月至2007年11月任常州市武进区湖塘镇党委副书记、镇长；2007年11月至2010年6月任常州市武进区湖塘镇党委书记；2010年6月至2010年7月任常州市武进区湖塘镇党委书记、江苏省武进经济开发区党工委书记；2010年7月至2013年3月任江苏省武进经济开发区党工委书记；2013年3月至2016年6月任武进国家高新技术产业开发区党工委副书记、管委会副主任（其中，2015年9月任武进区人民政府党组成员，2016年1月起主持日常工作）；2016年6月至2020年6月任中共常州市武进区委常委，武进区政府党组副书记、副区长（正处级）；2020年6月至2021年1月任中共常州市金坛区委副书记，金坛区人民政府党组书记、副区长、代理区长。2021年1月至7月任中共常州市金坛区委副书记，金坛区人民政府党组书记、区长；2021年7月至2021年8月任中共常州市金坛区委书记；2021年8月起任现职。

吴小华

中共常州市金坛区委副书记，金坛区人民政府党组书记、区长。

1975年1月生，江苏溧阳人。1997年8月参加工作，1995年12月加入中国共产党。大学文化，硕士学位。1993年9月至1997年8月西南财经大学贸易经济专业本科学习；1997年8月至2003年11月任常州市委党校教师；2003年11月至2005年8月任常州市新北区妇联主席（其间：2002年9月至2005年7月江苏省委党校区域经济学专业研究生学习）；2005年8月至2011年5月任常州市妇联党组成员、副主席；2011年5月至2015年5月任金坛市委常委、纪委书记（其间：2012年12月至2013年3月江苏省第二期公共行政与管理高级进修班美国斯坦福大学学习）；2015年5月至10月任常州市金坛区委常委、纪委书记；2015年10月至2019年1月任常州市政府副秘书长、红十字会副会长（兼）；2019年1月至2020年6月任常州市妇联党组书记、主席；2020年6月至2021年7月任常州高新区党工委副书记、新北区委副书记；2021年7月至2022年1月任中共常州市金坛区委副书记，金坛区人民政府党组书记、副区长、代理区长。2022年1月起任现职。

刘国新

中共常州市金坛区委副书记、政法委书记，政协常州市金坛区委员会主席、党组书记。

1968年10月生，江苏溧阳人。1990年8月参加工作，1994年12月加入中国共产党。大学文化。1988年9月至1990年7月在上海师范大学涉外秘书专业大专学习；1990年8月至1995年3月历任溧阳市供销合作总社秘书、团委副书记、行政秘书科副科长（主持工作）；1995年3月至1997年8月历任中共溧阳市委组织部组织科科员、干部科科员；1997年8月至1998年8月历任中共溧阳市委组织部办公室副主任、办公室主任；1998年8月至2001年12月任中共溧阳市委组织部干部科副科长、知识分子工作科科长（其间：1997年8月至1999年12月在中央党校函授学院经济管理专业在职大学学习）；2001年12月至2004年10月任中共溧阳市委组织部干部科副科长、干部监督科科长（其间：2003年2月任中共溧阳市委组织员）；2004年10月至2006年7月任中共溧阳市委组织部干部科科长；2006年7月至2011年5月任中共溧阳市委组织部副部长；2008年2月至2011年5月任中共溧阳市委老干部局局长；2009年10月至2011年5月任溧阳市重大项目建设监督检查组组长；2010年4月至2011年5月任中共溧阳市委办公室主任；2011年5月至2013年3月任中共常州市钟楼区委常委、纪委书记；2013年3月至2015年5月任中共金坛市委常委、组织部部长；2015年5月至2020年4月任中共常州市金坛区委常委、组织部部长；2016年6月任中共常州市金坛区委副书记；2016年12月至2018年7月任政协金坛区委员会党组副书记；2017年1月至2018年1月任政协金坛区委员会主席；2021年7月任中共常州市金坛区委政法委书记；2021年12月任政协金坛区委员会党组书记；2022年1月起任现职。

刘小平

中共常州市金坛区委常委，金坛区人民政府党组副书记、副区长。

1971年1月生，江苏金坛人。1990年8月参加工作，1995年10月加入中国共产党。大学文化。1988年9月至1990年7月在江苏省苏州警察学校交通管理专业中专学习；1990年8月至1992年12月在金坛县公安局交警大队工作；1992年12月至1994年12月在金坛市公安局车管所工作；1994年12月至1995年3月任金坛市公安局交巡警大队薛埠中队中队长；1995年3月至2002年3月历任金坛市公安局交巡警大队事故科副科长、科长；2002年3月至2003年8月历任金坛市公安局交巡警大队副大队长、车管所所长；2003年8月至2007年8月任金坛市公安局城东派出所所长（其间：2000年4月至2003年9月江苏广播电视大学法律专业学习）；2007年8月至2009年8月任金坛市公安局副局长（其间：2004年3月至2008年4月中央广播电视大学法学专业学习）；2009年8月至2013年5月历任金坛市薛埠镇党委书记，茅山风景旅游区党工委书记、管委会主任；2013年5月至12月任江苏省金坛茅山旅游度假区党工委书记、管委会主任，薛埠镇党委书记；2013年12月至2016年7月任江苏省金坛茅山旅游度假区党工委书记、管委会主任；2016年7月至2018年11月任中共常州市金坛区委常委，江苏省金坛茅山旅游度假区党工委书记；2018年11月至2021年7月任中共常州市金坛区委常委，江苏省金坛经济开发区党工委书记；2021年7月起任现职。

朱　霞

中共常州市金坛区委常委、宣传部部长。

1977年10月生，江苏金坛人。1995年8月参加工作，2000年9月加入中国共产党。研究生学历。1995年8月至2008年9月历任金坛市旅游局财务科科员、旅游管理科科长（其间：1996年9月至1999年7月江苏广播电视大学财务会计专业函授大专；2003年9月至2006年7月中央广播电视大学法学专业函授本科）；2008年9月至2010年4月任金坛市旅游局党组成员、副局长；2010年4月至2011年3月任金坛市发展和改革局党委委员、副局长；2011年3月至2012年1月任金坛市长荡湖旅游度假区党工委委员、管委会副主任，金坛市儒林镇党委委员、副镇长；2012年1月至2014年12月任金坛市儒林镇党委副书记、镇长；金坛市长荡湖旅游度假区党工委副书记（其间：2010年9月至2013年7月江苏省委党校政治经济学专业研究生学习）；2014年12月至2017年1月任金坛市（区）工商联党组书记、执行委员会主席；2017年1月至2021年7月任金坛区人民政府党组成员、副区长（其间：2017年1月至2017年2月兼任金坛区工商联党组书记、执行委员会主席；2017年2月至2017年9月兼任区水利局党委书记、局长，区水务局局长；2017年9月至

2019年3月兼任区水利局局长、区水务局局长)；2021年7月起任现职（其间：2021年7月至10月兼任金坛区人民政府副区长）。

周律诚

中共常州市金坛区委常委，中共常州市金坛区纪律检查委员会书记、常州市金坛区监察委员会主任。

1981年6月生，江苏常州人。2007年8月参加工作，2006年5月加入中国共产党。研究生学历、硕士学位。1999年9月至2003年9月南京师范大学中文系汉语言文学教育专业本科学习；2004年9月至2007年8月南京师范大学中国古代文学专业硕士研究生学习；2007年8月至2009年8月任常州市新北区委组织部组织处科员；2009年8月至2011年3月任常州市纪委干部管理室科员；2011年3月至2014年4月任常州市纪委干部管理室副科级纪检监察员；2014年4月至2017年12月任常州市纪委第一纪检监察室副主任；2017年12月至2019年5月任常州市纪委、市监委第四纪检监察室副主任（其间：2018年5月至2019年5月挂职常州市金坛区薛埠镇党委副书记、副镇长）；2019年5月至2021年7月任常州市纪委、市监委第四纪检监察室主任；2021年7月至2022年1月任中共常州市金坛区委常委，中共常州市金坛区纪律检查委员会书记、常州市金坛区监察委员会副主任、代理主任；2022年1月起任现职。

徐 俊

中共常州市金坛区委常委、统战部部长，金坛区人民政府副区长，政协金坛区委员会党组副书记。

1973年7月生，江苏常州人。1993年8月参加工作，1996年11月加入中国共产党。研究生学历。1991年9月至1993年6月镇江师范专科学校英语系大专学习；1993年8月至1994年7月在金坛市岸头中学工作；1994年7月至1997年4月历任共青团金坛市委员会青农部、宣传部副部长、青农部部长（其间：1996年8月至1998年12月中央党校函授学院党政管理专业本科学习）；1997年4月至2000年11月任共青团金坛市委员会副书记；2000年11月至2001年9月任共青团金坛市委员会党组成员、副书记；2001年9月至2004年7月任共青团金坛市委员会党组书记、书记（其间：2003年9月至2006年7月江苏省委党校区域经济学专业研究生学习）；2004年7月至2006年8月任金坛市建昌镇党委副书记、镇长；2006年8月至2011年11月历任中共金坛市委办公室副主任、中共金坛市纪律检查委员会副书记、江苏省金坛经济开发区党工委副书记、管委会副主任；2011年11月至2017年5月任中共金坛市（区）委办公室主任；2017年5月至2020年10月任金坛区指前镇党委书记；2020年10月至11月任江苏省金坛长荡湖旅游度假区管委会主任、金坛区指前镇党委书记；2020年11月至2021年7月任江苏省金坛长荡湖旅游度假区党工委副书记、管委会主任；2021年7月至8月任中共常州市金坛区委常委、统战部部长，江苏省金坛长荡湖旅游度假区党工委副书记、管委会主任；2021年8月至10月任中共常州市金坛区委常委、统战部部长，江苏省金坛长荡湖旅游度假区党工委副书记；2021年10月任中共常州市金坛区委常委、统战部部长、区政府党组成员、副区长。2021年12月起任现职。

杨 健

中共常州市金坛区委常委、江苏金坛经济开发区党工委书记。

1975年11月生，江苏金坛人。1995年8月参加工作，2003年5月加入中国共产党。大学文化。1991年9月至1995年7月江苏省城镇建设学校城镇建设专业中专学习；1995年8月至2002年3月任金坛市建设委员会村镇建设开发服务部技术人员（其间：1997年9月至2000年7月南京大学城乡规划与土地管理专业大专学习）；2002年3月至12月任金坛市建设局村镇建设开发服务部经理；2002年12月至2004年7月任金坛市指前镇政府镇长助理（其间：2002年9月至2005年7月中央广播电视大学法学专业本科学习）；2004年7月至2007年3月任金坛市指前镇政府副镇长；2007年3月至10月任金坛市指前镇政府筹备组其他负责人；2007年10月至2008年7月任金坛市指前镇政府副镇长；2008年7月至2009年12月任金坛市薛埠镇政府副镇长；2009年12月至2016年5月历任江苏省金坛经济开发区党工委委员、管委会副主任（副科），农村社会管理处党委副书记、主任，管委会副主任；2016年5月至8月任江苏省金坛经济开发区党工委副书记、尧塘街道党工委书记；2016年8月至2019年3月任江苏省金坛经济开发区党工委副书记、尧塘街道党工委书记，金坛华罗庚科技产业园党工委副书记、管委会主任；2019年3月至2021年2月历任金坛华罗庚科技产业园党工委书记、尧塘街道党工委书记、一级主任科员、四级调研员；

2021 年 2 月至 7 月任江苏省金坛华罗庚高新技术产业开发区党工委书记、尧塘街道党工委书记、四级调研员；2021 年 7 月起任现职。

刘亦波

中共常州市金坛区委常委、江苏省金坛华罗庚高新技术产业开发区党工委书记。

1973 年 5 月生，江苏金坛人。1997 年 9 月参加工作，1997 年 6 月加入中国共产党。本科学历。1995 年 9 月至 1997 年 7 月工程兵工程学院计算机应用专业大专学习；1997 年 9 月至 1998 年 3 月任金坛市后阳乡培丰村社长助理；1998 年 3 月至 1998 年 5 月任金坛市后阳乡培丰村党支部书记；1998 年 5 月至 2000 年 1 月任金坛市后阳乡团委书记、培丰村党支部书记；2000 年 1 月至 2001 年 6 月任金坛市白塔镇党委宣传统战委员；2001 年 6 月至 11 月任金坛市白塔镇党委宣传统战委员、镇纪委委员；2001 年 11 月至 2004 年 2 月任中共金坛市委组织部党员教育管理科副科长；2004 年 2 月至 10 月任中共金坛市委组织部组织科副科长；2004 年 10 月至 2006 年 4 月任中共金坛市委组织部组织科副科长、党员教育管理科科长；2006 年 4 月至 6 月任中共金坛市委组织部组织科科长；2006 年 6 月至 2008 年 8 月任中共金坛市委组织员、组织部组织科科长（其间：2005 年 3 月至 2008 年 3 月南京师范大学会计学专业成教本科学习）；2008 年 8 月至 2011 年 3 月任中共金坛市委新经济社会组织党工委副书记、组织部组织科科长；2011 年 3 月至 5 月任江苏省金坛经济开发区党工委副书记（副科级）；2013 年 5 月至 12 月任江苏省金坛市经济开发区党工委副书记、纪工委书记，东城街道党工委书记；2013 年 12 月至 2014 年 3 月任江苏省金坛经济开发区党工委副书记，东城街道党工委书记；2014 年 3 月至 2015 年 7 月任金坛市人民政府办公室党组书记、主任；2015 年 7 月至 2016 年 8 月任常州市金坛区人民政府办公室党组书记、主任；2016 年 8 月至 2017 年 6 月任江苏金坛建设发展有限公司董事长；2017 年 6 月至 2021 年 7 月任江苏金坛建设发展有限公司党委书记、董事长；2021 年 7 月起任现职。

孟敖祥

常州市金坛区人大常委会党组副书记、副主任。

1966 年 1 月生，江苏金坛人。1986 年 8 月参加工作，1991 年 1 月加入中国共产党。大专文化。1984 年 9 月至 1986 年 7 月江苏农学院园艺专业专科学习；1986 年 8 至 1990 年 3 月在金坛县花山中学工作；1990 年 3 月至 1994 年 8 月历任金坛县（市）五叶乡农科站农技员、党委秘书、宣传委员、统战委员；1994 年 8 月至 2001 年 9 月历任金坛市儒林镇组织委员、镇长助理、副镇长、副书记；2001 年 9 月至 2007 年 3 月历任金坛市指前镇党委副书记、镇长、党委书记；2007 年 3 月至 2015 年 7 月历任金坛市金城镇党委副书记、政府筹备组负责人、镇长、书记；2015 年 7 月至 2016 年 5 月任常州市金坛区金城镇党委书记；2016 年 5 月至 2021 年 7 月任中共常州市金坛区委常委、统战部部长、政法委书记；2021 年 7 月至 2022 年 1 月任常州市金坛区人大常委会党组成员、副书记；2022 年 1 月起任现职。

诸葛林

常州市金坛区人大常委会党组成员、副主任，陕西省石泉县委常委、副县长（挂职）。

1971 年 11 月生，江苏金坛人。1995 年 8 月参加工作，2002 年 12 月加入中国共产党。研究生文化。1991 年 9 月至 1995 年 8 月南京化工大学化学工程专业本科学习；1995 年 8 月至 1998 年 4 月在金坛利加威集团工作；1998 年 4 月至 2001 年 10 月在金坛市档案局（馆）工作；2001 年 10 月至 2005 年 7 月历任金坛市政府法制办公室综合科副科长、科长；2005 年 7 月至 2010 年 4 月历任金坛市城市管理行政执法大队教导员、大队大队长（其间：2007 年 9 月至 2010 年 7 月江苏省委党校社会管理与公共服务专业研究生学习）；2010 年 4 月至 2013 年 5 月历任金坛市环境保护局党组成员、副局长、环境监察大队大队长、书记、局长；2013 年 5 月至 2014 年 12 月任金坛市经济和信息化局党委副书记、局长；2014 年 12 月至 2015 年 7 月任金坛市指前镇党委书记；2015 年 7 月至 2017 年 4 月任常州市金坛区指前镇党委书记；2017 年 4 月至 5 月江苏省金坛经济开发区管委会主任，指前镇党委书记；2017 年 5 月至 2021 年 10 月任江苏省金坛经济开发区党工委副书记、管委会主任（其间：2021 年 6 月挂职陕西省石泉县委常委、副县长）；2021 年 10 月至 11 月任江苏省金坛经济开发区党工委副书记；2021 年 11 月至 2022 年 1 月任常州市金坛区人大常委会党组成员；2022 年 1 月起任现职。

吴志高

常州市金坛区人大常委会党组成员、副主任。

1969年4月生，江苏金坛人。1992年8月参加工作，1997年12月加入中国共产党。研究生文化。1988年9月至1992年7月重庆交通学院水港工程系港口及航道工程专业本科学习；1992年8月至2000年3月在金坛县（市）交通局工作（其间：1998年10月至2000年3月挂职金坛市茅麓镇石马村）；2000年3月至2008年8月历任金坛市交通工程处副主任、市镇公路管理处主任、工程管理科科长、公路管理处党支部书记、主任；2008年8月至2010年4月任金坛市交通局党委委员、副局长，市镇公路管理处主任；2010年4月至2012年1月任金坛市交通运输局党委委员、副局长，市镇公路管理处主任（其间：2008年9月至2011年7月江苏省委党校区域经济学专业研究生学习）；2012年1月至2015年7月任金坛市金城镇党委副书记、镇长；2015年7月至2016年5月任常州市金坛区金城镇党委副书记、镇长；2016年5月至2021年11月任常州市金坛区直溪镇党委书记；2021年11月至2022年1月常州市金坛区人大常委会党组成员；2022年1月起任现职。

姚　祥

金坛区人民政府党组成员、副区长。

1973年8月生，江苏建湖人。1994年8月参加工作，1994年6月加入中国共产党。党校函授本科学历。1991年9月至1994年6月江苏财经高等专科学校行财专业学习；1994年8月至1995年4月任武进县财政局预算科科员；1995年5月至1997年1月任武进市（县）财政局农财科科员；1997年2月至1999年6月任武进市财政局办公室副主任（其间：1998年8月至2000年12月中央党校函授学院经济管理专业学习）；1999年7月至2003年12月任武进区（市）财政局办公室主任；2003年12月至2017年5月任武进区财政局副局长、党组成员［其间：2005年6月至2007年6月任武进区工业、物资资产经营有限公司监事会主席，2005年6月至2013年8月任武进区交通、建设资产经营有限公司监事会主席，2007年6月至2013年1月任武进工贸资产经营管理有限公司监事会主席，2007年7月至2009年10月任江苏武进经济发展集团公司监事，2008年11月至2014年11月任武进城市建设投资有限责任公司副董事长（兼），2009年10月至2013年7月任江苏武进经济发展集团公司监事长，2010年9月至2014年12月任武进区红十字会副会长（兼），2011年1月至2017年5月任武进区土地储备中心副主任（兼），2011年10月至2013年4月任武进高新技术产业开发区管委会副主任、党工委委员（兼，正科职），2013年4月至2021年10月任武进国家技术产业开发区党工委委员，2015年9月至2015年12月任武进国家高新区纪工委副书记、监察局局长，2015年12月至2017年5月任武进区政府国资办主任］；2017年4月至2021年10月任武进国家高新区管委会副主任；2021年11月起任现职。

叶　琳

金坛区人民政府副区长，金坛区自然资源和规划局局长。

1982年2月生，江苏常州人。2004年7月参加工作，民革会员。研究生文化，硕士学位。2000年9月至2004年7月在南京师范大学土地资源管理专业本科学习；2004年7月至2005年8月在常州市国土资源局地籍管理处（测绘管理处）见习；2005年8月至2010年7月任常州市国土资源局地籍管理处（测绘管理处）科员；2010年7月至2015年6月任常州市国土资源局地籍管理处（测绘管理处）副处长（其间：2010年9月至2013年6月在南京师范大学地图与地理信息系统专业研究生学习）；2015年6月至11月任常州市国土资源局测绘管理处副处长；2015年11月至2019年4月任常州市国土资源局测绘管理处处长；2019年4月至2020年7月任常州市自然资源和规划局国土测绘处处长；2020年7月至12月任常州市自然资源和规划局自然资源调查监测处处长；2020年12月至2021年11月任常州市金坛区自然资源和规划局局长；2021年11月起任现职。

庄　诚

江苏省总工会办公室（研究室）副主任、金坛区人民政府副区长（挂职）。

1982年2月生，江苏泗阳人。2005年10月参加工作，2014年6月加入中国共产党。研究生学历，硕士学位。2000年9月至2004年7月南京大学数学系信息与计算科学专业本科学习；2004年7月至2005年10月英国帝国理工学院、伦敦大学学院运输专业学习；2005年10

月至2007年1月在淮安中百日用小商品有限公司工作；2007年1月至2009年1月在江苏伟信工程咨询有限公司工作；2009年1月至2009年12月在云南省发展和改革委员会重点项目稽查特派办工作；2009年12月至2011年10月任云南省发展和改革委员会办公室副主任科员；2011年10月至2013年7月任省总工会办公室副主任科员；2013年7月至2019年5月任省总工会办公室主任科员（其间：2014年2月至2016年2月任省委驻沭阳县帮扶工作队队员，挂职任沭阳县总工会副主席、张圩乡副乡长）；2019年5月起，任省总工会办公室（研究室）副主任。2021年11月起任现职。

陈忠平

政协常州市金坛区委员会副主席、党组成员，金坛区交通运输局党委书记、局长。

1964年1月生，江苏金坛人。1983年8月参加工作，1990年6月加入中国共产党。大学文化。1980年9月至1983年8月扬州工业专科学校机械制造专业大专学习；1983年8月至1995年5月任金坛县柴油机厂技术员、车间副主任；1995年5月至1997年11月任金坛市儒林镇政府科技副镇长；1997年11月至1998年3月任金坛市涑渎乡政府乡长助理；1998年3月至2000年1月任金坛市涑渎乡政府副乡长；2000年1月至2001年7月任金坛市洮西镇政府副镇长、涑渎办事处副主任；2001年7月至2006年8月任金坛市洮西镇政府副镇长；2006年8月至2007年3月任金坛市洮西镇党委副书记、镇长；2007年3月至10月任金坛市儒林镇党委副书记、人大主席（其间：2007年8月至2009年12月中央党校函授学院经济管理专业本科学习）；2007年10月至2011年3月任金坛市儒林镇党委副书记、镇长；2011年3月至2012年1月任金坛市儒林镇党委副书记、镇长，市长荡湖旅游度假区党工委副书记；2012年1月至2016年6月任金坛市（区）交通运输局党委书记、副局长；2016年6月至2021年1月任常州市金坛区交通运输局党委书记、局长；2021年1月至2022年1月任现职。

周文俊

政协常州市金坛区委员会副主席、党组副书记。

1968年7月生，江苏金坛人。1989年8月参加工作，1994年12月加入中国共产党。大学文化。1989年8月至1998年4月历任金坛市统计局办事员、农调科副科长、科长；1998年4月至2003年12月历任金坛市人民政府办公室秘书、综合科副科长、调研科科长、综合科科长；2003年12月至2008年9月任金坛市人民政府办公室党组成员、副主任；2008年9月至2010年4月任金坛市委农村工作办公室主任；2010年4月至2011年9月任金坛市茅山风景旅游区党工委副书记、薛埠镇党委副书记、镇长；2011年9月至2012年1月任金坛市朱林镇党委书记、人大主席；2012年1月至2016年5月任金坛市（区）朱林镇党委书记；2016年5月至6月任金坛区人民政府党组成员；2016年6月至2022年1月任金坛区人民政府党组成员、副区长；2022年1月起任现职。

周新生

政协常州市金坛区委员会副主席。

1965年10月生，江苏金坛人。1987年7月参加工作。大学文化。1983年9月至1987年7月苏州大学财政专业本科学习；1987年7月至1995年4月任金坛市财政局科员；1995年4月至1997年4月任金坛市洮西乡科技副乡长；1997年4月至1998年3月任金坛市审计局副局长；1998年3月至2006年8月任金坛市财政局副局长；2006年8月至2009年8月任金坛市经贸局副局长、乡镇企业管理局局长；2009年8月至2010年4月任金坛市粮食局局长；2010年4月至2012年3月任金坛市统计局局长；2012年3月至2016年7月任金坛市(区)政协副主席，市(区)统计局局长；2016年6月至2017年2月任常州市金坛区人民政府副区长、区统计局局长；2017年2月至2022年1月任常州市金坛区人民政府副区长；2022年1月起任现职。

史荣生

政协常州市金坛区委员会副主席、党组成员，江苏省金坛茅山旅游度假区党工委书记。

1970年2月生，江苏金坛人。1991年8月参加工作，1995年3月加入中国共产党。大学文化。1991年8月至1992年1月任金坛市汤庄乡财政所主办会计；1992年1月至1993年9月任金坛市汤庄乡团委书记、财政所主办会计；

1993年9月至1994年9月任金坛市汤庄乡党委宣传干事、团委书记、财政所主办会计；1994年9月至1997年3月任金坛市茅麓乡财政所副所长；1997年3月至1998年3月任金坛市茅麓镇党政办公室主任、财政所副所长；1998年3月至2001年11月任金坛市茅麓镇党委组织委员；2001年11月至2004年7月任金坛市茅麓镇副镇长；2004年7月至2006年8月任金坛市茅麓镇党委副书记、镇长；2006年8月至2007年3月任金坛市茅麓镇党委书记、镇长、市茅山风景旅游区党工委委员、管委会副主任；2007年3月至10月任金坛市薛埠镇党委副书记、政府筹备组负责人、市茅山风景旅游区党工委委员、管委会副主任；2007年10月至2009年12月任江苏省常州市金坛市薛埠镇党委副书记、镇长，市茅山风景旅游区管委会党工委委员、管委会副主任；2009年12月至2010年4月任金坛市薛埠镇党委副书记、镇长，市茅山风景旅游区党工委副书记；2010年4月至2012年1月任金坛市指前镇党委书记、人大主席；2012年1月至2014年12月任江苏省常州市金坛市指前镇党委书记（其间:2013年10月起享受副处级待遇）；2014年12月至2015年7月任金坛市民政局党委副书记、局长，市老龄工作委员会办公室主任；2015年7月至2017年1月任常州市金坛区民政局党委副书记、局长、区老龄工作委员会办公室主任；2017年1月至6月任江苏金坛投资控股有限公司董事长；2017年6月至2020年10月任江苏金坛投资控股有限公司党委书记、董事长；2020年10月至12月任江苏金坛投资控股有限公司党委书记、董事长，江苏省金坛茅山旅游度假区党工委书记；2020年12月至2022年1月任江苏省金坛茅山旅游度假区党工委书记；2022年1月起任现职。

先进模范

严清华

金坛区朱林镇黄金村党总支部第一书记，常州市金坛区金土地农地股份专业合作社理事长。1953年12月出生，金坛朱林人。1974年11月入伍，1975年7月加入中国共产党。高中学历，高级经济师。2021年2月，被中共中央、国务院授予“全国脱贫攻坚先进个人”称号。

严清华种过地，当过兵，做过筑路建桥工人，1999年回到家乡黄金村担任村党支部书记，带领村“两委”一班人，因地制宜，艰苦创业，确立“生态立村、品牌强村、文化兴村”的发展思路，先后创办金土地农地、农机和有机稻米专业合作社，使黄金村集体固定资产超过2000万元，农民人均纯收入25000元，村集体年收入432万元。创办的有机稻米、农机专业合作社分别被农业农村部评为“全国示范社”。黄金村，从一个省级贫困村创建成国家级生态村、全国文明村。他先后获得“中国好人”“江苏省优秀党务工作者”“江苏省最美基层干部”“江苏省劳动模范”等称号。

陆旭东

常州市公安局金坛分局交警大队三中队指导员。1970年6月生，江苏金坛人。1990年12月参加工作，1993年5月加入中国共产党，2006年10月从部队转业后参加公安工作。大专学历。先后荣获全国优秀人民警察、中国好人、江苏好人、江苏最美警察、江苏省模范军队转业干部、江苏省“十大执法爱民”交巡警、常州市创先争优优秀共产党员、常州市道德模范、常州市十佳交巡警、“十佳百优”先进个人、常州好人、最美常州人等荣誉，荣立个人一、二、三等功各1次，2019年12月被中共中央宣传部、公安部联合授予全国“最美基层民警”称号，2020年12月被公安部授予“二级英模”称号，2021年11月被中共中央宣传部、中央文明办、全国总工会、共青团中央、全国妇联、中央军委政治工作部授予“全国道德模范提名奖”。

（潘一平）

丁良浩

南京市鼓楼区方家营消防救援站站长助理、三级消防长。1982年10月生，金坛区指前镇清水渎村人。2000年12月参加中国人民武警消防部队。中共党员。2020年4月获共青团中央、全国青联授予第24届“中国青年五四奖章”。2021年11月，获评中国消防忠诚卫士和全国应急管理系统二级英雄模范。

21年来，丁良浩在实施汶川地震、靖江德桥仓储爆炸火灾、天嘉宜化工特大爆炸事故等急难险重救援任务中舍生忘死、冲锋在前，立一等功2次、二等功1次、三等功8次。先后被评为“全国优秀人民警察”、“江苏最美警察”等。作为消防救援指战员代表，应邀参加庆祝新中国成立70周年花车巡游。

（陈书明）

刘小卫

常州市金坛区洮西小学副校长。1970年1月生，江苏常州人。1990年8月参加工作，2003年11月加入中国共产党。本科学历。2021年10月，被省委、省政府授予“全省脱贫攻坚暨对口帮扶支援合作先进个人”称号。

2020年3月，刘小卫来到新疆克州乌恰县实验小学，开启援疆支教之旅。在疆期间，除了做好本身的教育教学工作外，还兼任学校语文教研组长工作，积极参与学校教育教学和科研管理，把内地先进的管理理念带到边疆，促进受援学校管理水平不断提升，在受援学校开展了大量的教师培训工作。虽然只带了四个徒弟，但其他青年教师也把刘小卫当成了师傅，指导公开课、修改论文、策划课题方案，都会找他帮忙，民族老师的普通话培训、上示范课、开展专题讲座、青年教师成长联盟活动指导。刘小卫利用回乡探亲的机会，主动促成金坛区段玉裁实验小学与乌恰县巴音库鲁提小学的结对共建，并为巴音库鲁提小学十余位年轻教师配备指导教师，实现内地先进教育教学管理经验在乌恰有效落地。他十分关注贫困学生，积极联系常州市的爱心人士为多名家庭经济困难学生给予资助帮扶。他先后获金坛市优秀教育工作者、新疆克州优秀援疆教师等称号。

袁箭峰

金坛区薛埠镇花山村党总支书记、村民委员会主任。1962年6月生，江苏金坛人。1979年7月参加工作，1994年11月加入中国共产党。高中学历。2021年10月，被省委、省政府授予“全省脱贫攻坚暨对口帮扶支援合作先进个人”称号。

他想方设法盘活村闲置资产、资源。积极引导农户适时调整产业结构，大力发展花卉苗木种植，全村近八成的农户成了苗木种植户，每亩年增收达2000元。时刻关注农民就业，帮助村民到企业就近上班。在他的带领下，花山村由弱变强，经济实力显著增强，村集体经济收入从原先不足8万元发展到500多万元。他把目光投到了本镇尚未脱贫的困难村，主动上门了解实际困难，共商脱贫之策、共谋发展之计。除精神上的鼓励外，还对倪巷村、山蓬村持续给予经济帮扶，累计投入帮扶资金60万元。他对全村的贫困家庭、五保户、边困户采取一对一帮扶，定措施落实到户防止返贫。关注老年事业，村连续10多年为70周岁以上老年人发放重阳节慰问金，累计达80多万元。组织动员企业对困难学子进行爱心助学，近20年全村未有一个孩子因家庭贫困而失学。他先后获评江苏省“吴仁宝式优秀村书记”、江苏省首批“百名示范”村书记。

张洪海

常州市金坛区种植业技术推广中心园艺科科长。1970年1月生，金坛直溪人。1992年8月参加工作，1997年1月加入中国共产党。大学本科学历，农业推广研究员职称。2021年10月，被省委、省政府授予“全省脱贫攻坚暨对口帮扶支援合作先进个人”称号。

2018—2021年，3次主动申请去陕西省石泉县、宁陕县开展帮扶工作一年半以上，足迹遍布两县所有镇村。完成石泉县熨斗白菜GAP论证工作，并帮助组织产品销售，撰写多篇产业化指导性材料。帮助石泉县、宁陕县完善羊肚菌产业化体系，总结出具有地域特色的生产技术体系，辐射带动2000多亩，增效2000多万元。创新桑园羊肚菌复合生产技术，亩增效达2.3万元，成为石泉县2021年重点推广项目。积极参与优质水稻、香菇小镇、甜糯玉米、红香芋、中药材、籽用南瓜等苏陕协作项目推进工作，帮助解决10多个技术问题。成功试验桑树桑黄的仿生栽培、果桑适宜观光采摘的修剪技术，合作申报发明专利3项。开展技术培训1000多人次，积极开展贫困户慰问工作。获评石泉县、宁陕县脱贫先进个人。

（陈晓俊）

朱锁良

薛埠镇方麓村党总支书记、村委会主任、方麓茶场党总支书记。1969年7月生，金坛薛埠人。1990年10月参加工作，1996年8月加入中国共产党。电大本科学历。2021年4月，被省委、省政府授予“江苏省劳动模范”荣誉称号。

他团结带领村“两委”班子，厘清发展思路，拓宽增收渠道，采取自主经营、租赁、承包等方式增加集体收益。近年来，共完成复耕土地620亩，收储土地300余亩，实现新增集体收入3300万元。聚焦村民关切，以美丽“宜居村”建设为抓手，逐步补齐村庄基础设施建设短板，投入1000多万元，先后建成马山背、西垢、唐庄农民健身公园，丰富村民农闲生活。投入1000万元推动“一坊、一轴、一园、一心”建设，在优化村庄发展软环境的基础上，探索“农村公路+特色产业+乡村旅游”发展新路子。

张金兔

江苏尧塘园林绿化集团有限公司职工。1963年4月生，江苏金坛人。1985年6月参加工作，1996年8月加入中国共产党。初中学历。2021年4月，被省委、省政府授予“江苏省劳动模范”称号。

尧塘街道谢桥村是远近闻名的花木村，全村农户经营花卉花木的96%以上。张金兔从事花木经营与销售30多年，他探索了“协会驱动、龙头带动、科研推动、网络拉动、内外联动”的“五动”发展模式，拓宽销售渠道把村民们经营的花木售往山西、山东、北京等地，每年为公司获得2000多万元的销售额，同时直接带动100多名农民致富。在他的带动和引领下，其所在的村民小组先后涌现出20多名花木经纪人，长期跟随他在外务工的村民有50多人，年平均收入超过10万元。他还积极支持家乡的新农村建设，2015年出资50多万元，用于道路硬化、公共厕所、垃圾房建设；2017年配合美丽乡村建设，对花家自然村的5个池塘进行驳岸清淤，修建了花家小游园、羽毛球场、篮球场，向村民免费开放。每到节假日，他邀请文艺队、戏曲队来村上演出，丰富了村民的文化生活。他先后获评常州市劳动模范、江苏省劳动模范。

黄建勋

金坛区供电分公司电力调度控制分中心七级职员、调控运行班班长。1972年5月生，金坛白塔人。1991年8月参加工作，2006年10月加入中国共产党。本科学历，高级工程师、高级技师、注册电气工程师（发输变电）。2021年4月，被省委、省政府授予“江苏省劳动模范”称号。

自参加工作以来，坚守电网调控运行一线岗位30年，保障地区电网的安全稳定和可靠供应。他立足本职、开拓进取，在平凡的岗位上逐步成长为电网调控专业的行家里手，是国家电网有限公司高级考评员、省公司电网调控专家组成员。他锤炼团队，营造氛围，通过岗位练兵等活动，团队中多人取得技师资格、工程师职称，双师（兼备技师、工程师）及以上人员达61.5%，员工实现了一专多能。班组员工齐心协力，圆满完成防疫保供电，全力以赴支持地方企业复工复产，调控运行班已安全调度运行18834天，并先后获评国家电网公司“先进班组”、江苏省电力公司“标兵班组”、常州市“工人先锋号”、常州市“先进班组”等。他全面发展，积极实现岗位创新工作。依托“黄建勋劳模创新工作室”，团队完成了“建立基于EMS系统的保电工作模块”“配网调控集约化管理的实现”“多段供电式配网模型的构建与应用”“10千伏线路电压自动调节装置的研制”等多项创新课题的研究，多次获得江苏省、常州市等创新成果奖，取得较高的安全、经济效益。

韩　雪

中盐金坛公司采购主管。1985年3月生，江苏邳州人。2011年7月参加工作，2010年12月加入中国共产党。硕士研究生学历。2021年4月，被省委、省政府授予“江苏省劳动模范”称号。

2011年从南京大学硕士研究生毕业，她放弃了上海的高薪工作机会，加入了中盐金坛这个大家庭。她立足外贸岗位，研究将金坛盐产品销往海外。当时，中盐金坛公司已经建成年产60万吨、100万吨两套真空国际先进的真空制盐装置，产品成功出口日本。在韩雪看来，如此好的金坛盐打入国际市场，才是有利于国内制盐产业的发展与迭代更新。于是，决定从世界知名品牌入手，让中盐同世界优质盐品牌竞争高端市场，成功地开拓了爱尔兰、新西兰、印度、迪拜、秘鲁、越南、新加坡等国际市场，成为联合利华、雀巢、恒天然等跨国品牌的战略合作供应商。2020年，她带领团队克服疫情等不利因素影响，利用采购产品技术优化、供货渠道优化、供应商考评等降本组合拳为公司节约采购资金共计1500万余元。她先后获评金坛市劳模、常州市劳模、江苏省劳模。

范云霞

金坛第一人民医院麻醉科主任。1977年8月生，金坛罗村人。1997年7月参加工作，硕士学位，主任医师，硕士生导师。常州市十七届人大代表、中国研究型医院麻醉专业委员会委员、江苏省中西医结合学会麻醉专业委员会委员、常州市医学会麻醉专业委员会委员。2021年4月，被省委、省政府授予“江苏省先进工作者”称号。

她坚持终身学习，凭着钉子般的钻劲从中专文凭一直到硕士研究生学位，再成为江苏大学硕士生导师。她在临床一线工作25年，认真细致服务每一位患者，努力钻研技术，积极引进新技术十余项，并投身科教研工作；她主持的无痛分娩技术和超声引导下小儿神经阻滞技术分别获得常州市医学新技术引进一等奖、二等奖；指导研究生3名，青年人才培养对象3名，主持市厅级课题五项，发表中文核心及以上论文10余篇，获得科技进步奖五项；推广人文医学理念，麻醉科“降低全麻手术患儿苏醒期躁动的发生率”项目，参加江苏省品管圈比赛获得二等奖。她两次援陕，在宁陕县人民医院开展医疗帮扶工作，积极开展新技术推广、年轻医生带教、学术讲座、山区义诊等，其事迹被国内多家媒体宣传报道。2020年新冠肺炎疫情期间，她带领5名医生护士在医院连续值守20多个日夜，顺利完成手术室重新启用的所有工作和全部留院患者的手术。麻醉科作为卫生系统唯一的省级青年文明号集体，她还带领年轻的医护人员常年面向全社会传播急救技能。在她的带领下，麻醉学科2019年获得常州市信赖职工小家荣誉、2021年创建成为常州市临床重点专科。

谢惠琴

常州市生态环境综合执法局金坛分局开发区所所长。1971年11月生，江苏金坛人。1991年7月参加工作，2016年8月加入中国农工民主党。本科学历。2021年4月，被省委、省政府授予“江苏省先进工作者”称号。

她严抓督促整改，做好环境问题销号。通过现场督查和严格执法，配合属地政府及相关部门对生态环境部臭氧帮扶整改销号，全力组织整改工作，确保全部销号；她依法依规监管，做好有效服务。新冠肺炎疫情防控期间，协调帮助200多家企业在人员通行、防疫物资及污染防治方面的困难，切实助力企业复工复产；她创新执法手段，做好环保守卫。她持续强化对建材、化工、涉重及集中式污水处理厂的监管力度，强化综合监管措施，利用无人机开展“不见面执法”，确保了区域环境安全；妥善化解纠纷，做好信访维稳。在环境信访调处上，总是第一时间到达现场，及时进行协调。坚持做好环境信访的“回头看”，持续跟踪监察，营造和谐的区域环境信访氛围。

施　玲

江苏常州华茂金昇科技发展有限公司质量检查员。1988年12月生，陕西旬阳人。2005年9月参加工作。中专学历。2021年4月，被中华全国总工会授予“全国五一劳动奖章”称号。

从事纺织工作15年来，她发扬工匠精神，爱岗敬业，果敢担当，牢牢把好产品质量关，对产品生产工艺提出合理化建议，从一线操作工成长为质量检查员。利用自己多年积累的一线生产经验，不断技术创新，棉纱条干水平由CV65%提高到95%，粗纱单产水平提高了65%。2015年，公司响应国家“一带一路”号召在新疆投资建设，她积极参与，主动承担新员工的培训任务，经她培训的44名新疆员工通过考核，顺利走上工作岗位。长期的一线磨炼、过硬的技术本领和坚强的工作作风，使她多次在公司以及市、区操作技能比赛中获奖。她先后获评江苏省优秀农民工、全国五一劳动奖章。

（沙一凡）

袁俊球

常州金坛金能电力有限公司博源智慧能源服务分公司总经理、党支部书记。1971年5月生，金坛西城街道人，1992年8月参加工作，2007年11月加入中国共产党。本科学历。2022年1月，被国家电网有限公司授予“国家电网有限公司劳动模范”称号。

他热爱电力事业，主动融入客户，攻关多项创新成果，受理和授权实用新型专利6项，发明专利10项，发表论文6篇，逐渐成长为金坛供电公司创新团队的领军人物，被誉为“草根发明家”。他从无到有做综合能源服务的先行者，大胆提出“国网公司由单一的电能供应商向综合能源服务商转型是民心所向、大势所趋”的建议，引领金坛公司在2016年率先步入智能运维时代。2017年，他参与创建江苏能源云网，提出的建议也得到国网公司“885号文”认可，课题《依托卓越绩效评价，推进综合能源服务中心建设》获得国网公司优秀卓越管理案例三等奖。金坛综合能源服务中心签约客户已经超过300家。攻坚克难，做客户服务的拓荒者。他抓住客户供电半径长、电压低的痛点，研发“10千伏线路自动调压系统”，解决客户电压波动和10千伏线路电容器无智能化控制的难题，实现了配网节能降损的目标，该成果在江苏配电网多地应用，取得良好效果。他跨界履责做乡村振兴的护航者，研发“电气化智慧渔业终端”解决“渔电”矛盾，实现有序增氧、按需增氧、智能预警，渔民省心省力，用能成本下降30%以上。该成果已在多地成功推广应用被央视新闻频道专题报道，2019年获评第二十五届江苏省企业管理现代化创新成果二等奖、省公司第五届青创赛铜奖，并参加省公司第四届最佳履责实践发布活动，2020年荣获长三角三省一市“优秀职工技术创新成果”。多能互补，做绿色发展的践行者。2020年，他研发的“谷电蒸汽蓄热锅炉”，将电蒸汽成本从600元／吨降低到200元／吨左右，属国内首创，央视《朝闻天下》作专题报道。

（陈玥霖）

季　忠

金坛区种植业技术推广中心副主任（主持工作）。1978年12月生，金坛金城镇人。2001年9月参加工作，2006年8月加入中国共产党。大学本科学历，农艺师职称。2021年12月，被农业农村部授予“全国粮食生产先进个人”称号。

他长期扎根基层从事农业技术推广，服务指导广大农民群众。在品种推广方面，主持开展稻麦新品种筛选鉴定工作，筛选出适合本地种植的优质水稻品种6个、小麦品种2个，从源头上为粮食增产、农民增收贡献力量。在技术集成方面，围绕优质栽培、肥料调控、绿色防控等开展技术攻关集成与推广，先后集成推广了机插水稻微喷灌育秧、水稻侧深施肥减量增效、小麦机械匀条播、绿色植保防控等轻减生产技术，进一步完善金坛稻麦生产技术体系。在工作创新方面，带领团队创建金坛稻麦科技示范中心。自中心创建以来，先后承担各级各类项目课题60余项，开展各类试验示范150多项，承接各级各类培训观摩活动200多场次、10000余人次。在技术服务方面，在稻麦生产关键节点，主动下乡开展技术指导服务。通过开展培训讲座，踏田因苗诊断，“巡逻式”指导服务，解决农民技术疑难，指导农户尤其是种粮大户田间技术措施落实，为全年粮食丰收丰产提供坚强技术保障。

（尹　凡）

孟雪辉

金坛区人民法院法警大队大队长。1986年1月生，常州金坛人。2010年9月参加工作，2009年10月加入中国共产党。本科学历。2021年10月，被最高人民法院授予“人民法院司法警察先进个人”称号。

他全力做好法院入口安检、被告人押解看管、处置突发事件等工作，负责警队工作以来，从未发生司法安全事故；他打造金坛法院“六专四室”工作品牌，得到了上级法院领导的充分肯定，多家兄弟法院也来参观交流；他面对疫情身先士卒，连夜制定防控预案，值守防疫一线，积极参与社区疫情防控，以实际行动诠释党员干部的先锋模范作用。

（毛京华）

逝世人物

张　放

张放（1943.11—2021.2.23），金坛区金城镇人，大学学历，民盟盟员。1962年9月至1967年7月在南京大学中文系学习，1967年7月毕业留校，1968年9月分配至山西省汾西县古郡学校任教。1971年1月调回金坛，任西旸中学教师，1974年7月起任朱林中学教师。1978年9月起任金坛县中学（今江苏省华罗庚中学）教师，先后任学校教研组组长，教导处副主任、主任。1984年8月起历任江苏省华罗庚中学副校长、调研员（副校级）等职，曾兼任民盟金坛市委副主任委员，是江苏省第九届人大代表、江苏省人大教科文卫委员会委员。1998年被江苏省人民政府授予语文特级教师称号。

（陈书明）

（编辑　吕洪力）

2021 年度金坛区受国家部委、省级表彰的先进集体

表 56

获奖单位	荣誉称号	授予单位	授予时间
金坛区	2016—2020 年度全国科普示范县（市、区）总结评估优秀单位	中国科协	2021 年 3 月
金坛区	2021—2025 年度第二批全国科普示范县（市、区）创建单位	中国科协	2021 年 11 月
金坛区科协	2021 年全国科普日优秀组织单位	中国科协	2021 年 12 月
金坛区农机化技术推广中心	全国星级基层农技推广机构	农业农村部	2021 年 11 月
金坛区人民政府残疾人工作委员会	全国残疾人工作先进单位	国务院残疾人工作委员会	2021 年 7 月
金坛区文旅局	全国群众体育先进单位	国家体育总局、人社部	2021 年 9 月
金坛区工商联	全国“五好”县级工商联	中华全国工商联	2021 年 12 月
西城街道方边村	第二批全国乡村治理示范村	中央农办、农业农村部等	2021 年 10 月
金坛区城建项目建设管理中心档案管理科	全国巾帼文明岗	中华全国妇女联合会	2021 年 3 月
金坛区薛埠镇	全国乡村旅游重点镇	文化和旅游部、国家发展改革委	2021 年 8 月
常州市金坛区水产技术推广中心	全国星级基层水产技术推广机构	全国水产技术推广总站	2021 年 12 月
金坛区发展和改革局	全省脱贫攻坚暨对口帮扶支援合作先进集体	中共江苏省委、江苏省人民政府	2021 年 10 月
金坛区中医医院	全省脱贫攻坚暨对口帮扶支援合作先进集体	中共江苏省委、江苏省人民政府	2021 年 10 月
常州市露源生态茶业有限公司	全省脱贫攻坚暨对口帮扶支援合作先进集体	中共江苏省委、江苏省人民政府	2021 年 10 月
金坛区农业农村局	全省脱贫攻坚暨对口帮扶支援合作先进集体	中共江苏省委、江苏省人民政府	2021 年 10 月

2021年度金坛区受省厅级表彰的先进集体情况一览表

表57

获奖单位	荣誉称号	授予单位	授予时间
直溪镇新河村	江苏省健康村	江苏省爱国卫生运动委员会	2021年3月
金坛区	江苏省大众创业万众创新示范基地	江苏省发展和改革委员会	2021年10月
金坛区总工会	第十二届“江苏职工读书月”活动优秀组织奖	江苏省总工会	2021年11月
民盟金坛区委	2020—2021年度宣传工作、社会服务工作特别贡献奖	民盟江苏省委	2021年3月
民盟金坛区委	“庆祝中国民主同盟成立80周年”模范集体	民盟江苏省委	2021年6月
区科协	2021年省科技志愿服务工作优秀组织单位	江苏省科协	2021年12月
朱林镇沙湖村	江苏省新农村建设先进单位	江苏省广播电视台	2021年1月
朱林镇沙湖村	江苏省健康村	江苏省爱国卫生运动委员会	2021年3月
朱林镇红旗圩村	江苏省绿美村庄建设	江苏省林业局	2021年9月
朱林镇龙溪村	江苏省绿美村庄建设	江苏省林业局	2021年9月
朱林镇唐王村	江苏省民主法治示范村	中共江苏省全面依法治省委员会、省司法厅、省民政厅	2021年1月
朱林镇黄金村	江苏省休闲旅游农耕实践基地	江苏省农业农村厅	2021年8月
金坛区锡剧团（华罗庚艺术团、江苏省儿童艺术剧院）	江苏省文化和旅游系统先进集体	江苏省文旅厅	2021年10月
金坛区农机化技术推广中心	全省农机推广信息宣传工作先进单位	江苏省农机推广站	2021年11月
岸头村	江苏省健康村	江苏省爱卫委	2021年3月
朱庄社区	江苏省健康社区	江苏省爱卫委	2021年3月
花街社区	2020年度党建引领物业管理服务工作省级示范点	省委组织部、省住建厅等	2021年3月
东城街道华苑社区	江苏省儿童关爱之家示范社区	江苏省民政厅	2021年12月
东城街道金河社区	江苏省2021年社区社会组织优秀项目	江苏省民政厅	2021年12月
东城街道汇贤社区	江苏省节水型居民小区	江苏省水利厅	2021年8月
东城街道华城社区	省级宜居示范住区	江苏省住建厅	2021年9月
东城街道华兴社区	全省计生协工作成绩突出单位	江苏省计划生育协会	2021年7月

续表 57

获奖单位	荣誉称号	授予单位	授予时间
东城街道华胜社区	红石榴家园示范点	江苏省民族宗教事务委员会	2021 年 12 月
东城街道华胜社区	华胜社区“红色帮帮团”被评为江苏省社区社会组织高质量发展案例	江苏省民政厅	2021 年 12 月
东城街道华胜社区	全省“扫黄打非”先进基层示范点	江苏省“扫黄打非”工作领导小组办公室	2021 年 11 月
东城街道峨嵋社区	江苏省节水型居民小区	江苏省水利厅、江苏省发展和改革委员会	2021 年 8 月
金城镇西门社区	江苏省民主法治示范社区	中共江苏省全面依法治省委员会办公室、江苏省司法厅、江苏省民政厅	2021 年 12 月
国家税务总局常州市金坛区税务局团委	江苏省五四红旗团委	共青团江苏省委	2021 年 4 月
国家税务总局常州市金坛区税务局经济开发区税务分局	2021 年江苏省工会“职工书屋”示范点	江苏省总工会	2021 年 11 月
朱林镇团委	2020 年度“江苏省五四红旗团委（团工委）”	共青团江苏省委	2021 年 5 月
区税务局团委	2020 年度“江苏省五四红旗团委（团工委）”	共青团江苏省委	2021 年 5 月
江苏南方光纤科技有限公司团支部	2020 年度“江苏省五四红旗团委（团总支）”	共青团江苏省委	2021 年 5 月
金城镇沈渎村团总支	2020 年度“江苏省五四红旗团委（团总支）”	共青团江苏省委	2021 年 5 月
东方盐湖城旅游发展有限公司导游讲解班组	江苏省巾帼文明省岗	省城镇妇女“巾帼建功”活动领导小组、省“双学双比”竞赛活动领导小组、省妇联	2021 年 11 月

2021 年度金坛区受常州市级表彰的先进集体

表 58

获奖单位	荣誉称号	授予单位	授予时间
西城街道花街社区	常州市先进基层党组织	中共常州市委	2021 年 6 月
西城街道北门社区	常州市先进基层党组织	中共常州市委	2021 年 6 月
西城街道党工委	常州市推进“五大明星城”建设先进集体	中共常州市委、市政府	2021 年 6 月
西城街道党工委、办事处	常州市抗击新冠肺炎疫情先进集体	中共常州市委、市政府	2021 年 1 月
金城镇南瑶村党总支	常州市先进基层党组织	中共常州市委	2021 年 6 月
东城街道电胜社区	常州市先进基层党组织	中共常州市委	2021 年 6 月
金坛区人社局	2020 年全市推进五大明星城建设先进集体	中共常州市委、市政府	2021 年 6 月
常州市金坛区发展和改革局	常州市推进“五大明星城”（重大项目）先进集体	中共常州市委、市政府	2021 年 6 月
常州市金坛区物业管理处	全市抗击新冠肺炎疫情先进集体	中共常州市委、市政府	2021 年 1 月
常州市金坛区住房和城乡建设局	常州市推进“五大明星城”建设（安全生产）先进集体	中共常州市委、市政府	2021 年 6 月

2021年度金坛区获评国家部级、省级条线先进个人情况一览表

表59

姓　名	单位职务	荣誉称号	授予单位	授予时间
王　勇	金坛区发展和改革局局长	2021年江苏省第七次全国人口普查工作成绩显著个人	江苏省第七次人口普查领导小组办公室、江苏省统计局	2021年11月
朱亚群	区政协副主席、民盟金坛区委主委	民盟脱贫攻坚先进个人	民盟中央委员会	2021年6月
刘桃园	金坛民盟华罗庚支部主委	2021年度民盟思想政治建设和宣传工作先进个人	民盟中央委员会	2021年12月
尹　娟	江苏茅山茶海有限公司总经理	全国“巾帼新农人”创业典型案例	全国妇联办公厅、农业农村部办公厅	2021年12月
仲　霞	区信访局办公室（研究室）主任	全省信访系统“岗位之星”	江苏省信访局	2021年8月
张　芸	东城街道团工委书记	2020年度“江苏省优秀共青团干部——团支部书记专项”	共青团江苏省委	2021年5月
罗春木	区供电公司变电一次工	江苏省电力行业技术能手	江苏省总工会、江苏省档案馆、江苏省电力行业协会	2021年11月
杨兰英	东城街道明星村党总支副书记	江苏省第七次全国人口普查工作成绩显著个人	江苏省第七次全国人口普查领导小组办公室、江苏省统计局	2021年11月
蒋雪芹	东城街道五联村党总支书记、村委会主任	江苏省第七次全国人口普查工作成绩显著个人	江苏省第七次全国人口普查领导小组办公室、江苏省统计局	2021年11月
马春云	东城街道五联村会计	江苏省第七次全国人口普查工作成绩显著个人	江苏省第七次全国人口普查领导小组办公室、江苏省统计局	2021年11月
李文忠	东城街道河头村会计	江苏省第七次全国人口普查工作成绩显著个人	江苏省第七次全国人口普查领导小组办公室、江苏省统计局	2021年11月
刘文英	东城街道东方社区会计	江苏省第七次全国人口普查工作成绩显著个人	江苏省第七次全国人口普查领导小组办公室、江苏省统计局	2021年11月
刘　欢	东城街道华苑社区团总支书记	江苏省第七次全国人口普查工作成绩显著个人	江苏省第七次全国人口普查领导小组办公室、江苏省统计局	2021年11月
王建伟	东城街道华兴社区党总支书记、居委会主任	江苏省第七次全国人口普查工作成绩显著个人	江苏省第七次全国人口普查领导小组办公室、江苏省统计局	2021年11月
王正芳	东城街道华胜社区会计	江苏省第七次全国人口普查工作成绩显著个人	江苏省第七次全国人口普查领导小组办公室、江苏省统计局	2021年11月
夏小俊	东城街道汇贤社区党总支书记、居委会主任	江苏省第七次全国人口普查工作成绩显著个人	江苏省第七次全国人口普查领导小组办公室、江苏省统计局	2021年11月
沈　俊	东城街道新城社区党总支书记、居委会主任	江苏省第七次全国人口普查工作成绩显著个人	江苏省第七次全国人口普查领导小组办公室、江苏省统计局	2021年11月
杨景贤	东城街道南苑社区党总支书记、居委会主任	江苏省第七次全国人口普查工作成绩显著个人	江苏省第七次全国人口普查领导小组办公室、江苏省统计局	2021年11月
阚文强	建设银行金坛支行党委书记、行长	2021年全国金融五一劳动奖章	中国金融工会	2021年12月
朱慧晶	东城街道金河社区党总支书记、居委会主任	江苏省第七次全国人口普查工作成绩显著个人	江苏省第七次全国人口普查领导小组办公室、江苏省统计局	2021年11月

续表 59

姓　名	单位职务	荣誉称号	授予单位	授予时间
张　逸	金城镇团委书记	江苏省优秀共青团干部——团支部书记专项	共青团江苏省委	2021 年 5 月
周艳丽	春风社区党总支书记、主任	江苏省第七次全国人口普查工作先进个人	江苏省第七次全国人口普查领导小组办公室、江苏省统计局	2021 年 11 月
徐　瑜	丹阳门社区党总支书记、主任	江苏省第七次全国人口普查工作成绩显著个人	江苏省第七次全国人口普查领导小组办公室、江苏省统计局	2021 年 11 月
史燕云	金城镇经济发展局副局长	江苏省第七次全国人口普查工作成绩显著个人	江苏省第七次全国人口普查领导小组办公室、江苏省统计局	2021 年 11 月
徐　祯	金城镇经济发展局科员	江苏省第七次全国人口普查工作成绩显著个人	江苏省第七次全国人口普查领导小组办公室、江苏省统计局	2021 年 11 月
于金月	金城镇经济发展局科员	江苏省第七次全国人口普查工作成绩显著个人	江苏省第七次全国人口普查领导小组办公室、江苏省统计局	2021 年 11 月
孙国强	金城镇南瑶村会计	江苏省第七次全国人口普查工作成绩显著个人	江苏省统计局	2021 年 11 月
王惠霞	金城镇文化社区党总支书记、居委会主任	江苏省第七次全国人口普查工作成绩先进个人	江苏省第七次全国人口普查领导小组办公室、江苏省统计局	2021 年 11 月
高小燕	金城镇五星社区党支部书记、居委会主任	江苏省第七次全国人口普查工作成绩显著个人	江苏省第七次全国人口普查领导小组办公室、江苏省统计局	2021 年 11 月
景　婷	金城镇西门社区妇联主席	江苏省第七次全国人口普查工作成绩显著个人	江苏省第七次全国人口普查领导小组办公室、江苏省统计局	2021 年 11 月
张　鑫	区纪委监委	全省纪检监察系统先进工作者	中共江苏省纪律检查委员会、江苏省监察委员会、江苏省人力资源和社会保障厅	2021 年 11 月
史晓宁	金坛公积金分中心副主任	全省住房和城乡建设行业优秀共产党员	中共江苏省住房和城乡建设行业委员会	2021 年 6 月
吴光明	直溪镇政法和社会事业局局长	江苏省优秀司法所长	江苏省司法厅	2021 年 12 月
陶小兵	朱林镇沙湖村党总支部书记、村委会主任	江苏省人口普查先进个人	江苏省第七次全国人口普查领导小组办公室、江苏省统计局	2021 年 11 月
王卫中	朱林镇朱林村党总支部书记、村委会主任	江苏省人口普查先进个人	江苏省第七次全国人口普查领导小组办公室、江苏省统计局	2021 年 11 月
王春雷	朱林镇沙湖村党总支部书记、村委会主任	江苏省人口普查先进个人	江苏省第七次全国人口普查领导小组办公室、江苏省统计局	2021 年 11 月
朱小群	朱林镇红旗圩村党总支部书记、村委会主任	江苏省人口普查先进个人	江苏省第七次全国人口普查领导小组办公室、江苏省统计局	2021 年 11 月
王爱平	朱林镇长兴村党总支部书记、村委会主任	江苏省人口普查先进个人	江苏省第七次全国人口普查领导小组办公室、江苏省统计局	2021 年 11 月
马　莹	朱林镇三星村党总支部副书记	优秀妇女工作通讯员	江苏省妇联	2021 年 12 月
韩献忠	朱林镇政法和社会事业局工作人员	江苏省基层作家道德建设先进个人	江苏省作家协会	2021 年 12 月

2021年度金坛区获评常州市级先进个人一览表

表60

姓　名	单位职务	荣誉称号	授予单位	授予时间
袁俊球	区供电公司博源智慧能源服务中心总经理	常州市五一劳动奖章	常州市人民政府	2021年4月
赵小君	金坛区重大项目服务中心主任	常州市推进“五大明星城”（重大项目）先进个人	中共常州市委、常州市人民政府	2021年6月
陈建国	区税务局纳税服务股股长	常州市优秀党务工作者	中共常州市委	2021年6月
李月香	区税务局一分局副分局长	常州市推进“五大明星城”建设先进个人（营商环境）	中共常州市委、常州市人民政府	2021年6月
蒋国俊	直溪镇直溪社区书记	常州市优秀党务工作者	常州市委	2021年6月
陶小兵	朱林镇龙溪村党总支部书记、村委会主任	全市抗击新冠肺炎疫情先进个人	中共常州市委、常州市人民政府	2021年1月
潘　钰	金城镇宣传干事	常州市建设全国文明城市工作先进个人	中共常州市委、常州市人民政府	2021年1月
陈　康	后阳村党总支书记	平安常州先进个人	中共常州市委、常州市人民政府	2021年12月
韩锁红	南瑶村副社长	全市抗击新冠肺炎疫情先进个人	中共常州市委、常州市人民政府	2021年1月
许高权	金坛区农机化技术推广中心主任	常州市优秀共产党员	中共常州市委	2021年7月
徐洪庆	金坛区朱林畜牧兽医站党支部书记	常州市优秀共产党员	中共常州市委	2021年7月
袁箭峰	薛埠镇花山村党总支书记、村委会主任	常州市推进“五大明星城”建设（乡村振兴）先进个人	中共常州市委、常州市人民政府	2021年6月
潘金悦	金坛区物业管理处主任	常州市优秀党务工作者	中共常州市委	2021年6月

（编辑　汤芬娣）

统计资料

2020—2021 年金坛区人口情况一览表

表 61

项目	单位	2020 年	2021 年	项　目	单位	2020 年	2021 年
年末总户数	万户	19.92	19.95	死亡人数	人	4953	4607
年末总人数	万人	54.52	54.24	出生率	‰	6.20	4.40
其中：男性	万人	26.86	26.71	死亡率	‰	9.10	8.50
女性	万人	27.66	27.53	自然增长率	‰	−2.90	−4.10
出生人数	人	3370	2404				

2020—2021 年金坛区主要社会经济指标情况一览表

表 62

项　目	单位	2020 年	2021 年
一、国内生产总值（当年价）	亿元	973.15	1101.09
第一产业	亿元	38.84	40.63
第二产业	亿元	494.33	571.57
第三产业	亿元	439.98	488.89
二、工农业总产值（当年价）	亿元	1581.27	1728.94
工业总产值	亿元	1508.80	1653.43
农业总产值	亿元	72.47	75.51
三、交通运输			
货物运输量	万吨	4148.0	4651.0
旅客运量	万人	298.0	338.0

续表 62

项　　目	单位	2020 年	2021 年
港口货物吞吐量	万吨	172.0	103.0
四、固定资产投资额	亿元		
五、商业、外贸			
社会零售总额	亿元	244.2	276.48
自营出口	万美元	233369	329578
六、财政收入	亿元	301.69	341.69
财政支出	亿元	305.44	358.86
七、金融			
年末存款余额	亿元	1279.87	1509.38
其中：储蓄存款	亿元	515.96	562.84
年末贷款余额	亿元	1022.01	1208.99
八、教育			
普通中学在校学生数	人	20256	21354
小学在校学生数	人	28887	30093
九、卫生			
床位数	张	3066	3112
卫生技术人员数	人	3926	3981

2020—2021 年金坛区全市工业企业单位数及工业总产值情况一览表

表 63

项　　目	2020 年	2021 年
一、企业单位数（家）	3745	3872
1. 经济开发区（含高新区）	1411	1800
2. 镇级工业	2334	2072
其中：私营个体	3573	3694
二、工业总产值（当年价）（亿元）	1509	1653
1. 经济开发区（含高新区）	1030	1023
2. 镇级工业	479	630
其中：私营个体	956	1044

2020—2021 年金坛区市、镇两级工业产品产量情况一览表

表 64

项　目	单位	2020 年	2021 年	项　目	单位	2020 年	2021 年
纱	吨	61704	62593	塑料制品	吨	63593	48474
印染布	万米	1397	495	水泥	万吨	219	220
呢绒	万米	624	445	化学农药（折原药）	吨	11315	7734
铸钢件	吨	65620	60936	电动手提式工具	台	464078	539630
服装	万件	13347	12685	变压器	千伏安	56821	64451
化学纤维	吨	108250	23404	太阳能电池	万千瓦	386	413
盐酸	吨	43964	50549	滚动轴承	万套	873	1211
纸制品	吨	16291	18921	原盐	万吨	288	288
烧碱	吨	183833	186080	民用钢质船舶	载重吨	1843	2274
钢材	吨	234319	312724	铜材	吨	30774	61889
小麦粉	吨	170581	192748				

2020—2021 年金坛区农业总产值及农业增加值情况一览表

表 65　　单位：万元

项　目	2020 年	2021 年	项　目	2020 年	2021 年
农业总产值（当年价）	724741	750599	农业增加值（当年价）	442171	462491
其中：农业	270750	311982	其中：农业	211984	244856
林业	3788	4193	林业	3359	3524
牧业	84112	74430	牧业	28747	24209
渔业	274504	264069	渔业	144322	133745
服务业	91587	95925	服务业	53759	56157

2020—2021 年金坛区全社会外向型经济主要指标情况一览表

表 66

项目	单位	2020 年	2021 年
一、自营出口总额	万美元	233369	329578
其中：外商投资企业自营出口	万美元	72000	90838
二、新增工商登记注册外资	万美元	70590	88184
三、实际到账注册外资	万美元	33599	35778
四、投产开业的外商投资企业	家	345	374
五、新签外经合同额	万美元	0	28
六、完成外经营业额	万美元	1854	1145

2020—2021 年金坛区供电、供水情况一览表

表 67

项目	2020 年	2021 年
一、全社会用电总量（万千瓦时）	568885	710970
1. 农、林、牧、渔业	10839	12563
2. 工业	444750	570369
3. 建筑业	5342	5883
4. 交通、运输、邮电业	1429	1533
5. 商业、餐饮、物资	18265	22085
6. 其他事业	29755	34794
7. 城乡居民用电	58505	63743
其中：农村	30418	32545
城市	28087	31198
二、城镇全年供水总量（万吨）	3931	4214
其中：生产用水量	1058	1304
生活用水量	1227	1307
年末自来水厂生产能力（万吨 / 日）	25	25
人均日生活用水量（升 / 日）	147	157
用水普及率（%）	100	100

（赵　峰）

（编辑　汤芬娣）

文件选录

中共常州市金坛区委 常州市金坛区人民政府 关于全面实施乡村振兴战略加快农业农村现代化的实施意见

坛发〔2021〕1号

（2021年3月25日）

各镇党委和人民政府，各街道党工委和办事处，各园区党工委和管委会，区各部委办局，各区管国有企业、区直属单位：

坚持以习近平新时代中国特色社会主义思想为指导，深入贯彻党的十九大和十九届二中、三中、四中、五中全会以及中央农村工作会议精神，认真落实习近平总书记对江苏工作的重要指示要求，围绕省和常州市农村工作会议的部署要求，加快构建新发展格局，以国家城乡融合发展试验区建设为抓手，加快城乡融合、推动乡村振兴，全面开启农业农村现代化新征程。现提出如下意见。

一、加快推进农业现代化

1. *提升粮食等重要农副产品供给保障能力*。落实重要农产品保障战略，实行粮食安全党政同责，压实“菜篮子”区长负责制。深入开展粮食绿色高质高效创建，持续推进优粮“五位一体”生产供应。严格落实稻谷补贴和粮食收购政策，统筹抓好加工、储备、运输等重点环节，确保粮食库存充实、储备充足、供给充裕。深入推进粮食节约行动。落实生猪稳产保供属地责任，加快构建现代养殖体系，强化非洲猪瘟等重大动物疫病防控。推进渔业基础设施提档升级，加快鸣源牧业优质奶源基地以及叶菜类特色蔬菜产业基地建设。2021年，粮食播种面积不低于38万亩、产量稳中有升，生猪出栏11万头，蔬菜播种面积9万亩，水产品产量3.4万吨左右。

2. *提升现代种业创新发展能力*。落实现代种业提升三年行动，推进水稻、家禽、河蟹等领域育种科技创新。持续开展“长荡湖一号”河蟹新品种选育，做好金坛米猪国家级种质资源保种工作，推进建昌红香芋申报国家级种质资源保护品种。加强种业治理体系和治理能力建设，开展新品种安全评价以及粮食新品种选育、引进、筛选，解决农户品种选择难问题。鼓励以企业为主体的商业化育种能力建设，推动科企深化合作，努力培育专业特色种业企业。2021年，全区主要农作物良种覆盖率达90%、种畜禽主推品种覆盖率达88%、主要水产养殖品种良种覆盖率达85%。

3. *切实有效保护耕地*。严格实行土地用途管制，采取“长牙齿”的措施，严守耕地红线和永久基本农田保护目标，严禁违规占用耕地和违背自然规律绿化造林、挖湖造景，严禁超标准建设绿色通道，严格控制非农建设占用耕地，严禁违规占用永久基本农田种树挖塘等。明确耕地利用优先序列，规范耕地占补平衡管理，确保耕地数量不减少、质量有提高，有序推进朱林镇黄金村、龙溪村、红旗圩村等3个行政村部级全域土地综合整治试点工作。加强耕地保护执法，深入推进农村乱占耕地建房问题专项整治行动，坚决遏制耕地“非农化”、防止耕地“非粮化”。大力推进高标准农田建设。2021年，新建高标准农田1.3万亩。

4. *提升现代农业科技装备支撑能力*。落实乡村振兴科技支撑行动任务举措，高标准推进常州国家农业科技园区建设，做到“三年任务、两年完成”；着手建设区级农业公共服务平台，让数据真正服务于现代农业发展；支持艾森农机省级植保装备中心开展关键核心技术攻关。深化与南京农业大学、上海海洋大学等高校合作，努力获取更多乡村振兴智力支持。高质量整区推进粮食生产全程机械化，深化“平安农机”创建，推广农机安全“沙湖经验”。2021年，农业机械化水平达91%以上，主要粮食作物耕种收机械化率稳定在97%以上。

5.完善现代乡村产业体系。围绕“两水一茶”主导产业，完善上下游产业链，培优壮大现有农业龙头企业，推进发展农产品深加工，努力带动农产品就地转化，让农民更多分享产业增值收益。突出科技型农业企业和税源经济，着力强化农业招商。强化粮食生产功能区、重要农产品生产保护区建设，加快推进金坛都市田园·黄金软米大农场建设，有序推进指前镇中央农业产业强镇建设，申报国家现代农业产业园和省级农高区。实施现代农业“310”提升三年行动，推动长荡湖大闸蟹、金坛雀舌等申报农产品地理标志产品，力争“十四五”期间挂牌“新三板”农业企业3家。推进农产品交易市场和农产品流通网络建设，打造好“金坛特色农产品电商直播基地”，大力发展电子商务、乡村旅游、农业生产性服务等新产业新业态，形成“直播基地＋电商物流＋供应市场”的聚合效应，加快一二三产融合发展。2021年，农产品加工业产值与农业总产值比达到3.3∶1。

6.提升农业绿色发展水平。巩固长江流域重点水域禁捕退捕成效，严格落实长江十年禁渔令，坚决打击非法捕捞等违法行为。大力推行测土配方施肥，积极开展“化肥减量增效、农药减量控害”专项行动，建设一批绿色优质农产品基地。进一步巩固提升秸秆和畜禽粪污资源化综合利用成效，构建更加完备的废旧农膜及农药、肥料包装废弃物回收处置体系。严格落实农产品质量安全监管责任制，大力推广食用农产品合格证制度和农产品可追溯体系建设。2021年，主要农作物测土配方施肥覆盖率达90%以上，化肥、农用农药使用量分别比上年减少0.6%、0.5%，秸秆和畜禽粪污资源化综合利用率分别达96%、97%，地产农产品质量安全抽检合格率保持在98%以上，绿色优质农产品比重稳定在80%以上。

7.加强现代农业经营体系建设。提升职业农民培训质量，注重高素质农民和新型农业经营主体培育，精心组织“龙城英才计划”农业优秀乡土人才选拔。支持有情怀的乡贤投身农业领域。高标准推进部级农民合作社质量提升整县试点工作，通过丰富成员出资方式、建设区域性服务联盟，打造示范样板，持续强化规范化建设，培育发展强社。整合提升现有农机合作社，建设一批“全程机械化＋综合农事服务中心”，打造一体化的农业生产服务体系。加快将农业规模经营户培育成有活力的家庭农场。2021年，培训高素质农民1300人，区级以上示范家庭农场总数达200家。

二、实施乡村建设行动

8.加强村庄规划建设。根据《金坛区镇村布局规划（2020版）》成果，引导村庄分类发展和整治提升。因地制宜，按照“能用、管用、好用”的原则，分批统筹推进编制“多规合一”的实用性村庄规划。对暂时没有编制规划的村庄，严格按照区、镇两级国土空间规划中确定的用途管制和建设管控要求进行建设。村庄规划要立足现实基础，保留乡村特色，不搞大拆大建。以金坛都市田园·黄金软米大农场建设为切入点，探索符合金坛实际、可复制推广的农村社区建设模式，有效增强公共服务功能和公共基础设施建设水平，同步谋划产业发展和农民就地就近就业。严格规范村庄撤并，严禁违背农民意愿、强迫农民上楼。

9.实施农村人居环境整治提升五年行动。持续完善城乡统筹的生活垃圾收运处置体系，积极推行农村生活垃圾就地分类和资源化利用。突出农村生活污水治理，持续推进农村河道疏浚及生态河道建设，有序开展黑臭水体监测、排查和治理。着力抓好美丽乡村示范建设，建成柚山村美丽乡村示范村和上阮美丽乡村示范区，谢桥美丽乡村示范区加快推进。特色田园乡村建设向广域延伸、向纵深发展，开展美丽庭院示范和美丽宜居村庄创建，充分调动群众参与积极性，着力提升乡村特色品质。2021年，新改扩建农村公厕21座，规划保留村生活污水治理覆盖率和处理设施运行率达95%以上，完成30%以上农村小微水体整治任务，新增省级特色田园乡村3个，规划保留村美丽宜居村庄覆盖率达90%以上。

10.推进农村基础设施建设。加快覆盖城乡的公路、电力、天然气和供水等基础设施建设，健全区、镇（街道）、村三级管理网络和建管长效机制。深化“四好农村路”示范创建，规划保留村通等级公路，完善农村公路安全设施，开展农路品牌建设。2021年，各镇、街道一级公路覆盖率达100%，建设农路11.47千米，改造农桥1座。持续提升农村电网供电可靠性和供电质量，推进电力设施提档升级。实施“光网乡村”提升工程，稳步推进农村地区5G网络建设。

11.加快城乡公共服务均等化。加强农村义务教育学校保障水平，推进专用教室、食堂、厕所、健康照明改造，提升乡村学校品质内涵。不断提升医疗卫生机构应对重大疫情及突发公共卫生事件能力。健全农村留守儿童、妇女、残疾人和老年人关爱服务体系，进一步完善农村邻里互助养老服务标准。健全覆盖城乡的公共就业服务体系，稳定退捕渔民和农村低收入农户、零转移家庭劳动力就业。提高城乡居民基本养老保险标准，动态调整低保标准和特困供养标准，切实维护农民工、被征地农民社会保障权益。2021年，实施6所农村义务教育学校提升改造工程，新增农村区域性医疗卫生中心1个，建设32个夕阳红社区服务中心。

三、不断深化农村改革

12. *巩固完善农村基本经营制度*。坚持农村土地农民集体所有制不动摇，坚持家庭承包经营基础性地位不动摇，保持农村土地承包关系稳定并长久不变。巩固并运用农村承包地确权登记颁证成果，完善农村承包地“三权分置”制度，健全土地经营权流转服务体系。探索实施农村集体经营性建设用地入市制度。

13. *深化农村产权制度改革*。健全农村集体经济法人治理机制，完善“三会一章程”制度。积极探索“政经分开”，逐步推行村民委员会和集体经济组织事务分开、财务分开、资产分开、议事决策分开。积极探索农村集体资产股权有偿退出、抵押、担保、继承等有效实现形式。推进农村产权流转交易市场标准化建设，全面推行农村集体资产资源流转进场交易、线上交易。

14. *逐步推进农村宅基地改革*。做好统计调查和体系队伍建设等基础性工作，进一步明确职责分工，强化责任落实，提升履职能力。积极探索闲置宅基地和闲置农房盘活利用的有效方式，完善盘活农村存量建设用地政策。按照“试点先行、先立后破、稳慎推进”的原则，探索农村宅基地使用权流转、抵押以及宅基地有偿使用、有偿退出办法。

15. *探索城乡融合发展机制*。推进以人为核心的新型城镇化，统筹区域产业、基础设施、公共服务、基本农田、生态保护、城镇开发、村落分布等空间布局。加快推进国家城乡融合发展试验区试点工作，促进城乡经济、城乡环境、城乡生活、城乡治理等“四项融合”，在农村宅基地“三权分置”、生态产品价值交易、城乡公共服务均等化布局和区域社会治理现代化方面探索并形成经验。依法稳妥有序推进乡村公共空间治理。切实深化供销社综合改革。

四、持续促进富民强村

16. *巩固脱贫攻坚成果*。加强动态监测，实行分层分类帮促，构建农村低收入人口增收长效机制。对有劳动能力的农村低收入人口，坚持开发式帮扶，帮助提高内生发展能力，发展产业、参与就业，依靠双手勤劳致富。对低收入一般农户继续实施防贫商业保险，坚决防止因病因残致贫返贫。对脱贫人口中丧失劳动能力且无法通过产业就业获得稳定收入的人口，按规定纳入低保或特困人员救助供养范围，并按困难类型及时给予专项救助、临时救助。

17. *壮大村级集体经济*。深入推进“万企联万村共走振兴路”行动，构建村企对接常态化推进机制，推动村企合作项目落地见效。开展好第六轮结对帮扶，制定经济提升村发展“一村一策”，对增收显著的村适当给予奖补。对接常州市新一轮茅山老区“百千万”帮扶工程，全面推进茅山老区乡村振兴。牢固树立“办物业不办企业，留资产不留资金”的理念，把物业增收作为村级集体经济的稳定收入来源。在符合土地利用总体规划、城乡建设规划和集约节约利用土地的前提下，建设绿色高效种养小区，购置标准厂房、仓储物流设施、综合农贸市场、商业店铺等集体物业项目，推动集体经济强筋壮骨、带动村民增收致富。

五、坚持党的全面领导

18. *强化乡村振兴工作机制*。深入贯彻落实《中国共产党农村工作条例》，按照中央统筹、省负总责、市县乡抓落实的农村工作领导体制，区委书记把主要精力放在农村工作上，健全上下贯通、精准施策、一抓到底的乡村振兴工作体系。建立乡村振兴联系点制度，充分发挥区委农村工作领导小组牵头抓总、统筹协调作用，实现领导小组会议制度化、规范化、科学化。加强机构设置和人员配置，不断增强区委农村工作领导小组办公室决策参谋、政策指导、推动落实的能力。

19. *建强农村基层党组织*。全面推行村干部专职化管理，进一步加强村党组织书记队伍建设，落实任期村级经济发展目标激励机制，着力建设一支政治标准高、发展能力强、为民服务优的“领头雁”队伍。充分发挥农村基层组织领导作用，探索设置农村功能型党组织架构。加强村级党群服务中心建设，完善农村基础民主制度。健全人民调解、治安保卫、村务监督委员会等各类组织机构。

20. *提升乡村治理效能*。坚持和完善党建引领、自治法治德治智治相结合、村级集体经济充分发展的“1+4+1”乡村治理体系。学习新时代“枫桥经验”，大力推广百姓议事堂、民生茶社等自治模式，拓展居民群众参与社区治理的范围路径。健全农村扫黑除恶长效机制，持续开展平安法治和谐示范点建设。加强农村应急管理和消防安全体系建设，做好对自然灾害、公共卫生、安全隐患等重大事件的风险评估、监测预警、应急处置。

21. *加强农村精神文明建设*。推动新时代文明实践中心、站（所）全覆盖，有效打通宣传群众、教育群众、服务群众的“最后一公里”。深入开展“听党话、感党恩、跟党走”宣讲活动。深化文明村镇创建，开展“五星级”文明户评选。培育挖掘乡土文化人才，支持民间艺术、乡土文化发展，开展送戏下乡活动。持续深入推进移风易俗，破除“天价彩礼”、“大操大办”、“厚葬薄养”等陈规陋习。依法打击农村非法宗教、邪教活动和违法犯罪活动。2021年，区级以上文明村镇占比达70%以上。

22. *落实农业农村优先发展投入保障*。保持“三农”投入稳定增长，确保财政投入与推进乡村振兴任务相适应。落实区国土空间规划安排不少于10%的建设用地指标用于保障农村产业发展，规范使用每年单列不低于5%的新增建设用地计划指标用于支持农村一二三产融合发展。改革土地供应方式，探索建立集体经营性建设用地供应新机制。加大农村土地综合整治力度，探索低效建设用地盘活利用路径。抓好提高土地出让收益用于农业农村比例的政策落实，发挥资金整体优势，更好用于乡村建设关键领域。发挥政策性农业融资担保和各类产业发展基金等财政金融的协同支农作用，引导社会资本、金融资本更多投入“三农”领域。

中共常州市金坛区委 常州市金坛区人民政府 关于印发《工业经济高质量发展“十百千计划”实施方案》的通知

坛发〔2021〕3号

（2021年2月3日）

各镇党委和人民政府，各街道党工委和办事处，各园区党工委和管委会，区各部委办局，各区管国有企业、区直属单位：

《工业经济高质量发展“十百千计划”实施方案》已经区委常委会会议研究同意，现印发给你们，请认真贯彻落实。

县域经济就是工业经济。为聚焦重点产业、重点企业，集中要素资源，推动全区工业经济做强做大、高质量发展，有力支撑金坛“十四五”持续跨越发展、快速崛起，经研究，决定实施工业经济高质量发展“十百千计划”。特制定本方案。

一、工作目标

突出新能源汽车、新一代信息技术、生物技术和新医药、光伏“三新一特”产业，持续引进处于产业链、创新链、生态链高端的优质项目，全力培育科技型、效益型、规模型、龙头型企业集群。到2025年，在我区实现年应税销售收入十亿元企业100家，其中百亿元企业集团10家；上市公司20家；年应税销售收入千亿元产业2个，从而确保全区企业年应税销售收入总额突破3500亿元。

二、落实举措

1．把准产业发展方向。新能源汽车产业重点引进锂电池、氢燃料电池、整车制造及核心零部件项目，新一代信息技术产业重点引进集成电路、传输及网络设备、移动终端及核心零部件项目，生物技术和新医药产业重点引进制药、医疗器械及医学生物工程材料、医疗诊断试剂项目，光伏产业重点引进电池片及组件、光伏和储能一体化项目。

2．培育百亿企业集团。精准排定并年度更新一批百亿企业集团培育对象（另行公布），鼓励加快投资、加大投资，将大项目培育成大企业，同时加快推进企业并购重组，努力将现有潜力企业培育成百亿企业集团。加快引进锂电池正极材料、新一代信息技术终端整机、光伏电池片及组件等重大项目，实现百亿企业集团的新突破。

3．做大企业总量规模。坚持加快项目引进不放松，围绕产业发展方向，加大力度引进产业重大项目、创新项目、生态项目，同时坚决落实《关于规范产业项目引进和建设工作的若干意见》（坛发〔2020〕2号）精神，进一步提升项目质量。搭建平台，出台政策，鼓励各类优秀人才自主创业、兴办企业。“十四五”期间，有应税销售收入的工业企业数年均递增10%。

4．支持企业加快发展。科学排定并年度更新十亿企业培育对象、上市后备企业（另行公布），实行区委、区政府领导同志和区人大常委会、区政协主要领导同志，以及镇、园区负责同志两级挂钩联系制度，会同企业并聘请专业机构编制“十四五”规划，且逐年细化年度目标，及时帮助解决发展中遇到的困难和问题，重大事项按照“一企一策、一事一议”的原则，由区委、区政府集体研究予以重点支持，确保重要会议活动首先参加、各类政策支持首先享受、相关荣誉表彰首先推荐。大力发展科技孵化器、加速器及高标准厂房，为科技型中小企业提供发展空间。

三、组织保障

1．加强组织领导。区委、区政府成立工业经济高质量发展“十百千计划”推进实施工作领导小组，区委、区政府主要领导同志担任组长，区人大常委会、区政协主要领导同志，区委、区政府其他领导同志，以及各镇、园区党政主要负责同志，各区级机关职能部门主要负责同志担任成员。领导小组下设办公室，负责日常工作的协调推进，区政府分管工业经济的副区长担任办公室主任，区工信局主要负责同志担任办公室副主任。

2．实行“链长制”。区委书记担任新一代信息技术产业链链长，区科技局为链长单位；区长担任生物技术和新医药产业链链长，区商务局为链长单位；区委副书记担任光伏产业链链长，区工信局为链长单位；常务副区长担任新能源汽车产业链链长，区发改局为链长单位。各链长、链长单位要深入研究推动产业链发展各项工作，各链长单位每年年初编制我区产业发展年度报告，并向社会公布。

3．强化推进落实。将有应税销售收入的工业企业数、十亿企业数、百亿企业集团数、上市企业数、年应税销售收入总额等纳入各镇、园区年度综合考核。每年年初，对发展成效显著的重点企业及企业家，进行重点表彰奖励。

重要文件目录

中共金坛区委

坛发〔2021〕1 号　区委区政府关于全面实施乡村振兴战略加快农业农村现代化的实施意见

坛发〔2021〕2 号　区委区政府关于明确江苏金坛经济开发区和江苏省金坛华罗庚高新技术产业开发区直管区及共建区区域范围等事宜的通知

坛发〔2021〕3 号　区委区政府关于印发《工业经济高质量发展“十百千计划”实施方案》的通知

坛发〔2021〕4 号　区委区政府印发《关于深化改革加强食品安全工作的实施方案》的通知

坛发〔2021〕5 号　金坛区委 2020 年度宣传思想文化工作报告

坛发〔2021〕8 号　区委区政府关于 2020 年度全面加强生态环境保护坚决打好污染防治攻坚战落实情况的报告

坛发〔2021〕11 号　区委区政府关于明确江苏金坛经济开发区和江苏省金坛华罗庚高新技术产业开发区管辖范围的通知

坛发〔2021〕12 号　区委区政府关于金坛区党政领导干部自然资源资产离任（任中）审计反馈情况整改落实的报告

坛发〔2021〕13 号　区委区政府关于表彰“十三五”突出贡献先进人物、2020 年度两个加快全面决战工作先进集体和先进个人的决定

坛发〔2021〕14 号　区委区政府关于通报表扬建设全国文明城市工作先进集体和先进个人的决定

坛发〔2021〕16 号　区委区政府关于 2020 年度隐性债务化解情况的报告

坛发〔2021〕18 号　区委关于认真做好镇领导班子换届工作的通知

坛发〔2021〕19 号　区委关于成立区委党史学习教育领导小组的通知

坛发〔2021〕20 号　区委印发《关于开展党史学习教育的实施方案》的通知

坛发〔2021〕21 号　区委区政府关于表扬 2020 年度农业农村工作先进集体和先进个人的决定

坛发〔2021〕22 号　区委印发《关于开展全区政法队伍教育整顿实施方案》的通知

坛发〔2021〕23 号　区委关于区委主要负责同志经济责任任中审计反馈情况整改落实报告

坛发〔2021〕31 号　区委区政府关于表彰 2018—2020 年度金坛劳动模范的决定

坛发〔2021〕33 号　区委关于中国共产党常州市金坛区第十四次代表大会代表选举工作的通知

坛发〔2021〕34 号　区委关于庆祝中国共产党成立 100 周年活动安排事项的通知

坛发〔2021〕35 号　区委区政府关于成立金坛区新时代文明实践中心的通知

坛发〔2021〕36 号　区委区政府关于印发《常州市金坛区新时代文明实践中心建设工作实施意见》的通知

坛发〔2021〕37 号　区委关于表彰全区优秀共产党员、优秀党务工作者和先进基层党组织的决定

坛发〔2021〕38 号　区委区政府关于加快推进创新驱动高质量发展的实施意见（2021—2025 年）

坛发〔2021〕39 号　区委区政府关于对中航锂电涉诉等有关情况的报告

坛发〔2021〕40 号　区委关于区委常委工作分工的通知

坛发〔2021〕42 号　区委关于调整区应急管理局、金坛生态环境局、团区委党组设置的通知

坛发〔2021〕43 号　区委关于印发《法治金坛建设规划（2021—2025 年）》的通知

坛发〔2021〕46 号　中共常州市金坛区委关于在全区党员干部中开展“两在两同”建新功行动的实施意见

坛发〔2021〕50 号　区委转发《中共常州市金坛区人大常委会党组关于做好全区区、镇两级人民代表大会换届选举工作的意见》

坛发〔2021〕51 号　区委区政府关于成立区城市开发建设管理委员会的通知

坛发〔2021〕52 号　区委区政府关于印发《“华罗庚创新中心”产业科创体系建设行动方案（2021—2025 年）》的通知

坛发〔2021〕53 号　区委批转区工商联《关于认真做好基层商会换届工作的意见》的通知

坛发〔2021〕55 号　关于成立常州市金坛区军民融合发展委员会的通知

坛发〔2021〕56 号　区委关于印发《区第十四次党代会重点工作任务分解方案》的通知

坛发〔2021〕59 号　区委关于印发《金坛区巡察指导督导反馈问题整改工作方案》的通知

坛发〔2021〕60 号　区委批转区工商联党组《关于召开金坛区工商业联合会（总商会）第十一次代表大会的请示》的通知

坛发〔2021〕61 号　区委转发《区委统战部、区委

组织部关于政协常州市金坛区第十一届委员会人事安排的意见》的通知

中共金坛区委办公室

坛办发〔2021〕1 号　区委办公室区政府办公室关于 2021 年度全区两个加快创新推进工作目标管理考核的实施意见

坛办发〔2021〕2 号　区委办公室区政府办公室关于建立 2021 年度区领导工作专班推进重点工作的实施意见

坛办发〔2021〕4 号　区委办区政府办关于成立常州市金坛区社区矫正委员会的通知

坛办发〔2021〕6 号　区委办公室区政府办公室关于公布 2021 年度工业经济高质量发展“十百千计划”百亿企业集团培育对象名单、十亿企业培育对象名单、上市后备企业名单的通知

坛办发〔2021〕9 号　区委办公室关于印发《中共常州市金坛区委关于省委危化品安全生产专项巡视反馈意见整改工作方案》的通知

坛办发〔2021〕12 号　区委办公室印发《关于巩固深化“不忘初心、牢记使命”主题教育成果的实施意见》的通知

坛办发〔2021〕13 号　区委办区政府办区政协办关于印发《政协常州市金坛区委员会 2021 年度协商计划》的通知

坛办发〔2021〕14 号　区委办公室区政府办公室关于开展“全国文明典范城市创建基础年”活动的实施意见

坛办发〔2021〕15 号　区委办公室区政府办公室关于区领导挂钩联系 2021 年度工业经济高质量发展“十百千计划”培育企业的通知

坛办发〔2021〕16 号　区委办公室区政府办公室关于区级机关部门单位、区管国有企业和垂直管理单位挂钩联系重点板块的通知

坛办发〔2021〕17 号　区委办公室关于转发《常州市金坛区关心下一代工作委员会 2021 年工作要点》的通知

坛办发〔2021〕18 号　区委办公室区政府办公室印发《关于明确镇、街道“属地管理”事项的实施意见》的通知

坛办发〔2021〕20 号　区委办区政府办关于做好金坛区“打造一流营商环境”重点任务清单责任分解工作的通知

坛办发〔2021〕21 号　区委办区政府办印发《常州市金坛区关于进一步深化安全生产三年专项整治工作的实施意见》的通知

坛办发〔2021〕22 号　区委办公室区政府办公室关于印发 2021 年各镇党委政府、街道党工委办事处、园区党工委管委会和区安委会成员单位履行安全生产工作责任考核评价指标的通知

坛办发〔2021〕24 号　区委办公室区政府办公室关于江苏金坛经济开发区和江苏省金坛华罗庚高新技术产业开发区与所涉镇街道管理机构主要职责划分的若干意见

坛办发〔2021〕25 号　区委办公室关于印发《省级开发园区机构设置及行政事业人员职务和岗级管理实施办法（试行）》的通知

坛办发〔2021〕26 号　区委办公室区政府办公室关于印发《常州市金坛区创建省级安全发展示范城市实施方案》的通知

坛办发〔2021〕27 号　区委办区政府办关于印发《全区打击治理电信网络诈骗犯罪专项行动实施方案》的通知

坛办发〔2021〕28 号　区委办公室区政府办公室关于印发《第十二届“金坛读书月”活动实施方案》的通知

坛办发〔2021〕32 号　区委办区政府办关于区领导信访接待日安排的通知

坛办发〔2021〕33 号　区委办公室区政府办公室关于印发《庆祝中国共产党成立 100 周年金坛区维护安全稳定工作总体方案》的通知

坛办发〔2021〕34 号　区委办公室区政府办公室关于印发《2021 年度金坛区党政信息工作考核办法》的通知

坛办发〔2021〕35 号　区委办公室区政府办公室关于区管国有企业规范管理其控股混合所有制企业的若干意见

坛办发〔2021〕36 号　区委办公室区政府办公室关于印发《江苏省金坛华罗庚高新技术产业开发区投资促进中心高质量运营实施方案》的通知

坛办发〔2021〕37 号　区委办公室区政府办公室关于印发《常州市金坛区 2021 年打造一流营商环境重点任务清单》的通知

坛办发〔2021〕39 号　区委办公室区政府办公室关于印发《江苏金坛经济开发区党工委、管委会主要职责、职能机构和人员编制规定》的通知

坛办发〔2021〕40 号　区委办公室区政府办公室关于印发《金坛新材料科技产业园管理办公室主要职责、职能机构和人员编制规定》的通知

坛办发〔2021〕41 号　区委办公室区政府办公室关于印发《江苏省金坛华罗庚高新技术产业开发区党工委、管委会主要职责、职能机构和人员编制规定》的通知

坛办发〔2021〕42 号　区委办公室区政府办公室关于印发《江苏省金坛茅山旅游度假区党工委、管委会主要职责、职能机构和人员编制规定》的通知

坛办发〔2021〕43 号　区委办公室区政府办公室关于印发《江苏省金坛长荡湖旅游度假区党工委、管委会主要职责、职能机构和人员编制规定》的通知

坛办发〔2021〕44 号　区委办公室区政府办公室关于印发《常州市金坛区金城镇党委、人民政府职能配置、职能机构和人员编制规定》的通知

坛办发〔2021〕45 号　区委办公室区政府办公室关于印发《常州市金坛区薛埠镇党委、人民政府职能配置、职能机构和人员编制规定》的通知

坛办发〔2021〕46 号　区委办公室区政府办公室关于印发《常州市金坛区直溪镇党委、人民政府职能配置、职能机构和人员编制规定》的通知

坛办发〔2021〕47 号　区委办公室区政府办公室关于印发《常州市金坛区朱林镇党委、人民政府职能配置、职能机构和人员编制规定》的通知

坛办发〔2021〕48 号　区委办公室区政府办公室关于印发《常州市金坛区指前镇党委、人民政府职能配置、职能机构和人员编制规定》的通知

坛办发〔2021〕49 号　区委办公室区政府办公室关于印发《常州市金坛区儒林镇党委、人民政府职能配置、职能机构和人员编制规定》的通知

坛办发〔2021〕50 号　区委办公室区政府办公室关于印发《常州市金坛区东城街道党工委、办事处职能配置、职能机构和人员编制规定》的通知

坛办发〔2021〕51 号　区委办公室区政府办公室关于印发《常州市金坛区尧塘街道党工委、办事处职能配置、职能机构和人员编制规定》的通知

坛办发〔2021〕52 号　区委办公室区政府办公室关于印发《常州市金坛区西城街道党工委、办事处职能配置、职能机构和人员编制规定》的通知

坛办发〔2021〕54 号　区委办公室区政府办公室关于转发《区慈善总会 2021 年度“慈善一日捐”活动方案》的通知

坛办发〔2021〕55 号　区委办区政府办关于调整部分区领导挂钩联系 2021 年度工业经济高质量发展“十百千计划”培育企业的通知

坛办发〔2021〕57 号　区委办公室关于调整区委退役军人事务工作领导小组成员的通知

坛办发〔2021〕60 号　转发市委办市政府办关于进一步加强和改进镇（街道）信访工作的实施意见

坛办发〔2021〕61 号　区委办公室区政府办公室关于印发《常州市金坛区创建新时代“两个健康”先行区工作实施方案》的通知

坛办发〔2021〕62 号　区委办公室区政府办公室印发《关于支持“华罗庚创新中心”产业科创体系建设的若干政策》的通知

坛办发〔2021〕63 号　区委办公室区政府办公室关于印发《第十届文化艺术节、第七届中国·长荡湖湖鲜美食节、2021 中国（长荡湖）休闲湖泊峰会总体方案》的通知

坛办发〔2021〕64 号　区委办公室关于印发《落实“两在两同”建新功行动开展“对标对表、勇攀高峰”主题活动的实施方案》的通知

坛办发〔2021〕65 号　区委办区政府办关于开展 2021 年度综合考核的实施意见

坛办发〔2021〕66 号　区委办公室关于印发《2021 年度常州市金坛区全面从严治党责任清单》的通知

坛办发〔2021〕72 号　区委办区政府办关于成立常州市金坛区新冠肺炎聚集性疫情应急处置工作领导小组的通知

坛办发〔2021〕74 号　区委办公室转发区委统战部关于工商联（总商会）换届工作实施意见的通知

坛办发〔2021〕75 号　区委办公室区政府办公室关于做好 2021 年军队转业干部安置工作的通知

坛办发〔2021〕77 号　区委办公室区政府办公室印发《关于加强和改进新时代金坛产业工人队伍思想政治工作的方案》的通知

坛办发〔2021〕78 号　区委办公室印发《关于推进“有事好商量”协商议事工作常态长效的实施意见》的通知

坛办发〔2021〕79 号　区委办公室区政府办公室印发《关于常态化开展扫黑除恶斗争巩固专项斗争成果的实施意见》的通知

坛办发〔2021〕80 号　区委办公室区政府办公室印发《关于坚决遏制“两高”项目盲目发展的工作方案》的通知

金坛区人民政府

坛政发〔2021〕4 号　常州市金坛区人民政府关于区政府部分领导同志工作分工调整的通知

坛政发〔2021〕5 号　常州市金坛区人民政府关于贯彻执行严格耕地保护坚决制止耕地“非农化”行为情况的报告

坛政发〔2021〕7 号　常州市金坛区人民政府关于 2021 年兵役登记工作的公告

坛政发〔2021〕10 号　常州市金坛区人民政府关于印发 2021 年《政府工作报告》重点任务分解落实方案的通知

坛政发〔2021〕12 号　常州市金坛区人民政府关于调整金坛区货车禁行区域的通告

坛政发〔2021〕15号　常州市金坛区人民政府关于表彰2020年度征兵工作先进单位和先进个人的决定

坛政发〔2021〕16号　常州市金坛区人民政府关于落实区人大常委会高质量发展监测指标体系完成情况工作建议的情况报告

坛政发〔2021〕18号　常州市金坛区人民政府关于表彰2020年金坛区区长质量奖的决定

坛政发〔2021〕20号　关于印发2021年度常州市金坛区区级政府投资项目实施计划清单的通知

坛政发〔2021〕31号　常州市金坛区人民政府关于下达2021年度全区土地整治项目实施任务的通知

坛政发〔2021〕32号　常州市金坛区人民政府关于表彰蒋益良等12人见义勇为先进个人的决定

坛政发〔2021〕34号　常州市金坛区人民政府关于印发常州市金坛区国民经济和社会发展第十四个五年规划和二〇三五年远景目标纲要的通知

坛政发〔2021〕45号　常州市金坛区人民政府落实区人大常委会关于2021年度区级政府投资项目和建设资金安排情况审议意见书的报告

坛政发〔2021〕46号　常州市金坛区人民政府关于调整完善区与镇、街道、园区财政管理体制的通知

坛政发〔2021〕47号　常州市金坛区人民政府关于印发《区与镇、街道、园区土地出让金结算办法》的通知

坛政发〔2021〕48号　常州市金坛区人民政府关于印发2021年度金坛区经济发展主要目标任务清单的通知

坛政发〔2021〕55号　常州市金坛区人民政府关于印发《2021年深入打好污染防治攻坚战工作方案》的通知

坛政发〔2021〕57号　常州市金坛区人民政府关于印发《常州市金坛区2021年“生态绿城”建设目标任务书》的通知

坛政发〔2021〕84号　常州市金坛区人民政府关于对李祁等90名同志分别记三等功的决定

坛政发〔2021〕86号　常州市金坛区人民政府关于防止耕地“非粮化”稳定粮食生产工作落实情况的报告

坛政发〔2021〕96号　常州市金坛区人民政府关于下达2021年度全区人力资源和社会保障工作重点目标任务的通知

坛政发〔2021〕97号　常州市金坛区人民政府关于金坛区集体土地转用批次公告的说明

坛政发〔2021〕102号　常州市金坛区人民政府关于农村集体土地、农民土地承包经营权转让相关事宜的公告

坛政发〔2021〕104号　常州市金坛区人民政府关于申报创建第五批国家生态文明建设示范区的报告

坛政发〔2021〕105号　常州市金坛区人民政府关于印发《常州市金坛区生态文明建设规划（2021—2030年）》的通知

坛政发〔2021〕111号　常州市金坛区人民政府关于“大棚房”问题专项清理整治“回头看”工作开展情况报告

坛政发〔2021〕112号　常州市金坛区人民政府关于在全区各镇（街道）开展相对集中行政处罚权工作的通知

坛政发〔2021〕117号　常州市金坛区人民政府关于进一步完善常州市金坛区城市长效综合管理考核工作的实施意见

坛政发〔2021〕118号　常州市金坛区人民政府关于落实区人大常委会对2020年度环境状况和环境保护目标完成情况审议意见书的报告

坛政发〔2021〕120号　关于印发2021年度常州市金坛区区级政府投资项目实施计划（中期调整）清单的通知

坛政发〔2021〕121号　常州市金坛区人民政府关于表彰金坛区第四届十大最美教师和金坛区优秀教育工作者的决定

坛政发〔2021〕129号　常州市金坛区人民政府关于恳请加大对全国重点文保单位江苏省常州市金坛三星村遗址考古发掘保护利用的报告

坛政发〔2021〕130号　常州市金坛区人民政府关于落实区人大常委会《关于我区贯彻实施〈电力法〉情况的工作建议书》的报告

坛政发〔2021〕132号　常州市金坛区人民政府关于常州市金坛区人民政府统一行使行政复议职责有关事项的通告

坛政发〔2021〕142号　常州市金坛区人民政府关于落实区人大常委会对区政府2021年上半年工作情况和下半年工作打算的审议意见的报告

坛政发〔2021〕144号　常州市金坛区人民政府关于印发《金坛建工学校空气省控站点提升方案》的通知

坛政发〔2021〕145号　常州市金坛区人民政府关于印发《金坛城区空气国控站点提升方案》的通知

坛政发〔2021〕146号　常州市金坛区人民政府关于印发《金坛监测站空气省控站点提升方案》的通知

坛政发〔2021〕151号　常州市金坛区人民政府关于印发《常州市金坛区产业创新发展基金管理办法》的通知

坛政发〔2021〕152号　常州市金坛区人民政府关于印发2021年度对口支援协作合作工作实施意见的通知

坛政发〔2021〕156号　常州市金坛区人民政府关于印发常州市金坛区集体经营性建设用地入市管理办法（试行）的通知

坛政发〔2021〕157号　常州市金坛区人民政府关于印发《常州市金坛区集体经营性建设用地入市土地增值收益调节金征收和使用管理办法（试行）》的通知

坛政发〔2021〕158号　常州市金坛区人民政府关于

印发《常州市金坛区集体经营性建设用地入市净收益管理办法（试行）》的通知

坛政发〔2021〕159 号　常州市金坛区人民政府关于印发《关于进一步加强常州市金坛区房地产市场管理的实施意见》的通知

坛政发〔2021〕167 号　常州市金坛区人民政府常州市武进区人民政府关于武金线界线联合检查的报告

坛政发〔2021〕177 号　常州市金坛区人民政府关于公布常州市金坛区镇（街道）权力清单的通知

坛政发〔2021〕179 号　区政府关于印发《常州市金坛区相对集中行政许可权运行实施办法》的通知

坛政发〔2021〕201 号　常州市金坛区人民政府关于印发《“健康金坛”行动实施方案》的通知

坛政发〔2021〕203 号　常州市金坛区人民政府关于印发 2022 年度区级政府投资项目实施计划清单的通知

金坛区人民政府办公室

坛政办发〔2021〕6 号　关于印发《常州市金坛区农村房屋安全隐患排查整治实施方案》的通知

坛政办发〔2021〕9 号　区政府办公室印发《关于加快农业保险高质量发展的实施意见》的通知

坛政办发〔2021〕10 号　区政府办公室关于优化调整部分农业保险保费财政补贴的通知

坛政办发〔2021〕11 号　关于印发《2021 年金坛区民生实事项目责任分解表》的通知

坛政办发〔2021〕14 号　区政府办公室关于印发《常州市金坛区人民政府办公室 2021 年部门预决算信息公开工作方案》的通知

坛政办发〔2021〕15 号　区政府办公室关于印发 2021 年度金坛区重点产业项目（第一批）实施计划清单的通知

坛政办发〔2021〕16 号　常州市金坛区人民政府办公室关于建立金坛区网络市场监管部门联席会议制度的通知

坛政办发〔2021〕18 号　关于加强全区事业单位公务用车制度改革保留车辆平台化信息化管理的通知

坛政办发〔2021〕20 号　区政府办公室关于印发《常州市金坛区优秀教育人才引育实施办法》的通知

坛政办发〔2021〕21 号　区政府办公室关于印发《金坛区城市突发性强降雨应急排涝抢险预案》的通知

坛政办发〔2021〕24 号　区政府办公室关于进一步强化新增耕地后续管护工作的通知

坛政办发〔2021〕26 号　区政府办公室关于印发 2021 年度政风热线上线安排的通知

坛政办发〔2021〕28 号　区政府办公室关于印发《2021 年度金沙老城雨污分流建设工作任务责任分解表》的通知

坛政办发〔2021〕32 号　区政府办公室关于印发防止耕地“非粮化”稳定粮食生产实施方案的通知

坛政办发〔2021〕33 号　区政府办公室关于印发《常州市金坛区金沙老城雨污分流三年行动实施意见》的通知

坛政办发〔2021〕34 号　区政府办公室关于印发《常州市金坛区“危污乱散低”出清提升行动实施方案》的通知

坛政办发〔2021〕35 号　区政府办公室关于印发《常州市金坛区已拆迁未利用、已收储地块清障整理工作方案》的通知

坛政办发〔2021〕37 号　区政府办公室关于印发《2021 年金坛区城乡生活垃圾分类工作实施方案》的通知

坛政办发〔2021〕38 号　区政府办公室关于建立全区打击治理电信网络诈骗犯罪工作联席会议制度的通知

坛政办发〔2021〕39 号　常州市金坛区人民政府办公室关于建立打击擅自倾倒固体废物行为行政执法联动工作机制的实施方案

坛政办发〔2021〕40 号　常州市金坛区人民政府办公室关于督办城市长效综合管理重难点问题的通知

坛政办发〔2021〕44 号　区政府办公室关于印发《常州市金坛区城镇燃气突发事件应急预案》的通知

坛政办发〔2021〕47 号　区政府办公室关于印发《常州市金坛区火灾事故应急预案》的通知

坛政办发〔2021〕50 号　区政府办公室关于印发《常州市金坛区 2021 年度地质灾害防治方案》的通知

坛政办发〔2021〕51 号　区政府办公室关于印发“大棚房”问题专项清理整治行动“回头看”实施方案的通知

坛政办发〔2021〕52 号　区政府办公室关于印发《常州市金坛区通信保障应急预案》的通知

坛政办发〔2021〕55 号　区政府办公室关于印发《金坛区 2021 年有序用电方案和电力供应应急预案》的通知

坛政办发〔2021〕56 号　区政府办公室关于印发《常州市金坛区公办幼儿园教师员额管理实施办法（试行）》的通知

坛政办发〔2021〕57 号　区政府办公室关于印发《常州市金坛区公共停车收费管理专项整治实施方案》的通知

坛政办发〔2021〕58 号　区政府办公室关于印发《常州市金坛区金融突发事件应急预案》的通知

坛政办发〔2021〕62 号　区政府办公室关于调整居民最低生活保障、特困人员供养以及困境儿童基本生活保障标准的通知

坛政办发〔2021〕64 号　关于《常州市环太湖地区城乡有机废弃物处理利用体系建设专题研究报告（征求意

见稿)》的反馈意见

坛政办发〔2021〕65号 常州市金坛区人民政府办公室关于成立常州市金坛区国际化建设工作专班的通知

坛政办发〔2021〕66号 区政府办公室关于印发《常州市金坛区长荡湖涑渎水源地突发环境事件应急预案》的通知

坛政办发〔2021〕68号 区政府办公室关于印发《常州市金坛区建（构）筑物楼顶户外广告设施整治方案》的通知

坛政办发〔2021〕69号 区政府办公室关于进一步明确建设项目建筑面积管理办法的通知

坛政办发〔2021〕71号 区政府办公室关于印发《常州市金坛区中小学教育教学高质量发展三年行动方案》的通知

坛政办发〔2021〕72号 区政府办公室关于转发《常州市政府办公室关于进一步做好建设项目考古工作的通知》的通知

坛政办发〔2021〕73号 区政府办公室关于印发《常州市金坛区工业企业燃气使用突发事件应急预案》的通知

坛政办发〔2021〕74号 区政府办公室关于印发《常州市金坛区药品和医疗器械安全突发事件应急预案》的通知

坛政办发〔2021〕75号 关于转发常州市民政局等7部门《关于印发〈常州市殡葬业价格秩序、公益性安葬设施建设经营专项整治行动方案〉的通知》的通知

坛政办发〔2021〕76号 区政府办公室关于印发常州市金坛区“园区保”产品实施方案（试行）的通知

坛政办发〔2021〕77号 区政府办公室关于印发《关于进一步加强常州市金坛区政府投资项目质量安全管理工作的意见》的通知

坛政办发〔2021〕79号 区政府办公室关于印发《常州市金坛区创建全国整区屋顶分布式光伏开发示范区指导意见（试行)》的通知

坛政办发〔2021〕80号 关于常州市金坛区人民政府统一行使行政复议职责有关事项的通知

坛政办发〔2020〕81号 区政府办公室关于印发《常州市金坛区光伏行业氟化物整治提升工作方案》的通知

坛政办发〔2021〕85号 区政府办公室关于转发《常州市全面开展长期护理保险试点实施方案》的通知

坛政办发〔2021〕86号 区政府办公室关于转发《市政府办公室关于统筹推进城乡困难群众医疗救助工作的实施意见》的通知

坛政办发〔2021〕87号 区政府办公室关于印发《常州市金坛区应急救援队伍建设管理实施细则》的通知

坛政办发〔2021〕88号 区政府办公室关于明确2022年度居民基本医疗保险、长期护理保险筹资标准的通知

坛政办发〔2021〕91号 区政府办公室关于印发《职业健康保护行动先行区（金坛）建设实施方案》的通知

坛政办发〔2021〕93号 区政府办公室关于印发《常州市金坛区船舶碰撞桥梁隐患治理专项行动实施方案》的通知

坛政办发〔2021〕96号 区政府办公室关于印发《常州市金坛区大面积停电事件应急预案》的通知

坛政办发〔2021〕97号 关于印发《常州市金坛区农业产业化区级龙头企业（合作社）认定与管理办法》的通知

坛政办发〔2021〕98号 区政府办公室关于印发《常州市金坛区公安机关警务辅助人员管理办法》的通知

坛政办发〔2021〕99号 区政府办公室关于印发《常州市金坛区城镇老旧小区改造工作实施意见》的通知

坛政办发〔2021〕101号 区政府办公室关于区政府行政复议及行政应诉案件处理程序有关问题的通知

坛政办发〔2021〕103号 区政府办公室关于印发《常州市金坛区水上搜救应急预案》的通知

坛政办发〔2021〕104号 区政府办公室关于印发《常州市金坛区船舶污染事故应急预案》的通知

坛政办发〔2021〕105号 区政府办公室关于印发常州市金坛区城乡生活垃圾分类工作实施方案（2021—2025年）的通知

（编辑 储 劼）

说 明

一、本索引采用主题分析法编制，按标引词的第一个字的汉语拼音字母（同音字按声调）顺序排列；同音同调，按第二个字的音序排列，以此类推。

二、标引词后的阿拉伯数字表示内容所在页码，数字后的拉丁字母 a、b、c 分别表示该页的左、中、右栏。标引词后的第二个页码起，表示参见内容所在位置。

三、年鉴的特载、大事记、荣誉栏、文件选编、统计资料、彩页等均未作索引。

四、为方便读者检索，在金坛的企事业单位以及在金坛发生的事件名称前的“金坛”“金坛区”，除易产生歧义者外，均予省略。

条目索引

A

B

C

D

F

G

H

J

K

L

M

N

P

Q

R

S

T

W

表格索引

B

C

（编辑 方 骊 李华琴）